# FARBE
## IM GARTEN

# FARBE IM GARTEN

PENELOPE HOBHOUSE

ÜBERSETZUNG AUS DEM ENGLISCHEN VON HELGE MÜCKE

2. AUFLAGE

VERLAG EUGEN ULMER

## Zur englischen Ausgabe

Glücklicherweise ist kein Verfasser ganz auf sich alleine gestellt, wenn er ein Buch schreiben und gestalten will. Die Themen Garten und Farbe sind so umfassend, daß das Buch ohne Hilfe und Anleitung wohl kaum zustande gekommen wäre.
Anregungen erhielt ich von Fachleuten, wie Enid Verity und von Malern, wie Budwin Conn und Derek Hill, aber auch aus Büchern, Gemälden und der Landschaft selbst. Dr. Heino Heino vom Jardin des Plantes in Paris führte mich schon vor längerer Zeit in das Werk von Chevreul ein und ließ mich erkennen, wie Monet seinen Garten zum Gemälde machte. Meinen Zeitgenossen unter den Gärtnern, wie Gwen Beaumont, Peter Healing und Rosemary Verey, aber auch Gertrude Jekyll u. a., die in der Vergangenheit Gärten gestaltet haben, verdanke ich sehr viel; den Fotografen, die die Feinheiten der Gartenfarben mit ihrer Kamera eingefangen haben, vor allen Pat Hunt und Tania Midgley, bin ich ebenso zu Dank verpflichtet.
Das Buch bringt nur meinen eigenen Geschmack und meine Vorbehalte zum Ausdruck, und ich habe Farbfolgen und Pflanzenauswahl bestimmt; um so dankbarer bin ich den Herausgebern im Verlag, weil sie mir geholfen haben, meine Ideen im vollen Umfang zu verwirklichen und mir durch ihre eigene Begeisterung für das Thema meine Aufgabe erleichtert haben. Frances Lincoln selber gab den Anstoß, das Thema in dieser Weise zu bearbeiten und ich bin dankbar für ihre unermüdliche Freude an der Sache. Ganz besonders danken möchte ich Penny David, der mir half, die Texte zusammenzustellen und die richtigen Schwerpunkte zu setzen.
Roger Walton und Caroline Hill haben mit ihrer Gestaltungskunst dem Buch seine schöne optische Form verliehen. Vor allem aber möchte ich meinem Mann John Malins für seine unerschöpfliche Geduld und Unterstützung danken.

Tintinhull, im Dezember 1984

**Zur deutschen Ausgabe sei auf das Nachwort von Hermann Müssel Seite 229, verwiesen.**

Die Deutsche Bibliothek – CIP-Einheitsaufnahme

**Hobhouse, Penelope:**
Farbe im Garten/Penelope Hobhouse. Übers. aus d. Engl. von Helge Mücke. – Stuttgart: Ulmer, 1986.
Einheitssacht.: Colour in your Garden. <dt.>
ISBN 3-8001-6182-6

Für die 2. Auflage:
ISBN 3-8001-6623-2



Titel der englischen Originalausgabe:
Colour in Your Garden, erschienen 1985 bei
William Collins Sons and Co. Ltd, London


Eugen Ulmer GmbH & Co.
Wollgrasweg 41, 70599 Stuttgart
Satz: Typomedia Satztechnik GmbH, Scharnhausen
Printed and bound in Hong Kong by
Kwong Fat Offset Printing Co., Ltd.

# INHALT

Mein Kollege, den ich zum Essen geladen hatte, wurde abweisend, als ich den Titel dieses Buches nannte: »Oh, ich mag überhaupt keine Farben im Garten: In meinem gibt es keine.« Offensichtlich dachte er an *Blütenfarben*, vielleicht an die leuchtende Wirrnis einer traditionellen Staudenrabatte oder gar an die prunkende Mischung von Sommerblumen in einem öffentlichen Park. Ich stellte mir seinen Garten vor (er war Franzose), angefüllt mit gedämpften Grüntönen, dem feingliedrigen Blätterwerk beschnittener Hecken oder Formbäumchen, anmutigen Linden und Kastanien, die sich in ruhigem Wasser spiegeln – kein Ort für aufdringliche oder lebhafte Blüten.

Ich hätte ihm antworten sollen, daß *Grün* eine Farbe ist. Daß ich Monate damit verbracht hatte, die Vielfalt an Schattierungen und Tönen in »einfachem« grünen Laub zu beobachten, und nach Worten gesucht hatte, die Feinheiten, die ich sah, zu beschreiben – wie selbst der einfachste Baum, der einen grünen Rasen beschattet, ein ständig wechselndes Farbmuster hervorruft, während das Licht sich von einer Minute zur anderen ändert, und wie die Jahreszeiten die Farbtöne der Blätter wandeln.

Natürlich konnte der Franzose nicht wissen, daß ich mich mit diesen feinen Abstufungen von Grün befaßte. Vielleicht nahm er an, ich schriebe für eine ganz andere Richtung, für unseren bescheidenen Nachbarn etwa, der zu sagen pflegt: »Es lohnt sich jetzt nicht, meinen Garten zu besichtigen, er ist ohne Farbe.« Auch für diesen ist *Farbe* gleichbedeutend mit *Blütenfarbe*; oder zumindest mit – je nach Jahreszeit – verschiedenen leuchtenden Blüten, Blättern und Früchten. Dieses Buch jedoch handelt von *allen* Gartenfarben, davon, wie sie sich ändern und einander beeinflussen, und davon, wie man sie bewußt einsetzen kann. Viele Gartenbesucher nehmen nur die Farben wahr, die ins Auge fallen – ich aber meine: So belebend diese auch sein mögen, die eher gedämpften Töne und der Hintergrund in Grün und Grau sind ebenso wichtig.

Vielleicht hätte ich früher ähnlich geantwortet wie mein Gast. Damals in Hadspen-House galt ich als »Gärtnerin mit Geschmack«, ich stellte Pflanzengruppen nach Blattfarbe, Struktur und Blattform zusammen. Blüten waren, je nach Jahreszeit, bloße Zugabe. Als ich Gertrude Jekyll zu lesen begann und durch sie anfing, die Theorien der französischen Impressionisten zu studieren, erkannte ich die unendlichen Möglichkeiten, Farbbilder mit Pflanzen zu weben. Je mehr ich über das Wesen der Farben lernte, um so mehr wünschte ich, praktisch die Harmonien und Kontraste zu erproben und damit zu experimentieren – die feurigsten Farben einzusetzen und ebenso die zartesten Pastelltöne, nicht nur in gefälligen Kompositionen, sondern auch um Perspektiven vorzutäuschen und bestimmte Stimmungen hervorzurufen.

In Tintinhull-House sollten wir einen Garten instandsetzen, den Phyllis Reiss vor dem Krieg geschaffen hatte. Hier zu arbeiten und zugleich über die Thematik dieses Buches nachzudenken, war höchst nützlich, um Theorien und mögliche Farbkombinationen praktisch zu erproben. Wenn ich mich umsah, während ich jätete, zurückschnitt und neu pflanzte, fand ich einige Motive von Phyllis Reiss zu stark – zum Beispiel die Einfassungen mit goldenen und purpurfarbenen Blättern; aber ich weiß heute, wie man sie abwandeln und verbessern kann. Ich mag ihre Verwendung von dunkel violettblauen Blüten, eingewoben in düster purpurfarbene Blätter, daneben die karmesinroten Blüten – der ganzen Anlage gemeinsam ist ein bläulicher Farbton. Ich finde den weißen Garten erholsam, die leuchtende Rabatte aufregend und intensiv. In einem Gehölz sind die Bodendecker unter den höheren Pflanzen blau: Sternhyazinthen, Kaukasusvergißmeinnicht und Steinsame in verschiedenen Farbtönen wuchern ineinander und lassen die Fläche größer erscheinen, als sie ist. Es gibt in Tintinhull viel über die Wirkung von Farben zu lernen. Ideen aus den Pflanzenzusammenstellungen dieses Gartens und aus den Farbtheorien verwende ich, wenn Leute mich beauftragen, Rabatten neu zu gestalten oder ihren Garten zu entwerfen. Mein frühes Interesse am Blattwerk blieb aber in gewisser Weise erhalten und seine grundlegende Bedeutung für jeden Gartenplan wird im Kapitel »umrahmendes Blattwerk« besprochen.

Die ersten beiden Kapitel dieses Buches sind eine Art erweiterte

Einführung. Im ersten werden die Planungsgrundlagen erläutert, die ich in jedem Garten für wesentlich halte, ganz unabhängig von der Farbphilosophie beim Pflanzen. Im zweiten Kapitel möchte ich dem Leser einiges aus der allgemeinen Farbenlehre mitteilen, Begriffe und optische Effekte erkennen lassen, durch die sich mein eigenes Sehen von Farben verbesserte und mein Selbstvertrauen in meine gärtnerische Arbeit stärkte.

Den größten Teil dieses Buches allerdings nehmen die Kapitel über die einzelnen Farben ein und die Pflanzenbeschreibungen. Dazu ist vorweg einiges zu erklären. Statt einfach die üblichen sieben Farben des Regenbogens zu verwenden, wird in jedem Kapitel ein Farbbereich behandelt, der aus der Sicht des Gärtners sinnvoll ist. Einzelne Kapitel enthalten Vorschläge zu monochromen Gärten. So kann man mit den Pflanzen aus Kapitel 3 einen weißen Garten anlegen oder nach Kapitel 4 einen Bereich ganz mit gelben Blüten und Blättern gestalten. Doch werden durchweg auch Vorschläge für wirkungsvolle Farbzusammenstellungen gemacht. Wie beim Regenbogen sind die Farben in den einzelnen Kapiteln fließend; nicht nur, weil die Bezeichnung der Farben ungenau ist, sondern auch, weil Wuchsbedingungen die Farbbildung beeinflussen und Licht das Erscheinungsbild verändert; so könnte eine Pflanze, die im Bereich Violett – Rosa – Rot variiert, in Kapitel 5, 6 oder 7 eingeordnet werden, je nachdem, wie sie von den genannten Faktoren beeinflußt wird. Ich habe die Pflanzen den Kapiteln zugeordnet, die mir selbst am besten zu passen scheinen; ein anderer hätte sich vielleicht anders entschieden, und vielleicht auch andere Pflanzen an erster Stelle genannt. Der Leser sei auf das Register verwiesen, wenn er über eine Zuordnung im unklaren ist.

Die Unterteilung der Kapitel nach Jahreszeiten zeigt, welche Pflanzen jeweils in einer Jahreszeit zur Verfügung stehen. Die Pflanzen werden der Jahreszeit zugeordnet, in der sie unter normalen Bedingungen zu blühen beginnen. Rosen, die unter »Frühsommer« aufgeführt sind, können durchaus den ganzen Sommer über blühen. Entsprechend ist auch die letzte Jahreszeit, die ich jeweils nenne, der »Spätsommer«. Etliche Pflanzen blühen bis zum ersten Frost, aber ganz wenige fangen erst im Herbst wirklich an zu blühen. Abweichungen von Mittelwerten durch Kleinklima und Lage des Gartens werden im Anhang besprochen. Meine eigenen Gärten befanden sich im Landesinneren, in Somerset, doch werden die Hinweise auf die jeweiligen Winterhärtezonen bei den Pflanzenbeschreibungen es jedem Leser ermöglichen, meine Erfahrungen auf seine Verhältnisse zu übertragen.

Die Pflanzen, die ich aufführe, kenne und mag ich selber, und in den meisten Fällen habe ich sie selbst auch einmal gezogen. Im ganzen gesehen, bevorzuge ich einfache Blüten, die nicht züchterisch »verbessert« wurden. Oft geht durch Züchtung größerer Blüten die Harmonie in den Größenverhältnissen verloren, und die modernen Farben erreichen eine Künstlichkeit, die im Garten unsympathisch wirkt. Das ist natürlich eine grobe Verallgemeinerung, und ich gehöre zu den ersten, die eine »neue« Farbe einsetzen, wenn sie genau für ein geplantes Motiv paßt.

Persönliche Vorbehalte habe ich auch gegenüber der Nomenklatur: Es kann Jahre dauern, bis der allerneueste und formal richtige botanische Name die Samenkataloge und Gärtnereien erreicht, wo man sowieso lieber die Namen verwendet, die den Kunden vertraut sind. Die Gärtner selbst ärgern sich oft über Namensänderungen und sträuben sich dagegen. In diesem Buch habe ich nach Möglichkeit die Synonyme neben den gewohnten Pflanzennamen genannt. Auch in diesem Fall sei dem Leser empfohlen, bei Unklarheiten das Register zu benutzen.

Dieselbe Pflanze taucht in verschiedenen Kapiteln auf, wenn sie in verschiedenen Farben vorkommt, manchmal auch wegen ihrer Blätter. Bei den Kulturanweisungen kann es durchaus sein, daß volle Sonne empfohlen wird, wenn das Blühen gefördert werden soll, obwohl die Pflanze Schatten verträgt, wenn sie nur wegen ihrer Blätter verwendet wird. Um Wiederholung zu vermeiden, wird bei vielen Pflanzen auf eine Beschreibung an anderer Stelle verwiesen.

Ich gehe davon aus, daß der Leser gleichzeitig ein gründliches Gartenbuch benutzt, um zusätzliche Informationen und genauere Hinweise zu Kultur, Vermehrung und Schnitt zu bekommen – oder Auskunft über Pflanzen, die in meiner Auswahl nicht enthalten sind.

KAPITEL I

# MIT FARBEN PLANEN

Dem Gärtner stehen heute so viele Pflanzen zur Verfügung, und ihre Farbe ist so grundlegend für die Wirkung, die sie hervorrufen, daß sie mit viel Sorgfalt verwendet werden müssen, um bestmöglich zur Geltung zu kommen. Es geht dabei nicht nur um eine ästhetische Übung, die – trotz Theorien zur Farbenlehre – subjektiv wäre. Erforderlich ist auch Rücksichtnahme auf die Bedürfnisse und die Eigenschaften der Pflanzen sowie ihre Eignung als Begleitpflanzen, damit sie zusammen wachsen können und während des ganzen Gartenjahres ein gesundes, blühendes Bild abgeben.

Bei jeder Gruppierung von Pflanzen in einer bestimmten Farbe, bei jeder Rabattengestaltung nach Farbplan hängt der Erfolg ganz wesentlich von der grundsätzlichen Gliederung und Anlage des Gartens ab, der den nüchternen Hintergrund bildet zu den heiteren und eher flüchtigen, mit der Jahreszeit wechselnden Farbwirkungen. Was wir sehen, hängt nicht nur von Ton und Leuchtkraft der Farbe ab, sondern auch von Struktur und Form der Pflanzen selbst und vom Tageslicht: Vor allem werden Farben niemals isoliert wahrgenommen, sie werden von anderen beeinflußt, die im selben Bild vorhanden sind. Gleich, in welchem Stil der Garten gestaltet werden soll, zunächst einmal sind die Rahmenpflanzungen – oft in Grün- und Grautönen – sowie die Farben des Baumaterials zu beachten, das für Haus, Pflasterung, Mauern, Wege und Stufen verwendet wird. Dies alles wird der gewebte Grundteppich sein, in den wir einzelne Motive oder ganze Themen von Blüten- und Blätterfarben einsticken müssen.

Bevor man sich einzelne Farben vornimmt, sollte man den Garten als Ganzes betrachten. Ob er streng formal wirkt oder frei gegliedert, gepflegt oder naturbelassen, gefühlsbetont oder selbstbewußt, monochrom oder vielfarbig – alle seine Elemente müssen zusammenwirken, um eine einheitliche Komposition zu ergeben. Gebäude, Mauern, Grenzzaun oder -hecke und die ebenen Flächen von Rasen und Pflasterung sollten zur architektonischen Ausgewogenheit und zur Einheitlichkeit des Entwurfs beitragen. Farbe ist allgegenwärtig, doch beachten Sie zunächst die relative Dunkelheit und Helligkeit in dem Bild, die Hell-Dunkel-Werte, die eine Schwarzweißfotografie zeigen würde: Sie sind es, die strukturelles Gewicht ergeben und beherrschende Formen bestimmen, seien es starre vom Menschen geschaffene, oder die sanfteren Gefüge der Pflanzengestalten. Die einheitlich dunkelgrüne Eibe wirkt streng, ein blasseres Blattwerk in Hellgrün oder schimmerndem Grau eher zerbrechlich, und gemähte Rasenflächen sind Teppiche von Licht. Eine ausgewogene Komposition aus diesen Elementen kann auch ohne ablenkende Farbe befriedigen. Im Winter werden bei einem Garten oft die Stärke und Einheitlichkeit des Entwurfs deutlich; im Sommer wird dieses Gesamtbild überdeckt von üppigem Laub und der Farbenpracht dieser Jahreszeit.

Ganz abgesehen aber von einem guten Grundmuster, sollte jeder Garten etwas Geheimnisvolles enthalten – unabhängig von der Größe, sollte möglichst nicht alles auf einmal sichtbar sein. Der größte Garten sieht kleiner aus, wenn man alles mit einem Blick erfassen kann. Selbst auf der kleinsten Fläche müßte es möglich sein, so zu pflanzen, daß es irgendwo eine Überraschung gibt: Spähen Sie hinter einen Busch oder über eine niedrige Mauer, und Sie werden eine gefällige Anordnung von Blättern oder eine heimlich blühende Pflanze entdecken; gehen Sie um eine Ecke, und Sie werden von einer neuen Farbe überrascht; verändern Sie Ihre Stimmung, indem Sie vom Schatten ins Sonnenlicht treten. Gärten sollten durch einen Pfad, der dem Blick entschwindet, zum Entdecken einladen: Er braucht nicht einmal zu einem Ziel zu führen, gibt aber das Gefühl, daß noch mehr zu erwarten ist. Oder es werden verschiedene Ebenen durch Stufen verbunden; sie fordern auf, hinauf- oder hinabzusteigen, wo sich ein neuer Anblick bietet. Gehölzgruppen, die abschirmen, und geformte Hecken, die einrahmen, lassen vielleicht jenseits des Rasens einen anregenden Farbfleck gerade noch erkennen, der einen weiter in den Garten hineinzieht, weil man herausfinden möchte, was sich dort befindet.

Das »Geheimnis« der Farbe ist Thema des ganzen Buches. Sie ist vielleicht gleichbedeutend mit Stimmung und Atmosphäre in einem Garten. Farbe bleibt immer etwas Subjektives; unsere Wahl mag sich auf eine persönliche Vorliebe für zarte, friedliche Töne gründen, auf den Wunsch, von den Fenstern des Hauses aus etwas Leuchtendes und Heiteres zu sehen, auf die besondere Neigung, sich vom Wechsel der Farben in verschiedenen Bereichen des Gartens anregen zu lassen – einem Wechsel, der zu einer Entspannung des Auges führt und Veränderungen in der Stimmung hervorruft. In dem einen Garten fehlen leuchtende Farben womöglich ganz, Spannung und Anregung gehen hier von feinen Strukturunterschieden und

Bild Seite 9: **In diesem Garten in klassischem Stil sind auffällige Farbfelder in den streng strukturierten Rahmen gesetzt. Hohe Hainbuchenhekken, durchbrochen von Rundbögen, obeliskförmige Eiben und eine Pappel bilden dazu den Kontrast und betonen die Senkrechte, während eine Blauzeder im Hintergrund dort einen mehr romantischen Gartenstil erahnen läßt. Innerhalb des sichtbaren Gartenbereichs bildet zu Polstern und Hecken geschnittener Buchs geschlossene Bereiche für unterschiedliche Gartenmotive. Im Vordergrund wachsen die blauen Kugelköpfe von Agapanthus und der dunklere Eisenhut zusammen mit malven- bis rosafarbenem Phlox, in der Mitte graue Phlomis fruticosa, mit ihren behaarten Blättern, und rechts die fiedrige Artemisia lactiflora, die verhindert, daß das Ganze zu schwer wirkt. Quer durch den Garten verbinden sich warme Orange- und Gelbtöne zu einem besonderen Akzent. Die Einladung eines Gartens, auf Entdeckung zu gehen, kann förmlich oder zwanglos sein. Gleich, ob die Wege geradeaus führen oder sich winden – der Blick auf eine Lieblingsfarbe oder eine halb verborgene Pflanze wird den Besucher tiefer in das Bild ziehen.**

Bild oben: **Aufgelockerte Formen weben einen Teppich aus sanften Tönen und gelblichen Mischfarben, betont durch orange-gelbe Fackellilien, Taglilien und goldenen Majoran. Pastellfarben scheinen zu verschwimmen und leiten in die Ferne, vergrößern dadurch die Dimensionen.**

Bild rechte Seite: **Die Pflanzen vermischen und verweben sich auch in dieser Doppelrabatte, wo Büschel von blauem Ehrenpreis, blassem Salbei, malvenfarbener Katzenminze und weißem Baldrian kräftige Gruppen bilden vor zerstreut stehendem Rittersporn und Fingerhut. Der gemähte Grasweg schafft hier jedoch eine klare Grundstruktur sanfter Linien und eine Atmosphäre geordneter Ruhe, nichts Aufregendes oder Geheimnisvolles.**

dunklen oder blassen Farben aus, die Gestalt und Form betonen. In einem anderen Garten bestimmen Farbwirkungen den Stil, und die feineren Unterschiede der Blattflächen werden gleichsam zum Grundgewebe für die eingestickten Farben. Die Pflanzenfarbe kann zu einem Werkzeug werden, um Dimensionen zu vergrößern oder zu verkleinern, das Gefühl von Wärme oder Kühle zu vermitteln, Erregung hervorzurufen oder friedliche, erholsame Stimmungen einzuleiten.

Ich hatte einmal einen kleinen gepflasterten Stadtgarten, nicht mehr als 14 $m^2$ Gesamtfläche. Zum Glück war er L-förmig, nicht einfach rechteckig, und ich konnte ihn in zwei grundverschiedene Themen aufteilen, die beide die vorhandenen Kontraste hervorhoben. In den Teil mit dem tiefsten Schatten setzte ich nur grüne Blattpflanzen, stark in der Wirkung durch Blattform und Struktur, darunter viele immergrüne, je nach Jahreszeit aber ergänzt durch weiße Blüten. Farne, Nieswurz, *Sarcococca*, und Efeu konnten prächtig gedeihen unter Aralie, Ölweide und Kamelie. Eine bogenförmige Pergola mit Kletterpflanzen rahmte die Fläche ein, die eher von der Sonne erreicht wurde. Ich betonte die andersartige Stimmung, indem ich dort Sträucher mit glühend goldenen Blättern zog sowie blaßgelbe

Blüten, um wenigstens die Illusion von Sonnenlicht zu erzeugen. Zu den Mauern hin ansteigende Beete erhöhten den Eindruck von Weite, und die Ränder wurden überall von Pflanzen durchbrochen und überwuchert.

Wenn ich noch einmal diesen Garten hätte, würde ich den üppig grünen »Dschungel«-Bereich belassen, aber wohl einjährige Blumen verwenden, um in jeder Saison einen neuen Farbakzent setzen zu können. Mit Blumenkübeln im Hof und im Haus wären die Möglichkeiten noch zu erweitern. Durch einen Rahmen von silbriggrauen Blattpflanzen für die Wirkungen im Winter könnte man in dem einen Jahr den »Farb«garten in Blau und Silber haben, in einer anderen Saison würden leuchtend warme Orange- und Scharlachfarben glühen, verstärkt durch die Graustufen des Hintergrundes. Violette Blüten mit karmesinroten und purpurnen Blättern, verbunden durch den tiefblauen Farbstoff in jedem der Töne, ergäben ein geheimnisvolles, prächtiges Motiv. Farbkontraste (rote Blüten gegen das Grün etwa – an der Stelle, wo die beiden L-Teile zusammenstoßen) müßten auf den Bereich beschränkt werden, an dem die beiden Motive sich begegnen; oder man müßte von vornherein in beiden Teilen nur Farben verwenden, die harmonieren.

Größe und Typ des Gartens schränken die Zahl der Gestaltungselemente ein und ebenso die Zahl der saisonabhängigen oder beständigen Farbmotive, die »passen«. Ein rechteckiger Garten, den man von der Straße oder den Fenstern eines Hauses aus sieht, zeigt oft einen Wirrwarr von widersprüchlichen Themen: ein Stück Rasen, einen Teich, einen Steingartenteil, vielleicht auch ein Formbäumchen, Wege und Trittplatten, Büsche und Bäume mit farbigen Blättern, geometrische Beete, voll mit leuchtenden Blüten aus Samentüten mit Farbmischungen. Jedes dieser Merkmale ist, für sich betrachtet, vielleicht großartig; sobald sie aber in ein einziges Blickfeld hineingestopft sind, wirken diese Elemente nur verwirrend. Besonders bei kleinen Flächen sollten Sie die Zahl der Form- und Farbeindrücke beschränken, sonst wird das Auge des Betrachters beunruhigt und ermüdet rasch.

Eine Lösung besteht darin, die verschiedenen Elemente in einen einheitlichen Gesamtplan einzubinden. Einen Steingarten kann man so anlegen, daß er zwei Ebenen verbindet und eine Terassenstützmauer ausfüllt. Ein Naturteich sieht künstlich aus, wenn er sich mitten im Rasen vor dem Haus befindet, wirkt aber ganz natürlich, wenn er halb verborgen zwischen Bäumen und Büschen angelegt wird. Eine spiegelnde, exakt geometrische Wasserfläche paßt gut zu den waagerechten Linien oder sorgfältig geschnittenen Formen von Hecken und Figurensträuchern, die den Rahmen hergeben für genau geplante Farbeffekte, um Perspektive vorzutäuschen, Dimensionen zu vergrößern oder zu verkleinern und ein Gefühl von Wärme oder Kühle zu vermitteln.

Typ und Größe des Gartens können der Ausgangspunkt sein für die Überlegung, welche Farben sich am besten eignen. Ein in sich geschlossener Stadtgarten kann hauptsächlich grün sein und damit den Eindruck einer Oase mitten im Blendwerk der städtischen Farben verschaffen; andererseits könnte solch ein Garten auch als Gegensatz zum grauen städtischen Alltag mit lebhaft bunten Blüten und Blättern angefüllt sein – eine Gelegenheit, exotische Pflanzen einzusetzen, die vor einem freien Hintergrund mit Wald oder Hekken nicht geeignet wären.

Der Betrachter von außen sieht die Farben gegen das Haus; für den Eigentümer im Inneren ist der Kreis weiter, zu dem die Farben sinnvoll in Harmonie oder Kontrast stehen müssen. (Selbst ein Blumenkasten in der Stadt läßt sich womöglich gegen das Laub in einem Hinterhof in der Nähe betrachten, von innen gesehen, während sich seine Gestaltung selbstverständlich zugleich auf den Hausanstrich und die Fenstervorhänge beziehen muß, die von außen als Rahmen wirken.)

Bei einem Vorstadtgarten müssen die Bäume und Sträucher der Nachbargärten bei der Auswahl der Farben als Hintergrund berücksichtigt werden, und besondere Motive müssen sich in eine Art Gesamtplan einfügen, worin jeder Privatgarten Teil eines Gesamtbildes ist. Wie farbige Blüten muß auch buntes Laub sorgfältig ausgewählt werden, so daß Purpur-, Gold- oder Blaugrüntöne nicht in grellem Gegensatz zur natürlichen Landschaft stehen: Wenn ein Vogel einen Garten auf dem Lande aus der Luft betrachtet, sollte der äußere Rand des Gartens ohne scharfe Trennung in die Landschaft übergehen, während exotische Pflanzen mit ihren »künstlichen« Farben am besten nahe am Haus, in Zusammenhang mit den vom Menschen geschaffenen Flächen stehen. Der Garten, in eine andere Gegend übertragen, bedarf auch anderer Pflanzen. Anstelle grüner und grauer Farbtöne im gemäßigten Klima finden sich dort ockerbraune Erde und Bäume mit kräftig blaugetöntem Laub.

Thema dieses Buches ist die Farbe in *Ihrem* Garten. Ihnen gehört die Leinwand; Sie, verehrter Leser, werden als Gartenkünstler in Ihrem persönlichen Stil mit den Farben malen, die Sie bevorzugen. Sie werden das Bild schaffen – in einem großen Garten vielleicht mehrere Bilder. In diesem Kapitel geht es um einige praktische Tätigkeiten als Grundlage zum künstlerischen Werk: Entscheidungen, wie das Gelände genutzt werden kann, wie man Farbideen in die Praxis umsetzt, wie man entwirft, plant und pflanzt – und wie man schließlich die Anlage auf Dauer erhält.

Die angeführten Beispiele geben ein paar Leitlinien – Faustregeln – wie man an die Planung herangehen kann. Da ein Zuviel verwirrt, sollten Sie sich beschränken. Das heißt nicht, nur wenige Farben oder einfarbige Motive zu wählen, sondern mit Farbzusammenstellungen wohlüberlegt und sparsam umzugehen. Trennen Sie die Farben räumlich, auf verschiedenen Beeten oder Gartenteilen und durch neutrales Blattwerk; und trennen Sie sie zeitlich, lassen Sie bestimmte Farben zu verschiedenen Jahreszeiten hervortreten. Wenn Sie für einen bunten Garten Farben kombinieren wollen, studieren Sie das Kaleidoskop an Möglichkeiten in diesem Buch, schauen Sie Gärten aller Art an, um Anregungen zu bekommen – und übertragen Sie dann die Ideen in Ihr Werk.

Kapitel 2 enthält etwas Theorie, bringt Vorschläge für verläßliche Farbkombinationen, und zwar sowohl harmonierende wie kontrastierende, und erläutert, wie und warum sie funktionieren. Doch sollten Sie stets Größe, Stil und Rahmen Ihrer »Leinwand« im Auge behalten – Ihre beabsichtigte Aussage.

Sie können Farben planen, haben Sie aber nicht immer unter Kontrolle, denn mit den heranwachsenden Pflanzen erleben Sie manchmal Überraschungen. Vor allem aber entstehen manchmal durch Zufall die bezauberndsten Gartenbilder. Oft werden Sie zufällig auf eine neue Farbfolge aufmerksam, die Ihren Farbsinn inspiriert und bereichert.

Gärten selber sind wichtige Quellen der Inspiration für den Gärtner, der für sein Grundstück Möglichkeiten neuer Farbkombinationen sucht. Sehen Sie sich Fotos davon an, lesen Sie Berichte darüber, aber besuchen Sie vor allem möglichst viele Gärten zu den verschiedensten Jahreszeiten. Die großen Gärten, die der Öffentlichkeit zugänglich sind, mögen auf den ersten Blick wenig mit dem durchschnittlichen Hausgärtchen gemeinsam haben. Aber man kann sich Pflanzennamen und -farben notieren und Skizzen anfertigen von ansprechenden Pflanzengruppierungen oder einer Kletterpflanze, die eine Mauer ziert (dazu die Farbe der Mauer notieren) – mit anderen Worten: Sie sollten Farbzusammenstellungen entdecken, die sich zu Hause verwenden lassen. Zudem lassen uns berühmte Gärten Stil, formale Gestaltung, Maßverhältnisse und Ausgewogenheit erkennen und werden allmählich unser Verständnis für Entwurf und Komposition schärfen. Viele berühmte Gärten wurden in einem klassischen oder traditionellen Stil angelegt, andere bestehen aus einer Mischung von Ideen verschiedenster Epochen, andere sind das Werk eines eigenwilligen Gartengestalters.

Die Anregungen aus solchen Gartenbesuchen bedürfen einer starken Umsetzung auf die Verhältnisse des kleinen Gartens. Das kann auch mißlingen: Eine Imitation von Capability Brown würde weiträumiges Gelände erfordern und in städtischer Umgebung gar nicht gelingen. Sie müssen eine große Farbfläche im kleinen Garten möglicherweise auf einen Farbtupfer reduzieren, können vielleicht die gleiche Farbe nur durch Verwendung anderer Pflanzen erreichen, weil der Boden oder die Lichtverhältnisse anders sind, oder müssen die Farben um Nuancen verändern, weil Ihre Mauern und Wege aus anderem Material sind.

In den meisten Gegenden besteht die natürliche Landschaft aus einer Reihe von Grün-, Grau- und blassen Brauntönen. Der Gärtner greift in diese Landschaft schöpferisch ein, gliedert sie und gibt ihr Tiefe, indem er bedachtsam starke, schwere Formen einsetzt,

**Auf dem begrenzten Raum eines kleinen Gartens in der Stadt läßt sich eine Atmosphäre von Verwunschenheit schaffen, wenn Architektur und Pflanzen gut kombiniert werden. Die Linien des Mauerwerks, die mildernden Blattformen und die Betonung der Senkrechten durch Säulen und höhere Pflanzen schaffen ein anmutiges Bild vielfältigen Geschehens auf kleinem Raum. Die kühle Biskuitfarbe des Backsteins engt den Raum nicht ein und paßt im Ton zum zarten Rosa der Pflanzen. Pelargonien, Polygonum bistorta und die weißen Kugeln von Viburnum × carlcephalum bewirken eine sanfte Stimmung, frei von Aufregung. Das Blattwerk von Knöterich, Funkie und Frauenmantel bietet während des ganzen Gartenjahres einen reizvollen Anblick, und ein dramatischer Akzent wird durch den Fuchsienhochstamm hinzugefügt, der die Geranien in dem Pflanzentrog überragt.**

durch hohe immergrüne Gehölze die Senkrechte betont und Struktur und Form des Blattwerks abwandelt. Er kann es mit architektonischen Mitteln tun: Gärten nach italienischer Tradition sind kunstvolle Kompositionen in Grün und Grau. Das feingliedrige Laub von Buchsbaum, immergrüner Eiche und glattblättrigen Zitronen kontrastiert mit silbrigen Olivenbäumen und den Spitzen dunkelgrüner Zypressen. Terrassen und Balustraden sind durch graue Steinstufen verbunden; blauer wolkenloser Himmel spiegelt sich in Wasser zwischen ruhigen, schattigen Gartenflächen.

Auf andere Weise entsteht im englischen Park ein friedlicher und großzügiger Eindruck: Im 18. Jahrhundert diente die Natur als Vorbild, das Gelände wurde modelliert, Baumgruppen wurden gepflanzt, um die Natürlichkeit zu betonen.

In der Ferne verblassende Baumsilhouetten und hügelige Wiesen formen eine Parklandschaft aus Licht und Schatten, nicht bestimmt von Pflanzenfarben oder geometrischen Formen.

Ein japanischer Gärtner würde aus dem natürlichen Grün einer Pinie, dem Braun oder Grau von Kies oder Felsgestein eine Landschaft im Kleinen schaffen. Reiz und Bedeutung liegen in dem Muster eines geharkten Kiesweges und den Kräuselwellen einer spiegelnden Wasserfläche, jedes Motiv symbolisch und mit Bedacht plaziert.

Die Bepflanzungen großer städtischer Gartenanlagen, wie sie der Besucher heute vorfindet, stammen noch immer aus dem 19. Jahrhundert, als neue Pflanzen mit leuchtenderen Farben die Freude an farbenfrohen Gärten erweckten. Die Beete wurden oft in geometrischen Mustern bepflanzt, mit wenig Rücksicht auf die Harmonie von Farben. Eine ausgeklügelte Anlage aus konzentrischen Farbkreisen mit Spiralen aus farbigem Kies war selten »ästhetisch«, ist aber Vorläufer der prächtigen freien Pflanzungen unserer modernen Parks, wo Farben heute eher behutsam verwendet werden. Zwiebelpflanzen und Sommerblumen und zarte Blüten- und Blattpflanzen werden dreimal im Jahr ausgewechselt und geben dem Pflanzenzüchter und Saatguthändler Gelegenheit, Versuche anzustellen. Hier kann der Privatgärtner, dem Platz und eigene Möglichkeiten fehlen, Farbzusammenstellungen studieren und im kleinen als Farbtupfer in seinem Garten verwenden.

Am überzeugendsten wirken die Sommerblumenbeete in den Parks, wenn die Farben in leuchtenden oder zarten Kombinationen paarweise angeordnet sind, wenn die Beete auf einfache geometrische Formen beschränkt sind. Dicht gesetzte Pflanzen erwecken den Eindruck zusammenhängender Farbflächen. Die Pflanzen dürfen nicht in zu großen Abständen gesetzt werden, damit die Farbfläche geschlossen wirkt, oder die Gruppen dürfen nicht zu klein sein, weil – vor allem bei einzelnen Pflanzen – die Farbwirkung verloren geht. Man vergleiche nur die großzügige Menge von Pflanzen in einem guten Parkbeet mit dem halben Dutzend eines Vorgartens: in einer Reihe z. B. blaue Lobelien abwechselnd mit lachsfarbenen Begonien: Hier kommt nichts anderes zur Wirkung als der Grauton der Erde im Blumenbeet. Es ist besser, Pflanzen in einem kräftigen Farbblock zusammenzufassen, der auch aus der Ferne wahrzunehmen ist, als einzelne Farbtupfen an einem Beetrand entlang zu verstreuen.

Im Gegensatz zu den künstlichen geometrischen Beeten mit niedrigen Farbflächen steht die dreidimensionale Staudenrabatte, angefüllt mit Gehölzen und Stauden in verschiedenen Farben und mit dem Ziel, möglichst natürlich zu wirken. Den größten Einfluß auf die Staudenrabatten unserer heutigen Gärten hatte wohl Gertrude Jekyll. Ihre Ideen waren eine Reaktion auf die plumpen und oft gedankenlosen Farbzusammenstellungen der Viktorianischen Zeit, in der gute Pflanzen häufig häßlich verwendet wurden.

Sie entwarf Farbmuster für Gärten wie für ein Kunstwerk und nutzte dabei ihre Erfahrung als Malerin. Sie legte die Rabatten als dreidimensionale »Bilder« an; alle Farben wurden sorgfältig abgestuft und ausgewählt und so angeordnet, daß sie aus der Nähe und aus der Ferne wirkten. Mit den Augen der Künstlerin und ihrer großen Pflanzenkenntnis stellte sie mit untrüglichem Gespür Themengruppen zusammen, wo immer Platz war für gesonderte Gartenbereiche: jahreszeitlich bestimmt oder in genau komponierten Rabatten. Sie schuf Rabatten und Gärten in fein abgestuften Farbtönen, Ton in Ton. Etwa in Gelb, Orange bis Rot; ein anderes Beet erhielt vielleicht ein breiteres Spektrum mit den Farben des Sonnenuntergangs, mit Blüten und Blättern in warmen, leuchtenden Tönen, allmählich in tieferes Karmesinrot und dunkles Violett übergehend, das Ganze wie ein Gemälde von Turner. Ruhigere Motive waren aus sanften Blau- und Violettönen, zusammen mit graugrünen oder bläulichgrünen Blättern, komponiert.

Oft verwendete sie Farben nicht großflächig, sondern locker verteilt, so daß Effekte wie bei einem Wandteppich entstanden: Eine Farbe grenzte an mehrere benachbarte, entsprechend »änderte« sich die Farbwirkung auf unterschiedliche Weise, wie im folgenden Kapitel beschrieben – einmal von der einen, einmal von der anderen Komplementärfarbe schattiert. Wie in jeder bildlichen oder baulichen Komposition, wird das Gleichgewicht durch eine sorgfältige Anordnung heller und dunkler Elemente, aufragender oder rundlicher Formen erreicht; entsprechend baute auch Gertrude Jekyll ihr Bild aus wohlüberlegten Abstufungen und Schattierungen von Blü-

**Ob Farben eine gute Gesamtwirkung ergeben, hängt von Menge und Proportionen ebenso ab wie von der Auswahl der geeigneten Pflanzenfarben und -formen. Eine Möglichkeit kann es sein, Stil und Farbe eines Gebäudes in der Nähe aufzugreifen. Der Farbton eines Mauerwerks zum Beispiel kann Ausgangspunkt sein für miteinander harmonierende Farben; jeder farbige Anstrich, der im Gartenbereich sichtbar ist, muß sich in das Gartenbild einfügen.**

Abb. linke Seite: **In einem Garten in der Stadt können cremefarbene Rosen aufregend wirken, wenn sie als einzige Pflanzen neben der Eingangstür sichtbar sind. Ihre Cremetöne verbinden sich milde mit den rahmfarbenen Mauern und dem Weiß von Tür und Bank. Ein beabsichtigter und befriedigender Eindruck. Stärker farbige Rosen an dieser Stelle würden die Schlichtheit dieser Szene zerstören. Zu einer anderen Jahreszeit könnte man – um eine neue Stimmung hervorzurufen – mit Blumenkästen oder Schalen neue Möglichkeiten schaffen: Im Frühling dürfen Zwiebelpflanzen aufregend rot oder sanft rosa blühen, und als Spätsommerpflanzung könnten niedrige blaue Lobelien unter duftendem rahmfarbenem Ziertabak wachsen.**

Abb. rechts: **In vielen Gärten bilden die Pflanzen des Nachbargartens einen Teil des äußeren Rahmens. Das Stück einer verwitterten Backsteinmauer hat seine eigene Struktur, sein Rot wird durch flächigwachsende Kletterpflanzen gemildert. Die Clematis 'Ernest Markham' mit ihren kräftig roten Blüten klettert am oberen Mauerende in einen überhängenden Busch des Nachbargartens. Unten wiederholen creme-weiße, gefüllte Chrysanthemen die cremefarbige Zeichnung auf den Blättern von Hedera helix 'Goldheart', der sich dicht an die Mauer schmiegt.**

ten- und Blattfarben auf. Der Blickfang, der ein Bild beherrschen sollte, erforderte eine kräftige, leuchtende Farbe, während größere Flächen mit zarteren oder blasseren Farben den ruhigen Hintergrund bildeten für lebhafte Kontrastfarben.

Sie entwarf monochrome Gärten stets so, daß man zunächt aus einem ganz anderen Bereich darauf zukam oder schaute, und sie auf diese Weise die größte Wirkung auf das Auge erzielte. Wie zu einer Kette aneinandergereihte Gartenteile mit einer vorherrschenden Farbe – orange, grau, golden, blau und grün – wurden durch immergrüne Hecken getrennt. Der Hauptteil des Gartens, angefüllt mit goldgelben und buntlaubigen Blattpflanzen, bildete den Rahmen für die blauen und grauen Abteilungen, wodurch die komplementären Blau- und verschwommenen Grautöne dort für das Auge höchst lebhaft und leuchtend wirkten.

Viele der berühmtesten englischen Gärten sind von Gertrude Jekyll inspiriert: Hidcote, Sissinghurst und das kleinere Tintinhull weisen alle getrennte Farbflächen auf, wo Stauden und Gehölze zu harmonierendem oder kontrastierendem Farbenspiel verwoben sind. Manchmal dominiert eine bestimmte Farbe nur während einer Jahreszeit, und ein Beet oder eine Rabatte wechseln ihr Gesicht zu einer Jahreszeit vollkommen: Eine Fläche munterer Blau- und Gelbtöne im Frühjahr kann zum Beispiel im Hochsommer zu einem Bild von dunstigem Blau und Violett mit blaßgrauen Blättern werden. Eine andere Rabatte mit Frühlingsblumen wird vielleicht später weiß, rosa und grau. Gertrude Jekyll arbeitete, als man noch große Gärten hatte; es war möglich, für eine bestimmte Saison angelegte Gartenteile oder solche mit besonderen Farbthemen bloß dann aufzusuchen, wenn sie am schönsten waren. Der Gärtner heute, der auf begrenzterem Raum arbeiten muß, kann dennoch viele ihrer »Regeln« anwenden – wenn auch mehr in Einzelheiten denn als Ganzes.

Während Gertrude Jekyll die Farbenlehren von Goethe, Chevreul und den Impressionisten im englischen Garten in die Praxis umsetzte, nahm Claude Monet – einer der frühen Impressionisten – seine Staffelei mit ins Freie hinaus; dort versuchte er, die ständigen Farbveränderungen durch Wetter und Jahreszeiten einzufangen oder auch Stimmung und Licht, wie sie sich im Laufe eines Tages immer wieder verändern. Wenn der Betrachter vom Bild zurücktritt, wird sich der Wirrwarr scheinbar nicht zusammenpassender Farben auf der flachen Leinwand zu einem Kunstwerk ordnen, das Monets Auffassung von der Natur oder von seinem Garten wiedergibt. Monet setzte seine Kenntnisse über Farbbeziehungen, Tonwerte, Harmonien und Kontraste ein, um schließlich ein fertiges Bild auf die Leinwand zu bringen; zunächst aber baute er das Gemälde aus Flächen von Dunkel und Licht auf, bevor er die Farbtöne ausarbeitete und starke Pinselstriche hinzufügte, um Blattwerk oder Blütenstrukturen anzudeuten. Seine Technik läßt sich mit der des Gärtners vergleichen, der einen ausgewogenen Rahmen aus Grüntönen aufbaut, in das er sein Netz aus Farben hängen kann.

Der Garten wurde bei Monet zu einer Besessenheit. Er wählte Pflanzen und Farben, um sie später malen zu können, und machte den Garten selbst zu einem Kunstwerk wie seine Gemälde. Seine berühmten Seerosenbilder, die er so gemalt hat, daß sie ringsum in einem Raum angeordnet werden konnten, werden auf großen Leinwandflächen von einem einzigen Motiv verwandter Farben beherrscht. Wie bei einem Gang durch den Garten konnte der Betrachter dann von einer Leinwand zur nächsten und von einer Farbe zur nächsten gehen.

Als er älter geworden war, sah Monet die Farben mit seinem inneren Auge, entnahm er in seiner Vorstellung das Wesentliche aus den Farben seines Gartens und erweiterte es zu neuen Bereichen. Ganz ähnlich war auch Gertrude Jekyll im höheren Alter, als sie fast erblindet war, wie besessen von abstrakten Farben, und sie schuf Gärten mit tieferen, volleren Farben, immer ähnlicher Turners späten Studien, die nicht mehr gegenständlich waren, sondern abstrakte Farbstudien.

Was einen inspiriert, hängt letztlich von der individuellen Sicht, vom persönlichen Geschmack ab; natürlich bin ich selber geneigt, die Gärten zu empfehlen, in denen nach meiner Meinung Farben am besten verwendet werden. Aber ich muß auch ein Wort der Warnung aussprechen – vielleicht läßt es sich am einfachsten auf die Formel bringen: »Hüten Sie sich vor zu viel Farbe!« Meiner Erfahrung nach gilt das besonders, wenn Farben nicht in einen grünen oder grauen Rahmen gesetzt werden, der das Bild zusammenhält, und es gilt vor allem für farbiges Blattwerk, mehr als für Blütenfarben. Ich kenne einen ländlichen Garten, in dem die Gesamtanlage ausgezeichnet ist, mit klaren und ausgewogenen Linien und Formen. Doch wurde fast immer eine Pflanze mit farbigen Blättern – in purpurnen, blaugrünen, goldgelben oder weißbunten Tönen – der grünen Sorte vorgezogen. Der ganze Garten wirkt dadurch unruhig und überladen. Die Farbzusammenstellungen in den einzelnen Gruppen sind wirklich eindrucksvoll, aber es fehlt das Gefühl der Einheit. Wieviel stärker wäre die Wirkung gewesen, hätte man den Garten in verschiedene Farbflächen oder -themen aufgeteilt und sie alle durch kontrastierende Grünschattierungen verbunden und eingerahmt.

Eine weitere Lehre aus der Betrachtung großer und kleiner, öffentlicher und privater Gärten ist: Nur das zu pflanzen, was wirklich paßt. Viele stilvolle Gartenpläne – vor allem für möglichst geringen Arbeitsaufwand – waren ursprünglich für eine ganz bestimmte Situation entworfen und wirken in einer anderen Umgebung oder in veränderter Ausführung überhaupt nicht mehr. Größere Bereiche mit farbigem Laub, das den Farbton der Erde, von Mauern oder Wegen aufnimmt und natürlichen Linien folgt, kann für moderne Architektur einen effektvollen Rahmen bilden, besonders im geschlossenen städtischen Bereich, wo buntes Laub nicht fehl am Platz erscheint. Übertragen auf einen Garten auf dem Land, der jenseits des Zaunes von ganz anderer Vegetation umgeben ist, sieht das Ganze absurd aus. Entsprechend können die steilen Hänge am Rand einer Schnellstraße im Stadtbereich gut mit den verschiedensten Bodendeckern bepflanzt werden; wo die Schnellstraße aber die offene Landschaft erreicht, sollten nur Pflanzen verwendet wer-

**In dem Gemälde *Le Jardin à Giverny* vereinigte Monet auf seiner Leinwand extreme Farbgegensätze – orangefarbene Brunnenkresse in großer Fülle, rosa violette Astern und Reihen aus roten, rosafarbenen und weißen Dahlien. Die Nachmittagssonne durchdringt die Blätter und Blüten und überzieht die kräftigen Farben mit einem wechselnden Muster aus Licht und Schatten, das von den Eiben mit ihren überhängenden Zweigen geformt wird. Mit langgezogenen Pinselstrichen in Grün und rötlichem Braun wird das feingliedrige Nadelkleid der Eibe wiedergegeben. Monet verwendete am liebsten nahezu reine Farben und dämpfte die benachbarten Töne ab, um eine ausgewogene Farbkomposition zu erreichen. Wenige Gärtner können derart kühne Visionen in die Tat umsetzen, denn Pflanzenfarben sind nicht so einfach mit einem Pinselstrich zu erzeugen. Monet wollte in seinem Garten im Sinne der Impressionisten einen flüchtigen Moment einfangen – ein Gemälde von derselben Szene zu einer anderen Tageszeit würde ganz andere Lichtverhältnisse und Farbspiele aufweisen. Bei den meisten Gärtnern vermischt sich die tatsächliche Farbe in ihrem eigenen Garten mit dem Pflanzplan, den sie im Bewußtsein haben; für den gelegentlichen Besucher ist es einfacher, einen bestimmten Eindruck von Farbe aufzunehmen und wie ein Gemälde in seinem visuellen Gedächtnis zu behalten.**

den, die sich in die ländliche Umgebung einpassen. Auch bei den beliebten Koniferen- oder Heidegärten ist eine gewisse Beschränkung in der Verwendung von Farben angebracht: Kriechende Pflanzen mit ihrem feingliedrigen Blattwerk, durchsetzt von Koniferen zur Betonung der Vertikalen – ein arbeitsparender Stil, und besonders geeignet für einstöckige Häuser. Kombiniert mit grauen Steinblöcken, Kies und ruhigen Pflasterflächen kann die Bepflanzung die Schlichtheit eines japanischen Gartens erreichen, aber die Wirkung geht im Zusammenprall unterschiedlicher Stile verloren, wenn die angrenzende Landschaft aus Gras und breitblättrigen Bäumen und Büschen besteht.

Neben die ästhetischen Beschränkungen auf das, was »paßt«, treten die Einschränkungen durch Klima, Lage und Art des Gartens. Wer im Haus Blumen arrangiert, kann jedes Blatt, jede Blüte wählen und daraus ein in Farbe und Struktur attraktives Bild gestalten; er kann z.B. Federbüschel von Astilben, majestätische Funkien-Blätter, fleischige Fetthennen und silbrige Artemisia- oder Achillea miteinander kombinieren – Pflanzen, die in keinem Gartenbeet nebeneinander wachsen könnten. So haben auch Pflanzenzüchter oft auf Gartenbauausstellungen die farbenprächtigsten Züchtungen zusammen vorgeführt, ohne Rücksicht auf ihre unterschiedlichen Wuchsformen und Ansprüche im Garten. So harmonisch eine Farbzusammenstellung auch erscheinen mag – für einen erfahrenen Gärtner wird die Bepflanzung »irgendwie falsch aussehen«, wenn die Pflanzen von weit auseinanderliegenden Lebensräumen stammen; und letztlich werden sie auch nicht überleben. Bei einer Neuplanung können die Grenzen durch Klima, Gestalt und Boden ja in Wirklichkeit auch die Aufgabe erleichtern, aus einer verwirrenden Vielfalt an Pflanzen die Wahl zu treffen. Wenn Sie in eine neue Gegend ziehen, werden Sie natürlich Klima und Kleinklima untersuchen und den Bodentyp analysieren; außerdem sollten Sie sich aber auch umsehen, welche Pflanzen hier gut gedeihen: Sowohl an der natürlichen Vegetation als auch an den Gartenpflanzen der Nachbarn werden Sie erkennen können, welche Möglichkeiten Ihnen offenstehen. Sie werden nicht genau die gleichen Pflanzen zusammen verwenden können, mit denen Sie anderswo Erfolg hatten oder die Sie in einem anderen Garten gesehen und bewundert haben, doch Sie können vielleicht eine ähnliche Wirkung erreichen, wenn Sie Pflanzen aussuchen, die an diesen Ort passen. Farben für den Garten planen, heißt nicht nur Harmonien im Rahmen vorhandener Gartenstrukturen schaffen; in vielen Fällen entschließt man sich zu einem bestimmten Farbschema und wählt dann die Pflanzen aus, um es zu verwirklichen. Ja, die Planung der Farben hängt meist sogar von zwei Faktoren ab – dem Neuordnen von Pflanzen zu einer besseren Komposition und der Suche nach Pflanzen, die dem Bild auf dem Plan oder aus unserer Vorstellung entsprechen. Bei der Arbeit ersparen Sie sich Zeit und Enttäuschung, wenn Sie nachsehen, woher die Pflanze kommt, und ihrem natürlichen Lebensraum ähnliche Bedingungen schaffen. Wenn das nicht möglich ist, sollten Sie eine andere Pflanze aussuchen. Klimafaktoren (die im Anhang »Klima und Wachstumsbedingungen« näher besprochen werden) können durchaus beeinflußt und gesteuert werden. Nischen mit günstigem Kleinklima können in einem Garten vorhanden sein oder künstlich geschaffen werden. Hänge können Vegetationsperioden verlängern und Frost abhalten; Ziegel und Steine strahlen gespeicherte Wärme ab, so daß bei empfindlichen Pflanzen das Holz besser ausreifen kann. Hochbeete sorgen für Entwässerung bei Alpen- und Mittelmeerpflanzen, die zwar niedrige Temperaturen, aber kein gefrierendes Wasser am Wurzelansatz vertragen. Empfindliche Jungpflanzen können besser extremen Temperaturen standhalten, wenn sie anfangs einen Frostschutz erhalten.

Ebenso können Bodentyp und -struktur bis zu gewissem Grade beeinflußt werden. So ist es möglich, auch auf kalkhaltigen Böden für Pflanzen, die einen sauren Boden mit niedrigem pH brauchen, kalkfreie Beete anzulegen und zwar häufig und erfolgreich mit Containern; weniger glücklich bei größeren Gartenflächen, wo die Pflanzen oft nicht in die völlig andere Vegetation der Landschaft passen. Diese Entscheidungen sind aber subjektiv und gipfeln im sogenannten Naturgarten, wo ausschließlich bodenständige Pflanzen zugelassen werden. Kniffe zur Bodenverbesserung und andere Maßnahmen, die dazu dienen, das Pflanzenspektrum zu erweitern, bewähren sich in einem Garten, der nicht von freier Landschaft umgeben ist. Exoten in Töpfen nahe am Haus sehen nicht deplaziert aus – anders ist es, wenn vorgetäuscht werden soll, daß diese Pflanzen natürlich draußen im Garten, auf einer Waldlichtung oder dicht am Zaun neben der natürlichen Vegetation wachsen, was unter natürlichen Bedingungen niemals sein kann.

Passen Sie Ihre Planung der Umgebung an. Setzen Sie keine Pflanzen mit silbernem und grauem Laub in den Schatten, sondern geben Sie ihnen volle Sonne und lockeren Boden und pflanzen Sie in den Schatten Farne mit ihren zarten filigranen Blättern. Setzen Sie keine Pflanzen mit hohem Nährstoffbedarf neben solche, die mageren steinigen Boden bevorzugen; selbst die beliebte Zusammenstellung von Rosen und Lavendel macht die Pflege schwierig, weil die Bedürfnisse unterschiedlich sind. Man kann sie ja so pflanzen, daß sie zusammen vom Auge erfaßt werden, dabei aber den Lavendel unauffällig in steinige, gut drainierte Erde setzen. Planen Sie keine Farben, die überwiegend auf goldgelbem Blattwerk beruhen, für vollsonnige Stellen; die meisten dieser Pflanzen brauchen Schatten, sonst welken und verbrennen die Blätter. Geben Sie panaschierten Formen nicht zu viel Dünger; ihre Blätter bilden sonst neues Chlorophyll und werden grün. Viele Lilien-Arten, die man in offenen Rabatten gerne als farbenfrohe Gruppen zu hohen Stauden pflanzt, brauchen kühle Waldbedingungen in tiefgründigem (oft saurem) Boden und zum Schutz ihrer Triebe niedriges Kraut. Ihr Pflanzplan wird durch die Bedingungen in Ihrem Garten eingeschränkt, und es hängt von den geeigneten Pflanzen und der Pflanzung ab, ob er gelingt und ob Sie zufrieden sind. Wenn Sie Pflanzen an die Umgebung anzupassen versuchen, denken Sie daran, daß das Licht die Farben, für die Sie sich entschieden haben, beeinflußt. In einem Land, wo starkes Sonnenlicht selbst die kräftigsten Farben ausbleicht, können Sie die buntesten

Farben aussuchen – Farben, die unter dem grauen Himmel des Nordens deplaziert und grell wirken würden. In feuchter Luft beginnen pastellfarbene Blüten und feingliedrige Blätter aufzuglühen und wirken natürlich; unter glühender Sonne verblassen sie zu Unscheinbarkeit.

Wie ein Garten genutzt wird, welches Vergnügen er macht, dürfte sich mit der Jahreszeit ändern und von Familie zu Familie verschieden sein. Im Winter wird der Garten größtenteils vom Innern des Hauses aus betrachtet, vielleicht sucht man ihn kurz auf, um die Einzelheiten eines Blattes oder einer Blüte zu betrachten oder einen Duft aufzunehmen. Im Sommer – je nach Wetter und Familiengewohnheiten – wird der Garten zum erweiterten Haus – oder er wird ganz ignoriert, weil jedermann in die Ferien fährt. Wenn der Garten groß genug ist für räumlich getrennte jahreszeitliche oder farbliche Effekte, sollte man darauf achten, daß diese Stellen in der attraktiven Zeit auch zugänglich sind. Im Winter erfreut man sich am Garten in der Nähe des Hauses, doch sollte der Rosengarten dann unsichtbar sein, wenn er zurechtgestutzt und unansehnlich ist. Flächen mit Frühlingsblumen, die später eintönig aussehen, kann man

**Rote Tulpen unter starken Baumstämmen säumen einen kopfsteingepflasterten Weg, der zu einem streng architektonisch gestalteten Blickpunkt führt. Farbe bestimmt den Raum ebenso wie perspektivische Linien; die einfarbige Bepflanzung betont die Achse. Die kräftige Farbe und die einfachen Formen der Tulpenblüten in großer Fülle stechen deutlich von den anderen Farben im Bild ab: Der graue Stein und die plastischen dunkelgrünen Blätter der Tulpen selber sowie die Licht- und Schattenmuster auf den Blütenformen zeigen, daß der mutige Einsatz einer einzigen Farbe nicht eintönig wirken muß. Die Hand eines wirklichen Künstlers wird der Versuchung widerstehen, andere Farben während dieser Jahreszeit hinzuzufügen, die das Auge ablenken und die Wirkung schwächen würden; die wenigen weißen Tupfer von den Beeten nebenan stören nicht.**
**Eine strenge, architektonische Bepflanzung wie hier, muß überzeugend wirken. Nur diese großzügige Zahl dicht gedrängter Tulpen ergibt das starke saisongebundene Bild, eine weniger dichte Bepflanzung wäre nicht so wirkungsvoll.**

**Einer mag das Bild langweilig finden, über das ein anderer sich wegen seiner Feinheiten freut; der eine mag die farbenprächtige Bepflanzung als zu grell bezeichnen, die der Nachbar leuchtend und heiter findet. Diese beiden Rabatten vor dem Hintergrund von Bäumen sind ähnlich in Umfang und Proportionen der Bepflanzung, unterscheiden sich aber stark in der Farbwirkung und sprechen unterschiedlichen Geschmack und verschiedene Stimmungen an. Die gedämpften Farbtöne und -schattierungen in der** Abb. oben **erfordern einen aufmerksamen Blick aus der Nähe, wenn ihr Charme wirken soll. Undeutliche Blütenformen in sanften Rahm-, Rosa- und Malvenfarben und gedämpften Blautönen mischen sich mit Blattstrukturen in Grau und Grün in sanftem Kontrast gegen die dunklen Blätter und Blüten am Ende der Rabatte.**
**Ganz anders in der Rabatte** (Abb. rechts), **bei der das Auge fast Mühe hat, sich auf die leuchtend warmen Farben zu konzentrieren. Flecken und Gruppen kräftiger Farben und reiner Farbklänge bleiben deutlich erkennbar, ausgewogen, ohne sich zu vermischen. Schauen Sie, wie das Gelb vom tiefen Samtrot gesteigert wird, während eine Gruppe weißer Blüten und Büschel silbrigen Blattwerks die Farben noch lebhafter und tiefer erscheinen lassen.**
**An trüben Tagen wirkt die Rabatte mit den gedämpften Tönen farbiger, während die leuchtende Rabatte mit den »heißen« Farben dann fast zu bunt wird. Sonnenlicht läßt alle Farben blasser und gelblicher werden; bei heißem Wetter bildet sich manchmal ein Hitzeschleier, der die Farben ineinander verschwimmen, die buntesten Farben bleicher und die gedämpften Töne noch bedeutungsloser werden läßt. Planen Sie Ihre bunten Rabatten für Sonne und Schatten und denken Sie an dieses Phänomen.**

durch später blühende Pflanzen abschirmen. Die traditionelle Staudenrabatte ist als Augenweide im Sommer gedacht, weniger für das Frühjahr. Die Sitzecke zum Aufenthalt bei warmem Wetter sollten Sie in behaglichem Grün planen, mit Blick auf den farbigsten Teil des Gartens oder – falls die Arbeit nur in der Dämmerung Muße läßt, im Freien zu sitzen – neben weißen oder pastellfarbenen Blüten und blaß silbrig grauen Blättern, die geheimnisvoll im Dunkeln leuchten.

Entscheiden Sie zunächst, wann Ihr Garten am besten aussehen soll. Stellen Sie kräftig und überzeugend wirkende Gruppen zusammen. Setzen Sie die Farben nicht so unentschlossen ein, daß kein klarer Eindruck entsteht. Es ist wirksamer, zu gleicher Jahreszeit blühende Pflanzen dicht aneinander zu setzen, als verstreute Farbtupfen, zwischen denen über weite Strecken gar nichts geschieht. Isolieren Sie verschiedene Farbmotive durch Streifen von ruhigem Blattwerk, um die Wirkung zu verstärken; wenn jedoch zwei oder mehr Farben als gemeinsame Wirkung vorgesehen sind, sollten Sie diese an einer Stelle konzentrieren – oder Sie stellen sie zu unterschiedlichen Jahreszeiten vor.

Ein großer Garten erlaubt den Luxus einzelner Bereiche, mit eigenen jahreszeitlichen oder farblichen Besonderheiten, die zusammen demjenigen, der den Garten durchstreift, den Eindruck deutlichen Wechsels verschiedener Stimmungen vermitteln – von lebhaften zu friedlichen, von warmen zu kühlen Farben. Im kleinen Garten, wo eine solche Vielfalt nicht möglich ist, sollte man sich auf ein paar besondere Höhepunkte konzentrieren, die nur für bestimmte kurze Zeit andauern, ansonsten aber mehr auf gleichmäßig grünes und schön strukturiertes Blattwerk achten, auf zeitlose Wirkungen also.

Selbst bei reichlichem Platz für verschiedene Bereiche können Typ und Situation des Gartens Blütezeiten und besondere Farbwirkungen bestimmen. In Gärten mit größerem Waldbestand gibt es zum Beispiel im Frühling und Frühsommer durch Zwiebeln und Blütensträucher geradezu eine Farbexplosion, dann aber eine lange grüne Sommerpause, bevor die großartigen Farbklänge des Herbstlaubs einsetzen.

Viele traditionelle winterharte Pflanzen, wie sie in Bauerngärten zu finden sind, haben ihre größte Wirkung zu Anfang oder in der Mitte des Sommers. Lavendel, Pfingstrosen und Iris aber haben Blätter, die auch während der übrigen Zeit gut aussehen. In Staudenrabatten, die bis spät in den Herbst hinein blühen, lassen sich die nötigen Stützen für die später blühenden hohen Stauden durch Gruppen frühblühender Zwiebelpflanzen verbergen, bevor die Blätter der Stauden selbst genügend wuchern, um Stangen und Schnüre zu verdecken.

Auch die Zeit, die wir für die Gartenpflege zur Verfügung haben, wird die Pflanzenauswahl beeinflussen. Man denke an Arbeiten wie Teilen und Umsetzen von Stauden, Aufnehmen und Trocknen von Zwiebeln, Pflanzen von Sommerblumen, ganz zu schweigen von den laufenden Arbeiten wie dem Entfernen abgeblühter und welker Teile (nicht nur wegen der Schönheit, sondern um die Schwächung

der Pflanzen durch Samenansatz zu verhindern). Je mehr wir uns diesen und anderen Arbeiten widmen können, um so wirkungsvoller und dauerhafter werden die Ergebnisse sein.

Am meisten Zeit und Kraft spart eine dauerhafte Pflanzung mit Bäumen und Sträuchern in großen Flächen mit bodendeckendem Material, wie Platten oder Kies, aber auch Rasen oder Gehölze und bodendeckende Stauden, die das Aufkommen von Unkraut verhindern. Das Dach der schattenwerfenden hohen Pflanzen darf nicht zu dicht sein, damit das Gras und die niedrig bleibenden Pflanzen gedeihen können. Selbst Platten und Kies brauchen Pflege: mindestens jährliche Anwendung von Unkrautbekämpfungsmitteln, Rechen oder Harken und regelmäßiges Entfernen von Laub. Etwa 28mal im Jahr muß gemäht werden, wenn man einen glatten Rasen haben will, mindestens drei- oder viermal im Jahr bei einer Wiese ohne allzuviel Unkraut. Guter Rasen braucht Dünger und gezielte Unkrautbekämpfung, muß vertikutiert und gerecht werden. Bodendecker brauchen mehrere Jahre, um dicht zusammenzuwachsen; Stauden lassen oft in der Blühfreudigkeit nach, wenn sie nicht häufig aufgenommen und geteilt werden. In der Zwischenzeit muß das Unkraut von Hand, durch Kontaktherbizide oder durch reichliches Mulchen eingedämmt werden; Mulchen regt das Pflanzenwachstum an und verhindert das Auskeimen einjähriger Unkräuter und hält den Boden feucht.

Diese Art der Gartengestaltung schränkt allerdings die Möglichkeiten der Verwendung von Farben ein. Suchen Sie Pflanzen aus mit möglichst vielen Qualitäten: eine reizvolle Gestalt im Winter, lange Blütezeit, dekoratives Laub, schöne Herbstfärbung und Früchte; spektakuläre Effekte mögen dabei auf bestimmte Zeiten, wie die Blüte, beschränkt sein. Ein Bodendecker wird vielleicht nur während einer kurzen Blütezeit Aufsehen erregen. Die Qualität der Pflanze liegt aber in ihrer Gestalt, in ihrem Blattwerk während des ganzen Jahres, und die Farbwirkung mag einzig in feinsten Unterschieden in Tönung und Struktur bestehen.

Zwischen dieser Art der Gartengestaltung und der arbeitsintensivsten Form, bei der Zwiebel und Beetpflanzen zwei- oder dreimal im Jahr ausgetauscht werden, gibt es beliebig viele Varianten. Eine Dauerbepflanzung enthält z.B. einige Stauden, die mehr oder weniger häufig geteilt werden müssen; viele Zwiebeln fühlen sich unter laubabwerfenden Gehölzen wohl, ohne daß sie jährlich ausgegraben werden müssen. Die meisten Gartenanlagen sind eine gelungene Mischung aus den Vorlieben des Besitzers und der Zeit, die er für die Pflege hat.

Ein normaler Garten von heute ist zum großen Teil gemischt bepflanzt. Bäume und Sträucher sorgen für Tiefe, Höhe, den äußeren Rahmen für das ganze Jahr und werfen Schatten auf benachbarte Pflanzengruppen. Sträucher, einzeln oder in Gruppen, zieren durch ihre Form im Winter und durch die Farben zu den übrigen Jahreszeiten. Zwischen ihnen in Gruppen oder locker verteilt stehen Stauden oder Zwiebeln mit unterschiedlicher Blütezeit. Bei Zwiebeln, die nicht jeden Sommer aufgenommen werden, läßt die Blüte allmählich nach. Sie müssen ziemlich oft erneuert werden. Wenn die Zeit es zuläßt, kann man durch einige Tuffs von Sommerblumen während einer Blühperiode zusätzliche Akzente setzen – oder völlig neue Farbeffekte schaffen.

Damit eine Rabatte im Winter gut aussieht, wird sie mit wintergrünen Pflanzen und eleganten, im Spätwinter blühenden Sträuchern bepflanzt. Wenn Sie jedoch spät im Laufe des Jahres mehrere Höhepunkte haben wollen, sollten Sie es mit Pflanzen versuchen, die Sie jeweils zur Zeit ihrer optimalen Wirkung gegeneinander austauschen und im Beet zusammen mit Pflanzen setzen, die Fülle und Struktur bieten und im Boden belassen werden müssen, damit sie sich weiterentwickeln. Das farbige Frühlingsbeet – gleich, ob es sich um Zwiebelpflanzen handelt oder um im Herbst ausgesäte Einjahrsblumen – kann nach der Blüte abgeräumt werden, um Platz für Sommerblumen oder andere Pflanzen zu machen. Werden überhaupt keine Sommerblumen verwendet, kommt es um so mehr darauf an, auf die Wirkung jeder Pflanze außerhalb der Blütezeit zu achten. Frühlingszwiebeln, die dauernd im Boden bleiben, können mit Gruppen der sommerblühenden Schmucklilie durchsetzt werden, die die absterbenden Blätter der Zwiebelpflanzen verbergen; Stauden mit attraktiven Blättern im Frühsommer, wie Japan-Anemonen, können Lücken zwischen den Blütentuffs der Zwiebelblumen ausfüllen und blühen erst viel später. Frühblühende Sträucher stehen gleichzeitig mit den ersten Zwiebelpflanzen in Blüte. Lavendelbüsche mit ihren violetten Ähren und grauen Blättern überbrükken die Zeit bis die Schmucklilie aufblüht; im Spätsommer schaffen Säckelblume, Clerodendron, *Eupatorium ligustrinum* oder die Malve einen dritten Höhepunkt zusammen mit der Blüte der Japan-Anemone und anderer Spätblüher.

Wo der Raum beschränkt ist, zum Beispiel auf eine Rabatte, die zu allen Jahreszeiten vom Haus aus sichtbar ist, wird die Auswahl der Farben und die Art ihrer Verwendung um so wichtiger. Das Beet mag fast das ganze Jahr über bunt sein oder nur ein oder zwei Höhepunkte haben. Manche Lösungen sind eher für eine begrenzte Fläche geeignet als andere. Die beiden Enden einer kleinen Rabatte lassen sich gut mit unterschiedlichen Farbmotiven gestalten, mit dem Höhepunkt jeweils in einer anderen Jahreszeit. Der am nächsten zum Haus gelegene Teil könnte dann vor allem für den Anblick im Winter geplant werden, die anschließende Fläche als Frühlingsbeet – und so weiter, bis hin zum am weitesten entfernten Ende mit Spätsommerfarben und einer Sitzecke, die in der warmen Zeit am meisten genutzt wird.

Wieweit bestimmt die Auswahl der Farben das jahreszeitliche Aussehen eines Beetes? In mehrfacher Hinsicht wird die zurückhaltende Verwendung von Farbe die Auswahl der Pflanzen erleichtern. Nehmen Sie eine Jahreszeit und legen Sie eine Liste der Pflanzen an, die zu dieser Zeit in der oder den gewünschten Farben blühen; verfahren Sie genauso für eine andere Jahreszeit, und bedenken Sie, daß die Farbmotive im Jahreslauf wechseln können. Eine blaugelbe Frühjahrsrabatte kann im Sommer überwiegend gelb sein und im Spätsommer rosa und grau oder reich an leuchtenden Farben, oder auch umgekehrt. So kann man lebhaft rote und scharlach-

farbene Tulpen und orange- oder karmesinfarbenen Goldlack für den Frühling im Herbst zwischen Büschel von späten blauen und rosa Astern setzen.

Wenn Sie sich für bestimmte Pflanzen mit der erwünschten Farbwirkung entscheiden, sollten Sie auch berücksichtigen, wie diese Pflanzen außerhalb der Blütezeit wirken und welche Eigenschaften und Ansprüche sie haben.

Gehölze, die die nötige Struktur schaffen, vertragen es nicht, wenn sie versetzt werden; jedes Jahr aber nehmen sie an Höhe und Umfang zu, werfen Schatten auf benachbarte Flächen, beeinträchtigen das Wachstum der Pflanzen in der Nähe und verändern zugleich das ästhetische Gleichgewicht von Höhen und Formen. So wie in einer Anlage die Farben in kontrastierenden Gruppen oder in sorgfältig abgestuften Tönen und Schattierungen bedacht werden, müssen aber auch die Größe der Farbflächen und die relative Höhe der Pflanzen in die gesamte Komposition einbezogen werden. Auf einem schmalen Beet lassen viele hohe Pflanzen das Beet noch schmaler erscheinen; auf einer breiten Fläche wirken zu viele Pflanzen gleicher Höhe flach wie ein Gemälde ohne die Feinheit von

**Am Rand von natürlichen Gewässern sollten die geeigneten feuchtigkeitsliebenden Gewächse gepflanzt werden: Hier spiegeln sich fiedrige weiße Astilben, gelber Felberich und die blaßgelbe Primula florindae in dem stillen Gewässer und steigern damit die Wirkung. Irisblätter bilden einen Kontrast in Form und Struktur; ihre gelben Blüten haben im Frühsommer das Thema angekündigt. Die Farbtöne Gelb und Grün liegen sehr nahe beieinander, und das Weiß hat hier eine rahmfarbene Tönung, die ebenfalls keinen starken Kontrast ergibt. Die Farben dieser Pflanzung wirken auf das Auge ebenso ruhig wie das Wasser.**

Schattierungen. Pflanzen in unterschiedlichen Höhenstufen dagegen bilden plastische Strukturen. Schatten verändert die Farben, beeinflußt aber auch das Wachstum. Eine Hecke im Hintergrund einer schmalen Rabatte kann die erwünschte architektonische Form bringen, ihr einheitlicher, dunkler Farbton umrahmt die Pflanzengruppen davor und gibt ihnen optisch Halt –, konkurriert aber auch um Licht und Luft und entzieht dem Boden Wasser und Nährstoffe. Der vordere Rand einer Rabatte wird durch eine niedrige wintergrüne Bepflanzung stabilisiert und verbindet gleichzeitig die Fläche mit dem Rasen oder der Pflasterung. Höhere, ausdrucksvollere Pflanzen schaffen zwar eine Verbindung zu Bäumen und Hekken, die den Rahmen bilden, engen aber möglicherweise den Raum ein, der für andere Pflanzen vorgesehen ist, und lassen sie nicht zur Wirkung kommen. Darüber hinaus sollten Sie aber auch bedenken, daß die Verhältnisse der Farbflächen untereinander und ihre Farb- und Hell-Dunkel-Kontraste ebenso wichtig sein können wie die verwendeten Farben selbst – und daß jede einzelne Komposition gleichermaßen zum Gesamtbild von Garten und Haus passen muß.

Bevor man auf dem Papier zu planen beginnt, sollte man sorgfältig alle Faktoren beachten, die die Wirkung der ausgewählten Pflanzen beeinflußen können. Farben und Formen können Blickfang, dominierend und anziehend sein, oder aber den Raum scheinbar vergrößern, indem sie sich im Hintergrund verlieren. Ein Baum oder Strauch mit goldfarbenen Blättern kann zwischen gewöhnlichem Laub die Blicke auf sich ziehen, an der Nordseite eines dunklen Gartens aber heiter stimmen und den Eindruck von Licht und Sonne vermitteln. Beachten Sie immer, aus welcher Richtung man sich dem Beet nähert, und ob man es mit einem Blick erfassen kann oder langsam daran entlanggehen muß. Wird es vor allem von den Fenstern des Hauses aus betrachtet, oder wird es in allen Einzelheiten von Blatt und Blüte, von Farbe zu Farbe betrachtet, indem man am Rande entlang geht?

**Farben verändern sich mit der Entfernung; das muß bei einem Pflanzplan bedacht werden, der die lineare Perspektive hervorheben soll.**
Abb. links: **Rosafarbene Rosen an einem Weg entlang ziehen das Auge tief in das Bild hinein, da die in der Ferne verblassenden und verschwimmenden Farbendie sichtbare Länge des Weges scheinbar verlängern – eine Wirkung, die durch den extremen Kontrast des dunklen Eibenbogens noch verstärkt wird. Die lichten Farben und undeutlichen Formen geben dem Weg scheinbare Breite. Dunkle Farben andererseits verengen; eine feste, immergrüne Hecke um einen Garten oder am Rand eines Weges kann einen Gartenraum optisch verkleinern.**
Abb. rechts: **Die Irischen Säuleneiben ('Fastigiata') entlang dem Zugang zum Haus bezeichnen den Rand des blütenübersäten, gepflasterten Weges, und bilden ein vollkommenes Gleichgewicht. Der Teppich aus Sonnenröschen, in Rot- und Rosatönen, glüht in der Mittagssonne auf und wann immer die Sonne scheint. Das leuchtendste Rot ist im Vordergrund; mit der Entfernung fließen die Farben ineinander und werden zunehmend blasser.**

Bevor Sie die Pflanzen in den Plan eintragen, fertigen Sie eine dreidimensionale Skizze an, die die Relationen zum ganzen Garten zeigt. Überlegen Sie, wie Sonne und Schatten sich auf den Beeten verteilen und wie im Laufe der Jahreszeiten sich Licht und Dunkel verändern werden. Es ist durchaus möglich, daß ein Abschnitt den ganzen Winter über im Schatten liegt, aber im Hochsommer fast den ganzen Tag Sonne bekommt; solche Unterschiede kann man nutzen, wenn man verschiedene Pflanzen für die beiden Jahreszeiten wählt.

Abgesehen von den Tropen, hält die Natur selber bestimmte Farbklänge in der Folge der Jahreszeiten bereit, und das hat in der Tradition auch unsere Gartenplanung beeinflußt; selbst heute, da die Natur so manipuliert wird, daß während des ganzen Jahres fast alle Farben zur Verfügung stehen, haben wir noch immer eine gewisse Erwartungshaltung in bezug auf Farben zu bestimmten Zeiten. Viele Pflanzen wurden gezüchtet, um Blütezeiten zu verlängern, um sie widerstandsfähiger zu machen gegen Kälte und Hitze, Feuchtigkeit und Trockenheit. Aus fernen Ländern eingeführte Pflanzen, Gartenformen und Hybriden in neuen Farben, »verdelte« Pflanzen, bei denen das Verhältnis zwischen Blüte, Blatt und Stil verändert wurde, verändern die Beziehungen zwischen den Farben der Natur und dem Angebot für den Garten. Und dennoch *erwarten* wir, daß Frühlingsfarben licht und heiter sind und das jährliche Erwachen der Natur und die zunehmende Wärme signalisieren, daß später die Farben dunkler und kräftiger werden, man denkt an üppig grünes Laub und weiß, daß zugleich bereits die feurigen Herbsttöne vorbereitet werden, letzter Höhepunkt vor den winterlichen Farben toten oder absterbenden Pflanzenmaterials.

Die Hauptblütezeiten und die Entwicklung der Pflanzen im Verlauf der fünf Gartenperioden, von denen ich in diesem Buch spreche, sind bei allen Pflanzen sehr variabel, sie hängen von den Klimaverhältnissen und anderen Bedingungen im jeweiligen Garten ab. Wie sehr man auch versucht, die Blühfolge zeitlich zu planen, es wird oft Überschneidungen geben; und wenn Blütezeiten zusammenfallen sollen, werden die einen abgeblüht sein womöglich wenn die anderen beginnen. Wählen Sie Blüten und Blattwerk danach aus, wie sie zu ihrer besten Zeit zusammenpassen, doch ist es auch wichtig, wie sie in der übrigen Zeit aussehen. Selbst immergrüne Pflanzen können ihr Laub abwerfen, und sommergrüne silber- und graulaubige Sträucher sind im Winter unansehnlich und müssen im Frühjahr zu kahlen, holzigen Gebilden zurückgeschnitten werden. Die zierlichen Blätter vieler Stauden sehen unordentlich oder häßlich aus, wenn sie verwelken. Wenn Pflanzen zu blühen beginnen, verlieren ihre Blätter oft an Glanz, und nicht alle Samenstände und absterbenden Stengel sehen attraktiv aus. Bei der Planung sollten Sie sich jede Pflanze im *ganzen* Jahreslauf vorstellen; denken Sie an die Veränderungen, die durch Beschneiden, Stützen, Anbinden, Düngung und Pflege an den Pflanzen entstehen. Der Gärtner, der für jede Pflanze optimale Bedingungen schaffen möchte, wird den Garten weniger im Hinblick auf bestimmte Farben planen, sondern vielmehr unter dem Aspekt der Arbeiten, die je nach Jahreszeit zu tun sind, damit die Pflanzen jederzeit gut aussehen und nicht unansehnlich werden.

Im Winter unterscheiden sich die gedämpften Farben der Umgebung wenig von denen im Inneren des Gartens. Wintergrüne Bäume und Sträucher und niedrige Bodendecker wirken dunkel und dicht – an ihren Blättern oder Nadeln können Eiskristalle funkeln oder Tau und Feuchtigkeit glänzen. Das Gras ist fahler, kann aber gegen den grauen Himmel grün leuchten und die nackten, grauen Zweige in der Nähe blaßrosa erscheinen lassen. Im dunklen Bereich von Bäumen wirken Schatten an dunstigen Tagen purpurn und die Baumstämme treten in der Feuchtigkeit und blauen Tiefe der Landschaft zurück. Bei Schnee verschmilzt der Garten mit dem Hintergrund; nur die Linien von Hecken und Mauern und von Baum- oder Buschsilhouetten verraten noch die Hand des Gartenplaners. Schaut man genauer, werden bei wintergrünen Blättern oder Nadeln feine Unterschiede in Struktur und Farbe sichtbar, und Früchte und Samen des vergangenen Gartenjahres haben noch kräftigere Farben. Die braunen Samenstände und Stengel von Stauden und laubabwerfenden Sträuchern sehen auch noch schmuck aus, nachdem die Blätter verwelkt sind, und geben den Rabatten während der öden Wintermonate Höhe und Tiefe. Viele nicht ganz winterharte Pflanzen profitieren von dem zusätzlichen Schutz bei schlechtem Wetter, weshalb mancher Gärtner seine Beete erst im Frühjahr abräumt und zunächst nur unansehnliche, verwelkte Blätter entfernt. Offene Erde in den Beeten ist dunkel und humusreich durch das Mulchen; dazwischen mischen sich die helleren Töne verrottenden Laubes. Im Gemüsegarten zeigt, wie auf einem gepflügten Feld, die frisch umgegrabene Erde ihre dunkle Krümelstruktur, und das Gemüse, in exakten Reihen, ergibt ein Muster wie in einem strengen Blumenparterre.

Mit dem Wachstum im Frühjahr nimmt die Vielfalt an Farben zu, und es beginnt eine Zeit intensivster Gartenaktivität. Die jungen Knospen und Triebe sind blaß, manchmal goldgelb, rosa und fast durchscheinend. Die niedrigen Zwiebelpflanzen zeigen, in Trupps gepflanzt, die traditionellen Frühlingsfarben: kühles Blau und schimmerndes Gelb. Die Gartengehölze blühen vor allem gelb, weiß oder weiß mit einem rosa Hauch.

Zu den jetzt notwendigen Arbeiten zählt das sorgfältige Teilen und Umsetzen von Staudengruppen, soweit es nicht im Herbst geschehen ist, und das Schneiden frostgeschädigter Zweigspitzen. Das Gelingen von Farbeffekten, die für später geplant sind, hängt von Pflege- und Düngemaßnahmen zu dieser Zeit ab. Für den Übergang von frühen zweijährigen oder im Herbst ausgesäten einjährigen Blumen und Zwiebelpflanzen zu neuen Farben und Sommerblumen heißt es, Samen, Jungpflanzen und frostfrei überwinterte Pflanzen für Aussaat oder Pflanzung gleich nach dem letzten Frost vorzubereiten. Aber neben diesen Vorbereitungen müssen auch die Frühjahrsbeete selbst in Ordnung gebracht werden. Manche Frühlingszwiebeln haben es gern, wenn sie im Sommer von Sträuchern beschattet werden, andere aber brauchen Licht und blühen mit der Zeit weniger zuverlässig, wenn in der Nähe Büsche

heranwachsen und der Schatten immer größer wird. Ebenso werden die Beete für Frühblüher allmählich immer kleiner, und nach den vorhandenen Aufzeichnungen über die Farbwirkungen sollte man entscheiden, welche Pflanzen geopfert werden können. Die Frühlingszwiebeln sind am schwierigsten zu pflanzen, weil sie innerhalb von wenigen Wochen wieder verschwinden; das beste Mittel, die Farben festzuhalten, sind Fotos; sie gewährleisten, daß man sich im Herbst zur Pflanzzeit wieder erinnert.

Der Frühsommer bringt zugleich intensive Gartenarbeit und eine Explosion von neuen Farben. Sträucher und Zwiebeln blühen noch, doch die frühesten Zwiebelpflanzen haben bereits unschöne Blätter, die man erst entfernen kann, wenn sie eingezogen haben. Die Tulpenzwiebeln werden nach den letzten Frösten durch Sommerblumen oder frostfrei überwinterte Pflanzen ersetzt. Auch

**Ein großes Staudenbeet bietet die verschiedensten Farbbilder, je nach dem Standort des Betrachters; es kann aus der Ferne mit einem Blick erfaßt werden, oder es entfaltet seine Einzelheiten erst, wenn man an ihm entlanggeht. Gertrude Jekyll hat es verstanden, Farben so zu einem Gesamtklang zu vereinen, daß der Blick von selbst von einer Pflanzengruppe zur nächsten wandert, ohne abrupte Übergänge; und sie schuf aufregende Farbkombinationen, die sich allmählich aus ruhigen Grün- und Grautönen entwickelten. Auf dieser breiten Rabatte sind die Farben in einer Folge angeordnet, die an das Verfahren von Gertrude Jekyll erinnert. Gedämpft graue und silberblättrige Pflanzen mit kühl rahmfarbenen und weißen Blüten leiten zu den wärmeren Farben in der Mitte über, wo Blüten in Gelb-, Orange- und Rottönen vor einem Perückenstrauch mit purpurnen Blättern leuchten. Die Farben werden zum hinteren Ende der Rabatte wieder blasser. Die weißen und cremefarbenen Blüten im Vordergrund fangen gerade an zu blühen. Voll aufgeblüht, werden sie mit den bunten Blüten konkurrieren, die zur Zeit den Blick des Betrachters anziehen.**

**Als reine Farben bilden Rot und Blau einen zu starken Kontrast, deshalb müssen beide oder eine von beiden abgeschwächt oder abgedunkelt werden.**
Abb. links: **Im Frühjahr sind klar geformte rosa Tulpen in einem Meer von blauen Vergißmeinnicht ein angenehmer, weicher Kontrast, wobei die ungleiche Flächenverteilung ein ausgewogenes Bild ergibt. Das Blau verschmilzt mit den grünen Blättern zu einem friedlichen, gedämpften Hintergrund.**
Abb. rechts: **Bei derselben Farbkombination im Frühsommer kontrastieren die rosafarbene Rose 'La Follette' und die immergrüne Rhaphiolepis mit der blaßblauen Säckelblume. Die Steinmauer in zurückhaltendem Grau bildet den idealen Hintergrund für die feinen Farben und schützt zugleich diese empfindlichen, sonnenliebenden Pflanzen.**
Abb. Seite 31: **In einem Sumpfgarten sind die Kontraste der Blattstrukturen und -formen ebenso eindrucksvoll wie die Farbkontraste. Wo feuchtigkeitsliebende Pflanzen ihren Ansprüchen gemäß zusammenpassen, werden auch die Farbkombinationen kaum unharmonisch wirken. Im Frühsommer bilden die riesigen, schirmartigen Blätter von Gunnera ein Dach über rosa Etagen-Primeln und gelben Iris pseudacorus. An der Oberfläche der Gunnera-Blätter spiegelt sich das Licht, an der Unterseite wird das kräftige Adernetz sichtbar; sie wären allein schon eine Zierde.**

Frühblüher in Blumenkästen oder Schalen, wie Goldlack und Tulpen, können nun ausgetauscht werden: Man sollte Töpfe mit vorgetriebenen, blühenden Pflanzen im Gewächshaus bereithalten oder aus einem Gartencenter besorgen, um keine Pause entstehen zu lassen. Die meisten Sommerblumen müssen in dichten Gruppen gesetzt werden und wirken nicht als Einzelexemplare. Speziell auf lange Blühdauer gezüchtet, erzeugen sie über eine lange Zeit eine bestimmte Farbwirkung.

Krautige Stauden treiben nun aus und müssen mit Stützstangen versehen und festgebunden werden: Hasel- oder Weidenstöcke, Bambus- oder Gartenstäbe in unauffälligen Farben werden bald von den heranwachsenden Blättern verdeckt. Später sollte man geteerte Schnur oder Zwirn in gedämpften Farben verwenden – nicht knallig-grüne oder orangefarbene Kunststoffschnur, die uns der Nachbar schenkt. Auch Rankgitter oder Maschendraht für Kletterpflanzen können aufdringlich wirken. Man sollte deshalb Material benutzen, das von der Wand dahinter nicht absticht oder zu den Blättern paßt.

Nun wird auch gemulcht, mit Schwarztorf, Sägemehl, Kompost, Rindenkompost oder Stallmist –, um die Feuchtigkeit zu halten, Struktur und Bearbeitbarkeit der Erde zu verbessern und das Auflaufen einjähriger Unkräuter zu verhindern. Das Mulchen dient auch zum Überdecken von Schönheitsfehlern und verbindet die Pflanzenfarben untereinander. Eine einheitliche Erdfarbe läßt die Beete größer erscheinen, und sie sehen ordentlich aus.

Der helle Austrieb der wintergrünen Pflanzen bringt Farbe in die älteren dunklen Töne. Die empfindlicheren Sträucher, vielfach mit grauen Blättern, müssen bis ins alte Holz zurückgeschnitten werden; sie wirken dann unansehnlich, bis sie um die Mitte des Sommers neu austreiben. Während die eleganten Blätter der Pfingstrosen den ganzen Sommer über attraktiv bleiben, zieht der Türkische Mohn ein, und man muß für Pflanzen sorgen, die die welken Blätter verdecken.

Die Farben auf den offenen Beeten sind im allgemeinen Weiß, Gelb und Rosa, zusammen mit dem leuchtenden Blau der frostempfindlichen Amerikanischen Säckelblume, die vor warmen Mauern kräftige Farbflecke bildet. Die frühesten Rosen zeigen ein mildes Gelb, bald folgen Rosa, Rottöne, Magentarot und Karmesin – die mehr zinnober- und scharlachfarbenen Töne moderner Rosen zeigen, wie wenig heute noch Farben Ausdruck für eine bestimmte Jahreszeit sind. Viele Buschrosen, die im Winter unansehnlich wirken, bekommen jetzt im Frühsommer glänzende, gesunde Blätter; damit tragen sie schon vor der Blüte zum Gesamtbild einer gemischten Pflanzung bei und beginnen den formalen Rosengarten ansehnlich zu machen. Im Frühsommer sollte vorbeugend gespritzt werden – man sollte nicht erst warten, bis die Blätter verunstaltet sind, wenn Krankheiten in der Gegend häufig sind. Gesunde, gut gedüngte Rosen sind weniger anfällig.

Rasen wird nach der Frühjahrsdüngung intensiv grün; später wird kurzgeschnittenes Gras nach dem wöchentlichen Mähen bräunlich. Im langen Gras sehen die absterbenden Blätter der Herbstzeitlosen und Narzissen unordentlich aus, zumal an diesen Stellen nicht gemäht werden darf. Doch der Gegensatz zwischen den struppigen Partien und dem glatten Grün der gemähten Rasenflächen ergibt eine reizvolle Struktur und interessante Farbnuancen.

Im Sommer zeigt das Blattwerk vieler abgeblühter Sträucher erst seine volle tiefe und satte Farbe. Rotlaubige Gehölze sind jetzt am dunkelsten, ein ausgezeichneter Hintergrund für karmesinrote oder violette bis blaue Blüten. Pflanzen mit goldgelbem oder blassem Laub, die keinen Schatten bekommen, verlieren ihren Reiz, weil sie in der Sommersonne verbrennen. Die Stauden sind jetzt auf dem Höhepunkt, das Blattwerk ist so gut entwickelt, daß Stützstäbe und Bindfäden versteckt sind. Abgeblühte Blütenstände werden entfernt oder können auch belassen werden, um mit ihren Brauntönen neue Farbakzente zu setzen.

Einige Stauden blühen später noch einmal, wenn sie jetzt bis auf den Boden zurückgeschnitten werden; sie werden dabei zwar geschwächt, doch bringen sie noch einmal willkommene Farbe gegen Ende des Gartenjahres, und innerhalb kürzester Zeit bilden sich Büschel frischer Blätter.

Sonnenröschen, Bartfaden und viele bunt blühende Sommerblumen bleiben nur schön, wenn die abgeblühten Teile regelmäßig entfernt werden – eine leichte, wenn auch zeitraubende Aufgabe. Wicken sollten täglich gepflückt werden, um zu verhindern, daß sie Samen ansetzen und mit dem Blühen aufhören. Abgeblühte Rosen müssen geschnitten und die Triebe eingekürzt werden, um neue Blattbildung, Wachstum und Blüte zu fördern. Die abgeblühten gefüllten Edelrosen sind unschön; die einfachen, weil geöffneten Blüten vieler Sorten aber sollten stehen bleiben, weil sie später farbige Früchte bilden.

Einige Rabattenpflanzen brauchen bei trockenem Wetter Wasser und Dünger, vor allem vor dem Aufblühen, damit die Knospen nicht in der heißen Sonne eintrocknen. Selbst Sommerblumen, die recht gut Trockenheit vertragen, wenn sie ausgewachsen sind, brauchen manchmal Wasser. Manche sonnenliebenden Pflanzen brauchen erstaunlicherweise feuchten Boden und blühen in ungewöhnlich heißen Sommern überhaupt nicht.

Jetzt ist es zu spät, größere Änderungen in der Farbzusammenstellung vorzunehmen, wenn sie nicht gelungen ist. Man kann allenfalls besonders störende Blüten abschneiden und sich notieren, welche Pflanzen man zu gegebener Zeit umsetzen will. Stauden leiden selten darunter, wenn man sie im Herbst oder Frühjahr umpflanzt oder teilt, Sträucher aber sollten möglichst einen endgültigen Platz bekommen. Wenn es gar nicht zu vermeiden ist, kann man Wintergrüne im Frühherbst oder Frühling umsetzen, und laubabwerfende Sträucher irgendwann bei frostfreiem Wetter im Winter. Während man sich enttäuschende Farbzusammenstellungen notiert, kann man außerdem mit Blüten aus anderen Gartenteilen neue Harmonien und Kontraste ausprobieren: Man legt sie neben Blüten einer anderen Farbe und beobachtet sie im sich ändernden Licht eines ganzen Tages. »Paßt« die Kombination, sollte man sie für das nächste Jahr vormerken. Dasselbe Spiel mit den Farben aus Katalogbildern o.ä. zu versuchen, ist viel weniger anschaulich, und man sollte so oft wie möglich »lebendes« Material benutzen.

Viele spätblühende Stauden besitzen die traditionellen leuchtend warmen Farben, die wir mit dem Spätsommer verknüpfen; die Vielfalt an reinen Spektralfarben ist jetzt am größten. Dank sorgfältiger Pflege können diese Pflanzen ungünstiges Wetter während der Sommermonate überstehen. Natürlich überstehen gesunde Pflanzen unter guten Wachstumsbedingungen am besten Sturm oder Dürre, Kälte oder extreme Hitze, und sie sind auch am widerstandsfähigsten gegen Krankheiten. Sommergewitter können zarte Pflanzen zerschlagen und in einer sorgfältig geplanten Farbfolge traurige Lücken zurücklassen. Eine gut durchdachte Rabatte sollte so bepflanzt sein, daß auch in besonders trockenen oder feuchten Sommern immer noch einige Pflanzen gut gedeihen und ein gutes Bild ergeben. Empfindliche Pflanzen sollten wenigstens ein ansprechendes Blattwerk besitzen, das einen Ausgleich schafft, falls die Blüte und damit die Farbe ausfällt. Pflanzen, die man nicht gerade zu den Besonderheiten zählt, haben ihre Bedeutung, weil sie robust und zuverlässig sind. Viele rauhblättrige Korbblütler gehören dazu – man hüte sich aber vor den mehltau-empfindlichen Spätastern und bevorzuge alte Sorten oder moderne resistente Hybriden. Nicht vergessen sollte man auch, daß silbriggraues Laub, das von Mitte des Sommers an seinen Höhepunkt hat, die Wirkung farbiger Nachbarn steigern und bereichern kann. Fügen Sie beispielsweise graues Blattwerk und kühle, blasse Pastellfarben in das Gesamtbild ein, um zu zeigen, daß die Natur im Garten durchaus manipuliert werden *kann*.

Die Pflegearbeiten gehen weiter, und es ist wichtig, jetzt die Farben für die nächste Gartensaison zu planen. Einige frühblühende Stauden müssen schon jetzt aufgenommen und geteilt werden, denn sie müssen vor dem ersten Kälteeinbruch schon wieder eingewachsen sein. Zwiebeln für das nächste Frühjahr müssen gesteckt werden; Tulpen lassen sich zum Glück spät pflanzen und können Sommerblumen ersetzen, die noch bis weit in den Herbst hinein blühen.

Die flammenden Farben des Herbstlaubes sind eine Augenweide und verlängern die Zeit wirkungsvoller Gartenfarben, während die Stauden ihren Höhepunkt bereits überschritten haben. Selbst auf dem kleinsten Grundstück sollte mindestens ein Baum oder Strauch mit besonderer Herbstfärbung eingeplant werden.

Es gibt die verschiedensten Wege, einen Pflanzplan für ein Beet oder einen Gartenteil zu erstellen; jeder Gärtner läßt sich anders inspirieren und wird deshalb die Aufgabe unterschiedlich angehen. Der eine zeichnet zunächst einen maßstabsgerechten Plan auf Millimeterpapier, in den er dann Farbflächen malt und Pflanzennamen einträgt. Ein anderer beginnt vielleicht mit einer Liste der wichtigsten Pflanzen, und entscheidet sich erst zuletzt für besonders charakteristische Pflanzen, die dann die Wirkung der ganzen Anlage und die Jahreszeit, die den Höhepunkt bilden wird, bestimmen. Ich selbst denke zuerst gleichzeitig an eine Jahreszeit, eine prägnante Pflanze und eine Farbe, und baue daraus mein Gartenbild auf. Wenn der Plan fast fertig ist, kann es sogar sein, daß ich die eine oder andere der ursprünglich vorgesehenen Pflanzen wieder herausnehme.

Die neue Anlage muß zur Gestaltung und zu den Größenverhältnissen des ganzen Gartens passen und – natürlich – müssen Lage und Bodentyp in Betracht gezogen werden, bevor endgültige Entscheidungen fallen; oft machen diese begrenzenden Faktoren die Wahl geeigneter Pflanzen eher leichter als schwerer.

Der Einfachheit halber wollen wir hier den Entwurf für ein leeres Beet machen. Nehmen wir an, die Fläche ist klein genug, um von einem Standpunkt aus mit einem Blick erfaßt zu werden, nahe genug, daß die Farbflächen oder -tupfer noch getrennt wahrgenommen werden und nicht ineinander verschwimmen.

Die Planungsstufen, die hier aufgeführt werden, sind zwar numeriert, doch wird sie nicht jeder Gärtner in derselben Reihenfolge durchführen, und sie werden auch nicht alle für jeden Plan nötig sein. Der Leser möge sie zur Kontrolle verwenden, um sicherzugehen, daß er im Laufe der Planung alle Aspekte bedacht hat.

**Stufe 1: Lage** Beachten Sie den Bezug der betreffenden Fläche zum Haus, zu anderen Gebäuden und zum ganzen Garten. An dieser Stelle könnte vielleicht ein Baum stehen, ruhiges Grün das Auge auf lebhaftere Flächen vorbereiten, strenge Form erforderlich sein neben einer frei gestalteten Bepflanzung, oder umgekehrt. Aus dem Zusammenhang zeigt sich ziemlich sicher der geeignete Stil. Wenn möglich, sollten Sie eine Skizze anfertigen.

**Stufe 2: Wachstumsbedingungen** Klimafaktoren, Sonne und Schatten, Bodenart und Feuchtigkeitsgehalt sind Faktoren, die die Art der Bepflanzung beeinflussen oder zwingend vorschreiben.

**Stufe 3: Jahreszeit** Denken Sie darüber nach, zu welcher Zeit die Anlage am schönsten sein soll. Es ist besser, besondere Effekte auf eine begrenzte Zeit zu konzentrieren, als die Fläche im ganzen Jahreslauf reizvoll gestalten zu wollen.

**Stufe 4: Farbe** Für diese begrenzte Zeit sollten Sie eine vorherrschende Farbe oder Farbverbindung aussuchen. Sie können sich von einem Garten inspirieren lassen, den Sie gesehen haben und dessen Farbmotive sich auf Ihre Situation übertragen lassen, indem Sie die für diese Lage geeigneten Pflanzen verwenden. Weiterhin können Sie sich anregen lassen von Gemälden, Orientteppichen, Landschaften oder jeder Form von dekorativer Kunst.

Gesichtspunkte aus Stufe 1 können die Verteilung der Farben beeinflussen. Berücksichtigen Sie die Perspektive: kühle, zurückhaltende Farben wählen, um die Dimensionen scheinbar zu vergrößern, warme, kraftvolle Farben, um Abstände kürzer erscheinen zu lassen. Die Überlegungen zum Wesen der Farben in Kapitel 2 mögen eine Hilfe sein bei der Entscheidung für harmonierende oder kontrastierende Farben oder für eine monochrome Anlage; Beispiele aus den folgenden Kapiteln mögen helfen, sich für ein besonderes Thema zu entscheiden.

Prüfen Sie, ob sich das gewählte Thema bei der gegebenen Lage verwirklichen läßt: ob die Pflanzenfarben zu Baumaterial, Laub im Hintergrund usw. passen. Prüfen Sie auch, ob die vorherrschenden Farben zu der Tageszeit am besten aussehen, in der sie beobachtet werden – z.B. leuchten Pastellfarben und Weiß im Zwielicht besonders schön.

**Stufe 5: Planskizze** Jetzt sollten Sie auf Millimeterpapier einen genauen Plan zeichnen und die vorhandenen Merkmale eintragen. Fügen Sie dann Ihre ersten Leitpflanzen hinzu, die Sie nach Stufe 1 bis 3 und mit der Wahl der Farben in Stufe 4 ausgewählt haben. Dies wird das Gerüst für die ganze Pflanzung.

**Stufe 6: Farbskizze** Malen Sie Ihren Plan aus oder fertigen Sie mit Kreiden oder Wasserfarben eine Skizze an, um die Überlegungen zu Harmonie und Ausgewogenheit aus Stufe 4 umzusetzen. Für eine mehrfarbige Bepflanzung ist das wesentlich, damit sich die tatsächliche Verteilung der Farben beurteilen läßt; weniger wichtig ist es für eine monochrome oder Ton in Ton gehaltene Anlage. Ihre grobe Skizze wird nicht die Pflanzenfarben genau wiedergeben, ist aber brauchbar als Anhaltspunkt für das Gesamtmuster.

**Das Notizblatt auf der gegenüberliegenden Seite zeigt die ersten Planungsstufen für eine fingierte Rabatte. Die nach Süden gelegene Fläche wird von einer hohen Backsteinmauer in einem stumpfen Grau-Rosa geschützt. Die Ostseite wird von einem Apfel, Malus × hupehensis, beschattet, er bildet das grundlegende Strukturelement und den Bezugspunkt für alle Maße. Wo ein immergrüner Baum zu dichten Schatten werfen und jede Unterpflanzung mit Zwiebeln ausschließen würde, bildet der Apfelbaum nur ein lichtes Dach. Ein Vorteil sind auch die Früchte im Herbst, vor allem aber liefert er die Schlüsselfarbe – Rosa –, und seine Blüte im Frühsommer gibt den ersten Hinweis auf die zeitliche Planung. Ein Kriechwacholder am anderen Ende des Beetes verbindet die Rabatte mit dem Rasen und sorgt für strukturelles Gleichgewicht.**
**Nach der Entscheidung für Rosa (Stufe 4), ist eine erste Liste möglicher Leitpflanzen aufzustellen. Alle blühen rosa, aber auch Beschaffenheit und Form des Blattwerks sowie die Ansprüche der Pflanzen müssen bedacht werden.**
**Als erstes wird eine Kletterpflanze benötigt, die die nackte, eintönige Mauerfläche auflockert. Clematis wurde in Betracht gezogen, aber zugunsten von Actinidia verworfen, die sich so zurückschneiden läßt, daß sie im Winter ein Gittermuster bildet.**
**Aus der Liste möglicher Sträucher wurde Kolkwitzia gewählt – eine meiner Lieblingspflanzen, deren anmutige Blüten und blassen Blätter gut zu der graziösen Actinidia passen dürften.**

# RABATTE VOR EINER MAUER

Stufe 1: Beet nach Süden 9 × 2.5 m
Mauer 2,5 m

Stufe 4: Motiv Rosa/Weiß – Frühsommer

Leitpflanzen: für Mauer — Clematis montana? zu groß, zu stark wuchernd
Ⓐ Actinidia – besser, um Mauer abzumildern

bestimmende Gehölze — Escallonia? Struktur gut – Umriß zu kompakt
Kamelie? } nein – zu exotisch
Rhododendron? } Rhod. besser in Waldstück

rosa und weiß im Frühsommer Ⓑ Kolkwitzie – hübsche fließende Linien / gut zu Actinidia
Weigelie } zu fest / schwer
rosa Flieder }

Stufe 5: Planskizze

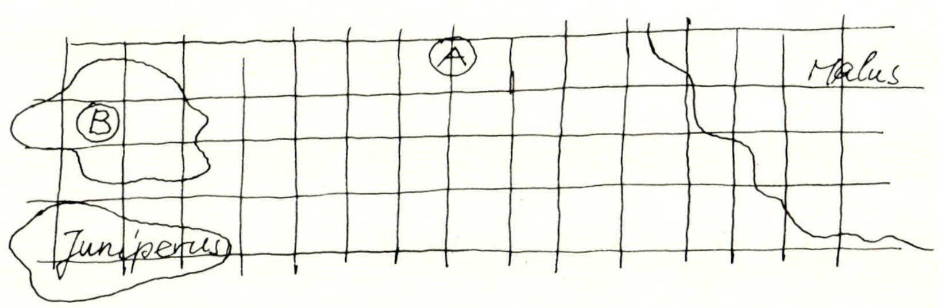


Stufe 6: Farbskizze
N.B. Tieferes Rot nicht vergessen als Akzent!

**Stufe 7: Pflanzenliste** Jetzt sollten Sie eine Liste der Pflanzen aufstellen, die nach zeitlichen und farblichen Gesichtspunkten geeignet sind: Die Kapitel 3 bis 9 sind hierzu als Hilfe gedacht, geben aber nur eine Auswahl, die ich empfehlenswert finde und persönlich bevorzuge. Unterschätzen Sie bei Ihrer Wahl nicht die Bedeutung von Struktur und Blattwerk der Pflanze.

**Stufe 8: Gruppierung der Pflanzen** Tragen Sie die ausgewählten Pflanzen in den Plan ein. (Wenn Sie Effekte für mehrere Zeitabschnitte planen, kann es sinnvoll sein, einen zweiten oder dritten Plan für die anderen Perioden anzufertigen und dort auch Pflanzen so einzutragen, wie sie außerhalb der Blütezeit aussehen). Wenn Sie die Pflanzen aus Ihrer Liste an den entsprechenden Stellen eintragen, denken Sie an alle Eigenschaften und versuchen Sie anzudeuten, wie die Pflanzen zueinander stehen, damit die Rabatte ein gut komponiertes Gesamtbild ergibt. Bedenken Sie, daß es sich nicht um eine flache Leinwand handelt – die Bepflanzung erfolgt in mehreren Ebenen. Hinzu kommt, daß Pflanzen ständig wachsen und sich verändern, Schatten werfen und andere Pflanzen verdecken. Auch wenn Sie schließlich ein malerisches Bild entworfen haben, müssen Sie womöglich viel Zeit unmittelbar mit den Pflanzen an Ort und Stelle zubringen, Stellen mit abgestorbenen Blättern, unschöne Stützstäbe und die ganze Entwicklung durch die Jahreszeiten bedenken. (Möglicherweise werden Sie dabei die eine oder andere Pflanze noch austauschen.) Skizzieren Sie die hinteren Pflanzen gegen Hecke oder Mauer im Hintergrund; die Pflanzen im Vordergrund bilden die Verbindung zwischen Beet und Rasen oder Pflaster. Überlegen Sie, wieviele Pflanzen Sie für eine Gruppe in der richtigen Größe brauchen, und pflanzen Sie immer ungerade Zahlen.

**Stufe 9: Schließen von Lücken** Abgesehen vom ästhetischen Gleichgewicht – ist Raum geblieben für mögliche Ergänzungen? Frühlingszwiebeln und Beetpflanzen können die Farbwirkung einer Jahreszeit verlängern helfen oder eine Periode reizvoll werden lassen, die Sie zunächst nicht wichtig fanden. Fügen Sie Begleitpflanzen hinzu, die die Funktion der Nachbarn übernehmen, wenn diese nach der Blüte eintönig aussehen, oder um abgestorbene Blätter zu verbergen. Wenn Sie Flächen für solche Füller vorsehen, denken Sie daran, daß ausdauernde Pflanzen jedes Jahr ihren Umfang verändern. Bäumen und Sträuchern bekommt es nicht, wenn man sie versetzt; auch viele Stauden gedeihen am besten, wenn sie nicht zu oft geteilt werden. Flächen und Räume, die für Zwiebeln und Sommerblumen vorgesehen sind, werden also jedes Jahr kleiner, Abstände werden enger, und sorgfältig abgestimmte Flächen- und Höhenverhältnisse verschieben sich und verändern das Bild.

**Stufe 10: Winter-Raster** Es ist empfehlenswert, nun an das Aussehen im Winter zu denken und die eine oder andere Pflanze gegen eine wintergrüne oder besonders schön geformte auszutauschen. Ich halte das zu diesem Zeitpunkt für sinnvoller, als gleich zu Beginn.

**Stufe 11: Nachkorrekturen** Was ist für die übrigen Jahreszeiten zu verbessern? Dabei geht es weniger um das Austauschen von Pflanzen als vielmehr um eine Ergänzung durch Zwiebeln und Stauden. Zum Beispiel können niedrige Zwiebelpflanzen und Lilien, die später blühen, ihren Weg zwischen dem niedrigen Blätterteppich frühblühender Sträucher suchen; Japan-Anemonen können Lücken auffüllen – sich aber auch leicht zu stark ausbreiten.

**Stufe 12: Gesamtbild** Schließlich sollte man überprüfen, ob die Anlage ein geschlossenes Gesamtbild ergibt. Die Farbmotive müssen in sich harmonisch sein; um aber der Anlage ein einheitliches Gesicht zu geben, müssen einige Farbgruppen vielleicht in regelmäßigen Abständen wiederholt oder in abgewandelter Form aufgegriffen, oder kräftige immergrüne Formen als Akzent gesetzt werden.

**Nach der Auswahl von Actinidia und Kolkwitzie als Leitpflanzen werden die Pflanzen C bis J – in derselben Reihenfolge – eingetragen und dabei Farben und Formen aufeinander abgestimmt, mit Actinidia an der Mauer als Blickfang. Die Pflanzen werden nicht nur nach der Blütenfarbe, sondern auch nach ihrem Blattwerk ausgewählt: blaugrüne Nelkenblätter, graue Hundskamille und grünblättrige Achillea. Es sind alles ausdauernde Pflanzen, die nicht sonderlich viel Arbeit machen; Achillea kann sich stark ausbreiten. Alle wachsen schnell; die Rabatte wird im zweiten Jahr besonders schön aussehen, bereits im ersten aber recht farbenprächtig.**
**Stufe 9 nimmt man zum Anlaß, das Vorhandene zu überprüfen, Lücken im Beet zu füllen und Zeiten ohne Höhepunkt zu überbrücken. Eine Kletterrose und eine Clematis werden der Actinidia beigesellt, um die Wirkung zu verbessern, wenn die Blätter der Actinidia zu langweiligem Grün verblassen. Entsprechend wird die tiefrote Form von Eccremocarpus scaber um den Fuß der Actinidia gepflanzt; sie darf sich frei aussäen, zwischen die Blätter der Actinidia klettern und später im Sommer mit der kräftigen Farbe zum Gesamtbild beitragen. Für Sommerblumen ist kein Platz im Beet, Tulpenzwiebeln aber lassen sich noch hinter den Pflanzen am Rand einschieben, um das rosa Farbthema schon früh im Jahr anzuschlagen. Zwei langweilige Stellen werden noch aufgefüllt: Nieswurz wird als Bodendecker unter dem Apfelbaum gepflanzt, und am Fuß der Kolkwitzie Anemone blanda, blaue Anemonen, denn das rosa Motiv unerbittlich im ganzen Jahreslauf zu verfolgen, wäre pedantisch.**
**Für das Bild im Winter bilden die bloßen Zweige der sauber beschnittenen Actinidia, die braune, sich abschälende Rinde der Kolkwitzie und der Stamm des Apfelbaumes ein Gitterwerk über den grünen Hügeln des Wacholder, der grauen Hundskamille und den bläulichgrünen Nelken. In diesem Stadium wird an Stelle von einer Hundskamille eine Schleifenblume gesetzt: Sie bringt zur richtigen Zeit weiße Blüten, und ihr grünes Laub paßt besser zum Wacholder. Man muß sich das Beet im Winter ausmalen, wenn die Stauden bis auf wenige Zentimeter über dem Boden zurückgeschnitten sind und die Erde mit kräftigem, gleichmäßigem Mulch bedeckt ist, so daß ein attraktiver dunkler Hintergrund entsteht, solange kein Schnee fällt.**
**Das Beet ist nun so mit Pflanzen besetzt, daß für weitere Ergänzungen wenig Platz bleibt. Zum Abschluß werden Zwiebeln von Lilium regale zwischen die Tulpen gesetzt. (Für den Spätsommer sind Galtonia candicans und Japan-Anemonen Alternativen.) Eine Weile wurde an die glückliche Kombination von dunklen Lavendelblüten mit Königslilien gedacht, was jedoch bei dem knappen Raum auf Kosten anderer Pflanzen ginge, zum Beispiel der frühblühenden Schleifenblume. Zumal gerade diese für die Hauptblütezeit besonders wichtig ist, wird auf weitere Veränderungen verzichtet.**

Stufe 7/8: wichtige Pflanzen
Zartrosa

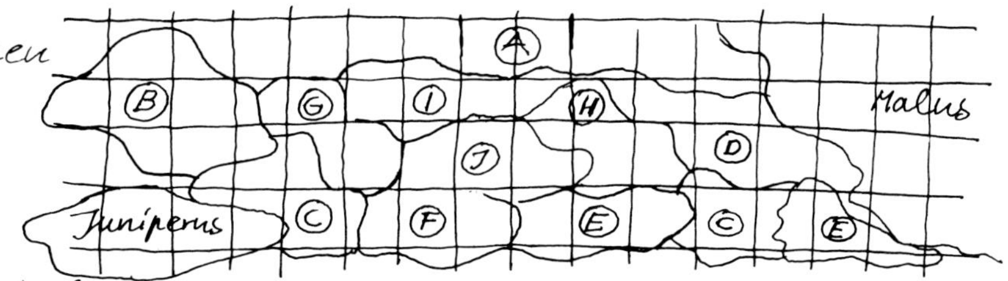


7/8
- Ⓐ Actinidia kolomikta
- Ⓑ Kolkwitzia amabilis
- Ⓒ Anthemis cupaniana (weiß) 2 Polster
- Ⓓ rosa Rose? Moschusrose 'Penelope'
- Ⓔ Dianthus – blaugrüne Blätter 'Highland Queen' oder 'Excelsior'
- Ⓕ Lychnis flos-jovis? (graue Blätter) oder Dictamnus albus purpureus oder Heuchera
- Ⓖ rosa Pfingstrosen
- Ⓗ rote Penstemon 'Garnet' in Gruppen (tiefere Farbe)
- Ⓘ Achillea ptarmica 'The Pearl'
- Ⓙ Cistus × skanbergii

Stufe 9: Lücken füllen

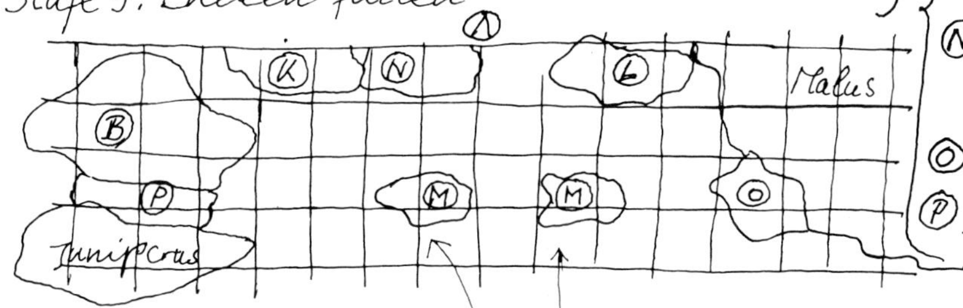


9
- Ⓚ rosa Kletterrose 'New Dawn' } in Actinidia
- Ⓛ Clematis viticella 'Abundance' } hineinwachsen lassen
- Ⓜ rosa Tulpen 'Queen of the Bartigons' (2 Gruppen mit je 12)
- Ⓝ Eccremocarpus scaber ← dunklere Farbe (Sämling, dunkel karmesin 3 unter Actinidia)
- Ⓞ Helleborus orientalis – 3 unter den Apfel
- Ⓟ Anemone blanda (blau) unter Kolkwitzie für zeitiges Frühjahr ca 25 Zwiebeln

Stufe 10: Aussehen im Winter

sauber zurückschneiden
↓ Gitterwirkung an der Wand

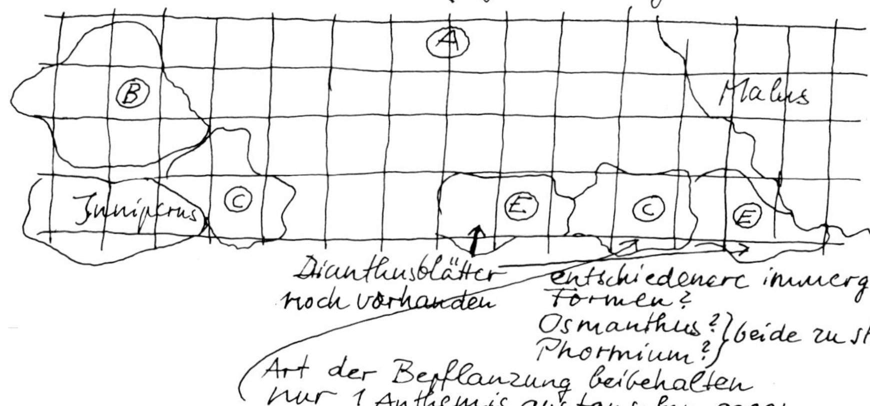


Dianthusblätter noch vorhanden

entschiedenere immergrüne Formen?
Osmanthus? } beide zu streng
Phormium? }

Art der Bepflanzung beibehalten
nur 1 Anthemis austauschen gegen
Iberis sempervirens (besseres Gegengewicht zu grünem Wacholder

Stufe 11: Feinarbeiten

Ergänzungen

Ⓠ Lilium regale 9 Zwiebeln zusammen mit den Tulpen setzen / auch Lavendel?

Acidanthera murielae? }
Galtonia candicans? } nein, kein Platz!
Japan-Anemonen }

N.B. Petunien zwischenpflanzen (rosa und weiß) bis die Stauden ausgewachsen sind

KAPITEL II

# Vom Wesen der Farbe

Die Natur malt mit Licht, sie verwendet lebendige Pigmente, Strukturen und farbige Schatten – eine viel reichere Palette als die des Künstlers, der auf eine Leinwand malt. Ähnlich wie der Maler verbindet der Gärtner Farben miteinander, um harmonische und befriedigende Wirkungen zu schaffen. Zwar kann er nicht neue Farben dadurch bilden, daß er sie mischt, aber er kann wie der Maler das Erscheinungsbild von Farben beeinflussen, indem er sie an die richtige Stelle setzt. Keine Farbe darf für sich betrachtet werden; stets wird eine Farbe im Zusammenhang mit einer oder mehreren anderen Farben wahrgenommen und wird durch die danebenliegende Farbe, durch *alle* Farben, die mit einem Blick zu erfassen sind, und durch Farben, die kurz vorher betrachtet wurden, verändert. Die Farbwirkungen beruhen außerdem auf der relativen Größe der einzelnen Farbflächen und auf der Entfernung, aus der sie betrachtet werden. Der Maler, der seine Farben auf eine Leinwand bringt, die aus einer bestimmten optimalen Entfernung betrachtet wird, kann die Farbenlehre in die Praxis umsetzen und das Ergebnis überprüfen.

Der Gärtner aber, dem dieses Phänomen ebenso bekannt ist, muß viel mehr bedenken. Blätter und Blüten werden das eine Mal aus der Nähe betrachtet, das andere Mal aus größerer Entfernung – der Standpunkt des Betrachters ändert sich ständig. Manchmal werden Gartenfarben nach und nach wahrgenommen, während man an der Rabatte entlanggeht: Jede folgende Farbe wird nicht nur von den danebenliegenden beeinflußt, sondern auch von derjenigen, an der man gerade vorbeigegangen ist. Ganz anders werden Pflanzengruppen gesehen, wenn man sie als statisches Bild betrachtet, vielleicht jenseits eines Rasens oder als Trogbepflanzung – jeweils hängt es von der Entfernung ab, ob die einzelnen Farben unterscheidbar bleiben oder sich mischen und verändern. Der Maler Monet hat bewußt eine Szene zu verschiedenen Tages- und Jahreszeiten dargestellt, um dabei zu zeigen, wie die Farben, die er auf der Leinwand einzufangen versuchte, sich durch das Licht ändern. Ein Gärtner kann stündlich beobachten, wie die Farben sich verändern, während die Sonne steigt oder sinkt, wie die Muster von Licht und Schatten von Minute zu Minute wechseln, wenn eine Brise die Blätter bewegt, und wie sich mit dem Tageslicht die Stimmungen wandeln. Der Gärtner kann seine Farbzusammenstellungen nicht auf die Wirkung einer Stunde oder eines bestimmten Tages abstimmen, wie es bei einem Gemälde oder einem Farbfoto möglich ist. Er muß die Farbwirkungen im Laufe des ganzen Gartenjahres bedenken und sein Wissen über die Eigentümlichkeiten der Pflanzen ebenso nutzen wie die wissenschaftliche Farbenlehre.

Maler wie Gärtner wissen, daß man Farben nicht immer nur in gefälligen Verbindungen verwenden kann (wobei Maler natürlich die Farben auch symbolisch einsetzen können), sondern daß Farben auch Gewicht und Dichte oder Leichtigkeit und Zerbrechlichkeit ausdrücken können. Farben können das Architektonische einer Form betonen und Linien und Schwerpunkte unterstreichen. Farben können auch dazu dienen, Räume vorzutäuschen, tatsächliche Entfernungen und Dimensionen zu verändern. Kühle Blau- und Violett-Töne und eintöniges Braun und Grau scheinen zurückzutreten und schaffen dadurch den Eindruck von Ferne; der Maler kann ohne weiteres den Eindruck erwecken, daß ein Gegenstand weiter hinten liegt, indem er blassere Töne der Farben aus dem Vordergrund benutzt oder eine kühle Farbe verwendet. Die wärmeren Farben – Gelb, Orange und Rot – scheinen vorzutreten und verkürzen dadurch die Entfernung; doch können selbst diese Farben die Illusion von Tiefe und Distanz erwecken, wenn sie in Gemälden blasser als im Vordergrund verwendet werden. Der Maler kann ganz genau die Farbmischung wählen, von der er weiß, daß sie die erwünschte Wirkung hervorruft. Gartenfarben sind weniger leicht vorherzubestimmen; ständig sich ändernde Farbverhältnisse und ein ständig wechselndes Tageslicht machen jede noch so sorgfältige Bemühung um atmosphärische Stimmungsbilder unkalkulierbar. Die einfachen Grundregeln gelten aber auch für den Gärtner. Er kann die Länge einer Rabatte überbetonen, die Form einer Gartenfläche scheinbar ändern, eine langweilige Ecke kaschieren oder auf einen Blickpunkt hinführen. Zum Beispiel kann man das Auge auf bunte Farben vorbereiten, indem man ihm vorher Schatten und Grün bietet, was durch den Kontrast die lebhaften Töne noch verstärkt.

Es gibt Maler und auch Gärtner, die Farbe offensichtlich instinktiv verstehen, die mit einem unfehlbaren Gespür Farbtöne auf die Leinwand oder Pflanzen in ein Blumenbeet setzen und oft nicht erklären können, warum. Für die meisten von uns aber entsteht das Verständnis durch die Kombination aus der Beobachtung dessen,

was tatsächlich in der Natur geschieht, und dem Studium der Theorie. Künstler versuchen, wissenschaftlich die von ihnen beobachteten Eigentümlichkeiten zu erklären. Der Physiker lehrt über Licht und die Zusammensetzung von Lichtstrahlen; der Chemiker kann erklären, wie die Pigmente, die Lichtstrahlen reflektieren, zusammengesetzt sind. Der Physiologe kann nachweisen, wie das Hirn die Farbinformationen entziffert, die es vom Auge bekommt. Der Gärtner, der seinen Garten plant und seine Pflanzen zu einem malerischen Bild anordnet, benützt die Theorien zur Harmonie der Farben, die von Malern, Webern und anderen Handwerkern entwickelt wurden – Theorien, die ihrerseits auf wissenschaftlichen Erkenntnissen beruhen.

Um von der Farbensprache im Garten praktischen Gebrauch machen zu können, ist es sinnvoll, einen Blick auf die verschiedenen Disziplinen zu werfen, in denen das Wesen der Farbe beleuchtet wurde. Wenn wir Farbbegriffe so präzise wie möglich definieren, hilft uns das zu verstehen, was wir sehen, und mit der Farbe geschickter umzugehen.

Was also ist Farbe? Farbe ist eine Empfindung, die nur bei Licht auftritt. Die Farbwahrnehmung hängt von Art und Stärke des Lichtes ab, aber auch von Struktur und Form des Farbträgers. Die Lichtstrahlen, die auf die Netzhaut zurückgeworfen werden, werden als Informationen zum Gehirn geleitet und von diesem erkannt und entschlüsselt. Das menschliche Auge vermag nur einen schmalen Wellenbereich aus dem Spektrum der Sonnenstrahlung wahrzunehmen: Strahlen aus längeren Wellen als bei Rot sind unsichtbar, und ultraviolette Strahlen mit kürzeren Wellen als bei Violett sind für Bienen sichtbar, nicht aber für Menschen.

Aus der Sicht des Physikers ist Licht das Rohmaterial für Farbe. Newton hat als erster festgestellt, daß »weißes« Sonnenlicht alle Farben des Spektrums enthält. Lange bevor die wahre Natur von Wellenlänge und Schwingungszahl des Lichtes verstanden wurde, beobachtete er, daß weißes Licht mit Hilfe eines Prismas in seine Bestandteile zerlegt werden kann. Zur Veranschaulichung wird dieses sichtbare Spektrum heute in Form eines Kreises zeichnerisch dargestellt, sinnvollerweise in sechs Segmenten (obgleich in Newtons Original die sieben Farben gezeigt wurden, die er im Regenbogen unterschied). Der Physiker ist weiterhin interessiert, auf welche Weise die wahrgenommene Farbe von der Beschaffenheit des Objektes abhängt, das Licht teils reflektiert, teils absorbiert. Eine »weiße« Fläche reflektiert nahezu alle Lichtstrahlen und läßt sie zusammen dem Auge als Weiß erscheinen. Eine »blaue« Oberfläche dagegen absorbiert rote, orange, gelbe, grüne und violette Strahlen, aber die reflektierten blauen Strahlen erreichen das Auge und werden als Blau wahrgenommen.

Ein Blatt ist grün, weil das Pigment Chlorophyll in seinem Inneren grüne Strahlen reflektiert; allerdings wird das Erscheinungsbild dieses Grüns durch weitere physikalische Faktoren beeinflußt: Eine glatte Oberfläche hat einen dunkleren und reineren Farbton als eine rauhe oder behaarte Oberfläche, die matt und dumpf wirkt, denn hier wird die direkte Reflexion des Lichtes gestört. In der Praxis wird das weiße Licht – Tageslicht – normalerweise bereits in Richtung einer Spektralfarbe abgewandelt. Dadurch wird unsere Wahrnehmung der tatsächlichen Pigmentfarbe beeinflußt. Die Beleuchtung mit vollem Sonnenlicht läßt alle Blütenfarben gelblich erscheinen: In Ländern mit besonders starker Mittagssonne wirken selbst intensiv gefärbte Blüten in Scharlach oder leuchtendem Orange blaß. Deshalb bedarf es in tropischen Ländern der buntesten Farben bei der Gartengestaltung. In gemäßigtem Klima unter grauem Himmel andererseits leuchten gedämpft und zart grüne Blätter stärker auf, strahlen alle weißen und pastellfarbenen Blüten, während bunte Farben grell wirken. Die sanft graugrünen Nadeln einer Pinie beginnen gegen einen grauen Sturmhimmel aufzuglühen, und im Winter nimmt der gemähte Rasen im grauen Licht ein schimmerndes Smaragd an. Luftfeuchtigkeit macht das Licht sanft und perlmuttartig und schafft jenen Grauton, der für nordische Landschaften kennzeichnend ist.

Abb. Seite 37: **Sonnenlicht durchdringt die Trauben der Glyzine wie die Prismen eines Kronleuchters. Das starke Licht läßt das Cremeweiß und die Grüntöne verschwimmen, so daß sie durchsichtig wirken; im Schatten behalten die weißen Blüten ihre deutliche Form. Monet studierte und malte solche Feinheiten hier in Giverny.**
Abb. links: **Diese nach Osten gelegene Rabatte in der Abendsonne zeigt, wie das Licht die Blätter durchdringt und dabei die Farbwirkung steigert. Der Kontrast durch das helle Sonnenlicht steigert das komplementäre purpur- und goldfarbene Blattwerk. Der Prunus wirkt dunkel, wo er als Silhouette gegen den westlichen Himmel steht, wird aber belebt durch die bläulich matten Blattoberflächen, die das Licht einfangen, und ein paar Blätter, die wie ein buntes Glasfenster wirken. Es lohnt sich immer, kräftig gefärbtes Blattwerk da anzusiedeln, wo es von den schrägen Strahlen der Sonne beleuchtet wird. Die dicke Eibenhecke jedoch bleibt im Schatten undurchdringlich.**

**Hier scheinen die roten Sonnenstrahlen direkt in die Gartenecke und erwärmen die honigfarbenen Steinmauern: Die kräftig und blaß gelben Blüten, die im vollen Sonnenlicht grell und hart wirken können, werden gemildert, während violette Verbenen mit den dunklen Schatten auf der rechten Seite verschmelzen. Abendlicht wirft lange komplementärfarbene Schatten und gibt den Farben eine geheimnisvolle Tiefe.**

Wenn die Sonnenstrahlen am Abend rot werden, wandeln sich die stark leuchtenden Gartenfarben zu milden, satten Tönen und, wenn die Dämmerung hereinbricht, allmählich zu Violett und Schwarz. So, wie die Blütenfarben im Sonnenlicht gelblich erscheinen, wirken sie im Schatten violett – entsprechend dem anderen Ende des Spektrums. Tiefe Rot-, Blau- und Grüntöne treten im Schatten stärker zurück, als Weiß, Gelb und Pastell, weil der Kontrast zum dunklen Schatten die hellen Farben leuchtend macht.

Das menschliche Auge verwertet das Licht ganz mechanisch. Genau wie bei einer Kamera läßt eine Linse verkleinerte Bilder auf die Netzhaut fallen, von wo die Informationen das Hirn erreichen, um dort auf Farbe, relative Helligkeit und Form ausgewertet und eingestuft zu werden. Sehen hängt davon ab, ob man lernt, sein Auge zu schärfen. Letztlich aber benützt das Gehirn sein Urteilsvermögen, seine Vorstellungskraft und seine Erfahrung, um zu entscheiden, was tatsächlich gesehen wird und wie es schließlich genannt wird. Das Auge bemerkt eine Farbe, bevor es die Form wahrnimmt. Der flüchtige Anblick einer Blüte genügt, um den Farbeindruck zu registrieren. Das Auge ist offenbar so eingerichtet, daß es vier Farben getrennt aufnimmt: Rot, Gelb, Blau und Grün. Jede dieser Farben ruft eine besondere Empfindung hervor, in nichts der anderen gleich. Orange, das im Spektrum zwischen Rot und Gelb liegt, hat keine Einzelwirkung, es erinnert eben an diese beiden Farben zugleich. Violett stellt eine Mischung aus Blau und Rot dar und entzieht sich ebenso einer eindeutigen Erkennung und klaren Definition.

Der natürliche Brennpunkt des Auges stimmt offensichtlich am besten mit Grün zusammen oder mit Grüngelb bei Sonnenlicht. Auf Rot, das langwelligste Licht, muß sich die Linse des Auges neu einstellen und ebenso auf die kurzen blauen und violetten Strahlen. Solche Unterschiede in der Scharfeinstellung erklären teilweise das leicht zu beobachtende Phänomen, daß rote Gegenstände nach vorne zu treten und die Entfernung zu verkürzen scheinen. Entsprechend wirkt Grün friedlich, weil es keine Linsenveränderung erfordert, während Blau und Violett in die Ferne zruückzutreten scheinen. Die weit hinten liegenden Farben in einer Landschaft oder einem Garten haben die Tendenz zu verblassen, weil die Atmosphäre die Lichtstrahlen zerstreut. Aus demselben Grunde pflegen leuchtend rote und orange Gegenstände im Vordergrund auch dann ihre Form beizubehalten, wenn man sich von ihnen entfernt,

**Das kreisförmige Farbschema, von dem wir ausgehen wollen, beruht auf den drei Grundfarben – Rot, Blau und Gelb – und den drei Sekundärfarben – Orange, Grün und Violett. Farbstufen lassen sich durch weitere Unterteilung des Farbkreises darstellen, so daß in immer schmaleren Segmenten Farbmischungen nebeneinanderliegen, wenngleich die Abfolge im Spektrum der Lichtstrahlen kontinuierlich ist und die benachbarten Farbtöne fließend ineinander übergehen.**
**In anderen Farbkreisen geht man von vier Grundfarben aus (einschließlich Grün) und leitet die Grundfarben vom Licht, nicht vom Farbstoff ab, wobei die Farben im Druck manchmal deutlich abweichen. Dieser Farbkreis zeigt sehr anschaulich die Komplementärfarben als Gegensatz einander gegenüber (z.B. Rot und Grün) und die harmonierenden Farben nebeneinander, weil sie ein Pigment gemeinsam haben (z.B. Rot-Violett-Blau). Kontraste haben kein Pigment gemeinsam.**

## DER FARBKREIS

**Die Farbtheoretiker haben einfallsreiche Schemata entworfen, um die Dreidimensionalität der Farbe auf den zwei Dimensionen einer Papierseite und durch das Medium Druckfarbe auf weißem Papier wiederzugeben. Ausgeklügelte »reine« Farben mit Skalen der Zwischenstufen mögen ein Weg sein, um die Komplexität der Farbtheorien zu veranschaulichen, aber das würde hier zu weit führen. Weil jedoch ein Minimum an bildlicher Darstellung ganz hilfreich ist, um die verschiedenen Farbqualitäten kennenzulernen, wurden hier die drei grundlegenden Merkmale in Buntstiftskizzen veranschaulicht** (Abb. gegenüber)**. Sie sollen mit den gebräuchlichen Fachausdrücken vertraut machen, die in der Farbtheorie verwendet werden und auch wichtig sind für die Farbbeschreibungen in den einzelnen Kapiteln dieses Buches.**

während dunkle Blau- und Violett-Töne schnell verschwimmen und ineinanderfließen. Diese Eigenschaften lassen sich vom Maler wie vom Gärtner für die Farbperspektive nutzen.

Nach der ersten Wahrnehmung der Farbe beginnt das Auge sie auch nach anderen Eigenschaften auszuwerten: Helligkeit oder Dunkelheit, Stumpfheit oder Leuchtkraft – Gesichtspunkte, die man als Qualitätsmerkmale bezeichnet. Das Auge neigt dazu, die Unterschiede zwischen nebeneinanderliegenden Farben zu übertreiben – ein optisches Phänomen, dem wir uns später noch genauer widmen müssen. Versuche, die Wirkung von Farben quantitativ zu erfassen, werden stets durch die subjektiven und psychischen Faktoren gestört, mit denen das Hirn je nach Stimmung und persönlichen und kulturellen Erfahrungswerten des Einzelnen bestimmt, was das Auge sieht. Eine wissenschaftliche Methode ist das systematische Messen von Licht und Pigment im gesamten Farbenbereich der verschiedensten Farbträger, wie Malfarben, Druckfarben, Färbemittel – und Pflanzenmaterial. Diese Analysen führen zu einer Reihe von Farbmustern mit Kennzahlen, so daß jedes Beispiel, geeignete Lichtverhältnisse vorausgesetzt, damit verglichen und eingeordnet werden kann.

Die Laborbedingungen, unter denen solche Farbprüfungen durchgeführt werden sollen, sind z.B. im Begleittext zu den Farbkarten der Royal Horticultural Society (RHS) erläutert. Um die Farbe eines Blüten- oder Laubblattes mit der Karte zu vergleichen (die übrigens von den Qualitätsmerkmalen ausgeht) muß man die Probe im Haus, bei guter Beleuchtung von Norden, vor weißem Hintergrund betrachten. Das Probenmaterial sollte eine Knospe kurz vor dem Öffnen, eine offene, möglichst vollkommene Blüte sowie ein abblühendes Exemplar umfassen. Eine genaue Klassifizierung ist vor allem für den Pflanzenzüchter wichtig, der einen Schlüssel braucht, nach dem er die drei Qualitätsmerkmale jeder Pflanzenfarbe erfassen kann. Hier aber soll die Beschreibung der künstlichen Bedingungen, unter denen die Pflanzenfarbe bestimmt wird, nur veranschaulichen, wie sehr sich davon die Situation des Gärtners in der Praxis unterscheidet. Selbst wenn jedes Laubblatt und jede Blüte sorgfältig einer Ziffer der RHS-Skala zugeordnet wurden, muß der Gärtner noch die Abweichungen in der Blütenfarbe in Betracht ziehen, die natürlicherweise unter verschiedenen Bodenverhältnissen auftreten, sowie die Lichtveränderungen, die alltäglicher Bestandteil der Gartenszene sind, und den Einfluß der benachbarten Farben auf die Wahrnehmung.

Ähnlich geht es dem Gärtner, wenn er Pflanzenkataloge benutzt oder auch Bücher, um eine bestimmte Farbe für eine geplante Anlage auszusuchen. Bei der Fotografie und bei der Wiedergabe im Druck entstehen Abweichungen von der »echten« Farbe (am deutlichsten im Blauton-Bereich, der leicht einen Stich in Violett und Purpur bekommt). Kein gedrucktes Bild kann den Farbwechsel eines Blattes oder einer Blüte im Laufe ihres Entstehens und Vergehens während der Jahreszeiten wiedergeben. Außerdem ist eine Farbreproduktion flach und eben und kann Strukturen und die Feinheiten in den Farbstufen eines einzelnen Blütenblattes nur andeuten.

Es ist schwierig, diese Feinheiten lebendiger Farben wahrzunehmen und im Gedächtnis zu behalten; dazu kommt die künstlerische

## DIE QUALITÄTSMERKMALE DER FARBE

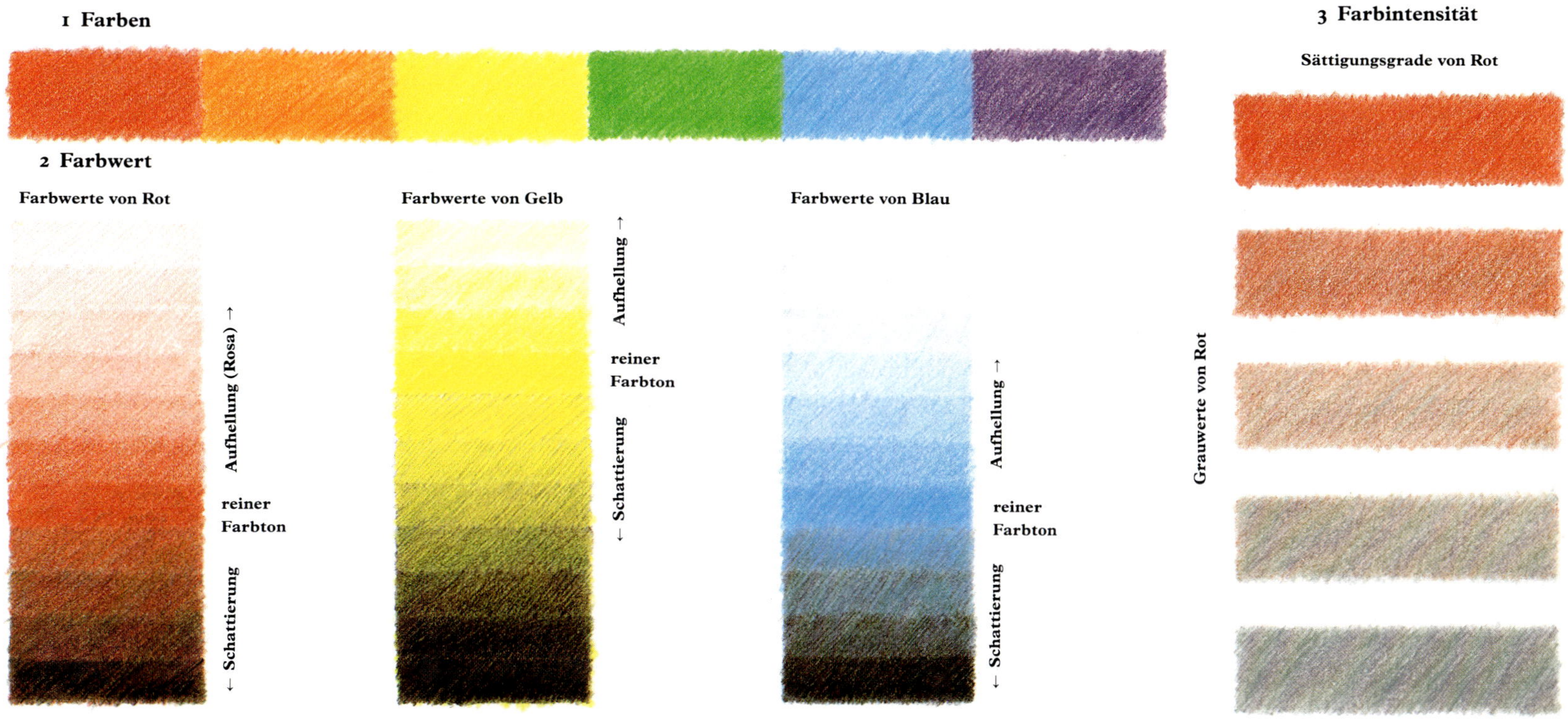


Der Farbton, das erste der drei Merkmale, ist die Eigenschaft, durch die sich eine benennbare Farbe von einer anderen unterscheidet – etwa Rot von Orange, der benachbarten Farbe, oder von Grün, der Komplementärfarbe. Üblicherweise werden sechs Farben (Rot, Orange, Gelb, Grün, Blau und Violett) getrennt in Segmenten dargestellt, obgleich im fortlaufenden Spektralband die nebeneinander liegenden Farbtöne fließend ineinander übergehen. Mit Farbton ist die reine Farbe gemeint – ohne Anteil an Weiß, Schwarz oder Grau.
Die reinen Spektralfarben kommen in der Natur selten vor: Die meisten Farben enthalten einen kleinen Anteil des benachbarten Farbtons und werden von einem der anderen Merkmale beeinflußt.

Der Farbwert, das zweite Merkmal, bezeichnet Dunkelheit bzw. Helligkeit einer Farbe. Daher werden die Farben mit Weiß stufenweise aufgehellt, mit Schwarz getrübt, oder abgedunkelt. Nicht alle reinen Farben haben denselben Farbwert. Im Farbkreis besitzt Gelb, die hellste Farbe, einen höheren Farbwert als alle anderen reinen Farbtöne. Hingegen hat Violett, die dunkelste Farbe, den niedrigsten Farbwert. Andererseits kann jede einzelne Farbe in ihrem Wert variieren. Hellgelb hat einen höheren Farbwert als Dunkelgelb – die relative Helligkeit unterscheidet die zwei Beispiele der gleichen Farbe.

Die Farbintensität, das dritte Merkmal, ist ein Maß für die relative Farbigkeit oder Graustufe: Sie unterscheidet die gedämpften von den leuchtenden Farben. Dieses Merkmal, auch mit Farbquantität oder Sättigung bezeichnet, können wir überall um uns in den gedämpften Farben der Landschaft sehen; andererseits ist gerade dieses Merkmal am schwersten zu verstehen und graphisch darzustellen. Die Spektralfarben sind reine Farben; sofern sie »grau« werden, bezeichnen wir sie als gedämpfte oder weniger satte Farben, die wir zugleich als weniger bunt empfinden.
Oben wird die abnehmende Intensität bei Rot veranschaulicht, der reine Farbton (ganz oben) verliert seine Leuchtkraft und wird zunehmend gedämpft und grau.

Abb. rechts: **Eine Farbe wird von den danebenliegenden Farben in allen drei Merkmalen verändert und scheint so verschieden wie möglich von der Farbe daneben zu werden. Hier sind jeweils zwei gleiche Farben mit verschiedenen Kontrasten umgeben, um die Veränderungen von Farbton und Farbwert zu zeigen.**

## SIMULTANKONTRASTE

Aufgabe, Harmonien und Kontraste in einem Garten zu planen und mit der ständigen Veränderung der wachsenden Pflanzen fertig zu werden. Ebenso wie die Theorie von den Qualitätsmerkmalen ein nützliches Mittel ist, sind Farbkarten und Fotografien ohne Zweifel eine nützliche Erinnerungsstütze – sofern der Benutzer sich ihrer Grenzen bewußt bleibt.

Der Gärtner geht in weitaus stärkerem Maße mit vergänglichen Dingen um als der Künstler – wenn dieser seine Malfarben erst einmal an die richtige Stelle gebracht hat, können sie sich optisch, nicht aber physikalisch verändern. Und doch kann eine nähere Betrachtung der Malfarben ein sinnvolles Mittel sein, um einige Gesichtspunkte der Pflanzenfarben genauer zu erfassen.

Der Maler kann eine unendliche Zahl von Farbwerten herstellen, indem er zu einer reinen Farbe auf seiner Palette Weiß oder Schwarz hinzufügt. Denken wir zum Beispiel an eine monochrome Reihe von Rotwerten. Die Farbe beginnt mit dem reinen Rot – im Garten etwa durch eine scharlachfarbene Rose oder einen Türkenmohn vertreten –, wird zunehmend heller, etwa bei den blassen Rottönen rosablütiger Japan-Anemonen, bis Weiß mit einem bloßen Hauch von Rosa in den Blüten bestimmter Pfingstrosen und frühblühender Prunus-Arten. In der anderen Richtung der Farbwertskala ist eine karmesinfarbene Rose dunkler als die reine Spektralfarbe, nochmals dunkler das wundervolle *Geranium sanguineum*, mit schwarzer Mitte, und fast ganz schwarz sind die Blüten von *Geranium phaeum* und *Veratrum nigrum*. (In Wirklichkeit enthält das dunkle Rot violette oder dunkelblaue Farbstoffe, »schwarz« ist hier nicht wörtlich zu nehmen.)

Der Farbwert einiger Farben wie Gelb und Orange verändert diese Farben stärker als andere. Rot, das zu Rosa wird, bleibt immer deutlich rot. Gelb mit Weiß vermischt wird aprikosenfarben; Gelb mit Schwarz wird oliv; Orange mit Schwarz ergibt Braun. Grün ändert sich so wenig wie Rot: es wirkt nur tiefer, wenn es Schwarz enthält, vor allem bei einem Blatt mit glänzender Oberfläche, wie *Acanthus mollis* oder *Fatsia japonica*. Blau hat so wenig Leuchtkraft, daß es sehr schnell schwarz wird, wenn es abgedunkelt wird, wie bei der Tulpe 'Queen of the Night', der seltenen *Fritillaria camtschatcensis* oder bei den fast schwarzen Blättern des gras-ähnlichen *Ophiopogon planiscapis* 'Nigrescens'. Andererseits kann man zu Blau sehr viel Weiß hinzufügen, es wird zwar heller, bleibt aber blau.

Wenn wir uns auch der veränderlichen Verhältnisse im Garten bewußt waren, haben wir doch bisher von den Farben gesprochen, als würden sie jeweils für sich wahrgenommen. Das Bild kompliziert sich aber durch verschiedene optische Phänomene, die dem Sehvorgang eine gewisse Dynamik verleihen: Sie spielen sich offenbar nicht im Auge, sondern im Gehirn ab, und sie entziehen sich nach wie vor der vollen Erklärung durch Physiologen und Psychologen.

Starren Sie einige Sekunden lang einen roten Gegenstand an und richten Sie dann Ihren Blick auf ein leeres weißes Stück Papier oder den Rand dieser Buchseite: ein grünlicher Fleck wird auftauchen. Ein violetter Gegenstand wird ein gelbes Nachbild hervorrufen; eine blaue Form ein orangefarbenes Nachbild. Das Auge, das eine bestimmte Farbe angestarrt hat, hat das Bedürfnis, ein Bild in der Komplementärfarbe hervorzurufen – in der Farbe, die im Farbkreis genau gegenüber liegt. Da die Reaktion erst nach einer Weile eintritt – etwa nach 20 bis 40 Sekunden –, wird sie als »Sukzessivkontrast« bezeichnet.

Ein ähnliches Phänomen, der »Simultankontrast«, tritt ohne Zeitverzögerung auf: Es entsteht dadurch, daß zwei nebeneinander liegende Farben gleichzeitig jeweils durch die Komplementärfarbe der anderen Farbe beeinflußt werden. Jede der Farben bekommt dabei den »Stich« einer neuen Farbe, wie wenn sich ein Film oder Schleier in der Komplementärfarbe über die benachbarte Farbe legt: Dadurch werden die beiden Farben gewissermaßen weiter auseinandergetrieben (gemessen an ihrer Lage im Farbkreis); sie versuchen so unterschiedlich wie möglich voneinander zu werden. Wenn zum Beispiel Blau und Gelb direkt nebeneinander liegen, wird das Blau mit einem »Film« von Violett überzogen (der Komplementärfarbe zu Gelb), während Gelb durch Orange vertieft wird. Handelt es sich bei dem Farbenpaar bereits um Komplementärfarben, steigern sie sich nur gegenseitig, wird der Kontrast zwischen ihnen in der Wahrnehmung verstärkt.

So theoretisch das alles erscheinen mag, für den Gärtner ist es wichtig, wenn er verschiedene Farben zusammenstellen will. Es mag vom subjektiven Urteil abhängen, ob zwei Farben sich »fördern« oder »stören«. Tatsache aber ist, daß sie sich verändern. Eine Vorwarnung, daß eine Bepflanzung greller oder, weniger harmonisch wirken könnte als beabsichtigt, kann dem Gärtner helfen, die Wirkung solcher optischen Phänomene im voraus zu berücksichtigen. Er kann zum Beispiel als Rot Scharlach statt Karmesin verwenden, oder Violett an Stelle eines grünlichen Blau. Am reinsten bleiben Farben neben Weiß. Weiße Blütengruppen können deshalb dazu dienen, Farben zu trennen, die sich aller Voraussicht nach »beißen« würden. Grau reflektiert alle Lichtstrahlen, aber weniger stark als Weiß. Graues Laub wirkt besonders rasch heller oder dunkler, während benachbarte Farben heller oder dunkler werden; außerdem heben graue Blätter die Reinheit und Leuchtkraft benachbarter Blüten hervor. In der Nähe von Grau leuchten reine Farben lebhafter, während blasse Pastellfarben aufgehellt werden. Die grauen Blätter selbst aber bleiben dabei nicht neutral: Sie werden mit einem Schleier in der Komplementärfarbe überzogen. (Es ist wichtig, diese optische Wirkung des Grau auf danebenliegende Farben von den »Graustufen« zu unterscheiden, bei denen sich die Abschwächung durch Grau objektiv messen läßt als weniger satte Farben oder verminderte Farbintensität. Bestes Beispiel sind die gedämpften Graustufen von Grün in einer fernliegenden Landschaft.)

Der Grad, in dem nebeneinanderliegende Farben einander beeinflussen, hängt auch von den relativen Flächen ab: Isolierte Blütenköpfe etwa vor einem weiten Hintergrund aus Blattwerk werden viel stärker verändert als die Blätter, wenn auch da, wo die Farben aneinanderstoßen, die Blätter deutlich durch die Komplementärfarbe der Blütenfarbe verändert werden. Die Wirkung optischer Phänomene wurde bisher so betrachtet, als wären die einzelnen

**Wenn auch die Farbwirkung relativ ist – abhängig von den nebeneinanderliegenden Farben und von der Lichtqualität –, so ist Rot doch nahezu immer die am stärksten vortretende Farbe. Gegen einen mittelgrünen Hintergrund gesehen, wirkt eine rein rote Blüte wie abgelöst von Blättern und Stiel und gleichzeitig näher herangerückt. Doch sind reine Farben in der Natur selten – in einem Mohnfeld, dem beliebten Malermotiv, ist das Grün gewöhnlich gedämpft und damit eine geringere optische Herausforderung.**
**Immer wieder wird uns empfohlen, uns von der Natur anregen zu lassen, doch Gärtnern ist eine Kunst, und wenn wir ein zufriedenstellendes Bild erzielen wollen, müssen wir anhand der Farbenlehre analysieren, was in der Natur geschieht, und dies auf den Garten übertragen. Die einzelnen Mohnblüten im Vordergrund wirken flach, wo ihre Umrisse nicht beleuchtet werden. Wo das Sonnenlicht jedoch die Blütenblätter aufglänzen läßt oder durchscheinend macht, tritt die reine Farbe wie bei einem Relief hervor, so daß das Bild plastisch wird. Silbrig grüne Strukturen von Grashalmen und Samenständen und dunkle Schatten halten die reinen Farben zusammen und zeigen, daß Flächen mit demselben Farbwert solcher Verknüpfung mit helleren und dunkleren Farben bedürfen, damit ihre strukturellen Feinheiten erkennbar werden.**

## SIMULTANKONTRASTE

**Wenn man zwei reine Farbtöne nebeneinandersetzt, wird der Unterschied zwischen ihnen optisch vergrößert, sie werden »weiter auseinander getrieben«. Jede Farbe scheint mit der Komplementärfarbe der benachbarten Farbe überzogen; paarweise zusammengestellte Komplementärfarben erscheinen leuchtender.**

| Veränderung durch den Kontrast in Richtung | Paare reiner Farben | Veränderung durch den Kontrast in Richtung |
|---|---|---|
| Grün ◄ | Gelb/Orange | ► Rot |
| Gelb ◄ | Orange/Rot | ► Purpur |
| Orangerot ◄ | Rot/Violett | ► Blau |
| Purpur ◄ | Violett/Blau | ► Grün |
| Purpur ◄ | Blau/Grün | ► Gelb |
| Blau ◄ | Grün/Gelb | ► Orange |
| Grün ◄ | Gelb/Rot | ► Purpur |
| Orangerot ◄ | Rot/Blau | ► Grün |
| Violett ◄ | Blau/Gelb | ► Orange |
| Gelb ◄ | Orange/Violett | ► Blau |
| Purpur ◄ | Violett/Grün | ► Gelb |
| Blau ◄ | Grün/Orange | ► Rot |
| Leuchtend Gelb ◄ | Gelb/Violett | ► Leuchtend Violett |
| Leuchtend Orange ◄ | Orange/Blau | ► Leuchtend Blau |
| Leuchtend Rot ◄ | Rot/Grün | ► Leuchtend Grün |

## FARBKOMBINATIONEN MIT HILFE DES FARBKREISES

Der Farbkreis zeigt eine Auswahl aus der Palette, die dem Gärtner zur Verfügung steht. Was in dem Farbkreis mit hellen Tönen und dunklen Schattierungen fehlt, sind die unendlichen Abstufungen zwischen den Farben, und die Farbintensität, das dritte Merkmal, das sich in der Natur besser beobachten läßt als an »Farbmodellen«.

**Es gibt unendlich viele Möglichkeiten der Farbkombination, zumal wenn alle Qualitätsmerkmale einbezogen werden, sowie Lichtwirkung, relative Fläche der Farben, mehrfarbige Kompositionen, Struktur und Masse: All diese Merkmale beeinflussen sich gegenseitig und verändern unser Seherlebnis.**
**Die Diagramme und Beispiele hier können nur ein erster Schritt sein, zugleich sollen der Farbkreis und die Farbproben gegenüber visuelle Erinnerungsstütze sein. Bei der Verwendung der Farbtöne in diesen Darstellungen sind alle möglichen Qualitäten von Farbe impliziert – so, wie wir in der Sprache das Wort »Rot« verwenden und damit eine ganze Bandbreite der verschiedensten Vorstellungen verbinden.**
**Grundsätzlich gibt es zwei Möglichkeiten, Farben zu kombinieren:**
**1. Farben, die durch ein gemeinsames Pigment ähnlich sind, ergeben eine harmonische Komposition, und**
**2. Kontrastfarben, die kein Pigment gemeinsam haben, bewirken ein lebhafteres Bild. Beides ist nicht immer scharf zu trennen, man kann Kontraste durch eine verbindende Farbe mildern, so daß sie sich weniger scharf unterscheiden und der Definition nach »harmonisch« wirken.**
**Der Farbkreis kann für den Künstler eine Hilfe sein, ausgewogene Farbbilder aufzubauen. Verschiedene Linien durch den Mittelpunkt des Kreises gezogen, bilden Halbkreise mit gegensätzlichem Charakter. Man braucht nun nur die fertigen Farbmotive für eine ausgewogene Komposition abzulesen.**
**Der Halbkreis mit Rot in der Mitte wirkt »wärmer«; die Gegenseite mit BlauGrün/Gelb wirkt relativ kühl. Teilt man den Kreis zwischen Grün und Blau auf, erhält man helle Farben auf der einen Seite, dunkle Farben – mit niedrigerem Farbwert – auf der anderen. Legt man die Linie so, daß sie die roten und grünen Segmente genau halbiert, zeigen sich die einfachsten Alternativen für eine harmonische Anlage: Karmesin/Violett/Blau/Blaugrün mit Blau als verbindendem Pigment und Scharlachrot/Orange/Gelb/Gelbgrün mit gemeinsamem Gelb. Pflanzen, die ausschließlich von einer Seite diesseits oder jenseits der gedachten Linie gewählt werden, harmonieren miteinander, und viele Gärtner planen nach dieser einfachen Aufteilung.**

## HARMONIE DURCH VERWANDTE FARBEN

**Farben des Sonnenuntergangs, nach der Farbfolge aus dem Kreis sind für das Auge beruhigend. Graue und grüne Blätter betonen Kontraste, rötliches Laub dämpft Kontraste und verleiht Ausgewogenheit.**

**Farben, die Blau gemeinsam haben, verschmelzen leicht zu feinen, nebelhaften Bildern. Graues und blaues Blattwerk bringt dunkle Violett- und Purpurtöne zum Leuchten und paßt gut zu Pastelltönen.**

Farbgruppen deutlich voneinander getrennt. In einem Garten jedoch kann jede Farbzusammenstellung aus der Nähe und aus der Ferne gesehen werden. Aus der Ferne – abhängig auch von der Größe der Farbgruppen und -flächen – werden die Farben optisch miteinander verschmelzen und nicht getrennt wahrnehmbar sein. Die Pointillisten unter den Malern nutzten diese Tatsache, wenn sie etwa darstellen wollten, wie in einem Bauerngarten oder auf einer Bergwiese die zahllosen verstreuten Blumen mit ihrer Vielfalt an Farben verschmelzen, und die Einzelheiten sich verwischen. Große Gruppen einer Farbe verschwimmen erst aus großer Entfernung, doch dann hat sich die Farbe wegen der Entfernung bereits verändert – durch die jedes Farbmuster verändert wird.

Ein Gärtner, der mit diesen Gesetzen der Farben und Farbveränderungen vertraut ist, ist sozusagen ausgerüstet mit der Grammatik der Farbsprache.

Wie man dieses Hilfsmittel benutzt, um durchdachte Farbkompositionen zu schaffen, soll im folgenden noch näher geschildert werden.

Farben im Garten anordnen, heißt Harmonien aus verwandten Farben mit Kontrasten aus möglichst konträren zu verbinden und die Beziehung zwischen diesen Farben und dem allgemeinen Farbhintergrund des Gartens zu beachten. Daraus ergibt sich der architektonisch ausgewogene Aufbau eines Gartens, der mindestens so wichtig ist für ein angenehmes Gesamtbild, wie die eher persönlichen ästhetischen Entscheidungen darüber, welche Farben sich

**Die reinen Spektralfarben, zu gleichen Teilen kombiniert, können farbenfreudig wirken, verwirren aber das Auge durch ihr unruhiges Bild. Es ist hauptsächlich eine Geschmacksfrage, aber es gibt ein paar Regeln, nach denen man starke Farbkontraste wirkungsvoll verbinden kann. (Natürlich kann man die Farbe einer vorhandenen Pflanze oder Blüte nicht ändern – man kann nur die Anlage im Planungsstadium korrigieren oder die Pflanze auswechseln). Die Beispiele zeigen an sechs Farben des Spektrums extreme Kontraste.**
**Man kann die Proportionen regulieren: einen kleineren Anteil der intensiveren Farbe (vielleicht den reinen Farbton) ausgleichen durch eine größere Fläche des tieferen Farbtons. Das bedeutet, einzelne Blüten oder Blütengruppen der vortretenden Rot- oder auffallenden Gelbtöne durch große Flächen gedämpfter Töne aller Schattierungen in Violett, Blau oder Grün auszugleichen.**
**Man kann bei beiden Farben den Farbwert oder die Intensität verändern. Hellt man beide Farben zu einem Pastellton auf, verbinden sie sich durch ihre Helligkeit oder ihren Weißanteil. Dunkelt man sie ab, haben beide die Dunkelheit gemeinsam. Gedämpfte Farben wirken weniger verwirrend, weil sie beide einen Anteil Grau besitzen.**
**Man kann den Farbwert der einen Farbe verändern – will man aber unangenehme und manchmal fast »tödliche« Kombinationen vermeiden, muß man die »natürliche Ordnung« beachten: Das heißt, man muß Farben mit höherem Farbwert heller machen, und die mit tieferem dunkler. Tiefes Gelb paßt nicht zu Rosa, Lavendel oder Blaßblau (alles aufgehellte Farben des dunkleren Bereichs), wenn sein Farbwert erhöht wird – und mit einfach leuchtendem Gelb konkurriert.**
**Dieser Grundsatz gilt auch, wenn man im Farbkreis nebeneinanderliegende Farben kombiniert: Bei der Verbindung von Orange und Rot sollte man das ohnehin dunklere Rot vertiefen statt das Orange, um nicht einen Konflikt zwischen Rosa und Zimt zu riskieren; bei der Verbindung von Rot mit Violett ist es sinnvoller, Rot zu Rosa aufzuhellen – das mit jeder Schattierung des Violett harmoniert –, als Violett zu Lavendel, das mit reinem Rot kollidiert.**

vertragen und welche nicht. Man kann das »Gewicht« einer Farbe von hell nach dunkel oder die Intensität von leuchtend zu stumpf oder die relativen Farbflächen verändern, die – wie beim Gemälde – mit einem Blick zu erfassen sind: All dies beeinflußt das Endergebnis fast in demselben Maße wie die eigentliche Farbwahl. Ein Maler, der ein Gemälde vollendet, entscheidet sich vielleicht, hier eine leuchtende Farbe zu dämpfen, dort Übergänge zu mildern, mit Abstufungen Ferne anzudeuten, Licht und Schatten einzusetzen, um die Perspektive zu betonen oder eine »warme« oder »kalte« Note hinzuzufügen, um das Ganze abzurunden. Der Gärtner aber muß auf mehreren Ebenen zugleich arbeiten, er muß Bilder schaffen, die aus den verschiedensten Blickwinkeln betrachtet und gewürdigt werden, und seine Farbmotive weit im voraus wählen. Während der Besucher durch den Garten wandert, sucht sein Auge sowohl die Ruhe als auch den ständigen Reiz der Veränderung, und wenn er den Garten verläßt, behält er vielleicht eine Reihe von Farbeindrücken in Erinnerung, aber wohl kaum eine Analyse der einzelnen Farbwirkungen und -verbindungen, die er gesehen hat. Und doch sind gerade diese einzelnen Farbbilder das Gestaltungsmittel des Gartenkünstlers oder -planers. Die Farbtheoretiker haben zahllose Empfehlungen vorgebracht, die einem helfen sollen, Farben auf ansprechende Weise miteinander zu verbinden. Aber aus verschiedensten Kulturkreisen kommend und oft in starkem Maße von Moden beeinflußt, haben sie ihren persönlichen Geschmack einfließen lassen – wie wir es ja alle tun –, bestimmte Farbverbindungen positiv, andere negativ

## KOMBINATIONEN DER SPEKTRALFARBEN

**In reinen Farben zu grell. Gelbliches Orange als Bindeglied einfügen oder Orange vertiefen, Gelb aufhellen. Mit größerer Fläche gedämpfter Komplementärfarben ausgleichen.**

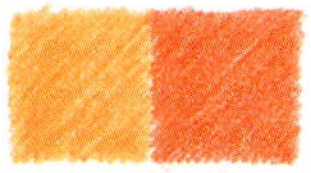

**Passend als Teil einer abgestuften Folge von Sonnenuntergangsfarben, besonders wenn Rot zu Magentarot vertieft wird. Aufgehellte Töne, wie Rosa, vermeiden.**

**Diese kräftige, warme Kombination kann zu stark sein. Für bessere Harmonie Blau hinzufügen, damit Rot zu Karmesin wird. Gut in aufgehellten Tönen, z.B. Rosa und Zartviolett.**

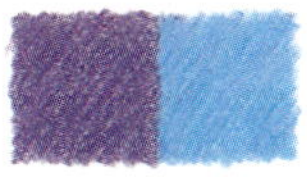

**Verwirrend, besonders bei unterschiedlicher Intensität. Am besten mit Blau mehr zu Violett tendierend in schimmernden gedämpften Tönen. Graues Blattwerk.**

**Eine »natürliche« Kombination. Um die Wirkung des reinen Blau zu erhalten, dunkles Grau-Grün statt leuchendes Grün verwenden.**

**Gelblichgrünes Blattwerk bildet ruhige, mühelose Übergänge für das Auge. Zu Gelb als Blütenfarbe statt hellgrünem graues oder grünlich blaues Laub einsetzen.**

**Durch Orangetöne verbinden oder gedämpftes grünliches Gelb mit samtigem Rot kombinieren. Bei hellen Tönen sollte Rosa dunkler sein als Gelb. Graues Blattwerk verwenden.**

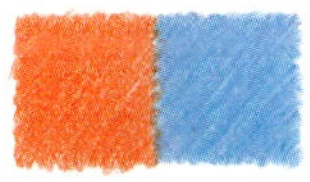

**Als reine Farben schwierig. Günstig, wenn beide in Pastell oder dunkel (dabei wird Rot bläulich), und wenn die Farbflächen unterschiedlich groß.**

**Grünes Blattwerk verbindet die Kontraste meist zuverlässig. Fast alle Schattierungen von hell bis dunkel passen zusammen. Orange oder Violett ergänzt zu satterem Bild.**

**Fast komplementäre Farben, sehr hart als reine Farben. Helles Orange paßt meist zu dunklerem Violett. Umgekehrte Verbindung vermeiden, da blasses Lavendel einen höheren Farbwert hat.**

**Als reine Farben zu wenig Kontrast. Plastische Wirkung durch ausdrucksvolle Pflanzenformen steigern. Oder graues Laub verwenden, weil abgetönte Farben mit leichtem Violett harmonieren.**

**Wie Violett/Grün, Töne im Farbwert zu ähnlich. Auch hier kräftige Formen nötig. Mit gelben Blüten oder Blättern verbinden, Grau oder Weiß würden stören.**

**Höchster Unterschied im Farbwert verhindert unangenehme Komplementärwirkung. Gelb rein und hell halten und Violett hell bis dunkel, um Dramatik zu verhindern. Gedämpftes Blattwerk.**

**Vielseitig und zuverlässig: Selbst gleichgroße Blöcke reiner Farben können als Akzente passen. Sonst beide oder eine Farbe heller oder dunkler. Gelb oder Violett zufügen.**

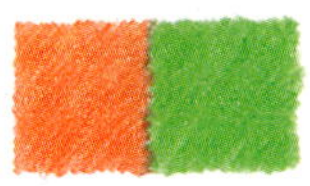

**Gleichgroße Flächen von reinem Rot und Grün wirken optisch anstrengend; gedämpfte oder bläuliche Töne und/oder helles Rot verwenden. Oder purpurrotes Blattwerk.**

bewertet. So wie die Merkmale der Farbqualität sich teilweise auf mathematische Formeln bringen lassen, haben einige Theoretiker auch versucht, der Ästhetik wissenschaftliche Exaktheit zu verleihen. Nach bestimmten Vorstellungen sollen die angenehmsten Farbverbindungen dann zustandekommen, wenn man Farben zusammenstellt, die im Farbkreis eine feste Beziehung zueinander haben. Es handelt sich um Dreiergruppen von Farben, die entstehen, indem man ein Dreieck um den Farbkreis rotieren läßt: Die drei Grundfarben – Gelb, Rot und Blau – verlieren ihre Intensität, und es entstehen harmonische, gedämpfte Mischungen wie Zitronengelb/Rostrot / Schiefergrau oder Ledergelb / Pflaumenrot / Salbeiblau. Nach einem anderen, mehr analytischen Vorschlag muß im Sehfeld die Ergänzung zum weißen Licht stattfinden; dahinter steht die Vorstellung, daß die hellen Grundfarben Rot, Grün und Blau sich additiv zu weißem Licht mischen. Doch dürften solche Dreiergruppen eher für Textilentwürfe oder Innendekorationen geeignet sein als für den Garten, wo das Grün der Vegetation nahezu überall vorherrscht. Für den Gärtner ist es nützlicher und realistischer, den Farbkreis auf vier Grundfarben aufzubauen – Rot, Blau, Grün und Gelb – und dadurch die relative Fläche der »kalten« Farben auf Kosten der »wärmeren« Farben Rot, Orange und Gelb zu erweitern; aber natürlich ist auch das nur eine schematische Hilfe. Die zitierte Theorie vom »weißen« Licht ist ohne praktischen Wert für den Gärtner, der eine Rabatte im Sonnenlicht betrachtet und die dynamische Qualität der Farben wahrnimmt, wie sie sich gegenseitig verändern und vom Licht verändert werden. Wenn wir die abstrakte Farbenlehre wegen ihrer Praxisferne auch anzweifeln, sollten wir doch ihren Wert als Teil des geistigen Rüstzeugs für den Gärtner nicht verkennen. Wenn er sie begreift und versteht, wird er daraus seine scheinbar instinktiven oder intuitiven Entscheidungen treffen.

Das nützlichste und praktischste Rüstzeug aber ist viel einfacher. Wir haben bereits den ziemlich vagen Begriff »Gleichgewicht« erwähnt. Man kann ihn am ehesten verstehen lernen, wenn man beobachtet, wie die Natur ein »Bild« komponiert. Starke, kräftige Farben stehen in der Natur gewöhnlich nur vor einem großflächigen, dunkleren Hintergrund. Die leuchtend roten Mohnblüten auf einem Feld würden grell wirken, wenn das Gras ringsum rein grün wäre; in Wirklichkeit besteht das Gras, flächenmäßig größer, aus zahllosen feinsten Grünstufen, und dadurch wird verhindert, daß die roten Farbkleckse hervortreten in eine andere Ebene. Man wird sich leicht an ähnliche gelungene Farbkontraste im Garten erinnern können: etwa eine Gruppe roter Tulpen inmitten eines Schleiers von Vergißmeinnicht in gedämpftem (d.h. dunklerem, hellerem oder weniger sattem) Blau. Leuchtend blaue Säckelblumen können mit dunklem orange- oder bronzefarbenem Goldlack unterpflanzt werden, der abgetönt, »ergraut« ist. In der Natur gibt es verhältnismäßig selten reine Farbtöne, so ist es für den Gärtner nicht schwierig, eine bunte Farbe mit größeren Flächen geringerer Intensität zu umgeben. In der Praxis ist es meist besser, helle Farben in hellen mit dunklen Farben in dunklen Schattierungen zu kombinieren, als umgekehrt. Außerdem ist es in jedem Fall günstiger, die größere Fläche innerhalb des Sehfeldes in gedämpftem Ton zu halten, die reinen Farbtöne aber auf die kleineren Blickfänge zu beschränken.

Das brauchbarste und zuverlässigste »System« für die Kombination von Gartenfarben gründet sich auf die Harmonien einerseits und die Kontraste andererseits. Es sei daran erinnert, daß »Harmonien« – abgesehen von der ästhetischen Bedeutung – im technischen Sinne nichts anderes sind als Farben, die nahe verwandt sind, weil sie ein Pigment gemeinsam haben. Die Darstellung im Farbkreis ist eine nützliche Hilfe, weil die Farben als reine Farbtöne dargestellt sind, doch sollte man nicht vergessen, daß es eine starke Vereinfachung ist, reine Farben als Grundlage für Vergleiche zu nehmen. In Wirklichkeit sind es *alle* die zahllosen Variationen einzelner Farben – wesentlich beeinflußt von der Struktur der Blüten oder Blätter –, welche mit dem ständig sich ändernden Licht in Wechselwirkung treten und so dem Betrachter weitaus feinere und tiefergehende Eindrücke schaffen. Eine Farbfolge, die auf dem Farbkreis nebeneinander liegt, wird – theoretisch – immer harmonieren. »Kontrast« klingt dramatischer: Verwendet man Farben, die kein gemeinsames

Abb. gegenüber: **Dieses Bild von einer Bepflanzung geschlossener Abteilungen veranschaulicht zwei Regeln, wie man kontrastierende Farben in einem Sehfeld verbinden kann. Waagerechte Linien aus beschnittenem Buchsbaum trennen die einzelnen Farbgruppen und verhindern, daß sie sich optisch mischen. Die ausgewählten Farben sind abgewandelte reine Farbtöne: Statt Rot ist es Rosa, das Blau ist gedämpft und nimmt eine größere Fläche ein, und rahmfarbene Tulpen mildern den grellen Glanz von reinem Gelb. Als hellste und leuchtendste der Spektralfarben fällt Gelb sogleich ins Auge, es fordert Aufmerksamkeit und läßt die rosafarbenen Tulpen in den dunstigen Hintergrund der blauen Vergißmeinnicht zurücktreten.**

Abb. oben: **In der Staudenrabatte fügen sich Kontrastfarben in die Gruppen kühler Farben. Gelbe Wiesenraute, dunkelblauer Salbei, die rauchig-violette Katzenminze und der rosaviolette Blutweiderich haben Blütenformen, die sich miteinander zu verweben scheinen; die klareren Formen der leuchtend gelben Taglilien und der Kerzen des Rittersporns prägen die Gruppe.**

Abb. rechts: **Hier ist die Wirkung insgesamt wärmer, weil das Gelb schon fast ein warmes Orange ist, und das helle Violett hier durch das Karmesin des Phlox und das Dunkelviolett von Salvia nemorosa 'Superba' ersetzt wird. Die Farben stehen in geschlossenen »Blöcken«, sind auch aus größerer Entfernung noch getrennt erkennbar und wirken durch den optischen Effekt des Simultan-Kontrastes, nicht durch gleitende Übergänge. Das blasse Grüngelb der Goldruten vorne links verbindet die Anlage optisch mit dem Rasen.**

**Wenn die Komplementärfarben Gelb und Violett in reinen Farbtönen zusammen verwendet werden, steigern sie den Kontrast und ihre Leuchtkraft – Wirkungen, die durch den Hell-Dunkel-Kontrast zwischen den beiden Farben noch verstärkt werden. Ein schönes Gartenbild läßt sich erreichen, wenn man entweder beide Farben oder auch nur eine von ihnen abwandelt.**
Abb. oben: **In dem Gewebe der Kletterpflanzen sind Gelb und Violett fast bis zum völligen Verbleichen aufgehellt, die Blüten haben gerade noch eine Spur der reinen Farbe beibehalten. Die Clematis 'Nelly Moser', die rahmfarbenen Kletterrosen und Wisteria floribunda 'Macrobotrys' verbinden sich mit dem kräftiger wirkenden gelblichen Laub von Robinia pseudoacacia 'Frisia' auf der linken Seite, dem dichten Grün der Glyzine und der Randbepflanzung unten.**
Abb. unten: **Ein Kontrast, bei weitem schwerer und dramatischer. Gleichfarbige »Blöcke« von Heiligenkraut – mit hellen, fast cremefarbig gelben Blüten – und Salvia nemorosa 'Superba'– mit satten samtartig violetten Blüten – sind nenebeneinandergesetzt. Der Kontrast wird noch gesteigert, weil das Gelb in der Sonne, das Violett aber im Schatten liegt, ein Beispiel für die »natürliche Ordnung«, in der Farben mit niedrigem Farbwert neben hellen Farben am schönsten sind, wenn sie ganz dunkel sind.**

Pigment besitzen, ist mit einer unruhigen Wirkung zu rechnen, weil das Auge mit widersprüchlichen Anforderungen verwirrt wird. Zu den Kontrasten zählt auch die Verbindung von Komplementärfarben. Wiederum theoretisch, ist die Kombination nicht unbedingt schmeichelhaft. Da die Farben im Farbkreis gegenüber liegen, intensivieren sie einander einfach – zum Vorteil oder zum Nachteil.

Die Beschreibung von Farben ist eine der schwierigsten und faszinierendsten Aufgaben im Rahmen dieses Themas. Der Beobachter ist jedesmal neu gefordert, wenn er die ständig sich ändernden Farben, die er sieht, zu benennen versucht. Laien neigen dazu, Farbbezeichnungen und Begriffe für Varianten – Schattierung, Tönung, Komplementärfarbe usw. – zu verwenden, ohne zu beachten, daß diese Begriffe präzise definiert und verwendet werden.

Normalerweise mag es genügen, wenn man von einem »grünen Strauch« spricht. In dem Fall vereinfacht das Hirn die Information, die vom Auge kommt und die viel mehr umfassen kann: etwa Muster silbriger, das Licht reflektierender Blattoberflächen, fast schwarze Blätterschatten und die verschiedensten Grünstufen dazwischen. Das Gehirn filtert als Norm das »durchschnittliche« grüne Blatt bei normalem Sonnenlicht heraus und entscheidet sich der Einfachheit halber, dies im Gedächtnis zu behalten und die visuelle Information über die glänzend silbrigen und schattig schwarzen Bildelemente außer acht zu lassen; es überträgt vielmehr diesen Eindruck von »durchschnittlichem« Grün auf den Strauch insgesamt.

(Der Künstler hingegen kann eine Reihe verschiedener Farben von seiner Palette auswählen, er kann in sämtlichen Grünstufen von nahezu Schwarz bis hin zu Weiß jede einzelne Blattfläche malen und so seinen Eindruck vom sonnenbeleuchteten Strauch wiedergeben.)

Der Beobachter kann den Strauch oder sein Laub mit Wörtern wie oliv- oder flaschengrün bezeichnen oder andere Ausdrücke verwenden, um die Qualität des Grün näher zu kennzeichnen, doch solche Eigenschaftswörter werden bei jedem Beobachter unterschiedliche subjektive Bilder und Gedankenverbindungen hervorrufen, und ein genauer Farbvergleich nach solchen vage beschreibenden Begriffen bleibt unzuverlässig.

Ein Ausweg, den die Wissenschaft fand, besteht in der systematischen Messung von Licht und Pigment in der ganzen Bandbreite an Farben, die in einem Farbträger (Mal-, Druck-, Textilfarben usw.) zur Verfügung stehen. Das Ergebnis sind Farbmusterkarten mit Kennzahlen, denen sich jede Probe durch optischen Vergleich zuordnen läßt. Ein Nebenergebnis aus dieser Arbeit ist ein gewisser Grad von Vereinheitlichung der beschreibenden Begriffe. Wie wir gesehen haben, lassen sich Farben nach drei verschiedenen Merkmalen – Ton, Wert, Intensität – definieren, und auch Begriffe wie Schattierung, Aufhellung und Tönung sind nach diesem Modell objektiv festgelegt.

Die Farbmeßsysteme bieten dem Pflanzenzüchter und den Fachleuten Richtwerte für Laborbedingungen, das Gärtnern aber ist auch eine Kunst, und für die Beschreibung von Pflanzenfarben mit Worten sollten wir es uns vielleicht doch in gewissem Grade erlauben, Bilder zu benutzen. Sehr wenige Wörter in unserer Sprache

**Eine Gruppe mit Kugeldisteln, bei Bienen beliebt, bildet nach Form und Farbe einen klaren Kontrast vor dem »wolkigen« Hintergrund der Goldrute. Das Gelb ist leuchtend und hell, ganz reine Farbe, und das Violett, eigentlich kräftig, verblaßt im Vordergrund, wo es sich mit den Blattfarben verbindet, zu einem hellen, stahlfarbenen Violett. Das Auge erkennt und bevorzugt instinktiv den Kontrast zwischen dem dunklen Violett und dem strahlenden Gelb, und entscheidet sich, das weniger wirkungsvolle Laub zu übersehen, wo der blasse große Blütenkopf rechts im Bild so hell geworden ist wie das Gelb. Wenn alle Distel-Blüten so bleich wären, würde die gesamte Farbgruppe schwach und unbefriedigend wirken.**

werden vornehmlich für Farben verwendet: dunkel, blaß, bunt zum Beispiel. Nur wenige Wörter bezeichnen ausdrücklich eine Farbe. Es sind nur: rot, blau, grün und gelb – hinzu kommen schwarz, grau und weiß. Alle anderen Wörter im Zusammenhang mit Farben beruhen auf einem Vergleich. Die meisten Bezeichnungen wie orange, violett, gold, rosa beziehen sich ursprünglich auf andere Objekte. Manche Bezeichnungen sind uns so vertraut, daß wir vergessen haben, daß Harmonie, Ton, Einklang und Mißklang aus der Musik kommen, und teilweise wird behauptet, daß zwischen den Farben und Tönen meßbare Parallelen bestehen.

Einige Blumen haben selber zu Farbnamen beigetragen: lavendel, violett und rosa sind Beispiele. Oft sind bei Beschreibungen mehr oder weniger anerkannte Zusätze zu finden: vergißmeinnichtblau, olivgrün, tomatenrot sind von Pflanzen und Früchten abgeleitet, und auch andere Nahrungsmittel (lachsrosa, dottergelb), Edelsteine (türkisblau) und gewöhnliche Mineralien (schiefergrau), Ortsnamen und sogar Tiere tragen zum Farben-Wortschatz bei.

Selbst wenn wir genaue Beschreibungen einer Blüten- oder Blattfarbe bekommen, wird sich jedoch bei uns kaum die richtige Vorstellung bilden, solange die Struktur unberücksichtigt bleibt und auch der Eindruck einer bestimmten Masse oder Dichte ist oft ein wesentlicher Bestandteil einer Farbbeschreibung. Nach seiner Materialbeschaffenheit kann ein Blütenblatt papierartig, glatt, samten, dick, durchscheinend sein; die Oberflächenstruktur eines Laubblattes kann glänzend, matt, flaumig, runzelig, wachsig sein. Blüten wie Blätter können in dichten Büscheln stehen, wodurch ihre Farbe verstärkt wird, oder sie sind wegen ihrer Form oder einer ständig wogenden Bewegung voller Licht – und wirken insgesamt »leicht« und luftig. Die Beschreibung einer Pflanzenfarbe kann sich folglich nicht nur auf die zweidimensionale und meßbare Farbe einer Farbkarte beziehen, sondern muß auch einen Hinweis auf Eigenschaften der Struktur oder der Lichtreflexion enthalten. Bis zu gewissem Grade muß die Sprache bei Pflanzenfarben impressionistisch sein: Analogien und Metaphern sind erlaubt, ähnlich wie bei dem Ver-

Abb. links: **Farben, die im Spektrum nebeneinanderliegen, können leichter zu handhaben sein, weil sie dem Auge einen leichteren Übergang bieten; solche Kombinationen verwandter Farben müssen deshalb nicht weniger spannend und lebhaft sein. Blaue Töne sind als sanft und zurückhaltend bekannt, im Gegensatz zu den optisch herausfordernden Rot- und Gelbtönen. Dennoch wirkt die Gruppe aus Rittersporn, Campanula lactiflora und Geranium psilostemon in der Rabatte ausgesprochen intensiv. Der Simultankontrast treibt das Blau und das Magentarot weiter auseinander, verstärkt ihre Unterschiede. Die Dichte aller drei Blütenformen und die ganze Gestalt der Pflanzen verstärken den Farbakzent.**

Abb. rechts: **Die Farbe wird hier weitaus subtiler gebraucht. Der Farbbereich ist zwar nahezu gleich, wie in der** Abb. links, **aber die Bepflanzung ist völlig anders. Auch hier ist Blau das gemeinsame Element in den gedämpft grünen Blättern, der karmesinfarbenen Rose und der purpurnen Clematis × jackmanii, die über den kupferähnlichen Blättern von Berberis thunbergii 'Atropurpurea' zu sehen ist. Beide Bilder beginnen bei schwachem Licht oder in der Abenddämmerung, wo das Blau zuhause ist, zu »klingen«.**

such, den schwer faßbaren Geschmack eines Weines zu beschreiben. Farben können dunstig und atmosphärisch sein wie ein roter Abendhimmel; im Garten haben die dichtstehenden winzigen Köpfchen des weißen Schleierkrautes oder »Wolken« blauer Flachsblüten diese Qualität. Farbe kann auch Tiefe und Gewicht besitzen wie ein Glas Rotwein oder die dicht gefalteten Blütenblätter einer Rose. Farben können durchscheinend sein wie farbige Glasfenster, oder durchsichtig, wie die papierdünnen Blütenblätter von Romneya und Cistrose. Farbe wirkt leuchtend, wenn sie in einem Garten von dunkleren oder satteren Farben umgeben wird, und weiße oder blasse Farben glühen in der Dämmerung auf wie Laternen. Farben können stumpf und matt sein, wie die filzig behaarten Blätter von Pflanzen in warmen Gegenden; sie können schimmernd sein, wie die samtartigen Blütenblätter der Stiefmütterchen, oder metallisch, wie die stanniolblauen Köpfe einer Gartendistel.

Manchmal wird bei den botanischen Namen im Art- oder Sortennamen auf Farbnuancen hingewiesen. Es gibt außer dem nächstliegenden *albus* noch mindestens neun weitere Bezeichnungen für Weiß. *Candidus* beschreibt ein besonders reines und glänzendes Weiß *(Lilium candidum, Galtonia candicans)*; *dealbatus* bezeichnet Blätter, die leicht mit Weiß überstäubt sind, wie *Acacia dealbata; Salvia argentea* hat silbrige Blätter. Bei den tieferen Farbtönen bringt *nigrescens* die Tendenz zu Schwarz zum Ausdruck, Schwarz selbst heißt *niger*, und die Vorsilbe *atro-* bezieht sich auf die feinen gedämpften Grautöne in tiefem geheimnisvollem Rot, etwa bei *Cosmos atrosanguineus* und *Berberis thunbergii* 'Atropurpurea'. Andere lateinische Adjektive wie *fulgens, metallicus* und *coruscans* weisen auf irgendeine Form von Glanz hin, während *tristis* und *sordidus* – so entmutigend sie klingen mögen – die sanfteren, feineren Töne betreffen, die im Gartenbild so unentbehrlich sind. Der Hinweis auf eine Farbqualität, die wesentlich von der Blattstruktur bestimmt wird, findet sich in Namen wie *Dorycnium hirsutum* (auf die Behaarung verweisend), *Salix lanata* (wollig) und *Populus canescens* (mit glänzend grauem Blatt).

Die Pflanzennamen sind nichts anderes als eine Hilfe, den flüchtigen Eindruck dessen, was man beobachten kann, bewußtzumachen und ins Gedächtnis einzuprägen, und sie sind ein Mittel, den Vergleich zwischen Pflanzen leichter und genauer zu machen, die womöglich »dieselbe« meßbare Farbe haben, aber völlig verschieden aussehen. Vielleicht ist es wichtiger, sein eigenes System beim Beobachten und Einprägen zu entwickeln – in jedem Fall kann der Prozeß, der da in Gang gesetzt wird, das Vergnügen, das man hat, wenn man die Farben eines Gartens betrachtet, vergrößern und vertiefen.

KAPITEL III

# WEISSE TÖNE

Reines Weiß entsteht, wenn alle Lichtstrahlen von einer Oberfläche reflektiert werden. Weiß bedeutet zugleich größtmögliche Helligkeit; theoretisch ist Schwarz das Gegenteil, hier werden von einer Oberfläche alle Lichtstrahlen absorbiert. Das dazwischenliegende Grau ergibt sich, wenn die Strahlen in gleichem Maße absorbiert und reflektiert werden. Die weiße Fläche einer Buchseite, ein Zimmer mit weißen Wänden oder eine Landschaft im Schnee rufen ein unvergleichliches Raumgefühl hervor, und angrenzende Farben erscheinen durch den Gegensatz tiefer und leuchtender. Wie das Weiß aussieht, hängt von der Struktur ab; weißes Papier kann rauh oder glatt, matt oder glänzend sein, Wandfarbe kann blank und blitzend oder matt-rauh wie die Tünche einer Gartenmauer sein. Schnee erscheint weiß wegen der zahllosen Lufträume, die zwischen den Eiskristallen liegen. Eine Schneelandschaft, auf die gelbes Sonnenlicht fällt, weist komplementäre blaue Schatten auf, die sich allmählich in Grün verwandeln, wenn die Sonnenstrahlen am Abend rot werden. Die Natur verwendet Weiß in einigen ihrer schönsten Bilder. Die wundervollen weißen Wolken, die im Sonnenlicht aufglänzen, sehen am tiefblauen Himmel massiv aus, obgleich sie bekanntlich keine festen Körper sind. Die zackigen Umrisse von Kreideklippen, die im Laufe von Jahrmillionen aus Schichten winziger Muscheln gebildet wurden, türmen sich vor den Blau- und Grüntönen des Meeres – Ferne und Atmosphäre lassen ihre feste Masse aber weich und sanft erscheinen. Wie glitzerndes Silber schimmern weiße Blüten in einem Obstgarten, Margeriten in einer grünen Wiese und die weißen Blütchen des Weißdorns in einer Hecke – unvergeßliche Eindrücke. Diese eindrucksvollen Bilder aus der Natur können dazu anregen, einen Garten zu schaffen, in dem Weiß die einzige Blütenfarbe ist, am besten gegen einen Hintergrund fein strukturierter grüner und grauer Blätter.

Sind weiße Gärten beliebt, weil sie als »schick« gelten oder weil Weiß, wie in der Innendekoration, ungefährlich ist? Oder ist es so, daß sie einen kühlen Klang friedlicher Schlichtheit hervorrufen, weg von den harten Dissonanzen reiner Spektralfarben und künstlicher, schreiend bunter Töne?

Die Züchtung immer bunterer Blüten, oft auf Kosten der Form, des Duftes und der feineren Farbstufen, hat manchen Gärtner veranlaßt, nach einer ruhigeren Stimmung zu suchen – weiße Blüten heranzuziehen, die in ein feingliedriges Blattwerk aus Silber, Grau und Grün eingewoben sind. Die Idee zu einem weißen Garten beruht vielleicht auch auf ihrer Einfachheit, denn praktisch jede gebräuchliche Gartenblume hat eine weißblütige Form. Aber ein feinfühliger Gärtner wird bald bemerken, daß ein weißer Garten nicht einfach ein Garten ist, bei dem im Laufe des Jahres eine weiße Blüte nach der anderen erscheint. In erster Linie muß auf die Qualität des Weiß geachtet werden. Das Auge ist bei Weiß in der Lage, kleinste Veränderungen zu unterscheiden, und der Begriff »Weiß« umfaßt ein ganz eigenes Spektrum an Tönen. Die feinsten Abstufungen nach Farbe und Struktur, Gestalt und Umriß rufen zusammen eine Vielfalt von Lichtreflexionen hervor: Weiße Blüten werden von »violetten« Schatten abgetönt oder von der Komplementärfarbe einer nebenan stehenden Farbe – was bereits die Bezeichnung »monochrom« in Frage stellt. Selbst das tiefe Weiß der Rose 'Iceberg' – ja, selbst das noch eindeutigere Weiß der Sorte 'Frau Karl Druschki' – kann von den Lichtreflexen angrenzender Farben belebt werden; ein Hintergrund aus grünen Eiben tönt weiße Blüten rosa, und alle leuchtenden Farben der Umgebung werden ihre Komplementärfarben auf dem Weiß hinterlassen.

Hinzu kommt, daß die wenigsten Blüten wirklich rein weiß sind: Die meisten haben einen Hauch von Rosa, Rahmgelb, Elfenbein, sanftem Grau oder Lavendel; das Blütenblatt kann von reinem Weiß bis hin zu kräftigeren Tönen abgestuft sein, all die Stufen mischen sich optisch und ergeben einen Gesamteindruck von milden Farben. Wie man beim genaueren Betrachten erkennt, besitzt der Fingerhut purpurne Markierungen, die weiße Malve hat feinste rosa Adern im Blütenblatt, die weiße Iris einen rahmgelben Schlund und der Kalifornische Mohn *(Romneya coulteri)* leuchtend orange Staubgefäße – alles Farben, die das Weiß mit einem Hauch komplementärfarbiger Schatten versehen. Anderes »Weiß« zeigt ein feines, blasses Grau: *Campanula* 'Burghaltii' hat große Glocken in Fliedergrau, und die Trauben von *Lysimachia ephemerum* sind von blassestem Grau hoch über durchscheinenden graugrünen Blättern.

Auch die Struktur bewirkt bei weißen Blüten die verschiedensten Stufen von Lichtreflexion und -absorption. Die Blütenblätter können glänzen wie bei Tulpen, oder sie sind papierartig, wie bei den Trompetennarzissen; Blüten wie die Zistrose haben Blütenblätter wie zerknülltes Seidenpapier – sie sind fast durchsichtig und halten

sich in heißer Sonne nur einen Tag. Eine matte weiße Oberfläche wird perlmuttartig, fast silbrig, wenn sie mit samtigen Härchen bedeckt ist, und »Wolken« von Schleierkraut, Meerkohl und *Clematis recta* wirken wie luftige weiße Dunstschleier. Lilien fühlen sich wachsartig an, und ihre Oberfläche schimmert hell – selbst im starken Licht der Mittagssonne, besonders leuchten sie aber in der Abenddämmerung auf, zusätzlich belebt von den zarten Schatten reflektierten Lichtes.

Es gibt allerdings weiße Blüten, die grell wirken, wenn sie in größeren Gruppen gesetzt sind, und sie können ebenso schroff wirken wie zwei Kontrastfarben. Kübel mit weißen Petunien oder weiße *Lavatera* 'Mont Blanc' in einem Beet setzen kräftige weiße Akzente in der Pflanzengesellschaft eines Gartens. Reinweißer Phlox lenkt das Auge auf den leuchtend hellen Farbfleck, den er in eine Staudenrabatte bringt. Die Blütenform der Rosensorte 'Iceberg' wird auf einen weißen Punkt reduziert, wenn der Kontrast zum dunklen Hintergrund zu stark ist. Grundsätzlich sehen helle Farben mit Weiß zusammen besser aus als dunkle Farben, die einen zu starken Gegensatz bilden. Wenn man Weiß jedoch aus formalen Gründen einsetzt, um einen ausgewogenen Aufbau und Symmetrie zu erzielen, ist ein solcher Kontrast genau das Richtige – außer wenn sanfte, zarte Töne das gesamte Gartenbild bestimmen. Reines Weiß verstärkt und vertieft benachbarte Farben, macht sie aber nicht unbedingt leuchtender; weiße Blüten können konstrastierende Farbtöne trennen, ohne deren Farbwirkung zu verändern, und sie können dazu dienen, ausgesprochen grelle oder »schwierige« Verbindungen angenehm und erträglich zu machen. Leuchtendes Weiß vermag eine schattige Waldecke aufzuhellen. Mit Grau zusammen läßt Weiß das schwere grüne Laub, dessen Üppigkeit im Hochsommer erdrückend wirkt, weicher und heller wirken. Weiße Blütenpflanzen sind ausgesprochen geeignet für einen Garten, der an Sommerabenden besucht wird: Die weißen Blüten glühen wie Laternen in der Dämmerung auf, während die dunklen Farben zu Violett und Schwarz verblassen. Im Zwielicht, wenn das Auge weniger auf Farben anspricht als auf Helligkeit, erscheinen orange und rote Blüten und grüne Blätter schwarz, während blaue und weiße Blüten heller und leuchtender wirken. Wenn die Dunkelheit hereinbricht, bleiben weiße und helle Pastelltöne noch erkennbar, bis das letzte Licht verschwunden ist.

Abb. Seite 53: **Sonnenlicht und Schatten verleihen den rahmfarbenen Büscheln der Rosa longicuspis Tiefe; anmutig wölbt sie sich über der Pergola und bildet einen Gegensatz zu den fülligeren Blüten der Buschrose 'Iceberg'. Buchshecken schaffen einen festen Rahmen, der die fließenden Blüten und die verschmelzenden Grautöne der Blätter zusammenhält.**

**In frei gestalteten weißen Gärten ohne regelmäßige architektonische Gliederung liegt der Reiz in anderen Aspekten und Strukturen. Eine weiße Gruppe wirkt so stark, daß ihre Wiederholung in einer Rabatte sofort ein formales Muster bildet. In einer »natürlichen«, asymmetrischen Bepflanzung muß Weiß gute, geschlossene Formen bilden und einen stützenden Hintergrund aus Blattpflanzen erhalten.**
Abb. rechts: **Grün- und graublättrige Pflanzen sind dicht gesetzt, um das Gefühl üppigen Wachstums hervorzurufen. Kleine weiße Blüten von Campanula lactiflora formen schaumige Wolken über den ähnlich ätherischen lindgrünen Büscheln von Alchemilla mollis und gefiederten Artemisia canescens.**
Abb. gegenüber: **Die klaren Rispen des Rittersporns, wuchernder echter Baldrian und Achillea ptarmica 'The Pearl' verbinden sich mit Artemisia absinthium zu einem wolkig duftigen Bild.**

Weiße Blüten lassen sich also in einem Garten auf verschiedene Weise einsetzen. Wie sie von Ihnen verwendet werden, hängt von Ihrer Neigung und Erfahrung ab. Weiße Blüten können strenge Formen betonen und schroffe Gegensätze mildern. In manchen Anlagen setzen sie Akzente und bilden starke Kontraste. In anderen, eher ruhigen, beschaulichen Anlagen werden die weißen und hell getönten Blüten mit dem Hintergrund durch fein strukturierte Grau- und Grüntöne, die die Extreme des Weiß und des Grün im Auge verschmelzen lassen, gebunden, helle Lichträume und weiche Strukturen geschaffen. In einem ganz weißen Garten können kräftig weiße Blütengruppen gegen den Hintergrund schwerer dunkelgrüner Eiben stehen oder vor einer Hecke fiedriger leichter Tamarisken oder Wacholder. Das Laub im Hintergrund kann aus Grün- und Grautönen bestehen, belebt wie bei einem Wandteppich vom jungen Grün der Eiben und Buchsbäume, das sich hell und glänzend vom dunkleren, alten Grün abhebt. Eine Gruppe von Lilien oder eine weiße Rose mögen da und dort vor mittelgrünen Tönen oder in bewußtem Gegensatz zu den dunklen Farben einer Rabatte stehen. Kontrastierende Gruppen können als symmetrische Akzente wiederholt werden, um eine Bepflanzung strenger zu machen. Im anderen Extrem kann man weiße und blasse Blüten sich mit Grau- und Silbertönen vermischen lassen, so daß sie ihre Individualität verlieren. Schaumige Wolken rahmfarbener Artemisia *Crambe cordifolia*, Riesen-Schleierkraut und elfenbeinfarbener *Aruncus dioicus* sorgen für Höhe. Sie können mit dem silbrigen Laub einer Hängebirne, *Pyrus salicifolia* 'Pendula', kombiniert werden oder mit einer graublättrigen Ölweide. Silberne Eselsdisteln, zierliche *Artemisia arborescens* und die zinnfarbige *A.* 'Powis Castle' können zwischen das »Weiß« und die Farben des Hintergrunds eingefügt werden. Auf der unteren Ebene verbinden kleine Rainfarnpflanzen mit ihren fiedrigen Blättern und die beliebte *Stachys olympica* die weißblühenden Pflanzen mit dem Vordergrund aus grünem Rasen und den Wegen aus Ziegeln, Platten oder Kies. Blattpflanzen und Gräser sind ebenso wirkungsvoll wie weiße Blüten, um zu harte Umrisse aufzulösen und Kontraste abzumildern: Weißes oder cremegelbes Laub, verschiedenartige panaschierte Blätter und Gräser schaffen neue Strukturen und feine, helle Formen.

Architektonisch strenge Formen entstehen durch die Wiederho-

**An jeweils zwei untereinander kombinierten Pflanzen, die durch Struktur und Form ein Hell-Dunkel-Muster ergeben, lassen sich die Nuancen von Weiß studieren. Feste, wachsüberzogene Blütenblätter mit glatten, das Licht reflektierenden Oberflächen erscheinen weißer als weiß, ihre Reinheit wird durch den Kontrast dunkler, fast schwarzer Grüntöne gesteigert. Einige dazwischenliegende Blüten- oder Blatt-Töne sind erforderlich, um die beiden Extreme zu verbinden und den harten monochromen Effekt abzumildern.**

Abb. oben: **Die anmutigen Doldenblüten von Astrantia major stehen in Kontrast zu den klaren plastischen Formen von Lilium regale. Beide gedeihen bestens in feuchtem, nährstoffreichem Boden, und beide zeigen, daß »weiß« nur eine stark vereinfachte Bezeichnung ist. Die vollendet schönen Lilienblüten sind innen tiefgelb, und ihre ausgeprägt plastischen Formen werden von violetten Schatten belebt. Die Sterndolden hingegen sind rosa überhaucht, was durch den Kontrast zum komplementären Grün gesteigert wird, und die filigranen Blütchen bilden feinste Schatten, so daß die Hell-Dunkel-Extreme durch sanftes Grau gemildert werden. Eine zusätzliche Verbindung zwischen den beiden Pflanzen entsteht unvermutet durch die Ranke einer Winde.**

Abb. rechts: **Die strahlenden Blüten von Zantedeschia aethiopica mit ihren kräftigen Kontrasten ergänzen sich in Umriß und Farbe mit den cremeweißen Blütenrispen von Sisyrinchium striatum, mit ihrer dramatischen, wenn auch vergänglichen Pracht.**

lung von Farbe und durch streng geschnittene geometrische Hecken oder Formbäumchen, und ein weißer Garten kann besonders formal wirken. Weiße Blütengruppen, die Ecken und Entfernungen betonen, geben einem weißen Garten eine strenge Ordnung; weiße Blütengruppen (oder Gruppen mit dem Weiß-Effekt panaschierten Laubes) können eine weniger strenge Gartenanlage ausgewogen und symmetrisch machen. Ein rechteckiges Beet, umgeben mit Zwerg-Buchs, läßt sich dicht mit vorgetriebenen weißen Petunien bepflanzen oder mit dem bodendeckenden *Lamium maculatum* 'Album' als Dauerbepflanzung, dessen weißlaubige Blätter optisch mit den weißen Blüten verschmelzen. Ein weiterer Akzent läßt sich im Frühjahr durch weiße Tulpen setzen. Im Spätsommer wirken an derselben Stelle weiße Beet-Verbenen und weißer Ziertabak sehr hübsch; eine bunte Rabatte erhält Stil und Zusammenhalt durch regelmäßig in Abständen wiederholte Gruppen weißer Blüten.

Weiße Blüten passen fast zu jedem Material im Garten. Kletternde weißblütige Clematis, Rosen und weiße, frostempfindliche Kartoffelblüten, *Solanum jasminoides* 'Album', sehen gleichschön aus vor gestrichenen Gittern, Ziegelmauern, oder wenn sie in die Äste eines alten Obstbaumes klettern.

Rahmfarben und weiß panaschierte Blätter lassen sich auf dieselbe Weise einsetzen wie weiße Blüten, um schimmernde Licht-Schatten-Effekte hervorzurufen, die besonders wirkungsvoll sind, wenn das Laub von einer leichten Brise bewegt wird. Panaschierte, immergrüne Sträucher wie Kreuzdorn (*Rhamnus alaternus* 'Argenteovariegata'), Liguster, *Prunus lusitanica* 'Variegata' und panaschierte Stechpalmen gedeihen im tiefen Schatten; die seltene panaschierte *Fatsia japonica*, ebenfalls immergrün, blüht hingegen im Frühherbst, ihre rahmfarbenen kugeligen Blütenköpfchen sind eine willkommene Ergänzung in dieser Jahreszeit. Und wo niedrig wachsende Pflanzen nötig sind: Die panaschierten Sorten von *Vinca major* und *V. minor* benötigen kaum direktes Licht. *Pachysandra terminalis* 'Variegata' (reizvoller als die grüne Form) und die Neuzüchtung *Lamium* 'Beacon Silver' können in einer dunklen Ecke glühen. An freien Stellen sind die blassen panaschierten Blätter der folgenden laubabwerfenden Sträucher geeignet: Hartriegel *(Cornus)*, Holunder, Kerrien, Pfeifenstrauch und Weigelie; sie alle können attraktive Gruppen hinter weißen Blütenpflanzen bilden, einige haben Blätter mit cremefarbenen und weißen Rändern, andere haben einen blassen Streifen in der Mitte, sie wirken alle am besten vor einem kontrastierenden Hintergrund. Auch Stauden mit panaschierten Blättern sind geeignete Begleiter zu weißen Blüten, ihr Höhepunkt liegt im Frühsommer. Die Walderdbeere (*Fragaria vesca* 'Variegata'), der gelegentlich immergrüne Günsel, Sterndolde, Funkie und Beinwell – sie alle besitzen ausdrucksvolles Blattwerk, und wenn sie im Hochsommer kräftig zurückgeschnitten werden, treiben sie oft frische cremefarbene oder grüne Blätter.

Bei einer solchen Überfülle an weißen Blüten, die zur Wahl stehen, ist es nicht schwierig, das Thema Weiß über eine längere Periode durchzuhalten. Im späten Winter, wenn die Tage länger werden, sind die nach Honig duftenden Blüten des Buchsbaumgewäch-

ses *Sarcococca* zu sehen, und die edle Form der algerischen Iris *(Iris unguicularis)* öffnet sich bei mildem Wetter. Schneeglöckchen, Krokus und Knotenblume stehen büschelweise unter den kahlen Bäumen und Büschen oder über den Rasen verteilt. Kommt der Frühling, bilden weißblütiger Silberling, Vergißmeinnicht und Narzissen lockere Gruppen neben dem frühblühenden Schneeball, und zwischen Gehölzen kommt im tiefen Fallaub *Anemone nemorosa* (die einfache und die gefüllte Form) hervor, durchsetzt von dem eher exotischen Dreiblatt und dem Hundszahn aus Nordamerika. Weiße Tulpen, weiße Brompton-Levkojen und die einjährige *Omphalodes linifolia* mit grauen Blättern lassen sich für strenge Beet- oder Trogbepflanzung verwenden. Die Sommerknotenblume *Leucojum aestivum*, die aber im Frühjahr blüht, bildet unter Rosenbüschen eine grün-weiße Decke und kann sich sehr ausbreiten, ohne aber den Wurzeln Kraft zu nehmen. An geschützten Stellen beginnen das astern-blütige *Leucanthemum hosmariense* und *Anthemis cupaniana* ihre lange Blühzeit, beide mit attraktiven grauen Blättern, die der letzteren mit seltsamem Moschusgeruch. Sie überwuchern gerne Pflaster und ergänzen sich gut mit den schwertähnlichen Irisblättern, von denen sie fächerförmig überragt werden.

In einem Obstgarten zaubern Birnen- oder Kirschenblüten weiße Wolken gegen den Himmel, während im Ziergarten die japanische Hängekirsche 'Shimidsu Sakura', mit ihren herabhängenden, gefüllten weißen Blüten, einen Akzent setzt gegen den grünen Hintergrund einer Hecke, oder als freistehender Baum ein Blickfang auf einem grünen Rasen ist. In einem Villengarten in der Toskana zum Beispiel klettert eine weiße Banksrose in eine riesige graue Zeder und beide stehen gegen den blauen italienischen Himmel.

Im weiteren Verlauf des Jahres fangen viele Sträucher an zu blühen: Magnolien, Spiraeen, Schottische Zaunrosen, weitere Schneeball-Arten und die unentbehrliche *Choisya ternata* mit dichtem, doch leuchtendem Laub. Von dem zeitigen Frühjahr an sind weiße und rahmfarbene Clematis da, kleinblütige Arten, die wie ein Vorhang über Mauern und Bäume hängen. Gefüllte und einfache Päonien (einige *lactiflora*-Sorten mit orangefarbigen Staubgefäßen in der Mitte, die ins Auge fallen), Bartiris in Sorten, oft fliederblau oder cremig bronzefarben, werden abgelöst von Glockenblumen, Meerkohl und weißem Diptam. Im weißen Garten erholen sich graue, silberne und blaugrüne Blattpflanzen von den Winterfrösten und vom Frühjahrsschnitt, verwischen den starken Kontrast zwischen den weißen Blüten und dem tiefgrünen, vollen Laub.

Scheinkamelien, Storaxbaum und Deutzie blühen im Sommer, und in geschützten Gärten gedeihen auch *Drimys winteri* und *Carpentaria californica* vor warmen Mauern. Der geisterhafte Taubenbaum *Davidia involucrata* ist von seinen seltsamen weißen Hochblättern bedeckt, während die Sommerblüte der Rosen einsetzt; ihre erste Blütezeit ist vorüber, wenn die Stauden ihren Höhepunkt erreichen. In gemischten Beeten sorgen der duftende Pfeifenstrauch, Zistrose und Olearia für Vielfalt in der Form, wenn sie mit Stauden zusammen stehen, und weißer Baldrian blüht in Plattenfugen oder im Kies und vermittelt ein Gefühl von Alter und Reife.

Strauchveronika, die etwas später beginnen, aber bis in den Herbst hinein blühen, bilden rundliche Formen, und blaues oder hellgrünes Laub umrahmt ihre langen, weißen Blütenstände. *Hoheria, Eucryphia* und Hortensien folgen einander in der Blüte, und die weißblütigen Funkien wirken im tiefsten Schatten ganz ätherisch. Die meisten Lilien bevorzugen Waldboden, können aber in offenen Beeten mit nahrhaftem Boden schöne Gruppen bilden oder in Containern mit guter Komposterde gezogen werden. Die Madonnenlilie *(Lilium candidum)* möchte gerne in der vollen Sonne stehen; im Gegensatz dazu braucht *Cardiocrinum giganteum* kühlen, fetten Lehmboden und Schutz vor Sonne. Es gibt winterharte weißblütige Agapanthus und solche, die Winterschutz brauchen. Nach dem Umpflanzen blühen sie nicht ohne weiteres und möchten gerne dichtgedrängt, in Töpfe gesetzt, viele Jahre ungestört gelassen werden. Kapkörbchen, das graublättrige *Chrysanthemum foeniculaceum* und weiße Petunien verlängern die Saison, wenn auch die rahmfarbene Sorte der letzteren – wenn man Saatgut bekommt – weniger grell und kräftig gefärbte Blüten beibringt. Die zarten grauen Blätter von *Helichrysum petiolatum* und ihren gelben Varianten vermischen sich angenehm mit den niedrigen weißen Blütenpflanzen. *Acidanthera murielae* (heute manchmal *Gladiolus callianthus* genannt) ist eine frostempfindliche spätblühende Knollenpflanze von eleganter Schönheit, die nur noch von dem im Frühjahr blühenden *Gladiolus tristis* übertroffen wird, mit seinen cremegelb überhauchten grünen Blüten von großer Schönheit. Beide unterscheiden sich erheblich von den groben, großblütigen Hybriden.

Wenn der Sommer zu Ende geht, zaubern Herbstastern und eine weitere Knollenpflanze, *Galtonia candicans*, sowie Herbstzeitlosen eine letzte Blütenpracht. *Clematis flammula* und die rahmfarbene *C. rehderiana* haben kleine, sternförmige Blüten, die wie Schlüsselblumen duften; sie brauchen einen warmen Standort in der Nähe eines immergrünen Gehölzes wie *Eupatorium ligustrinum*, das bis zum Ende des Jahres blüht, mit schwach rosa überhauchten weißen, asternähnlichen Blüten. Die wohlriechenden Blüten von *Clerodendron trichotomum* halten sich lange und werden von türkisfarbenen Beeren abgelöst.

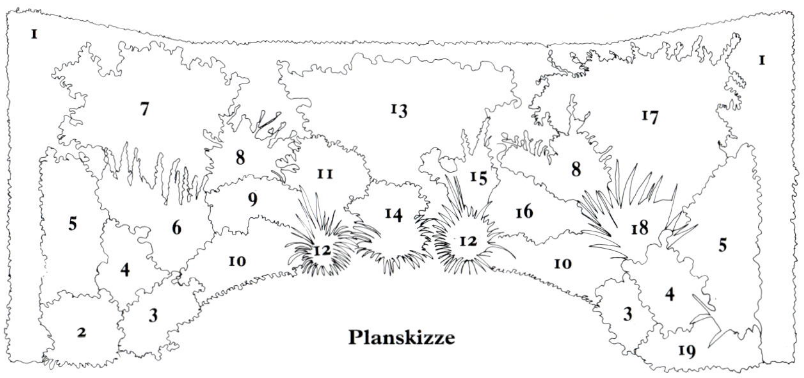

Planskizze

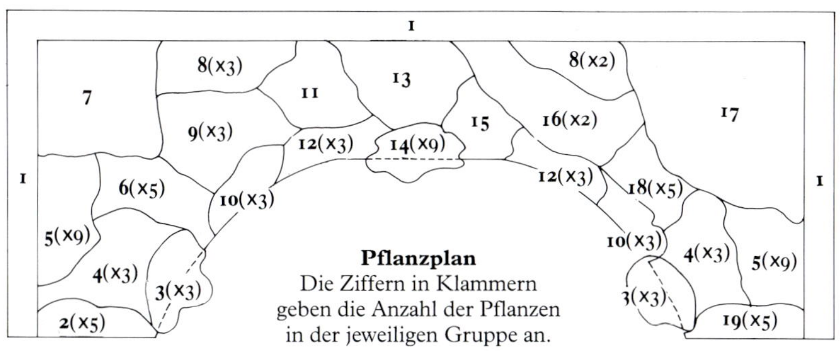

**Pflanzplan**
Die Ziffern in Klammern geben die Anzahl der Pflanzen in der jeweiligen Gruppe an.

**Diese Bepflanzung für den sonnigen Teil eines etwa 14 m² großen Gartens hat ihren Höhepunkt im Hochsommer. Graues und silbernes Blattwerk trennt die weißen Blüten von dem starken Kontrast der umgrenzenden Eibenhecke. Die aromatischen Blätter von Hundskamille, Beifuß, Heiligenkraut und Tanacetum verleihen dem Gartenbereich, der so angelegt ist, daß er im ganzen Jahr ansprechend bleibt, einen südländischen Akzent. In gut drainierter Erde behalten die »grauen« Pflanzen selbst in strengen Wintern Form und Farbe; im Sommer bilden sie eine wogende, fiedrige Fülle in Kontrast zu den eher festen Umrissen der grauen Hängebirne, spitzen Irisblättern und silbrigen Disteln.**

**Weiß kommt hier inden verschiedensten Strukturen vor und leicht getönt, weniger als reines Weiß. Zwei Gruppen von hohem Ziertabak, die auf frühblühende elfenbeinweiße Tulpen folgen, betonen die Symmetrie um den zentral gepflanzten Agapanthus. Flechtenbedeckte graue Steine und ein kreisförmiger Seerosen-Teich geben dem Garten Struktur, während die Bepflanzung sonst eher formlos ist. Die luftigen Wolken des Schleierkrautes bilden ein Gleichgewicht zu den ätherischen Büschen von Chrysanthemum foeniculaceum auf der Gartenseite gegenüber (hier nicht dargestellt), wo Hydrangea arborescens, späte weiße Hosta und Eucryphia das Thema im Schatten fortsetzen.**

**Pflanzenschlüssel**

1 *Taxus baccata*
2 *Dianthus* 'Mrs. Sinkins'
3 *Anthemis cupaniana*
4 *Rosa 'Moon Maiden'*
5 *Nicotiana sylvestris,* dazwischen die früher blühende *Tulipa fosteriana* 'Purissima'
6 *Lysimachia ephemerum*
7 *Hoheria glabrata*
8 *Onopordon acanthium*
9 *Gypsophila paniculata*
10 *Santolina neapolitana*
11 *Artemisia arborescens*
12 *Helictotrichon sempervirens*
13 *Rosa* 'Pax'
14 *Agapanthus campanulatus* 'Albus'
15 *Artemisia* 'Powis Castle'
16 *Romneya coulteri*
17 *Pyrus salicifolia* 'Pendula'
18 *Iris florentina*
19 *Tanacetum haradjanii*

*Nymphaea odorata* 'Minor' im Teich. Im Hintergrund darf *Lunaria annua* 'Alba' sich selber verbreiten, und im Frühjahr bedecken Gruppen von *Viola septentrionalis* den Boden.

# *WINTER*

**Camellia**
*C. sasanqua* hat die blanken, dunkelgrünen Blätter, die für die Gattung *Camellia* kennzeichnend sind (s. »Umrahmendes Blattwerk: Grün«). Warmes, frostfreies Klima bekommt der Pflanze am besten, wenn auch in kälteren Gegenden durch heiße Sommersonne und einen geschützten Platz die Knospenbildung gefördert werden kann. Die kleinen duftenden Blüten erscheinen vom Spätherbst an den ganzen Winter hindurch. Es gibt mehrere gute Sorten, vor allem aus Japan, mit einfachen oder gefüllten Blüten sowohl in Rosa und sattem Rot als auch in Weiß. *C. sasanqua* 'Narumi-gata' hat breite einfache Blütenblätter in Weiß mit rosa getönten Rändern. 'Blanchette' ist kleiner und reinweiß.
▷ Kleiner immergrüner Baum, volle Sonne, Winterhärtezonen 8 bis 9.

**Chimonanthus,** Winterblüte
*C. praecox* hat annähernd wächserne cremegelbe Blüten, mit purpurnen Flecken auf den inneren Blütenblättern, die einen starken Geruch ausströmen. Der schwere, würzige Duft ist kaum zu ertragen, wenn Zweige in einen kleinen Raum gebracht wurden. Es dauert mehrere Jahre, bis die Pflanzen zum erstenmal blühen. Die Züchtung *C. praecox* 'Grandiflorus' hat größere Blüten mit ganz gelber Farbe.
▷ Hoher sommergrüner Strauch, volle Sonne, Winterhärtezonen 7 bis 9.

**Erica,** Glockenheide
Die ausdauernde Glockenheide variiert in ihren Wuchsformen von niederliegenden, mattenbildenden Sträuchern bis zu größeren und vornehmer wirkenden Baumheiden des mediterranen Typs. Die meisten brauchen einen Boden mit niedrigem pH, können sich aber auf alkalischen Böden anpassen, wenn man die Erde mit Torf und wasserspeicherndem Mulch vorbereitet, so daß sich Humus aufbaut. Viele Glockenheiden blühen über die Wintermonate hinweg und erfreuen an grauen Tagen mit weißen und rosa Farben, wenn nur noch wenig andere Pflanzen einen derart beständigen Farbeindruck bieten. Die Blüten sind wetterfest. Nach der Blüte sollte stark zurückgeschnitten werden, damit die Form kompakt bleibt.
*E. carnea* (heute *E. herbacea*) 'Springwood White' wird auch als Winter- oder Schneeheide bezeichnet. Sie trägt vom frühen Winter bis zum Frühjahr weiße Blüten in großer Fülle. Als Bodendecker mit starker Ausbreitung verhindert sie die Entwicklung von Unkräutern im Sommer.
▷ Niedriger immergrüner Strauch, volle Sonne oder Halbschatten, Winterhärtezonen 5 bis 8.

**Galanthus,** Schneeglöckchen
Die unverkennbaren weißen, hängenden Blüten mit grüner Zeichnung sind uns als Frühlingsboten vertraut. Schneeglöckchen sind leicht heranzuziehen, besonders wenn sie zu Beginn des Wachstums oder nach der Blüte gepflanzt werden. Sie lassen sich in Gruppen oder frei verteilt unter sommergrünen Bäumen und Büschen leicht verwildern. Schneeglöckchen brauchen, während sich Blüte und Blätter entwickeln, Licht und Luft, müssen im Sommer aber Schatten bekommen, damit die Wurzeln kühl bleiben. Der Spezialist wird vielleicht eine Reihe verschiedener Arten anpflanzen, die meisten Gärtner bevorzugen jedoch die einfache oder gefüllte Form des gewöhnlichen Schneeglöckchens (*G. nivalis*).
▷ Zwiebelpflanze, 7,5 bis 15 cm, Halbschatten oder Schatten, Winterhärtezonen 4 bis 8.

**Iris,** Schwertlilie
*I. unguicularis* 'Alba', die bezaubernde weiße Form der algerischen Iris, ist noch immer selten, vielleicht weil sie weniger gut gedeiht als die lila Formen (s. »Blau: Winter«). Ein Beet am Fuße einer warmen, sonnigen und windgeschützten Mauer kann im Winter Freude bereiten, doch lassen sich die besten Ergebnisse selbstverständlich unter ähnlichen Klimabedingungen erzielen wie in den algerischen Bergen, ihrem Herkunftsgebiet.
▷ Immergrüne Rhizomstaude, 38 cm, volle Sonne, Winterhärtezonen 7 bis 8.

**Jasminum,** Jasmin
Die Gattung umfaßt viele Arten, in der Hauptsache windende Kletterpflanzen, die meisten mit duftenden weißen, rosa oder gelben Blüten. Der gewöhnliche weiße Jasmin (*J. officinale*), der im Sommer blüht, ist vollkommen winterhart. *J. polyanthum* hingegen wird im allgemeinen im Gewächshaus gehalten oder als Topfpflanze im frostfreien Gewächshaus vorkultiviert, um dann als Zimmerschmuck zu dienen. Die wohlriechenden weißen Blüten entwickeln sich aus rosa Knospen. Die Pflanze sollte nach der Blüte stark zurückgeschnitten und im Sommer gedüngt werden.
▷ Immergrüne Kletterpflanze, volle Sonne, Winterhärtezonen 9 bis 10.

**Lonicera,** Geißblatt
*L. fragrantissima*, ein buschiger Strauch, im Gegensatz zu vielen anderen bekannten Arten keine Kletterpflanze, trägt im späten Winter stark duftende Blüten an kahlen Zweigen. Die Blüten sind, ebenso wie bei der ähnlichen *L. standishii*, röhrenförmig, in Büscheln angeordnet und cremeweiß (s. auch »Reines Gelb: Sommer«).
▷ Halbhoher sommergrüner Strauch, volle Sonne oder Halbschatten, Winterhärtezonen 6 bis 9.

**Sarcococca**
Die kleinen immergrünen Sträucher aus der Familie der Buchsbaumgewächse blühen alle mitten im Winter. Der köstliche Vanilleduft der winzigen Blüten weht durch den ganzen Garten.
*S. confusa* und *S. ruscifolia* ähneln sich im Erscheinungsbild. Erstere trägt im Sommer schwarze Beeren, während bei der letztgenannten die Beeren rot sind. Glänzendes, immergrünes Laub, das in der Dunkelheit unter größeren Pflanzen hervorleuchtet, und der dichte Wuchs machen diese Sträucher das ganze Jahr über attraktiv (s. auch »Umrahmendes Blattwerk: Grün«).
▷ Niedriger immergrüner Strauch, Schatten, Winterhärtezonen 7 bis 9.

**Viburnum,** Schneeball
*V. tinus*, der »Laurustinus« der Gärtner, kann fast den ganzen Winter über blühen. Die weißen Blüten entwickeln sich aus rosa Knospen. In Gärten milder Gegenden ist eine Laurustinus-Hecke immer ein Schmuckstück: ihre metallisch blauen Früchte, die im Sommer vom starken Blätterwuchs etwas verborgen werden, und die Fülle reizvoller Blüten im Winter. Die Pflanze gedeiht im Schatten.
▷ Halbhoher immergrüner Strauch, volle Sonne oder Schatten, Winterhärtezonen 6 bis 9.

*Viburnum tinus*

# *FRÜHJAHR*

**Amelanchier,** Felsenbirne
*A. laevis,* manchmal verwechselt mit *A. canadensis* oder *A. lamarckii* (aus Gärten verwildert), blüht im Frühjahr. Die weißen Blütenstände erscheinen, während sich das rosagetönte Laub entfaltet. Die Blätter bekommen satte Herbstfarben. Die Pflanze bevorzugt saure Böden.
▷ Niedriger sommergrüner Baum oder großer Strauch, volle Sonne, Winterhärtezonen 5 bis 9.

**Anemone,** Buschwindröschen
*A. nemorosa,* das einheimische Buschwindröschen, gedeiht bei waldähnlichen Bedingungen unter laubabwerfenden Bäumen oder Sträuchern. Der Boden an diesen Stellen sollte mit wasserspeicherndem Material gemulcht werden. Die Rhizome verbreiten sich rasch, und die Pflanzen säen sich auch reichlich selbst aus. Die weißen Blüten, 2,5 cm im Durchmesser, erheben sich hoch über handförmig geteilten Blättern. Auch die Formen mit blaßblauen Blüten sehen reizvoll aus.
▷ Sommergrüne Rhizomstaude, 15 bis 23 cm, Schatten, Winterhärtezonen 7 bis 9.

**Arabis,** Gänsekresse
*A. caucasica* 'Flore Pleno' ist die gefüllte Form der kleinen, mattenbildenden, weißblütigen Gänsekresse, die bestens geeignet ist, um am vorderen Rand sonniger Rabatten hübsche Polster anzulegen. Sie wird auch gerne in Kübeln verwendet, die mit im Frühjahr blühenden Zwiebelblumen und Löwenmäulchen gemischt bepflanzt sind, wo sie dann den Rand überwuchert. Die graugrünen Blätter sind behaart. Die Pflanze muß beschnitten werden. Gleich nach der Blüte sind die alten Blütenköpfe zu entfernen.
▷ Immergrüne Staude, 23 cm, volle Sonne oder Halbschatten, Winterhärtezonen 6 bis 9.

**Bergenia**
*B. stracheyi* hat rosa Blüten. Von dieser seltenen Art ist aber häufiger die weißblütige Sorte, *B. stracheyi* 'Alba', zu sehen. Die Blüten erheben sich über prachtvollen rundlichen Blättern, die bei weitem nicht so grob und wuchernd erscheinen wie bei den meisten Bergenien. 'Alba' verdient einen guten Platz im Halbschatten.
▷ Immergrüne Staude, 23 cm, Halbschatten, Winterhärtezonen 6 bis 9.
*B.* 'Silberlicht' hat reinweiße Blüten, die rosa werden, während die Blütenköpfe ausreifen. Die Blätter sind groß und wirken unordentlich, die Blüten gehören aber zu den reizvollsten dieser Gattung. Man kann sie als Einfassung zu einem Beet mit Nieswurz pflanzen, am besten abwechselnd mit der kleinen schwarz-stieligen *Aster divaricatus,* die im Spätsommer weiße, astern-typische Blüten hervorbringt (s. auch »Umrahmendes Blattwerk: Grün«).
▷ Immergrüne Staude, 30 cm, Halbschatten, Winterhärtezonen 6 bis 9.

**Choisya,** Orangenblume
*C. ternata,* die mexikanische Orangenblume, ist ein herrlicher Strauch mit glänzenden Blättern (s. »Umrahmendes Blattwerk: Grün«), der im Frühjahr mit süß duftenden Blüten bedeckt ist, die Orangenblüten ähneln. Oft gibt es auch eine zweite Blüte im Spätsommer. In einem kalten Garten muß die Pflanze vor einer warmen Mauer stehen; man kann sie aber auch in einem Topf heranziehen und so ins Haus nehmen, daß man sich an ihrer frühen Blüte erfreuen kann.
▷ Halbhoher immergrüner Strauch, volle Sonne oder Halbschatten, Winterhärtezonen 7 bis 9.

**Clematis,** Waldrebe
Die Waldrebe wurzelt gerne im Schatten in fettem, fruchtbarem Boden, wobei es den kletternden Trieben möglich sein muß, Licht zu erreichen, wenn sie schöne Blüten hervorbringen sollen. Man muß *Clematis* zu Anfang des Frühjahrs vor Schäden durch Nacktschnecken schützen und mit Pfingstrosen und Lilien zusammen regelmäßig gegen Grauschimmel spritzen. Selbst dann kann eine kräftige Pflanze an einer geheimnisvollen »Welke« eingehen.
Die *Clematis*-Arten haben gewöhnlich kleine, hängende Blüten mit weißer oder gedämpfter, blasser Farbe. Sehr hübsch können die großblütigen Hybriden aussehen, mit ihren weit geöffneten, kräftiger gefärbten Blüten in Blau, Violett oder tiefem Rot. Man sollte die kletternden Triebe durch wohlüberlegtes Anbinden und Unterstützen so beeinflussen, daß sie eine anmutige Fächerform und keine unordentlichen Büsche bilden. Im allgemeinen brauchen die *Clematis*-Arten und ihre im Frühjahr blühenden Sorten wenig Schnitt; einige aber, vor allem die großblütigen Hybriden, blühen am besten nach einem Winterschnitt.
An einem günstigen Platz werden sich *C. armandii* und *C. cirrhosa* 'Balearica' gut entfalten. *C. armandii* hat glänzende Blätter, die dreizählig sind, und cremeweiße achselständige Blütenbüschel. Sämlinge wachsen oft nicht richtig heran, deshalb sollte man Internodienstecklinge zur Vermehrung verwenden. An einem geschützten Platz läßt man die Pflanze womöglich zu einem kleinen Baum heranwachsen. *C. cirrhosa* 'Balearica' hat Fiederblätter. Die rahmfarbenen, hängenden, glockenförmigen Blüten sind auf der Innenseite purpurn gefleckt. Die Blüten erscheinen schon im Winter und werden von silbrigen Früchten abgelöst, die den ganzen Sommer über reizvoll aussehen.
▷ Immergrüne Kletterpflanzen, volle Sonne. Wurzeln im Schatten, Winterhärtezonen 7 bis 9.

**Erythronium,** Hundszahn
Zu *E. revolutum* gibt es eine Reihe guter Sorten in Weiß und Gelb. Im Frühjahr kommen schöne, marmorierte Blätter in glänzendem Grün und Bronze hervor. *E. revolutum* 'White Beauty' hat weiße, zurückgebogene Blütenblätter auf steifen Stielen. Gruppen dieser kleinen winterharten Pflanzen aus Nordwestamerika zählen zu den beliebtesten Frühblühern in jedem Garten.
*Anemone nemorosa,* das Buschwindröschen, ist eine reizende Begleitpflanze an kühlen Stellen. Dahinter kann man auch noch die gebogenen Stengel des Salomonssiegels pflanzen, dessen weiße, maiglöckchen-ähnliche Blüten die Blühsaison verlängern. Auch locker zwischengepflanzte blaue Anemonen (Sorten von *A. blanda, A. nemorosa* und *A. apennina*) fügen sich harmonisch ein.
▷ Zwiebelstaude, 23 cm, Halbschatten, Winterhärtezonen 5 bis 9.

**Fritillaria**
Die weiße Form der wunderschönen Schachbrettblume *F. meleagris* sieht man fast genauso häufig wie die Grundform mit dem purpurnen Muster. Die glockenförmigen Blüten baumeln einzeln oder paarweise an langen, schlanken Stengeln mit vereinzelten, graugrünen Blättern. Die Pflanze ist in Europa heimisch und wächst ursprünglich in feuchten Wiesen, läßt sich aber auch in trockenen Gärten halten. Man sollte sie auf Grasflächen pflanzen oder verstreut zwischen Gesträuch. Sie kommen zusammen mit dem leuchtend karmesinroten *Cyclamen repandum,* der blauen Scilla oder Nabelnuß gut zur Geltung. Am besten aber stehen sie vielleicht alleine in Tuffs in Gras.
▷ Zwiebelstaude, 30 cm, volle Sonne oder Halbschatten, Winterhärtezonen 6 bis 9.

*Erythronium revolutum* 'White Beauty'

*Anemone nemorosa*

*Helleborus orientalis*

*Iberis sempervirens*

**Helleborus,** Nieswurz
*H. corsicus* hat hängende, in Büscheln zusammengefaßte, cremegrüne Blüten über herrlichen graugrünen Blättern. Die Pflanze wächst prächtig in kühler, nährstoffreicher Erde, blüht lange Zeit und sät sich dann reichlich an Ort und Stelle aus. Die genannte Art und die Hybriden von *H. orientalis* gedeihen gut zusammen. Letztere hat nickende, weit offene Blüten, die weiß, rosa überhaucht bis purpurn oder purpurn gefleckt sein können. Lilien sind ausgezeichnete Begleitpflanzen. Ihre jungen Triebe fühlen sich im Schatten der Nieswurz-Blätter wohl (s. auch »Umrahmendes Blattwerk: Grün«.)
▷ Halb-immergrüne Staude, 45 bis 60 cm, Schatten, Winterhärtezonen 6 bis 9.

**Iberis,** Schleifenblume
*I. sempervirens* ist eine niedrig wachsende Pflanze. Ihre grünen Blätter werden viele Wochen lang von weißen (manchmal rosa getönten) Blüten überdeckt. Die Schleifenblume sollte nach der Blüte zurückgeschnitten werden, damit sie eine saubere, gedrungene Form bekommt. Mit ihren dunklen Blättern bildet sie das ganze Jahr über einen wichtigen Blickfang, und die weißen Blüten sind im Frühjahr ein willkommener Farbfleck.
▷ Immergrüne Staude, 23 cm, volle Sonne, Winterhärtezonen 5 bis 9.

**Leucojum,** Knotenblume
*L. aestivum,* die Sommer-Knotenblume, wächst auf feuchten, nassen Wiesen und bringt weiße, grün gezeichnete Blüten hervor, die auf langen Stielen sitzen. Man läßt sie am besten im Gras verwildern. In nährstoffreicher Erde wird sich jede Pflanze leicht vermehren. Die Sorte 'Gravetye Giant', vor vielen Jahren von William Robinson gezüchtet, ist wahrscheinlich die beste.
▷ Zwiebelstaude, 60 cm, Halbschatten, Winterhärtezonen 7 bis 9.

**Lunaria,** Silberling, Mondviole
*L. annua* 'Alba', die weiße Form des gewöhnlichen zweijährigen Silberlings (s. »Kräftiges Rot: Frühsommer«), hat typische, ziemlich grobe, grüne, gezähnte Blätter und die kreuzförmigen Blüten der Kreuzblütler. Sie sät sich selber farbecht aus und kann so eine nützliche Hintergrundpflanze im weißen Garten werden. Die papierartigen Scheidewände der Samenschoten sind ein attraktiver Schmuck im Hause.
▷ Immergrüne Zweijährige, 60 cm, volle Sonne oder Halbschatten, Winterhärtezonen 6–9.

**Magnolia,** Magnolie
*M.* × *soulangiana* ist vielleicht der beliebteste frühjahrsblühende Strauch, und das zu Recht. Die großen, tulpenförmigen weißen Blüten, die sich vor den Blättern entfalten, sind am Grund mit rosa- bis purpurfarbenen Flecken versehen. Die Pflanze toleriert zwar die Umweltverschmutzung in einer Stadt, sie bevorzugt aber sauren Boden, wie die meisten Magnolien. Einzelnstehend auf einem Rasen wächst sie zu einem kleinen, ausladenden Baum heran; vor einer Mauer verdoppelt sie ihre Größe in derselben Zahl an Jahren. Zu ihren Füßen sollte man einen Teppich aus frühjahrsblühenden Zwiebelblumen oder dem im Herbst blühenden *Cyclamen hederifolium* anlegen.
▷ Niedriger sommergrüner Baum, volle Sonne, Winterhärtezonen 7 bis 9.
*M. stellata* ist ein rundlicher Busch, der viele Jahre braucht, um groß zu werden, aber bereits blüht, wenn er noch jung ist. Am günstigsten steht er in einem kleinen Garten. Die weißen, sternförmigen Blüten entwickeln sich aus grauen, behaarten Winterknospen. Die Äste sind über und über von Blüten bedeckt. Der Busch sollte mit dem spätblühenden, primelgelben Scheinmohn *Meconopsis cambrica* unterpflanzt werden, und unter seinem lichten Dach aus grünen Blättern sollte man im Herbst blühende blaue Enziane leuchten lassen (s. auch »Umrahmendes Blattwerk: Grün«).
▷ Halbhoher sommergrüner Strauch, volle Sonne, Winterhärtezonen 7 bis 9.

**Narcissus,** Narzisse
Für besondere Stellen, an denen sie ungestört bleiben, wähle man die kleinen *N. bulbocodium, N. cyclamineus* oder ihre Hybriden. Die meisten haben cremeweiße Blütenblätter. Die größeren, eher robusten Hybriden der Triandrus-Gruppe haben blaß cremefarbene, zurückgeschlagene Blumenblätter und weiße, rundliche Nebenkronen: *N.* 'Thalia' und 'Tresamble' bilden wunderschöne Gruppen, die sich im Gras locker ausbreiten. Die Tazetta-Narzisse 'Paper White', die sich für das Kalthaus oder zum Treiben eignet, hat 10 bis 12 in Büscheln zusammenstehende Blüten in Creme und papiernem Weiß (s. auch »Reines Gelb: Frühjahr«).
▷ Zwiebelstaude, 10–30 cm, volle Sonne oder Halbschatten, Winterhärtezonen 6 bis 8.

**Omphalodes,** Nabelnuß
*O. linifolia,* die Venus-Nabelnuß, ist heute recht selten. Es ist eine einjährige Pflanze, von der am besten der Vorjahres-Samen im zeitigen Frühling gesät wird. Sie droht durch Feuchtigkeit zu verfaulen, wenn man sie überwintern läßt, und wird oft durch Nacktschneckenfraß zerstört, wenn sie zu früh ins Freie gesetzt wurde. Die Blüten sehen in ihrem seltsamen, fast schon bläulichen Weiß entzückend aus. Die Blätter sind blaß silbergrau gefärbt. Man sollte die Pflanze im Topf heranziehen, um eine luftige Fülle reizender Blütchen zu bekommen.
▷ Einjährig, 30 cm, volle Sonne, Winterhärtezonen 6 bis 9.

**Ornithogalum,** Milchstern
*O. umbellatum,* der »Stern von Bethlehem«, trägt eine Doldentraube aus weißen, sternförmigen Blüten mit ungewöhnlichen grünen Streifen außen auf den Blumenblättern. Man sollte ihn im Oktober in Beete pflanzen oder im kurzen Gras verwildern lassen.
Zwiebelstaude, 10 bis 30 cm, volle Sonne oder Halbschatten, Winterhärtezonen 6 bis 9.
*O. nutans* hat nickende, glockenförmige Blüten auf aufrechten Stengeln, silbrig weiß mit einem breiten grünen Streifen außen auf jedem Blumenblatt. Die Pflanze ist sehr leicht zu ziehen. Man kann sie gruppenweise unter Sträuchern anpflanzen.
▷ Zwiebelstaude, 20 bis 45 cm, volle Sonne oder Halbschatten, Winterhärtezonen 7 bis 9.

**Osmanthus,** Duftblüte
*O. delavayi* hat dunkle, glänzende Blätter und einen regelmäßigen, dichten Wuchs. Die kleinen weißen Blüten strömen einen starken Duft aus, der im späten Frühjahr den ganzen Strauch umhüllt. Die Blüten sind röhrenförmig, 1,2 cm lang, an der Öffnung etwa ebenso breit und in achselständigen Büscheln angeordnet. Die Pflanze ist winterhart und anpassungsfähig. Sie bevorzugt einen freien Standort und ist nicht wählerisch, was den Boden betrifft.
▷ Halbhoher immergrüner Strauch, volle Sonne, Winterhärtezonen 7 bis 9.

**Paeonia,** Pfingstrose
*P. emodii* besitzt anmutige gebogene Stengel, papierartige, reinweiße Blüten mit goldenen Staubgefäßen und üppige grüne Blätter. Sie sollte hinter kräftigen Nieswurz-Gruppen stehen, wo sie durch das lichte Blätterdach vor starker Sonne geschützt werden.
▷ Sommergrüne Staude, 90 cm, Halbschatten, Winterhärtezonen 6 bis 9.
Zu *P. lactiflora* und der früher blühenden *P. officinalis* gibt es weiße Formen; sie gedeihen in gut gedüngtem Boden. *P. lactiflora* 'Duchesse de Nemours' hat gefüllte weiße Blüten, die stark duften.
▷ Sommergrüne Staude, 60 bis 90 cm, volle Sonne, Winterhärtezonen 6 bis 9.
*P. suffruticosa* 'Rock's Variety' hat die typischen eleganten Moutan-Blätter (nach der früheren Artbe-

*Prunus* 'Shirotae'

zeichnung *P. moutan*) und halbgefüllte weiße Blüten mit einem kastanien- bis karmesinfarbenen Fleck am Grunde jedes Blumenblattes. Man sollte versuchen, diese seltene Pflanze zu bekommen, die zu jedem Motiv paßt (s. auch »Umrahmendes Blattwerk: Grün«).

▷ Halbhoher sommergrüner Strauch, volle Sonne, Winterhärtezonen 6 bis 9.

**Pieris**

Die weißen, krugförmigen Blüten sind von Blättern umgeben, die im Jugendzustand leuchtend rot oder rosa gefärbt sind (s. »Kräftiges Rot: Blattwerk«). Die Blüten und jungen Triebe müssen vor Spätfrost geschützt werden.

*P.* 'Forest Flame' hat leuchtend rote junge Blätter, die allmählich rosa, später grün werden. Die weißen Blüten sind in großen endständigen Rispen angeordnet. Eine ihrer berühmten Eltern, die Art *P. japonica*, ist winterhart; sie hat glänzende, kupferfarbene Blätter, einige Formen haben rosa Blüten.

Eine der besten weißblütigen Pflanzen ist *P. japonica* 'Purity'.

Von *P. formosa* gibt es verschiedene Klone, wie 'Jermyn' und 'Wakehurst', mit größeren weißen Blüten als die Ausgangssorte.

▷ Halbhoher immergrüner Strauch, Halbschatten, Winterhärtezonen 7 bis 9.

**Primula,** Primel

*P. japonica* 'Postford White', eine Etagenprimel, bei der die Blüten am langen Stengel in Quirlen etagenartig übereinanderstehen, hat breite, runzelige grüne Blätter und weiße Blüten. Wie die meisten japanischen Pflanzen braucht sie sauren Boden. Man sollte sie locker in feuchter, nährstoffreicher Erde pflanzen und sicherstellen, daß sie im Sommer nicht austrocknet.

▷ Sommergrüne Staude, 60 cm, volle Sonne oder Halbschatten, Winterhärtezonen 6 bis 9.

**Prunus,** Zierkirsche

Die Gattung *Prunus* weist eine große Bandbreite immer- und sommergrüner Ziersträucher und kleiner Bäume auf, doch geht es hier nur um die Zierkirschen. Von ihnen sind vielleicht die japanischen Hybriden mit ihrer sehr großen Blütenfülle am besten bekannt; unverzichtbare kleine Bäume in einem Garten mit bescheidenen Maßen. Durch sorgfältige Wahl wird man stetige Blühfreudigkeit von der Wintermitte bis mitten in die Sommersaison hinein gewährleisten können.

*P. serrulata* 'Shimidsu-sakura' ist ein kleiner, ausladender Baum mit hängenden Zweigen, von denen langstielige Trauben gefüllter weißer Blüten herabhängen, die in der Knospe rosa gefärbt sind. Er sollte als Einzelexemplar auf dem Rasen gepflanzt werden oder, falls das Gesamtbild es zuläßt, paarweise links und rechts von einem Weg oder Tor.

*P.* 'Shirotae' hat große, gefüllte oder halbgefüllte weiße Blüten, die in Trauben zwischen dem jungen grünen Laub herabhängen. *P. serrulata* 'Tai Haku' hat große, einfache weiße Blüten und satt kupferrote junge Blätter. Die Sorte wächst eher aufrecht als die beiden vorher genannten, die fast eine Trauerform darstellen.

▷ Niedrige sommergrüne Bäume, volle Sonne oder Halbschatten, Winterhärtezonen 6 bis 9.

**Pyrus,** Birne

Als *P. communis* bezeichnet man die gewöhnliche Gartenbirne, die noch in alten Gärten oder Obstgärten zu sehen ist. Mit ihrer schwarzen Rinde, ihren glänzend grünen Blättern und weißen Blüten im Frühling kann sie es an Reiz durchaus mit manchem der kleinen Zierbäume aufnehmen. Man kann diesen Baum heute nur schwer bekommen, weil die modernen Hybriden im Hinblick auf Obstqualität und -quantität wertvoller sind. Man kann einige alte Sorten am Spalier ziehen, etwa *P. communis* 'Doyenne du Comice' und 'Pitmaston Duchesse', muß sie dann aber mit Draht befestigen, um eine bestimmte Form zu erreichen.

▷ Niedriger sommergrüner Baum, volle Sonne, Winterhärtezonen 6 bis 9.

**Rhododendron**
R. 'Fragrantissimum' ist frostempfindlich und muß im Wintergarten oder Kalthaus gezogen werden. Die Blüten sind zu dreien oder vieren in Dolden angeordnet, trichterförmig, weiß und rosa überhaucht und duften kräftig. Die Laubblätter sind dunkelgrün und runzelig.
▷ Halbhoher immergrüner Strauch, volle Sonne, Winterhärtezonen 8 bis 9.
*R.* 'Loder's White' hat eine kuppelförmige Gestalt. Das hübsche Laub umkleidet den Busch bis zum Boden hinab. Die Blüten bilden kegelförmige Büschel aus etwa 12 Einzelblüten. Die Knospen sind rosa. Nach dem Öffnen sind die Blüten weiß mit rosa Rand und zerstreuten malvenfarbigen Flecken.
▷ Hoher immergrüner Strauch, Halbschatten, Winterhärtezonen 7 bis 9.
*R.* 'Mount Everest' ist sehr kräftig und blüht reichlich. Die kleinen, glockenförmigen reinweißen Blüten mit braunen Sprenkeln werden in dicken Büscheln getragen.
▷ Hoher immergrüner Strauch, Halbschatten, Winterhärtezonen 7 bis 9.
*R. decorum* gehört zu den begehrtesten Arten dieser umfassenden Gattung. Die trichterförmigen, gefleckten duftenden Blüten können weiß oder muschelrosa sein und erscheinen reichlich in lockeren Büscheln. Die glatten Blätter sind bis zu 15 cm lang (s. auch »Rosa und zartes Violett: Frühjahr«).
▷ Hoher immergrüner Strauch, Halbschatten, Winterhärtezonen 7 bis 9.

**Smilacina,** Schattenblume
*S. racemosa* ist eine Waldpflanze, die nährstoffreiche, tiefgründige Erde braucht. Die gebogenen Stengel tragen längs geäderte blaßgrüne Blätter. Die lockeren, cremeweißen Blütentrauben strömen einen köstlichen Zitronengeruch aus. In der Verbindung mit frühjahrsblühenden Zwiebelpflanzen ist die Schattenblume höchst willkommen. Sie bietet durch ihre Blätter einen besonderen Reiz und schafft Höhenstruktur. Sie sollte im Halbschatten oder in feuchter Erde angepflanzt werden, begleitet etwa von Rodgersia-Blatttrieben.
▷ Sommergrüne Staude, 60 bis 90 cm, Halbschatten, Winterhärtezonen 8 bis 9.

**Spiraea,** Spierstrauch
Die Spiräen sind winterharte, anspruchslose Sträucher, die in jedem Boden, in Sonne oder Schatten gedeihen. Eine der besten und bekanntesten ist *S.* × *arguta*, mit leicht hängenden Zweigen, augenfällig braun im Winter, im Frühjahr übersät mit Doldentrauben leuchtender reinweißer Blüten. Die Blütentriebe sollte man sofort nach dem Abblühen beschneiden.
*S. thunbergii* ist ähnlich, bei blasserem Laub und einem mehr verästelten, gedrungenen Wuchs.
▷ Halbhoher sommergrüner Strauch, volle Sonne oder Halbschatten, Winterhärtezonen 6 bis 9.

**Tulipa,** Tulpe
»Blöcke« cremeweißer Tulpen in einem besonderen Teil des Gartens wirken formstreng und dramatisch. Es ist, als wenn sie mit Posaunen eine neue Farbsaison ankündigen, die so ganz anders ist als die natürlich verstreuten Schneeglöckchen im Wald oder Teppiche früher Krokusse auf einem Rasen. Die Bepflanzung mit den hochgezüchteten, aristokratischen Tulpen hat nicht den geringsten Zug der Zufälligkeit an sich. Die wohlgeformten grünen oder graugrünen Blätter und die plastischen Blütenköpfe schaffen einen bewußten Gartenakzent, der durch formstrenge Wiederholung der Farb»blöcke« in Beeten oder Kübeln, oder auch parallel zu einem Weg, wenn man die Richtung betonen will, gesteigert wird.
*T. fosteriana* 'Purissima', 38 cm hoch, hat große äußere Blumenblätter in einem milchigen Weiß bis Cremeweiß. Die graugrünen Laubblätter sind lange, bevor die Blütenstiele austreiben, attraktiv. Die einfache frühe *T.* 'White Hawk', 30 cm lang, hat festere, kugelförmige Blütenköpfe aus weißen Blumenblättern. Großblütig und rein weiß ist die gefüllte frühe, 30 cm lange *T.* 'Schoonord'. Die größere Mendel-Tulpe *T.* 'White Sail', 40 cm, hat cremeweiße Blüten (s. auch »Reines Gelb: Frühjahr«).
▷ Zwiebelstauden, volle Sonne, Winterhärtezonen 5 bis 9.

**Viburnum,** Schneeball
*V.* × *burkwoodii* zählt zu den besten Hybriden, mit seinen duftenden, rosa getönten weißen Blüten, die viele Wochen lang mit einer Überfülle den Busch zieren. Die dunkelgrünen Blätter sind auf der Unterseite bräunlich grau und filzig. Der Strauch ist weitgehend winterfest und fühlt sich in sauren wie alkalischen Böden wohl. Durch eine warme Mauer und Schutz vor kalten Winden kann man gewährleisten, daß er sich bestmöglich entwickelt. Von der genannten Hybride gibt es verschiedene Klone. In jedem Fall behält sie ihren Rang als herausragendes Schmuckstück für jeden Garten (s. auch »Umrahmendes Blattwerk: Grün«.)
▷ Halbhoher immergrüner Strauch, volle Sonne oder Halbschatten, Winterhärtezonen 7 bis 9.

**Viola,** Veilchen, Stiefmütterchen
Beet-Stiefmütterchen können im vorhergehenden Sommer ausgesät werden, wenn man im Winter und Frühling Blüten haben möchte. Sie stellen ideale Topfpflanzen dar, die extreme Kälte überleben, und wenn sie rechtzeitig vor den ersten Frösten umgepflanzt werden, blühen sie noch sechs weitere Monate. Es sind mit Sicherheit die geeignetsten Pflanzen für kältere Gegenden.
*V.* 'Mount Everest' hat große, schlicht weiße Blüten, die nicht mit den typischen Stiefmütterchen-Mustern gezeichnet sind. Sie sollten im Hochsommer ausgesät, vor dem Herbst pikiert und an der Stelle, an der sie blühen sollen, ausgepflanzt werden.
▷ Zweijährige, 23 cm, volle Sonne, Winterhärtezonen 4 bis 9.
*V. septentrionalis* besitzt niedrig wachsende grüne Blätter, reizvoll im Hochsommer, und schöne, aber duftlose weiße Blüten.
▷ Sommergrüne Staude, 15 cm, Halbschatten oder Schatten, Winterhärtezonen 5 bis 9.

**Zantedeschia**
*Z. aethiopica*, die winterharte Kalla, ist gewöhnlich in der Sorte 'Crowborough' zu sehen, die in nährstoffreicher, feuchter Erde prächtig gedeiht. Die Laubblätter werden oft vom Frost angegriffen, doch wenn die Pflanze erst einmal gut eingewöhnt ist, entwickeln sich die weißen Kalla-Blüten zu einem wunderschönen Anblick, besonders neben einem natürlichen oder zur Zierde angelegten Gewässer. Die verbliebenen Sproßabschnitte müssen im Winter durch geeignetes Mulchmaterial geschützt werden.
▷ Sommergrüne Staude, 100 cm, volle Sonne, Winterhärtezonen 8 bis 10.

*Smilacina racemosa*

*Zantedeschia aethiopica* 'Crowborough'

# FRÜHSOMMER

**Anthemis,** Hundskamille
*A. cupaniana* braucht einen trockenen, sonnigen, gut dränierten Platz, wo sie wuchern kann. Ihre weißen, astern-ähnlichen Blüten über den silbernen, fiederspaltigen Blättern trägt sie sehr lange. Nach einigen Jahren wird die Hundskamille unschön holzig. Man sollte dann nach Sämlingen suchen oder Stecklinge, die sich leicht bewurzeln, überwintern, um die alten Pflanzen austauschen zu können. Die Hundskamille läßt sich zusammen mit weißen Tulpen oder in die Nähe anderer »Silbertöne« pflanzen, wo die gegensätzlichen Blätterstrukturen ein interessantes Muster in Silber und Grau schaffen.
▷ Niedriger immergrüner Strauch, volle Sonne, Winterhärtezonen 7 bis 9.

**Camassia**
Von *C. leichtlinii,* die normalerweise blau ist (s. »Blau«), gibt es eine Gartenform mit anmutigen cremeweißen Blüten. Man pflanze sie zwischen spätblühende Stauden, so daß ihre beim Welken lose herabhängenden Blätter verdeckt werden.
▷ Zwiebelstaude, 90 bis 120 cm, volle Sonne, Winterhärtezonen 6 bis 9.

**Campanula,** Glockenblume
Unter den sonst blauen, hohen oder niedrigen Glockenblumen gibt es von vielen verschiedenen Arten weiße Sorten (s. »Blau: Sommer«). *C. carpatica, C. latifolia, C. latiloba, C. persicifolia* und *C. cochlearifolia* – sie alle haben 'Alba'-Sorten. *C.* 'Burghaltii' hat graue Blüten, die mit reinerem Weiß und Purpur harmonieren. Die großen hängenden Glocken an ihren schlanken Stengeln müssen manchmal gestützt werden. Die Sorte ist selten und begehrt.
▷ Sommergrüne Staude, 60 cm, volle Sonne, Winterhärtezonen 7 bis 9.

**Carpenteria**
*C. californica* bringt wundervolle schalenförmige, reinweiße Blüten mit auffallend gelben Staubgefäßen hervor. In gut einem Jahr ist dieser Mauerstrauch mit Blüten bedeckt. Nach einem harten Winter wirken die grünen Blätter unansehnlich, und der Busch muß sorgsam zurückgeschnitten werden, so daß die Blütentriebe nicht verlorengehen.
▷ Halbhoher immergrüner Strauch, volle Sonne, Winterhärtezonen 8 bis 10.

**Centranthus,** Spornblume
*C. ruber* 'Albus', die weiße Sorte des normalerweise rot blühenden Baldriangewächses, sieht wunderschön aus, wenn man ihr erlaubt, sich unbeeinflußt in Ritzen und Winkeln auszusäen. Eine alte Mauer mit verstreuten blühenden Pflanzen verleiht einem Garten ein ehrwürdiges Aussehen. Bei dieser Art stehen winzige Blüten gruppenweise auf hohen Stengeln über fleischigen Blättern.
▷ Immergrüne Mehr- oder Zweijährige, 60 bis 90 cm, volle Sonne, Winterhärtezonen 7 bis 9.

**Cerastium,** Hornkraut
*C. tomentosum* bildet eine niedrige silberfarbene Matte, dicht bedeckt von kurzstieligen, schalenförmigen weißen Blüten. Man kann es anpflanzen, um eine Mauer zu schmücken, zur Belebung von Wegplatten oder als Vordergrund in einem Beet. Es sieht entzückend aus, verbreitet sich aber rasch.
▷ Immergrüne Staude, 7 bis 15 cm, volle Sonne, Winterhärtezonen 5 bis 9.

**Cistus,** Zistrose
Die Zistrosen haben nicht nur ansprechendes immergrünes Laub (s. »Umrahmendes Blattwerk: Grün«), sie blühen auch sehr reichlich mit schönen weißen oder blaßrosa, papierartigen Blüten. Viele Arten oder Hybriden haben am Grund der Blütenblätter Flecken oder Tupfen. Die Blüten hüllen den Busch völlig ein und öffnen sich mit der Sonne. Man pflanze diese sonnenhungrigen Sträucher auf trokkene Hänge. Sie haben alle keine lange Lebenserwartung, doch schlagen Ableger leicht Wurzeln, z.B. auf Kies.
*C.* × *corbariensis,* die zu den winterhärtesten Zistrosen zählt, hat karmesin getönte Knospen, die rein weiß werden, wenn sie sich öffnen. Die Laubblätter sind behaart. *C. populifolius,* die eine der Stammarten, hat größere, pappelähnliche Blätter, und die Blüten sind am Grund mit gelben Tupfen versehen.
*C. ladanifer* hat klebrige, metallisch grüne Blätter. Die weißen Blüten haben einen schokoladen- bis purpurfarbenen Fleck auf jedem Blütenblatt.
*C. laurifolius,* groß und hart, die dunkelgrünen Blätter kahl auf der Oberseite und weiß behaart unterseits, besitzt weiße Blüten mit einer gelben Mitte. Es dürfte sich hier um die winterhärteste Zistrose handeln.
▷ Niedrige oder halbhohe immergrüne Sträucher, volle Sonne, Winterhärtezonen 7 bis 9.

**Clematis,** Waldrebe
Die Frühsommer-Clematis-Arten erfordern nur wenig Saisonschnitt (gerade soviel, daß die kräftigen Pflanzen sich nicht über den vorgesehenen Platz hinaus verbreiten). Sie bilden über hohen Mauern reizvolle Blütenvorhänge oder hängen schleierartig von Bäumen herab. Die Ranken verdecken rasch unansehnliche Schuppen oder Baumstümpfe.
*C. chrysocoma* und ihre Varietät *sericea* werden nur 3 m hoch und blühen reichlich. Die weißen Blüten, hübsch rosa überhaucht, werden auf einzelnen Stielen hervorgebracht. Die letztgenannte Form hat, ob-

*Anthemis cupaniana*

*Cistus ladanifer*

*Crambe cordifolia*

*Convolvulus cneorum*

gleich sie winterhärter ist und üppiger wächst, eine kürzere Blütezeit. Die Art selber hingegen, die am einjährigen Holz Blüten treibt, zeigt sich viele Wochen lang im schönsten Schmuck.
Die Art *C. montana* hat reinweiße Blüten, die zudem größer und prunkvoller sind als bei der vorgenannten. Sie ist vollkommen winterhart, das gilt auch für sämtliche Varietäten und Sorten, von denen viele rosagetönte Blütenblätter haben. Für jeden Garten, der einigermaßen groß ist, ist diese Clematis ein »Muß«. Ihr weißer Vorhang ist die beste Kulisse für benachbartes glänzend grünes Blattwerk oder »Silber«pflanzen. Für die gelben Blüten frühblühender Strauchrosen bilden sie einen schönen Zwischenvorhang (s. auch Abschnitt »Frühjahr«).
▷ Sommergrüne Kletterpflanzen, volle Sonne oder Halbschatten, Wurzeln im Schatten, Winterhärtezonen 4 bis 7.

**Convallaria**, Maiglöckchen
*C. majalis* braucht Schatten sowie gut aufbereiteten und gedüngten Boden. *C. majalis* 'Fortin's Giant' ist eine etwas größere, kräftig wachsende Sorte. Die Pflanzen sind nur langsam einzugewöhnen, wenn sie sich aber erst einmal wohlfühlen, gedeihen sie gut und breiten sich schnell aus. Die Blüten duften köstlich und sind auch als Schnittblumen beliebt. Die Blätter bilden nach der Blüte eine dichte Decke.
▷ Sommergrüne Staude, 23 cm, Schatten, Winterhärtezonen 6 bis 9.

**Convolvulus**, Winde
*C. cneorum* hat rosa Knospen, die sich zu elfenbeinweißen Einzelblüten über silbrigen Blättern öffnen. Wegen ihrer zarten, feinen Farben eignet sich die Pflanze zum vollkommenen Hintergrund für alle Gartenfarben. Ein warmer, sonniger Platz mit bester Dränage ist ausgesprochen wichtig, oder man zieht sie in Töpfen und gibt ihr Winterschutz.
▷ Niedriger immergrüner Strauch, volle Sonne, Winterhärtezonen 7 bis 9.

**Cornus**, Hartriegel
*C. kousa* und *C. nuttallii* haben über den typisch geäderten Laubblättern augenfällige weiße Hochblätter. Diese beiden Hartriegel bilden kleine Bäume oder große Sträucher in einem durchschnittlichen Garten. Sie ziehen tiefen, kalkfreien Boden vor, doch gibt es zu *C. kousa* eine chinesische Varietät, *C. kousa* var. *chinensis*, die kalktoleranter ist. Man pflanze sie im Waldgartenteil, wo lichter Schatten vor der stärksten Sommersonne schützt (s. auch »Reines Gelb: Blattwerk«).
▷ Hoher sommergrüner Strauch oder kleiner Baum, Halbschatten, Winterhärtezonen 6 bis 9.

**Crambe**, Meerkohl
*C. cordifolia* mit ihren riesigen, groben, kohlähnlichen Blättern und den winzigen, wolkenartigen weißen Blüten auf langen Stielen ist eine herrliche Staude. Sie blüht früh, braucht nicht abgestützt zu werden und trägt zum plastischen Aufbau einer Staudenrabatte bei, woran es bei blühenden Rabattenpflanzen so oft mangelt. Man sollte sie in eine Ecke, an den Hinterrand einer Rabatte und vor einen dunklen Hintergrund setzen. Die Wurzeln reichen tief, und es dauert allerdings mehrere Jahre, bis die Pflanze so gekräftigt ist, daß sie sich von der besten Seite zeigen kann.
▷ Sommergrüne Staude, 180 cm, volle Sonne, Winterhärtezonen 6 bis 9.

**Crataegus**, Weißdorn
*C.* × *lavallei* ist ein kleiner Baum mit dichter Krone und langen, glänzenden Blättern. Im Frühjahr ist er von weißen offenen, einfachen Blüten eingehüllt, die von orangeroten Früchten abgelöst werden. Wunderschön wirkt er am Saum eines Gartens. Unter den kleinen Bäumen zählt er zu denen, die am besten Wind und Dürre aushalten.
▷ Niedriger sommergrüner Baum, volle Sonne, Winterhärtezonen 6 bis 9.

**Davidia**, Taubenbaum
*D. involucrata* braucht ein paar Jahre, bis sie so gekräftigt ist, daß sie blüht. Danach ist der Baum normalerweise in jedem Jahr mit den eigenartigen, unterschiedlich großen, paarweise angeordneten weißen Hochblättern bedeckt, die so außergewöhnlich wie schön sind. Ein Exemplar in Hidcote, Gloucestershire, ist ziemlich berühmt. Am besten sieht man den Taubenbaum an einem freien Platz als Einzelbaum vor, denn er ist zu prachtvoll und vergänglich, um in irgendeine Gruppenpflanzung hineinzupassen. Jeder einigermaßen brauchbare Boden eignet sich für ihn.
▷ Niedriger sommergrüner Baum, volle Sonne, Winterhärtezonen 7 bis 9.

**Deutzia**, Deutzie
Deutzien sind leicht zu ziehende, weitgehend winterharte Gartensträucher mit weißen oder rosa Blüten. Bei allen muß man die Blütentriebe nach dem Verblühen abschneiden. Durchschnittlicher Boden und reichlich feuchtigkeitsspeichernder Kompost fördern die Blüte.
Bei *D. chunii* sind die Blütenblätter innen weiß und außen rosa. Die Blüten stehen in Rispen an anmutig gebogenen Zweigen. Wenn sie im Schatten wächst, pflegt sie später zu blühen.
*D. gracilis* blüht früh und kann im Gewächshaus dazu gebracht werden, als Zimmerpflanze im Spätwinter zu blühen. Im Freien kann sie in kalten Gärten durch Spätfröste geschädigt werden.
▷ Halbhoher sommergrüner Strauch, volle Sonne, Winterhärtezonen 5 bis 9.

**Dictamnus**, Diptam
*D. albus* hat aromatisch duftende Blätter und weiße Blüten an aufrecht stehenden Rispen. In einem weißen Garten hat der Diptam einen Ehrenplatz verdient und in einer bunten Rabatte kann er einen ansehnlichen Horst bilden. Im Frühjahr werden die Blätter gerne von Nacktschnecken befallen. (s. auch »Rosa und zartes Violett: Frühsommer«).
▷ Sommergrüne Staude, 45 bis 90 cm, volle Sonne, Winterhärtezonen 7 bis 9.

**Dicentra**
*D. eximia* 'Alba' trägt hängende weiße Blüten über schmucken blaugrünen, farnartigen Blättern. Man setze sie in einem weiß-grauen Garten ein.
▷ Sommergrüne Staude, 30 bis 45 cm, volle Sonne, Winterhärtezonen 6 bis 9.

**Drimys**
*D. winteri*, die Winterrinde, ist eine sehr hübsche Pflanze für geschützte Gärten. Im Freien bekommt sie eine Pyramidenform, vor einer Mauer aber kann man die Zweige dazu bringen, waagerecht zu wachsen. Außerdem fördert die abgestrahlte Wärme die Blüte. Eine Form, *D. winteri* var. *latifolia*, ist winterfester und hat größere grüne Blätter, die im jungen Zustand kupfern getönt sind. Beide Formen blühen in großer Fülle. Die weißen, duftenden Blüten mit cremefarbenen Rändern können den Busch nach einem milden Winter völlig bedecken.
▷ Hoher immergrüner Strauch, volle Sonne, Winterhärtezonen 8 bis 9.

**Geranium**, Storchschnabel
Die winterharten *Geranium*, die allerdings größtenteils nicht wintergrün sind, zählen zu den höchst dekorativen und vielseitig einsetzbaren Gartenpflanzen. Sie fühlen sich in durchschnittlicher Erde, in Sonne oder lichtem Schatten wohl, und ihre Blütenfarben umfassen ein breites Spektrum von Blau über Violett und Purpur bis hin zu Rosa und Weiß. Die meisten wachsen bodenbedeckend, sie breiten sich gerne unter sommergrünen Sträuchern aus, oder man pflanzt sie in Gruppen in einer Rabatte.
*G. renardii* hat graugrüne, samtartige Blätter und weiße, fast graue Blüten mit kastanienbraunen Adern.
Die Pflanzen sind nur langsam einzugewöhnen und bevorzugen volle Sonne.

▷ Sommergrüne Staude, 23 cm, volle Sonne, Winterhärtezonen 6 bis 9.
*G. sylvaticum* 'Album' hat frischgrüne Blätter und weiße Blüten, ist robust und breitet sich rasch aus.
▷ Sommergrüne Staude, 60 cm, volle Sonne oder Schatten, Winterhärtezonen 6 bis 9.
Von *G. pratense*, dem Wiesenstorchschnabel, gibt es eine gefüllte weiße Sorte, *G. pratense* 'Plenum Album', von großem Liebreiz. Die Blüten von 'Striatum' sind gesprenkelt und blaßgrau. Man vermehrt die Pflanzen durch Teilung. Sämlinge können der Wildform entsprechend blaß violett bis blau werden.
▷ Sommergrüne Staude, 90 cm, volle Sonne oder Schatten, Winterhärtezonen 6 bis 9.

**Halesia,** Schneeglöckchenbaum
*H. carolina* schmückt ihre Zweige mit weißen Glokkenblüten. Der Baum braucht kalkfreie Erde und blüht im allgemeinen, bevor sich die Blätter entfalten.
▷ Niedriger sommergrüner Baum, Halbschatten, Winterhärtezonen 6 bis 9.

**Hesperis,** Nachtviole
*H. matrionalis,* die Nachtviole im eigentlichen Sinne, ist eine große Pflanze, die sich für lockeres Gebüsch eignet. Die verzweigten Stengel tragen süß duftende Blüten, die besonders am Abend ihren Geruch verströmen. Die Aussaat sollte im vorhergehenden Sommer erfolgen. Die Blütenfarbe variiert von Weiß bis zu Lila- und Rosa-Schattierungen. Die gefüllte Sorte ist heute leider selten zu bekommen.
▷ Halbimmergrüne Staude, 90 bis 120 cm, volle Sonne oder Halbschatten, Winterhärtezonen 5 bis 9.

**Iris,** Schwertlilie, Bartiris
*I. orientalis* (früher *I. ochroleuca*) bildet Büschel steifer, schwertähnlicher Stengel. Die Pflanzen wachsen und verbreiten sich rasch, wenn sie erst einmal in guter, nährstoffreicher, feuchter Erde eingewöhnt sind. Die weißen Blüten zeigen auf den (äußeren) »Hängeblättern« jeweils einen breiten gelben Streifen. Sie sollten möglichst an Stellen gezogen werden, an denen die welkenden Stengel später im Jahr von anderen Blättern verdeckt werden. *Rodgersia-* und *Rheum*-Arten z.B. gedeihen unter ähnlichen Bedingungen.
▷ Sommergrüne Staude, 60 bis 120 cm, volle Sonne oder Halbschatten, Winterhärtezonen 6 bis 9.
Es gibt mehrere gute Sorten von Bartiris mit weiß behauchten grünen, blauen oder rahmfarbenen Blüten, die unter den intensiven reinweißen weich und harmonisch wirken. Um die Notwendigkeit des Abstützens zu umgehen, kann man solche von mittlerer Höhe wählen, etwa die alte *I.* 'Helen Mackenzie' (s. auch »Umrahmendes Blattwerk: Silber und Grau«).
▷ Sommergrüne Rhizomstauden, 75 bis 150 cm, volle Sonne, Winterhärtezonen 6 bis 9.

**Magnolia**
*M. wilsonii* hat hängende, schalenförmige weiße Blüten mit roten Staubgefäßen. Sie sollte auf eine Böschung gepflanzt werden, damit man von unten in die hängenden Blüten schauen kann. Der weit ausladende Strauch, der Kalk toleriert und lichten Schatten liebt, wird bereits blühen, wenn er noch klein ist, besonders wenn man dafür sorgt, daß er im Sommer nicht austrocknet, z.B. durch reichlich Mulch (s. auch »Umrahmendes Blattwerk: Grün«).

▷ Hoher sommergrüner Strauch, Halbschatten, Winterhärtezonen 7 bis 9.

**Malus,** Apfelbaum
*M. hupehensis* wächst starr zu einem Baum mit geraden Ästen heran. Die rosa getönten Knospen öffnen sich zu weißen, duftenden Blüten in großer Fülle. Die Art gehört in die Spitzenklasse der Zieräpfel. Im Frühjahr sind die jungen Blätter purpurn getönt, und im Herbst die kleinen Früchte gelb und rot überlaufen. *M.* 'John Downie', vielleicht der am besten fruchttragende Holzapfel, hat weiße Blüten und konische Äpfel in Orange mit Rot. Er ist bestens geeignet für die Herstellung von Marmelade und sehr malerisch im Spätsommer.
▷ Niedrige sommergrüne Bäume, volle Sonne, Winterhärtezonen 6 bis 9.

**Myrrhis**
*M. odorata,* die Süßdolde, hat schöne eingeschnittene, farnartige Blätter und weiße »Wiesenkerbel«-Blüten in flachen Dolden. Sie sät sich reichlich aus und kann rauhe Winkel im Garten besiedeln. Der Duft erinnert an Lakritze.
▷ Sommergrüne Staude, 60 cm, volle Sonne oder Halbschatten, Winterhärtezonen 5 bis 9.

**Olearia**
Die meisten der *Olearia*-Formen mit ihrem hervorragenden immergrünen Laub (s. »Umrahmendes Blattwerk: Silber und Grau«) entwickeln ansprechende weiße, asternähnliche Blütenstände, die zu einer weißen Anlage einen schönen Beitrag leisten.
*O. × scilloniensis,* eine Gartenhybride, hat blaß graugrüne Blätter und weiße Blüten in Doldentrauben,

*Clematis montana*

*Myrrhis odorata*

die den Busch in großer Fülle zieren. Als eine der eher winterharten Formen kann sie gut zur Ergänzung einer Strauchecke am Rand oder einer Rabatte dienen. Ihr Wuchs ist hübsch, und das Laub wird man im Winter besonders schätzen.
▷ Halbhoher immergrüner Strauch, volle Sonne, Winterhärtezonen 8 bis 10.
*O. cheesemanii* hat graugrüne Blätter mit weißer oder lederfarbener Unterseite. Auch dieser Busch ist robust und blühfreudig.
▷ Niedriger immergrüner Strauch, volle Sonne oder Halbschatten, Winterhärtezonen 8 bis 10.
*O.* × *mollis*, mit fast silbernen Blättern, braucht warme Sonne, doch müssen die Wurzeln im Sommer feucht gehalten werden. Eine gute Zierpflanze für eine »Silber«-Rabatte, wo die asternähnlichen Blütenköpfchen mit den Blättern harmonieren.
▷ Niedriger immergrüner Strauch, volle Sonne, Winterhärtezonen 8 bis 10.

*Trillium grandiflorum*

*Sanguinaria canadensis* 'Flore Pleno'

**Philadelphus,** Sommerjasmin, Pfeifenstrauch
Alle Pfeifensträucher tragen weiße, wohlriechende Blüten. Arten dieser Gattung lassen sich bestens in einer waldähnlichen oder einer offenen Rabatten-Bepflanzung einsetzen. Die vielen Arten und Hybriden unterscheiden sich beträchtlich in der Größe. Ihre Blütezeiten decken eine Spanne von zwei Monaten ab; man kann also versuchen, sich eine solche Mischung zusammenzustellen, daß man über viele Wochen hinweg einen duftenden Garten hat. Die meisten gedeihen im Schatten wie in der vollen Sonne. Ohne besondere Bodenansprüche, verlangen sie vor der Blüte eine reichliche Düngung. Die Blütentriebe müssen sofort nach dem Abblühen konsequent abgeschnitten werden, um erneutes Austreiben zu fördern. Mangelnde Pflege überleben die Pfeifensträucher zwar, aber sie blühen dann weniger reichlich.
*P. coronarius* hat cremeweiße, kräftig duftende Blüten; er kommt vielleicht am besten in armen Böden zurecht und setzt seine Blüte auch dann Jahr für Jahr fort, wenn er vernachlässigt wird. Der goldblättrige *P. coronarius* 'Aureus' und der panaschierte 'Variegatus' bieten zusätzlichen Reiz; beide müssen im Halbschatten gepflanzt werden.
▷ Halbhohe sommergrüne Sträucher, volle Sonne oder Halbschatten, Winterhärtezonen 5 bis 9.
*P. delavayi* besitzt große grüne Blätter, die auf der Unterseite mit grauen Haaren überzogen sind. Die schwer duftenden weißen Blüten werden in dichten Trauben getragen. Die Pflanze zählt zu den günstigsten in einer offenen Mischrabatte, da die Blätter und der Wuchs auch außerhalb der Blütezeiten anziehend wirken (s. auch Abschnitt Sommer).
▷ Hoher sommergrüner Strauch, volle Sonne, Winterhärtezonen 5 bis 9.

**Pittosporum,** Klebsame
*P. tobina*, eine winterempfindliche asiatische Art, die häufig im Mittelmeerklima als Hecke verwendet wird, läßt sich in kälteren Gegenden als Kübelpflanze einsetzen. Sie braucht dann nur vor besonders starkem Frost geschützt zu werden. Die Blüten sind cremefarben, duften wie Orangenblüten und entfalten sich zwischen glänzenden Blättern. Die Pflanze dient in Küstengebieten als Mauerstrauch. An einem südlichen Standort in warmem Klima aber gedeiht sie auch im kühlen Schatten.
▷ Hoher immergrüner Strauch, volle Sonne oder Schatten, Winterhärtezonen 8 bis 10.

**Polygonatum,** Salomonssiegel
*P.* × *hybridum* ist eine schöne Waldpflanze, die nur im Schatten gedeiht. Ihre langen gebogenen Stiele und waagerechten Blätter sind eine ausgezeichnete Begleitung für Zwiebelblumen, z.B. für *Anemone apennina* oder *Fritillaria*-Arten, weil sie abgestorbene Blüten verdecken. Die weißen Glockenblüten hängen büschelweise herab. Ein grünlicher Schimmer belebt das Weiß. Man pflanze es neben *Smilacina racemosa* und Sträucher mit glänzenden Blättern, wie *Viburnum davidii* und kleine Sarcococcen, sowie als Gegensatz zu den spitzentuchartigen Blättern der Farne. Nach der Blüte werden die Blätter manchmal von Insekten zerfressen; zum Schutz kann man sie mit Insektiziden behandeln.
▷ Sommergrüne Staude, 90 cm, Schatten, Winterhärtezonen 6 bis 9.

**Pyracantha,** Feuerdorn
Diese kräftigen, meist immergrünen Sträucher lassen sich als Windschutz oder vor einer Mauer durch Schnitt formstreng gehalten pflanzen, oder man läßt sie feste Dornenhecken bilden. Die weißdorn-ähnlichen Blüten treten in weißen Wolken auf, und die gelben, orangen oder roten Beeren bleiben bis in die Wintermonate hinein am Busch.
*P. coccinea* 'Lalandei' hat gezähnte ovale Blätter und ist zäh und kraftvoll. Beschneidet man den Strauch nach der Blüte, wird er im Herbst nur wenige Früchte tragen – doch ist das Opfer manchmal nötig, um ihn wieder in seine Form zu bringen. Durchschnittliche Erde, nicht zu nährstoffreich, stellt diese Pflanze zufrieden.
▷ Hoher immergrüner Strauch, volle Sonne, Winterhärtezonen 7 bis 9.

**Rhododendron,**
*R.* 'Snow Queen' ist eine winterharte Hybride, wunderschön mit üppiger Blüte. Ihre Doldentrauben trichterförmiger Blüten sind in der Knospe dunkel rosa gefärbt und öffnen sich zu reinem Weiß mit braunem Fleck am Grund. *R.* 'Sappho' besitzt eine abgerundete oder gewölbte Gestalt und hübsche konische Doldentrauben, die in der Knospe malvenfarben sind, im geöffneten Zustand aber rein weiß mit malvenfarbenem bis schwarzem Fleck (s. auch »Rosa und zartes Violett: Frühsommer«).
▷ Hohe immergrüne Sträucher, volle Sonne oder Halbschatten, Winterhärtezonen 7 bis 10.

**Rosa,** Rose
*R. pimpinellifolia* (syn. *R. spinosissima*) treibt stark Ausläufer, hat farnähnliche Blätter und formt Dikkichte. Die Blüten sind gefüllt oder einfach und weiß oder rosa. Man kann mit Hilfe dieser Rose reizende Hecken entstehen lassen, wenn sich die Ausbreitung ihrer Wurzeln begrenzen läßt. Sandige Böden sind am besten geeignet. Die Blüten werden von schwarzen Hagebutten abgelöst.
*R.* × *alba* 'Maxima' hat graugrüne Blätter und bildet leicht geneigte Triebe mit flachen weißen, gefüllten Blüten. Sie wirken wunderschön vor einem dunklen Hintergrund, und wegen ihrer gräulichen Blätter läßt sich *R.* × *alba* in einen »Silber«garten einfügen (s. »Umrahmendes Blattwerk: Silber und Grau«).
*R. rugosa* 'Blanc Double de Coubert' hat das typische Laub der Kartoffelrosen: runzelige Blätter in frischem Grün. Die duftenden weißen Blüten finden sich, nach der ersten »Blütenexplosion«, vereinzelt noch den ganzen Sommer hindurch. Die Rose ist gegen Schädlinge und Krankheiten besonders widerstandsfähig.
▷ Halbhohe sommergrüne Sträucher, volle Sonne, Winterhärtezonen 6 bis 9.
*R.* 'Iceberg', heute 'Schneewittchen', ist eine Strauchrose für Beete. Man kann sie aber auch natürlicher wachsen lassen, wenn sie am Saum eines Strauchbereichs stehen soll. Die gefüllten weißen, wohlriechenden Blüten stehen über dunkelgrünen, glänzenden Blättern. Sie blüht zweimal im Jahr, wenn man die abgeblühten Teile zurückschneidet.
▷ Sommergrüne Strauchrose, volle Sonne, Winterhärtezonen 6 bis 9.
*R.* × *paulii*, eine sehr stachelige, wuchernde, kräftige Rose, hat einfache, weit offene Blüten mit runzeli-

gen, papierartigen Blumenblättern. Sie gehört zu den wenigen Rosen, die die Tendenz haben, nach unten zu kriechen. Man kann sie daher verwenden, um eine Mauer zu drapieren oder als dichten Bodenbewuchs in einer Wildgartenecke (s. auch »Rosa und zartes Violett: Frühsommer«).
▷ Hoher sommergrüner Strauch, volle Sonne oder Halbschatten, Winterhärtezonen 6 bis 9.

**Rubus,** Brombeere
*R. × tridel* 'Benenden' hat einfache weiße Blüten, die an langen gebogenen Zweigen sitzen; die Staubgefäße sind auffällig goldgelb gefärbt. Der Strauch sollte Waldbedingungen und eine Unterpflanzung aus *R. tricolor* mit seinen mattenbildenden Trieben und glänzenden Blättern bekommen.
▷ Halbhoher sommergrüner Strauch, Halbschatten, Winterhärtezonen 5 bis 9.

**Sanguinaria,** Blutwurz
*S. canadensis* aus den kanadischen Wäldern gedeiht in einem gut dränierten, nährstoffreichen sauren Lehmboden. Die cremeweißen Blüten kommen zwischen den Falten der Laubblätter hervor, die später ihre hübschen, tief gelappten Spreiten in graugrüner Farbe flach ausbreiten. Die Blätter sterben im Hochsommer ab, und zu dieser Zeit sollte man – wenn man sich überhaupt dazu entschließen will – die Stauden umpflanzen. Die gefüllte Sorte *S. canadensis* 'Flore Pleno' wird häufig in Gärten gezogen. Ihre becherförmigen Blüten aus einer Vielzahl dichtgedrängter Blumenblätter sitzen sehr reichlich zwischen den auffällig geformten Blättern.
▷ Sommergrüne Staude, 30 cm, Halbschatten, Winterhärtezonen 5 bis 8.

**Sisyrinchium,** Binsenlilie
*S. striatum,* mit seinen grauen, iris-ähnlichen Blättern, kann als Kontrast zu rundlichen und fiedrigen Formen dienen. Die rahmigen Blüten sind gerade blaß genug, um in eine weiße Anlage zu passen.
▷ Immergrüne Staude, 60 cm, volle Sonne, Winterhärtezonen 7 bis 9.

**Syringa,** Flieder
*S. vulgaris* 'Alba' ist bloß eine der guten weißblütigen Gartensorten dieses allseits bekannten Strauches (s. »Blau: Frühsommer«). Man pflanze sie unter lichten Waldverhältnissen oder in einem sonnigen Beet; die Blüten werden regelmäßig in großer Fülle als duftende, pyramidenförmige Rispen hervorgebracht. Ausschneiden der abgeblühten Triebe und reichliches Düngen sind von Vorteil; alkalischer Boden wird bevorzugt.
▷ Hoher sommergrüner Strauch, volle Sonne oder Halbschatten, Klimazonen 5 bis 9.

**Tiarella,** Schaumblüte
*T. cordifolia* braucht einen schattigen Standort. Dort stellt sie einen reizvollen Bodendecker dar. Die sattgrünen Blätter bekommen im Winter einen schönen Bronzeton. Die cremeweißen, lockeren Blütentrauben bedecken die Pflanze im Frühsommer. Die Wurzeln, die sich rasch ausbreiten, können das Aufkommen von Unkrautsamen verhindern.
▷ Immergrüne Staude, 15 bis 30 cm, Schatten, Winterhärtezonen 5 bis 9.

**Trillium,** Dreiblatt, Waldlilie
*T. grandiflorum* hat glänzende Blätter mit ausgeprägten Adern. Es verbreitet sich durch unterirdische Rhizome zunächst langsam, aber in kühlem Humus können mit der Zeit durchaus große Gruppen entstehen. Die trichterförmigen, reinweißen Blüten stehen an der Spitze der kuppelartigen Pflanzen. Man sollte sie in Gruppen mit Funkien und Hundszahn zusammen pflanzen.
▷ Sommergrüne Staude, 30 bis 45 cm, Schatten, Winterhärtezonen 5 bis 9.

**Tulipa,** Tulpe
Die Frühsommer-Sorten verlängern den Farbakzent der Frühlingstulpen (s. oben). Die Triumph-Tulpe *T.* 'Pax' ist reinweiß auf 45 cm langem Stiel. Noch größer wird die Einfache Frühe oder Cottage-Tulpe *T.* 'Cazzara', auch einfarbig reinweiß auf einem kräftigen, 50 cm langen Stengel. Die lilienblütige *T.* 'White Triumphator', 70 cm hoch, hat wunderschöne cremeweiße, nach außen gebogene Blumenblätter und blüht lange.
▷ Zwiebelstauden, volle Sonne, Winterhärtezonen 5 bis 9.

**Viburnum,** Schneeball
*V. opulus* 'Sterile' (syn. *V. opulus* 'Roseum') ist eine Gartenzüchtung des Gemeinen Schneeballs der feuchten Gebüsche oder Auwälder. Ihre großen »Schneebälle« sind aus sterilen Blütchen zusammengesetzt, die zunächst cremeweiß gefärbt sind und später einen rosa Ton bekommen. Alle Sorten haben weiße Blüten; diese werden vielfach von funkelnd roten oder gelben Beeren abgelöst (s. »Warme leuchtende Farben: Früchte und Beeren«).
▷ Hoher sommergrüner Strauch, Schatten, Winterhärtezonen 6 bis 10.

*V. plicatum* 'Mariesii' breitet seine »Stockwerke« gerader Äste weit aus. Sie sind bedeckt mit spitzentuchfeinen weißen Blütenständen, die aus einer Mischung von sterilen und fruchtbaren Blütchen bestehen. Die Laubblätter sind wohlgeformt und färben sich im Herbst häufig bronzerot. Wegen seiner reizvollen Struktur eignet er sich als Solitär oder in einer Ecke oder auf einem Hang, wo seine formstreng angeordneten Äste die Grundzüge des Gartens unterstreichen (s. auch »Umrahmendes Blattwerk: Grün«).
▷ Hoher sommergrüner Strauch, volle Sonne oder Halbschatten, Winterhärtezonen 7 bis 10.

**Wisteria,** Glyzine, Wistarie
Die weiße Sorte der japanischen Wistarie, *W. floribunda* 'Alba', zeigt lange, hängende Blütentrauben, während die Laubblätter sich gerade entfalten. Jede Blütentraube ist fein lila getönt. Da sie kleiner ist als die kräftige chinesische Wistarie, eignet sich diese Form ideal für Gärten von bescheidener Größe.
Die chinesische Wistarie *W. sinensis* 'Alba' schmückt sich mit langen weißen Blütentrauben und ist vielleicht die vornehmste unter allen Kletterpflanzen, passend auch für einen gewöhnlichen Garten. Sie läßt sich auch dazu bringen, einen spiralförmig aufrechten Strauch oder – nach vielen Jahren – einen kleinen Baum zu bilden. Paarweise als Rahmen für einen Weg oder einen Durchblick wirken sie geradezu atemberaubend.
Man schneidet sie nach der Blüte zurück und kürzt außerdem noch die neuen Triebe im Winter. Im Jugendstadium werden sie reichlich gedüngt; sind die Pflanzen erst gut gekräftigt, ist das kaum noch erforderlich (s. auch »Blau: Frühsommer«).
▷ Sommergrüne Kletterpflanzen, Sträucher oder kleine Bäume, volle Sonne, Winterhärtezonen 6 bis 10.

*Sisyrinchium striatum*

*Wisteria floribunda* 'Alba'

# SOMMER

**Achillea,** Garbe
*A. ptarmica* 'The Pearl', mit ihren gefüllten weißen, kugelförmigen Blütenköpfchen und grünen Blättern, ist eine bewährte und beliebte Gartenpflanze. Die Stengel sind kräftig, weder Wind noch Regen können sie biegen oder brechen. Man pflanzt sie in eine gemischte Rabatte, wo sie helle Kontraste verbinden wie auch trennen kann.
▷ Sommergrüne Staude, 60 cm, volle Sonne oder Halbschatten, Winterhärtezonen 5 bis 9.

*Achillea ptarmica* 'The Pearl'

*Campanula pyramidalis* 'Alba'

**Artemisia,** Beifuß
*A. lactiflora,* der weiße Beifuß, eine der wenigen Gartensorten dieser Gattung, die nicht graue, sondern grüne Blätter besitzt, ist eine gut einsetzbare Rabattenpflanze; die rahmfarbenen Rispen aus winzigen Blütenköpfchen ragen stufenweise aufwärts, eine Gruppe verbreitet sich rasch. Man kann sie im Hintergrund einer Rabatte einsetzen, neben den reinweißen »Wolken« von *Crambe cordifolia* oder der blaßgelben, flaumigen Wiesenraute. Das Cremeweiß ist fein genug, um mit reinem Hellblau zu harmonieren, so daß man die Pflanze in einem blau-grauen Garten verwenden kann, um die Wirkungen zu steigern. Für sich gesehen wirkt sie ziemlich langweilig, als Begleitpflanze aber ist sie unschätzbar.
▷ Sommergrüne Staude, 1,80 m, volle Sonne, Winterhärtezonen 7 bis 9.

**Aruncus,** Geißbart
*A. dioicus* (syn. *A. sylvester*) wirkt hübsch mit seinen breiten, groben gefiederten Blättern. Den ganzen Sommer über bildet er reizvolle grüne Hügel. Seine großen cremefarbenen Blütenrispen halten sich viele Wochen und sehen selbst beim Abblühen noch attraktiv aus. Eine Gruppe dieser Pflanze sollte wirklich in keinem Garten fehlen. Man kann sie im Kontrast zu der blaßblauen *Campanula lactiflora* oder hellem Rittersporn pflanzen oder auch in Harmonie zu cremefarbenen oder blaßgelben Lilien, um eine kühle, friedliche Gesamtwirkung zu erreichen.
▷ Sommergrüne Staude, 2,10 m, volle Sonne oder Schatten, Winterhärtezonen 6 bis 9.

**Astilbe**
*A. rivularis* besitzt anmutige Blätter, die sehr tief geteilt sind und üppig wachsen (s. »Umrahmendes Blattwerk: Grün«). Über ihnen erheben sich viele Wochen lang die überhängenden, fiedrigen Rispen aus kleinen, grünlich cremefarbigen Blüten, die auch dann noch gut wirken, wenn schon ledrig braune Früchte entstanden sind. Auf einem feuchten Standort kommt die Pflanze am besten zurecht. Die Blätter sehen mit rosafarbenen Kandelaber-Primeln, die im Frühsommer blühen, und im Kontrast zu behaarten Rodgersia-Blättern prächtig aus.
▷ Sommergrüne Staude, 1,80 m, volle Sonne oder Halbschatten, Winterhärtezonen 7 bis 9.
*A. × arendsii* 'Bridal Veil' ist eine Gartenhybride, die weniger Platz beansprucht. Sie wirkt attraktiv mit ihren reinweißen Blüten, die sich aus grünen Knospen öffnen und später cremefarben werden.
▷ Sommergrüne Staude, 75 cm, volle Sonne oder Halbschatten, Winterhärtezonen 7 bis 9.

**Astrantia,** Sterndolde
Die Blütenstände dieses Doldengewächses sehen entzückend aus: Eine zentrale Gruppe von winzigen Blütchen wird von einem »Kragen« aus Hüllblättern umgeben. Diese Anordnung erinnert an ein Biedermeiersträußchen. Die grünen, geteilten Laubblätter bilden eine grundständige Rosette. Die Sterndolde verbreitet sich durch unterirdische Ausläufer. Im Sommer sollte sie feuchtgehalten werden. Bei *A. major* sind die Blütchen weißlich grün, während der Kragen aus Hüllblättern grün gefärbt ist.
▷ Sommergrüne Staude, 60 cm, volle Sonne oder Halbschatten, Winterhärtezonen 7 bis 9.

**Campanula,** Glockenblume
Zwei sommerblühende Glockenblumen sind hervorzuheben, die für Innenräume wie zur Pflanzung im Freien gleichermaßen geeignet sind. Die weiße Sorte von *C. isophylla,* 'Alba', mit ihren zarten graugrünen Blättern und großen Blütensternen, ist schön in Kübeln oder Hängekörben an voll besonnten Plätzen. Man entnimmt im Herbst Stecklinge, oder die Pflanze muß vor Frost geschützt werden.
▷ Halbimmergrüne Staude, 23 cm, volle Sonne, Winterhärtezonen 8 bis 10.
*C. pyramidalis* wird wegen ihrer blauen Blüten im Kapitel »Blau« besprochen; die weißblütige Sorte *C. pyramidalis* 'Alba' muß als ebenso attraktiv gelten. Man stelle eine Gruppe blühender Pflanzen in Töpfen vor einen Hintergrund aus dunklen Eiben oder in eine Zimmerecke, und sie werden strahlend aufleuchten und viele Wochen lang weiterblühen, selbst wenn sie nach dem Blühbeginn weniger Licht bekommen. An günstigen Standorten perenniert sie, in der Regel ist sie aber zweijährig.
▷ Zweijährige oder halbimmergrüne Staude, 1,80 m, volle Sonne, Winterhärtezonen 6 bis 9.

**Cardiocrinum**
*C. giganteum,* das früher zur Gattung *Lilium* gezählt wurde, unterscheidet sich durch seine großen glänzenden, herzförmigen Blätter, die allerdings zum Schmuckwert dieser stattlichen Pflanze in den ersten Frühjahrswochen beitragen. Sie braucht satten, gut bearbeiteten und gemulchten Boden, feucht, aber doch gut dräniert, und lichten Schatten; eine offene Lichtung in einem Waldstück ist bei naturnaher Pflanzung ideal. In einem kleineren Garten läßt sich sicher hinter einem Gesträuch ein Platz für diese wundervollen Pflanzen finden. Die Zwiebeln brauchen mehrere Jahre, bis sie herangereift sind und blühen; die Hauptzwiebel vergeht nach der Blüte, läßt aber kleine Brutzwiebeln zurück. Es dauert eine Weile, bis man eine regelmäßige Blütenfolge begründet hat, aber jede Anstrengung lohnt sich, vor allem eine reichliche Düngung.
*C. giganteum,* auch als Riesenlilie bezeichnet, strebt stark in die Höhe, sie besitzt herzförmige Blätter, die zur Stengelspitze kleiner werden. Lange, grünlich weiße Blütentrompeten hängen herab und verströmen ihren Duft über weite Entfernungen.
▷ Zwiebelstaude, 1,80 bis 3 m, Halbschatten, Winterhärtezonen 8 bis 10.

**Chrysanthemum,** Wucherblume
*C. foeniculaceum,* ein Strauch, der nicht winterhart ist, wird am besten wie eine einjährige Pflanze behandelt. Man entnimmt deshalb jährlich zum Ende des Sommers Stecklinge. Die tief eingeschnittenen, fenchel-ähnlichen Blätter in silbrigem Grau (s. »Umrahmendes Blattwerk«) und die weißen Blütenstände in dem typischen Aufbau, der uns von Astern oder Gänseblümchen vertraut ist, lassen die Pflanze prächtig aussehen, besonders in großen Töpfen. In der Blüte gleicht sie stark der Strauchmargerite *C. frutescens,* obwohl sie als besondere Art geführt wird, besitzt aber elegantere Blätter.
▷ Niedriger immergrüner Strauch, volle Sonne, Winterhärtezonen 8 bis 9.
Zu *C. maximum* gibt es mehrere gute Gartensorten mit halbgefüllten und gefüllten weißen und creme-

farbenen Blüten. Die Pflanze mag ein wenig eintönig und grob aussehen, doch bilden Gruppen von ihr dort, wo sie angebracht sind, wirkungsvolle Flecken in kräftigem Weiß. Die Pflanze ist nicht schwierig zu ziehen. Sie ist ideal für den vielbeschäftigten Gärtner, weil sie nicht abgestützt werden muß.
▷ Sommergrüne Staude, 60 bis 90 cm, volle Sonne oder Halbschatten, Winterhärtezonen 6 bis 9.

**Cistus,** Zistrose
*C.* × *cyprius* ist kräftig und zählt zu den besonders winterharten Zistrosen. Die weißen, papierartigen Blüten weisen am Grund jedes Blumenblattes einen auffälligen karmesinfarbenen Fleck auf (s. auch Abschnitt »Frühsommer«).
▷ Halbhoher immergrüner Strauch, volle Sonne, Winterhärtezonen 8 bis 10.

**Clematis,** Waldrebe
*C. recta,* eine aufrecht wachsende, krautige Waldrebe, hat weiße einfache Blüten (es gibt auch eine seltene gefüllte Sorte), die auf langen Stengeln getragen werden, wenn man sie abstützt; man kann sie aber auch so ziehen, daß sie früher blühende Pflanzen überwuchert, etwa Rittersporne oder Glockenblumen. Eine Sorte mit purpurnen Blättern (s. »Kräftiges Rot: Blattwerk«) wirkt sehr schön mit rosablühenden Pflanzen zusammen.
▷ Sommergrüne Staude, 1,20 m, volle Sonne, Wurzeln im Schatten, Winterhärtezonen 6 bis 9.
*C.* 'Marie Boisselot', eine großblütige Hybride, besitzt wunderschöne, reinweiße flache Blüten, die beinahe wie gefüllt aussehen. Sie sind rosa überhaucht, während sie sich entfalten. Man kann sie zwischen einen frühblühenden Strauch pflanzen oder an einer Wand in Fächerform hochziehen.
▷ Sommergrüne Kletterpflanze, volle Sonne oder Schatten, Wurzeln im Schatten, Winterhärtezonen 6 bis 9.
*C.* 'Huldine' hat leicht becherförmige weiße Blüten mit schwach malvenfarbener Außenseite; die Blumenblätter sind nahezu durchscheinend. Grünliche Staubgefäße beleben das reine Weiß im Innern. Die Waldrebe blüht auf dem jungen Holz, deshalb sollte sie im Winter kräftig zurückgeschnitten werden und reichlich Platz zum Ausbreiten erhalten. Die Wurzeln müssen von benachbarten Pflanzen beschattet werden, während die Spitze ans Licht gelangen muß (s. auch Abschnitt »Frühjahr«).
▷ Sommergrüne Kletterpflanze, volle Sonne, Wurzeln im Schatten, Winterhärtezonen 6 bis 9.

**Clethra,** Scheineller
*C. alnifolia* trägt weiße Blütentrauben, die weithin ihren Duft verströmen. Sie braucht kalkfreie Erde, ist aber sonst anspruchslos. Man sollte sie in den Halbschatten setzen. Es gibt eine Sorte mit großen Blütenköpfen, *C. alnifolia* 'Paniculata', sowie eine mit blaßrosa Blüten, *C. alnifolia* 'Rosea'.
▷ Halbhoher immergrüner Strauch, Halbschatten, Winterhärtezonen 7 bis 9.
*C. arborea* ist nicht winterhart, aber sehr reizvoll. In einem warmen Garten verdient der Strauch mit seinen sehr großen, maiglöckchen-ähnlichen Blüten in Rispen, die ins Auge fallen, einen erstklassigen Platz.
▷ Hoher immergrüner Strauch oder kleiner Baum, volle Sonne, Winterhärtezonen 7 bis 9.

**Deutzia**
*D. setchuenensis* trägt Doldentrauben dichtgedrängter, kleiner weißer Blüten auf nahezu senkrechten Zweigen. Sie soll etwas empfindlich sein, und die jungen Triebe sollen unter Spätfrösten zu leiden haben. In einer gemischten Rabatte ist sie jedoch normalerweise genügend geschützt. Durch ihre blaßgrünen Blätter und ihre braunen Ästchen, deren Rinde abblättert, bildet sie eine Attraktion während der blütenlosen Zeit. Wegen ihres aufrechten Wuchses bedrängt sie benachbarte Pflanzen nicht. Am häufigsten findet sich in den Gärten *D. setchuenensis* var. *corymbiflora,* mit größeren Blütenständen (s. auch Abschnitt »Frühsommer«).
▷ Halbhoher sommergrüner Strauch, volle Sonne, Winterhärtezonen 6 bis 9.

**Dianthus,** Nelke
*D.* 'Mrs. Sinkins', vielleicht die beliebteste Nelke überhaupt, besitzt fransige weiße, duftende gefüllte Blüten. Sie ist sehr kräftig, und man kann sie einsetzen, um einen hübschen grauen Teppich unter und um Rosen anzulegen, wo die weißen Blüten die Blühperiode verlängern. Man sollte sie aber keinesfalls so reichlich düngen, wie es bei den Rosen nötig ist (s. auch »Blau: Blattwerk«).
▷ Halbimmergrüne Staude, 23 cm, volle Sonne, Winterhärtezonen 6 bis 9.

**Digitalis,** Fingerhut
Diese Waldpflanzen säen sich selbst reichlich aus. Die weißen Formen schimmern geisterhaft in der Abenddämmerung, während die dunkleren Gartenfarben verblassen. *D. purpurea* 'Alba' trägt in Ähren weiße röhrenförmige Blüten mit einer Fleckenzeichnung, durch die bestäubende Tiere angelockt werden sollen. Ähnlich wie bei der gelben Nachtkerze *Oenothera biennis* überläßt man es am besten der Pflanze, sich auf natürliche Weise auszusäen. Man sollte sie nicht in formstrengen Gruppen pflanzen.
▷ Immergrüne Zweijährige oder Perennierende, 1 m, volle Sonne oder Halbschatten, Winterhärtezonen 5 bis 9.

**Dimorphotheca,** Kapkörbchen
*Dimorphotheca ecklonis* (syn. *Osteospermum ecklonis*) ist eine südafrikanische »Aster«, die nicht winterhart ist, aber zu jeder Jahreszeit leicht aus Stecklingen vermehrt werden kann. Sie eignet sich ideal für Tröge und Kübel. Mit ihren blaß malvenrosa oder weißen Blüten paßt sie zu den verschiedensten Farbzusammenstellungen. *D. ecklonis* 'Prostrata' breitet sich aus und mischt sich zwischen andere Pflanzen. Bei den weißen Blütenköpfchen sind die äußeren Blütchen deutlich blau getönt, die mittleren hingegen dunkel marineblau.
▷ Zwergstrauch, volle Sonne, Winterhärtezonen 7 bis 10.

**Eucryphia**
Die Eucryphien sind Sträucher, die in tiefen, sauren Boden gehören. Sie sind mit ihren glänzenden Blättern und cremeweißen Blüten, die beim Öffnen hellgelbe Staubgefäße sehen lassen, von hohem Schmuckwert.
*E. glutinosa,* laubabwerfend und reichlich blühend, bildet eine regelmäßige Pyramidenform. Dadurch kann sie als Blickfang in einem kleinen Garten dienen. Sie eignet sich für jedes Waldgesträuch.
*E.* × *intermedia* 'Rostrevor' ist immergrün und eher kalktolerant, während die ebenfalls immergrüne *E.* × *nymansensis* 'Nymansay' in alkalischem Lehmboden so lange gedeihen kann, wie man durch reichlich Humus die Struktur verbessert.
▷ Immergrüne und sommergrüne kleine Bäume oder große Sträucher, Halbschatten, Winterhärtezonen 7 bis 9.

*Clematis* 'Huldine'

*Clematis* 'Marie Boisselot'

*Houttuynia cordata*

**Filipendula,** Mädesüß
*F. hexapetala* (syn. *F. vulgaris*) gedeiht erstaunlicherweise in trockenem, kreidehaltigem Boden, sie kann also in einem feuchtigkeitsarmen Teil des Gartens gepflanzt werden. Die fein zerteilten Fiederblätter bilden grüne Hügel. Die flaumigen weißen Mädesüß-Blüten stehen auf verzweigten Stengeln. Günstig ist auch die gefüllte Sorte *F. hexapetala* 'Plena'.
▷ Sommergrüne Staude, 60 cm, volle Sonne oder Halbschatten, Winterhärtezonen 5 bis 9.

**Gypsophila,** Schleierkraut
*G. paniculata* ist sehr beliebt wegen ihrer »Wolken« weißer Blüten, durch die verwelkte Stengel und Blüten benachbarter Stauden verdeckt werden. Man kann sie hinter Türkenmohn pflanzen und so ziehen, daß sie von hinten abgeschnittene Ritterspornstengel überwächst, wozu Gertrude Jekyll um die Jahrhundertwende geraten hatte. Die reinweiße Züchtung *G. paniculata* 'Bristol Fairy' hat winzige gefüllte Blüten. Man vermehrt das Schleierkraut aus Stecklingen (die sich rasch bewurzeln), wenn im späten Frühjahr die Triebe erscheinen.
▷ Sommergrüne Staude, 90 bis 120 cm, volle Sonne, Winterhärtezonen 7 bis 9.

**Hebe,** Strauchveronika
*H. recurva* bildet einen hübschen Strauch mit kurzen weißen Blütentrauben, die über lange Zeit auftreten. Diese Art ist winterhart. Die Züchtung *H. recurva* 'C.P. Raffill' wird bis 90 cm hoch, ist langlebig und bringt die Blüten früher hervor, die bis in den späten Sommer hinein bleiben.
*H. albicans, H. glaucophylla* und *H. pinguifolia* 'Pagei' haben alle schiefergraue Blätter und weiße Blüten. Sie gedeihen in voller Sonne und brauchen viel Feuchtigkeit. Man sollte sie in Gruppen als vordere Einfassung pflanzen, in harmonischer Verbindung mit Blüten in Pastelltönen oder Dunkelblau oder Violett. Man kann etwa versuchsweise *Viola labradorica* unter *H. glaucophylla* kriechen oder die große *Salvia guaranitica* die niederliegende *H. pinguifolia* 'Pagei' überragen lassen. Strauchveronika-Stecklinge schlagen leicht Wurzeln, so kann man mit den winterempfindlichen Arten experimentieren (s. auch »Umrahmendes Blattwerk: Silber und Grau«).
▷ Niedrige immergrüne Sträucher, volle Sonne, Winterhärtezonen 8 bis 9.

**Heracleum,** Bärenklau, Herkuleskraut
*H. mantegazzianum*, einem riesenhaften Wiesenkerbel ähnlich, trägt auf einem bis 3 m hohen Stengel flache Blütenstände mit 60 cm Durchmesser. Die Pflanze wirkt aufsehenerregend. Am besten steht sie in einem wilden, feuchten Garten, aber sie kann auch auf einer recht bescheidenen Fläche gepflanzt werden, wenn man sorgfältig die abgeblühten Teile ausschneidet, um Aussaat zu vermeiden. Die Blätter sind groß und dekorativ, aber der Saft von zerbrochenen oder abgeschnittenen Stengeln ist nicht ungefährlich und ruft bei empfindlicher Haut Quaddeln und extreme Reizerscheinungen hervor.
▷ Sommergrüne Zweijährige, 3 m, volle Sonne oder Schatten, Winterhärtezonen 7 bis 9.

**Hoheria**
Die Hoherien werden zu den Malvengewächsen gezählt. Weiße Blüten, die zwischen grünen Blättern sitzen, bedecken die Äste im Sommer bei den laubabwerfenden Arten, etwas später bei den empfindlicheren immergrünen Sorten. Sie sind in fruchtbarem Boden leicht zu ziehen; es ist merkwürdig, daß sie den Gärtnern nicht geläufiger sind. *H. glabrata* und *H. lyallii* blühen nacheinander im Abstand von wenigen Wochen. Sie sind sehr ähnlich und ihre biegsamen Äste von Blüten geradezu übersät.
▷ Hohe sommergrüne Sträucher, volle Sonne, Winterhärtezonen 8 bis 9.

**Houttuynia**
*H. cordata* wünscht einen kühlen feuchten Wurzelbereich. Von den grünen, an der Spitze bronzefarbenen Blättern heben sich seltsame kleine, weiße Blüten mit kegelförmiger Mitte ab. Die gefüllte Sorte *H. cordata* 'Flora Pleno' ist weniger raumgreifend. Der zentrale Kegel ihrer Blüten ist dichtgedrängt von weißen Blütenblättern umgeben (s. auch »Kräftiges Rot: Blattwerk«).
▷ Sommergrüne Staude, 30 cm, Halbschatten oder Schatten, Winterhärtezonen 6 bis 9.

**Jasminum,** Jasmin
*J. officinale*, der altvertraute Jasmin, gedeiht in armen Böden. Richtig wohl fühlt er sich aber nur bei voller Besonnung. Gute Düngung steigert in jedem Fall den üppigen Wuchs – nicht unbedingt die Blühfreudigkeit. Die Pflanze bedeckt dann Vordächer und Lauben, und die weißen Blütenbüschel erfüllen den Garten mit einem köstlichen feinen Wohlgeruch. Man muß eine Wirtspflanze anbieten, in die der Jasmin klettert, oder ein Spalier, um das er sich winden kann. Es gibt eine panaschierte Sorte, *J. officinale* 'Aureovariegatum', mit cremegelber Scheckung auf den Blättern.
▷ Sommergrüne Kletterpflanze, volle Sonne, Winterhärtezonen 7 bis 9.

**Lathyrus,** Platterbse
*L. odoratus*, die Wohlriechende Wicke, mit ihren duftenden Blüten, pflegte man früher in den Küchengärten als Schnittblume zu ziehen. Man kann versuchen, sie an Dreibeinen oder Rahmen hochzuziehen, so daß in Rabatten große Farbgipfel entstehen. Populär sind die Spencer-Züchtungen. *L. odoratus* 'Swan Lake' und 'White Ensign' tragen weiße Blüten auf langen Stielen. Einige der *grandiflorus*-Varietäten, die sich von der Staudenwicke *L. latifolius* ableiten, kann man noch bekommen; ja, wegen ihres Duftes werden sie jetzt sogar oft verlangt. Man sät sie zu Beginn des Frühjahrs oder im Spätherbst in einzelne Töpfe, die man im späten Frühjahr ins Freie bringt. Wicken bevorzugen nährstoffreiche Böden und hohe Feuchtigkeit. Man muß regelmäßig schneiden, sonst wird die Blüte eingestellt.
▷ Einjährige Kletterpflanzen, volle Sonne, Winterhärtezonen 5 bis 9.

**Lilium,** Lilie
Diese begehrten Zwiebelpflanzen sind nicht alle einfach zu ziehen. Einige der besten Arten gedeihen nicht, wenn der Boden Kalk enthält. Da sie frostanfällig sind, sollte man sie zwischen niedrig wachsende Pflanzen setzen, die den austretenden Spitzen Schutz bieten. Im allgemeinen mögen sie einen nährstoffreichen, gut dränierten Boden; ist die Erde zu schwer, kann man jede einzelne Zwiebel in groben Kies setzen. Man muß sie vor Nacktschnecken schützen und im Frühjahr gegen Grauschimmelfäule spritzen. Lilien lassen sich sehr schön in Gruppen unter den Bedingungen eines lichten Waldes pflanzen, sie sehen dann ganz natürlich aus zwischen der formlosen Bepflanzung mit Sträuchern und Bäumen; genauso erfolgreich kann man sie aber auch in Rabatten einsetzen, um bestimmte Farbwirkungen zu erzielen. Lilien, die bei Boden und Pflege so anspruchsvoll sind, lassen sich erfolgreich in sorgfältig zubereitetem Kompost in Gefäßen ziehen; man kann sie dann auch vom lichten Schatten, der ihnen beim ersten Wuchs guttut, auf einen mehr freien Standort versetzen, um sie dort blühen zu lassen.
*L. candidum*, die Madonnenlilie, bevorzugt einen warmen Standort, vor einer warmen Mauer etwa. Die asiatischen und amerikanischen Arten brauchen dagegen gewöhnlich den satten, tiefen Boden. Die Madonnenlilie ist eine launische Pflanze; in manchen Gärten wird man mit ihr Erfolg haben, in anderen nicht. Man sollte sie regelmäßig gegen *Botrytis* spritzen, insbesondere bei feuchtwarmem Wetter.
▷ Zwiebelstaude, 90 bis 150 cm, volle Sonne, Winterhärtezonen 7 bis 9.
Die Königslilie *L. regale* ist vielleicht die populärste und – wenn man vom Martagon-Typ absieht – die am einfachsten zu ziehende Lilie. Sie eignet sich für Töpfe oder für malerische Gruppen in einer Staudenrabatte. Die hervorsprießenden Spitzen müssen vor Spätfrösten geschützt werden, außerdem ist häufig eine Kopfdüngung mit Lehm, Laubhumus oder Kompost nötig. Ich dünge regelmäßig kurz vor der Blütezeit. Die cremeweißen Trichterblüten, in locke-

ren Büscheln, weisen schwefelgelbe Schlünde auf, und die Rückseiten der Blumenblätter wirken wie leicht vom Pinsel gestreift und rosa bis purpur überhaucht. Gleich nach der Samenreife sollte der Samen ausgesät werden; nach drei Jahren sind die Zwiebeln voll entwickelt und man kann sie dann am endgültigen Standort im Garten auspflanzen.
▷ Zwiebelstaude, 75 bis 180 cm, volle Sonne oder Halbschatten, Winterhärtezonen 7 bis 9.

**Lychnis,** Lichtnelke
*L. coronaria* 'Alba' läßt sich durch Aussaat farbecht vermehren, obgleich die Art sonst karmesin- bis rosafarbene Blüten besitzt. Durch ihre grauen, filzigen Blätter auf recht stark wuchernden Stengeln macht sich die Pflanze hübsch unter großen Strauchrosen oder eignet sich auch, um steinerne Einfassungen zu überwachsen. Es ist eine Pflanze, die alle benachbarten Blütenfarben steigert; am besten vielleicht in einem weiß-grauen Garten.
▷ Sommergrüne Staude, 60 cm, volle Sonne, Winterhärtezonen 5 bis 9.

**Malva,** Malve
*M. moschata,* die Moschusmalve, verhält sich fast wie eine strauchartige Staude, überdauert aber selten mehr als einige wenige Jahre. Wenn man sie sich selber aussäen läßt, wird sie immer ein Plätzchen finden, wo sie gedeihen kann. Sie sieht wirklich zu prachtvoll aus mit ihren rosafarbenen oder – bei *M. moschata* 'Alba' – weißen Blüten, als daß man sie in einer Rabatte entbehren könnte. Die Blüten bedecken den Busch, der tief eingeschnittene, gelappte Blätter und eine saubere rundliche, symmetrische Gestalt besitzt. Wenn Platz genug vorhanden ist, kann man sie schön mit den früher blühenden gelben Strauchlupinen durchsetzen, und das ganze Beet läßt sich mit den niedrig wachsenden *Stachys olympica* 'Silver Carpet', *Cerastium tomentosum* oder kleinen graublättrigen Strauchveroniken unterpflanzen.
▷ Sommergrüne Staude, 60 bis 75 cm, volle Sonne, Winterhärtezonen 6 bis 9.

**Nicotiana,** Tabak
Der Ziertabak *N. alata* (syn. *N. affinis*) wird wegen seiner wohlriechenden Blüten gezogen, die ihren Duft vor allem an warmen Sommerabenden verströmen. Die blassen Farben, das grüngetönte Weiß fallen vor allem in der Dämmerung auf. *N. alata* 'Grandiflora' hat große Blüten, die gelb schattiert sind. Die röhrenförmigen Blüten öffnen sich spät am Tage, und die grünen, klebrigen Blätter sind wirksame Unkrauthemmer, wenn man die Sorte zum Auspflanzen ins Beet verwendet. Sie sollte als Einjährige gezogen werden.
▷ Einjährige oder sommergrüne Staude, 60 bis 90 cm, volle Sonne, Winterhärtezonen 8 bis 10.
*N. sylvestris* wird sehr hoch und bekommt sehr große Blätter und lange weiße Blütentrichter – fast so schön wie eine Lilie. Es ist ratsam, sie aus dem Samen zu ziehen und wie eine Einjährige zu behandeln. In gut dränierter Erde können die Pflanzen einen durchschnittlichen Winter überleben.
▷ Einjährige oder sommergrüne Staude, 1,80 m, volle Sonne, Winterhärtezonen 8 bis 10.

**Nymphaea,** Seerose
*N. odorata* 'Minor', eine Züchtung der amerikanischen Wild-Art, eignet sich gut für formstrenge Teiche in einem Garten kleinen Maßstabs. Die schmalblättrigen weißen Blüten strömen einen aufdringlichen Duft aus, vor allem nach Regen. Diese wenig wuchernde Pflanze fühlt sich in seichtem Wasser bei einer Tiefe bis zu 45 cm wohl.
▷ Sommergrüne Wasserstaude, volle Sonne, Winterhärtezonen 8 bis 9.

**Olearia**
*O. macrodonta* ist ausgesprochen prächtig; ihre graugrünen, stechpalmenähnlichen Blätter sind silbrig weiß auf der Unterseite (s. »Umrahmendes Blattwerk: Silber und Grau«). Die breiten Doldentrauben aus dichtstehenden asternähnlichen Blütenköpfchen bedecken den Busch auf dem Höhepunkt der Gartensaison. Der Duftstrauch ist eine ausgezeichnete Küstenpflanze, er trotzt den kräftigsten Stürmen und Salzspritzern; im Binnenland ist er leidlich winterhart, und besonders gut in Stadtgärten.
▷ Hoher immergrüner Strauch, volle Sonne, Winterhärtezonen 7 bis 9.

*Lilium regale*

**Petunia,** Petunie
Petunien sind sonnenliebende Pflanzen, die sich zum Auspflanzen ins Beet und für Gefäße eignen. Man zieht sie aus Samen, die man zu Anfang des Frühjahrs einsät, in große Saatkästen mit reichlich Kompost pikiert und nach dem letzten Frost in den Garten auspflanzt. Viele angenehme Sorten in Weiß, Creme, Blaßgelb, Blau, Burgunderrot und Blaßrosa stehen zur Verfügung sowie die modernen Gartenhybriden mit Streifen, mit gekräuselten Blumenblättern und in zwei Farben. Es muß wohl kaum betont werden, daß die einfache Schönheit in einer passend gewählten einzelnen Farbe vorzuziehen ist. Petunien brauchen im allgemeinen wenig Wasser, mögen Wärme, und man muß ständig abgeblühte Teile ausschneiden. Eine schöne, großblütige weiße Petunie ist *P.* 'Snow Cloud'.
▷ Einjährige, 30 cm, volle Sonne, Winterhärtezonen 4 bis 9.

**Philadelphus,** Sommerjasmin, Pfeifenstrauch
Pfeifensträucher von unterschiedlicher Höhe folgen mit ihrer späteren Blüte auf diejenigen, die bei Frühsommer genannt wurden. Viele Lemoinei- und moderne Hybriden sind hervorragend und blühfreudig. *P.* 'Avalanche' und 'Belle Etoile' sind kleine gedrungene Sträucher – ersterer mit einfachen Blüten in reinem Weiß, der zweite mit weißen Blüten, die sich weit öffnen und eine dunkel kastanienbraune Mitte vorweisen. 'Innocence' wird groß, die Blüten sind einfach, und die Blätter sind in Creme und Weiß prächtig gescheckt. Die jungen Triebe und die Knospen muß man gegen Blattläuse spritzen.
'Manteau de Hermine' ist auch klein und trägt rahmfarbene gefüllte Blüten.
▷ Sommergrüner Strauch, volle Sonne oder Halbschatten, Winterhärtezonen 5 bis 9.

**Potentilla,** Fingerkraut (Strauchformen)
*P. fruticosa* 'Manchu', früher *P. fruticosa* 'Mandschurica', ist ein strauchförmiges Fingerkraut mit silbergrauen Blättern und ausladendem Wuchs. Man sollte es zur Einfassung verwenden. Die braunen, wuchernden Ästchen wirken im Winter ansprechend, und die weißen Blüten schmücken im Sommer viele Wochen lang den Strauch.
▷ Niedriger sommergrüner Strauch, volle Sonne, Winterhärtezonen 7 bis 10.

**Rodgersia**
*R. aesculifolia* hat, wie der Name andeutet, Blätter wie eine Roßkastanie. Die runzeligen, bronzefarbenen Blätter bringen weiße Blütenstände hervor. Sie muß in sumpfigen Boden gepflanzt werden. Rosa Blüten in der Nachbarschaft werden mit den purpur- bis bronzefarbenen Tönen der jungen Blätter harmonieren.
*R. podophylla* hat gelappte Blätter mit dreieckiger Grundform und gesägtem Rand sowie feine cremeweiße Blütenrispen. Sie gehört zu den Formen, die unter relativ trockenen Bedingungen gedeihen; ihre Verbreitung nimmt zu (s. auch »Umrahmendes Blattwerk: Grün«).
▷ Sommergrüne Stauden, 90 bis 120 cm, volle Sonne oder Halbschatten, Winterhärtezonen 7 bis 9.

**Rosa,** Rose
Vielfach werden die sommerblütigen Kletterrosen noch immer den Rankenpflanzen zugeordnet, obgleich sie sich nicht wirklich winden können. Einige von ihnen, wie *R. longicuspis, R. filipes* und *R. rubus*, sind botanische Arten, die meisten aber Gartenzüchtungen, von denen manchmal die genaue Abstammung unbekannt ist, wie bei der hervorragenden *R.* 'Bobbie James'. Die berühmte *R. filipes* 'Kiftsgate' kann man heute noch in dem Garten anschauen, von dem sie ihren Namen bekam. Sie klettert und »rankt« dort weit in die Höhe und Breite.
Diese Rosen beginnen gerade zu blühen, wenn die erste Juniblüte der Strauchformen zu Ende geht, *R. longicuspis* sogar noch ungefähr eine Woche später. Sie wirken ausgesprochen malerisch und sind sehr reichblütig. Die kleinen Blüten, weiß, oft rosagetönt in der Knospe, sind in Trauben und Doldentrauben zusammengefaßt. Rosen dieser Art sind nicht für einen kleinen Garten geeignet. Kaskadenartig herabhängende Zweige, übervoll mit duftenden, weißen Blüten, setzen Akzente, wo der Raum es zuläßt. Empfehlenswert ist, sie an einem alten Apfel- oder Birnbaum hochzuziehen oder über einen Stumpf klettern zu lassen. Sie eignen sich überraschend gut für den waldähnlichen Garten, wo sie in lichtem Schatten von oben blühen und stets versuchen, das Licht über sich zu erreichen (s. auch »Rosa und zartes Violett: Frühsommer«).
▷ Sommergrüne Kletterpflanzen, bis 9 m, volle Sonne oder Halbschatten, Winterhärtezonen 7 bis 9.

**Thalictrum,** Wiesenraute
Zu *T. aquilegifolium*, mit rosa- bis malvenfarbenen Blüten, gibt es eine weiße Sorte, *T. aquilegifolium* 'Album' mit graugrünen Blättern. Sie ist hervorragend und verdient einen Platz in jeder sonnigen Rabatte. Noch besser, falls man sie bekommen kann, ist die größere weiße Sorte von *T. delavayi* (*T. dipterocarpum* als Gartenform) mit großen, weiter offenen Blütenrispen und kleineren, anmutigeren Blättern (s. auch »Rosa und zartes Violett: Frühsommer«).
▷ Sommergrüne Staude, 60 bis 150 cm, volle Sonne, Winterhärtezonen 6 bis 9.

**Trachelospermum,** Sternjasmin
Diese immergrünen Kletterpflanzen sind auf ein warmes Klima und eine warme Mauer angewiesen. *T. asiaticum* und *T. jasminoides*, die selbständig klettern können, besitzen beide wohlriechende, kleine cremeweiße Blüten, die dem Jasmin ähneln. Die erstgenannte Art ist eher winterhart und von sauberem und gedrungenem Wuchs. Beide eignen sich für die Kultur in einem geschützten Sommerhaus oder in Gefäßen, die man ins Haus bringt, wenn die duftenden Blüten erscheinen. *T. jasminoides* wird bei günstigem Klima eine Hauswand ganz mit selbsthaftenden Ranken bedecken.
▷ Immergrüne Kletterpflanzen, volle Sonne, Winterhärtezonen 8 bis 10.

*Rosa* 'Bobbie James'

*Rosa filipes* 'Kiftsgate'

# *SPÄTSOMMER*

**Actaea,** Christophskraut
*A. alba,* das weiße Christophskraut, trägt Trauben weißer, murmelrunder Beeren über gefiederten Blättern. Ein kühler waldähnlicher Standort, wo es in Gruppen gepflanzt wird, ist am günstigsten.
▷ Sommergrüne Staude, 90 cm, Halbschatten oder Schatten, Winterhärtezonen 4 bis 8.

**Agapanthus,** Schmucklilie
Zu den begehrtesten Spätsommerblüten zählt eine weiße Sorte, *A. campanulatus* 'Albus'. Die Blumenblätter sind rein weiß, doch ergeben die Blüten in flachen Dolden einen zauberhaften cremegrünen Gesamteindruck, weil die Blütenstengel, die lederbraunen Kelche und die weißen Blumenblätter über den streifenförmigen Blättern optisch verschmelzen. Die Pflanze ist anscheinend vollkommen winterhart, und ihr sanfter Farbeindruck, der während der langen Blütezeit so willkommen ist, setzt sich als blasses Strohgelb fort, wenn die Blütenstände verwelkt sind.
▷ Sommergrüne Staude, 75 bis 100 cm, volle Sonne, Winterhärtezonen 8 bis 10.

**Anaphalis,** Perlpfötchen
*A. triplinervis* hat grauweiße Blätter, die von perlmuttweißen, mit einer gelben Mitte versehenen Dauerblüten bedeckt sind. Sie stellt eine anziehende graue Blattpflanze dar. Blüten und Blätter zusammen ergeben einen silbrigen Eindruck.
▷ Sommergrüne Staude, 30 cm, volle Sonne, Winterhärtezonen 7 bis 10.
*A. cinnamomea* (syn. *A. yedoensis*) ist größer und sehr raumgreifend. Sie verbreitet sich durch Wurzelausläufer. Man sollte sie in trockenen Schatten pflanzen, wo sonst kaum etwas gedeiht. Es ist wohl unmöglich, sie nicht zu mögen, mit ihren weißen Blütenbüscheln und fast weißen Blättern.
▷ Sommergrüne Staude, 45 cm, volle Sonne oder Schatten, Winterhärtezonen 7 bis 10.

**Anemone**
Unter den Japonica-Hybriden hat *A.* × *hybrida* 'Honorine Jobert' reinweiße Blüten mit einem augenfälligen Büschel gelber Staubgefäße. Sie blüht nicht nur über Wochen, sondern über Monate, und sieht wundervoll aus in einer rosa-weißen Anlage bei Sonnenlicht oder am Rand eines Waldstücks mit dunkel belaubten Sträuchern. Leider breitet sie sich sehr rasch aus.
▷ Sommergrüne Staude, 1,5 m, volle Sonne oder Schatten, Winterhärtezonen 6 bis 9.

**Aster**
Die Herbstaster *A. divaricatus* mit ihren drahtähnlichen, biegsamen schwarzen Stengeln zieht kühlen Schatten einer offenen, sonnigen Rabatte vor. Die winzigen weißen, gänseblümchenartigen Blüten pflegen benachbarte Pflanzen zu überwuchern – eine Tendenz, die Gertrude Jekyll bei ihren geliebten Bergenien bewußt einsetzte. Im Frühjahr sind die jungen Triebe frisch hellgrün. Die Aster sollte viel häufiger in »schwierigen« sonnenarmen Stadtgärten gepflanzt werden, wo sie über viele Wochen die dunklen Winkel zum Leuchten bringt.
▷ Sommergrüne Staude, 60 cm, Schatten, Winterhärtezonen 5 bis 9.
*A. umbellatus,* mit weißen und in der Mitte gelben Blütenköpfchen – im Auge mischt sich beides zu einem sanft cremeweißen Eindruck –, bildet das genaue Gegenteil zum Wäscheweiß der Japonica-Anemonen. Die Art scheint frei von Mehltau zu sein, wie er sonst für Herbstastern typisch ist.
▷ Sommergrüne Staude, 1,20 m, Halbschatten, Winterhärtezonen 5 bis 9.

**Chrysanthemum,** Wucherblume
*C. uliginosum* (syn. *C. serotinum*), die ungarische Chrysantheme, blüht ausgesprochen spät. Sie eignet sich ausgezeichnet, um in großen Gruppen mit pastellfarbigen Herbstastern gemischt zu werden. Für einen weiß-silbernen Garten ist sie ein wenig zu grob, weil dort vieles auf zierlichen Fiederblättern sowie auf kleinen hellen Blüten in blassem Cremeweiß und mit papierartigen Strukturen beruht. Diese asternartige Chrysantheme ist eine kräftige Pflanze und sozusagen eine »Aktivistin«.
▷ Sommergrüne Staude, 1,50 bis 2,10 m, volle Sonne, Winterhärtezonen 6 bis 9.

**Clematis,** Waldrebe
*C. flammula* ist eine strauchartige Waldrebe mit entzückenden cremeweißen, süß duftenden Blüten. Es sei empfohlen, sie so zu ziehen, daß sie an einem Spalier oder alten Geländer ranken kann. Man kann auch versuchen, sie durch kleine sommergrüne Sträucher klettern zu lassen, die im Frühling blühen, doch sollte sie möglichst viel Sonne bekommen.
*C. viticella* 'Alba Luxurians' hat grüne Spitzen an den weißen Blütenblättern. Die Sorte wirkt vornehm, ähnelt der Art *C. viticella,* mit langen Stengeln und hängender Krone, wenn auch die Blütenfarbe anders ist (purpurn bei der Stammform). Man kann sie durch eine frühblühende *Clematis* ziehen, sollte aber sicherstellen, daß die ungewöhnlichen Blüten dann auch sichtbar sind. Beide Arten müssen im Spätwinter geschnitten werden.
▷ Sommergrüne Kletterpflanzen, volle Sonne, Wurzeln im Schatten, Winterhärtezonen 6 bis 9.

**Clerodendrum**
*C. trichotomum* ist ein stark wachsender, triebreicher Strauch mit weißen, sehr kräftig riechenden Blüten, die in kastanienbraunen Kelchen stecken und in aufrechten Büscheln angeordnet sind. Die späteren türkisfarbenen Früchte bleiben bis weit in den Winter hinein am Busch. Man sollte ihn besser als Einzelexemplar pflanzen, nicht in einer gemischten Rabatte, wo stark wachsende Pflanzen ihn bedrängen.
*C. trichotomum* var. *fargesii* ist sogar noch reichblütiger und bekommt Früchte in rosa Kelchen.
▷ Hoher sommergrüner Strauch, volle Sonne, Winterhärtezonen 7 bis 9.

**Escallonia**
*E.* 'Iveyi' besitzt hübsche glänzende Blätter und große Rispen weißer Blüten. Sie ist gut als Eckpflanze geeignet oder als Blickfang in einem kleinen Garten: diese Sorte entwickelt eine regelmäßige Pyramidenform. In milden Gegenden kann sie eine hochragende Hecke bilden. In kälteren Gebieten muß man ihr einen warmen Standort geben, etwa vor einer südwärts gerichteten Mauer (s. auch »Umrahmendes Blattwerk: Grün«).
▷ Hoher immergrüner Strauch, volle Sonne, Winterhärtezonen 8 bis 9.

*Anemone* × *hybrida* 'Honorine Jobert'

*Anaphalis cinnamomea*

**Eupatorium,** Wasserdost
*E. ligustrinum* (syn. *E. micranthum*) trägt flache rosa bis weiße Blütenstände, die aus winzigen asternähnlichen Blütenköpfchen bestehen und sehr beliebt bei Schmetterlingen sind. Wird die Pflanze an einer Mauer vor Frost geschützt, blüht sie bis weit in den Herbst. Wie andere empfindliche Immergrüne, treibt sie nach einem strengen Winter an der Basis neu aus, holt dann mit raschem frischem Wachstum auf und blüht zur nächsten Saison ganz normal.
▷ Halbhoher immergrüner Strauch, volle Sonne, Winterhärtezonen 7 bis 9.

**Fatsia**
*F. japonica*, die sich in trockenen Schattenlagen gut entwickelt, ist ein unübertrefflicher Strauch für einen abgeschlossenen Stadtgarten oder einen dunklen Winkel, der nach Norden liegt. Die glänzenden, aralien-ähnlichen Blätter (s. »Umrahmendes Blattwerk: Grün«) bilden einen schönen Hintergrund für die cremefarbenen Blütenrispen, die den ganzen Herbst hindurch erscheinen. Die Pflanze hat ein exotisches Aussehen und paßt nicht in einen konventionellen Pflanzplan. Man sollte sie über einem Teppich aus panaschiertem Immergrün pflanzen.
▷ Hoher immergrüner Strauch, Schatten, Winterhärtezonen 8 bis 10.

**Galtonia**
*G. candidans* trägt an aufrechten Blütenstielen glokkenförmige weiße Blüten, die grün gezeichnet sind. Sie paßt in einen weißen Garten. Ihre Stengel streben aus hellgrauem Blattwerk nach oben. Die Zwiebeln sind entweder im Frühjahr zu pflanzen oder im Herbst in Töpfe, wenn man sie vortreiben will.
▷ Zwiebelstaude, 90 cm, volle Sonne, Winterhärtezonen 7 bis 10.

**Gladiolus,** Gladiole, Siegwurz
*G. callianthus* (lange Zeit als *Acidanthera bicolor* oder *A. murielae* bezeichnet) blüht spät, über ihren langen, grasartigen Blättern trägt sie dann die gebogenen Blütenstände in reinem Weiß mit dunkelvioletten Flecken im Innern. Man pflanzt sie am besten an eine warme Mauer, dazu rosa blühende Nerinen und *Amaryllis belladonna*. Einige wenige Knollen vermehren sich rasch durch kleine »Brutknollen«, die man in Treibbeete oder Töpfe umsetzen sollte, um sie vorzuziehen.
▷ Knollenstaude, 90 cm, volle Sonne, Winterhärtezonen 8 bis 10.

**Hosta,** Funkie
Wenn sie sonst auch vor allem wegen ihrer Blätter gezogen werden (s. »Blau: Blattwerk«), gibt es doch einige Funkien, die einen zeitgünstigen Beitrag zu einem weißen Blumengarten leisten.
*H. plantaginea* 'Grandiflora' hat frisches Blattwerk aus golden glänzendem Grün, das im Lauf des Jahres dunkler wird. Die weißen Blütentrompeten, lilienähnlich in Anblick und Duft, kommen gerade hervor, wenn die meisten Sommerblumen verblühen. Die Sorte braucht einen warmen Platz, wenn man sichergehen will, daß sie zuverlässig blüht, und ist eine ausgezeichnete Trogpflanze, wenn sie während der wärmsten Monate kräftig gewässert wird.
*H.* 'Royal Standard' ist ähnlich, doch sind die Blüten lila getönt und besonders fein in Farbe und Duft.
▷ Sommergrüne Stauden, 60 bis 90 cm, Halbschatten, Winterhärtezonen 6 bis 9.

**Hydrangea,** Hortensie
Die Hortensien brauchen eine großzügige Düngung und reichlich Feuchtigkeit. Es sind Waldpflanzen, die an lichten Schatten angepaßt sind. Erstaunlicherweise sind sie aber so anpassungsfähig, daß sie in Kübeln gezogen werden und etwa einen kleinen Hinterhof in der Stadt maßgeblich gestalten können. Ihre Blütenrispen bestehen aus fruchtbaren und sterilen Einzelblüten, die manchmal gewölbt sind, manchmal flach. Die Blütenstände bestehen aus sterilen Blütchen, die grünlich weiß, rosa, rot oder blau sind. In saurem Boden können die »blauen« Blüten fast türkisfarben werden. In alkalischem Boden hingegen verblassen die »blauen« Blüten zu Rosa; das läßt sich durch entsprechenden Dünger korrigieren, doch werden die Farben immer gedämpft bleiben. Mit Sicherheit fühlen sich die meisten Hortensien in einem tiefgründigen, sauren Lehm wohler als in einem kalkhaltigen. Am attraktivsten sind die Pflanzen mit sterilen Blütchen, welche die flachen zentralen Dolden aus fruchtbaren Blüten umgeben. Sie wirken weniger künstlich und fügen sich schöner in gemischte Rabatten ein.
*H. arborescens* ist ein lockerer Strauch mit grünlich weißen sterilen Blütchen, die einen Kugelkopf formen. Die Züchtung *H. arborescens* 'Grandiflora' gehört zu den vorzüglichsten Hortensien. Eine Unterart, *H. arborescens* ssp. *radiata*, zeichnet sich durch auffällig weiße Unterseiten an den Blättern aus; sie ist reizvoll, aber vielleicht etwas weniger winterfest.
*H. involucrata* 'Hortensis' ist eine Zwergform mit gefüllten zartrosa bis weißen Blütchen.
Von *H. paniculata* gibt es zwei gute Sorten. Die eine, *H. paniculata* 'Grandiflora', sieht prachtvoll aus mit ihren großen cremeweißen Rispen. 'Praecox' hingegen trägt flachere Blütenstände und blüht früher.
*H. quercifolia*, die Eichenblättrige Hortensie, erregt Aufsehen mit ihren großen Blättern, die sich im Herbst wunderschön färben, der abblätternden lederbraunen Rinde und den rundlichen Rispen aus weißen Blüten. Diese Hortensie steht am günstigsten vor einer Mauer; sie muß vor Wind und vor der Mittagssonne geschützt werden.
▷ Niedrige bis halbhohe sommergrüne Sträucher, Halbschatten, Winterhärtezonen 5 bis 9.

*Lysimachia ephemerum*

**Lathyrus,** Platterbse
*L. latifolius* 'Albus', die weiße Staudenwicke, pflegt eine große wuchernde Masse zu bilden, wenn man sie einen Hang hinunterwachsen läßt oder so pflanzt, daß sie früher blühende Stauden bedeckt und verbirgt. Die rosa Form ist zäher, doch wenn die weiße Sorte an einem freien Standort, bei voller Sonnenbeleuchtung, erst einmal eingewöhnt ist, wirkt sie sehr viel schöner, um nicht zu sagen – aufsehenerregend. Man zieht sie aus Samen oder gräbt im Frühjahr tief nach den schwarzen Wurzeln, die man teilt und an anderer Stelle einsetzt.
▷ Sommergrüne Staude, 3 m, volle Sonne, Winterhärtezonen 5 bis 9.

**Leptospermum**
*L. grandiflorum* besitzt ein silbriges Blattwerk (s. »Umrahmendes Blattwerk«) und breite weiße Blüten. Diese Pflanze, die wahrscheinlich nur eine Varietät der Art *L. flavescens* darstellt, scheint zu den winterhärteren Vertretern der Gattung zu gehören; es lohnt sich, in einem durchschnittlichen Garten einen Versuch mit ihr zu machen.
▷ Hoher immergrüner Strauch, volle Sonne, Winterhärtezonen 8 bis 10.

*Hydrangea quercifolia*

*Hydrangea arborescens*

**Lysimachia,** Felberich
*L. clethroides* ist eine Pflanze, die sich in feuchten Böden rasch ausbreitet. Nur in trockener Erde hält sie sich etwas zurück. Ihre weißen Blüten trägt sie in sanft gebogenen Trauben.
*L. ephemerum* zeigt im Frühjahr graugrüne Blätter mit bläulichem Schimmer, die später grün werden. Darüber erheben sich lange Blütenstiele mit schlanken Trauben grauweißer Blüten. Die Pflanze sollte in dicken Horsten in einem »weißen« Garten stehen. Das Blattwerk und die Blüten dazwischen verlieren den ganzen Sommer über nicht ihren Wert.
▷ Sommergrüne Stauden, 90 cm, volle Sonne, Winterhärtezonen 6 bis 9.

**Myrtus,** Myrte
Myrten lieben Sonnenwärme und steinigen Boden, der nicht zu nährstoffreich sein darf. Bei der Brautmyrte, *M. communis*, stehen die glänzenden, aromatischen Blätter dicht zusammen, und auf die kleinen weißen Blüten folgen schwarze Beeren. Man pflanze die Myrte am Fuße einer warmen Mauer, wo sie dann verschwenderisch blühen wird. Man kann den Strauch auch gut an der Meeresküste einsetzen. *M. communis* besitzt breite, ovale Blätter, während die winterfestere *M. communis* var. *tarentina* sich durch schmale, harte Blätter sowie durch schmucke weiße Beeren auszeichnet.
▷ Halbhohe immergrüne Sträucher, volle Sonne, Winterhärtezonen 8 bis 10.

**Phlox**
Der hochwachsende Phlox ist eine günstige spätblühende Pflanze in einer offenen Rabatte, er gedeiht aber auch im Halbschatten. Man muß ihn reichlich düngen und sollte die Pflanzen alle paar Jahre teilen (dabei den Hauptsproß entfernen). Alle Phloxarten neigen zu Älchenbefall, zu erkennen an geschwollenen Stengeln und gedrehten, schmalen Blättern. Notfalls vermehrt man die Pflanze durch Wurzelschnittlinge und verbrennt den alten erkrankten Strunk. Von *P. maculata* gibt es eine sehr schöne Sorte, *P. maculata* 'Omega' – die Blüte weiß mit einem lila Auge und wohlriechend.
▷ Sommergrüne Staude, 100 cm, volle Sonne oder Halbschatten, Winterhärtezonen 6 bis 9.
*P. paniculata* 'Mother of Pearl' ist weiß und rosa überlaufen, sehr stattlich und kräftig.
▷ Sommergrüne Staude, 1,20 bis 1,50 m, volle Sonne oder Halbschatten, Winterhärtezonen 6 bis 9.

**Platycodon,** Ballonblume
*P. grandiflorus* 'Mariesii Albus' entwickelt ballonartige weiße Knospen, die sich zu weißen, schwach rosa oder blau überhauchten Blüten öffnen. Ein unübertrefflicher Spätblüher für den »weißen« Garten, der nichts an Pracht verliert, wenn er mit leuchtenden Fuchsien und spätblühenden Herbstzeitlosen verbunden wird (s. auch »Blau: Spätsommer«).
▷ Sommergrüne Staude, 45 bis 60 cm, volle Sonne, Winterhärtezonen 6 bis 9.

**Polygonum,** Knöterich
*P. baldschuanicum* ist eine kräftige Kletterpflanze, die in alte Bäume klettert oder rasch ein Spalier oder eine Laube bedeckt. Der Knöterich kann 3 bis 4 m in einer Saison und mit der Zeit schließlich 15 m oder mehr überwuchern. Die weißen lockeren Rispen sind schwach rosa getönt. Man sollte die Pflanze zu einem wesentlichen Merkmal des Gartenbildes machen; unmittelbare Nachbarn wird sie meistens »beiseiteschieben«.
▷ Hohe sommergrüne Kletterpflanze, volle Sonne oder Halbschatten, Winterhärtezonen 7 bis 9.

**Sanguisorba,** Wiesenknopf
*S. canadensis* trägt weiße Blüten über anmutigen frischgrünen Fiederblättern. Die flaschenbürstenähnlichen Blüten stehen auf geneigten Stielen, die selten gestützt werden müssen. Eine vorzügliche Pflanze, die nicht oft in Gärten gezogen wird.
▷ Sommergrüne Staude, 1,20 bis 1,80 m, volle Sonne, Winterhärtezonen 4 bis 8.

**Saxifraga,** Steinbrech
*S. fortunei* ist eine hervorragende Gartenstaude. Man kann sie etwa im Schatten in einem erhöhten Beet auf Augenhöhe ziehen, wo die mahagonifarbenen Stengel und die roten Unterseiten der gleißend bronzefarbenen Blätter sichtbar sind. Die Blütentriebe sehen zierlich und luftig aus. Empfehlenswert ist, die Pflanze neben Christophskraut mit seinen roten Beeren zu setzen (s. »Warme leuchtende Farben: Früchte und Beeren«). *S. fortunei* 'Wada's Variety' und 'Windsor' sind beide kräftige Sorten.
▷ Sommergrüne Staude, 30 bis 40 cm, Halbschatten, Winterhärtezonen 5 bis 9.

**Sorbus,** Eberesche
*S. hupehensis*, eine Eberesche aus Westchina, bekommt weiße Früchte, die fein rosa getönt sind; sie hängen bis in den Winter hinein an den purpurbraunen Ästen. Der Baum sieht immer anmutig aus.
▷ Halbhoher sommergrüner Baum, volle Sonne oder Halbschatten, Winterhärtezonen 4 bis 8.

**Symphoricarpos,** Schneebeere
Zu der Hybride *S.* × *doorenbosii* gibt es eine Sorte, *S.* × *doorenbosii* 'Mother of Pearl', die als höchst schmucke und brauchbare Gartenpflanze gelten muß. Sie ist bei weitem der triebreichen gewöhnlichen Schneebeere, *S. albus*, vorzuziehen, die zwar im schattigen Wald attraktiv wirkt, aber nicht in den Garten gehört. *S.* × *doorenbosii* 'Mother of Pearl' trägt schwere Büschel weißer, fein rosa überhauchter Beeren in der Größe von Murmeln. Pflanzen Sie den Strauch dort, wo Sie im Frühjahr entlanggehen; er sieht wirklich entzückend aus.
▷ Niedriger sommergrüner Strauch, Halbschatten, Winterhärtezonen 5 bis 8.

# *BLATTWERK*

Unter »weißem« Blattwerk sollen hier grüne Blätter verstanden werden, die auf verschiedenste Art mit Weiß, Creme oder Silber marmoriert, geädert oder gescheckt sind. Aus der Ferne mischen sich diese Zeichnungen mit der grünen Farbe und ergeben einen lichten, zarten Eindruck, der im Gegensatz zu dem starken Gewicht der schlichtgrünen Blätter steht. Da aber die Zeichnungen oft so fein sind, sollte man den Pflanzen die Möglichkeit geben, Gefäße zu überborden oder die Einfassung einer Rabatte zu überwuchern, so daß Einzelheiten gut wahrzunehmen sind.

Die meisten immergrünen weiß- und silberblättrigen Pflanzen behalten ihre Farbvariation im Jahreslauf und in der Sonne wie im Schatten bei; die laubabwerfenden Arten, die in der Sonne wachsen, bilden neues Chlorophyll, und um die Sommermitte herum werden ihre Blätter grün, besonders nach reichlicher Düngung. Pflanzen mit eher gelber Scheckung sind im nächsten Kapitel aufgeführt.

**Acer,** Ahorn

*A. negundo* 'Variegatum', die panaschierte Form des amerikanischen Eschenahorns, hat blaßgrüne Blätter mit breiten weißen, unregelmäßigen Rändern. Seine buschige Krone wirkt, gegen einen dunklen Hintergrund gesehen, licht und luftig und ruft ein erweitertes Raumgefühl hervor.

Bei *A. platanoides* 'Drummondii' haben die dunkelgrünen Blätter einen weißen Rand; hier sind beide Farben deutlich gegeneinander abgesetzt. Als weniger kräftige Sorte des Spitzahorns ist dieser Baum für einen kleinen Garten geeignet, und grünblättrige Pflanzen unter ihm sollten zur grünen Grundfarbe seiner Blätter die Verbindung schaffen.

▷ Halbhohe sommergrüne Bäume, volle Sonne, Winterhärtezonen 7 bis 9.

**Acorus,** Kalmus

*A. calamus* 'Variegatus' zeigt auf seinen langen irisähnlichen Blättern saubere Streifen in Rahmweiß. Die Pflanze gedeiht in sumpfigem Boden an Wasserläufen. Es sei empfohlen, sie mit bronzegetöntem Schaublatt oder purpurblättrigem Rhabarber zusammenzupflanzen.

▷ Sommergrüne Staude, 90 cm, volle Sonne, Winterhärtezonen 7 bis 9.

**Actinidia**

*A. kolomikta* ist eine winterfeste Kletterpflanze mit charakteristischem Blattwerk. Aus der Ferne erscheint es weiß bis cremefarben gescheckt; bei näherem Hinsehen zeigt sich, daß die herzförmigen Blätter mit weißen, rosafarbenen und grünen Bändern versehen sind. Später, nach der Blütezeit im Sommer, verblassen sie zu einem bräunlich grünen Ton.

▷ Sommergrüne Kletterpflanze, volle Sonne, Winterhärtezonen 7 bis 9.

**Ajuga,** Günsel

*A. reptans*, der Kriechende Günsel, trägt Scheinquirle hellblauer Blüten über niederliegenden immergrünen Blättern, die grün, purpurn bis bronzefarben, gescheckt oder dreifarbig in Bronze, Rosa und Grün sein können. Die grüne Form ist die kräftigste als Bodendecker, doch die farbigen Sorten sehen mit geeigneten Begleitpflanzen hübsch aus.

*A. reptans* 'Variegata' hat graugrüne Blätter mit rahmweißer Scheckung. Sie wirkt unübertrefflich im lichten Schatten eines purpurblättrigen Pflaumenbaumes, wobei die blaue Günselblüte die Anlage zeitweise zusätzlich bereichert.

▷ Immergrüne Staude, 10 cm, volle Sonne oder Schatten, Winterhärtezonen 5 bis 9.

*Actinidia kolomikta*

**Aralia**

Bei *A. elata* 'Variegata' sind die Blätter blaß rahmfarben gescheckt, und zwar heller und glänzender als bei den gold-bunten Pflanzen (s. »Reines Gelb: Blattwerk«). Es ist ratsam, am Fuße dieses Strauches sanft grün beblätterte Pflanzen zu setzen, um einen ruhigen Kontrast zu schaffen, z. B. die strauchige *Pachysandra terminalis* oder *Alchemilla mollis*.

▷ Hoher sommergrüner Strauch, volle Sonne oder Halbschatten, Winterhärtezonen 7 bis 9.

**Arrhenaterum,** Glatthafer

*A. elatius* ssp. *bulbosum* 'Variegatum' ist eine schöne kleine, ausbreitungsfreudige Form des Glatthafers, mit schmalen Blättern, die mit silbrig weißen Streifen und Rändern versehen sind. Man kann die Pflanze in den Vordergrund einer weiß-silbernen Rabatte setzen. Kleine, an der Basis zwiebel-ähnlich verdickte Stengel, die sich im Sommer bilden, dienen der ungeschlechtlichen Vermehrung.

▷ Sommergrüne Rhizomstaude, 90 bis 120 cm, volle Sonne, Winterhärtezonen 7 bis 9.

**Arum,** Aronstab

*A. italicum* 'Pictum' besitzt pfeilförmige glänzende Blätter, deren Ränder gewellt und mit einem gleichmäßigen grünen Streifen versehen sind. Die zentralen und radialen Adern sind in einem blassen Cremegrün abgesetzt. Die Blätter erscheinen erst im Herbst, und die Pflanze wächst stetig weiter, bis sie gegen Anfang des kommenden Frühjahrs ihre maximale Höhe und Üppigkeit erreicht. Man pflanze sie im Kreis um einen sommergrünen Baum, wo kleine Krokusblüten im Frühjahr das Blattwerk durchdringen können.

▷ Sommergrüne Knollenstaude, 30 bis 45 cm, volle Sonne oder Halbschatten, Winterhärtezonen 7 bis 9.

**Astrantia,** Sterndolde

*A. major* 'Sunningdale Variegated' hat fein gefärbte grünweiße Blüten und gelb-creme gefleckte Blätter, die im Frühjahr aufleuchten, besonders in der Nähe der purpurn getönten Blätter von *Clematis recta* 'Purpurea' oder neben der strauchartigen, purpurblättrigen *Weigela florida* 'Foliis Purpureis' (s. auch Abschnitt »Sommer«).

▷ Sommergrüne Staude, 60 cm, volle Sonne, Winterhärtezonen 7 bis 9.

**Azara**

Die Azaras sind anziehende Immergrüne mit kleinen glänzenden Blättern und vanilleähnlich duftenden Blüten im Frühjahr und Frühsommer. Sie alle stammen aus Südamerika; wenige sind zuverlässig winterhart.

*A. microphylla* 'Variegata' bevorzugt tiefen, sauren Waldboden und einen geschützten Standort. Die grüne »Stamm«pflanze ist winterhart; sehr früh im Frühjahr finden sich die blaßgelben Quasten duften-

der, blütenblattloser Blüten, ziemlich versteckt unter den glänzend grünen Blättern. Leider ist die panaschierte Form nicht so kräftig, und man kann sie nur langsam heranziehen; in den ersten Wintern leidet sie unter harten Frösten.
Wenn sie jedoch gut gekräftigt ist, bietet sie einen Anblick von ausgewogener Schönheit, und die rahmfarben gefleckten Blätter schimmern besonders schön vor dem Hintergrund dunklen Laubes.
▷ Hoher immergrüner Strauch, volle Sonne oder Schatten, Winterhärtezonen 8 bis 10.

**Brunnera,** Kaukasusvergißmeinnicht
Bei *B. macrophylla* 'Hadspen Cream' sind die Blätter prächtig in Cremeweiß gezeichnet und mit Rändern versehen. Der Farbkontrast ist nicht so leuchtend wie bei *B. macrophylla* 'Variegata', doch sind die ausbreitungsfreudigen Horste weniger geneigt, sich in eintöniges Grün zurückzuverwandeln. Das Kaukasusvergißmeinnicht zählt zu den hervorragendsten panaschierten Pflanzen. Es läßt sich nur durch jährliche Teilung vermehren, und die Horstbildung geht leider langsam vor sich (s. auch »Blau: Frühjahr«).
▷ Sommergrüne Staude, 30 cm, Halbschatten oder Schatten, Winterhärtezonen 7 bis 10.

**Buddleia,** Schmetterlingsstrauch
*B. davidii* 'Harlequin' hat cremeweiß panaschierte Blätter und rötliche bis purpurne Blüten, eine sehr hübsche Verbindung. Da sie kleiner ist als die Stammform *B. davidii* (s. »Blau: Spätsommer«), fügt sie sich schön in eine Rabatten-Pflanzung ein, und sie spricht gut auf einen entschiedenen Rückschnitt zu Beginn des Frühjahrs an. Wenn der Platz es erlaubt, sollte man sie in einer Gruppe pflanzen.
▷ Halbhoher sommergrüner Strauch, volle Sonne, Winterhärtezonen 7 bis 9.

**Carex,** Segge
*C. riparia* 'Variegata' hat lange, schmale, gebogene Grasblätter, die deutlich gestreift sind, manchmal fast weiß. Sie breitet sich in feuchter Erde rasch aus und ist ein idealer Bedecker für den Rand eines naturgemäßen Teiches und ein passender Hintergrund für großblättrige Gunnera oder Schaublatt.
▷ Sommergrüne Staude, 60 bis 90 cm, volle Sonne oder Halbschatten, Winterhärtezonen 6 bis 9.

**Cornus,** Hartriegel
Die Gattung der Hartriegel umfaßt kleine Bäume, Sträucher und Stauden mit den verschiedensten Eigenschaften. Die Bäume und die großen Büsche haben anmutige Gestalten, grünes oder panaschiertes Laub, und sie blühen vom zeitigen Frühjahr bis zum Sommer. Oft entsteht ein buntes Herbstlaub. Einige zeigen im Winter rote, grüne oder rostgelbe Zweige, die am leuchtendsten werden, wenn man sie im Frühjahr stutzt.
*C. alba* 'Elegantissima', die panaschierte Sorte mit roten Zweigen, hat leuchtend weiße Blätter, die manchmal fast gar kein Grün aufweisen. Sie ist weit verbreitet und ein wirklich wunderschöner Laubstrauch. Gruppenweise am Wasser- oder Waldrand gepflanzt, wirkt er sanft und zauberhaft an Sonnentagen.
▷ Halbhoher sommergrüner Strauch, volle Sonne oder Halbschatten, Winterhärtezonen 7 bis 9.

*C. alternifolia* 'Argentea' wächst stockwerkartig, die Äste stehen in gleichmäßigen Abständen horizontal vom bis zu 3 m hohen Stamm ab, so daß ein Strauch mit flacher Krone entsteht. Die Blätter sind grün und weiß. Es ist einer der hübschesten panaschierten Sträucher, mit einer anmutigen Haltung wie ein Balletänzer. Man sollte ihn in eine Ecke oder an ein Tor setzen, dazu in die Nähe schlichtgrüne Blätter, die seine Schönheit fördern, aber nicht übertrumpfen.
▷ Hoher sommergrüner Strauch, volle Sonne oder Halbschatten, Winterhärtezonen 7 bis 9.
*C. controversa* 'Variegata' ist sozusagen die größere Ausgabe des vorgenannten Strauches. Er formt schließlich einen mittelgroßen, stockwerkartig gegliederten Baum, der einem riesigen Hochzeitskuchen ähnelt. Die Blätter sind lang und unregelmäßig weiß gefleckt sowie schwach gelb an den Rändern. Eine unübertreffliche Begleitpflanze ist das Kaukasusvergißmeinnicht, das unter dem lichten Laubdach gut gedeiht, im Frühsommer mit seinen blauen Blüten wirkt und später durch seine rauhen grünen Blätter eine gedämpfte Unterpflanzung bildet.
▷ Halbhoher sommergrüner Baum, volle Sonne, Winterhärtezonen 7 bis 9.

**Cotoneaster,** Zwergmispel
*C. horizontalis* 'Variegatus' hat hübsch gezeichnete grün-weiße Blätter, die im Herbst zartrosa werden. Die Sorte ist etwas weniger kräftig und eher kompakt als die Stammform (s. auch »Umrahmendes Blattwerk: Grün«).
▷ Halbhoher immergrüner Strauch, volle Sonne, Winterhärtezonen 6 bis 9.

**Cyclamen,** Alpenveilchen
Bei wohlüberlegter Bepflanzung mit den kleinen, winterharten Alpenveilchen ist es möglich, fast zu jeder Zeit des Jahres blühende Pflanzen zu haben. Die Arten, die man aus Knollen zieht, unterscheiden sich nicht nur in der Blütezeit, sondern auch in ihrer Ruheperiode. Auch die Blätter haben unterschiedliche Formen, sind aber alle silbrig grün gezeichnet, wobei die Zeichnungen nicht nur bei den Arten, sondern auch bei den einzelnen Pflanzen einer Art variieren. Da sie aus dem Mittelmeerraum stammen, brauchen alle Alpenveilchen hohe Sommertemperaturen, doch sind ihre Ansprüche an Sonne und Schatten verschieden.
*C. hederifolium,* aus Samen gezogen, hat efeuähnlich wirkende Blätter, die auf grünem Grund silbern gemustert und auf der Unterseite ganz zart rosa sind. Es bekommt entzückende zartviolette, rosa oder weiße Blüten im späten Sommer, und die Blätter bedecken vom frühen Herbst bis zum Frühsommer dicht den Boden. Die Blattzeichnung ist an einem offenen Standort deutlicher; im übrigen gedeiht der ganze Bestand besser, wenn man ihn während der Ruheperiode im Sommer mit Mulch abdeckt.
*C. repandum* zeichnet sich durch pfeilförmige Blätter mit gezähntem Rand aus, die gewöhnlich silbern und dunkelgrün gemustert sind und zu den Rändern hin blasser werden. Die rosa bis karminroten Blüten der üblicherweise verwendeten Form, mit ihren seltsam gedrehten Blütenblättern, erscheinen im späten Frühjahr.
▷ Knollenstaude, 15 cm, volle Sonne oder Schatten, Winterhärtezonen 6 bis 9.

*Cornus alba* 'Elegantissima'

*Arum italicum* 'Pictum'

**Eryngium,** Edeldistel
*E. variifolium* hat dornige grüne, gezähnte bis gelappte Blätter mit auffälliger weißer Äderung, die durch alle Jahreszeiten eine hübsche Rosette bilden. Zwar sind die blaßblauen, kugeligen Distelblüten im Spätsommer nicht gerade aufsehenerregend, aber die Blätter können eine winterliche Rabatte sehr schön beleben.
▷ Immergrüne Staude, 45 cm, volle Sonne oder Halbschatten, Winterhärtezonen 7 bis 9.

*Glyceria maxima* 'Variegata'

**Euonymus,** Spindelstrauch
Die immergrünen Spindelsträucher bilden in Gruppen oder als Hecken eine reizvolle Laubkulisse, insbesondere an der Küste oder in Stadtgebieten. Diejenigen mit panaschierten Blättern – in Silber oder Goldgelb – behalten ihre Farbe in der Sonne wie im Schatten bei. Die laubabwerfenden Arten haben oft bunte Beeren, an denen rot und gelb die Samenkapseln sichtbar sind, und ihre Blätter nehmen prächtige Herbstfarben an. Sie haben keine besonderen Ansprüche an den Boden.
*E. fortunei* var. *radicans* 'Silver Queen' hat flach gezähnte Blätter mit einem breiten cremeweißen Rand. Die jungen Blätter, die sich den ganzen Sommer über entfalten, sind gelb getönt und bieten damit einen weiteren Reiz. Weil dieser kleine Strauch gut auf einen kräftigen Schnitt anspricht, läßt er sich für formstrenge Einfassungen verwenden oder – in Gruppen gepflanzt – als dichter Bodendecker. Da er selbsttätig an einer Mauer emporklettern kann, wächst er auch in der Höhe bald zu einer beachtlichen Pflanze heran. In der vollen Sonne wirkt er attraktiv, ja, selbst in sonnenlosen Hinterhöfen, wo sonst kaum etwas gedeiht.
▷ Niedriger immergrüner Strauch oder Kletterpflanze, volle Sonne oder Schatten, Winterhärtezonen 8 bis 10.

**Fatsia**
Bei *F. japonica* 'Variegata' sind die hübschen glänzenden Blätter an der Spitze und am Rand weiß. Leider ist diese Pflanze sehr teuer, weil sie nur durch Pfropfen der grünen Form herangezogen werden kann und sehr langsam wächst (s. auch »Umrahmendes Blattwerk: Grün«).
▷ Halbhoher immergrüner Strauch, Schatten, Winterhärtezonen 8 bis 10.

**Fragaria,** Erdbeere
Von *F. vesca*, der Walderdbeere, gibt es eine weniger ausbreitungsfreudige Sorte, *F. vesca* 'Variegata' mit entzückenden panaschierten Blättern, in grüner Grundfarbe, stark weiß gefleckt. Die vollentwickelten Blätter bleiben den ganzen Winter hindurch und ergeben einen erfreulichen frischen Farbfleck unter dunklen Hecken oder Büschen.
▷ Immergrüne Staude, 23 cm, Schatten, Winterhärtezonen 6 bis 9.

**Fuchsia,** Fuchsie
Wo das Klima es ermöglicht, bilden Fuchsien farbenprächtige Hecken oder einfache Farbgruppen im Vordergrund einer Rabatte. Die Blüte setzt sich den ganzen Sommer hindurch fort, und die Blätter einiger Sorten weisen reizvolle Zeichnungen auf.
*F. magellanica* 'Versicolor' bekommt eindrucksvolle graugrüne Blätter mit ausgeprägter rosa Zeichnung und cremeweißer Scheckung. Die Formen unterscheiden sich sehr in der Farbintensität, deshalb sollte man sich eine Form mit guter Zeichnung heraussuchen. Der Strauch läßt sich schön mit bläulich graugrünen *Dicentra* unterpflanzen, oder man nimmt ihn, um neben dunkel purpurfarbenem Laub einen Akzent zu setzen.
▷ Halbhoher sommergrüner Strauch, volle Sonne, Winterhärtezonen 7 bis 9.
*F.* 'Sharpitor' besitzt blaßgrün oder weiß gescheckte Blätter und sehr blaßrosa, fast weiße Blüten. Wahrscheinlich handelt es sich um eine Spielart von *F. magellanica* 'Molinae'. Leider ist die Pflanze nicht winterhart, sieht aber besonders hübsch in Kübeln aus. Stecklinge sollten im Spätsommer entnommen werden.
▷ Niedriger sommergrüner Strauch, volle Sonne, Winterhärtezonen 7 bis 9.

**Glyceria,** Schwaden
*G. maxima* (syn. *G. aquatica*) wird im Wasser sehr kräftig, wobei es gleichgültig ist, ob sie in einem Zierteich oder am Rande eines Fließgewässers steht. Pferde und Rinder empfinden sie als ausgesprochen wohlschmeckend. Die panaschierte *G. maxima* 'Variegata' breitet sich weniger stark aus, die Blätter sind scharf weiß und cremegelb gestreift und kommen im Frühling fast rosafarben hervor. Die Pflanze gedeiht bestens in durchschnittlichem Boden und ist eine nützliche Wasser- und Rabattenpflanze.
▷ Sommergrüne Staude, 75 bis 120 cm, volle Sonne, Winterhärtezonen 7 bis 9.

**Hebe,** Strauchveronika
*H.* × *andersonii* 'Variegata' ist eine Spielart mit sehr schönen Blättern – am Rand elfenbeinweiß, in der Mitte graugrün, in dunklerem Grün gefleckt. Die Blüten sind bläulich purpurn – eine besonders feine Verbindung zwischen Blatt und Blüte. Obgleich die Pflanze nicht winterhart ist, kann sie etwas Frost überleben; doch wächst sie aus Stecklingen schnell heran, und es macht mehr Freude, jedes Jahr neue Pflanzen zu bekommen, als verholzte Exemplare vor Frost schützen und pflegen zu müssen.
▷ Halbhoher immergrüner Strauch, volle Sonne, Winterhärtezonen 8 bis 10.

**Hedera,** Efeu
*H. canariensis* 'Gloire de Marengo' hat breite dreieckige Blätter, die an langen rosa Blattstielen getragen werden. Rahmfarbene Ränder, die an der Basis breiter werden, zieren die grau-dunkelgrüne Hauptfarbe. Der Strauch ist ausgezeichnet als Bodendecker oder Kletterpflanze, ist aber ein bißchen winterempfindlich und deshalb am günstigsten im Mikroklima der Städte.
*H. colchica* 'Dentata Variegata' ist sehr ähnlich, aber in allen Teilen größer und paßt also nicht in den Maßstab eines kleinen Gartens. Wo die Raumverhältnisse entsprechend sind, wirkt sie jedoch wundervoll.
Von *H. helix* gibt es dermaßen viele Sorten mit cremefarbener und weißer Scheckung, daß man Mühe hat, seine Wahl zu treffen. Entscheiden Sie danach, ob ein fein graugrün getöntes Blatt sich eignet oder eines, wo das Weiß und das Grün scharf abgegrenzt sind. *H. helix* 'Glacier' hat blaugrüne Blätter, deren Umriß mit einer dünnen Silberlinie bezeichnet ist. 'Harald' besitzt kräftigere, leuchtendere zweifarbige Blätter. 'Silver Queen' nimmt mit seinen weißen Blättern, die im Winter rosa behaucht sind, eine mittlere Stellung ein zwischen beiden (s. auch »Umrahmendes Blattwerk: Grün«).
▷ Immergrüne Kletterpflanzen, volle Sonne oder Schatten, Winterhärtezonen 7 bis 10.

**Hemerocallis,** Taglilie
*H. fulva* 'Variegata' ist eine seltene Blattpflanze, aber es lohnt sich, nach ihr zu fahnden. Die Blätter zeigen, besonders im Frühjahr, einen breiten weißen Streifen; sie können jeden langweiligen Winkel beleben oder als Kontrast zu schlichtgrünen und purpurnen Blattpflanzen dienen (s. auch »Umrahmendes Blattwerk: Grün«).
▷ Sommergrüne Staude, 1,20 m, volle Sonne oder Schatten, Winterhärtezonen 6 bis 9.

**Holcus,** Honiggras
*H. mollis* 'Variegatus' ist die weiß-grün gestreifte Sorte des wuchernden, ausläuferbildenden Honiggrases. Sie läßt sich etwa in einem silber-grauen Garten als leuchtend »weißer« Fleck oder als saubere Einfassung in einem Randbeet einsetzen. Man muß das Gras jährlich im Sommer sehr stark zurückschneiden, um die Blüte zu verhindern und neuen Wuchs zu fördern.
▷ Sommergrüne Staude, 20 cm, volle Sonne, Winterhärtezonen 6 bis 9.

**Hosta,** Funkie
*H. albomarginata,* eine der kleineren Funkien, hat grüne Blätter mit einem schmalen weißen Rand. Gut zu gebrauchen für eine Gruppenpflanzung in einem kleinen Garten. Hervorragend geeignet auch als Bodendecker für eine größere Fläche. Die Pflanzen brauchen allerdings einige Jahre, bis sie ihre volle Schönheit erreichen.
Bei *H. fortunei* 'Marginato-alba' sind die Blätter salbeigrün mit breitem weißen Rand und grauer Unterseite. Es ist eine hervorragende Pflanze – günstig als Einzelexemplar, wirkungsvoll in lockeren Gruppen oder in einem Gefäß. Im Sommer zeigt sie lila Blüten.
*H. ventricosa* 'Variegata' hat dunkelgrüne Blätter mit cremeweißem Rand (s. auch »Blau: Blattwerk«).
▷ Sommergrüne Stauden, 45 bis 75 cm, Halbschatten oder Schatten, Winterhärtezonen 6 bis 9.

**Hydrangea,** Hortensie
*H. 'Tricolor'* besitzt Blätter, die grün, grau und rahmweiß gescheckt sind. Sie ist ziemlich winterfest und kräftig, doch man sollte sie nicht allzu reichlich düngen, weil sonst die Blätter wieder grün werden (s. auch »Umrahmendes Blattwerk: Grün«).
▷ Halbhoher sommergrüner Strauch, volle Sonne oder Schatten, Winterhärtezonen 7 bis 9.

**Ilex,** Stechpalme
*I. aquifolium* 'Ferox Argentea' ist ein rundlicher Busch, dessen ausgesprochen dornige Blätter nicht nur am Rand, sondern auch auf der Blattspreite Dornen haben. Die Blattmitte ist grün, der wellige Rand rahmweiß. Den Namen der Sorte kann man gut verstehen, denn der Umriß des Busches vermittelt insgesamt einen flirrenden, struppigen Eindruck in Cremeweiß.
*I. aquifolium* 'Argenteo Media-picta' (syn. *I. aquifolium* 'Silver Milkboy') hat glänzend grüne Blätter mit einem reinweißen Zentrum. Da die Blätter dornig sind, läßt sich der Strauch als Hecke verwenden und kann eine undurchdringliche Grenze bilden (s. auch »Umrahmendes Blattwerk: Grün«).
▷ Hohe immergrüne Sträucher, volle Sonne oder Schatten, Winterhärte 6 bis 9.

**Iris,** Schwertlilie
*I. pallida* 'Variegata' hat graue Blätter mit einem gelben oder – für einen »weißen« Garten geeigneten – cremefarbenen Rand. Die Sorte breitet sich – wie die meisten panaschierten Formen – langsamer aus als die gewöhnliche Form (s. auch »Umrahmendes Blattwerk: Silber und Grau«).
▷ Immergrüne Rhizomstaude, 75 cm, volle Sonne, Winterhärte 7 bis 9.

*Kerria japonica* 'Variegata'

**Kerria,** Kerrie
*K. japonica* 'Variegata' ist ein entzückender, ausläuferbildender Busch für offene Standorte. Man kann ihn so beschneiden, daß er einen dichten Hügel bildet, oder man läßt ihn locker wachsen, damit er sich mit den Nachbarpflanzen verbinden kann. Die blaßgrün-weißen Blätter bilden einen schönen Hintergrund für seine primelgelben Einzelblüten.
▷ Niedriger sommergrüner Strauch, volle Sonne oder Halbschatten, Winterhärte 7 bis 9.

**Lamium,** Taubnessel
*L. maculatum* ist in den Gärten normalerweise schon panaschiert: Seine grünen Blätter haben in der Mitte einen weißen Fleck. Die Blüten dieser Taubnessel sind trübe malvenfarben; sie ist eine allgemein bekannte Pflanze, die im Garten zu wuchern droht. Viel prachtvoller wirken ihre rosa und ihre weiße Sorte, *L. maculatum* 'Roseum' bzw. 'Album'. Man kann sie im formstrengen Rahmen einer niedrigen Buchsbaumhecke in größerer Fülle pflanzen und wird damit eine verblüffende Wirkung erzielen – durch den Kontrast zwischen dem Goldgrün des Buchsbaums und dem Silber-Weiß-Grün der bodendeckenden Taubnesseln. Die Pflanze ist problemlos und unverwüstlich: Sie braucht nur einmal im Jahr mit einer Heckenschere geschnitten zu werden.
*L.* 'Beacon Silver' hat mehr glänzende, silbrige Blätter und fühlt sich im lichten Schatten wohl; die jungen Triebe im Frühjahr sehen besonders leuchtend aus. Nach meinen Erfahrungen macht sich die Sorte besonders gut in Gefäßen sowie als attraktiver Hintergrund für Tulpen, die man im Vorfrühling zwischen dem Blattwerk emporkommen läßt.
▷ Immergrüne Staude, 20 bis 40 cm, Halbschatten, Winterhärtezonen 6 bis 9.

*Hedera canariensis* 'Gloire de Marengo'

**Osmanthus,** Duftblüte
*O. heterophyllus* 'Latifolius Variegatus' hat breite Blätter mit silbernem Rand. Die einzelnen Blätter sind dekorativ und der Strauch ist sehr ausdrucksvoll (s. auch »Umrahmendes Blattwerk: Grün«).
▷ Halbhoher immergrüner Strauch, Halbschatten oder Schatten, Winterhärtezonen 7 bis 9.

**Pelargonium,** Pelargonie (»Geranie«)
Pelargonien sind vorwiegend winterempfindliche Halbsträucher, die sich für Gefäße oder Sommerbeete eignen. Am besten entnimmt man in jedem Herbst Stecklinge, bewahrt sie im Winter frostfrei auf und bringt sie nach dem letzten Frühjahrsfrost wieder nach draußen.

*Prunus lusitanica* 'Variegata'

*P. crispum* 'Variegatum' besitzt wohlriechende, runzelige, panaschierte Blätter und kleine blaßrosa Blüten. Die Blätter duften nach Zitrone. Es ist eine entzückende winterliche Topfpflanze.
▷ Immergrüner Strauch, 90 cm, volle Sonne, Winterhärtezonen 9 bis 10.

**Phalaris,** Glanzgras
Bei *P. arundinacea* 'Picta' sind die Blätter in der Längsrichtung weiß gestreift. Das Glanzgras wird dicht und breitet sich rasch aus, deshalb pflanzt man es am besten an Stellen, an denen es durch Pflasterung oder andere Begrenzungen zurückgedrängt wird. Man schneidet es in der Mitte der Vegetationsperiode zurück; der frische Wuchs wird durch seinen weißen Glanz auffallen.
▷ Sommergrüne Staude, 90 cm, Halbschatten, Winterhärtezonen 6 bis 9.

**Philadelphus,** Sommerjasmin, Pfeifenstrauch
*P. coronarius* 'Variegatus' kann zwar sehr hübsch werden, gibt aber wenig her, wächst langsam und ist schwierig zu ziehen.
Der große *P.* 'Innocence' ist höchst attraktiv, wenn er im Hochsommer in Blüte steht. Seine Blätter sind fast genauso cremeweiß wie die Blüten, die außerdem noch süß duften. Leider wirkt der Strauch später, nach dem starken Rückschnitt, der erforderlich ist, wenn man für reichliche Blüte im folgenden Jahr sorgen will, spärlich und eintönig (s. auch Abschnitt »Frühsommer«).
▷ Hoher sommergrüner Strauch, volle Sonne oder Halbschatten, Winterhärtezonen 5 bis 9.

*Phalaris arundinacea* 'Picta'

**Phormium,** Neuseeländer Flachs
Bei dem kleinen *P. cookianum* 'Variegatum' befindet sich der blattgrünlose Teil auf der Mitte des Blattes, manchmal breit und cremeweiß, bei anderen schmal. *P. tenax* 'Variegatum' hat breite Blätter mit einer dünnen weißen Linie am Rand. Es empfiehlt sich, die Pflanzen einzeln auszuwählen, da auch die mit Namen bezeichneten Sorten beträchtlich variieren (s. auch »Umrahmendes Blattwerk: Grün«).
▷ Niedrige bis halbhohe Sträucher, volle Sonne, Winterhärtezonen 8 bis 10.

**Pittosporum,** Klebsame
*P. tenuifolium* 'Garnettii' hat kleine, rosa überhauchte und weiße Blätter. Die Sorte ist winterfester als *P. tenuifolium* 'Silver Queen'; diese Form hat silbern überzogene Ränder an den Blättern und wird dichter und buschähnlicher in der Gestalt. Beides sind schöne Blattpflanzen, die man in offenliegenden Gärten vor eine Mauer setzen muß (s. auch »Umrahmendes Blattwerk: Grün«).
▷ Halbhoher immergrüner Strauch, volle Sonne oder Schatten, Winterhärtezonen 8 bis 10.

**Populus,** Pappel
*P. candicans* 'Aurora' zeigt aufsehenerregende Blätter, die anfangs rosa und cremeweiß sind und im Laufe des Sommers allmählich blaßgrün werden. Man sollte den Baum in einem kleinen Garten so setzen, daß er die Aufmerksamkeit auf sich zieht, oder ihn in Gruppen pflanzen, um ihn für das Auge mit eher nüchternen Laubfarben verschmelzen zu lassen. Es ist ratsam, ihn im Vorfrühling zurückzuschneiden, damit die Blätter noch blasser und größer werden.
▷ Hoher sommergrüner Baum, volle Sonne, Winterhärtezonen 7 bis 9.

**Prunus**
*P. lusitanica* 'Variegata' hat glänzend grüne Blätter, die zurückhaltend unregelmäßig an den Rändern entlang in Rahmweiß gefleckt sind. Da diese Sorte in jeder Hinsicht kleiner ist als die grüne Form, eignet sie sich ausgezeichnet für kleine Gärten. Die zartviolett-weißen Blüten sehen wundervoll aus.
▷ Halbhoher immergrüner Strauch, volle Sonne oder Schatten, Winterhärtezonen 7 bis 9.

**Rhamnus,** Kreuzdorn
*R. alaternus* 'Argenteovariegatus' ist ein wunderschöner Immergrüner, bei dem die Blätter graugrün marmoriert sind und silberne Ränder haben. Im Schatten scheint die Pflanze aufzuglühen, Weiß und Grün vermischen sich zu einem geisterhaften und leuchtenden Anblick. Der Wuchs ist aufrecht, die kleinen Blätter und Zweige verwirren sich für das Auge, nirgendwo ist der Busch klar begrenzt. Es sei empfohlen, ihn in die Nähe einer Fatsie mit glänzenden Blättern zu pflanzen.
▷ Hoher immergrüner Strauch, Schatten, Winterhärtezonen 7 bis 9.

**Sambucus,** Holunder
Vom gewöhnlichen europäischen Holunder, *Sambucus nigra,* gibt es einige gute Spielarten mit bunten und panaschierten Blättern. *S. nigra* 'Albovariegata' hat blasse Blätter, die am Rand unregelmäßig weiß

gezeichnet sind. Er ist ein gut zu gebrauchender großer Strauch. Die breiten Blütenstände verbinden sich mit den weißschimmernden Blättern und schaffen einen ruhigen und kühlen Hintergrund für fast jede Bepflanzung. Frühblühende Glockenblumen, leuchtend blaue Kaukasusvergißmeinnicht und Sommer-Steinsame sehen alle wundervoll aus zu seinen Füßen. Gegen Ende der Saison sorgt die winterharte, sommergrüne Säckelblume für dasselbe reine Blau, wenn auch in blasseren Tönen – eine ausgezeichnete Begleitpflanze. Außerdem sollte man Nachtkerzen zwischen solchen Büschen sich aussäen und blühen lassen.
▷ Hoher sommergrüner Strauch, Halbschatten, Winterhärtezonen 6 bis 10.

**Saxifraga,** Steinbrech
*S. stolonifera,* der »Judenbart«, darf nicht fehlen; er bevorzugt feuchten Schatten an einer Nordmauer. »Bei *S. stolonifera* 'Tricolor' sind die Blätter kleiner und mehrfarbig in marmoriertem Grau, Weiß und einer Art von dunklem Rosa. Die Pflanze ist ideal, wenn unter einer dunklen Stechpalmen-Hecke der Boden einen Teppich bekommen soll. Keine der Formen ist zuverlässig winterhart, 'Tricolor' schon gar nicht. Es sind Pionierpflanzen, die aber nicht schwer zu kontrollieren sind. Die oberirdischen Ausläufer, an deren Enden kleine Ableger entstehen, sind leuchtend rosa gefärbt.
▷ Immergrüne Staude, 23 cm, Schatten, Winterhärtezonen 8 bis 10.

**Scrophularia,** Braunwurz
*S. aquatica* 'Variegata', die panaschierte Wasser-Braunwurz, hat gezähnte, dicke Blätter, die cremeweiß-grün gemustert sind. Sie bevorzugt feuchten Schatten. Mögliche Begleitpflanzen sind die rosablütige Astilbe, das bronzegetönte Schaublatt oder *Ligularia dentata* 'Desdemona' mit ihren braun-purpurnen Blättern.
▷ Sommergrüne Staude, 60 cm, Halbschatten, Winterhärtezonen 6 bis 9.

**Silybum,** Mariendistel
*S. marianum,* die Mariendistel im engeren Sinn, hat dunkle, glänzende Blätter, stachelig und gelappt, die Adern scharf in Weiß abgesetzt, wodurch ein marmoriertes Bild entsteht. Die Pflanze ist eine reizvolle Kuriosität; ihre purpurnen Distelblüten erscheinen auf verzweigten Stielen im Spätsommer. Gewöhnlich ist sie zweijährig; nach einem warmen Sommer sät sie sich selber aus.
▷ Immergrüne Zweijährige, 60 bis 120 cm, volle Sonne, Winterhärtezonen 8 bis 10.

**Symphoricarpos,** Schneebeere
*S. orbiculatus* 'Variegatus' ist eine wunderbare Gartenpflanze. Die grünblättrige Form steht am besten als Unterholz in einem wilden waldähnlichen Garteneil, wo sie sich ausbreiten darf. Die panaschierte Schneebeere gedeiht in voller Sonne; die kleinen grün-weißen Blätter wirken hübsch und ordentlich in einer Rabatte mit gemischten Farben. Sie bildet reichlich Triebe und muß deshalb unter Kontrolle bleiben.
▷ Halbhoher sommergrüner Strauch, volle Sonne oder Halbschatten, Winterhärtezonen 5 bis 9.

**Symphytum,** Beinwell
*S.* × *uplandicum* 'Variegatum' hat die typischen behaarten Boretschblätter, sehr schön, groß und blaßgrün, mit einem breiten Band aus sattem Rahmweiß. Eine Pflanze breitet sich nach und nach aus und bildet Gruppen, was auch erwünscht ist. Es sei empfohlen, den Beinwell als Einzelexemplar zu pflanzen: Ein wenig Schatten verhindert, daß die Blätter im Spätsommer versengt aussehen; Rückschnitt in der Sommermitte läßt hübsche neue Blätter entstehen. Wenn die Staude geteilt werden muß, sollte man es am Anfang des Frühjahrs besorgen.
▷ Sommergrüne Staude, 90 cm, volle Sonne oder Halbschatten, Winterhärtezonen 6 bis 9.

**Viburnum,** Schneeball
*V. tinus* 'Variegatum', der panaschierte »Laurustinus«, hat entzückende rosafarbene Blattstiele und grün-cremeweiße Blätter. Man setze den Strauch vor eine Mauer, und er wird eine symmetrische Pyramidenform bilden. Diese Form ist weniger winterhart als die grünblättrige (s. auch Abschnitt »Winter«).
▷ Halbhoher immergrüner Strauch, volle Sonne, Winterhärtezonen 7 bis 9.

**Vinca,** Singrün, Immergrün
*V. major* 'Variegata' ist eine große, wuchernde Pflanze mit klar begrenzten, grün-rahmweiß gemusterten Blättern. Sie wächst schwerlich dicht genug, um als Bodendecker zu wirken, doch wenn man sie füllig pflanzt, bildet sie einen deutlichen Farbfleck im tiefen Schatten.
▷ Niedriger immergrüner Strauch, Schatten, Winterhärtezonen 6 bis 9.
Von *Vinca minor* gibt es cremeweiß oder gelblich gescheckte Formen, unter denen die beste weiße Blüten bekommt. Es handelt sich um einen niedrigen Bodendecker, dicht und unkrautfest, für die Pflanzung unter Sträuchern.
▷ Immergrüner Zwergstrauch, Halbschatten oder Schatten, Winterhärtezonen 6 bis 9.

**Weigela,** Weigelie
Weigelien sind winterharte, laubabwerfende Sträucher, die sich für offene Rabatten oder lichte Waldstücke eignen. Im Frühsommer tragen sie in Büscheln rosafarbene, ziemlich kurze, der Form nach fingerhutähnliche Blüten. Es gibt auch rot- und weißblütige Sorten.
*W. florida* 'Variegata' hat hängende Zweige mit leicht runzeligen Blättern in einem blassen Grün, die einen breiten rahmweißen Rand aufweisen. Der Strauch entwickelt in großer Fülle blaßrosa Blüten. Nach der Blüte sollte er stark zurückgeschnitten werden. Die Blätter sehen im Laufe des Sommers oft unansehnlich aus, deshalb sollte er einen Standort bekommen, wo ihn spätblühende Stauden dann verdecken.
▷ Halbhoher sommergrüner Strauch, volle Sonne oder Halbschatten, Winterhärtezonen 6 bis 10.

**Zea,** Mais
Von *Z. mays* gibt es eine hervorragende panaschierte Form, eine der wenigen weißbunten Pflanzen, die Gertrude Jekyll mochte. *Z. mays* 'Gracillima Variegata' hat gebogene breite, gestreifte Blätter.
▷ Einjährige, 90 cm, volle Sonne, Winterhärtezonen 8 bis 10.

*Saxifraga stolonifera*

*Scrophularia aquatica* 'Variegata'

KAPITEL IV

# REINES GELB

Der Wechsel von der kühlen Ruhe grün- und graublättriger Sträucher zu einem Meer von gelben Blüten und goldenem Laub ist für Auge und Gemüt wie wenn die Sonne plötzlich zwischen düsteren Wolken hervorbricht. Blasses Gelb wirkt heiter und sanft erregend, dabei aber warm und leuchtend; seidige und samtige Strukturen verleihen Gelbtönen die Tiefe von Gold. Als hellste von allen Farben wird Gelb vom Auge vor allen anderen Farben wahrgenommen. Es tritt nicht so in den Vordergrund wie Rot und nicht so zurück wie Blau; dennoch zieht es den Blick auf sich. Wie von einem Bühnenscheinwerfer angestrahlt, erregt Gelb Aufmerksamkeit, und es versetzt damit die tieferen Farben gleichsam in den Schatten.

Im Garten vermitteln gelbe Blüten und helles junges Laub Frühlingsstimmung. Das helle Gelb von Winterlingen, Winterjasmin und Primeln wirkt als Blickfang zwischen den gedämpften Grüntönen immergrüner Blätter, dem Fallaub und der braunen Erde – den natürlichen Farben zu Beginn der Jahreszeit. Tieferes Gelb in den »goldenen« Grünstufen des Frühjahrslaubes harmoniert mit den olivgrünen und rostbraunen Farben des Winters und mit den pflaumenfarbig überhauchten Spitzen der neuen Blätter.

In diesem Kapitel sollen die Gelbtöne besprochen werden, die dem reinen Farbton nahekommen, sowie Blüten und Blätter von hellem Goldgelb bis lindgrün in allen Schattierungen. Die wärmeren Gelbtöne, die an Orange und Scharlachrot grenzen, werden mit den anderen feurig leuchtenden Farben in Kapitel 8 behandelt: Sie haben ihr Schwergewicht in spätblühenden Rabatten und harmonieren mit saftig grünem Sommerlaub und den herbstlichen Blätterfarben. Rein gelbe Blüten strahlen mehr, als daß sie glühen; zusammen mit dem fast durchscheinenden Gold des jungen Laubes wirken sie licht und flüchtig.

Im Spektrum liegen diese Gelbtöne zwischen grellen Gelb- und tiefen Orange-Tönen auf der einen Seite und gelblichen Grüntönen und Grün auf der anderen Seite. In einem harmonischen Pflanzplan kann man zu den dunkleren, wärmeren Schattierungen von Orange und Rot überleiten oder auch mit lindgrünen und zitronengelben Blüten und goldenem und goldgelb panaschiertem Laub zu blaß- bis dunkelgrünem Laub überleiten. Blasses Hellgelb harmoniert auch mit gedämpften Grün- und Brauntönen und grauem bis nahezu farblosem Laub. Dieses Gelb hat seine Komplementärfarben im Bereich von Blau, Violett und Malvenlila, doch entstehen niemals so starke Kontraste wie bei leuchtendem Grün und sattem Rot. Gelb bleibt als reiner Farbton immer die hellste Farbe; und seine Komplementärfarbe – Violett – ist die dunkelste aller reinen Farben. Wir haben bereits festgestellt, daß die Kontrastwirkung am größten ist, wenn die Farben weitgehend denselben Farbwert besitzen. Gelb- und Goldtöne als Kontrast zu Violett wirken deshalb nie so grell wie viele andere Komplementärfarben; folglich ist auch die Notwendigkeit geringer, einen der Töne zu dämpfen oder die Farbanteile zu ändern.

In der Malerei gilt die Regel, daß ein Verhältnis von etwa drei zu eins zwischen Gelb und Violett ruhig und heiter und nicht zu hell wirkt. Mit leuchtendem Gelb lassen sich zahllose Gartenbilder schaffen – indem man etwa goldgelbes Laub mit violetten oder malvenfarbenen Blüten verbindet oder stumpf purpurnes Laub als Hintergrund für zartrosa Primeln verwendet oder Blüten in Gelb und verschiedenen Violettstufen durch einen Hintergrund aus grünen Blättern zusammenfaßt. Pflanzen Sie beispielsweise einen Teppich aus winterharten, im Sommer blühenden Geranium in Malvenlila, Magentarot oder Violett unter eine goldgelbe *Robinia pseudacacia* 'Frisia', vor *Philadelphus coronarius* 'Aureus' oder in deren Schatten. Zum purpurblättrigen Perückenstrauch, zu Berberitzen oder zu der pflaumenfarbenen Lambertsnuß (*Corylus maxima* 'Purpurea') passen blaßgelber Fingerhut oder *Oenothera biennis*, aber auch – wenn die Anlage strenger sein soll – blaßgelbe Strauchrosen unterpflanzt mit *Alchemilla mollis* oder *Crocosmia* 'Solfatare', die spät blüht. Gelbe, creme- und elfenbeinfarbene Blüten mit rosa oder fein aprikosenfarbenem oder lederbraunem Hauch – wie *Rosa* 'Buff Beauty', grünblütige Nieswurz und lindgrüne Wolfsmilch-Arten – sie alle finden ihren Kontrast und ihre Komplementärfarbe im Bereich der violetten Töne.

*Rosa* 'Frühlingsgold' neben violett blühendem *Abutilon* × *suntense*, Gruppen heller *Narcissus cyclamineus* in der Nähe von malvenfarbenem und violettem Krokus und farblich dunkleren Traubenhyazinthen sind empfehlenswerte Versuche. Oder grüngelbe Dolden von *Angelica archangelica* überragen die malven- bis magentaroten Blüten des frostempfindlichen Madeira-Storchschnabels, *Geranium palmatum*, des tiefer purpurblauen *G.* × *magnificum*,

Abb. Seite 85: **Solidago × hybrida bringt eine Flut von Licht im Vordergrund einer Staudengruppe in harmonierenden Gelbtönen. Das Gelb der flachen Achillea-Blüten und der hohen Königskerzen hinten ist bei Nähe betrachtet viel kräftiger und tiefer, doch die größere Entfernung verhindert, daß sie zu aufdringlich wirken. Die cremefarbenen Rispen von Artemisia lactiflora verbinden die leuchtenden Gelbtöne auf feine Weise mit den Grünstufen des Blattwerks; reinweiße Blüten würden hier einen zu starken Blickfang bilden. Blauer Himmel kann zu einem solchen Bild beitragen und bringt die kontrastierenden Gelbtöne zum Leuchten, während die Sonne sie zugleich heller erscheinen läßt.**

Abb. rechts: **Ein Schleier aus Bupleurum falcatum mildert den Übergang zwischen den hellen Blüten von Chrysanthemum 'Jamaica Primrose' und der dunklen Hecke im Hintergrund. Das »meßbare« Gelb der winzigen Blütenblättchen von Bupleurum (Hasenohr) ist gar nicht so verschieden von dem des Chrysanthemum; Form und Struktur der Blütenblätter und die benachbarten Farben lassen jedoch die beiden Gelb völlig unterschiedlich erscheinen. Die luftigen Dolden spielen in ein Lindgrün hinüber, während die Farbe der flächigen Blütenblättchen, gegen die komplementären blaugrünen Blätter gesehen, klarer erkennbar ist.**
**Die Grün- und Gelbtöne wirken kühl; die Blüten von Curtonus paniculatus fügen dem Bild auf der rechten Seite eine warme Note hinzu. Obgleich auch diese Blüten Gelb enthalten, ist das Rot von Curtonus so stark, daß es vor dem blassen Gelb und den dunklen Irischen Eiben als Kontrast wirkt, nicht als verwandte Farbe.**

Rechte Seite: **Eine ganz andere Stimmung hat diese sonnige Rabatte im Gegensatz zu dem wohlüberlegten, sparsamen Einsatz feiner Farben, links oben Heliopsis scabra im Hintergrund, rechts Helenium, im Vordergrund Alant und die Kerzen der wuchernden Lysimachia punctata bringen eine Vielfalt verschiedenster Gelbtöne und unterschiedlichster Formen und Strukturen, die die Sinne erwärmt und das Auge erfreut. Mit größerer Entfernung verblassen und verschmelzen die Gelbtöne, und verwischen sich die Grenzen der verschiedenen Pflanzebenen.**

wobei die erstgenannte Art durch ihre Struktur und die auffallend blaßgrünen Blätter zusätzlichen Reiz bietet. Creme-, elfenbeinfarbene und gelbe Blüten bereichern jede blaue Pflanzung. Gertrude Jekyll empfahl, mit Gruppen gelber oder cremeweißer Lilien einen blauen Garten ansprechender zu machen – nach dem Grundsatz komplementärer Kontrastfarben, wonach gelbe Blüten den Rahmen für eine ganze Bandbreite blauer Töne bilden können. Oder sie bereitete das Auge auf Grau- oder Blautöne dadurch vor, daß sie zunächst an einer Fläche sonnenbeleuchteter, goldgelber Blätter vorbeiführte. Blaue Blüten oder gedämpftes graues Blattwerk wirken leuchtend und rein, wenn das Auge vorher komplementäres Goldgelb aufgenommen hat und dadurch auf den Kontrast vorbereitet ist.

So, wie intensives Sonnenlicht blendet und Farben und Formen bleich und unbestimmt macht, neutralisieren gelbe Blüten und goldenes Laub, obwohl ihre Leuchtkraft das Raumgefühl verstärkt, die Tiefenwirkung und verhindern eine klare Perspektive. In ganz gelben Gärten sind die einzelnen Pflanzebenen schlecht unterscheidbar; die Flächen wirken groß, doch sind Einzelheiten nur schwer erkennbar. Als hellste und leuchtendste Farbe verkürzt Gelb optisch Entfernungen und doch kann eine Bepflanzung in Gelb und Gold, indem sie die Fläche betont, das Raumgefühl verstärken. Reines, helles Gelb verblaßt, wenn es aus der Ferne betrachtet wird, während ins Orange spielendes Gelb und Rot seine Farbkraft behält; hellgelbe Blüten können also zugleich als Blickfang wirken und zurückweichen, wenn sie im Gegensatz zu den wärmeren, vortretenden Farben verwendet werden. Die optische Wirkung von Gelb belegt besser als jede andere Farbe, wie sehr Farbbeziehungen die Farbwirkung bestimmen.

Statt zu versuchen, einen ganz gelben Garten anzulegen, sollten Sie Gelb und Gold lieber als wohlüberlegte Blickpunkte pflanzen und damit im Garten Betonungen setzen oder zurückhaltend goldenes Laub verwenden, um nach einer ruhigen Bepflanzung mit nüchternem Grün einen überraschenden Akzent zu schaffen. Die Intensität des reinen Farbtons ist verblüffend, selbst im kleinen Maßstab, als leuchtender Block im Zusammenhang einer langen Rabatte, im Hintergrund eines Beetes oder hinter einer begrenzenden Hecke hervorleuchtend. Um das Gewicht zu verringern und optische Verwirrung zu vermeiden, sollte man diese Farben vorwiegend dorthin setzen, wo sie dem unmittelbaren Blick verborgen sind und durch

Partien aus grünem und ruhigem grauem Blattwerk oder die glatte Fläche eines Rasens die gelben Gartenbereiche trennen und in sich zusammenfassen. Für Auge und Gemüt ist es wohltuend, zunächst von grünblättrigen, kräftig strukturierten Pflanzen beruhigt und erfrischt zu werden und erst dann plötzlich einer »Sonnenfarbe« zu begegnen, die nicht nur anziehend und vorherrschend wirkt, sondern auch den Eindruck von Zerbrechlichkeit und flüchtiger Leichtigkeit erweckt.

Ein Gartenteil, basierend auf goldenem und gold-panaschiertem Blattwerk, behält seine Wirkung während des ganzen Jahres und ist nicht von bestimmten Blütezeiten abhängig – wenn auch natürlich Blüten in Hellgelb, beruhigendem Creme, Weiß oder gar im komplementären Blau je nach Jahreszeit willkommen sind. Schaffen Sie Gegensätze in Form und Struktur, indem Sie eine ausgewogene Mischung ausdrucksvoll geformter Sträucher wie panaschierte Stechpalme, Ölweide, Spindelstrauch und goldblättrigen Liguster zusammen mit besonderen Koniferen pflanzen, deren Nadeln gestreift oder an der Spitze gelb sind. Unterschiedliche Gestalt und Dichte bilden ein Raster aus waage- und senkrechten Linien, was ausgesprochen wichtig ist in diesem blassen Farbgemisch, in dem Einzelheiten leicht verlorengehen. Die vielfältigen Strukturen, von den glänzenden breiten Blättern der Immergrünen bis zu den eher eintönigen, harten, linienbetonten Flächen der Koniferen, lassen ein Muster aus Lichtreflexen und Schatten entstehen und schaffen ein Bild voller Licht, ja sogar voller Bewegung, wenn gelegentlich eine Brise durch die Blätter oder Nadeln streicht und das Muster sanft verändert.

Streifen oder kleine Akzente aus gelbem Blattwerk unterstreichen den formalen Entwurf eines Gartens. Goldener oder panaschierter Buchsbaum oder auch die Zwergform von *Thuja* 'Rheingold' lassen sich so beschneiden, daß sie formstrenge Einfassungen bilden. Gelbblättrige, niedrig wachsende Stauden, etwa das kriechende Pfennig-

Abb. linke Seite: **Leuchtendes Gelb und Blau-Violett, die sich im Farbenkreis gegenüberliegen, gelten als klassische Kombination von Komplementärfarben; sie ist besonders wirkungsvoll in der Verbindung des scharfen Gelbs von Antirrhinum 'Yellow Triumph' und Helenium mit ähnlichem, aber tieferem Gelb. Die Farbperspektive wird übersteigert, weil die zurücktretenden Purpur- bis Blautöne des Eisenhuts mit dem Hintergrund verschwimmen, während die Fülle an auffallendem Gelb verkürzend wirkt. In einem kleineren Beet dürfte ein so bestimmendes Gelb nur ein kleiner Akzent in einer größeren Fläche aus nebelhaften, wenig satten Blautönen sein.**

Abb. Mitte: **Viele grüne Blätter enthalten genug gelbes Pigment, um sich mit gelben Blüten harmonisch zu verbinden. Hier wachsen in lockerer Verteilung Steinkraut und lindgelber Frauenmantel auf und vor einer Steinmauer zusammen mit dem hell glänzenden Blattwerk von Bergenia crassifolia. Neben den puderartig gelben Blüten erfüllen die unterschiedlichen Blattformen das Bild mit strukturellem Reiz.**

Abb. links: **Eine gelbe Azalee schimmert zwischen Gehölzen und erhöht die Wirkung der Sprenkel von Sonnenlicht. Gelb, der hellste unter den reinen Farbtönen, beginnt zu leuchten, wenn es von tieferen und dunkleren Tönen umgeben ist. Hier dunkeln selbst die Schatten der umstehenden Bäume das Grün des benachbarten Laubes noch ab und lassen damit das Gelb noch strahlender erglänzen.**

kraut *Lysimachia nummularia* 'Aurea', Majoran und Thymian, können auf Kieswege oder Platten »hinüberfließen«, um eine sanftere Wirkung zu erzielen. Im tiefen Schatten werden goldblättriger Efeu und der krautige, kletternde goldgelbe Hopfen, *Humulus lupulus* 'Aureus', hell aufleuchten.

Zu vielen laubabwerfenden Bäumen und Sträuchern, aber auch zu krautigen Pflanzen gibt es Varianten mit goldenen oder hellen Blättern, die meist sanfter wirken als die Immergrünen, meist aber auch nicht so wuchsfreudig sind; als Beispiele wären Ahorn, Holunder, Hartriegel, Pfeifenstrauch und Blasenspiere zu nennen. Diese Blätter werden im Spätsommer oft grüner (oder verdorren in voller Sonne), dann aber gibt es eine Fülle gelbblütiger Stauden, die das Gartenthema bis in den frühen Herbst hineintragen; Sonnenblume, Rudbeckie, der helle Solidaster und selbstsäende Nachtkerzen (*Oenothera*-Sorten) bilden lebhafte Gruppen. Im Herbst wird das Laub von Bäumen und Sträuchern, bevor es fällt, oft hellgelb und hebt sich dann ab von den Blättern oder Nadeln der benachbarten Immergrünen, der japanischen *Cryptomeria japonica* 'Elegans', die ein sattes Bronzebraun bekommt und einen prächtigen Hintergrund für gelbe Blüten und die lederbraunen Farben absterbender Blütenstiele und Samenstände bildet.

Während der Blütezeit können gelbe Blüten als Hintergrundsfarbe für viele Rabatten-Motive dienen; sie harmonieren mit den meisten Farben, »beißen sich« mit wenigen. Zum Beispiel sind die fiedrigen Büschel von *Thalictrum speciosissimum*, der cremefarbene *Aruncus dioicus*, die elfenbein-getönte *Artemisia lactiflora* in dieser Hinsicht hervorragende Rabattenpflanzen. Das lichte Gelb beeinträchtigt keine der Begleitpflanzen, und sie selber werden auch von sehr wenigen beeinträchtigt. Vielleicht »schreit« reines Spektralgelb neben ganz reinem Rot, das kein Orange oder Blau enthält; wählt man jedoch gelbe Blüten in blassen oder gedämpften Tönen, kann sogar Rot mit Gelb harmonieren. Rot mit einem Orangeton erinnert

**Diese Rabatte, zu zwei verschiedenen Jahreszeiten dargestellt, wurde zu einem harmonischen Gleichgewicht gestaltet, das auf verschiedenen Kontrasten mit Gelbtönen beruht. Immer wurden gelbe und blaue Blüten kombiniert und das geeignete Blattwerk hinzugefügt, was im ganzen betrachtet ein höchst impressionistisches Bild ergibt. Wo grelleres Gelb verwendet wurde, sind die extremen Gegensätze durch graue und grüne Blätter abgetönt und gedämpft. Dennoch herrscht Gelb im Gesamtbild vor, durch die Tupfen reiner Töne im Gegensatz zu ausgedehnteren, matteren Blau-, Grün- und Grautönen. Der Entwurf für dieses Beet wurde zunächst mit Kreidestiften skizziert. Für die beiden wichtigsten Jahreszeiten wurden Farben eingetragen, und dann wurden Immergrüne, wie Piptanthus, Säckelblume und der graublättrige alte englische Lavendel, hinzugefügt, um im Winter Struktur zu geben und die kräftigen Kontraste in ruhigeren Perioden zu verbinden. Die Sträucher und Kletterpflanzen lassen sich durch Rückschnitt in Form halten, so daß die Proportionen der Farbflächen und Pflanzen ziemlich beständig bleiben. Lindgrüner Ziertabak, Felicia pappei und der einjährige Leberbalsam füllen die Lücken aus, wo Tulpen im Frühjahr Farbe brachten.**

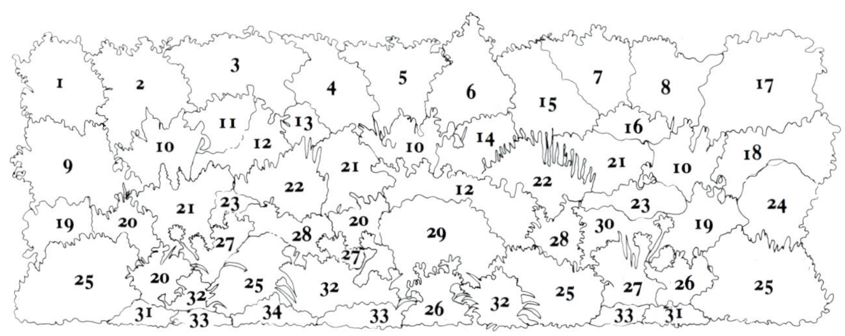


**Planskizze**

an Flammen, orangegelbe Töne stellen die Verbindung her; Gelb neben blaugetöntem Rot wirkt blaß und licht. Es gibt nur wenige Blüten mit so intensivem Rot, daß sie neben ganz hellem Gelb störend wirken. Neben leuchtendem Karmesin- oder Magentarot kann Gelb satt und glühend aussehen, besonders, wenn beide Farben vom Abendlicht gedämpft werden oder zusammen mit Violett im Schatten stehen. Gelbe Blüten stehen, selbst, wenn sie so hell sind wie die lilienblütige Tulpe 'Mrs. Moon', gut vor einer roten Ziegelmauer, da die meisten Klinker einen Orangeton enthalten. Gelb wirkt klar und rein vor einem weißen Spalier oder neben einem anderen weißen Anstrich im Garten. Gelbe Blüten harmonieren mit ihren eigenen Blättern: werden mehr orange vor dunklem Grün, bekommen einen dunkleren Ton neben blassem Laub, glühen auf zusammen mit blaugrünem Blattwerk. Viele bläulichgrün und grau beblätterte Pflanzen blühen gelb, manchmal in einem grellen Gelb, das durch kräftiges komplementäres Blau leuchtender wird. Mischen Sie sanftere Gelbtöne mit grelleren: Gestalten Sie einen ganzen Gartenbereich mit grau strukturiertem Laub, teils matt und behaart, teils glänzend silbrig und fiedrig, in dem eine Fülle harmonierender Blütenfarben die Sinne erfreut, besonders an trüben Tagen. Gelb ist immer aktiv, es ist die Farbe, die dem Licht am meisten verwandt ist, eine Farbe, die immer ein Wohlgefühl hervorruft, ähnlich den Sonnenstrahlen, die eine Landschaft oder eine Blütengruppe vergolden.

Bei Frühlingsblumen herrscht das Gelb vor. Winterjasmin, der goldgelbe Winterling, die kleinen gelben *Iris danfordiae* kommen an wärmeren Spätwintertagen hervor, dann folgen Narzissen – helle Farbinseln im Gras, lose verstreut, in Gruppen oder strengen Streifen entlang eines Weges oder einer Straße. Die blasse *Coronilla glauca* hat primelgelb gefärbte Blüten zwischen blaugrünen Blättern und wächst an geschütztem Standort vor einer Mauer.

Wildprimeln wachsen verstreut an Heckenrändern. Goldlack bildet »Sonnenflecken« in Pflanzschalen oder an einer Hauswand und füllt die Luft mit seinem schweren Duft, der allein schon die Vor-

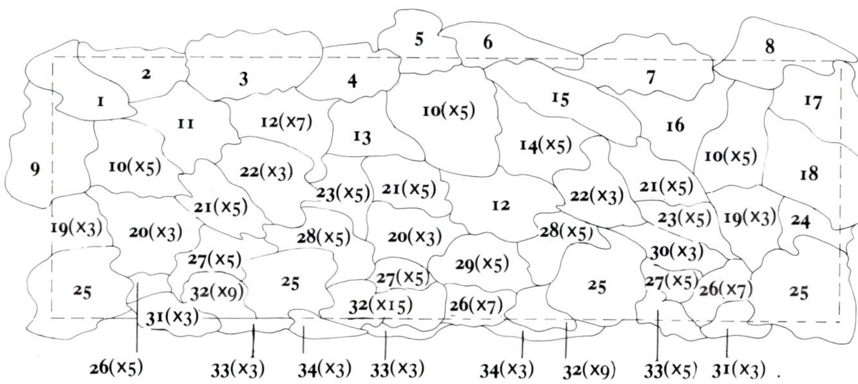


**Pflanzplan.** Die Ziffern in Klammern geben die Zahl der Pflanzen in der jeweiligen Gruppe an.

**Pflanzenschlüssel**

1 *Clematis orientalis*
2 *Rosa* 'Frühlingsgold'
3 *Ceanothus* 'Autumnal Blue'
4 *Celastrus orbiculatus*
5 *Lonicera tragophylla*
6 *Abutilon* × *suntense*
7 *Ceanothus thyrsiflorus* 'Cascade'
8 *Fremontodendron californicum*
9 *Piptanthus laburnifolius*
10 *Iris sibirica*
11 *Phlomis fruticosa*
12 *Nicotiana* 'Lime Green'
13 *Teucrium fruticans*
14 *Campanula latifolia*
15 *Cytisus battandieri*
16 *Artemisia arborescens*
17 *Clematis tangutica*
18 *Rosa* 'Canary Bird'
19 *Aster frikartii* 'Mönch'
20 *Hemerocallis citrina*
21 Solidaster-Hybriden
22 *Salvia farinacea* 'Victoria'
23 *Aquilegia alpina*
24 *Clematis flammula*
25 *Lavandula angustifolia*
26 Blaue Hollandica-Iris
27 *Agapanthus* Headbourne-Hybriden
28 *Lilium* 'Limelight'
29 *Ceratostigma willmottianum*
30 *Caryopteris* × *clandonensis*
31 *Felicia papperi*
32 *Tulipa fosteriana* 'Candela'
33 *Ageratum houstonianum*
34 *Heliathemum* 'Wisley Primrose'

stellung von Frühling hervorruft. In günstiger Lage bringen Mimosen (*Acacia* spec.) ihre blaßgelben Blütentrauben und einen betörenden Duft hervor, hinzu kommen Sträucher wie Scheinhasel und Zaubernuß, die in den Halbschatten eines Gehölzbereichs gehören und sich in saurem Boden prächtig entwickeln. Die gelbe Azalee, *Rhododendron luteum*, trägt ihre Blüten in rundlichen Dolden, und später bringen die bronzeroten Blätter in einer schattigen, dunklen Ecke Farbe. Im Spätwinter blühende Mahonien werden von späteren, aber weniger duftenden Arten abgelöst; zusammen umfassen sie mit ihrer Blüte eine Spanne vom frühen Herbst bis zum frühen Sommer. Einige nicht winterharte Mahonien aus Texas und Mexiko blühen im Sommer und bekommen bläulichgrüne oder rote, johannisbeerähnliche Beeren über blaugrün geäderten Blättern.

Wenn es auf den Sommer zugeht, gibt es keinen Mangel an gelb blühenden Pflanzen: die blassen Hochblätter des Hartriegels, hellgelbe Strauchrosen, die gelbe Sumpfschwertlilie (*Iris pseudacorus*), die leuchtenden erbsenähnlichen Blüten von *Piptanthus laburnifolius*. Gelbe Königskerzen in der Nähe der samtroten Rose 'Frensham' oder der scharlachroten *Monarda didyma* werden durch eine tiefdunkle Eibenhecke im Hintergrund zusammengefaßt. Dunkles Laub gibt dem fließenden leuchtenden Gelb Halt, und glänzend grüne Blätter im Vordergrund binden blasse Farben an den Grund. Bergenie, Buchsbaum, Stechpalme und Eibe bleiben das ganze Jahr über grün und verleihen die nötige Stabilität; im Hochsommer kann graues Laub gelbe Blüten mit dem leuchtenden Smaragdgrün des gemähten Rasens verbinden.

Im Spätsommer gedeiht Johanniskraut im Halbschatten, während Helenium-Sorten in verschiedenen Gelbtönen helle, leuchtende Farbe in sonnige Rabatten bringen. In warmen Lagen kontrastiert lindgrüner Ziertabak mit blaublühendem Agapanthus und mit der spätblühenden Säckelblume in pudrigem oder kräftigem Blau. In feuchtem Boden zeigt die ahornblättrige *Kirengeshoma palmata* sanfte, kühl gelbe Blüten, und an einer trockenen, sonnigen Stelle erscheinen die letzten Blüten, bis die Nächte kühler werden.

# WINTER

**Coronilla,** Kronwicke
*C. glauca* und ihre panaschierte Form *C. glauca* 'Variegata' blühen mit Unterbrechungen den ganzen Winter über; zu Beginn des Frühlings haben sie wohl ihren Höhepunkt erreicht. *C. glauca* hat feine graugrüne Blätter und entzückende blasse, kühle gelbe »Erbsen«blüten. Die weißbunte Sorte ist weniger winterhart. Beide lassen sich in Behältern ziehen und pflegen im Kalthaus gut zu blühen.
▷ Halbhoher immergrüner Strauch, volle Sonne, Winterhärtezonen 8 bis 10.

**Eranthis,** Winterling
*E. hyemalis,* der Winterling, kann mitten im Winter einen glühenden Blütenteppich in Goldgrün bilden. Die bloßen Stengel enden jeweils in einer »Krause« aus handförmig geteilten Blättern, die eine einzelne gelbe, butterblumenähnliche Blüte umschließen. Wenn die Blüten abgeblüht sind, bilden die tief eingeschnittenen Blätter reizvolle Büschel, die sich im Frühjahr auf größeren Flächen sauber mähen lassen, in Beeten aber leicht unordentlich aussehen, weil sie lange brauchen, bis sie einziehen. Man pflanze Winterlinge unter einen laubabwerfenden Baum, wie Linde oder Roßkastanie, oder unter Sträucher.
▷ Sommergrüne Staude, 5 bis 10 cm, Halbschatten, Winterhärtezonen 4 bis 9.

**Hamamelis,** Zaubernuß
*H. mollis,* die chinesische Zaubernuß, hat unverkennbare bandförmige Blumenblätter, die Frost vertragen. Sie sind goldgelb gefärbt und duften süß – ideal für die Vase im Haus wie, wegen ihrer wochenlangen Blüte, auch für den Garten. Eine Sorte, *H. mollis* 'Pallida', hat blassere Blüten. Im Herbst werden die Blätter – besonders in sattem, saurem Boden – butterblumengelb.
▷ Hoher sommergrüner Strauch, Halbschatten, Winterhärtezonen 6 bis 9.

**Jasminum,** Jasmin
Hierzu zählen Kletterpflanzen wie Sträucher, meist winterhart, die wegen ihrer besonders wohlriechenden gelben, rosa oder weißen Blüten gezogen werden. Die meisten bevorzugen volle Sonne, kommen aber ohne starke Düngung aus.
*J. nudiflorum,* der Winterjasmin, blüht bei nicht allzu starker Kälte den ganzen Winter hindurch. Die gelben Blüten sitzen an blattlosen Zweigen. Zum Glück gedeiht er im Schatten, denn der Sommeranblick ist eintönig. Gleich, nachdem die Blüte beendet ist, sollte er geschnitten werden.
▷ Halbhoher sommergrüner Strauch, Halbschatten oder Schatten, Winterhärtezonen 6 bis 10.

**Mahonia,** Mahonie
*M.* 'Buckland' und 'Charity' – beide Sämlinge von *M. lomariifolia* und *M. japonica* – sind prächtige, aufrecht wachsende Mahonien mit langen, dornigen Blättchen und endständigen Büscheln lockerer, aufrechter Blütentrauben, die um die Wintermitte erscheinen. *M. lomariifolia* ist weniger winterhart, hat aber deutlich aufrechte Zweige mit langen Blättern, die aus zahllosen, paarweise angeordneten schmalen Blättchen bestehen. Die Trauben der gelben Blüten sind langgestreckt und stehen starr aufrecht.
▷ Halbhohe immergrüne Sträucher, volle Sonne oder Schatten, Winterhärtezonen 7 bis 10.
*M. japonica* besitzt tiefgrüne, große Fiederblätter und überhängende Trauben aus stark duftenden, zitronengelben, maiglöckchenähnlichen Blüten. Die Blätter nehmen im Herbst oft Bronzetöne an (s. auch »Umrahmendes Blattwerk: Grün«).
▷ Halbhoher immergrüner Strauch, Halbschatten, Winterhärtezonen 7 bis 10.

*Mahonia* 'Buckland'

*Eranthis hyemalis*

*Acacia dealbata*

# FRÜHJAHR

**Acacia,** Akazie
*A. dealbata,* ein kleiner Baum mit blaß silbrigen, farnähnlichen Blättern, ist zu Anfang des Frühlings mit Wolken reingelber, duftender Blüten bedeckt, die wunderschön mit dem Laub zusammenstimmen. Ursprünglich aus Australien, ist es heute der Baum der Floristen, der an günstigen Standorten als »Mimose« kommerziell angebaut wird; es lohnt sich aber, im Mikroklima eines Gartens einen Versuch zu machen – da er rasch wächst, kann er noch manche Blüte hinter sich bringen, bevor er vielleicht einem ungewöhnlich kalten Winter zum Opfer fällt.
▷ Niedriger immergrüner Baum, volle Sonne, Winterhärtezonen 8 bis 10.
*A. pravissima* hat seltsame, abgeflachte graue Blattstiele und größere kugelförmige Blütenköpfe. Die reflektierte Wärme an einer Mauer tut dem Strauch gut und fördert die Blüte (s. auch »Umrahmendes Blattwerk: Silber und Grau«).
▷ Hoher immergrüner Strauch, volle Sonne, Winterhärtezonen 9 bis 10.

**Caltha,** Dotterblume
*C. palustris* 'Plena', die gefüllte Form der Sumpfdotterblume, trägt ihre zahllosen tiefgelben Blüten auf kurzen, verzweigten Stielen über glänzend grünen Blättern. Sie wächst am liebsten in seichtem Wasser oder in tiefer, feuchter Erde an einem Bach oder Teich; eine blühende Gruppe bildet dann einen »Brennspiegel« leuchtender Farbe, im Gleichgewicht mit dem spiegelnden Gewässer.
▷ Sommergrüne Staude, 30 cm, volle Sonne oder Halbschatten, Winterhärtezonen 4 bis 9.

**Cheiranthus,** Goldlack
Gewöhnlich wird der Goldlack als zweijährige Pflanze gezogen – im Sommer gesät und im frühen Herbst an die Stelle umgepflanzt, wo er im folgenden Frühjahr blühen soll. Die Sorten von *C. cheiri* bilden dann attraktive Flecken einer ersten Frühlingsfarbe, in einer Bandbreite, die von Elfenbein- und Cremeweiß über all die gelben bis roten Feuer-Töne (s. »Warme leuchtende Farben«) bis hin zum tiefsten Blutrot reicht. Sie blühen fort, bis die letzten Fröste vorüber sind und die Beetpflanzen des Sommers ihren Platz einnehmen, um ihren Beitrag zur späteren Farbenpracht der Pflanzung beizutragen. Man sollte Goldlack in Gruppen pflanzen bzw. in loser Verteilung zwischen Frühlingszwiebeln und frühblühenden Stauden, wo ihre grünen Blätter selbst im Winter reizvoll aussehen.
*C. cheiri* 'Primrose Bedder' bringt blaßgelbe Trauben auf kurzen Stielen hervor; eine hervorragende Begleitpflanze für goldgelbe Narzissen und blaue Vergißmeinnicht oder Kaukasusvergißmeinnicht.
▷ Immergrüne Zweijährige, 30 cm, volle Sonne, Winterhärtezonen 6 bis 9.

**Corylopsis,** Scheinhasel
*C. pauciflora,* mit der Zaubernuß verwandt, zählt zu den reizvollsten Sträuchern, die zu Beginn des Frühlings blühen. Die Blüten sind glockenförmig und wohlriechend, blaß primelgelb in der Farbe. Sie schmücken den Strauch in großer Fülle, können aber leicht vom Frost geschädigt werden oder durch Wind verdorren. Der Busch braucht sauren oder neutralen Boden. Er hat einen ausladenden Wuchs,

*Corylopsis pauciflora*

*Fritillaria imperialis*

und unter seinem Dach gedeihen kleine Zwiebeln oder frühe Veilchen.
▷ Halbhoher sommergrüner Strauch, Halbschatten, Winterhärtezonen 6 bis 9.

**Crocus,** Krokus
Bei der kleinen Zwiebelpflanze brauchen einige der eher frostempfindlichen Arten eine gut vorbereitete Dränage in Trögen oder Alpinenhäusern. Die meisten aber läßt man in kurzem Gras verwildern. Die grünen Blätter mit ihrem zentralen weißen Streifen ziehen früh ein, so daß man schon wenige Wochen nach der Blüte das Gras mähen kann. Tuffs frühblühender Sorten sind geeignet, die Stelle von Winterlingen einzunehmen *(Eranthis hyemalis)*, wenn diese abblühen. Außer den gelben kann man weiße, malvenfarbene und violette Krokusse pflanzen, und sie werden mit den verschiedensten Farbmotiven harmonieren.
*C. chrysanthus* 'E.A. Bowles' bekommt satt goldgelbe Blüten in den ersten Frühlingstagen, etwa gleichzeitig mit dem kleineren *C. angustifolius* (syn. *C. susianus*), auch Russischer Goldlackkrokus genannt.
▷ Zwiebelstauden, 7,50 bis 12,50 cm, volle Sonne, Winterhärtezonen 5 bis 9.

**Doronicum,** Gemswurz
*D. austriacum* ist eine höchst brauchbare, frühblühende »Aster«, die selbst im Schatten in großer Fülle ihre leuchtend gelben Blüten bekommt. Sie ist anpassungsfähig, leicht zu ziehen und gedeiht zusammen mit Buschwindröschen *(Anemone nemorosa)*, Hundszahn, leuchtend blauen Kaukasusvergißmeinnicht und Nabelnuß.
▷ Sommergrüne Staude, 60 cm, Halbschatten, Winterhärtezonen 6 bis 9.

**Euphorbia,** Wolfsmilch
Die Wolfsmilch ist als graugrüne Blattpflanze attraktiv (s. auch »Umrahmendes Blattwerk«), während ihre »Blüten« unbedeutend sind: Es sind in Wirklichkeit die blütenähnlichen Hochblätter, die zum Farbbild beitragen.
*E. myrsinites* hat kriechende Stengel, die über 40 cm lang werden können, mit blaugrauen Blättern und reizvollen schwefelgelben Hochblättern. Die Pflanze braucht warme Sonne und gute Dränage, so läßt man sie am besten auf erhöhten Beeten wachsen oder über den Rand von Trögen über Schotter oder über Trockenmauern wuchern.
▷ Immergrüne Staude, 15 cm, volle Sonne, Winterhärtezonen 7 bis 9.
*E. polychroma* (früher *E. epithymoides*) bildet leuchtend gelbgrüne, wuchernde Bündel, die im späten Frühling viele Wochen lang Farbe bieten. Der Samen läßt sich leicht gewinnen und zum Keimen bringen.
▷ Sommergrüne Staude, 45 cm, volle Sonne oder Halbschatten, Klimazonen 6 bis 9.

**Forsythia,** Forsythie, Goldglöckchen
*F. suspensa* ist ein raumgreifender Hängestrauch mit verschlungenen Zweigen – sehr viel attraktiver als die häufiger gepflanzten Sorten von *F. × intermedia*, von denen die meisten in der Form ohne Anmut sind und knallgelbe Blüten tragen. Legt man eher Wert auf subtile Farben, sollte man *F. suspensa* einsetzen: Die blassen, primelgelben Blüten auf blattlosen Zweigen sehen wunderschön aus, wenn sie mit blauen, weißen oder gelben Frühlingsblumen unterpflanzt werden.
▷ Hohe sommergrüne Sträucher, Halbschatten, Winterhärtezonen 6 bis 9.

**Fritillaria**
*F. imperialis*, die Kaiserkrone, blüht reichlich in guter Erde, die nicht zu feucht oder alkalisch sein darf. Eine »Krause« aus grünen Blättern umgibt den Stengel, der am Ende ein hängendes Büschel aus glockenförmigen Blüten in Gelb, Orange oder Rot trägt. Leider sind die Zwiebeln oft teuer, und die Pflanzen wachsen langsam. *F. imperialis* 'Lutea Maxima' hat zitronengelbe Blüten und ergibt ein reizvolles Bild zusammen mit der frühblühenden *Paeonia mlokosewitschii* und der duftenden lilienblütigen Tulpe 'Mrs. Moon'.
▷ Zwiebelstaude, 90 cm, volle Sonne, Winterhärtezonen 7 bis 9.

**Kerria,** Kerrie
*K. japonica*, die Art mit einfacher Blüte, ist dem oft zu sehenden alten Bauerngarten-Strauch vorzuziehen, der gefüllte orange Blüten bekommt. Der triebreiche kleine Busch mit blaßgelben Blüten ist im Wuchs von feiner Anmut, auch die panaschierte Sorte (s. »Weiße Töne: Blattwerk«). Er harmoniert gut mit kleinen Zwiebelpflanzen; sein spärliches Laub wirft wenig Schatten im Sommer.
▷ Niedriger sommergrüner Strauch, volle Sonne oder Halbschatten, Winterhärtezonen 7 bis 9.

**Lysichiton**
Der gelbe *L. americanus* und der weiße *L. camtschatcensis* sind die einzigen Vertreter der Gattung. Sie

*Lysichiton americanus*

*Tulipa* 'Monte Carlo'

*Primula vulgaris*

stammen von verschiedenen Kontinenten, verlangen aber ähnliche Wuchsbedingungen. Sie gedeihen am Rand naturgemäßer Bäche oder Teiche und bringen auffällige, aronstabähnliche Blütenscheiden (Spathen) hervor, auf die feste, glänzend grüne Laubblätter folgen. *L. americanus* hat breite gelbe, an der Spitze weiße Spathen, ein ausbreitungsfreudiges Wurzelsystem, und sät sich reichlich aus, wenn ihm die Bedingungen zusagen.

▷ Sommergrüne Staude, 60 bis 90 cm, volle Sonne oder Halbschatten, Winterhärtezonen 4 bis 9.

**Narcissus,** Narzisse

Die meisten Narzissen wachsen gerne im Gras; die europäische »Osterglocke« *N. pseudonarcissus* kommt in feuchten Wiesen vor. Läßt man sie unter laubabwerfenden Bäumen oder auf offenen Lichtungen ungehindert wachsen (»verwildern«), sehen sie immer schön aus. In tiefem, lehmigem Boden, am besten leicht sauer, vermehren sich die Zwiebeln. Wo der Platz beschränkt ist, kann man ausgesuchte Narzissen, wie auch andere frühblühende Zwiebelpflanzen, Jahr für Jahr in Behälter pflanzen.

*N. bulbocodium,* die Reifrocknarzisse, entwickelt weit offene, 2–3,5 cm lange Blütentrompeten. Man muß sie schon im Auge behalten, denn die nur 10 bis 15 cm hohe Pflanze ist so klein, daß man sie womöglich gar nicht mehr wiederfindet. Eine andere Zwergform von großem Schmuckwert ist *N. cyclamineus,* 15 bis 20 cm hoch, mit einer Blüte, die dem Alpenveilchen ähnelt. Ihre Farbe ist ein sattes Goldgelb.

*N. pseudonarcissus* hat blasse, fast weiße Blütenblätter mit zitronengelber Trompete auf einem 20 bis 35 cm hohem Stiel. Wenn sie passende Bedingungen vorfindet, vermehrt sich die Osterglocke rasch.

*N.* 'Golden Rapture' und *N.* 'Kingscourt' sind goldbzw. zitronengelb gefärbt, wobei sich die Nebenkrone (»Trompete«) nicht in der Farbe von den Blumenblättern unterscheidet; beide werden bis 45 cm lang. *N.* 'St. Keverne', mit kürzerer Nebenkrone, zeigt einheitlich ein sattes Goldgelb und kann bis zu 50 cm hoch werden.

*N.* 'April Tears' ist eine Triandrus-Narzisse mit hängenden Blüten und zurückgeschlagenen Blumenblättern in Rahmweiß. Die ähnliche Sorte *N.* 'Thalia' ist mit ihren 25 cm größer und rahmgelb gefärbt.

Die schwer duftende wilde Jonquille, *N. jonquilla,* war Ausgangspunkt für viele gute Gartenzüchtungen. *N.* 'Trevithian' ist rein butterblumen-gelb und 40 cm lang.

▷ Zwiebelstauden, volle Sonne oder Halbschatten, Winterhärtezonen 6 bis 8.

**Paeonia,** Paeonie, Pfingstrose

*P. lutea* var. *ludlowii,* eine Strauchpäonie, hat tief eingeschnittene grüne Blätter und gelbe, einfache Blüten. Wenn sie auch in der Skala der Beliebtheit nicht an oberer Stelle steht, so ist sie doch durch ihre Fähigkeit, in einem schattigen, nordwärts gerichteten Beet zu gedeihen, außerordentlich nützlich. An einem derartigen Standort wird der Strauch die Blühsaison verlängern, wenn die gedämpft cremefarbenen und zartvioletten Blüten der Nieswurz (*Helleborus-orientalis*-Hybriden) zum Winterende bereits verblühen.

▷ Halbhoher sommergrüner Strauch, Halbschatten, Winterhärtezonen 7 bis 9.

Die mild graugrünen Blätter der perennierenden *P. mlokosewitschii* kommen früh hervor. Die kühl zitronengelben, einfachen Blüten sind in einem sonnigen Beet ein erfreulicher Anblick. Die Blätter wirken den ganzen Sommer hindurch anmutig, und im Herbst wird das Bild durch die geöffneten Fruchtkapseln ergänzt, die rote Samen im Innern zeigen.

▷ Sommergrüne Staude, 60 cm, volle Sonne, Winterhärtezonen 7 bis 10.

**Primula,** Primel

*P. vulgaris,* die wilde europäische »Kissenprimel« (mit der Blüte, die am meisten Frühlingsstimmung hervorruft), öffnet sich mitten im Winter an geschützten Stellen in Gräben oder Waldstücken. Zwischen Sträuchern, zusammen mit fein weiß-grünen Schneeglöckchen, vermitteln die blaßgelben Blüten den Geist einer unverfälschten, naturgemäßen Gartenkunst – mit ihrer einfachen Frühlingsfarbe, die nicht vom Züchter auf der Suche nach übermäßiger Pracht »verbessert« wurde (s. auch »Rosa und zartes Violett: Frühjahr«).

▷ Sommergrüne Staude, 10 bis 15 cm, volle Sonne oder Halbschatten, Winterhärtezonen 5 bis 9.

**Prunus**

*P.* 'Ukon', eine Japanische Zierkirsche, trägt zart cremefarben getönte grüne, halb-gefüllte Blüten zwischen bronzenen Blättern. Am besten wirkt sie vor einem dunklen Hintergrund. Ihre Blüte dauert verläßlich viele Wochen an, wenn sie nicht gerade von einem Sturm zerstört wird (s. auch »Weiße Töne: Frühjahr«).

▷ Niedriger sommergrüner Baum, volle Sonne, Winterhärtezonen 6 bis 9.

**Rosa**

*R. banksiae* 'Lutea' ist eine halb-immergrüne Kletterrose für warme Mauern. Ihr Holz muß im Sommer vorher gut ausgereift sein. Die entzückenden, gefüllten gelben Rosetten duften fein. Gleich nach der Blüte muß beschnitten werden (s. auch »Rosa und zartes Violett: Frühsommer«).

▷ Halb-immergrüne Kletterpflanze, volle Sonne, Winterhärtezonen 7 bis 9.

**Trollius,** Trollblume

Die Trollblume bevorzugt einen feuchten, nährstoffreichen Boden in Rabatten oder am Bachrand, wo ihre tief geteilten Blätter den ganzen Sommer über reizvoll wirken. Die Garten-Hybriden *T.* × *cultorum* (in manchen Katalogen als *T.* × *hybridus* geführt) haben große Blütenkugeln, die an gefüllte Butterblu-

# *FRÜHSOMMER*

men erinnern. In der Farbe reichen sie von reinem Hellgelb bis zu tiefem Orange. *T.* × *cultorum* 'Canary Bird' hat blaßgelbe Blüten, während die von 'Goldquelle' tiefer goldgelb sind.
▷ Sommergrüne Staude, 60 bis 90 cm, volle Sonne oder Halbschatten, Winterhärtezonen 5 bis 9.

**Tulipa,** Tulpe
Die Tulpe zählt unter den Frühlingsblumen sicherlich zu den unentbehrlichen Pflanzen (außerdem ist sie beliebt zum Treiben im Haus). Die Wahl aus dem riesigen Angebot kann nur auf persönlichem Geschmack beruhen oder auch von dem jeweiligen Pflanzplan abhängen, für den man eine ganz bestimmte Schattierung braucht. Die einfarbigen Blüten – gleich, ob kräftig oder blaß – lassen sich leichter mit anderen Pflanzen kombinieren als die zweifarbig gestreiften oder solche mit durchwachsenen Mustern auf fransigen Blumenblättern. In öffentlichen Gärten werden Tulpen in kräftigen kontrastierenden Farbblöcken gepflanzt; in kleineren Gärten sorgen sie in Mischbeeten für kräftige erste Farbtupfer oder in Behältern für farbige Brennpunkte. Ähnlich dem Mohn in einem Kornfeld werden Tulpen, die im Gras von Obstgärten, auf Wiesen oder in Bauerngärten verstreut sind oder in Gruppen auf Beeten stehen, Glanzpunkte setzen wie die Farben in einem Gemälde der Pointillisten.
Durch eine Abfolge verschiedener Tulpensorten kann man für eine durchgehende Blüte von der Mitte des Frühjahrs bis weit in den Frühsommer hinein sorgen. Zur Verfügung stehen frühe und späte Arten, zerzauste gefüllte, duftende lilienähnliche, langstielige vornehme Darwin-Tulpen und solche mit zurückgebogenen Blumenblättern. Wenn man Tulpen aussucht, sollte man die kurzstieligen Varietäten beiseitelassen: Ihre dicken schweren Köpfe können das Gleichgewicht empfindlich stören. In einem kleinen Garten kann man die Zwiebeln aufnehmen, trocknen und aufbewahren, um für Einjährige Platz zu schaffen. In den größeren Gärten können die meisten Tulpen an Ort und Stelle belassen werden, und sie werden noch über viele Jahre zu voller Zufriedenheit weiterblühen. Volle Sonne und nährstoffreichen Boden mögen sie alle.
Pflanzen Sie die reingelben Tulpen in loser Verteilung als Kontrast zu blauen Frühjahrszwiebeln oder in Verbindung mit den feinen lindgrünen Hochblättern der Wolfsmilch.
Eine der frühesten Tulpen, *T. kaufmanniana* 'Chopin', 20 cm, hat kürzere Stiele, bräunliche Blätter und reingelbe, offene Blüten.
Die Einfache Frühe, *T.* 'Bellona', bekommt tief goldgelbe Blüten und wird 30 cm lang, während 'Mon Tresor' mild gelb gefärbt ist und 25 cm hoch wird. Die Gefüllte Frühe, *T.* 'Monte Carlo', ist außen zitronengelb und innen tiefgelb, und 40 cm lang. Die Blüte von *T. fosterana* 'Candela' ist sanft gelb, ihre Wuchshöhe erreicht 40 cm.
▷ Zwiebelstauden, volle Sonne, Winterhärtezonen 5 bis 9.
*T. sylvestris* ist eine europäische Art mit graugrünen Blättern und köstlich duftenden blaßgelben Blüten, die sich für den Halbschatten unter sommergrünen Bäumen und Sträuchern eignen.
▷ Zwiebelstaude, Halbschatten, Winterhärtezonen 5 bis 9.

**Alyssum,** Steinkraut
Das Steinkraut gedeiht in durchschnittlicher Erde und bildet Farbgruppen im Vordergrund von Rabatten. *A. saxatile*, das Felsen-Steinkraut, wird heute auch von einigen Fachleuten der Gattung *Aurinia* zugeordnet. Seine Sorte *A. saxatile* 'Citrinum' mit mild graugrünen Blättern hat zitronengelbe Blüten. *A. saxatile* 'Compactum' ist kleiner und bekommt goldene Blüten. Beide sollten sie nach der Blüte beschnitten werden.
▷ Immergrüne strauchartige Stauden, 15 bis 30 cm, volle Sonne, Winterhärtezonen 6 bis 9.

**Cephalaria,** Schuppenkopf
*C. gigantea* (syn. *C. tatarica*) hat wundervolle dunkelgrüne geteilte Blätter und große skabiosenähnliche, primelgelbe Blüten auf langen Stielen. Die statuenhafte Pflanze für den Hintergrund einer Rabatte läßt sich schön als Kontrast zu blauen oder in Harmonie mit dunkleren gelben Blumen pflanzen.
▷ Sommergrüne Staude, 1,50 bis 1,80 m, volle Sonne, Winterhärtezonen 4 bis 9.

**Cytisus,** Geißklee
Die Sträucher dieser Gattung – »Besenginster« – haben hängende Zweige mit abgeflachten, stengelähnlichen Blättern ohne große Bedeutung, aber sie ergeben einen prachtvollen Eindruck, wenn sie mit Blüten bedeckt sind. Sie gedeihen in armen, sandigen Böden.
*C.* × *praecox* 'Warminster' bildet eine Fülle satt cremegelber Blüten. Er eignet sich ideal für eine Hecke oder hinten in einer Rabatte.
▷ Halbhoher sommergrüner Strauch, volle Sonne, Winterhärtezonen 7 bis 9.
*C. scoparius* 'Cornish Cream' ist eine attraktive Form des gewöhnlichen Besenginsters, die reichlich cremefarbene Blüten bekommt.
▷ Halbhoher sommergrüner Strauch, volle Sonne, Winterhärtezonen 6 bis 9.
*C.* × *kewensis* ist ein halb-niederliegender Strauch; die rahmgelben Blüten kann man über Stufen oder Platten wuchern lassen.
▷ Niedriger sommergrüner Strauch, volle Sonne, Winterhärtezonen 7 bis 9.

**Erythronium,** Hundszahn
Die Hybriden zu *E. revolutum* tragen weiße oder gelbe Blüten mit brauner Zeichnung auf Stielen über marmorierten oder einheitlich bronzefarbenen Blättern. *E.* 'Kondo' hat blaßgelbe Blüten, während sie bei der größeren Sorte 'Pagoda' eher lebhaft leuchtend gelb sind. Hundszahn-Gruppen gedeihen in reichem Waldboden, wo die glänzenden, stark gezeichneten Blätter früh hervorkommen. Wenn eine Teilung nötig ist, sollte sie nach der Blüte erfolgen, um zu verhindern, daß die Knollen austrocknen.
▷ Knollenstaude, 30 bis 45 cm, Schatten, Winterhärtezonen 5 bis 9.

**Euphorbia,** Wolfsmilch
*E. characias* und *E. characias* ssp. *wulfenii* sind sehr ähnlich. Bei der ersteren zeigt die Blüte ein schwarzes Auge, während bei *E. characias* ssp. *wulfenii* die Blüten rein grünlichgelb sind, mit einer gelben Mitte. Es sind kurzlebige Pflanzen, doch sind sie wertvoll wegen ihrer Blüte und der graugrünen oder bläulichgrünen Blätter (s. »Umrahmendes Blattwerk: Silber und Grün«). Ableger der guten Sorten lassen sich leicht bewurzeln, und Sämlinge treten natürlicherweise auf, sie sind aber variabel. Bei durchschnittlicher Erde, die nicht zu nährstoffreich ist, und guter Entwässerung ist der Erfolg sicher.
▷ Halbhohe immergrüne Sträucher, volle Sonne, Winterhärtezonen 7 bis 9.
*E. robbiae* ist eine trieb- und ausbreitungsfreudige Staude, die sehr brauchbar ist, um Bereiche mit nährstoffarmem Boden zu bedecken. Sie besitzt lange haltende, blaßgelbe Hochblätter über dunkelgrünen, lederartigen Laubblättern (s. »Umrahmendes Blattwerk: Grün«). Die Pflanze ist mit mäßigem Schatten zufrieden, gedeiht aber besser im vollen Licht. Sie eignet sich wunderbar für eine Verbindung mit anderen Gelb- und hellen Blautönen oder gar mit purpurnen Mondviolen (s. auch Abschnitt »Frühjahr«).
▷ Immergrüne Staude, 30 bis 60 cm, volle Sonne oder Halbschatten, Winterhärtezonen 7 bis 9.

*Cytisus* × *kewensis*

*Erythronium* 'Pagoda'

*Hemerocallis flava*

*Potentilla* 'Elizabeth'

*Rosa* 'Golden Wings'

**Hemerocallis,** Taglilie
*H. flava* (syn. *H. lilioasphodelus*) hat lilienartige, zurückgebogene Blütenblätter in reinem Gelb, die sehr stark duften. Die Laubblätter sind dünner und weniger grob als bei den spätblühenden Taglilien.
▷ Sommergrüne Staude, 30 bis 60 cm, volle Sonne oder Halbschatten, Winterhärtezone 6 bis 9.

**Laburnum,** Goldregen
*L.* × *watereri* 'Vossii', ein kleiner grünblättriger Baum, hat lange Blütentrauben aus gelben »Erbsen«-blüten. Er eignet sich für alle Bodentypen. Es sei empfohlen, ihn über ein Gerüst wachsen und eine Laube bilden zu lassen.
▷ Niedriger sommergrüner Baum, volle Sonne, Winterhärtezonen 6 bis 9.

**Meconopsis,** Scheinmohn
*M. cambrica* kann leicht zu einem Unkraut geraten; pflanzt man ihn aber füllig unter blühende Magnolien und entfernt die abgeblühten Teile vor der Samenreife, kann man ihn mit seinen blassen Blüten, die über frischgrünen Fiederblättern schimmern, wirkungsvoll einsetzen.
▷ Sommergrüne Staude, 20 bis 60 cm, volle Sonne oder Schatten, Winterhärtezonen 6 bis 9.
*M. chelidoniifolia* aus China hat schöne gelappte und behaarte Blätter sowie blaßgelbe, papierartige Blüten auf verzweigten Stielen. Er wirkt wundervoll in einem kühlen Waldstück feuchter, tiefer und saurer Boden sagt ihm am meisten zu.
▷ Sommergrüne Staude, 90 cm, Halbschatten, Winterhärtezonen 6 bis 9.

**Piptanthus**
*P. laburnifolius* (syn. *P. nepalensis*) hat leuchtend gelbe erbsenartige Blüten, die den Busch farbenprächtig umhüllen. Es ist ratsam, ihn an einen Standort zu pflanzen, wo er vor kaltem Wind geschützt ist, und ihn nach der Blüte zu schneiden. Man kann ihn an einer Mauer hochziehen.
▷ Halbhoher halb-immergrüner Strauch, volle Sonne, Winterhärtezonen 7 bis 9.

**Potentilla,** Fingerkraut (Strauchformen)
Diese wichtigen winterharten Sträucher blühen lange, außerdem sind ihre braunen Zweige und Früchte den ganzen Winter über attraktiv.
*P. arbuscula* hat salbeigrüne Blätter und braune, struppige Zweige im Winter. Die großen tiefgelben Blüten bleiben bis in den Herbst hinein.
▷ Niedriger sommergrüner Strauch, volle Sonne oder Halbschatten, Winterhärtezonen 6 bis 9.
*P.* 'Elizabeth' hat eine gewölbte Wuchsform und entwickelt satt kanariengelbe Blüten in sehr großer Fülle. Man pflanze die Sorte als Hecke oder in Gruppen.
*P. fruticosa* 'Katherine Dykes' hat ähnlich gelbe Blüten, aber einen höheren, schlanken Wuchs, der sich für den Hintergrund eines Randbeets eignet (s. auch »Umrahmendes Blattwerk: Silber und Grau«).
▷ Halbhohe sommergrüne Sträucher, volle Sonne oder Halbschatten, Winterhärtezonen 6 bis 9.

**Rhododendron**
*R. falconeri* hat cremegelbe glockenförmige Blüten in Doldentrauben, die sie mit den reizvollen und prächtigen Blättern zusammen (s. »Umrahmendes Blattwerk: Grün«) zu einer höchst begehrenswerten Pflanze machen, sofern das Klima günstig ist und der Boden feucht und sauer.
▷ Hoher immergrüner Strauch, Halbschatten, Winterhärtezonen 8 bis 10.
*R. luteum*, die frühere *Azalea pontica*, mit ihren duftenden Doldentrauben aus tiefgelben, röhrenförmigen Blüten und leuchtend orangem oder scharlachfarbenem Herbstlaub, zählt noch immer zu den besten Rhododendren. Wenn der Strauch unter lichten Waldbedingungen gut gedeiht, wird er reichlich treiben und sich ausbreiten (s. auch »Rosa und zartes Violett: Frühjahr«).
▷ Halbhoher sommergrüner Strauch, volle Sonne oder Halbschatten, Winterhärtezonen 6 bis 9.

**Rosa**
Einige der am frühesten blühenden Rosen sind Sträucher, oft mit gelben oder weißen Blüten, die ausgezeichnet zwischen lichtes Wald-Gebüsch oder auf offene Rabatten passen.
*R. hugonis* und *R. hugonis* var. *cantabrigiensis* zeigen gebogene Zweige und kleine Fiederblätter mit einfachen cremegelben Blüten, die von schwarzen bzw. orangen Hagebutten abgelöst werden. *R. omeiensis* 'Lutea' hat seltsame, durchscheinende karmesinfarbene Dornen und gelbe Blüten aus vier Blütenblättern. Am besten innerhalb dieser Gruppe ist vielleicht *R.* 'Canary Bird' mit hängenden braunen Zweigen und frischgrünen Fiederblättern sowie großen, einfachen gelben Blüten. *R.* 'Frühlingsgold' hat blaßgrüne Blätter und halbgefüllte Blütenbüschel in einem hellen Gelb, die stärker duften als

# SOMMER

manche anderen frühen Rosen. Sie alle sehen wunderschön aus, wenn sie mit blaublütigen *Omphalodes* und *Lithospermum* unterpflanzt werden oder mit Kriechendem Günsel, der seine blauen Blüten über grünen, bronzefarbenen oder weißbunten Blättern trägt.
▷ Halbhohe sommergrüne Sträucher, volle Sonne oder Halbschatten, Winterhärtezonen 6 bis 9.
Unter den Kletterrosen blüht als erste die etwas frostempfindliche *R. banksiae* 'Lutea', die im Abschnitt Frühjahr bereits beschrieben wurde. *R.* 'Gloire de Dijon', eine Tee-Hybride des 19. Jahrhunderts mit ledergelben, duftenden, gefüllten, remontierenden Blüten, ist noch immer eine der besten. Sie wird vor einer warmen Mauer bis 4,20 m hoch. *R.* 'Lawrence Johnston' hat duftende, halbgefüllte, schalenförmige Blüten in leuchtendem Gelb, die in großer Fülle erscheinen, aber nicht nachblühen. *R.* 'Mermaid' hat breite, einfache, flache, duftende Blüten in Schwefelgelb und glänzende, fast immergrüne Blätter. Sie braucht nicht geschnitten zu werden, muß aber ständig aufgebunden werden, um sie in eine elegante Form zu bringen. *R.* 'Golden Showers', eine moderne Kletterrose, trägt über eine lange Zeit hinweg üppige Büschel großer gelber Blüten. Sie ist sehr reichblütig, wird aber selten über 1,80 m hoch.
▷ Sommergrüne Kletterpflanzen, volle Sonne, Winterhärtezonen 7 bis 9.
Zu den später blühenden Rosen, die weit bis in den Sommer hinein und später ein zweites Mal blühen, gehört *R.* 'Allgold', eine Buschrose mit dichtem Wuchs, leuchtend grünen Blättern und spät welkenden gefüllten gelben Blüten in doldenartigen Büscheln. Wenn sie gut gepflegt wird und regelmäßig die abgeblühten Teile ausgeschnitten werden, ist diese Rose ein kräftiger Dauerblüher. Man kann sie in Dreiergruppen in eine Mischrabatte pflanzen, um blaue Blüten zu ergänzen oder um Harmonien mit cremefarbenen und weißen Blüten zu schaffen. Das klare, kräftige Gelb ihrer Blütenblätter wird zu einem deutlichen Akzent.
▷ Niedrige sommergrüne Buschrose, volle Sonne, Winterhärtezonen 6 bis 9.
*R.* 'Golden Wings', eine moderne Strauchrose, hat blaßgelbe Blüten mit kräftiger gefärbter Mitte und bernsteinfarbenen Staubgefäßen. Sie blüht wiederholt und duftet, wirkt aber zarter als die vorher genannte; so sollte man sie eher in natürlichen Anlagen einsetzen (s. auch »Rosa und zartes Violett: Frühsommer«).
▷ Hoher Strauch, volle Sonne, Winterhärtezonen 6 bis 9.

**Tulipa,** Tulpe
Die Darwin-Tulpe *T.* 'Niphetos', die auf die frühjahrsblühenden Tulpen folgt, ist mild schwefelgelb, langstielig über gut entwickelten Blättern und um 65 cm hoch. Weniger begehrt, aber sehr ähnlich und leichter zu bekommen ist die lilienblütige *T.* 'Mrs. Moon', 60 cm, deren kanariengelbe Blüten weithin duften. Eine weitere lilienblütige Tulpe, 'West Point', hat lange, spitz auslaufende Blumenblätter in einem schönen, reinen Gelb und wird 50 cm lang (s. auch Abschnitt »Frühjahr«).
▷ Zwiebelstauden, volle Sonne, Winterhärtezonen 5 bis 9.

**Achillea,** Garbe
*A.* 'Moonshine' mit ihren silbergrauen Fiederblättern und flachen, blaß schwefelgelben Blüten ist eine hervorragende Pflanze für Mischrabatten, ein angenehmer Hintergrund für fast jede Blütenfarbe, wobei ihr graues Blattwerk Pastellfarben steigert.
▷ Sommergrüne Staude, 60 cm, volle Sonne, Winterhärtezonen 4 bis 9.

**Alchemilla** Frauenmantel
*A. mollis* entwickelt auf geneigten Stielen lindgrüne Blüten, die über graugrünen Blättern einen Farb»schaum« bilden (s. »Umrahmendes Blattwerk: Grün«). Die Pflanze breitet sich rasch aus, ist aber unentbehrlich. Man sollte sie unter purpurblättrige Büsche pflanzen.
▷ Sommergrüne Staude, 30 cm, volle Sonne oder Halbschatten, Winterhärtezonen 5 bis 9.

**Anthemis,** Hundskamille
Von *A. tinctoria*, der Färberkamille, wird heute im Garten im allgemeinen eine Hybride gezogen. *A. tinctoria* 'E. C. Buxton' zeigt zitronengelbe »Astern«-blüten den ganzen Früh- und Hochsommer lang, über tief gelappten grünen Blättern. Es ist eine ausgezeichnete Schmuckpflanze, die in jeder guten Gartenerde gedeiht, das Blau des Rittersporns ergänzt und mit fast jeder anderen Farbe in einer Rabatte harmoniert.
▷ Sommergrüne Staude, 75 cm, volle Sonne, Winterhärtezonen 6 bis 9.

**Cytisus,** Geißklee
*C. battandieri*, der marokkanische Geißklee, hat köstlich nach Ananas duftende gelbe »Erbsen«blüten, in Trauben zwischen silbernen Blättern. Der Strauch läßt sich bereitwillig an einer Wand hochziehen, und durch die abgestrahlte Wärme ist eine reichliche Blüte gewährleistet.
▷ Hoher halb-immergrüner Strauch, volle Sonne, Winterhärtezonen 8 bis 9.

**Genista,** Ginster
*G. aetnensis* trägt goldgelbe Blüten auf grünen, binsenähnlichen, gebogenen Zweigen. Während seiner langen Blütezeit sieht der Strauch wunderschön aus, außerhalb der Saison wirkt er etwas eintönig. Man muß ihn mit niedrigen Sträuchern unterpflanzen. Sein gelber, wolkiger Anblick ist ein günstiger Hintergrund für purpurblättrige Pflanzen in der Nähe.
▷ Hoher sommergrüner Strauch, volle Sonne, Winterhärtezonen 6 bis 10.

**Hemerocallis,** Taglilie
*H. citrina* entwickelt rein zitronengelbe, lilienförmige Blüten. Mit ihren anmutigen grasartigen Blättern kann sie dichte, bodenbedeckende Hügel bilden. Die Hybride *H.* 'Marion Vaughn' hat größere Blüten im selben reinen Gelb. Besonders geeignet für eine dichte Bepflanzung, z. B. in Form von Gruppen und Bändern, oder wegen ihrer glühenden Farbe.
▷ Sommergrüne Staude, 90 bis 120 cm, Sonne oder Schatten, Winterhärtezonen 6 bis 9.

*Cytisus battandieri*

*Oenothera missouriensis*

*Lonicera japonica* 'Halliana'

**Hypericum,** Johanniskraut
*H. calycinum* eignet sich hervorragend als Teppich auf trockenem, beschattetem Boden (s. »Umrahmendes Blattwerk: Grün«), blüht aber reichlicher an offenem Standort. Man schneidet das Johanniskraut im späten Frühjahr bis auf 15 cm zurück, um eine bestmögliche Blüte zu erreichen und unschöne Teile zu entfernen. Die gelben, flach schalenförmigen Blüten zwischen grünen Blättern erscheinen über viele Wochen.
▷ Niedriger immergrüner Halbstrauch, volle Sonne oder Halbschatten, Winterhärtezonen 6 bis 9.
*H. olympicum* 'Citrinum' bildet hügelige Formen in gut drainiertem Boden. Die kleinen, zugespitzten graugrünen Blätter haben aufrechte Stiele, auf denen die großen zitronengelben Blüten getragen werden. Man kann diese Art zum Beispiel auf einem grauen bepflasterten Bereich sich selber aussäen lassen.
▷ Immergrüner Zwergstrauch, volle Sonne, Winterhärtezonen 7 bis 9.

**Kniphofia,** Fackellilie, Tritome
Obgleich Fackellilien beinahe schon per definitionem die flammenden, »warmen« Farben vertreten, gibt es viele Züchtungen in kühlerem Gelb.
*K.* 'Goldelse' hat schmale, binsenartige Blätter mit hellgelben Blüten. 'Maid of Orleans' ist noch blasser, mit cremefarbenen Blütenkolben. 'Wrexham Buttercup' und 'Yellow Hammer' haben beide eher lebhaft gelbe Blüten, die sich in ihrer Blütezeit mit den spätblühenden Sorten überschneiden. Die hellen, reinen Farben der hier genannten Fackellilien passen zu jedem Farbthema.
▷ Halb-immergrüne Staude, 75 bis 120 cm, volle Sonne, Winterhärtezonen 7 bis 10.

**Lilium,** Lilie
*L. szovitsianum* gedeiht in alkalischem Boden. Die reingelben Blüten duften. Man pflanze die Lilie tief in die Erde über einer Handvoll Kies, der die Entwässerung unterstützt. Eine höchst begehrenswerte und winterharte Lilie. Ich habe zum Beispiel einmal gesehen, wie sie im lichten Schatten einer Lindenallee formbetont gepflanzt war. Im fleckigen Schattenwurf der Blätter von Goldregen oder des Lederhülsenbaums etwa beginnen die Blüten der Lilie aufzuleuchten.
▷ Zwiebelstaude, 1,00 bis 1,50 m, Schatten, Winterhärtezonen 6 bis 10.
*L.* 'Destiny', eine der Midcentury-Hybriden, hat einfache zitronengelbe, braun gefleckte Blüten mit zurückgebogenen Spitzen. Sie ist leicht zu ziehen und sieht auf Waldlichtungen und im lichten Schatten am besten aus.
▷ Zwiebelstaude, 75 bis 100 cm, volle Sonne oder Halbschatten, Winterhärtezonen 7 bis 10.
*L.* 'Limelight', eine Aurelianense-Hybride der Trompetenlilie, hat schmale, trichterförmige, duftende blaßgelbe Blüten und ist ebenfalls kalktolerant (s. auch »Weiße Töne: Sommer«).
▷ Zwiebelstaude, 1,00 bis 1,65 m, volle Sonne oder Halbschatten, Winterhärtezonen 7 bis 10.

**Lonicera,** Geißblatt
Die Sträucher und verholzenden Kletterpflanzen dieser Gattung sind hervorragende Gartenpflanzen, von denen eine der Arten oder Hybriden zu jeder Jahreszeit blühen kann. Die meisten duften. Einige der mehr exotischen Arten sind zwar nicht anspruchsvoll in bezug auf den Boden, aber frostempfindlich. Die oberen Teile der Kletterpflanzen benötigen volle Sonne, während die Wurzeln Schatten verlangen. Man muß *Lonicera*-Arten gegen Blattläuse spritzen, welche die Blätter und Blüten verunstalten. Obgleich die Blüten in wenigen Fällen ausschließlich gelb sind, sind diese Geißblattsorten unübertrefflich als Hintergrund, wo Gelb der vorherrschende Farbton ist.
Von *L. japonica* aus Japan gibt es eine Sorte, *L. japonica* 'Halliana', die besonders reichlich blüht und duftet. Pflanzen Sie sie so, daß sie in einem Baum oder über einen alten Stumpf klettern kann. Die Blüten sind weiß und werden im Alter gelb.
▷ Halb-immergrüne Kletterpflanze, volle Sonne oder Halbschatten, Winterhärtezonen 6 bis 10.
*L. periclymenum* 'Belgica', eine frühe holländische Züchtung, setzt ihre Blüte vom frühen bis zum späten Sommer fort; die rötlich purpurnen bis gelben Blüten bilden vor einer Mauer einen Vorhang aus duftenden Blüten.
▷ Sommergrüne Kletterpflanze, volle Sonne oder Halbschatten, Winterhärtezonen 6 bis 10.

**Nymphaea,** Seerose
*N. odorata* 'Sulphurea', eine primelgelbe nordamerikanische Seerose mit leuchtend grünen, leicht rot gefleckten Laubblättern, bildet Blütenblätter, die sich ziemlich weit über die Wasserfläche erheben. Sie braucht einen warmen Platz, der vor kaltem Wind geschützt ist. In seichtem, warmem Wasser beginnt sie früher zu blühen, und wenn die Pflanzen nicht in Behältern, sondern direkt in den Teichgrund eingegraben werden, wachsen sie kräftiger heran. Durch zu viele Blätter könnte die Spiegelung der Wasserfläche gestört werden, man sollte also die Pflanzen wählen, die sich für die jeweilige Ausdehnung des Teiches eignen. Die kleine *N.* 'Helvola' (Strain aus *N. tetragona*) kann in 15 cm flachem Wasser gedeihen. Frostschäden können entstehen, falls man sie nicht in Behältern zieht und in ein Winterquartier nimmt. Die olivgrünen Blätter unterstützen die breiten, sanft cremegelben Blätter.
▷ Sommergrüne Wasserstaude, volle Sonne, Winterhärtezonen 8 bis 10.

**Oenothera,** Nachtkerze
Alle Nachtkerzen sind sonnenhungrige Pflanzen, die in warme Rabatten gehören. Die bekannte zweijährige *O. biennis* sät sich reichlich aus; ihre blaßgelben Blüten glühen in der Dämmerung auf. Man läßt sie am besten in der Nähe von blauen Säckelblumen und purpurblättrigen Perückensträuchern blühen.
▷ Sommergrüne Zweijährige, 50 bis 100 cm, volle Sonne, Winterhärtezonen 6 bis 9.
*O. missouriensis* hat große, einfache Blüten, bis 10 cm Durchmesser, in reinem Gelb, die auf niederliegenden Stengeln mit dunkelgrünen, schmalstreifenförmigen Blättern sitzen. Man kann sie als Kontrastpunkt neben die blaue *Salvia patens* einsetzen.
▷ Sommergrüne Staude, 23 cm, volle Sonne, Klimazonen 6 bis 9.
Aus *O. tetragona* var. *fraseri* wurden viele Sorten ausgelesen; sie alle entwickeln reichlich getöntes Blattwerk im Frühjahr und rötliche Knospen, die sich zu lebhaft gelben Blüten öffnen.
▷ Sommergrüne Staude, 45 cm, volle Sonne, Winterhärtezonen 6 bis 9.

**Phlomis,** Brandkraut
*P. chrysophylla* und die eher bekannte *Phlomis fruticosa* tragen Quirle gelber Blüten in den Achseln der oberen Blätter. Bei der erstgenannten Art sind die graugrünen, filzigen Blätter gelblich getönt. Setzen Sie diese Pflanzen in einen »silbernen« oder gar in einen weißen Garten, wo ihre Blüten das reine, einheitliche Weiß dämpfen können (s. auch »Umrahmendes Blattwerk: Silber und Grau«).
▷ Halbhoher immergrüner Strauch, volle Sonne, Winterhärtezonen 7 bis 9.

**Sedum,** Fetthenne
*S. acre,* der Mauerpfeffer, ist eine mattenbildende, ausbreitungsfreudige Kriechpflanze, die sich für Trockenmauern oder Pflasterwege eignet. Die überlappenden gelbgrünen Blätter stützen die Stengel, auf denen die abgeflachten gelben Blütenstände aus Büscheln winziger Sterne sitzen. Man sollte versuchen, Mauerpfeffer so zu ziehen, daß er mit der Zeit wie zufällig und natürlich aussieht: Die Pflanze, die sich reichlich selbst aussät, eignet sich vorzüglich,

# SPÄTSOMMER

um die harten Linien an einem Neubau schnellstens abzumildern.
▷ Immergrüne Staude, 5 cm, volle Sonne, Winterhärtezonen 7 bis 9.

**× Solidaster**
× *S. luteus* – eine Gattungskreuzung zwischen *Aster* und *Solidago* – entwickelt lockere Blütenstände aus hell kanariengelben, asternartigen Blütenköpfchen. Da die Pflanze nicht so kräftig wird und sich nicht zu stark ausbreitet, läßt sie sich gut in eine eher zurückhaltende Anlage einfügen, wo die Farben nicht anziehend und beherrschend wirken, sondern eher blaß sind und zurücktreten.
▷ Sommergrüne Staude, 60 bis 75 cm, volle Sonne, Winterhärtezonen 5 bis 9.

**Spartium,** Binsenginster
*S. junceum* hat aufrechte, grüne binsenartige Zweige und wächst zu einem Busch mit lockerer Form heran. Zur Blütezeit bedecken die duftenden gelben »Erbsen«blüten den ganzen Strauch. Im Vorfrühling muß man stark zurückschneiden, um einen möglichst dichten Wuchs zu bekommen. Es ist eine hervorragende Küstenpflanze, die Sonne, armen Boden und gute Entwässerung braucht. Sie ist nicht vollkommen winterhart, kann also in strengen Wintern geschädigt werden. Man pflanze sie im Hintergrund einer Rabatte.
▷ Halbhoher sommergrüner Strauch, volle Sonne, Winterhärtezonen 7 bis 9.

**Thalictrum,** Wiesenraute
*T. flavum* ssp. *glaucum (T. speciosissimum)* bekommt prächtige bläulichgrüne, zerteilte Blätter, die vom Frühlingsbeginn bis zum Herbst sehr schön wirken, auch wenn die Blüte längst vorüber ist. Auch die flaumigen gelben Blütenstände eignen sich für die verschiedensten Farbzusammenstellungen; sie können dazu dienen, Blautöne und grelleres Gelb zu verbinden. Am wirkungsvollsten ist die Pflanze vor einer düsteren Eibenhecke.
▷ Sommergrüne Staude, 1,50 m, volle Sonne, Winterhärtezonen 5 bis 9.

**Verbascum,** Königskerze
Die Königskerzen mit ihren großen, grundständigen Blättern in ledrigem Grün oder filzigem Grau tragen auf kräftigen Stengeln ähren- oder traubenförmige Blütenstände in verschiedenen Gelbtönen und manchmal Weiß, Rosa oder Purpur. Sie eignen sich alle gut für sonnige Mischrabatten: Selbst die größten brauchen selten gestützt zu werden. Im Hochsommer sollte man auf Raupen achtgeben, die in kürzester Zeit die Blätter vernichten können.
*V. chaixii* und *V. vernale* sind im Gebrauch der Gärtner offensichtlich Synonyme. Die aufragenden Ähren aus lebhaft gelben Blüten bieten monatelang Farbe, denn an jedem Stengel werden ständig von unten her neue Blüten nachgeliefert. Die großen Blätter bilden bodendeckende Büschel, die für sich schon attraktiv und wichtig sind. Man sollte es vermeiden, diese Königskerze in die Nähe von hellerem Rosa zu pflanzen, doch läßt sie sich ideal mit violetten Tönen verbinden.
▷ Halb-immergrüne Staude, bis 1,80 m, Klimazonen 6 bis 9.

**Antirrhinum,** Löwenmaul
Diese leicht zu ziehenden Pflanzen, die im allgemeinen als Einjährige in Beeten oder Kübeln verwendet werden, bilden wohlriechende Blütentrauben in vielen feinen Farbtönen. Die mittelgroßen oder halb zwerghaften Nanum-Sorten von *A. majus* sind beliebt und rostpilz-resistent; zu den besten unter den Nanum-Sorten zählt *A. majus* 'Yellow Monarch' mit kräftigem Cremegelb.
▷ Einjährige, 45 cm, volle Sonne, Winterhärtezonen 5 bis 9.

**Bupleurum,** Hasenohr
*B. fruticosum*, das strauchwüchsige Hasenohr, hat schöne, bläulich schimmernde meergrüne Blätter, über die sich im Sommer auf steifen Stielen gelblichgrüne Dolden erheben; danach halten sich die ledergelben Samenstände während der ganzen Wintermonate. Man sollte den Busch im späten Frühjahr zurückschneiden, um neues Wachstum zu fördern. Das Laub und die Blüten zusammen rufen eine harmonische grau-grün-goldene Wirkung hervor (s. auch »Umrahmendes Blattwerk: Grün«).
▷ Halbhoher immergrüner Strauch, volle Sonne, Winterhärtezonen 8 bis 9.

**Calceolaria,** Pantoffelblume
*C. integrifolia* trägt Doldentrauben aus leuchtend gelben, pantoffelähnlichen Blüten über grünlichgrauen Blättern. Sie ist nicht zuverlässig winterhart, eignet sich aber zum wirkungsvollen Auspflanzen in Beete. Besonders schön wirkt sie zusammen mit den grauen Blättern und pudrig blauen Blüten von *Parahebe perfoliata* oder auch mit Lavendel und silberblättrigem Beifuß. Die gelben Blüten bilden einen Blickfang, sie herrschen also in jeder Farbanordnung vor.
▷ Halb-immergrüner Halbstrauch, 30 cm, volle Sonne, Winterhärtezonen 8 bis 9.

**Chiastophyllum,** Walddickblatt
*C. oppositifolium* (syn. *Cotyledon oppositifolia*) mit seinen reizvollen bronzegetönten grünen Blättern ist eine schöne Pflanze für Einfassungen und als Bodendecker. Auf zartrosa Stielen trägt sie in großer Fülle 20 cm lange Schmucktrauben aus gelben Blüten. Sie verbreitet sich rasch und ist anspuchslos hinsichtlich Nährstoffgehalt des Bodens.
▷ Immergrüne Staude, 10 cm, Halbschatten, Winterhärtezonen 6 bis 9.

**Clematis,** Waldrebe
*C. orientalis*, mit ihren grünen Fiederblättern, ist sehr kräftig; die hängenden gelben Sternblüten werden von seidenfeinen silbergrauen Früchten abgelöst. 'Bill Mackenzie' ist eine der besten Sorten.
*C. rehderana* blüht spät; da sie im Winter fast bis auf den Boden herab abstirbt, braucht aber viel Platz, um sich in jeder Saison wieder entwickeln zu können. Die Blüten sind glockenförmig, mild primelgelb und duften wie Schlüsselblumen. *C. tangutica*, möglicherweise eine Form von *C. orientalis*, hat sattgrüne, geteilte Blätter und kräftig gelbe Laternenblüten; sie wächst an niedrigen Zäunen oder Spalieren bald zu einem dichten Vorhang heran (s. auch »Weiße Töne: Frühjahr«).
▷ Sommergrüne Kletterpflanze, volle Sonne oder Halbschatten, Wurzeln im Schatten, Winterhärtezonen 5 bis 9.

**Cotoneaster,** Zwergmispel
*C.* × *watereri* 'Rothschildianus' hat einen kennzeichnenden, ausufernden Wuchs und bildet große Büschel cremegelber Früchte. Es ist vielleicht die beste Pflanze mit gelben Früchten, wobei die grünen Blätter, die den ganzen Winter erhalten bleiben, einen hervorragenden Hintergrund bilden.
▷ Hoher immergrüner Strauch, volle Sonne, Winterhärtezonen 6 bis 10.

*Clematis tangutica*

*Helianthus × multiflorus*

*Rudbeckia fulgida* var. *deamii*

*Tagetes patula*

**Glaucium,** Hornmohn
*G. flavum* hat leuchtend gelbe, becherförmige, papierartige Blüten auf kurzen Stielen über blaß graugrünen gelappten Blättern (s. »Umrahmendes Blattwerk: Silber und Grau«). Die Pflanze gedeiht gut vorne in Rabatten, wo sie sich über eine Einfassung aus Steinen oder über Platten hinweg ausbreiten kann. Noch günstiger ist wegen der Entwässerung ein erhöhtes Beet; dabei wird auch gewährleistet, daß der Hornmohn perenniert. Man sollte ihn sich selber aussäen lassen; die Sämlinge blühen im selben Jahr.
▷ Einjährige, Zweijährige oder immergrüne Staude, 23 cm, Sonne, Winterhärtezonen 6 bis 9.

**Helenium,** Sonnenbraut
Die zahllosen Gartenhybriden – vor allem als Kreuzung von *H. autumnale* mit anderen Arten wie *H. bigelovii* – bilden stattliche Gruppen in gut gedüngter Erde, müssen aber gewöhnlich etwas gestützt werden. Die rein gelben, orangen oder braun getönten »Astern«-Blüten (s. auch »Warme Farben«) treten in großer Fülle auf; sie lassen sich gut mit Blüten im selben Gelb-Orange-Rot-Bereich verbinden, oder man mildert sie durch cremefarbene Blumen in der Nähe ab. Das Blattwerk ist nur dürftig, man sollte deshalb die Sonnenbrautpflanzen neben Gruppen aus *Macleaya*, Wiesenraute oder *Acanthus* setzen, um schon früh in der Saison für einen reizvollen Anblick zu sorgen. Die genaue Farbe und Tönung suchen Sie am besten nach dem Vorbild einer guten Rabatte aus, die Sie anderswo betrachten können. *H. autumnale* 'Golden Youth' zeigt reingelbe Blüten.
▷ Sommergrüne Staude, 75 bis 120 cm, volle Sonne, Winterhärtezonen 5 bis 9.

**Helianthus,** Sonnenblume
Ohne große Eleganz, können diese zähen, groben Einjährigen und Stauden dazu dienen, die Blühsaison zu verlängern und den Farbeindruck zu kräftigen. Die meisten haben leuchtend gelbe »Astern«-Blüten auf langen Stielen und verbreiten sich durch kriechende Rhizome. *H. × multiflorus* 'Capenoch Star' ist durch ein blasses, kühles Gelb gekennzeichnet (s. auch »Warme Farben: Spätsommer«).
▷ Sommergrüne Staude, 1,50 m, volle Sonne, Winterhärtezonen 5 bis 9.

**Hypericum,** Johanniskraut
*H.* 'Hidcote' ist ein prächtiger winterharter, reichlich triebbildender, aber nicht wuchernder Strauch, der sich für offene oder schattige Standorte eignet. Er trägt seine schalenförmigen gelben Blüten in großer Fülle fast drei Monate lang. Wenige Sträucher sind so wichtig für die Farbpalette im Spätsommer (s. auch »Umrahmendes Blattwerk: Grün«).
▷ Halbhoher immergrüner Strauch, volle Sonne oder Schatten, Winterhärtezonen 6 bis 9.

**Kirengeshoma**
*K. palmata* mit seinen schönen, handförmig geteilten Blättern bevorzugt feuchten, nährstoffreichen Boden. Ihre blassen, kühlen, federball-ähnlichen Blüten fallen zeitlich mit den dunklen Blüten von *Aconitum napellus* zusammen, und außerdem blüht zur selben Zeit die herrliche Japan-Anemone (*Anemone-Japonica*-Hybride) 'Honorine Jobert', deren Blüten rein weiß und in der Mitte goldgelb sind.
▷ Sommergrüne Staude, 90 cm, volle Sonne oder Halbschatten, Winterhärtezonen 6 bis 9.

**Lilium,** Lilie
*L. auratum,* die japanische Goldbandlilie, braucht einen nährstoffreichen, sauren Boden und vermehrt sich selten mit Zuverlässigkeit. Sie ist so wunderschön, daß man sie in Gefäßen ziehen sollte, wenn der Boden ungeeignet ist. Die strahlend cremeweißen Blumenblätter sind mit goldgelben Streifen oder Bändern und weinroten, über die ganze Fläche verstreuten Flecken geschmückt. Schatten ist unabdingbar für die austreibenden Stiele. Man setze die Zwiebeln hinter Nieswurz, die im Frühjahr blüht, oder hinter Gruppen kleiner immergrüner Sträucher. Goldbandlilien brauchen keine begleitenden Blüten; man sollte sie alleine als Farbgruppen genießen.
▷ Zwiebelstauden, 1,20 bis 2,10 m, volle Sonne, Zwiebeln im Schatten, Winterhärtezonen 6 bis 9.
*L. henryi* 'Citrinum' – eine kalktolerante Lilie mit sproßbürtigen Wurzeln – hat glänzende, geneigte Stiele und zurückgebogene Blütenblätter mit blassem, fast aprikosenfarbigem Gelb, das leicht schokoladenbraun gefleckt ist. Sie gedeiht in einer Mischrabatte, wo lichter Schatten die hervorkommenden Triebe schützt (s. auch »Weiße Töne: Sommer«).
▷ Zwiebelstaude, 1,20 bis 2,40 m, Halbschatten, Winterhärtezonen 6 bis 9.

**Lonicera,** Geißblatt
*L. periclymenum* 'Serotina', die spätblühende holländische Sorte des Waldgeißblattes, ähnelt *L. p.* 'Belgica' (s. oben im Abschnitt Sommer), aber die Blüten sind auf der Außenseite purpurn gefleckt.
*L. × tellmanniana* hat kupfergelbe Blüten, die in der Knospe rötlich gefärbt sind, und kann im vollen Schatten zurechtkommen. Ihr Laub, das auf eine der Stammformen, *L. tragophylla*, zurückgeht, ist unübertrefflich, vom Beginn des Frühlings an zeigt es seine bronzene und leuchtende Farbe. Leider wurde auch der fehlende Duft weitervererbt.
*L. tragophylla* selbst ist sehr tolerant gegen Schatten und trägt seine Blüten in gelben, endständigen Büscheln. Es ist eine der prächtigsten Geißblattformen, wenn man davon absieht, daß der Duft fehlt.
▷ Sommergrüne Kletterpflanzen, volle Sonne oder Schatten, Winterhärtezonen 6 bis 9.

# BLATTWERK

**Rudbeckia**
Zu *R. fulgida* gibt es mehrere Varietäten und Sorten – etwa *R. fulgida* var. *deamii*, *R. vulgida* var. *sullivantii* und die zugehörige Sorte *R. fulgida* var. *sullivantii* 'Goldsturm'. Sie alle haben asternartige Blüten mit herabhängenden leuchtend gelben Blütenblättern, in deren Mitte sich ein dunkelbrauner, fast schwarzer Kegel befindet. Sie können prunkvolle Bündel in Rabatten bilden und eignen sich ideal für herbstliche gelb-braunrote Farbanlagen oder solche im wärmeren Bereich von Scharlachrot bis Orange (s. »Warme Farben«). *R. laciniata* und die nahe verwandte, aber niedriger wachsende *R. nitida* haben große Blüten mit grünem Knopf in der Mitte. Von der letztgenannten Art gibt es die Sorte *R. nitida* 'Goldquelle', die ihre gefüllten gelben Blüten spät hervorbringt. Man pflanze sie zu fünft oder siebt in einer Gruppe; reizvoll sind auch die Blätter mit ihren rauhen Haaren.
▷ Sommergrüne Staude, 60 bis 180 cm, volle Sonne, Winterhärtezonen 6 bis 9.

**Solidago** Goldrute
*S.* 'Golden Gates' hat blaß gelbgrüne Blätter und blüht spät, mit langen, fedrigen Rispen in blassem Gelb. Sie gedeiht in ganz armen Böden.
▷ Sommergrüne Staude, 90 cm, volle Sonne oder Halbschatten, Winterhärtezonen 4 bis 9.

**Sorbus,** Eberesche
*S.* 'Joseph Rock' trägt in doldenförmigen Büscheln Früchte, die zunächst cremefarben sind, mit der Zeit aber eine tiefere, bernsteingelbe Farbe annehmen. Man sollte ihn neben andere Sträucher mit gelben Früchten pflanzen, zum Beispiel *Cotoneaster* × *watereri* 'Rothschildiana', und so einen besonderen Farbakzent für den Winter schaffen. Vögel scheinen rote Früchte vorzuziehen, so bleiben die gelben Beeren länger hängen.
▷ Halbhoher sommergrüner Baum, volle Sonne oder Halbschatten, Winterhärtezonen 4 bis 8.

**Tagetes,** Studentenblume
*T. erecta* wird im allgemeinen als Einjährige gezogen und im späten Mai in den Garten ausgepflanzt. Einige $F_1$-Hybriden sind besonders zufriedenstellend. *T.* 'Yellow Climax' hat gefüllte, kugelförmige gelbe Blüten.
Einige Hybriden von *T. patula* sind satt goldgelb und stattlich. Die Studentenblumen kann man füllig pflanzen, um eine starke Wirkung zu erzielen, oder in Gruppen am Vorderrand einer Rabatte, um kräftige Spätsommerfarben zu bekommen (s. auch »Warme Farben: Sommer«).
▷ Einjährige, 20 bis 75 cm, volle Sonne, Winterhärtezonen 9 bis 10.

**Viburnum** Schneeball
*V. opulus* 'Xanthocarpum', eine Gartenform des europäischen Gemeinen Schneeballs, entwickelt rein goldgelbe Früchte an Stelle der scharlachroten der Stammform. Man kann einen Waldteil des Gartens für Sträucher und Bäume mit gelben Früchten reservieren und so zusammen mit Herbstlaub im frühen Winter einen leuchtenden Hintergrund schaffen.
▷ Hoher sommergrüner Strauch, Halbschatten, Winterhärtezonen 3 bis 9.

»Gelbes« Blattwerk umfaßt hier Blätter, die deutlich goldgelb sind, entweder das ganze Jahr über oder im Frühjahr, wenn sie treiben. Jedoch werden auch solche einbezogen, die auf verschiedenste Weise goldgelb, gelb und cremegelb gezeichnet oder gescheckt sind.
Den meisten goldblättrigen Pflanzen tut etwas Schatten wohl; die Blätter können in der Sonne geradezu verdorren. Junge immergrüne Blätter oder Nadeln werden allmählich grüner, und blasses sommergrünes Blattwerk ist im Spätsommer gewöhnlich gedeckt grün – zu einer Zeit, in der es in einer farblich einheitlichen Pflanzung von butterblumengelbem Herbstlaub abgelöst werden kann. Die scheckigen Zeichnungen bei den Immergrünen sind am zuverlässigsten, weil sie das ganze Jahr hindurch unverändert bleiben, gleich, ob in der Sonne oder im Schatten.

**Acer,** Ahorn
*A. japonicum* 'Aureum' wächst sehr langsam; man sollte ihn besser als Strauch einbeziehen, nicht als Baum, obwohl er letztendlich 6 m hoch wird. Die rundlichen, leicht gelappten Blätter sind goldgelb gefärbt und wandeln sich im Herbst zu einem brennenden Scharlachrot. Der Ahorn braucht tiefen Boden und etwas Schatten, aber nicht zu viel, weil sonst die Blätter grün werden.
▷ Niedriger sommergrüner Baum, Halbschatten, Winterhärtezonen 6 bis 9.

**Aralia**
*A. elata* aus Japan hat riesige doppelt gefiederte Blätter, die bei den panaschierten Formen unregelmäßig gelb oder rahmweiß gefleckt sind. Im Laufe des Sommers werden bei diesen die Blätter eher silbriggrün, der Goldglanz geht verloren. *A. elata* 'Aureovariegata' sieht im Frühjahr atemberaubend aus, wenn der Strauch in heller, leuchtender Farbe mit blauen Kaukasusvergißmeinnicht oder Gruppen aus gelbem oder weißem Hundszahn unterpflanzt wurde.

▷ Halbhoher sommergrüner Strauch, volle Sonne oder Halbschatten, Winterhärtezonen 7 bis 9.

**Arundinaria**
*A. pygmaea* 'Viridistriata' ist winterhart und breitet sich langsam aus. Ihre Blätter sind satt goldgelb gestreift, wobei das Gelb gegenüber dem Grün vorherrscht. Farbintensität und Blattgröße lassen sich steigern, wenn man in jedem Herbst bis auf den Grund zurückschneidet. Wie alle Bambusverwandten zieht die Pflanze feuchten Boden vor, kann sich aber merkwürdigerweise anpassen, wenn sie in Behältern gezogen wird.
▷ Niedriges immergrünes Gras, volle Sonne, Winterhärtezonen 7 bis 9.

**Aucuba**
*A. japonica* 'Gold Splash' hat auf den Blättern jeweils eine buttergelbe Mitte, so daß für die grüne Farbe nur noch ein dünner Rand bleibt. Die Farbe bleibt während des ganzen Jahres beständig, in der Sonne wie im Schatten. Dieser Strauch, der für ruhige Waldlichtungen zu exotisch ist, kann in einer ganz in Gold gehaltenen Anlage einen besonderen Akzent bieten (s. auch »Umrahmendes Blattwerk: Grün«).
▷ Halbhoher immergrüner Strauch, Sonne oder Schatten, Winterhärtezonen 7 bis 9.

**Carex,** Segge
Die Seggen sind Sauergräser mit dekorativ gebogenen Blättern und hängenden Blütenständen. Die im Querschnitt dreieckigen Stengel sind eine gute Bestimmungshilfe. Sie alle mögen feuchten Boden, einige an waldähnlichen, andere an offenen Standorten.
*C. stricta* 'Bowles Golden' ist wunderhübsch; die gestreiften Blätter werden im Frühsommer leuchtend gelb und später im Laufe des Herbstes bräunlich lederfarben.
▷ Sommergrüne Staude, 60 cm, volle Sonne, Winterhärtezonen 5 bis 9.

*Acer japonicum* 'Aureum'

*Gleditsia triacanthos* 'Sunburst'

**Catalpa,** Trompetenbaum
*C. bignonioides* 'Aurea' zeichnet sich durch große, weiche Blätter in sattem Gelb aus, das den ganzen Sommer erhalten bleibt. Der Baum wächst langsam heran und bildet sein Laub erst spät im Jahr. Die kastanienähnlichen Blütenrispen im Sommer werden von langen, an Schnittbohnen erinnernden Früchten abgelöst. Man zieht ihn am besten einzeln stehend im Gras, zusammen mit frühjahrsblühenden Zwiebelblumen oder einem Teppich aus *Meconopsis cambrica*, als blaßgelbe Scheibe zu seinen Füßen.
▷ Halbhoher sommergrüner Baum, volle Sonne, Winterhärte 7 bis 9.

**Chrysanthemum,** Wucherblume
Von *C. parthenium* gibt es eine entzückende goldblättrige Form, *C. parthenium* 'Aureum', die zu Beginn des Frühlings besonders auffällt, wenn die Blätter goldgelb austreiben. Später erscheinen auf langen Stielen weiße Köpfchenblüten, während die Blattfarbe grün wird. Die Sämlinge fallen einheitlich, so daß diese Pflanze problemlos durch Samen vermehrt werden kann. Sie eignet sich hervorragend für einen sonst langweiligen Winkel, und sie ist anspruchslos im Hinblick auf Boden und Licht.
▷ Sommergrüne Staude, 60 cm, volle Sonne oder Schatten, Winterhärtezonen 7 bis 9.

**Cornus,** Hartriegel
*C. alba* 'Spaethii', einer der Hartriegel mit roten Zweigen, entwickelt golden gezeichnete Blätter – mit so viel Gold, daß vom Grün wenig bleibt, das dann auch noch so blaß ist, daß es fast weiß erscheint. Es sei empfohlen, ihn in Gruppen neben einheitliches Grün zu pflanzen oder eine augenfällige Farbkombination zu schaffen, indem man ihn mit schwergewichtig purpurblättrigen Pflanzen und komplementären blauen Blüten verbindet (s. auch »Weiße Töne: Blattwerk«).
▷ Halbhoher sommergrüner Strauch, volle Sonne oder Halbschatten, Winterhärtezonen 4 bis 9.

**Cortaderia,** Pampasgras
Das Pampasgras, das durch seinen üppigen Blattwuchs und die riesigen Horste hervorsticht, bekommt im Spätsommer creme oder rosa getönte weiße Blütenbüschel. *C. selloana* 'Gold Band' zeigt einen breiten gelben Streifen am äußeren Blattrand. Es ist eine wunderschöne graziös geschwungene Pflanze, die sich als Blickfang eignet oder auch in Behältern reizvoll wirkt.
▷ Immergrüne Staude, 1,50 m, volle Sonne, Winterhärtezonen 8 bis 10.

**Elaeagnus,** Ölweide
*E. pungens* 'Maculata' hat grüne Blätter mit einem breiten, glänzend goldenen Fleck in der Mitte. Der Busch kann wundervoll wirken, besonders an einem trüben Tag, wenn andere Blätter matt und düster aussehen. Manchmal werden an einem ganzen Ast die Blätter schlichtgrün; man sollte ihn dann entfernen (s. auch »Umrahmendes Blattwerk: Grün«).
▷ Hoher immergrüner Strauch, volle Sonne oder Halbschatten, Winterhärtezonen 6 bis 9.

**Filipendula,** Mädesüß
Von *F. ulmaria* gibt es eine goldene Sorte, *F. ulmaria* 'Aurea', bei der das Fiederblatt gelb leuchtet – unübertrefflich für eine Gruppe am Gewässerrand oder in einer Rabatte mit tiefer, satter Erde. Leider verlieren die Blätter im Schatten ihre lebhafte Farbe, was sie nach der Blüte im Sommer sowieso tun.
▷ Sommergrüne Staude, 90 cm, volle Sonne, Winterhärtezonen 4 bis 9.

**Gleditsia,** Lederhülsenbaum
*G. triacanthus* 'Sunburst', die goldblättrige Sorte dieses Lederhülsenbaums, bildet einen lebendigen Farbfleck inmitten von dunklem Laub. Die blassen Fiederblätter kommen spät hervor, werfen also wenig Schatten auf Kräuter wie Salomonssiegel, *Smilacina* oder blaublütiges Kaukasusvergißmeinnicht, die man um seinen Stamm pflanzen kann. Im Laufe des Sommers werden die Blätter grün. Im Winter bilden die spröden, glänzend braunen, dornenbewehrten Zweige ein reizvolles Muster. Die braunen Samenhülsen bleiben bis zum Frühjahr am Baum.
▷ Niedriger sommergrüner Baum, volle Sonne, Winterhärtezonen 6 bis 9.

**Hakonechloa**
*H. macra* 'Aureola' hat Blätter mit brillantgelben Streifen, die sich langsam vom Boden her ausbreiten. Will man eine schnelle Wirkung erzielen, muß

man die Staude gruppenweise in feuchte, gut bearbeitete Erde pflanzen. Um einen starken, prunkhaften Akzent zu setzen, pflanzt man sie am besten neben den nahezu schwarzen Schlangenbart: Manchmal kann ein optischer Schock im Kontrast zu einer ruhigeren Bepflanzung ausgesprochen anregend wirken, nur sollte dazu ein verborgener Winkel ausgewählt werden.
▷ Sommergrüne Staude, 30 cm, volle Sonne, Winterhärtezonen 7 bis 9.

**Hebe,** Strauchveronika
*H. ochracea* (oft noch *H. armstrongii* genannt), ein Hängestrauch, ist sehr fein gefärbt: ein Goldgelb, zu einer grünlichbraunen Honigfarbe vertieft und abgedämpft – so läßt sich die Farbe am ehesten beschreiben. Die Blätter und Zweige ähneln in ihrem Wuchs manchmal einer kleinen Zypresse, doch ist das Gesamtbild durch die flache Krone anders.
Die Sorte *H. ochracea* 'James Stirling', mit goldbraunem, fast strohfarbenem Laub, ist anscheinend winterhart (s. auch »Umrahmendes Blattwerk: Silber und Grau«).
▷ Niedriger immergrüner Strauch, volle Sonne, Winterhärtezonen 7 bis 9.

**Hedera,** Efeu
*H. colchica* 'Paddy's Pride' hat große grüne Blätter, die in der Mitte gold- und blaßgelb gefleckt sind. Es ist eine sehr schöne Stadtpflanze, die sonnenlose Mauern mit leuchtender Farbe bedeckt oder rasch und problemlos zu einem dichten Bodendecker heranwächst. *H. helix* 'Gold Heart' hat einen sauberen Wuchs; da sich der Efeu am Grunde verzweigt, bilden seine senkrecht hochkletternden Teilstämme symmetrische Linien auf der Wand. Die kleinen pfeilförmigen Blätter zeigen in der Mitte ein goldenes Dreieck. *H. helix* 'Buttercup' und 'Angularis Aurea' haben insgesamt eine goldene Tönung; bei der ersteren sind die Blätter tief gelappt, bei der letztgenannten sind sie einfach (s. auch »Umrahmendes Blattwerk: Grün«).
▷ Immergrüne Kletterpflanzen, volle Sonne oder Schatten, Winterhärtezonen 5 bis 9.

**Helichrysum,** Strohblume
*H. petiolatum* 'Limelight' hat lindgrüne, fast gelbe, behaarte Blätter. Die Oberfläche der Blätter ist dermaßen wollig, daß schon die Struktur einen völligen Gegensatz zu glatten Blättern schafft. Diese blasse Sorte, die vielleicht noch weniger winterhart ist als die Stammform, sieht in Sommerbeeten, Behältern und Hängekörben wunderbar aus (s. auch »Umrahmendes Blattwerk: Silber und Grau«).
▷ Immergrüner Halbstrauch, 30 cm, volle Sonne, Winterhärtezonen 8 bis 10.

**Hemerocallis,** Taglilie
*H. fulva* 'Kwanso Flore-pleno' hat anziehende grüne, grasartige Blätter, die strahlend hellgolden gefärbt sind, wenn sie am Anfang des Frühjahrs hervorkommen. Sie glänzen wie ein Sonnenfleck auf grünem Rasen, ähnlich stark wie goldgelbe Winterlinge mitten im Winter (s. auch »Umrahmendes Blattwerk: Grün«).
▷ Sommergrüne Staude, 1,20 m, volle Sonne oder Schatten, Winterhärtezonen 6 bis 9.

**Hosta,** Funkie
*H. fortunei* 'Albopicta' zeigt im Frühjahr eine bemerkenswerte Blattfarbe: Jede buttergelbe Blattfläche ist blaßgrün am Rand. Später wird das Gelb in der Mitte gedämpft, der Rand außen aber dunkler, bis um die Sommermitte das Blatt zwei Grüntöne hat, die noch immer subtil, aber ruhiger wirken. *H. fortunei* 'Aurea' treibt schlicht buttergelb aus und wird allmählich grün. Die Blüten im Sommer sind trompetenförmig und fliederfarben.
*H. sieboldiana* 'Frances Williams' hat große graue Blätter mit einem gelben Band am Rand, das sich mit der Zeit zu der Grundfarbe abschattiert. Es ist eine vorzügliche Blattpflanze, die wichtig genug ist, um sie in einem Topf einzeln zu präsentieren.
*H. tokudama* 'Variegata' ist die eindrucksvollste dieser Funkien. Ihre blauen, runzeligen Blätter werden durch die gelblichgrünen Streifen in feine Tönungen gebrochen. Es ist schwer, für sie den richtigen Platz zu finden; vielleicht zieht man sie am besten als Einzelexemplar in einem Topf, wo sie so exotisch wirkt, wie es bei den Tropenpflanzen die Regel ist (s. auch »Blau: Blattwerk«).
▷ Sommergrüne Stauden, 60 bis 75 cm, volle Sonne oder Schatten, Winterhärtezonen 6 bis 9.

**Humulus,** Hopfen
*H. lupulus* 'Aureus', die goldblättrige Sorte der rankenden Staude, wird in einer Saison bis 6 m hoch. Die Farbe entwickelt sich am besten in voller Sonne, obgleich die Wurzeln Schatten bevorzugen. Spaliere, Pergolen und Balkone werden rasch bedeckt, die blassen, weinähnlichen Blätter bilden einen dichten Vorhang.
▷ Sommergrüne krautige Kletterpflanze, volle Sonne, Winterhärtezonen 7 bis 9.

**Ilex,** Stechpalme
*I.* × *altaclarensis* 'Golden King' zeigt breite, fast dornenlose Blätter, bei denen die grüne Mitte von einem goldenen Band umgeben ist. Die Stechpalme wächst langsam heran, sieht aber vor einem dunklen Hintergrund eindrucksvoll aus. Man kann sie durch Schnitt in eine feste Form bringen, oder man läßt sie eine natürliche Pyramide bilden.
*I. aquifolium* 'Golden Milkboy' (syn. *I. aquifolium* 'Aurea Mediopicta') hat am Rand gedornte Blätter mit der genau umgekehrten Scheckung – Gold in der Mitte, das von Grün umgeben ist. Das Bild, das sich ergibt, wirkt weniger sanft: Die grünen Blattränder, gewellt und mit Dornen machen einen leicht verwirrenden Eindruck. Wenn man sie als formlose Hecke gruppenweise pflanzt, sieht diese Stechpalme hübsch aus (s. auch »Umrahmendes Blattwerk: Grün«).
▷ Hoher immergrüner Strauch, volle Sonne oder Schatten, Winterhärtezonen 6 bis 9.

**Iris,** Schwertlilie
*I. pallida* var. *dalmatica* 'Aureovariegata' hat graugrüne Blätter mit gelben Streifen. Da die Blüte dürftig ist, wird man sie vorwiegend als Blattpflanze ansehen (s. »Umrahmendes Blattwerk: Silber und Grau«). Man kann sie nur langsam vermehren, doch ergibt sie einen gefälligen Farbfleck vorne in einer sonnigen Rabatte.
▷ Immergrüne Rhizomstaude, 75 cm, volle Sonne, Winterhärtezonen 7 bis 9.

*Hakonechloa macra* 'Aureola'

*Hosta fortunei* 'Albopicta'

*I. pseudacorus* 'Variegata', die gelb gescheckte Spielform der gewöhnlichen grünblättrigen Sumpfschwertlilie, sieht im Frühjahr wunderschön aus. Mit der Zeit werden die Blätter vollständig grün. Wie bei allen Iris muß man häufig die verwelkten Blätter und Blütenstiele entfernen, was in seichtem Wasser eine unangenehme Arbeit sein kann. Sie wird in tiefer Erde gut heranwachsen und soll säureliebend sein, ist aber wohl kalktoleranter, als man ursprünglich glaubte.
▷ Sommergrüne Rhizomstaude, 1,20 m, volle Sonne oder Halbschatten, Winterhärtezonen 5 bis 9.

**Laurus,** Lorbeerbaum
*L. nobilis* 'Aurea' hat gold-grüne Blätter, die auch im Winter attraktiv sind. Man sieht die Sorte selten, vielleicht, weil sie schwieriger zu ziehen ist als der normale Lorbeer; bei günstigem Mikroklima aber kann sie im Winter wichtig sein, wenn die gedämpften Farben vorherrschen (s. auch »Umrahmendes Blattwerk: Grün«).
▷ Hoher immergrüner Strauch, volle Sonne, Winterhärtezonen 7 bis 10.

**Ligustrum,** Liguster
*L. ovalifolium* 'Aureum', der goldene Liguster, ist lebhaft gefärbt. Die glänzenden, ovalen Blätter zeigen ein sattes Gelb, manchmal mit einer grünen Mitte. Der Busch ist zäh und grob, aber weil seine

*Spartina pectinata* 'Aureomarginata'

*Origanum vulgare* 'Aureum'

*Philadelphus coronarius* 'Aureus'

Farben das ganze Jahr über anhalten, ist er in Rabatten oder Strauchecken durchaus nützlich. Unterpflanzen Sie ihn mit *Rubus tricolor*, um ein leuchtendes Bild in einem schattigen Waldstück zu schaffen.
▷ Halbhoher immergrüner Strauch, volle Sonne oder Halbschatten, Winterhärtezonen 6 bis 9.

**Lonicera,** Geißblatt
*L. japonica* 'Aureo-reticulata' hat grüne Blätter, die mit einem Netz von goldenen Adern überzogen sind. Man kann sie als Kletterpflanze wuchern lassen oder in Form halten und am Rand einer Rabatte einen goldgelben Hügel bilden lassen. Sie blüht nicht reichlich, durch gute Düngung läßt sich die Blüte aber allgemein verbessern.
▷ Immergrüne Kletterpflanze, volle Sonne oder Schatten, Winterhärtezonen 5 bis 9.
*L. nitida* 'Baggesen's Gold' hat blasse Blätter mit einheitlicher Farbe und Struktur. Wenn man sie aus der Nähe betrachtet, sieht sie nicht hübsch aus, auch weil die Zweige wirr wachsen; sie kann aber einen reizvollen hügeligen Farbfleck bilden, wenn man sie in einem entfernten Winkel des Gartens gruppenweise pflanzt. Sie muß regelmäßig geschnitten werden, damit sie Dichte und Form beibehält, und sie braucht gut entwässerten Boden und volle Sonne. Ihr fehlt wohl zu sehr ein hervorstechender Charakter; vielleicht kann man sie am besten zusammen mit moderner Architektur als »Block« einsetzen, mit anderen beliebten Pflanzen wird sie aber nicht gerne zusammen gesehen (s. auch »Umrahmendes Blattwerk: Silber und Grau«).
▷ Halbhoher halb-immergrüner Strauch, volle Sonne, Winterhärtezonen 6 bis 9.

**Lysimachia**
*L. nummularia* 'Aurea', das Pfennigkraut, überwuchert große Flächen mit seinen Trieben. Die kleinen, goldgelben Blätter behalten ihren Glanz auch im lichten Schatten, und im Sommer verstärken die einzelnen goldgelben Blütchen die Wirkung. Am richtigen Standort, in feuchtem Boden, möglichst zwischen Steinen und Wasser ist das Pfennigkraut eine schätzenswerte Pflanze.
▷ Ausläufertreibende, immergrüne Staude, 23 cm, Halbschatten, Winterhärtezonen 5 bis 9.

**Mentha,** Minze
*M × gentilis* 'Variegata' hat gelb geäderte und gesprenkelte Blätter und ist kleiner und gedrungener im Wuchs als andere Arten. Sie kann nützlich sein als Einfassung in einem Küchengarten, ist aber anfällig für Schädlinge (s. auch »Umrahmendes Blattwerk: Silber und Grau«).
▷ Sommergrüne Staude, 20 bis 90 cm, volle Sonne oder Halbschatten, Winterhärtezonen 6 bis 9.

**Milium,** Flattergras
*M. effusum* 'Aureum' ist ein wunderschönes Gras für Gesträuche, das etwas Schatten verträgt. Es eignet sich nicht zur Mischung mit Rabattenpflanzen. Im Frühjahr ist seine Farbe brillant, und obwohl es während der Blüte blasser wird, sind die Blattspreiten noch goldgelb, während sie im Herbst zu welken beginnen. Neben blauen Blüten wie Vergißmeinnicht, Kaukasusvergißmeinnicht und *Omphalodes* wirkt es sehr schön.

▷ Sommergrüne Staude, 40 bis 150 cm, Halbschatten, Winterhärtezonen 7 bis 9.

**Miscanthus**
Bei *M. sinensis* 'Zebrinus' laufen mehrere breite gelbe Bänder horizontal über die grasartige Blattspreite hinweg. Es ist eine schöne Hintergrundspflanze für Spätsommer-Rabatten, und die rosa getönten braunen Blütenähren erhöhen ihren Wert.
▷ Sommergrüne Staude, 1,80 m, volle Sonne, Winterhärtezonen 6 bis 9.

**Origanum,** Dost
*O. vulgare* 'Aureum', die goldblättrige Sorte des gewöhnlichen Küchenkrauts, bildet niedrige Teppiche oder Streifen am Rand einer Rabatte. Im Sommer erheben sich die purpurnen Blüten 15 cm über die Laubblätter. Die gelbe Farbe wirkt am besten in der Sonne, während die Pflanze im Schatten einen blaß getönten grünen Hügel bildet.
▷ Halb-immergrüne Staude, 20 cm, volle Sonne oder Schatten, Winterhärtezonen 7 bis 9.

**Osmanthus,** Duftblüte
Bei *O. heterophyllus* 'Aureomarginatus' haben die grünen, stechpalmenähnlichen Blätter einen breiten gelben Rand. Es ist ein schöner Strauch, den man am Rand eines Waldstücks einsetzen oder formlos in einem Bereich mit goldenem Blattwerk pflanzen kann (s. auch »Umrahmendes Blattwerk: Grün«).
▷ Halbhoher immergrüner Strauch, volle Sonne oder Halbschatten, Winterhärtezonen 7 bis 9.

**Philadelphus,** Sommerjasmin, Pfeifenstrauch
*P. coronarius* 'Aureus' ist einer der wenigen Sträucher dieser Gattung, der sich wegen der Blätter lohnt, während die meisten nur wegen ihrer duftenden Blüten gezogen werden. Im Frühjahr ist er leuchtend hell goldgelb, allmählich aber verblassen die Blätter (bei voller Sonne verdorren sie sogar); doch hält sich ein schwaches Glühen noch, bis sie welken und abfallen. Am besten pflanzt man den Strauch in Gruppen; neben kontrastierenden Purpurblättern wirkt er besonders gut, oder mit verschiedenen strukturierten Grüntönen. Die Blüten sind genauso wohlriechend wie bei der Stammform (s. auch »Weiße Töne: Frühsommer«).
▷ Halbhoher sommergrüner Strauch, Schatten, Winterhärtezonen 6 bis 9.

**Phormium,** Neuseeländer Flachs
*P. cookianum* 'Yellow Wave' zeigt einen breiten gelben Streifen, der von einem grünen Rand begrenzt wird. Die Pflanze wächst niedrig und eignet sich somit für kleine Gärten oder sieht auch in Behältern prächtig aus (s. auch »Umrahmendes Blattwerk: Grün«).
▷ Niedriger immergrüner Strauch, volle Sonne, Winterhärtezonen 8 bis 10.

**Physocarpus,** Blasenspiere
*P. opulifolius* 'Luteus' ist ein Waldstrauch, der feuchten Boden liebt. Seine blaßgoldenen Blätter lassen sich gut mit purpurnem Blattwerk in Kontrast setzen – zum Beispiel eignet sich *Ajuga reptans* 'Atropurpurea' mit seinen blauen Blütenquirlen und bronzege-

tönt purpurnen Blättern als Begleitpflanze. Man kann auch Büschel des blaßblauen Scheinmohns *Meconopsis betonicifolia* – sauren Boden vorausgesetzt – als sanften Kontrast zu dem goldenen Strauch einsetzen.
▷ Halbhoher sommergrüner Strauch, Halbschatten, Winterhärtezonen 5 bis 9.

**Ribes,** Johannisbeere
*R. sanguineum*, die Blutjohannisbeere, ist ein grober Strauch, und einige Sorten entwickeln im Frühjahr ziemlich langweilige rosa Blüten. Es ist ratsam, sie ins Haus zu bringen, wenn die Knospen noch geschlossen sind, weil dann die Farbe sich zu einem reizvollen getönten Weiß verändert. *R. sanguineum* 'Brocklebankii' ist ein weniger hoch wachsender Strauch, der einen Hügel aus blaßgelbem Laub bildet und sanft wirkt, nicht aufsehenerregend im Farbton.
▷ Halbhoher sommergrüner Strauch, Halbschatten, Winterhärtezonen 6 bis 9.

**Robinia**, Robinie
*R. pseudoacacia* 'Frisia' (Scheinakazie) hat blaßgoldene Fiederblätter und ist ein kleiner, anmutiger Baum, dessen Farbe aufglänzt und leuchtet. Wie bei einem Einfall von Sonnenstrahlen im Wald, werden dadurch alle Blätter in der Nähe dunkel und geheimnisvoll, tiefer im Ton und düster. Die kleinen rundlichen Fiederblättchen behalten ihre intensive Farbe vom Frühjahr bis zum Herbst bei, und durch die tief gefurchte Rinde sieht der Baum drohend-hager und selbst im Winter noch markant aus, verstärkt von dem wirren Flechtwerk der dürren Äste. Die duftenden weißen Schmetterlingsblüten entstehen bei der grünblättrigen Stammform in großer Fülle, fallen aber zwischen den goldenen Blättern von *R. pseudoacacia* 'Frisia' weniger auf, sind hier auch nicht so zahlreich und werden manchmal nur von voll entwickelten Exemplaren hervorgebracht.
▷ Niedriger sommergrüner Baum, volle Sonne, Winterhärtezonen 6 bis 9.

**Salvia,** Salbei
Seine aromatischen Blätter werden verwendet, um Schmorgerichte und Soßen zu würzen. *S. officinalis* ist eine kleine immergrüne Pflanze, die sich in voller Sonne wohlfühlt; die graugrünen Blätter und die violetten bis blauen Blütenquirle wirken im Küchengarten reizvoll und schmuck. Es gibt mehrere Sorten mit unterschiedlich gefärbten Blättern. *S. officinalis* 'Icterina' hat Blätter, die normalerweise als grün und goldgelb gescheckt beschrieben werden. In Wirklichkeit ist das Grün gelblich und das goldgelb fast honigfarben; dadurch bekommt der Busch im Farbton eine Feinheit, die ihn sanfter und weniger grell aussehen läßt als viele andere »goldene« Pflanzen.
▷ Niedriger immergrüner Strauch, volle Sonne, Winterhärtezonen 7 bis 9.

**Sambucus,** Holunder
*S. nigra* 'Aurea' hat blaßgoldene Blätter, die am besten an einem ganz freien Standort wirken, weil dann die Farben zu einem dunklen Gold und Grün abschattieren und eine angenehme strukturierte Wirkung hervorrufen. Man sieht den Strauch häufig in den Vorgärten der Häuser in Schottland. Er vermehrt sich also wahrscheinlich sortenecht aus Samen. Bei *S. nigra* 'Aureomarginata' sind die Fiederblättchen unregelmäßig mit einem leuchtend gelben Band versehen.
*S. racemosa* 'Plumosa Aurea' ist von allen die beste Sorte. Ihre goldenen Blättchen sind gefranst, dadurch entsteht ein leichter, luftiger Eindruck, der sich vom gewöhnlichen Holunder völlig unterscheidet. Wenn die frischen Blätter sich entfalten, sind sie kupferfarben, und allmählich verwandeln sie sich zu einem blassen Gelb. Man sollte den Strauch im Schatten ziehen, um zu vermeiden, daß die Blätter verdorren. Die kegelförmigen weißen Blütenstände werden von dichten Büscheln scharlachfarbener Beeren abgelöst.
▷ Halbhohe bis hohe sommergrüne Sträucher, Schatten, Winterhärtezonen 6 bis 9.

**Spartina**
*S. pectinata* 'Aureomarginata' hat anmutige schmale, gebogene Blätter mit gelben Streifen, die im Wind wie Bambus rascheln. Die hängenden Blüten sind mit purpurnen Staubgefäßen geschmückt. Es ist ratsam, das Gras in trockenem Boden zu ziehen, damit es nicht zu sehr wuchert.
▷ Sommergrüne Staude, 1,20 bis 1,80 m, volle Sonne oder Halbschatten, Winterhärtezonen 6 bis 9.

**Syringa** Flieder
Von *S. emodi*, dem Himalaja-Flieder, gibt es eine Sorte, *S. emodi* 'Aureovariegata', mit großen gelben Blättern, deren Mitte grün ist. Diese Scheckung hält sich sogar im Schatten. Es ist eine erstklassige Blattpflanze, die aber selten angeboten wird.
▷ Hoher sommergrüner Strauch, volle Sonne oder Schatten, Winterhärtezonen 6 bis 9.

**Taxus,** Eibe
*T. baccata* 'Aurea' und *T. baccata* 'Elegantissima' sind ähnlich, wenn nicht identisch. Die jungen Nadeln sind frisch goldfarben und werden im zweiten Jahr grün, so daß die Verbindung von jungen und alten Nadeln einen angenehmen Scheckungseffekt ergibt. Bei 'Dovastonii Aurea' sind die Ränder gelb, so daß ein goldener Gesamteindruck entsteht. Die Sorte ist genauso kräftig wie die grüne Stammform und bildet im Laufe der Zeit einen großen, breiten Strauch, der in einem bescheidenen Garten recht beherrschend wirkt, aber bei entsprechender Gartengröße eindrucksvolle architektonische Gestaltungselemente darstellen können (s. auch »Umrahmendes Blattwerk: Grün«).
▷ Hoher immergrüner Strauch, volle Sonne, Winterhärtezonen 5 bis 9.

**Thuja,** Lebensbaum
Lebensbäume sind im allgemeinen klein und langsam im Wachstum, den Scheinzypressen ziemlich ähnlich, und haben hübsche aromatische Nadeln und eine kegelartige Gesamtform.
*T. occidentalis* 'Rheingold' ist die goldblättrige Sorte des amerikanischen Lebensbaums, ein dichter Busch, der zur Winterfarbe und für Einfassungen wichtig ist.
▷ Kleine immergrüne Konifere, volle Sonne, Winterhärtezonen 5 bis 9.

**Thymus,** Thymian
*T.* × *citriodorus* 'Aureus' hat kleine goldene Blätter, die köstlich nach Zitrone duften. Er gedeiht am besten an einem warmen, gut entwässerten Standort.
▷ Immergrüner Zwergstrauch, volle Sonne, Winterhärtezonen 7 bis 9.

*Sambucus racemosa* 'Plumosa Aurea'

KAPITEL V

# BLAU

Blau im Garten kann blaß und leuchtend sein, dunkel und glühend, es kann kühl wirken, wenn es rein oder grünlich ist, aber warm und satt, wenn es rotes Pigment enthält. Das glänzende Blau des Lapislazuli ist wie reinblaue Blüten leuchtend und intensiv; das Blau der Ferne und der Schatten andererseits ist stumpf und dunkel und kommt eher dunklen Schattierungen von Indigo nahe, wie es früher beim Blaudruck von Baumwolle verwendet wurde. Im Spektrum ist Blau eine dunkle Farbe, und doch bringen abgetönte Farben von geringer Intensität neben hellem Blau dieses zum Leuchten, und im Zwielicht glühen Blautöne geradezu auf.

Blau ist auch eine Farbe gefühlsmäßiger Widersprüche; es kann anregend aber auch friedlich wirken, vielleicht weil wir es mit den Farben des Himmels, der See und der fernen Landschaft verbinden. Das Himmelsblau wirkt beruhigend und still, das Blau des Meeres vermittelt den Eindruck unendlicher Tiefe – doch kann Stille an betrübte Stimmungen grenzen, und Tiefe und Ferne können beunruhigend sein. Zerstreute kurze Wellenlängen des Lichts lassen den Himmel gegen die Schwärze des Weltraums blau erscheinen, aber das Blau des Himmels ist nie intensiv und gleichmäßig, sondern unendlich abgestuft und schattiert, da die Teilchen der Atmosphäre in verschiedenstem Grad auf die Sonnenstrahlen einwirken. Blau in der Ferne zieht das Auge an und erzwingt Bewegung; die Grenzen eines Gartens lassen sich also durch Hänge mit dunstig blauen Blüten, die mit der blauen Ferne verschwimmen, erweitern. Ein Meer aus Gartenblau – größere Flächen ineinander verwobener blauer Blüten und Blätter – kann anregend und spannend wirken, aber auch unruhig wie das Meer. Weil Blau nicht begrenzend wirkt, können verwobene Blautöne ein Gefühl der Ungewißheit hervorrufen und sollten deshalb in einem Garten dort angesiedelt werden, wo die Illusion von Raum und Ferne erwünscht ist.

Ein typischer Anblick im Frühling ist ein sanfter Teppich von Blautönen, die durch den Kontrast mit den gedämpften Erdfarben oder durch das gefilterte Licht darüber zum Leuchten gebracht werden. Scilla, Traubenhyazinthe, Lungenkraut, *Anemone blanda und A. apennina* bilden alle Teppiche und geben ihr Bestes, wenn sie unter Bäume oder Sträucher gepflanzt werden, die ihnen in den folgenden Monaten Schatten geben. Die reinblauen und die violettblauen Blüten kündigen den Frühling an, sie öffnen sich, wenn die Blätter ein frisches Hellgrün zeigen und das Goldgelb der Narzissen den Kontrast bildet. Später gibt es eine Fülle von blauen Stauden, darunter Ochsenzunge und Salbei, die genauso kräftig und rein sind wie die Frühlingsblüher, doch um diese Zeit ist die Konkurrenz der anderen Blüten größer, und die Blautöne müssen von kontrastierenden warmen Sommerfarben getrennt gehalten werden.

Als Zyanfarben bekannt, reichen die Blautöne von Blaugrün über reines Blau ohne Spur von Rot bis zu Purpur und Violett, denen kräftige Spuren von Rot Wärme verleihen. So, wie Rot »kalt« wirken kann, wenn es einen kräftigen Schuß Blau erhält, so kann das eigentlich kalte Blau an Wärme zunehmen, je mehr Rot es enthält. Reines Blau ist bei Blüten selten, und wenn es einmal auftritt, wird man es meist durch ein beigefügtes klar-, dunkel-, tief- oder hell- näher kennzeichnen. Das Immergrün *Vinca minor* ist klar blau; *Mertensia ciliata* ist matt, aber tiefblau, *Salvia patens* ist leuchtend blau; *S. guaranitica* ist dunkelblau; und *Veronica teucrium*, besonders die Sorte 'Azureum', ist intensiv reinblau. *Campanula isophylla* und *Convolvulus mauritanicus* zeigen ein reines Hellblau. Das Enzianblau ist immer leuchtend, aber nicht immer rein, oft enthält es einen Stich ins Violette oder Rötliche.

Einige der besten Beispiele für Blumennamen, die zur Bezeichnung von Farben verwendet werden, sind gerade unter den blaublühenden Pflanzen zu finden: Veilchen, Lavendel und Flieder erinnern an etwas altmodische Düfte in Haus und Garten. Will man die Farben definieren, so muß man Veilchenblau als purpurgetöntes Blau bezeichnen; Lavendel als ein blasses Blau mit einer Spur Rot; und Flieder als Rosa-Violett. Diese Namen stiften heute allerdings Verwirrung, weil der »Durchschnittsgärtner« heute gar nicht mehr weiß, wie Veilchen-, Lavendel- und Fliederblüten ursprünglich ausgesehen haben, bevor sie zu einem breiteren Farbspektrum »weiterentwickelt« wurden. Die Farbe des wohlriechenden Veilchens im Wald unterscheidet sich sehr vom Violett großer Hybriden. Wenige Leute ziehen heute noch den ursprünglichen lila Flieder, da man dunklere Schattierungen oder gar Weiß bevorzugt. Inzwischen wurden die alten englischen oder holländischen Lavendelsorten weitgehend von Züchtungen mit dunkleren Blüten abgelöst, wie *Lavandula* 'Dicote' oder *L.* 'Munstead'. Selbst wenn man die Bezeichnung Vergißmeinnichtblau verwendet, um eine Farbe zu beschreiben, bezieht man sich kaum auf das ursprüngliche blasse »Babyblau«, son-

**Abb. Seite 107: Unter allen im Frühling blaublühenden Sträuchern dürfte Ceanothus thyrsiflorus 'Cascade' der eindrucksvollste sein. Über den glänzenden immergrünen Blättern von Choisya ternata stehen seine leuchtend blauen Rispen in solch dichter Fülle, daß sie eine nahezu geschlossene Decke bilden. Nach der Blüte bedeckt das glänzend grüne Laub die Mauer wie ein Vorhang. Die weiße Clematis montana 'E.H. Wilson' vertieft das Blau und verhindert, daß es von den benachbarten Grüntönen zu Violett hin verändert wird. Allerdings muß die kräftige Waldrebe ab und zu stark zurückgeschnitten werden, damit das Blau vorherrschend bleibt und nicht völlig überwuchert wird.**

Abb. oben: **In diesem naturnahen Garten sind die Lupinen mit ihren violetten bis blauen und malvenähnlichen Tönen schöne Farbakzente, eingewoben in den freifließenden Teppich des Hintergrundslaubes. Durch das Spiel von Licht und Schatten, die abblassende Wirkung der Entfernung und ein wenig auch durch die rötlichen Sukzessivkontraste des umgebenden Grüns werden die harmonischen Blütenfarben auf feine Weise noch in ihrer Vielfalt betont. Schon die Fülle der Lupinen und die Üppigkeit des Pflanzenwuchses schaffen ein reiches und einladendes Gartenbild, das die Töne und Düfte des Hochsommers beschwört.**

Abb. oben: **Stiefmütterchen, Lavandula spica, Clematis 'Perle d'Azure' und Solanum crispum 'Glasnevin' haben gedämpftes, zartes Violett- oder Purpurblau, das durch die grauen Lavendelblätter und den grauen Dorset-Stein stärker zum Leuchten gebracht wird. Das Büschel blasser Glockenblumen rechts im Bild zieht das Auge an, während die anderen gedämpften Blütenfarben sich im Hintergrund zu verlieren scheinen. Die Blüten von Lilium regale allerdings, die aus einem benachbarten Motiv ins Bild ragen, wirken als Eindringlinge und veranschaulichen, wie stark reines Weiß das Bild in einer Anlage zerreißen kann, die auf feinen Farbstufen beruht. Wenn man die Lilien hier einmal mit dem Finger abdeckt, wird man den Unterschied feststellen.**

Abb. gegenüber: **Das Violettblau der Iris sibirica und des Geranium × magnificum sind so ähnlich, daß die Bepflanzung fast monochrom erscheint. Der graue Stein, das grüne Laub und die letzten blassen Wistarien-Blüten zeigen alle verwandte, ruhige Farben. Wo Spannung und Reiz nicht von den Farben selbst ausgehen, bekommen andere Faktoren entsprechend mehr Bedeutung: Hier sind es die Gegensätze von Form und Struktur der Leitpflanzen, außerdem umrahmen die beiden Irisgruppen den Steinsockel, der zu einem wichtigen Blickfang wird.**

Abb. rechts: **Ein sanfter Frühlingsdreiklang von Farben in einem Rosenbeet, das später ein ganz anderes Farbbild bieten wird. Die dunkelblauen Muscari armeniacum wirken tief und leuchtend, ihr Blau wird gesteigert durch die zierlichen perlweißen Blüten und weißbunten Blätter des Lamium maculatum 'Album', ein Weiß, das keinen allzu harten Gegensatz schafft, sowie durch die gedämpften komplementären Gelbtöne der Primeln und Aurikeln.**

Abb. gegenüber: **Ein Meer von Meconopsis grandis überflutet eine lichte Stelle zwischen immergrünen Sträuchern. Eine solche Fülle reinblauer Blüten ist fast ebenso selten und kostbar wie der vielgerühmte Lapislazuli der Antike: Wenn blaue Blumen im Wald in solchem Überfluß einen Teppich bilden, sind es meist die warmen rötlichen Blau-Töne der Anemonen und Glockenblumen, die sich im Schatten zu Violett vertiefen und leicht dunkel werden. Reines Blau hingegen kann leuchten, vor allem wenn es von tieferen, gedämpfteren Farben umgeben ist. Die papierähnlichen, runzeligen Blütenblätter dieses Scheinmohns sind durchscheinend. Wo sie Licht einfangen, wirken sie blaßblau und schimmernd. Außerdem sei auf das satte, reine Blau der geschlossenen Mohnblüten und der Blütenblätter im Schatten hingewiesen.**

dern auf die häufiger kultivierten dunkleren Formen, deren eher kräftige und lebhafte Blüten dem verwandten Kaukasusvergißmeinnicht oder dem Sumpfvergißmeinnicht näherstehen. Kornblumenblau bezeichnet eine leuchtende Farbe, Saphirblau ist tiefer und kräftiger. Graublau wird oft als metallisch (»stahlblau«) beschrieben; Schieferblau ist ein gedämpftes, warmes Blau.

Die rötlich-blauen Farben sind verwirrend und besonders subjektiv, und das wird so bleiben, solange man Farbbegriffe nicht auf wissenschaftlich meßbare Einheiten beziehen kann. Selbst dann wird man bei den instabilen bläulichen Rot- und rötlichen Blautönen schwerlich genau sein können: Blütenblätter werden oft im Alter blau, und all diese Farben reagieren empfindlich auf den pH-Wert des Bodens, meist werden sie rötlich unter sauren Bedingungen und stärker blau unter alkalischen. Beschreibungen von Blau in Gartenbüchern und -katalogen sind oft mißverständlich, weil sowohl die Kamera als auch die Drucktechnik das Blau, das wir sehen, verzerren. So muß der Gartenkünstler aus seiner Erfahrung heraus arbeiten und sein persönliches Farbgedächtnis so schulen, daß er weiß, welche Töne in seinen Entwurf passen und welche Pflanzen er verwenden muß.

Blaue Blüten lassen sich kaum durch die Bezeichnungen monochromer Blautöne beschreiben, wie Königs-, Marine-, Oxford- oder Cambridgeblau, obgleich Sorten mit solchen Farbnamen eine bestimmte Farbassoziation erwecken. Das Blau eines Blütenblattes ist gewöhnlich von dunkel bis hell abgestuft. Oft stehen im dunklen Zentrum komplementäre orange oder gelbe Zeichnungen oder Staubgefäße. Nimmt sich der Gärtner dies zum Vorbild, so wird er Felder oder Gruppen von Blau sanft abstufen und gelegentlich Blütengruppen in Komplementärfarben hinzufügen, etwa in Elfenbeinweiß, blassem oder leuchtendem Gelb oder Orange, um alle Blautöne stärker zum Leuchten zu bringen.

Wie bei jeder monochromen Gestaltung, muß sich ein »blauer Garten« nicht auf Pflanzen mit blauen Blüten beschränken. Da das Hauptziel jedes Pflanzplans vor allem darin besteht, schön zu sein, ist jede Blüten- oder Blattfarbe erlaubt, die das Blau fördert. Gertrude Jekyll schrieb: »Es ist schon seltsam, daß manche Leute einem Begriff zuliebe ihren Garten verderben. Es kann doch z.B. durchaus sein, daß ein Garten der Schönheit zuliebe geradezu nach einer Gruppe weißer Lilien verlangt oder nach irgendetwas in blassestem Zitronengelb, es aber dann nicht haben soll, bloß weil es ein blauer Garten ist und angeblich keine anderen Blüten darin vorkommen dürfen.« Sie fährt dann fort: »Jeder erfahrene Farbkünstler weiß, daß Blau wirkungsvoller wird – reiner –, wenn an der richtigen Stelle die Komplementärfarbe gegenübergestellt wird.«

Gertrude Jekyll entwarf einen blauen Garten, in den man nur durch einen Garten mit vorwiegend goldenem Laub gelangen konnte, und steigerte dadurch die Leuchtkraft und Reinheit der Blautöne. Die Nachbildeffekte sorgten dafür, daß »wohl kaum eine der blauen Blüten jemals so blau war«. Sie empfahl, in einem solchen Garten nur die ihrer Auffassung nach »reinen« Blautöne zu verwenden, mit Ausnahme der graublauen Edeldisteln und der schieferblauen Blüten der krautigen *Clematis heracleifolia var. davidiana*. Sie vermied die purpurblauen Glockenblumen, riet aber zu elfenbeinweißen *Clematis recta*, *Aruncus dioicus*, weißen Baumlupinen sowie zum bläulichen Blattwerk von *Hosta sieboldiana*, Yucca und Raute. An anderer Stelle verwendete sie, wenn der Platz dazu reichte, die lebhaft blaugrüne Haargerste *Elymus arenarius* und natürlich *Euphorbia wulfenii* wegen ihrer bläulichgrünen Blätter und lindgrünen Blütenbüschel. Auch die blaßgelben, fiedrigen Blütenstände des großen *Thalictrum speciosissimum* über attraktiven blaugrünen Blättern und panaschierte Formen von Gräsern und Mais *(Zea mays)* zählten bei ihr zu den bevorzugten Pflanzen, mit denen sie die »blauen« Flächen bereicherte. Bläulichgrüne Blätter verändern leuchtendes, reines Blau zu Purpur bis Violett; deshalb kam sie zu der Ansicht, man dürfe nur die reinsten Farben verwenden, um die Eigenheit des Blau zu erhalten. Wenn man sich aber nicht gerne so beschränken möchte, kann man auch den Versuch machen, das Blau mit silber- und graublättrigen Santolina, Eselsdisteln und Beifuß zu verbinden, durch die alle benachbarten Farben leuchtender werden, ohne daß das Bild des reinen Farbtons verändert wird; entsprechend lassen auch cremefarbig und weiß panaschierte Blätter Blautöne dunkler erscheinen, ohne daß sie einen Stich ins Rote bekommen. Büschel von Glyceria und Braunwurz und Teppiche des weißbunten kriechenden Günsels zwischen Gruppen blauer Blüten verhindern Langeweile.

Blautöne können sich gegenseitig oder andere Farben so leicht verändern und beeinträchtigen, daß eine geringfügige Änderung in einer Gruppe oder einer einzelnen Blütenfarbe das ganze Gartenbild verändern kann. Ein Garten mit einem breiten Spektrum an Blautönen, mit Schattierungen zu Violett und Purpur, wirkt immer friedlich und harmonisch, selten unstimmig. Selbst deutliche Blautöne in solchen reinen und warmen Schattierungen werden möglicherweise nur an die außergewöhnliche Farbpalette eines Landschafts- oder Seegemäldes erinnern.

Für Anlagen auf der Grundlage von Blau kann man Blütenfarben wählen, die sorgfältig abgestuft dem Spektrum folgen: alle Blautöne vom reinen Farbton über tiefes Violett bis hin zu Purpurtönen und wärmeren Rotschattierungen. Das Dunkel von Violett kann zum

Beispiel durch die samtige *Clematis × jackmanii* eingesetzt werden, verbunden mit purpurblättrigen Berberitzen und Pflaumen, die wiederum zu karmesinrot blühenden Rosen überleiten, deren leuchtendes Rot noch immer eine Spur von blauem Farbstoff enthält. Man kann die leuchtenden *Veronica teucrium* 'Azureum' oder *Geranium × magnificum* vorne als Einfassung pflanzen und dahinter die weiteren Farben so anordnen, daß der Betrachter sie nach oben zu in einer bestimmten Stufenfolge zusammen wahrnimmt. Büschel graublättriger Santolina (Heiligenkraut) können die dunklen Farben zum Leuchten bringen. Eine monochrom blaue Rabatte kann von blassen zu dunklen Blautönen und vom tiefsten Violett bis zur blasser, warmer Lavendelfarbe und zu lila Tönen gehen. Beginnen Sie zum Beispiel mit der fast schwarzen *Viola* 'Bowles Black', die sich selbst aussät, wo zwischen den anderen Pflanzen Platz und Licht ist. Fügen Sie Lavendelbüsche hinzu und Gruppen von Katzenminze und lassen Sie diese sich harmonisch mit einer Hintergrundsbepflanzung aus *Salvia turkestiana* oder den größeren, blasser blühenden *S. haematodes* verbinden. Für eine Blüte später im Jahr kann man durch die dunstig schieferblaue *Buddleia* 'Lochinch' sorgen. Da die Blautöne unbestimmt wirken, vermittelt diese Art ein Gefühl der Ferne, und verleiht dem Garten zusätzliche Weite, wenn das Beet am Rand liegt.

Blaugrünes Blattwerk läßt sich einfügen, wo die »rein«blauen Effekte der Blütenfarben nicht erwünscht sind. Will man in eine formbetonte Anlage ein dramatisches Element einführen, kann man etwa *Melianthus major* an eine voll besonnte Stelle setzen, dessen große Fiederblätter die Gliederung entscheidend beeinflussen. Im Naturgarten kann man ein Meer von Haargerste pflanzen, die Unkraut unterdrückt. Wenn dieses zu stark wuchert, kann man es mit Gruppen des blaugrünen *Helictotrichon sempervirens* versuchen, einem Gras, das seine bescheidene Büschelform beibehält und gebogene Wedel präsentiert. Im Schatten kann man blaublättrige Funkien einsetzen, vorzuziehen sind solche mit blaßvioletten Blüten. Komplementäre Gelb- und Orangetöne, die in einem solchen »blauen« Garten mit Bedacht eingesetzt werden, können zur Steigerung des Bildes beitragen; ähnlich spannend wirken bewußt paarweise gepflanzte Komplementärfarben. Man kann zum Beispiel Farbakzente schaffen, indem man leuchtend blaue Säckelblumen vor einer Mauer durch eine Gruppe gelber lilienblütiger Tulpen ergänzt: 'Mrs. Moon' etwa duftet süß und bietet zugleich einen leuchtenden Blickfang. Leuchtend blaue Scillas kann man als Unterpflanzung für grell gelbblühende Forsythien einsetzen; Glockenblumen bringen die orangefarbenen gefüllten Kerrien zum Glühen. Die leuchtend blaue *Scilla peruviana* mit ihren großen Blütenständen an einer warmen Mauer macht sich gut vor dem frostempfindlichen *Fremontodendron californicum*, und frühe Säckelblumen eignen sich als Nachbarn zur graublättrigen *Coronilla glauca* mit ihren leuchtend gelben Blüten.

Später im Sommer können blaue *Iris sibirica* oder *Iris spuria* reizvolle Gruppen mit gelben Rosen bilden. Man kann es zum Beispiel mit der blassen *Iris pallida* 'Dalmatica' vor einer Kletterrose versuchen.

Durch schärfere Kontraste zwischen orangen Lilien und blauem Rittersporn oder zwischen blaßgelben Wiesenrauten und Königskerzen und violetten Glockenblumen entstehen eindringliche Bilder, wirkungsvoll vor allem, wenn man an ihnen entlanggeht und sie kurz anschaut, und nicht eine ganze Rabatte damit gestaltet. Selbst Dunkelblau und Dunkelrot zusammen – Töne, die in ihrer hellsten und reinsten Form heftige Kontraste darstellen – können voll und glühend wirken, wenn beide Farben dunkel genug sind oder im milden Abendlicht betrachtet werden.

Im Spätsommer sollte man sattblaue Schmucklilien mit lindgrünem Ziertabak zusammenpflanzen, oder man pflanzt blaß schieferblauen einjährigen Leberbalsam und rosablauen Natternkopf als Beetpflanzen vor rahmfarbene Rosen. Lassen Sie *Verbena bonariensis* sich zwischen Lavendelbüschen aussamen, als Vordergrund vor wuchernden leuchtend blauen Ceratostigmen und einem Busch des blaßgelben *Cestrum parqui*, der vor einer sonnigen Mauer in der Nähe die Komplementärfarbe bietet.

Weiße Blüten bilden einen Gegensatz zu dunklen Blautönen und setzen einen ähnlichen Akzent wie paarweise zusammengestellte Komplementärfarben. Eine Gruppe cremeweißer Lilien neben blauem Rittersporn kann unvergleichlich schön und brilliant wirken – doch sollte dies im Garten ein Einzelereignis bleiben. Wenn andererseits die blaue Fläche vergrößert wird und das Blau blaß und gedämpft ist, wirken weiße Gruppen nicht so stark und der Kontrast ist weniger extrem. In einem Meer heller Vergißmeinnicht kann man reinweiße Tulpen pflanzen, ja sogar scharlachrote oder tief dunkelrote Tulpen. Kriechender Steinsame, *Brunnera macrophylla*, Omphalodes und Hasenglöckchen sind alle geeignet und attraktiv als Beetpflanzen unter der im Frühjahr blühenden *Magnolia stellata* oder den weiß- oder rosagetönten, tulpenähnlich blühenden Formen von *M. × soulangiana*.

Ähnliche Wirkungen lassen sich im Spätsommer erzielen, wenn man Enziane, z.B. *Gentiana septemfida*, *Salvia patens* und die dunklere *S. guaranitica* einsetzt, die im Schatten, wo die Erde sich feucht halten läßt, glühende Farben bieten. Weiß und rahmweiß blühende Eucryphien oder *Hoheria sexstylosa*, mit ähnlichen Ansprüchen, bilden elegante Pyramiden. Im Gehölzbereich eines naturgemäßen Gartens lassen sich, bei saurem Boden, mit blauen Hortensien hübsche Farbtupfer setzen; im übrigen kann man mit den verschiedenen Hortensien in verwandten Blautönen, vom leuchtenden Türkis über blasses Schieferblau bis hin zu Rosa-Violett, kräftige Farbakzente in strukturellem Kontrast zu dem früher im Jahr blühenden dunstigblauen Lavendel und der Katzenminze setzen. In voller Sonne zeigt *Hibiscus syriacus* 'Coelestis' seine flachen, offenen violetten Malvenblüten und wirkt besonders warm neben dem blaugrünen Laub der Jackman's-Raute. Die leuchtend blauen asternartigen Blüten der nicht winterharten kriechenden *Felicia pappei* kontrastieren mit der größeren krautigen *Aster × frikartii* 'Mönch', deren bogenförmige Stengel lavendelblaue, in der Mitte gelbe Blüten tragen. Beide sind gute Begleitpflanzen für rosa Phlox und Bartfaden, besonders solche mit deutlichem blauen Pigment.

**Planskizze**

**Pflanzplan.** Die Ziffern in Klammern geben die Zahl der benötigten Pflanzen an.

**Diese Rabatte in dunstigen Blautönen zeigt im Hochsommer, wenn die Blüte auf ihrem Höhepunkt ist, eine Fülle von Pastellfarben: Sie sehen fein und klar aus, wenn man sie aus der Nähe betrachtet, besonders wenn sie von benachbarten grauen Blättern belebt werden, fließen aber ineinander, werden sie von weitem angesehen. Das 21 × 4 m große Beet hat eine hohe Mauer als Hintergrund, an der sich Sträucher und Kletterpflanzen zu einem Vorhang aus Blüten und Blättern verbinden. Ein schmaler Pfad zwischen dem Mauerbeet und der Rabatte selbst erleichtert den Zugang und erschließt dem, der es genauer ergründen will, zahllose überraschende Farbakzente.**
**Die Rabatte wird durch Immergrün fest strukturiert. Lorbeerpyramiden (Laurus nobilis) sind unmittelbar vor die warme Mauer gesetzt. Dunkelblättrige Schleifenblumen und drei buschige Hügel der zinngrauen Artemisia 'Powis Castle' bekamen ihren Platz an der Vorderkante der Rabatte und verleihen dem Aufbau Stabilität. Sie verbinden die auf und ab wogende Bepflanzung mit dem Rasen und sorgen für einen kräftigen Gegensatz zu den eher luftigen und zarten krautigen Pflanzen. Die Blätter der Sibirischen Iris, Pfingstrosen und Wiesenraute tragen später zur Wirkung der Rabatte bei, wenn die Gräser mit ihren Halmen und Federbüscheln gedämpfte Farbtupfer bilden zwischen den Flächen von Spätsommerastern in verschiedensten Farben. Den ganzen Sommer hindurch und darüber hinaus blühen die Strauchrosen, und Cotinus obovatus leuchtet in einer Herbstfarbe bewußt eingesetzt, um die zurückhaltende Anmut der vorwiegend blassen Farben zu durchbrechen.**
**Diese Rabatte ist arbeitsintensiv; die Sträucher nehmen in jedem Jahr an Höhe zu und breiten sich aus, zerstören damit die Proportionen, und fast in jedem Jahr muß die Farbwirkung etwas nachgebessert werden, wenn die Stauden geteilt werden. Die hohen Stauden müssen in jedem Frühjahr gestäbt und reichlich gedüngt werden.**

**Pflanzenschlüssel**
1 *Cytisus battandieri*
2 *Nerine bowdenii*
3 *Clematis rhederana*
4 *Camassia leichtlinii*
5 *Iris unguicularis*
6 *Laurus nobilis*
7 *Clematis orientalis*
8 *Eupatorium ligustrinum*
9 *Rosa* 'New Dawn'
10 *Clematis alpina* 'Frances Rivis'
11 *Daphne* 'Somerset'
12 *Viola labradorica* 'Purpurea'
13 *Abutilon vitifolium*
14 *Choisya ternata*
15 *Salvia turkestanica*
16 *Thalictrum speciosissimum*
17 *Geranium pratense*
18 *Ceanothus* 'Gloire de Versailles'
19 *Cytisus praecox*
20 *Paeonia lactiflora* 'Bowl of Beauty'
21 *Polemonium foliosissimum*
22 *Campanula lactiflora*
23 *Philadelphus* 'Innocence'
24 *Bergenia stracheyi*
25 *Cotinus obovatus*
26 *Eryngium giganteum* 'Miss Willmott's Ghost'
27 *Aster lateriflorus* 'Horizontalis'
28 *Miscanthus sinensis*
29 *Artemisia lactiflora*
30 *Aster umbellatus*
31 *Gypsophila paniculata*
32 *Clematis recta*
33 *Spiraea thunbergii*
34 *Thalictrum delavayi*
35 *Lilium regale*
36 *Paeonia* 'Globe of Light'
37 *Rosa* 'Buff Beauty'
38 *Anemone apennina*
39 *Acanthus mollis var. latifolius*
40 *Artemisia* 'Powis Castle'
41 *Rosa* 'Tynwald'
42 *Salvia farinacea* 'Victoria'
43 *Aster frikartii* 'Mönch'
44 *Iberis sempervirens*
45 *Hemerocallis citrina*
46 *Penstemon* 'Sour Grapes'
47 *Geranium renardii*
48 *Lysimachia ephemerum*
49 *Astrantia major* 'Sunningdale Variegated'

# *WINTER*

*Chionodoxa luciliae*

*Crocus tomasinianus* 'Ruby Grant'

*Scilla sibirica* 'Atrocoerulea'

**Chionodoxa**, Schneestolz
Wie der deutsche Name andeutet, findet sich diese kleine Bergpflanze im Freiland in der Nähe der Schneegrenze. Sie zeigt dort jene intensive »Bläue«, die für Bergpflanzen an offenen Standorten kennzeichnend ist. In Gärten, bei gemäßigtem Klima, sollte man sie in kurzes Gras oder Blumenbeete pflanzen, wo volle Besonnung möglich ist; ihre blauen »Wogen« werden hier die verblühenden Winterlinge ablösen. Die sternförmigen Blüten mit weißer Mitte kommen fast schon vor den bandförmigen, an der Spitze stumpfen Blättern hervor. Die Zwiebeln sollten im Herbst gesetzt werden. Man kann diese anpassungsfähigen Pflanzen dann vergessen, bis sie in jedem Jahr von neuem blühen.
*C. luciliae* hat hellblaue Blüten mit weißer Mitte; es gibt auch weiße und rosa Sorten. *C. sardensis* ist himmelblau, manchmal mit einem weißen Auge.
▷ Zwiebelstauden, 15 cm, volle Sonne, Winterhärtezonen 6 bis 8.

**Crocus**
*C. tommasinianus* entwickelt seine Knospen lange bevor die Blüten sich öffnen. Die lavendelfarbenen bis tief rötlich purpurnen Blüten umfassen ein breites Farbspektrum; es gibt auch eine weiße Sorte. Es ist eine robuste und winterharte Pflanze, die in kurzem Gras gerne verwildert und sich reichlich ausbreitet (manchmal zu reichlich), auch bis in benachbarte Blumenbeete hinein. Die schmalen Blätter sind deutlich mit einem weißen Streifen verziert.
▷ Zwiebelstaude, 7,5 cm, volle Sonne oder Halbschatten, Winterhärtezonen 6 bis 9.
Mit dem Namen *C. vernus* werden die großblütigen holländischen Formen zusammengefaßt, deren Blüten in zahllosen Schattierungen vorkommen. *C. vernus* 'Queen of the Blues' ist lavendelblau, 'Purpureus Grandiflorus' hat eine purpurgetönt blaue Farbe.
▷ Zwiebelstaude, 10 cm, volle Sonne, Winterhärtezonen 6 bis 9.
(s. auch »Reines Gelb: Frühjahr«).

**Iris**
Die kleinen Zwiebeliris mit leuchtender Blüte sind in dieser Jahreszeit höchst willkommen. Unter diesen »Edelsteinen« zählt *I. histrioides* aus der Reticulata-Gruppe zu den anspruchslosesten. Sie präsentiert ihre intensiv blauen Blüten mit orangefarbiger Zeichnung, bevor die Blätter kommen. Die Blumenblätter sind offenbar nicht frostempfindlich. Diese Iris brauchen einen voll besonnten Standort.
Besser bekannt ist die namengebende Iris der Reticulata-Gruppe, *I. reticulata*. Im Freiland bewegen sich ihre Farben zwischen blassen und tiefen Blau- und Violettönen. Sie ist leicht zu ziehen und winterhart. Wie bei allen »Blauen« ändert sich jede bezeichnete Schattierung mehr oder weniger ins Blaue oder Purpurne hinein, wenn sie in die Nähe eines nahe verwandten Blautons gesetzt wird. Die blauen Farben, die in den Katalogen gezeigt werden, haben sogar noch mehr den Charakter eines Chamäleons. Schauen Sie sich nach Varianten um, deren Name einen Hinweis gibt. *I. reticulata* 'Cantab' ist blaß hellblau, und 'Royal Blue' zeigt ein Oxfordblau, beide mit wenig auffälligem »roten« Farbstoff. 'J.S. Dijt' ist tief purpurn, also deutlich rot getönt. Gute Dränage und sandiger Boden sichern den Erfolg.

# FRÜHJAHR

Die Zwiebeln lassen sich leicht durch Teilung vermehren.
▷ Zwiebelstauden, 10 bis 15 cm, volle Sonne, Winterhärtezonen 7 bis 9.
*I. unguicularis*, die kleine algerische Iris, bevorzugt einen nährstoffarmen Boden am Fuß einer besonnten Mauer. Man sollte sie ungestört lassen, muß aber die grasartigen Blätter im Frühjahr zurückschneiden, damit die Rhizome austrocknen können. Unter günstigen Bedingungen sind die leicht duftenden violetten Blüten den ganzen Winter über vorhanden, oft aber wird die einzelne Gruppe nur einmal in der Saison in einem konzentrierten Ausbruch erblühen. *I. unguicularis* 'Mary Barnard' hat dunklere Blüten. Sehr attraktiv, aber selten ist auch eine weiße Sorte.
▷ Immergrüne Rhizomstaude, 23 cm, volle Sonne, Winterhärtezonen 7 bis 9.

**Scilla**
Diese blaublühenden winterharten Zwiebelpflanzen sind nahe mit der Gattung *Chionodoxa* und dem »Hasenglöckchen«, *Endymion non-scriptus*, verwandt. Sie fühlen sich in jedem gut bearbeiteten Boden, in Steingärten und in grobem Gras wohl.
Die Blüten von *S. bifolia* variieren in der Farbe von einem tiefen malvenartigen Blau bis hin zu einem deutlicher blauen Ton. Auch weiße und rosa Formen sind nicht ungewöhnlich. Sie lassen sich gut im Rasen verwildern.
▷ Zwiebelstaude, 15 cm, volle Sonne oder Halbschatten, Winterhärtezonen 7 bis 9.
Bei *S. sibirica* kommt aus jeder kleinen Zwiebel mehr als ein Stiel mit zwei bis fünf leuchtend tiefblauen oder – bei *S. sibirica* 'Taurica' – blaßblauen, nickenden Glockenblüten. Die Blätter erscheinen sehr zeitig im Frühjahr, bald danach kommen die Blüten hervor, die eine lange Zeit über bleiben. Bei sehr warmem Klima kann man sie in kühlen Schatten pflanzen.
▷ Zwiebelstaude, 10 bis 15 cm, volle Sonne oder Schatten, Winterhärtezonen 3 bis 8.

**Viola**, Stiefmütterchen
*V.* × *wittrockiana* 'Azure Blue', die als halb-winterharte Einjährige oder Zweijährige gezogen werden, blühen immer gut, besonders wenn sie regelmäßig geschnitten werden. Man sät sie im Sommer ins Freie; den ganzen Winter lang gibt sich die Pflanze dann schmuck, selbst durch strenge Fröste lassen sich die Blüten kaum »entmutigen«. Man kann sie aber auch im zeitigen Frühjahr im Gewächshaus aussäen, um im Sommer Blüten zu bekommen. 'Azure Blue' sieht in Gefäßen wundervoll aus, zusammen mit dem silberblättrigen *Tanacetum haradjanii* und weißblühenden Frühlingstulpen. Es sei empfohlen, sie für formstrenge Sommerbeete zu verwenden; ihre regelmäßige Gestalt und Wuchsform eignen sich hervorragend für geometrische Muster. Sie sollte zusammen mit größeren grauen Pflanzen oder weißen Blüten gepflanzt werden. Leuchtende komplementäre orange oder gelbe Blumen sehen in gewisser Entfernung dazu gut aus, graue oder grüne Blätter sollten die lebhaften kontrastierenden Farben zugleich verbinden und trennen (s. auch »Umrahmendes Blattwerk: Grün«).
▷ Einjährige oder Zweijährige, 23 cm, volle Sonne oder Halbschatten, Winterhärtezonen 5 bis 9.

**Anemone**, Anemone
*A. apennina* hat farnartige Blätter und blaue Blüten mit vielen Blütenblättern. Sie besiedelt gerne Gras oder Rabatten unter sommergrünen Sträuchern und bildet dann schöne Farbflecken. Es gibt weiße und rosa Sorten, sie sind aber selten. Diese Anemone sollte man beispielsweise unter purpurblättrigen Pflaumen und anderen purpur- oder bronzeblättrigen Sträuchern setzen. Sehr schön wirken sie auch neben Büscheln der dunklen, blanken Blätter von *Tellima grandiflora* 'Purpurea'. Ebenso gut sehen die blaßblauen Blüten aus, wenn sie zusammen mit dem grellen Gelb frühblühender Forsythien und gefüllten Kerrien zu sehen sind. Geradezu umwerfend aber wirken sie unter einer weißen Magnolie.
▷ Sommergrüne Rhizomstaude, 15 cm, volle Sonne oder Schatten, Winterhärtezonen 7 bis 9.
*A. blanda* blüht etwas früher als *A. apennina*. Botanisch unterscheidet sie sich durch die fast ungestielten und haarlosen Blättchen. Auch ist die knollige Wurzel eher rundlich. An einem geschützten Standort kann sie sehr zeitig im Frühjahr aus der Erde hervortreten und mit der Blüte beginnen, wenn die Winterlinge verblühen. Durch ihre geringen Raumansprüche eignet sie sich bestens für den Stadtgarten, wo jeder Platz kostbar ist.
▷ Sommergrüne Knollenstaude, 10 bis 15 cm, Halbschatten, Winterhärtezonen 7 bis 9.
Von *A. nemorosa*, mit weißer Blüte bei der Stammform (s. »Weiße Töne: Frühjahr«), gibt es mehrere schöne farbige Sorten. *A. nemorosa* 'Allenii' hat große blasse silbrig lavendelfarbene Blüten. 'Robinsoniana' hat lavendelfarbige Blüten, und 'Royal Blue' zeigt ein intensives Blau mit einem Hauch von Lila. Alle diese Sorten bilden liebliche formlose Farbflächen und werden am besten nicht gemischt gepflanzt, sondern in getrennten einheitlichen Farb»blöcken«.
▷ Sommergrüne Rhizomstaude, 15 bis 23 cm, Schatten, Winterhärtezonen 7 bis 9.

**Brunnera**, Kaukasusvergißmeinnicht
*B. macrophylla* hat leuchtend vergißmeinnichtblaue Blüten über rauhen, behaarten dunkelgrünen Blättern. Sie ist ein wirksamer Bodendecker, wenn sie auch als echte Staude ihre Blätter im Winter verliert. Gruppen nehmen rasch an Größe zu, die selbstausgesäten Sämlinge gedeihen in schattigen Winkeln. In trockenen Zeiten neigt *B. macrophylla* zum Erschlaffen, feuchter Boden und Halbschatten sagen ihr sehr zu. Ein unvergeßlicher Anblick ist ihr dunkles Blau im Hintergrund einer Strauchecke oder unter dem Laubdach einer silberblättrigen Hängebirne.
▷ Sommergrüne Staude, 45 cm, Halbschatten oder Schatten, Winterhärtezonen 6 bis 9.

**Ceanothus**, Säckelblume
Diese sonnenliebenden Sträucher, besonders die immergrünen Arten, brauchen in den meisten Gärten eine geschützte Mauer, an der man sie entweder als Einzelexemplar wachsen läßt oder immer wieder stark zurückschneidet, damit sie von den reflektierenden Steinen möglichst viel Wärme bekommen. Die laubabwerfenden Arten und Sorten sind im allgemeinen eher winterhart und ausgezeichnete Rabattenpflanzen, die noch blühen, wenn es sonst kaum noch Blüten gibt (s. auch »Spätsommer«).

*C. impressus* hat kleine, ledrige Blätter und tiefblaue Blüten. Diese Art ist nicht besonders winterhart und selten langlebig; wählt man für sie einen warmen, geschützten Standort sorgfältig aus, lohnt sie es reichlich. Man kann sie hinter die lilienblütige Tulpe 'Mrs. Moon' pflanzen – die duftenden gelben Blüten bilden einen lebhaften Kontrast.
▷ Hoher immergrüner Strauch, volle Sonne, Winterhärtezonen 7 bis 10.
*C. arboreus* 'Trewithen Blue' wird in warmen Gärten eine ideale Baumform erreichen. Tiefblaue, duftende Rispen stehen zwischen frischgrünen Blättern. Der Strauch wirkt eindrucksvoll, besonders wenn bis zur Blütezeit das Laub von den unschönen braunen frostgeschädigten Blättern befreit wurde. Man sollte *C. arboreus* zu einer Attraktion vor der Hauswand machen, aber daran denken, daß er gut abgestützt werden muß; weil er so rasch wächst, besteht die Gefahr, daß das Wurzelsystem ihn nicht genügend verankert.
▷ Hoher immergrüner Strauch, volle Sonne, Winterhärtezonen 8 bis 10.

*Brunnera macrophylla*

*Anemone blanda* 'Atrocoerulea'

*Omphalodes cappadocica*

*Myosotis alpestris*

**Clematis**, Waldrebe
*C. alpina* hat die typische bläßlich blaue Farbe und gehört zu den Kletterformen. Sie überwuchert etwa gerne eine niedrige Mauer oder einen alten Baumstumpf. Die Sorte *C. alpina* 'Frances Rivis' ist tiefer blau und hat 5 cm lange Kelchblätter. Es sei empfohlen, sie hinter gelben Kaiserkronen, *Fritillaria imperialis*, wachsen zu lassen.
*C. macropetala* 'Maidwell Hall' ist eher kräftiger blau als die *C. alpina*-Sorten, im Wuchs aber sehr ähnlich. Keine von ihnen wird jedoch überstark oder bedrängt die sommergrünen Sträucher, zwischen denen sie gerne klettert. Am besten verwendet man sie gemischt und läßt sie über den Rand von Mauern oder großen Gefäßen herab»fließen« (s. auch »Weiße Töne: Frühjahr«).
▷ Sommergrüne Kletterpflanzen, volle Sonne oder Halbschatten, Wurzeln im Schatten, Winterhärtezonen 3 bis 9.

**Iris**, Schwertlilie
Die winterharten Zwiebeliris, die man gewöhnlich in Holländische, Spanische und Englische unterteilt, sind zähe Pflanzen, die wenig Pflege erfordern. Man stelle sie in Mischrabatten zu farbenprächtigen Gruppen zusammen.
Die Hollandica-Hybride *I.* 'Wedgwood' ist sehr populär, mit ihren blaßblauen Blüten. Sie ist zäh, und wenn man sie in Gruppen in offene Rabatten pflanzt, braucht sie wenig Pflege. Nur muß man die Samenkapseln entfernen, schon während sie sich bilden. Es gibt eine Reihe weiterer guter blauer Holland-Iris; sie sind meist von *I. xiphium* abgeleitet.
*I. xiphium* selbst, eine wild in Spanien vorkommende Schwertlilie, ist gewöhnlich kleiner und blüht etwas später. Damit sie wirklich zu einem rein- oder violettblauen Thema paßt, sollte man benannte Varietäten auswählen, wie sie bei einem zuverlässigen Züchter im Katalog aufgeführt sind.
Von *I. xiphioides* gibt es eine ganze Anzahl von Züchtungen und Hybriden, die sich durch die Wuchshöhe unterscheiden, mit größeren, offenen Blüten. Am besten suchen Sie nach benannten Varietäten, wenn sie die Schattierung und die Art von Blau finden möchten, die Sie bevorzugen.
▷ Zwiebelstauden, 60 cm, volle Sonne, Winterhärtezonen 6 bis 9.

**Muscari**, Traubenhyazinthe
Die häufigsten Schattierungen bei diesen kleinen, winterharten Zwiebelpflanzen reichen von einem tiefen purpurähnlichen Blau bis zum Azurblau. Sie gedeihen in durchschnittlichem Boden und vermehren sich manchmal fast zu rasch. Man kann sie beispielsweise in größerer Fülle unter einen einzelnen Rasenbaum pflanzen und die Zwiebeln sich entsprechend dem Umfang des Laubdachs ausbreiten lassen, gemischt mit einfachen Waldveilchen. Sie sind auf diese Weise weitaus wirkungsvoller, als wenn man sie in Rabatten verwildern läßt, wo sie bald lästig werden.
*M. armeniacum* hat lange Trauben in leuchtendem Blau. *M. armeniacum* 'Cantab' ist eine blasse Sorte, 'Heavenly Blue' ist leuchtender, und 'Blue Spike' hat mittelblaue Blüten.
▷ Zwiebelstaude, 23 cm, volle Sonne oder Halbschatten, Winterhärtezonen 7 bis 9.
*M. comosum* (syn. *Leopoldia comosa*) besitzt Blütenstände, bei denen die oberen Blüten purpurn, die unteren, fruchtbaren olivgrün sind. Da sie keinen Samen ansetzen, dauert die Blüte lange an.
▷ Zwiebelstaude, 45 cm, volle Sonne oder Halbschatten, Winterhärtezonen 7 bis 9.

**Myosotidium**
*M. hortensia* ist eine erstaunliche Pflanze, die selbst bei günstigem Klima äußerst schwierig zu ziehen ist. Sie kann Dürre nicht vertragen, darf aber nie zu stark gewässert werden, braucht eine reichliche Düngung mit Algenextrakten (die einen hohen Anteil an Kalium und viele Spurenelemente enthalten), muß vor voller Sonne geschützt werden, möchte aber gerne Wärme haben und erträgt wenig Frost. Der fortgeschrittene Gärtner, der mit dieser Pflanze erfolgreich ist, hat damit einen »Edelstein« in seinem Garten. Die tief geäderten Blätter, die denen der Funkie ähneln, aber immergrün sind, bilden prächtige Horste, von denen sich leuchtend blaue »Vergißmeinnicht«-Blüten in großen Trugdolden erheben. Die Staude sollte in einen geschützten Winkel gepflanzt werden, wo es während der Blütezeit keinerlei Konkurrenz gibt und ihre Wirkung voll zur Geltung kommt.
▷ Immergrüne Staude, 45 cm, Halbschatten, Winterhärtezonen 8 bis 9.

**Myosotis**, Vergißmeinnicht
*M. alpestris*, ein wildes europäisches Vergißmeinnicht, hat blaßblaue Blüten. *M. alpestris* 'Royal Blue' aber entwickelt leuchtend blaue Blüten. Am besten zieht man sie aus Samen und pflanzt im Sommer, um im folgenden Frühjahr die Blüte zu haben. Man sollte sie verwildern lassen; nicht jeder Sämling wird farbgetreu, aber die entstehende Mischung von Tönen ist genauso reizvoll wie eine Einzelfarbe. Nach einigen Jahren sollte man alle Pflanzen fortwerfen und von vorne beginne.
▷ Zweijährige, 23 cm, volle Sonne oder Schatten, Winterhärtezonen 5 bis 9.
*M. palustris*, das Sumpfvergißmeinnicht, eignet sich für flache Teiche mit einer Wassertiefe bis 7,5 cm; es blüht viele Wochen. *M. palustris* 'Mermaid' hat dunkle Blätter, tiefblaue Blüten mit gelben Augen und ist zäh und zuverlässig.
▷ Sommergrüne Staude, 15 bis 45 cm, volle Sonne, Winterhärtezonen 5 bis 9.

**Omphalodes**
*O. cappadocica* bildet Büschel mit Trauben azurblauer Blüten über langstieligen grünen Blättern. Sie läßt sich formlos am Rand eines waldartigen Gartenteils pflanzen. Oberflächlich einem Vergißmeinnicht ähnlich, ist sie eine echte Staude und wirkt vornehmer.
*O. verna*, das Gedenkemein, breitet sich mit Hilfe von Wurzelausläufern schneller aus. Sie bildet mit ihren herzförmigen Blättern dichte Teppiche, über die sich die Trauben kleiner blauer Blüten erheben. Sie blüht früher als *C. cappadocica*. Man muß ihr reichlich feuchtigkeitsspeichernden Humus geben.
▷ Sommergrüne Stauden, 15 cm, Halbschatten oder Schatten, Winterhärtezonen 7 bis 9.

**Pulmonaria**, Lungenkraut
Das gewöhnliche Lungenkraut *(P. officinalis)*, mit seinen unscheinbaren blauen oder rosa boretschartigen Blüten, kann eintönig sein und zu stark wuchern. Es gibt jedoch andere Arten und Sorten.
*P. angustifolia* 'Munstead Blue' hat sanft blaue Blüten, die sich aus rosa Knospen öffnen und über schlichtgrünen, leicht borstigen Blättern stehen. Gruppen dieser Pflanze schaffen blaue Lichtbündel unter laubabwerfenden Sträuchern.
▷ Sommergrüne Staude, 20 cm, Halbschatten, Winterhärtezonen 6 bis 9.

**Rosmarinus**, Rosmarin
Rosmarin sollte in jedem Garten stehen. Die hageren, stelzigen Büsche vermitteln ein Gefühl von Alterswürde, und die blassen, zartvioletten Blüten passen zu jedem Pflanzschema. Die Sträucher mit den grau überhauchten grünen, aromatischen Blättern, die zum Würzen verwendet werden, schaffen eine Verbindung zwischen Zier- und Küchengarten. Ein kleiner Kräutergarten läßt sich hinter einer Rosmarinhecke verbergen; oder man kann einen Eingang mit einem Paar dieser Pflanzen umrahmen.
*R. officinalis* blüht früh und setzt seine Blüte in Wellen den ganzen Sommer fort. Die neuen Sorten mit dunkleren Blüten in Fliederblau und leuchtendem Dunkelblau wirken attraktiv. *R. officinalis* 'Benenden Blue' ist etwas weniger winterhart und kleiner als die Stammform, doch ist diese Sorte wegen ihrer leuch-

# FRÜHSOMMER

tend blauen Blüten einen Versuch wert. Auch 'Severn Sea', eine Zwergform mit anmutig hängendem Wuchs und brilliant blauen Blüten, ist frostempfindlich. Sie wird weder besonders groß, noch ist sie langlebig. Eine andere Sorte, deren Seitensprosse lang werden, 'Fastigiatus', läßt sich so dicht an einer Mauer hochziehen, daß sie bei knappem Raum Platz spart.

▷ Niedrige bis halbhohe immergrüne Sträucher, volle Sonne, Winterhärtezonen 7 bis 10.

**Symphytum**, Beinwell
Diese ziemlich grob beblätterten Pflanzen können im Schatten als prächtige Bodendecker dienen. *S. caucasicum* ist auch eine gute Pionierpflanze, die sich durch unterirdische Ausläufer verbreitet. Über den grauen, rauh behaarten Blättern, die später grün werden, erheben sich die lockeren Trauben blaß vergißmeinnichtblauer Blüten. Man sollte sie in ein lichtes Waldstück pflanzen. Oder man pflanzt sie in einem kleinen Garten mit dem Ziel, Arbeitsbereiche zu verbergen, etwa um Gartenschuppen oder Öltanks.

▷ Sommergrüne Staude, 60 cm, Halbschatten oder Schatten, Winterhärtezonen 6 bis 9.

**Vinca**, Singrün, Immergrün
*V. minor*, das kleinere Immergrün, bildet sattblaue, pflaumenfarbige oder weiße Blüten. Es gibt auch gefüllte Formen, und einige haben panaschierte Blätter. Gewöhnlich zieht man es im trockenen Schatten, wo es einen beachtlichen, Unkraut unterdrückenden Bodendecker abgibt und oft einfach in Ruhe gelassen wird, weder Dünger bekommt noch geteilt wird. Allerdings blüht es in viel größerer Fülle, wenn man es am offenen Standort zieht und pflegt.

▷ Immergrüner Zwergstrauch, volle Sonne oder Schatten, Winterhärtezonen 5 bis 9.

**Viola**, Veilchen
*V. odorata*, das Duftveilchen, die kleine Waldpflanze mit den köstlich duftenden Blüten, ist ein rascher Besiedler, der sich durch Ausläufer und Samen verbreitet. Die Blüten im Spätwinter und im zeitigen Frühjahr tragen nicht zur Vermehrung bei, erst die späteren fast unsichtbaren Blüten, die unter den Blättern sitzen, liefern den keimfähigen Samen. Man zieht Duftveilchen als Einfassung, am Grund einer dunklen Eibenhecke oder um einen Einzelbaum, der im Rasen steht und ein großes Sommerdach bildet. Es gibt viele »veredelte« Farbschläge, auch in Weiß und Rosa. *V. odorata* 'Czar' hat ein angenehmes Violett bis Purpur.

▷ Sommergrüne Staude, 15 cm, Halbschatten oder Schatten, Winterhärtezonen 4 bis 8.

*V. labradorica* 'Purpurea' hat leuchtend violettblaue Blüten und dunkel purpurne Laubblätter (s. »Kräftiges Rot: Blattwerk«), die im Laufe der Sommermonate allmählich grün werden. Es ist eine entzückende Pflanze, die ins Auge fällt, ohne sensationell zu wirken. Man läßt sie sich selber am Rand von Rabatten, in Kies oder zwischen Platten in den Ritzen aussäen. Hat man sie büschelweise gesetzt, sollte man graublättrige Kriechpflanzen oder buschigen silbrigen Beifuß zwischenpflanzen.

▷ Sommergrüne Staude, 15 cm, volle Sonne oder Halbschatten, Winterhärtezonen 3 bis 8.

**Abutilon**
Die zwei Abutilon sind wertvolle Zierbüsche im Garten, die sich durch reizvolle graugrüne, halb-immergrüne Blätter auszeichnen, einen regelmäßige Pyramidenwuchs und glocken- oder schalenförmige lavendelblaue und blaß malvenfarbene Blüten entwickeln. Am besten kommen sie zur Wirkung, wenn man sie vor eine Mauer pflanzt. Nach der Blüte müssen sie stark zurückgeschnitten werden. Zu beiden gibt es weiße Sorten (s. »Weiße Töne: Frühsommer«).

*A.* × *suntense*, eine Hybride aus *A. vitifolium* und dem kleineren, dunkler blühenden *A. oechsenii*, hat becherförmige, dunkel violettblaue Blüten. Die Farbe ist kräftig genug, um sie bei der Wahl der begleitenden spätblühenden Tulpen zu berücksichtigen – beispielsweise *T.* 'Niphetos' mit sanft schwefelgelben Blüten.

*A. vitifolium* hat breite, schalenförmige Blüten in blaß lila bis gräulich weißer Farbe.

▷ Hohe halb-immergrüne Sträucher, volle Sonne oder Halbschatten, Winterhärtezonen 8 bis 10.

**Aquilegia**, Akelei
*A. alpina*, von der es heute viele »veredelte« Linien mit anderen Blütenfarben gibt, ist ursprünglich rein himmelblau oder blau-weiß, im übrigen sehr hübsch und zierlich mit ihren flügelartigen Blumenblättern und großen Spornen über graugrünen Blättern. Man zieht sie aus Samen und pflanzt sie in lichten Schatten. Sie hat genau den richtigen Blauton, um mit dem Malvenpurpur von *Erysimum* 'Bowles Mauve' und mit Mondviolen zu harmonieren.

▷ Sommergrüne Staude, 30 cm, volle Sonne oder Halbschatten, Winterhärtezonen 5 bis 9.

**Camassia**
Auch diese Pflanze wurde »veredelt«. Man erzielte größere Blüten und neue Farbtöne, die zwischen Oxfordblau und dem blassen, ausgewaschenen Blau der ursprünglichen *C. quamash* liegen. Von der anderen Art, *C. leichtlinii*, gibt es eine tiefblaue Sorte, sie ist vielleicht die beste. Man sollte sie gruppenweise in Mischrabatten setzen, wo Stauden heranwachsen, von denen die absterbenden Blätter verdeckt werden.

▷ Zwiebelstauden, 90 bis 120 cm, volle Sonne, Winterhärtezonen 6 bis 9.

**Ceanothus**, Säckelblume
Unter den Säckelblumen, die im Frühsommer mit ihrer Blütenfarbe das Bild bestimmen, sind Sträucher, die wegen ihrer Blattform besonders wichtig sind (s. »Umrahmendes Blattwerk: Grün«).

*C. dentatus* hat Blätter mit eingerollten Rändern – dadurch erscheinen sie kleiner, als sie sind – und leuchtend blaue Blüten. Die Pflanze braucht einen warmen Standort.

*C.* 'A.T. Johnson' hat sattblaue Blüten, die im Herbst in großer Fülle noch einmal erscheinen. Bei begrenztem Platz ist diese Sorte günstig.

*C. thyrsiflorus* 'Cascade' ist ausgesprochen reichblütig. Die staubig blauen Blüten auf den gebogenen Ästen schaffen fast ein Bild wie bei Trauerformen. Nach meinen Erfahrungen ist es eine der winterhärtesten und eine sehr schnell wachsende Säckelblume.

▷ Hohe immergrüne Sträucher, volle Sonne, Winterhärtezonen 7 bis 10.

*C.* × *veitchianus*, mit seinen glänzend grünen, keilförmigen Blättern, grau auf der Unterseite, trägt dichte Blütenstände aus leuchtend blauen Blüten. Die Art zählt zu denen, die am reichlichsten blühen, wird aber manchmal mit *C. dentatus* verwechselt.

*C. prostratus* und *C. thyrsiflorus* var. *repens*, kriechende Formen mit blauen Blüten, wachsen mehr niederliegend und bilden grüne Polster. Die erstgenannte Art bildet eher Matten und eignet sich für kleinere Gärten. Sie bildet leuchtend blaue Blüten; bei der zweiten Form sind die Blüten blaßblau.

▷ Halbhohe immergrüne Sträucher, volle Sonne, Winterhärtezonen 7 bis 9.

**Convolvulus**, Ackerwinde
Wie der Name andeutet, umwinden die Pflanzen dieser Gattung gewöhnlich gerne andere Pflanzen oder Gegenstände – der kleine *C. mauritanicus* (syn. *C. sabatius*) aus Nordafrika aber beschränkt sich auf kriechenden Wuchs. Die Blüten sind in der Knospe gedreht und öffnen sich zu breiten Röhren von intensivem Blau. Man sollte den Winden eine gute Dränage und volle Besonnung bieten. Man kann sie über den Rand von Gefäßen wuchern lassen. Im Winter muß man sie frostfrei unterbringen, wenn man einen freiliegenden Garten hat oder kein günstiger Platz zur Verfügung steht.

▷ Sommergrüne Kriechstaude, 15 cm, volle Sonne, Winterhärtezonen 9 bis 10.

*Abutilon* × *suntense*

*Convolvulus mauritanicus*

Zwerg-Bartiris mit Rosmarin

**Gentiana**, Enzian
Die Enzianarten – die im allgemeinen leuchtend blaue Trompetenblüten besitzen – haben unterschiedliche Kulturansprüche. Viele kommen nicht ohne sauren Boden aus; einige sind kalktolerant. Die meisten wachsen niederliegend, wobei sich die Trompetenblüten nur wenig über die grünen, mattenbildenden Blätterbüschel erheben. Andere werden unter schattigen Waldbedingungen größer und gedeihen nur in feuchter Erde.
*G. acaulis* kann unberechenbar sein. Bieten Sie diesem Enzian einen offenen Standort und feuchte, humusreiche, saure bis alkalische Erde, weil er auf diese Bedingungen offensichtlich nicht verzichten kann. Auch dann noch fällt manchmal die Blüte aus, ohne daß man den Grund feststellen kann; versetzt man die Pflanze – sei es nur über kurze Entfernung –, ist das Problem oft gelöst. In anderen Gärten werden die brillianten blauen Blüten wie nach der Uhr in jedem Jahr von neuem hervorgebracht, und der kleine Enzian breitet sich immer mehr aus.
▷ Sommergrüne Staude, 7,5 cm, volle Sonne, Winterhärtezonen 6 bis 9.

**Iris**, Schwertlilie
Schwertlilien sind nach Prägung, Bedürfnissen wie Erscheinungsbild dermaßen verschieden, daß hier nur für jede Gruppe eine allgemeine Beschreibung gegeben werden kann.
Von den Bartiris der Germanica-Hybriden gibt es zahllose Farben und unterschiedliche Größen. Die Zwergformen haben den Vorteil, daß sie nicht abgestützt werden müssen. Ich selber bevorzuge die einfachen einfarbigen Blüten, die keine Verzierungen oder besondere Farbeffekte auf den Hängeblättern haben. Versuchen Sie, die Sorten bei einem Züchter in Blüte zu sehen und wählen Sie danach die Farbe aus, die zu Ihrem Gartenthema paßt. Die Blätter (s. »Umrahmendes Blattwerk: Silber und Grau«) sind immer gut als Gegensatz zu sanfteren Formen zu verwenden.
▷ Immergrüne Rhizomstauden, 45 bis 150 cm, volle Sonne, Winterhärtezonen 6 bis 9.
*I. pallida* 'Dalmatica' ist eine Bartiris mit herrlichen blassen, fast lavendelblauen Blüten. Die grauen, fast immer»grünen« Schwertblätter stehen im Gegensatz zu den blassen Blüten. Sie sollten in großen Gruppen gezogen werden. Volle Besonnung und gute Entwässerung sind wesentlich; die Rhizome, die flach eingesetzt werden, läßt man während der Sommermonate austrocknen. Nach der Blüte wird ausgepflanzt oder geteilt; die Wurzeln müssen die Möglichkeit haben, sich wieder einzugewöhnen, bevor Winterkälte einsetzt.
▷ Immergrüne Rhizomstaude, 75 cm, volle Sonne, Winterhärtezonen 7 bis 9.
*I. douglasiana*, *I. innominata* und verschiedene Pacific-Coast-Hybriden sind bartlos, haben grobe grasartige Blätter und Blüten in Blau bis Purpur, Lavendel, Gelb, Orange und weißlichen Tönen. Sie brauchen alle gut dränierte, am besten kalkfreie Erde und gedeihen – im Gegensatz zu den meisten Iris – in lichtem Schatten. Die Farbe muß man direkt nach der Pflanze aussuchen, denn die Sämlinge variieren zu stark. Man pflanze sie zum Beispiel in größeren Mengen auf einem Waldhang oder in einem Bauerngarten unter dem Laubdach eines Obstbaums.
▷ Sommergrüne Rhizomstauden, 20 bis 30 cm, Halbschatten, Winterhärtezonen 7 bis 9.
*I. sibirica*, ebenfalls bartlos, ist sehr anpassungsfähig, fühlt sich in feuchtem Boden neben einem Teich wohl oder gedeiht in fruchtbarer Erde in einer Mischrabatte. Die verzweigten Stengel tragen Blüten in vielen Blauschattierungen, die durch Hybridbildung in ihrer Bandbreite noch verstärkt wurden. Das grasähnliche Blattwerk bildet ein festes, großes Büschel, das gewöhnlich nach einigen Jahren in der Mitte hohl und stengellos wird. Es sollte dann geteilt und umgepflanzt werden. Solche Maßnahmen sollte man im Herbst ausführen oder im Frühjahr, wenn gerade das Wachstum beginnt.
▷ Sommergrüne Rhizomstauden, 100 cm, volle Sonne, Winterhärtezonen 6 bis 9.

**Lithospermum**, Steinsame
*L. purpurocaeruleum* (bei den Botanikern heute *Buglossoides purpurocaerulea*) sendet lange gebogene Stengel aus, die sich an der Spitze bewurzeln und dunkelgrüne Matten bilden können. Die Blüten sind kräftig blau, vergißmeinnicht-ähnlich und werden reichlich an aufrechten Stielen getragen, können aber unter Sträuchern einen dichten blauen Teppich bilden. Es ist ein sehr schöner Bodendecker, dicht und unkrautabweisend, der in feuchtem, neutralem Boden gedeiht. Man sollte die Pflanze nach der Blüte stark beschneiden und im Winter herausziehen oder ausgraben, wenn sie den vorgesehenen Platz überschreitet. Es sei empfohlen, sie mit blauen Hasenglöckchen und *Brunnera macrophylla* zusammenzupflanzen: Die drei Blautöne harmonieren in wundervoller Weise. Auch sind sie alle zähe Pflanzen, die wuchernden Nachbarn Einhalt gebieten.
▷ Sommergrüne Staude, 30 bis 50 cm, Halbschatten, Winterhärtezonen 6 bis 9.

**Meconopsis**, Scheinmohn
*M. betonicifolia* (syn. *M. baileyi*), der blaue Scheinmohn, hat papierartige, fast durchsichtige blaßblaue Blüten auf schlanken Stielen über graugrünen, rauhen Blättern. Die aus Asien stammenden Scheinmohnblumen brauchen eine feuchte Atmosphäre und Schutz vor austrocknenden Winden, einen satten, tiefen, kalkfreien Boden und teilweise Schatten. Auf einer Waldlichtung sind lose verteilte blaßblaue Mohnblumen, dazwischen locker gepflanzte gelbblühende Arten, von übersinnlicher Schönheit: formlos gesetzt vor gedämpften Grüntönen, werden sie leuchtend. Sie sollten sie nur dann pflanzen, wenn Sie die idealen Bedingungen bieten können.
▷ Sommergrüne Staude, 1,00 bis 1,20 m, Halbschatten, Winterhärtezonen 6 bis 8.

**Mertensia**
*M. ciliata* zeigt baumelnde himmelblaue Glocken und wuchernde Stengel mit graugrünen Blättern. Kühler Laubhumus und Halbschatten sind unverzichtbar für diese Pflanze. Das Blattwerk treibt im späten Frühling aus und welkt bald nach der Blüte: Man sollte die Pflanzen dann mit einer dicken Mulchschicht abdecken, teils um den Boden mit Nährstoffen anzureichern, aber auch um die Stelle zu markieren.
▷ Sommergrüne Staude, 60 cm, Halbschatten, Winterhärtezonen 5 bis 8.
*M. virginica* hat blasse, fast violette Blüten, als nickende Glocken über grauen Blättern. Sie braucht ähnliche Bedingungen.
▷ Sommergrüne Staude, 30 cm, Halbschatten, Winterhärtezonen 5 bis 8.

**Nepeta**, Katzenminze
Die lavendelfarbenen Blüten der meisten Katzenminzen passen gut zu sanften Farbanlagen, bei denen Pastelltöne sich mit grauen Blättern, rosafarbenen Rosen und augenfälligen reinweißen Blüten verbinden. Viele Wochen lang sind die graugrünen Hügel mit den geneigten Blüten»kolben« bedeckt. Man sollte zurückschneiden, sobald diese erste Blüte vorbei ist, dann wird sich im Spätsommer das Schauspiel wiederholen. In kalten Gärten kann man die abgestorbenen Stengel den Winter über stehen lassen. Sie bieten einen gewissen Schutz vor strengen Frösten.
*N.* 'Six Hills Giant' läßt sich als höchst attraktive Einfassung verwenden. Man kann sie zwischen Lavendelbüsche pflanzen, um die Blühsaison zu verlängern, oder ein Beet aus 'Iceberg'-Rosen am Rand markieren.
▷ Sommergrüne Staude, 90 cm, volle Sonne, Winterhärtezonen 6 bis 9.
In einem kleinen Garten kann man *N.* × *faassenii* 'Blue Dwarf' pflanzen.
▷ Sommergrüne Staude, 35 bis 40 cm, volle Sonne, Winterhärtezonen 6 bis 9.
Eine weitere Katzenminze, *N.* 'Souvenir d'André Chaudron', hat fast bronzefarbene Blätter und blaßblaue Blüten. Sie sollte wie eine gewöhnliche Staude behandelt werden und einen Platz in einer Rabatte bekommen, wo sie ein reizvolles, einmal blühendes Büschel bildet.
▷ Sommergrüne Staude, 45 cm, volle Sonne, Winterhärtezonen 6 bis 9.

*Nepeta* 'Six Hills Giant'

**Parahebe**
*Parahebe* steht irgendwo zwischen zwei anderen Gattungen, der meist krautigen *Veronica* und der hauptsächlich strauchwüchsigen *Hebe*. Diese Pflanzen sind alle sehr reichblütig und umfassen mit ihren Blütenfarben den Bereich Purpur-Blau-Weiß. Botaniker ordnen die folgende Art heute der Gattung *Veronica* zu, im Gartenbau ist aber immer noch *Parahebe* gebräuchlich.
*P. perfoliata* fällt sehr aus dem Rahmen, mit ihren langen, gebogenen Stielen und den wächsernen, grauen, ovalen Blättern, die paarweise spiralig den Stengel umlaufen. Die jungen Blätter sind an der Spitze bronzefarben. Die lavendelfarbenen Blüten, deren Blumenblätter von außen nach innen heller werden, stehen in Trauben zusammen.
▷ Sommergrüne Halbsträucher, 60 cm, volle Sonne, Winterhärtezonen 8 bis 9.

**Phlox**
Unter den kleinen, kriechenden, früh-blühenden Phlox-Formen sind einige, die sich gut als Rabattenvordergrund eignen. Mit ihren feinen Farben und blassen Blättern bilden sie viele Wochen lang anmutige Farbhügel.
*P.* 'Chattahoochee', eine Hybride, wahrscheinlich aus der Kreuzung von *P. divaricata* und *P. pilosa* entstanden, hat dunkle, behaarte, ziemlich spitze Blätter. Die Blüten mit ihrem satten, sanften Blau und der purpurhaft getönten Mitte, die sich zum lichten Blau aufhellt, bieten eine wundervoll harmonische Mischung. Man pflanze sie neben die zinngrauen Blätter von *Artemisia* 'Powis Castle' und vor *Parahebe perfoliata*, deren lange, schlaffe Stengel mit den blauen Ehrenpreisblüten sich über den Phlox beugen. Meiner Meinung nach bevorzugt der Phlox etwas Schatten. Mit Sicherheit werden die Formen mit blauen Blüten noch satter und glänzender, wenn sie unter ein lichtes Laubdach gesetzt werden, und die Blütezeit verlängert sich.
▷ Sommergrüne Staude, 23 cm, volle Sonne oder Halbschatten, Winterhärtezonen 6 bis 9.

*Phlox* 'Chattahoochee'

**Scilla**
*S. peruviana*, die aus Küstenländern am Mittelmeer stammt, hat dichte blaue Blütenstände, die sich über riemenförmigen Laubblättern erheben. Sie verlangt eine warme Stelle am Fuß einer Mauer. Wenn man von der Blütenfarbe absieht, ähnelt sie kaum den bekannteren winterblütigen *Scilla*-Arten (s. oben).
▷ Zwiebelstaude, 30 cm, volle Sonne, Winterhärtezonen 7 bis 9.

*Gentiana acaulis*

# SOMMER

*Wisteria floribunda*

**Syringa**, Flieder
Vom Gemeinen Flieder, *S. vulgaris*, ist wohl keine genaue Beschreibung nötig. Die großen, starktriebigen Büsche mit wucherndem Wurzelsystem tragen aufrechte Rispen aus wohlriechenden, dunklen zartrosa, violetten bis blauen Blüten in großer Fülle. Es gibt zahllose Hybriden und Sorten; auch die möglichen Farben wie Rot-, Blau-, Rosaviolett sind nicht zu zählen, sie können sich sogar von einer Stunde zur anderen wandeln, während die Blüten sich aus der Knospe öffnen und wieder vergehen. Man wählt sich am besten selber die Farbe aus, die zum speziellen Gartenthema paßt.
▷ Hohe sommergrüne Sträucher, volle Sonne oder Halbschatten, Winterhärtezonen 6 bis 9.

**Veronica**, Ehrenpreis
Die meisten Ehrenpreis-Formen lieben Sonne und jeden Boden, wenn er nur gut entwässert ist. Sie bilden rasch Büschel und eignen sich ideal für den Vorderrand einer Rabatte; sie blühen kräftig und zuverlässig. Zu den besten zählt *V. austriaca* ssp. *teucrium* 'Crater Lake Blue', mit sehr leuchtend blauen Blüten und hügelbildendem Wuchs. Man pflanze sie mit purpur- und bronzeblättrigen Sträuchern im Hintergrund und anderen Blüten im Farbspektrum Blau/Violett/Karmesin zusammen.
▷ Sommergrüne Staude, 30 cm, volle Sonne oder Halbschatten, Winterhärtezonen 6 bis 9.

**Wisteria,** Glyzine, Wistarie
Es gibt keine schönere Kletterpflanze, sie läßt sich aber auch als hochstämmiges Einzelexemplar ziehen – mit Geschick und Geduld. Sie umschlingt die Äste alter Bäume (was in warmen Klimabereichen oft zu sehen ist), bildet Vorhänge über Lauben oder Pergolen oder steht im Wuchs begrenzt – damit sie möglichst viel Wärme aufnehmen kann – vor einer Ziegel- oder Steinmauer. Stets bilden die Wistarien eine Überfülle duftender weißer, bläulich malven- oder dunkel malvenfarbener »Erbsen«blüten, die in langen Trauben herabbaumeln. Man pflanzt sie mit anderen Blüten des Farbbereichs Blau/Violett/zartes Violett zusammen oder auch so, daß ihre Blüten für sich wirken, sofern die Raumverhältnisse es zulassen.
*W. floribunda*, die japanische Glyzine, bekommt schlanke weiße, lilablaue oder violettblaue Trauben. Die Fiederblätter sind beim Austreiben blaßgrün. Die beste Sorte ist wohl *W. floribunda* 'Macrobotrys', mit Trauben, die um 90 cm Länge erreichen und deren lila Grundfarbe violett bis purpur getönt ist. Sie kann eine Höhe von 11 m erreichen. Man sollte sie an einer Laube oder vor grauem Gestein ziehen, vielleicht auch so, daß sie sich innen und außen an einem Geländer entlang windet.
▷ Sommergrüne Kletterpflanze, volle Sonne, Winterhärtezonen 6 bis 9.
*W. sinensis*, die chinesische Wistarie, klettert und rankt 18 bis 20 m hoch – in Ausnahmefällen sogar noch höher. Die malven- oder tief fliederfarbenen, duftenden Trauben hängen bis 30 cm lang herab, und alle Blüten öffnen sich gleichzeitig, während die Äste noch ohne Blätter sind. Nach der Blüte muß beschnitten werden, ein zweites Mal im Winter.
▷ Sommergrüne Kletterpflanze, volle Sonne, Winterhärtezonen 6 bis 9.

**Campanula**, Glockenblume
In Gärten bieten die Glockenblumen eine große Vielfalt, angefangen bei großen Rabattenstauden bis hin zu kleinen kriechenden oder büschelbildenden Steingarten- oder Einfassungspflanzen, einschließlich der sehr beliebten zwei- und einjährigen Sorten von *C. medium*, der Marienglockenblume. Entsprechend groß ist bei den unverkennbaren glocken- oder sternförmigen Blüten die Bandbreite der Farben – vom reinen und violett getönten Blau über Lavendel, tiefes Purpur, blasses Rosa und milchiges Weiß bis hin zum exquisiten Grauweiß der frühblühenden *C.* 'Burghaltii'. Die Stauden-Glockenblumen brauchen nährstoffreichen, gut bearbeiteten Boden, die Steingartenformen Sonne und gute Dränage. Andere, wie die winterempfindliche *C. isophylla* – sehr schön in Töpfen und Hängekörben –, müssen im Gewächshaus überwintern, oder man muß im Herbst Ableger abnehmen und frostfrei aufbewahren.
Von *C. carpatica*, einer kleinen, büschelbildenden Art, gibt es eine große Farbenvielfalt; wählen Sie nach blühenden Pflanzen oder guten Katalogbildern aus. Die leuchtend grünen Blätter werden von einer großen Fülle breit schalenförmiger Blüten in Blautönen bedeckt. Man zieht sie am besten vorne in einer Rabatte oder in einem Steingarten.
▷ Sommergrüne Staude, 30 cm, volle Sonne, Winterhärtezonen 6 bis 9.
*C. cochleariifolia* (syn. *C. pusilla*) ist sehr klein und bildet winzige Glockenblüten auf drahtigen Stielen. Am besten wird sie in einen Trog gepflanzt, wo ihre Büschel gut wachsen und sich ausbreiten können.
▷ Sommergrüne Staude, 10 cm, volle Sonne, Winterhärtezonen 5 bis 9.
*C. garganica*, eine Zwergform für trockene Mauern, hat sternförmige blaue Blüten.
▷ Sommergrüne Staude, 15 cm, volle Sonne, Winterhärtezonen 8 bis 10.
*C. glomerata* ist eine grobe Pflanze, die in Rabatten zu sehr zu wuchern droht, aber unter den größeren Formen die tiefsten purpurvioletten Blüten hat. Einige der Gartenzüchtungen sind weniger kräftig. *C. glomerata* 'Superba' hat besonders satte, dunkle Glockenblüten; sie gedeiht auch in lichtem Schatten.
▷ Sommergrüne Staude, 90 cm, volle Sonne oder Halbschatten, Winterhärtezonen 6 bis 9.
*C. isophylla*, eine frostempfindliche Kriechpflanze, bildet blaßblaue Sternblüten, meist größer als sonst und überreichlich. In der Blühsaison ist sie eine prächtige Zimmerpflanze.
▷ Halb-immergrüne Staude, 23 cm, volle Sonne, Winterhärtezonen 8 bis 10.
*C. lactiflora*, eine große Rabattenstaude, hat Blüten, die als flieder- oder lavendelblau beschrieben werden. In meiner Vorstellung haben sie ein ausgewaschenes Blau, und das ist vielleicht tatsächlich eine der ursprünglichen Farben des »Typus«. Man kann sie überall mit allem zusammenpflanzen. Das hört sich langweilig an. Die Glockenblüten auf den locker verzweigten Stielen stimmen jedoch mit jeder Farbe zusammen und bilden in einer Rabatte einen nebelhaften Schleier.
▷ Sommergrüne Staude, 1,50 m, volle Sonne oder Halbschatten, Winterhärtezonen 6 bis 9.
*C. latifolia* hat abgerundete Grundblätter, die schmaler werden, je höher sie am Stengel sitzen. Die

Blüten der Sorten können violettblau oder weiß sein.
▷ Sommergrüne Staude, 1,20 m, volle Sonne oder Halbschatten, Winterhärtezonen 4 bis 9.
*C. latiloba* (syn. *C. grandis*) hat flieder- oder lavendelblaue Blüten. Es gibt aber auch eine weiße Sorte, *C. latiloba* 'Alba'. Die ungestielten schalenförmigen Blüten sitzen in verschwenderischer Fülle jeweils über den ganzen Stengel verteilt.
▷ Immergrüne Staude, 90 cm, volle Sonne oder Halbschatten, Winterhärtezonen 4 bis 9.
*C. medium*, die Marienglockenblume, von der es zweijährige Gartenformen gibt, sollte im Juni vorher ausgesät werden, wenn sie im laufenden Sommer blühen soll. Die großen Blüten vom Typ *C. medium* var. *calycanthema*, die wie Tasse und Untertasse aussehen, besitzen glockenförmige Blumenblätter sowie einen ähnlich gefärbten, ausgeprägten Kelch. Es sind ideale Schaupflanzen in blauen und weißen Tönen, mit denen man gut kahle Stellen auffüllen kann, vor allem in neuen Gärten.
▷ Zweijährige, 60 bis 90 cm, volle Sonne oder Halbschatten, Winterhärtezonen 7 bis 9.
*C. persicifolia* hat die schmalen, pfirsichartigen Blätter, die ihr wissenschaftlicher Name andeutet. Die Stengel sind mit blauen Blüten übersät. Die weiße Form, *C. persicifolia* 'Alba', läßt sich gut in einem weißen Garten einsetzen. Es gibt auch gefüllte Formen in Blau und Weiß, sie sind aber schwer zu bekommen.
▷ Immergrüne Staude, 90 cm, volle Sonne, Winterhärtezonen 6 bis 9.
*C. portenschlagiana* (syn. *C. muralis*) ist eine wuchernde Kriechpflanze, die man sehr schön an Steinstufen verwenden kann. Sie ist den größten Teil des Sommers mit tief bläulich purpurnen Blüten bedeckt.
▷ Sommergrüne Staude, 15 cm, volle Sonne, Winterhärtezonen 6 bis 9.
*C. poscharskyana* wächst sogar noch üppiger und wird auch größer. Die Blüten sind Sterne in reinem Lavendelblau.
▷ Immergrüne Staude, 23 bis 30 cm, volle Sonne, Winterhärtezonen 6 bis 9.
*C. pyramidalis* hat große, pyramidenförmige Ähren aus reinblauen oder reinweißen Blüten. Im allgemeinen behandelt man sie als Zweijährige; sie blüht nach Aussaat im vorhergehenden Sommer. Nach meinen Erfahrungen überstehen alte, verholzte Pflanzen an günstigen Stellen den Winter und blühen dann womöglich etwas später als der junge Bestand, den man im Frühbeet oder Gewächshaus hat überwintern lassen. Man sollte sie als eindrucksvolle Zimmerpflanze verwenden; wenn sie erst einmal in Blüte ist, erfordert sie wenig Aufmerksamkeit und überlebt auch in einem dunklen Winkel. Sie darf nicht reichlich gedüngt werden (s. auch »Weiße Töne: Frühsommer«).
▷ Zweijährige oder Staude, 1,80 m, volle Sonne, Winterhärtezonen 6 bis 9

**Codonopsis**, Glockenwinde
*C. ovata* hat blaßblaue, glockenblumen-ähnliche Glockenblüten, die nach unten hängen und im Inneren orange und purpurne Zeichnungen bergen. Es gibt manche Verwechslung zwischen dieser Art und der später blühenden *C. clematidea*, die aber erst im Spätsommer blüht und braune und schwarze Zeichnungen hat. Ratsam ist, diese Blume an einem Hang zu ziehen, damit die Innenseiten der Blütenblätter zu sehen sind.
▷ Sommergrüne Staude, 30 cm, volle Sonne, Winterhärtezonen 6 bis 8.

**Delphinium**, Rittersporn
Die großblütigen Rittersporn-Hybriden sind zwar überall anzutreffen, aber selten gut gepflegt. Nacktschnecken lieben die aus dem Boden kommenden Triebe im Frühjahr. Die spröden langen Stengel sind nicht einfach zu stützen, und die schweren Blütenstände werden durch Wind leicht beschädigt. Rittersporn braucht volle Besonnung und reichlich Dünger, doch der Boden darf im Winter nicht mit Wasser vollgesogen sein. Die Pflanzen mögen es gar nicht, wenn sie versetzt werden; man sollte also im Frühjahr Stecklinge abnehmen.
Wer das entmutigend findet, der sollte sich an die Schönheit der blauen, der purpurnen und selbst der blaß rosafarbenen und rosagetönt weißen Sorten erinnern, wie sie vielleicht in einer Mischrabatte zusammen mit blaßgelber Wiesenraute, weißen, gelben oder orangen Lilien stehen, die reinblauen Töne vor allem – und sich entschließen, die Probleme zu überwinden.
In der Züchtung hat man sich nicht nur um neue Schattierungen in Rot, Orange und Gelb bemüht, sondern auch um kleinere, kräftigere Pflanzen. Doch geht viel von der Schönheit verloren, wenn dicke Blütenstände auf verkürzten Stengeln stehen; Rittersporn muß einen hohen und stolzen Wuchs haben.
Wählen Sie aus den benannten Sorten aus: *Elatum*-Hybriden können 1,95 m lang werden; *Belladonna*-Hybriden sind kleiner und haben verzweigte Blütenstände. Die dunkelblauen Sorten sollte man mit purpurblättrigen Berberitzen oder gar mit den karmesinrot blühenden *Geranium psilostemon* oder Lichtnelken zusammensetzen. Die leuchtend blauen kontrastieren am besten mit komplementärem Gelb. Die blasseren Blautöne verbindet man etwa mit der bläulichgrün beblätterten *Hosta sieboldiana* sowie mit *Melianthus major* und *Ruta graveolens* 'Jackman's Blue'.
▷ Sommergrüne Stauden, 60 bis 195 cm, volle Sonne, Winterhärtezonen 6 bis 9.

*Campanula portenschlagiana*

*Delphinium* 'Blue Dawn'

*Felicia amelloides*

*Lithospermum diffusum* 'Heavenly Blue'

**Eryngium**, Edeldistel
Das silbrige oder graublaue Blattwerk vieler Edeldisteln (s. auch »Umrahmendes Blattwerk«) bildet einen attraktiven Hintergrund für die stahlblauen oder lavendelfarbenen Blüten.
*E. giganteum* 'Miss Willmott's Ghost' hat silbrig metallglänzende Blätter und blasse, schimmernde blaugraue Distelköpfe. Diese Sorte ist zweijährig, doch sollte man sie sich an Ort und Stelle aussäen lassen und später die winzigen Sämlinge in der gewünschten Weise in Gruppen anordnen, bevor die langen Pfahlwurzeln zu stark herangewachsen sind. Ihre Büschel in Rabatten oder in Kies können geradezu geisterhaft aussehen, am wirkungsvollsten, wenn das Tageslicht verdämmert. Will man Gegensätze bei den Blättern schaffen, setzt man sie neben einen großen Akanthus mit glänzenden Blättern oder man fügt sie in eine »silberne« Rabatte mit getöntem Weiß und Pastellfarben ein. Auch mit dunklen Lavendel- und Purpurfarben harmoniert sie; man versuche es etwa mit *Heliotropum* × *hybridum* 'Marina'.
▷ Zweijährige, 1 m, volle Sonne, Winterhärtezonen 7 bis 9.
*E.* × *oliverianum* besitzt blaugrüne, sehr tief eingeschnittene Blätter und lebhaft stahlblaue Blütenstände, die viele Wochen die Pflanze schmücken.
▷ Sommergrüne Staude, 60 cm, volle Sonne, Winterhärtezonen 7 bis 10.
*E. tripartitum,* eine Gartenhybride, hat breit verzweigte Stengel, die mit tief lavendelblauen Blütenkegeln übersät sind, jeweils eingehüllt in distelähnliche blaue, stachelige Tragblätter. Man sollte ihr einen bevorzugten Platz geben, wenn man gute Ergebnisse haben will; allzu oft wird sie in einem dürftigen Boden gezogen und bietet einen entsprechend dürftigen Anblick. Es sei empfohlen, sie mit gelben Schafgarben zusammen zu ziehen – etwa mit *Achillea filipendulina* 'Coronation Gold', wenn man einen Akzent setzen will, oder mit *A.* 'Moonshine' für ein eher ruhiges, sanftes Bild.
▷ Sommergrüne Staude, 75 cm, volle Sonne, Winterhärtezonen 7 bis 9.
*E.* × *zabelii* gehört mit seinen blauen Blüten über stacheligen grünen Blättern zu den besten. Es gibt etliche Sorten, die alle gut sind.
▷ Sommergrüne Staude, 60 cm, volle Sonne, Winterhärtezonen 7 bis 10.

**Felicia**
*F. amelloides*, die Kapaster, ist eine halb-winterharte, teilverholzte Pflanze mit blaßblauen Blüten. Ihre mittelgrünen Blätter sind oval und glatt. Man kann in jedem Sommer Ableger abnehmen und sie nach dem letzten Frost in Gefäße oder büschelweise in besonnte Rabatten auspflanzen.
*F. pappei* (syn. *Aster pappei*, wie die Botaniker sie heute nennen) ist eine kleine, buschige Pflanze, die überhaupt keinen Frost verträgt. Es ist ratsam, im Sommer Ableger abzuschneiden und sie im folgenden Frühjahr als Beet- oder Topfpflanzen zu kultivieren, um sie erst nach dem letzten Frost ins Freie zu setzen. Die asternartigen Blüten sind leuchtend porzellanblau, die Blätter schmal, frischgrün und kräftig.
▷ Immergrüne Halbsträucher, 25 bis 45 cm, volle Sonne, Winterhärtezonen 7 bis 10.

**Geranium**, Storchschnabel
*G. himalayense* (syn. *G. grandiflorum*) bildet ein dichtes Büschel eingeschnittener grüner Blätter, die sich im Herbst prächtig verfärben. Die violettblauen Blüten zeigen kräftige dunkle Adern. Man sollte die Staude mit blaßgelben Strauchrosen zusammensetzen, oder mit *Rosa* × *alba* 'Celestial', die muschelrosafarbige, halbgefüllte Blüten und sanftgrüne Blätter hat. Schwertähnliche Irisblätter bieten einen ausgezeichneten Gegensatz im Blattwerk. Es ist also günstig, Geranienbüschel vor ein Irisbeet zu setzen, allerdings in nährstoffreiche Erde, die von den Schwertlilien abzugrenzen ist.
▷ Sommergrüne Staude, 30 bis 45 cm, volle Sonne, Winterhärtezonen 7 bis 9.
*G.* × *magnificum* hat violettblaue Blüten mit dunkleren Adern, weich behaarte Blätter und schlaffe Stengel. Eine kräftige Pflanze, die am besten mit blassen Gelb- und Rosatönen harmoniert (s. auch »Umrahmendes Blattwerk: Silber und Grau«).
▷ Sommergrüne Staude, 45 bis 60 cm, volle Sonne oder Halbschatten, Winterhärtezonen 7 bis 9.
*G. pratense*, der Wiesenstorchschnabel, bildet blaßblaue oder violette Blüten, die Blumenblätter karmesinrot geädert und nahezu durchsichtig. Die Sorte *G. pratense* 'Plenum Violaceum' hat die am tiefsten violettblauen Blüten, und 'Johnson's Blue' ist das blassere Gegenstück dazu.
▷ Sommergrüne Staude, 75 cm, volle Sonne oder Halbschatten, Winterhärtezonen 5 bis 9.
Bei *G. wallichianum* 'Buxton's Blue' sind die Blüten blaßblau, in der Mitte weiß, die Staubgefäße dunkel. Es ist eine erstklassige Pflanze mit seidigen, lichtgrünen Blättern und behaarten Stengeln, die nur langsam zu vermehren ist, aber selbst im kleinsten Garten einen Platz verdient.
▷ Sommergrüne Staude, 30 cm, volle Sonne oder Halbschatten, Winterhärtezonen 6 bis 9.

**Ipomoea**, Prunkwinde
*I. rubrocaerulea* ist eine windende Kletterpflanze, die im allgemeinen als Einjährige an einem warmen, sonnigen Standort gezogen wird oder so, daß sie durch die Zweige von Wintergartengewächsen wuchern kann. Die himmelblauen, weit offenen Blüten haben einen Durchmesser von 10 cm. Man sät sie unter Glas im zeitigen Frühjahr und pflanzt nach den letzten Frösten aus.
▷ Einjährige Kletterpflanze, volle Sonne, Winterhärtezonen 8 bis 10.

**Lavandula**, Lavendel
Die gedämpft dunstig gefärbten Lavendelähren über den grauen Blättern (s. »Umrahmendes Blattwerk«) sind unverzichtbarer Teil des englischen Sommergartens, wo die Rosenbeete einen Unterwuchs aus Chinarosen und silberblättriger *Stachys olympica* bekommen und von Lavendelhecken gesäumt werden. Der alte Echte Lavendel, *L. angustifolia*, hat der Lavendelfarbe ihren Namen gegeben.

*L. angustifolia* 'Hidcote' hat violette Ähren. Zum Trocknen schneidet man die Blütenstände, bevor sie zu welken beginnen. Lavendel liebt keinen nährstoffreichen, gut gedüngten Boden, man sollte ihn also nicht mit Stauden mischen.
▷ Niedrige bis halbhohe immergrüne Sträucher, volle Sonne, Winterhärtezonen 7 bis 10.

**Linum**, Lein
*L. narbonense*, ein besonders schönes Leinkraut, trägt Rispen aus sattblauen, schalenförmigen Blüten und schmale, graugrüne Laubblätter. Sein Wuchs ist schlank, und so eignet es sich zur Pflanzung zwischen Rosen und Lavendel. Es lebt nicht lange, sät sich aber reichlich selber aus. Man kann es mit weißen Lilien zusammen pflanzen und zulassen, daß es formlos wächst.
*L. perenne* hat himmelblaue Blüten, die innerhalb eines Tages zu einem papiernen Pastellblau vergehen. Man zieht sie am besten mit weißen und blaßgelben Blüten zusammen.
▷ Sommergrüne Stauden, 45 bis 60 cm, volle Sonne, Winterhärtezonen 7 bis 9.

**Lithospermum**, Steinsame
*L. diffusum* (heute *Lithodora diffusa*) ist kaum kalktolerant und fühlt sich in sandigem Torfboden in einem offenen Beet am wohlsten. Am besten pflanzt man den Steinsamen gruppenweise so, daß er an einem Hang oder in einem Steingarten einen leuchtend blauen Teppich bildet. *L. diffusum* 'Grace Ward' wächst niederliegend und hat größere Blüten als die Stammform; 'Heavenly Blue' zeigt eine Farbe, die dem tiefsten Blau des Himmels gleicht.
▷ Niederliegender immergrüner Strauch, volle Sonne, Winterhärtezonen 7 bis 9.

**Lobelia**
Die kleine Beet-Lobelie *L. erinus* bevorzugt Sonne und Wärme. Es ist eine halb-winterharte Perennierende, die als Einjährige gezogen wird. Die Gartensorten faßt man in zwei Gruppen zusammen – solche, die bei einer dichten, starken Wuchsform geblieben sind, und die Pendula-Sorten, die gerne kriechen und über den Rand von Blumenkästen, Kübeln und Hängekörben wuchern. Man zieht sie aus Samen, der im Frühjahr ausgesät wird; nach dem letzten Frost pflanzt man aus. Unter den buschigen Formen hat *L. erinus* 'Cambridge Blue' blasse Blüten, 'Crystal Palace' dunkelblaue Blüten und bronzenes Laub. Zu den kriechenden Lobelien gehören 'Light Blue Basket' und 'Pendula Sapphire', die leuchtende Blüten mit weißem Auge entwickeln. Sie überstehen sehr gut Trockenheit und sind empfindlich, wenn sie stark gewässert wurden.
▷ Einjährige, 15 cm, volle Sonne, Winterhärtezonen 9 bis 10.

**Mahonia**, Mahonie
*M. aquifolium* trägt um die Sommermitte schmucke blauschwarze Beeren, nachdem sie im zeitigen Frühjahr sattgelb geblüht hat. Man zieht sie im Schatten. Sie eignet sich wegen der Blätter, Blüten und Früchte gleichermaßen (s. auch »Umrahmendes Blattwerk: Grün«).
▷ Niedriger immergrüner Strauch, Schatten, Winterhärtezonen 6 bis 9.

*Mahonia aquifolium*

**Nigella**, Schwarzkümmel
*N. damascena*, die »Jungfer im Grünen«, hat grasartige zierliche Blätter und kornblumen-ähnliche blaue Blüten, die von drahtartigen Hochblättern umgeben sind. Ansprechende braune Früchte folgen. Man sät sie im Frühling im Freien aus, wenn sie im Sommer blühen soll; sie wird sich reichlich selber aussäen. Man sollte ihr erlauben, sich zwischen Iris auszubreiten, wo ihr duftiges Blattwerk keinen Nachteil bildet. *N. damascena* 'Miss Jekyll' ist rein blau.
▷ Einjährige, 45 bis 60 cm, volle Sonne, Winterhärtezonen 4 bis 9.

**Phacelia**
*P. campanularia* ist eine weitere einjährige Beetpflanze, mit leuchtend blauen, nach oben gerichteten Glockenblüten. Die Pflanze wird kräftig und läßt sich mit Erfolg als Zimmerpflanze heranziehen. Wenn man im September ausgesät hat, sollten die Pflanzen den Winter über mit Glas abgedeckt werden.
▷ Einjährige, 23 cm, volle Sonne, Winterhärtezonen 6 bis 9.

**Salvia**, Salbei
*S. farinacea* 'Victoria' wird in den meisten Gärten am besten als Einjährige gezogen. Mit seinen intensiv violettblauen Blütenähren kann dieser Salbei in Mischrabatten leuchtende Büschel abgeben. Wunderschön ist er zusammen mit dem nüchternen Grau von *Senecio* 'Sunshine' und samtroten Blüten.
▷ Einjährige, 45 bis 60 cm, volle Sonne, Winterhärtezonen 8 bis 10.
*S. patens*, eine halb-winterharte Staude mit Wurzelknolle, wird in den Gärten oft ohne Schwierigkeiten jedes Frühjahr neu ausgesät, also wie eine Einjährige gezogen, aber man sollte jeden Samen in einen besonderen kleinen Topf geben. Die leuchtend blauen, behelmten Blüten blühen viele Wochen lang. In warmem Klima bleibt der Salbei immergrün und verholzt mit zunehmendem Alter; in kälteren Gegenden wird er oft überleben, wenn man die verbliebenen Sproßabschnitte schützt. Eine blaßblaue Sorte sieht ebenfalls schön aus. In Behältern zusammengepflanzt, entsteht ein prachtvolles Bild.
▷ Einjährige oder Staude, 60 bis 90 cm, Sonne oder Halbschatten, Winterhärtezonen 8 bis 10.
*S. viridis*, eine der einjährigen Salbei-Arten, gewöhnlich in den Listen als *S. hormium*, bringt farbige Hochblätter in verschiedenen Tönen hervor: Purpurblau, Rosa und Weiß. Attraktiv wirkt eine gemischte Bepflanzung aus all diesen Formen. Die Blüten lassen sich trocknen und als Winterschmuck verwenden. Man sät im Frühjahr und pflanzt nach den letzten Frösten aus. Dieser Salbei sieht schön aus neben purpurn blühendem Lavendel, vor allem *S. viridis* 'Blue Bouquet' mit seinen purpurblauen Hochblättern.
▷ Einjährige, 45 cm, volle Sonne, Winterhärtezonen 9 bis 10.

# *SPÄTSOMMER*

*Solanum crispum* 'Glasnevin'

**Solanum**, Nachtschatten
*S. crispum* aus Chile hat leicht duftende purpurblaue »Kartoffel«blüten mit gelber Mitte. Die Sorte *S. crispum* 'Glasnevin' bekommt eine sattere Farbe und hat eine lange Blütezeit. Die Stengel klettern über Baumstümpfe, an Wänden hoch oder können auch, wenn sie gestützt werden, unansehnliche Gebäude mit ihren halb-immergrünen Blättern verbergen. Es sei empfohlen, die Pflanze zwischen gelben Kletterrosen zu ziehen oder in der Nähe von dem nach Ananas duftenden *Cytisus battandieri* mit seinen blaßgelben Blüten und silbrigen Blättern oder auch über *Penstemon* × *gloxinioides* 'Alice Hindley', mit seinen bläulich purpurnen, an den Lippen weißen Blüten.
▷ Halb-immergrüner Strauch, volle Sonne, Winterhärtezonen 7 bis 10.

**Teucrium**, Gamander
*T. fruticans*, der strauchwüchsige Gamander, der sonst wegen seines silbrig grauen Laubs empfohlen wird (s. »Umrahmendes Blattwerk«), hat eine lange Blütezeit. Seine blaßblauen Blüten übersäen den Busch dann mit sanften Farbpunkten. Das tiefere Blau von *T. fruticans* 'Azureum' läßt das graue Laub blasser und schimmernder erscheinen.
▷ Halbhoher immergrüner Strauch, volle Sonne, Winterhärtezonen 7 bis 9.

**Viola**, Veilchen
*V. cornuta*, das Hornveilchen, bildet einen ausbreitungsfreudigen Teppich mit sehr hübschen frischgrünen Blättern, die auf langen Stielen mit Blüten in Fliederblau und Weiß bedeckt sind. Wenn die Blüten welken, sollte man stets zurückschneiden, um neue Knospenansätze zu fördern. Man sollte die Veilchen lose verteilt zwischen weißen Rosen oder Frühlingszwiebeln ziehen. Diese Art braucht einen kühlen, feuchten Standort, nicht einen, bei dem austrocknende Winde und starke Entwässerung frühe Ruhezeiten fördern.
▷ Sommergrüne Staude, 15 bis 23 cm, Halbschatten, Winterhärtezonen 5 bis 9.

**Aconitum**, Eisenhut
*A.* × *cammarum* (syn. *A.* × *bicolor*) hat die typischen helmartig geformten Blüten von *A. napellus*: Auf steifen oder verzweigten Stengeln stehen die tief violettblauen Trauben über den tief eingeschnittenen dunkelgrünen Blättern, die im Spätwinter treiben. Im Herbst muß man die giftigen Wurzeln teilen und versetzen. Der Eisenhut bevorzugt feuchte, nährstoffreiche Erde. Für bestimmte Farbwirkungen kann man zwischen mehreren Sorten wählen. *A.* × *cammarum* 'Bressingham Spire' bildet früh seine kräftig violettblauen Blüten, während das echte *A. napellus* im Herbst blüht und dann eine ausgezeichnete Begleitpflanze für das spätblühende weiße *Chrysanthemum uliginosum* darstellt.
▷ Sommergrüne Staude, 90 cm, volle Sonne oder Halbschatten, Winterhärtezonen 6 bis 9.

**Agapanthus**
Es sind sonnenliebende Pflanzen, meist mit blauen Blüten. Die Namensgebung bei vielen Gartensorten ist allerdings noch verwirrend. Sie alle brauchen einen fruchtbaren Boden, eher feucht als trocken, aber gut drainiert, besonders in den Wintermonaten. Sie bieten im Spätsommer angenehme reine Blautöne für den Garten, abgesehen davon, daß es einige schöne cremeweiße Sorten gibt (s. »Weiße Töne: Spätsommer«).
*A. africanus* (syn. *A. umbellatus*) hat tiefblaue Dolden aus dichtgedrängten Blüten und behält gewöhnlich seine Blätter im Winter. In vielen Gärten tut es ihm gut, wenn er unter Glas überwintert.
▷ Sommergrüne oder halb-immergrüne Staude, 60 bis 75 cm, volle Sonne, Winterhärtezonen 8 bis 10.
Bei *A. campanulatus* und seinen verschiedenen Sorten sind die Blüten blaß, fliederblau oder auch weiß. Er ist fast gänzlich winterhart, vor allem wenn man ihn im Winter mit einer Mulchdecke schützt. Man kann ihn in Beeten wie in Behältern ziehen. Am besten wirkt er, wenn man ihn dicht pflanzt. Die flachen Blütenstände in sanften Blautönen erheben sich viele Wochen lang über den graugrünen Blättern. Im Herbst werden die Blätter, die eine grasähnliche Form haben, strohfarben.
▷ Sommergrüne Staude, 75 bis 100 cm, volle Sonne, Winterhärtezonen 8 bis 10.
Die Headbourne-Hybriden sind von allen am winterhärtesten. Ihre kugelförmigen Dolden sind dunkelblau, blaßblau oder weiß. Um den genauen Farbton zu bekommen, den man braucht, muß man die Pflanzen während der Blüte auswählen. Am besten zieht man sie in Kübeln oder am Fuß einer Mauer, wo sie früh im Jahr reichlich Feuchtigkeit bekommen können. Zum Glück beenden sie ihre Blüte, bevor die leuchtend rosafarbenen Nerinen und *Amaryllis belladonna* beginnen. Die Büschel sollte man mit dem blaßgrauen Blattwerk von Lavendel und Beifuß zwischenpflanzen.
▷ Sommergrüne Staude, 60 bis 120 cm, volle Sonne, Winterhärtezonen 8 bis 10.

**Ageratum**, Leberbalsam
*A. houstonianum* hat lange andauernde Blüten. Wenn es genügend Feuchtigkeit bekommt oder in Töpfen täglich gegossen wird, kann es den ganzen Sommer über seine Blüte fortsetzen. Es sollte im Frühjahr gesät und nach dem letzten Frost ausgepflanzt werden. In der Regel wird diese Pflanze zu einer reizvollen Einfassung verwendet. Es gibt mehrere gute Sorten mit Blütenfarben von einem sanften Lavendelton über ein dunstiges Blau bis hin zu einer mehr leuchtenden bläulichen Malvenfarbe.
▷ Einjährige, 15 bis 60 cm, volle Sonne, Winterhärtezonen 9 bis 10

**Aster**
Die meisten hohen Staudenastern werden in den Listen als Spätsommer- oder Herbstastern aufgeführt. Einige der alten Arten sind ebensogut wie die Gartenzüchtungen, von denen es unzählige gibt und die oft zu Krankheiten neigen, besonders zu Mehltau. Die Astern brauchen meistens guten, nährstoffreichen, tiefen Boden. Bei den größeren Sorten kann es nötig sein, sie abzustützen.
*A. amellus* bleibt niedrig und trägt über seinen rauhen, groben Blättern Büschel aus großen lavendelfarbenen bis violetten Blütenköpfchen in asterntypischer Form. Eine der besten unter den Gartenformen ist *A. amellus* 'King George', doch haben andere, wie 'Moorheim Gem', sogar noch ausgeprägter violettblaue Blüten.
▷ Sommergrüne Staude, 38 bis 60 cm, volle Sonne oder Halbschatten, Winterhärtezonen 5 bis 8.
*A.* × *frikartii* 'Mönch', eine der benannten Hybriden, ist sicherlich eine der besten spätblühenden Pflanzen. Die warm lavendelblauen Blütenköpfchen mit gelblicher Mitte bleiben viele Wochen. Man pflanzt diese sanft gefärbte Aster am besten in die Nähe der silbergrauen *Artemisia* 'Powis Castle', mischt sie mit pastellrosa oder staubig blaßblauen Blüten und faßt das Beet mit den grauen, filzigen Blättern von *Stachys olympica* 'Silver Carpet' ein. Sie braucht nicht abgestützt zu werden. Ihre verzweigten Stengel tragen viele Blütenköpfchen, so daß ein wohlgeformter Busch entsteht.
▷ Sommergrüne Staude, 90 cm, volle Sonne, Winterhärtezonen 5 bis 8.
*A. thomsonii* 'Nanus' ist die kleinere Ausgabe von *A.* × *frikartii* 'Mönch', und es ist tatsächlich eine der Stammformen. Diese Aster hat dieselben sternengeschmückten lavendelblauen Blüten, paßt aber besser in einen kleinen Garten. Die Blätter sind die ganze Gartensaison hindurch ein wichtiger Beitrag; sie sind graugrün und in hübscher Art stengelumfassend.
▷ Sommergrüne Staude, 38 bis 45 cm, volle Sonne, Winterhärtezonen 4 bis 8.
Die hochwüchsige Art *A. novi-belgii* wurde von zahllosen Gartenhybriden abgelöst. Suchen Sie nach dem speziellen Blau, das in Ihr Farbthema paßt. Die alte Sorte, *A. novi-belgii* 'Climax', könnte eine vortreffliche Wahl sein; sie wird hoch und kräftig und trägt riesengroße Rispen aus hell lavendelblauen Blütenköpfchen. Ich persönlich pflanze nie die kleinen Sorten; sie sehen allzu künstlich aus, alles Blüte ohne Stengel, wie gestaucht – und das sind sie ja auch.
▷ Sommergrüne Staude, 38 bis 180 cm, volle Sonne, Winterhärtezonen 4 bis 8.

**Buddleia**, Buddleie, Schmetterlingsstrauch
Die laubabwerfenden Formen dieses Busches, die im Spätsommer bei den Schmetterlingen so beliebt sind, finden sich heute weitverbreitet. Im allgemeinen sind sie winterhart; sie bekommen süß duftende

endständige Rispen aus schlanken, dichtstehenden Röhrenblüten. Diese sind grundsätzlich lila-ähnlich purpurn bei der Art *B. davidii.* Durch die vielen neuen Gartenformen aber ließ sich die Bandbreite der Farben erweitern – über ein rötliches Purpur bis hin zu Violett, Lila und Blaßblau. Die Sorten von *B. davidii* und der weniger winterharten graublättrigen *B. fallowiana* sollten im Winter stark zurückgeschnitten werden, um neues Wachstum anzuregen, auf dessen Grundlage die Blüten des kommenden Jahres entstehen. Im Laufe der Jahre sehen die Büsche ungestalt aus; doch sind die sanft gefärbten Blüten in einer Zeit, in der wenige Sträucher blühen, höchst willkommen.
*B. davidii* 'Empire Blue' hat staubig blaue Rispen mit deutlichen gelben Augen. *B.* 'Lochinch', eine Hybride aus *B. davidii* und *B. fallowiana*, hat dichte, kegelförmige Rispen in violettblauer Farbe, mit einem orangen Auge an jeder Blüte. Die grauen, fein behaarten Blätter haben auffällige graue Unterseiten. Diese Pflanze hat einen anmutigeren, hängenden Wuchs als die meisten Buddleien. Sie harmoniert gut in einer Mischrabatte mit blassen Blüten.
▷ Halbhohe sommergrüne Sträucher, volle Sonne, Winterhärtezonen 7 bis 9.

**Callicarpa**, Schönfrucht, Liebesperlenstrauch
*C. bodinieri* wird wegen seiner tief lilafarbenen Frucht gezogen, die zwischen rosa getöntem Herbstlaub getragen wird. Man sollte den Strauch in Gruppen pflanzen (es muß mindestens ein männliches und ein weibliches Exemplar vorhanden sein, da die Pflanze zweihäusig ist), um zusammen mit purpurnen und gelben Herbstblättern in der Nähe einen Akzent zu setzen.
▷ Halbhoher sommergrüner Strauch, volle Sonne, Winterhärtezone 5.

**Caryopteris**, Bartblume
*C.* × *clandonensis* hat lavendelblaue Blütenbüschel an aromatischen, graugrün beblätterten Zweigen, die hübsch bogenförmig werden und einen rundlichen Busch bilden, wenn man sie im späten Frühling beschneidet. Die Züchtung *C.* × *clandonensis* 'Ferndown' zeigt ein tieferes Blau mit einem malvenartigen Hauch. Man setze den Strauch in die Nähe des kräftig grünen Blattwerks von *Acanthus mollis*.
▷ Niedriger sommergrüner Strauch, volle Sonne, Winterhärtezonen 7 bis 9.

**Ceanothus**, Säckelblume
Die Gruppe der sommergrünen Säckelblumen, die gegen Ende der Saison blüht, hat entweder blasse staubig blaue oder dunkelblaue Blüten. Sie sollten im Frühjahr kräftig zurückgeschnitten werden. In den meisten Gärten können sie in offenen Rabatten gezogen werden, wo sie Bestandteil eines sorgfältig geplanten Farbthemas werden und zu einer Zeit einspringen, in der die Ziersträucher wenig Farbe bieten. Säckelblume und Buddleie können in diesem Zeitabschnitt den Bereich von Blau über Lavendel und Violett bis hin zum purpurhaften Blau abdecken.
*C.* 'Gloire de Versailles' hat blaßblaue Blüten, die gut in nebelhaft pastellfarbige Anlagen passen, während 'Topaz' und 'Henry Desfosse' viel leuchtender und dunkler im Ton sind und vielleicht am günstigsten mit anderen kräftig blauen Pflanzen, wie *Salvia ambigens*, harmonieren.
*C.* 'Autumnal Blue' ist immergrün und braucht einen geschützten Standort. Die dunkelblauen Blüten und sattgrünen Blätter können eine warme Mauer dick einhüllen. Man pflanze diese Sorte in die Nähe der gelbblühenden Formen von *Clematis orientalis*.
▷ Hohe immergrüne oder sommergrüne Sträucher, volle Sonne, Winterhärtezonen 7 bis 9.

*Caryopteris* × *candonensis*

*Decaisnea fargesii*

**Ceratostigma**, »Bleiwurz«
Die strauchwüchsigen wie auch die krautigen Arten haben alle leuchtend tiefblaue Blüten sowie purpurn getönte kleine Blätter. Sie gedeihen in gut dräniertem Boden. Selbst die holzigen Formen sterben im Winter oft bis zum Grund ab.
*C. plumbaginoides* wird in armen Böden so lange zurechtkommen, wie sie der vollen Sonne ausgesetzt ist. Die Wurzeln dringen zwischen die Ritzen in bepflasterten Bereichen, auf jedem Stiel sitzen die behaarten dunkelblauen Blütenköpfchen.
▷ Sommergrüne Staude, 45 cm, volle Sonne, Winterhärtezonen 7 bis 9.
*C. willmottianum* ist ein holziger Strauch, stirbt aber im Winter bis zum Grund ab, es sei denn, an seinem Standort ist das Mikroklima ausgesprochen warm. Die drahtigen Zweige tragen viele Wochen lang die leuchtend blauen Blüten.
▷ Niedriger sommergrüner Strauch, volle Sonne, Winterhärtezonen 7 bis 9.

**Clematis**, Waldrebe
Die Blüten der Waldreben öffnen sich vielfach mit leuchtender, lebhafter Farbe, verblassen aber später. Unter den zahllosen Hybriden fällt die Wahl schwer. Die großblütige Hybride *C.* 'Daniel Deronda' hat violettblaue Blüten, die in der Mitte blasser sind.
▷ Sommergrüne Kletterpflanze, volle Sonne, Wurzeln im Schatten, Winterhärtezonen 7 bis 9.
*C. heracleifolia* var. *davidiana* kann man einsetzen, um einen Baumstumpf überwölben zu lassen, oder man läßt sie – je nach Möglichkeiten – wuchern oder klettern. Die Pflanze ist sehr kräftig, krautig im Wuchs, und trägt satt blaßblaue Blüten an beblätterten Trieben. Es gibt etliche Sorten mit unterschiedlicher Blütenfarbe; *C. heracleifolia* var. *davidiana* 'Wyevale – ist leuchtend fliederblau.
▷ Sommergrüne Staude, 90 bis 150 cm, volle Sonne, Wurzeln im Schatten, Winterhärtezonen 6 bis 9.
*C.* × *jouiniana* 'Praecox' trägt duftende, blaß lavendelblaue Blütenbüschel mit rahmfarbenen Staubgefäßen an jeder kleinen Blüte. In günstigen Gegenden kann man sie als holzige Kletterpflanze wachsen lassen, die in großen Sträuchern oder kleinen Bäumen bis oben hinaufreicht. In anderen Gebieten sollte man sie wie eine Staude behandeln und in jedem Winter bis auf die Basis zurückschneiden (s. auch »Weiße Töne: Frühjahr«).
▷ Sommergrüne Kletterpflanze oder Staude, volle Sonne, Wurzeln im Schatten, Winterhärtezonen 6 bis 9.

**Decaisnea**
*D. fargesii* hat elegante grüne Fiederblätter, zwischen denen im Sommer gelblich grüne Trauben herabbaumeln. Nach dem Blattfall, vor allem nach einem heißen Sommer, bieten die metallisch blau schimmernden Hülsen, ähnlich denen der Saubohnen, einen prächtigen Anblick. Allerdings kann die Pflanze durch Spätfröste geschädigt werden.
▷ Hoher sommergrüner Strauch, volle Sonne oder Halbschatten, Winterhärtezonen 5.

**Dianella**
*D. tasmanica* ist eine Pflanze für warme, geschützte Gärten. Sie zieht sauren Boden vor. Sie entwickelt schöne türkisblaue Beeren, die in geneigten Trauben die bronzegrünen, breiten grasartigen Blätter überragen. Wenn sie bei Ihnen gedeiht, versuchen Sie es in der Nähe von Büscheln aus *Crocosmia* × *crocosmiiflora* 'Solfatare': Ihre Beeren würden gleichzeitig mit den rauchig aprikosengelben Blüten auftreten.
▷ Immergrüne Staude, 1 m, volle Sonne oder Halbschatten, Winterhärtezonen 8 bis 10.

*Gentiana × macaulayi*

*Hibiscus syriacus* 'Blue Bird'

*Gentiana asclepiadea*

**Echinops**, Kugeldistel
Es sind Pflanzen mit hübschen metallisch graublauen Distelköpfen. *E. ritro* hat gezackte grüne Blätter, die auf der Unterseite grau sind; auf den grauen Stengeln stehen stahlblaue Kugelköpfe. Gertrude Jekyll pflanzte sie gerne hinter frühblühende Stauden und ließ die Stengel der Kugeldisteln so nach vorne wachsen, daß sie die absterbenden Blätter verdeckten. Man sollte sie in die volle Sonne pflanzen und nicht so reichlich düngen, da sie sonst zu schlank und hoch werden.
▷ Sommergrüne Staude, 60 bis 120 cm, volle Sonne, Winterhärtezonen 6 bis 9.

**Echium**, Natternkopf
Der kleine einjährige Natternkopf *E. lycopsis* (syn. *E. plantagineum*) eignet sich gut zum Auspflanzen in Beete. Die Sorte *E. lycopsis* 'Blue Bedder' bildet ein Tuch aus ruhigem Blau mit ihren Wickeln aus röhrenförmigen Blüten über behaarten Blättern. Die Aussaat erfolgt im Frühjahr, wenn man Blüten im Sommer haben möchte.
▷ Einjährige, 30 bis 90 cm, volle Sonne, Winterhärtezonen 6 bis 9.

**Gentiana**, Enzian
*G. asclepiadea*, der Schwalbenwurzenzian, hat schlanke, überhängende Stengel und bei den einzelnen Sorten die verschiedensten Blautöne, von einem ausgesprochen leuchtenden Blau bei *G. asclepiadea* 'Knightshayes' bis hin zum blassen Cambridgeblau der Sorte 'Phaeina'. Sie mögen alle tiefe, feuchte, humusreiche Erde und ziehen sauren Boden vor (kommen aber erstaunlich gut zurecht, wenn der pH hoch ist) sowie etwas Schatten. Gruppen aus verschiedenen Blaufarben können sehr schön wirken. Normalerweise wird man aber nur eine Sorte ziehen, die sich ungestört selber aussäen und jedes Jahr weiterverbreiten wird. Es sei empfohlen, den Enzian neben die bläulichgrün beblätterte *Hosta sieboldiana* zu setzen oder neben die »blau«blättrige Hybride *H. × tardiana*, die beide dieselben Bedingungen fordern.
▷ Sommergrüne Staude, 45 bis 60 cm, Halbschatten oder Schatten, Winterhärtezonen 6 bis 9.
*G. farreri* ist kalktolerant (trotz der Vorliebe für sauren Boden) und trägt helle, leuchtend cambridgeblaue aufrechte Trompeten über Matten aus grünen Blättern.
▷ Sommergrüne Staude, 10 cm, volle Sonne, Winterhärtezonen 6 bis 9.
*G. × macaulayi* ähnelt stark der vorgenannten *G. farreri* (die eine ihrer Ausgangsformen ist), hat aber tiefer blaue Trompeten und kann etwas Schatten dulden.
▷ Sommergrüne Staude, 10 cm, volle Sonne oder Halbschatten, Winterhärtezonen 6 bis 9.
*G. septemfida* ist variabel, die Blüten mit unterschiedlichem Blauton sitzen in dichten Büscheln auf leicht gebogenen Stengeln über frischgrünen Blätterschöpfen. Dieser Enzian zählt zu denen, die am leichtesten zu ziehen sind.
▷ Sommergrüne Staude, 15 bis 30 cm, Halbschatten, Winterhärtezonen 6 bis 9.
*G. sino-ornata* ist säureliebend – vollkommen kalkintolerant – und vielleicht am interessantesten: die Blüten in einem prachtvoll glühenden Blauton mit

grünen Streifen. Die Matten der grünen Blätter, die sich weit ausbreiten, müssen einen Platz bekommen, wo andere Pflanzen das Wachstum nicht stören können.
▷ Sommergrüne Staude, 10 cm, volle Sonne, Winterhärtezonen 6 bis 9.

**Hibiscus**, Eibisch
*H. syriacus*, der in warmen Gegenden oft für Hecken verwendet wird und sich gut als Autobahnbepflanzung eignet, weil er den Abgasen widersteht, ist ein reich verzweigter Strauch mit malvenähnlichen Blüten. *H. syriacus* 'Coelestis' hat malvenblaue, 7,5 cm breite Blüten – eine der besten Formen. Ähnlich ist *H. syriacus* 'Blue Bird', den man vielleicht eher bekommen kann.
▷ Halbhoher sommergrüner Strauch, volle Sonne, Winterhärtezonen 7 bis 10.

**Hydrangea**, Hortensie
*H. macrophylla* 'Blue Wave' gehört zu den besonders anziehenden Sorten. Die violettblauen fruchtbaren Blütchen in der Mitte werden von sterilen Blütchen in einem rosagetönten Blau umgeben. In saurem Boden neigt die Farbe zu einem reineren Blau. Man pflanzt in nährstoffreiche Erde unter waldähnlichen Bedingungen.
▷ Halbhoher sommergrüner Strauch, Schatten, Winterhärtezonen 7 bis 9.
Bei *H. macrophylla* ssp. *serrata* 'Bluebird' sind die gewölbten Dolden blaßblau, umgeben von Strahlenblütchen, die in alkalischem Boden rötlich blau und in saurem Boden tief meerblau werden (s. auch »Weiße Töne: Spätsommer«).
▷ Niedriger sommergrüner Strauch, Halbschatten, Winterhärtezonen 7 bis 9.

**Perovskia**
Wie Fuchsien und Ceratostigmen wird auch diese halb-holzige Pflanze gewöhnlich in jedem Winter bis auf den Grund zurückgeschnitten (oder doch fast so weit). Es gibt zwei Arten, die in Gärten gezogen werden: Von der einen, *P. atriplicifolia*, gibt es blaue Sorten, *P. atriplicifolia* 'Blue Spire' und 'Blue Haze', die günstiger sind als das blasse Lavendelblau der Stammform. Die andere Art, *P. abrotanoides*, hat tiefer eingeschnittene Blätter und blasse Blüten. Am besten pflanzt man sie in Gruppen, um den etwas sparrigen Wuchs auszugleichen; würde man im Sommer auf Form schneiden, ginge das auf Kosten der Blüten.
▷ Sommergrüne Halbsträucher, 90 bis 120 cm, volle Sonne, Winterhärtezonen 7 bis 9.

**Platycodon**, Ballonblume
Diese Gattung umfaßt nur eine Art, zu der es aber weiße, rosa und blaue Sorten gibt.
*P. grandiflorum* hat hellblaue Blüten. Der deutsche Name bezieht sich auf die Blütenknospen, die kurz bevor sie aufplatzen, seltsam aufgebläht sind. Die Blätter treiben im Frühjahr spät, es ist deshalb ratsam, ihren Platz im Herbst mit einem Stock zu markieren.
▷ Sommergrüne Staude, 45 cm, volle Sonne, Winterhärtezonen 7 bis 9.
*P. grandiflorum* 'Mariesii' ist eine niedrigere Sorte mit blaueren Blüten. Versuchen Sie, in einer Gärtnerei blühende Exemplare zu finden, damit Sie die genaue Farbe mit Sicherheit kennen und nicht enttäuscht werden.
▷ Sommergrüne Staude, 23 cm, volle Sonne, Winterhärtezonen 7 bis 9.

**Plumbago**, Bleiwurz
*P. capensis* mit ihren wunderschönen eisblauen Blüten ist ein Gewächshausstrauch, dem es guttut, wenn man seinen unordentlichen Wuchs an einer Mauer zurückbindet. Er läßt sich mit Erfolg in einem Kübel ziehen, wenn man ihn bei Temperaturen überwintert, die gerade über dem Nullpunkt liegen. Nach der Blüte muß beschnitten und in den kalten Monaten darf nur sparsam gewässert werden.
▷ Hoher immergrüner Strauch oder Kletterpflanze, volle Sonne, Winterhärtezonen 9 bis 10.

**Salvia**, Salbei
*S. guaranitica* (syn. *S. ambigens*) hat rauhe dunkelgrüne Blätter und intensiv köngisblaue Lippenblüten. Die Art ist nicht zuverlässig winterhart, man sollte deshalb im Herbst Stecklinge zum Bewurzeln bringen. Wenn man sie zum Schutz mulcht, kommt sie in der Regel durch.
▷ Sommergrüne Staude, 1 bis 1,50 m, volle Sonne oder Halbschatten, Winterhärtezonen 8 bis 10.
*S. uliginosa*, der Sumpfsalbei, muß genauso behandelt werden. Trotz ihres Namens überlebt die Staude den Winter nicht, wenn sie stark gewässert wird, doch braucht sie wie alle Salbei-Arten in der Wachstumszeit offensichtlich viel Feuchtigkeit. Die leuchtend azurblauen Blüten werden auf schwankenden, überhängenden Stengeln getragen. Es ist eine unvergleichliche Pflanze.
▷ Sommergrüne Staude, 1,50 m, volle Sonne, Winterhärtezonen 8 bis 10.

**Stokesia**
*S. laevis* 'Blue Star' besitzt kornblumen-ähnliche Blüten über riemenförmigen grünen Blättern. Sie blüht durchaus bis in den Herbst hinein. Am besten zieht man sie gruppenweise vorne in einer Rabatte, vor allem in der Nähe von graublättrigen Pflanzen.
▷ Sommergrüne Staude, 45 cm, volle Sonne, Winterhärtezonen 5 bis 8.

*Hydrangea macrophylla* 'Blue Wave'

# *BLATTWERK*

Die »blaue« Blätterfarbe hängt wie die graue weitgehend von der Oberflächenstruktur ab, die das Erscheinungsbild des grün pigmentierten Blattes beeinflußt. Die bläulichgrüne bis blaugraue Farbe der Blätter, die in diesem Abschnitt besprochen werden, kann sich im Jahreslauf erheblich verändern, weil warme Sonne die Wachsschicht fördert, durch die ein normal grünes Blatt geschützt wird. Die meisten Pflanzen mit dieser Blattfarbe fordern volle Besonnung und gute Dränage, doch gibt es unter den beliebten Formen einige wenige, die bei geringem Schatten gedeihen und feuchte Verhältnisse dulden oder gar schätzen.
Der Farbbereich in diesem Abschnitt überschneidet sich mit dem Kapitel »Umrahmendes Blattwerk: Grün« und »Silber und Grau«.

*Elymus arenarius*

*Festuca glauca*

**Abies**, Tanne
*A. concolor* 'Glauca Compacta', ein Zwergstrauch, wächst sehr langsam und weist intensiv graublaue Nadeln auf, die nach Mandarinen duften, wenn man sie aufbricht. Man kann ihn bei jeder Pflanzung als Blickfang einsetzen.
▷ Immergrüne Zwerg-Konifere, volle Sonne, Winterhärtezonen 3 bis 8.

**Acaena**, Stachelnüßchen
Die Stachelnüßchen stellen schöne Bodendecker dar mit ihrem Blattwerk, dessen Farbe von einem lederbraun getönten Grün bis zu einem kräftigen Graublau reicht. Bei *A. magellanica* (zur Verwirrung oft auch *A. adscendens* genannt) sitzen die Fiederblätter auf Stengeln, die bis 30 cm hoch werden.
*A.* 'Blue Haze' ist größer und hat sogar noch stärker bläulichgrüne Blätter, während die Stengel rot gefärbt sind und im Winter aufleuchten.
▷ Immergrüne Staude, 5 cm, volle Sonne, Winterhärtezonen 6 bis 9.

**Cedrus**, Zeder
*C. atlantica 'Glauca'*, die »Blaue« Atlaszeder, hat intensiv leuchtende Nadeln, vielleicht die mit dem stärksten Blauton von allen bläulichgrünen Blattpflanzen. Ohne Frage ist sie auch die einzige, die frühzeitig zu einem großen Waldbaum heranwächst. Deshalb muß man die Atlaszeder mit Vorsicht einsetzen – sie neigt dazu, eine Landschaft zu beherrschen. Sie wird in einem Waldstück zwischen den grünen Blättern und Nadeln oder auf einem Gartenrasen zum unpassenden Blickfang. Man pflanzt sie am besten auf eine verborgene Lichtung oder nimmt sie als Grundlage für eine wohldurchdachte farblich abgestimmte Pflanzung, und läßt unter ihr einen Teppich aus Pflanzen mit bronze- oder purpurfarbenen Blättern entstehen (s. auch »Umrahmendes Blattwerk: Grün«).
▷ Hoher immergrüner Baum, volle Sonne, Winterhärtezonen 6 bis 8.

**Cupressus**, Zypresse
*C. glabra*, die Arizonazypresse mit der glatten Rinde, hat blaugrünes, feingegliedertes Nadelwerk; durch die Anordnung der schuppenförmigen Nadeln entstehen die vielfältigsten Muster aus Licht und Schatten. Für kleine Gärten gibt es die Zwergform, *C. glabra* 'Compacta', oder einen mittelhohen Baum, 'Pyramidalis'. Letzteren muß man vielleicht für die beste aller »blauen« Koniferen halten.
▷ Niedrige bis halbhohe Koniferen, volle Sonne, Winterhärtezonen 7 bis 9.

**Dianthus,** Nelke
An voll besonnten Standorten können die Nelken als nützliche und attraktive Einfassungen und Bodendecker dienen; mit ihren vorwiegend bläulichgrünen Blättern sorgen sie über die Wintermonate hinweg für ein fortdauerndes Farbbild. Die meisten Nelken verholzen, vor allem wohl, wenn sie als Beeteinfasssung verwendet werden und die übrigen Pflanzen reichlich gedüngt sind. Im Spätsommer schneidet man Triebstecklinge, die sich leicht bewurzeln und im folgenden Frühjahr ausgepflanzt werden. Feuchten Boden mögen Nelken nicht; man gibt ihnen reichlich sandigen Kompost.
*D.* 'Mrs. Sinkins' hat fransige gefüllte weiße Blüten, die sehr stark duften. Die Sorte bildet durch ihre Verbindung von Blatt- und Blütenqualitäten wunderschöne Teppiche. Die rosablütige Sorte *D.* 'Excelsior' ist ebenso günstig. Es gibt außerdem noch viele alte Bauerngarten-Nelken wie auch moderne Hybriden. Am besten trifft man seine persönliche Wahl im Hinblick auf das silbrig blaue Blattwerk und die geeignete Blütenfarbe. Neben den weißen gibt es rosa, rote und karmesinfarbene Blüten, oft auch eine Kombination aus zwei Rosatönen.
▷ Halb-immergrüne Staude, 23 bis 30 cm, volle Sonne, Winterhärtezonen 6 bis 9.

**Dicentra**
*D. eximia, D.* 'Boothman's' und *D.* 'Langtrees' haben stark zerteilte bläulichgrüne Blätter, die ihr kühles Grau sogar im Halbschatten beibehalten. Unter dem lichten Dach von Strauchrosen sehen sie prächtig aus, ihre malven- bis rosafarbenen Blüten harmonieren mit vielen alten Rosenfarben.
▷ Sommergrüne Staude, 30 bis 45 cm, volle Sonne oder Halbschatten, Winterhärtezonen 6 bis 9.

**Elymus**, Haargerste
*E. arenarius*, der Strandroggen, hat anmutige breite blaugraue Blätter, über denen sich im Sommer roggenähnliche blaugraue Blütchen befinden. Gertrude Jekyll mochte ihn sehr und verwendete ihn oft in ihren grauen Blatt-Motiven. Er bildet ein wogendes Meer in bläulichgrüner Farbe und wäre die ideale Hintergrundpflanze, wenn er sich nicht so stark ausbreiten würde. Durch nährstoffarmen Boden läßt sich die Farbe kühl und rein halten.
▷ Sommergrüne Staude, 1 m, volle Sonne, Winterhärtezonen 5 bis 9.

**Eucalyptus**
Diese Bäume, die sich von Art zu Art in ihrer Winterfestigkeit unterscheiden, haben bläulichgrüne Blätter, bei denen sich die Jugendform deutlich von der Altersform unterscheidet. Weiter sind sie durch geringe Verzweigung, oben breite Kronen und eine auffällig gefleckte Rinde gekennzeichnet. Der Eukalyptusbaum muß zurückgeschnitten oder auf Strauchform gebracht werden, wenn er nur junges Laub hervorbringen soll. Will man noch radikaler vorgehen, wird man ihn als »Beetpflanze« verwenden; man muß ihn dann skrupellos zurückschneiden, so daß er für eine Sommersaison einen niedrigen Teppich aus bläulich grüngraunen Blättern bildet, so exotisch innerhalb einer farblich abgestimmten Pflanzung wie alle wegen ihres Laubs verwendeten Pflanzen. Man muß den Eukalyptus für den eigenen Garten sorgfältig auswählen: Sie weichen nach Winterfestigkeit und ihrer Fähigkeit, sich an ein fremdes Klima anzupassen, stark voneinander ab. Wie bei anderen »Exoten« sollte man versuchen, Samen zu bekommen, der von Eukalyptusbäumen aus dem Hochgebirge stammt.
*E. coccifera*, der tasmanische »Snow Gum«, ist windresistent und ziemlich winterhart. *E. gunnii*, der »Cider Gum«, den man gewöhnlich für den winterhärtesten hält, hat abgerundete silbrig weiße Jugendblätter, die im Alter speerförmig und graugrün werden. Das schüttere Laub sieht gegen einen leuchtend blauen Himmel wunderschön aus.

▷ Hoher immergrüner Baum, volle Sonne, Winterhärtezonen 8 bis 10.

**Euphorbia**, Wolfsmilch
*E. myrsinites*, eine niederliegende Art aus Südeuropa, hat fleischige blaugrüne Blätter auf 40 cm langen Stengeln, die den ganzen Winter über unverändert bleiben, und bekommt im Frühjahr zeitig blaß lindgrüne Blüten (s. »Reines Gelb: Frühjahr«).
▷ Immergrüne Staude, 15 cm, volle Sonne, Winterhärtezonen 7 bis 9.

**Festuca**, Schwingel
*F. glauca*, der Blauschwingel, ist ein kleines, büscheliges Gras mit graublauen Blättern, das sich als Einfassung oder für Gruppen im Vordergrund eignet. Die Blüten und das abgestorbene Blattwerk sind strohfarben und können damit das einheitliche Bläulichgrün abmildern. Der Schwingel wird im Frühjahr geteilt; im Winter wirkt er unansehnlich, unter der Sommersonne aber wird er blau und leuchtend.
▷ Immergrüne Staude, 30 cm, volle Sonne, Winterhärtezonen 5 bis 10.

**Hebe**, Strauchveronika
*H. glaucophylla*, mit blaugrünen Blättern, hat einen sauberen buschigen Wuchs und bildet im Spätsommer weiße Blüten.
▷ Niedriger immergrüner Strauch, volle Sonne, Winterhärtezonen 8 bis 10.
*H. pimelioides* 'Glaucocaerulea' ist halb-niederliegend und gehört zu den winterhärtesten; über stahlähnlich graublauen Blättern sitzen blaß lavendelblaue Blüten.
▷ Immergrüner Zwergstrauch, volle Sonne, Winterhärtezonen 7 bis 9.

**Helictotrichon**, Wiesenhafer
*H. sempervirens* (früher *Avena candida*) bildet dichte, nicht wuchernde Büschel aus schmalen, aufrechten, stahlblauen Blättern, die im Hochsommer von schlanken, hängenden, lederbraunen Blütenständen überragt werden. Die Pflanze ist ideal für einen weißen Garten und wirkt sehr schön mit purpurgetönten Bodendeckern zusammen. Im Winter muß das Gras ausgeschnitten werden.
▷ Immergrüne Staude, 1,20 m, volle Sonne, Winterhärtezonen 7 bis 9.

**Hosta**, Funkie
Die Funkien zeichnen sich durch ihre prächtigen, strukturschaffenden Blätter in verschiedenen Grünschattierungen aus: in Graugrün, in einem leuchtenden grünlichen Blau und mit zahllosen verschiedenen weißbunten Mustern. Sie lieben größtenteils Schatten und Feuchtigkeit und gedeihen an offenen Standorten nur, wenn sie häufig gewässert werden. Die graublauen Formen glühen in der Nähe von glänzend grünen Blättern hübsch auf, oder sie können durch den Gegensatz die schweren Töne purpurner Blätter aufhellen. Der häufig eintönig wirkende *Prunus cerasifera* 'Pissardii' wird im Garten eine neue Bedeutung einnehmen, wenn er mit *H. sieboldiana* oder der kleineren *H. × tardiana* unterpflanzt wird.
Das Blattwerk erscheint spät im Frühjahr, stirbt ab, wird braun und unansehnlich, bevor das bei den meisten anderen Staudenblättern soweit ist. Die Funkien, die auch für Kübel geeignet sind, bekommen weiße oder lavendelgetönte Blüten auf langen Stielen. Das größte Risiko, wenn man Funkien zieht, sind Nackt- und Gehäuseschnecken, die unschöne Lochmuster in die Blätter fressen.
*H. sieboldiana* hat die größten Blätter, bis 1 m lang, und lilagetönte weiße Trompetenblüten.
▷ Sommergrüne Staude, 1 m, Halbschatten oder Schatten, Winterhärtezonen 5 bis 10.
Die Hybriden von *H. × tardiana* mit besonderen Sortennamen, wie 'Buckshaw Blue', 'Hadspen Blue' und 'Halcyon', sind viel kleiner, vielleicht 30 cm hoch, und intensiver blau; selbst unter Waldbedingungen behalten sie ihre Farbe, dort fühlen sich diese Pflanzen am wohlsten.
▷ Sommergrüne Staude, 30 cm, Halbschatten, Winterhärtezonen 5 bis 10.

**Othonnopsis**
*O. cheirifolia* ist an einem gut dränierten Standort winterhart, am besten auf einem erhöhten Beet oder überhängend am Rand eines Behälters. Die Staude hat paddelförmige, stark bläulichgrüne Blätter auf wuchernden Stengeln und bekommt im Sommer grell orangegelbe asternartige Blüten.
▷ Immergrüne Staude, 30 cm, volle Sonne, Winterhärtezonen 9 bis 10.

**Parahebe**
*P. perfoliata*, manchmal auch *Veronica perfoliata* genannt (s. auch im Abschnitt »Frühsommer«), im Ursprungsland Australien als »Digger's Speedwell« (Goldgräbers Ehrenpreis) bezeichnet, hat lange, überhängende Zweige und wächsern graublaue Blätterpaare, die die Stengel umfassen und spiralförmig umlaufen. Im Sommer schmückt sich die Pflanze mit violettblauen Blütentrauben.
▷ Sommergrüner Halbstrauch, 60 cm, volle Sonne, Winterhärtezonen 8 bis 9.

**Picea**, Fichte
Die Fichten sind winterharte, immergrüne Koniferen mit unterschiedlicher Höhe und Nadelfarbe und in der Jugend stets kegelförmiger Gestalt. Die Zwergformen kann man bei einer Vordergrundbepflanzung in einer Stakkato-Reihe als Akzent einsetzen.
Zu *P. pungens*, der mittelhohen Stechfichte aus Nordamerika, gibt es eine blau benadelte Sorte, *P. pungens* 'Koster', mit einem reizvollen kegelförmigen Wuchs. Eine niederliegende Sorte, *P. pungens* 'Glauca Procumbens', bildet unkrautunterdrückende blaugrüne Matten. Sie ist ganz nützlich für einen entlegenen Winkel oder zum Abdecken eines Schachtes o.ä.
▷ Niedrige immergrüne Konifere, volle Sonne, Winterhärtezonen 4 bis 8.

**Ruta**, Raute
*R. graveolens* hat blaugrüne Blätter, die schmuck aussehen, aber auch für Salate ihren kulinarischen Wert haben. Die Züchtung *R. graveolens* 'Jackman's Blue' ist klein und gedrungen, ihre Blätter sind tief eingeschnitten und leuchtender blau.
▷ Niedriger immergrüner Strauch, volle Sonne, Winterhärtezonen 8 bis 10.

*Hosta sieboldiana*

*Picea pungens* 'Koster'

*Ruta graveolens* 'Jackman's Blue'

KAPITEL VI

# Rosa und zartes Violett

Rosa und Violett, wie sie in den bäuerlichen Gärten Tradition waren, verschmelzen und verweben sich, mischen sich und verschwimmen mit zunehmender Entfernung zu einem ungeordneten weichen, nebelhaften Bild. Wir sehen diese Pastellfarben als aufgehellte und schattierte Abwandlungen der kräftigen Farbtöne, der Rot- und Blaurottöne; verwandt durch ihre Helligkeit und ungestört durch unstimmige Spektralfarben, verbinden sie sich zu einem sanften, angenehmen Bild. Doch ist die Grenze zwischen dem Feinen und dem Faden, wie so oft, nur schmal: Starkes Sonnenlicht läßt diese zarten Töne verwaschen blaß wirken – es sei denn, es wurde tieferes Rosa hinzugefügt, das das Bild kräftigt. Im Abendlicht jedoch sind diese blassen Pastellfarben, ähnlich wie weiße Blüten, ausgesprochen leuchtkräftig, während tiefere Töne, die nicht reflektieren, für das Auge so dunkel und blaß werden, daß sie nicht mehr sichtbar sind.

Ein Beet mit verschiedenen Baumpäonien, mit hellen und dunkleren Rosa- und Violett-Tönen vor kräftigem grünem Laub, bringt die Stimmung einer solchen unkomplizierten Farbmischung gut zum Ausdruck; rosa- und malvenfarbene alte Rosen, manchmal mit violett-weiß gestreiften Blütenblättern, lassen in einem die Erinnerung an altmodische Gartenbilder aufsteigen, aus der Zeit, bevor Rosen in Zinnober- und Gelbtönen gezüchtet wurden. Ein Beet mit Herbstastern ist im Spätsommer angefüllt mit Wolken kleiner Asternköpfchen in Pastelltönen von Rosa bis Violett, und das Bild wird perfekt, wenn man ihm durch Gruppen kräftig weißer Blüten und grau- und silberblättriger Pflanzen als Einfassung Struktur und Akzente verleiht.

Rosa und zartes Violett gewinnen an Pracht vor dem Hintergrund grauen Gesteins und verschmelzen mit den milden Tönen einer alten Backsteinmauer. Sie wirken satt und ausdrucksvoll vor dem Kalkputz eines Landhauses und tiefer rot, wenn ihnen als Kontrast dunkelgrüne Hecken oder smaragdgrüne Rasenflächen zugeordnet sind.

Rosa und zartes Violett werden leicht von benachbarten Farben beeinflußt, üben aber selber nur selten Einfluß aus und sind deshalb an den meisten Standorten zuverlässig und neutral. Die Rosatöne wirken dunkler neben Weiß und Silber, heller mit Grau, roter mit Grün zusammen. Durch alle Jahreszeiten bilden Blüten mit diesen Farben einen sanften, friedlichen Hintergrund; oder sie dienen als Ruhepause zwischen Flächen mit starken komplementären Blau- und Gelbfarben oder Violett- und Orangetönen, oder wo Motive aus verwandten Farben – etwa mit lebhaft warmem Rot, Orange und Gelb – einen Blickfang bilden und die Aufmerksamkeit an sich ziehen.

Die ruhigeren Töne sind weniger aussagekräftig, doch sie zeigen dem Betrachter, daß erholsame Ruhe zum Wesen einer Gartenszene gehört, sie schaffen eine friedliche Atmosphäre abseits von den leuchtenden, lebhaft kontrastierenden Gelb- und Blautönen des Frühlings sowie den tiefen Rot- und Orangetönen des Hochsommers, die oft von schwerem grünen Laub begleitet werden. Blasses Rosa, das noch warm wirkt, wenn andere Pastelltöne kühl und zurückhaltend werden, ist mit Weiß zusammen die Blütenfarbe im Obstgarten oder in einer Apfelplantage. Rosa und Hellviolett wollen nicht beeindrucken, vielmehr treten sie von sich aus zurück, ziehen nicht die Aufmerksamkeit auf sich; sie gehören zu den Hintergrundsfarben der Natur, nicht aber zu den Ausrufezeichen eines Gartens.

Das Rosa – gleich, ob man an ein sanftes Rosa oder ein schärferes Lachsrosa denkt – verleugnet nicht seine Ableitung vom Rot und hat noch immer dessen wesentliche Eigenschaften der Wärme und der Zuwendung. Rosatöne sind weich, sanft und vornehm, es sind Farben, die schwer zu greifen und einzugrenzen sind. Rosa kann muschelfarben sein, an Garnelen erinnern, fleischfarben wirken in scheinbar endlosen Stufen – Feinheiten, die sich zu verändern scheinen, wenn man darauf blickt. Rosa kann weiß getönt und gelb überhaucht sein. Aretino verglich die Farbe des Fleisches mit Schnee, dem Zinnober beigemischt wurde. Diese sanften Blütenfarben können den Kern der Gartenfreuden ausmachen – blaß und friedlich am Tage, leuchtend und magisch anziehend in der Abenddämmerung. Eine Schale mit rosaroten Rosen paßt zu jeder Inneneinrichtung, ohne andere Farben in der Nähe zu stören, und erweckt die Vorstellung von Gartengerüchen und Tradition.

Zartes Violett ist weniger einfach. Mit Worten beschrieben, ist es eine zarte Tönung von Purpurviolett, ein Rosa mit bläulich violettem Stich, nicht eine Farbe für sich, sondern ein Bindeglied zwischen blasserem Blau-Violett und dem satteren Karmesinrot. Purpur ist eindrucksvoll, die Farbe der Kaiser und Könige; Zartviolett oder Lila, sein armer Verwandter, wird oft in einem etwas abfälligen Zusammenhang gesehen; es wird im Bewußtsein mit Trauer und

Abb. Seite 131: **Rosa und Violett sind immer ruhig und friedlich, sie fordern keine Anpassung vom Auge. Weil sie etwas von der Wärme des Rots enthalten, aber doch stärker vom kühlen blauen Pigment beeinflußt sind, kann eine Zusammenstellung dieser Töne nie unstimmig sein. Hier hat der malvenfarbene Storchschnabel die kräftigste Farbe, er verleiht der Bepflanzung in der geschützten Rabatte Substanz; andererseits sind es die blaßrosa asternartigen Blüten des Osteospermum und die weißen Libertia formosa, die in der Abenddämmerung aufglühen – während das Blau der Salbeiblüten mit dem Zwielicht verschmilzt.**

Abb. oben: **Rosa- und Malventöne sind aufgehellte Abwandlungen der im Farbkreis nebeneinander liegenden Rot- und Violett-Abschnitte, und ihre Farbwerte können von einem sehr blassen bis zu einem mittleren Ton reichen. Der Gärtner kann eine Bepflanzung mit Pastellfarben blaß, licht und zart halten – wie in dem Frühlingsbild. Dort erscheinen alle Blüten im Sonnenlicht als nahe verwandtes blasses Purpurrosa, das von ruhigem Blättergrün getrennt wird. Vorherrschend ist die überschäumende Fülle der Prunus-Blüten, doch wird sie von den Rhododendron- und Bergenia-Blüten im Vordergrund aufgewogen. Der dunklere, lebhafter rote Rhododendron im mittleren Bereich verschmilzt mit den Schatten, und einzelne Gruppen gelber Tulpen bieten zusätzlichen Reiz, ohne daß sie Teil der Farbkomposition oder eines eigenständigen Farbmotivs werden.**
**Man kann eine Bepflanzung in Pastellfarben aber auch aufregend gestalten, indem man eine der kräftigeren Farben, etwa Magentarot oder Violett, aus den übrigen Malven- und Lilatönen hervorhebt. Die satt magentaroten Blüten von Geranium psilostemon beherrschen die Bepflanzung, aber auch die blasseren Rosatöne haben dieselben blauen und roten Pigmente. Die Farben in den Schatten der Fingerhut-Trompeten und in den Falten der Bourbon-Rosen verbinden diese ganz blassen Rosatöne mit dem kräftigen Magentarot; deutlich ist das blaue Pigment in den malvenfarbenen Blütenblättern der kletternden Rose 'Veilchenblau' und bei den sternförmigen Blütenständen von Allium christophii im Vordergrund. Einzelne Blütenblätter können Abstufungen zu tieferen Tönen aufweisen oder mit einer deutlichen Äderung gezeichnet sein; diesen Farbton sollte man verwenden, um eine kräftigere Note in das Pflanzenbild einzuführen.**

**Die feinen, gedämpften Farben der feuchtigkeitsliebenden Pflanzen, die prächtig zusammen gedeihen, verraten die Hand des erfahrenen Gärtners. Das fiedrige rosa Mädesüß, Hosta fortunei 'Albomarginata' mit den Blüten in ganz blassem Violett und die vornehmen Gräser finden ihr Gleichgewicht durch die niedrige Vordergrundbepflanzung mit dem purpurnen Günsel. Der Eindruck der Ferne wird gefördert durch die blassen cremeweißen und grünen panaschierten Blätter sowie durch die blaßrosa Filipendula palmata und die tiefer getönte F. purpurea nach hinten zu. Selbst während einer Periode ohne Blüten werden die vielfältig strukturierten Blattpflanzen diesem Gartenbild seinen Reiz verleihen.**

Abb. oben: **Selbst eine so beschränkte Bepflanzung kann mit ihren Farben noch aussagekräftig sein. Im Eingangshof von Tintinhull House wächst in einem Steingefäß eine rosafarbene Winde. Die ausbreitungsfreudige Mittelmeerpflanze mit den reizvollen grau-grünen Blättern und ihrem windenden und kriechenden Wuchs gewinnt durch die Verbindung mit grauen Blattpflanzen, die die blaßrosa Blütenblätter leuchtender erscheinen lassen. Das frostempfindliche Helichrysum petiolatum, dessen samtartig strukturierte graue Blätter mehr Substanz haben, stellt eine hervorragende Begleitpflanze dar; es hat etwa dieselben Ansprüche und gedeiht in magerem, gut entwässerten Boden bei warmer Sonne.**

Abb. Seite 135: **Eine Sommerrabatte mit einer Vordergrundsbepflanzung aus blaß malvenfarbigen Verbenen, wolkigem weißen Schleierkraut, violettblauen Salvia pratensis und rosaweißen Ähren des Acanthus spinosus: Sie vermittelt den Geist der traditionellen englischen Gartenkunst, in der man undeutliche Farben in einer natürlich bepflanzten Rabatte harmonisch ineinander übergehen ließ. Die blassen Farben und undeutlichen Pflanzenformen verlieren beim Anblick aus der Ferne ihre Konturen; doch sind hier die Pflanzen in gut ausgewogenen flächigen Gruppen gesetzt. Im Gegensatz zu den niedrigen Pflanzen vorne treten die kühnen Akanthus-Ähren deutlich hervor und geben der Pflanzung Höhe und Gewicht. Ein kaum erkennbarer Pfad wirkt verlockend und scheint zum Entdecken einzuladen.**

ältlichen Witwen in Zusammenhang gebracht. Bei diesem Farbton hängt es weitgehend von der strukturellen Qualität ab, ob er langweilig oder strahlend wirkt – und langweilig heißt hier wirklich schmutzig und grau. Zartviolett wird reizvoller und positiver, wenn es an verblichene Seide und Samt und damit an vergangenen Reichtum erinnert.

Blasse, lichte Farben in großer Menge neigen zwar dazu, jede architektonische Wirkung zu verlieren, aber sie können durch dunklere und sattere Farbflecken stabilisiert werden. Pflanzen mit stark formbetonten Blättern und fest umrissenen Blüten bilden einen Gegensatz zur verschmelzenden und verschwimmenden Wirkung einer blassen Farbmischung. Das glänzende Grün der Bergenien verbindet eine Rasenfläche mit Beeten voller blaßrosa Blüten. Eine dunkle Eibenhecke im Hintergrund vereint eine Rabatte mit solchen unbestimmten, verschmelzenden Farben, hält sie zusammen durch die harte, abgegrenzte Form der geschnittenen Hecke und bildet einen Kontrast zu den fließenden Pastellfarben. Tief rote oder violette Blütengruppen und Sträucher mit dunkel purpurnen Blättern können dem Gesamtbild Strenge und Absicht geben, wenn sie in regelmäßigen Abständen zwischen die fließenden Muster der blassen Farben gesetzt werden. Dunkles Rot wirkt warm neben Rosa und Zartviolett, während dunkles Violett und ganz dunkles Blau die Rosatöne durch den Kontrast näher und wärmer erscheinen lassen. Blasse, weiche, sanfte Töne können allerdings durch benachbarte leuchtende Farbtöne noch verwaschener und lichter werden, deshalb sollte man graue Blätter verwenden, um Töne abzugrenzen, mehr zum Leuchten zu bringen und zu verbinden, sowie weiße Blüten, um blasse Farben tiefer erscheinen zu lassen.

Ein Beet mit Schattierungen zarter Violett- und Rosafarben bekommt Struktur, wenn man wiederholt Blöcke grauer Blattpflanzen einflicht. Die filzigen Blätter von *Stachys olympica*, *Senecio* 'Sunshine' oder des haarigen *Dorycnium*, der weiße, silberblättrige *Senecio leucostachys*, und die fiedrigen Beifuß- und Heiligenkraut-Pflanzen sowie die satinähnlich beblätterte *Atriplex halimus* bringen fade, blasse Farben zum Leuchten und geben den Rabatten mit unbestimmten Farbformen festen formalen Zusammenhalt. Die statuenhaften Artischocken, Palmlilien und Riesendisteln bilden prächtige Eckpflanzen bei voller Besonnung, während im Schatten die gewellten Blätter der Ölweiden und das graugrüne Blattwerk der Funkien den von Farben unabhängigen Zusammenhang fortführen.

Wenn man sie im einzelnen betrachtet, zeigt sich der Reiz der rosa und malvenartig getönten Blüten in den feinen Strukturunterschieden und sanften Farbabstufungen. Das Fehlen spektakulärer Eigenschaften gleichen sie aus durch Feinheiten im Nahbereich und zierliche Anmut, die genauerer Betrachtung wert sind. Eine nahezu weiße Rose kann gerade eben mit Rosa behaucht sein; eine blaßgelbe

Rose kann einen rosa Hauch und dadurch einen aprikosenartigen Ton haben; eine Malvenblüte zeigt bei näherem Hinsehen auf jedem dreieckigen Blütenblatt eine dunkle violette Äderung. Die papierdünnen Zistrosenblüten sind durchscheinend, während Kamelienblüten so verführerisch wie Süßigkeiten aussehen. Der rosa getönte Bartfaden hat scharlachrote Zeichnungen auf der Innenseite der Blütenröhren, die malvenfarbenen Fingerhüte hingegen haben braune und purpurne Wegmale für Bienen, um die bestäubenden Tiere zu leiten. Man sollte sich diese blassen Blüten genauestens anschauen – und es nicht dem Botaniker oder Pflanzenmaler überlassen, die unendlichen Farbabstufungen wahrzunehmen. Die Blüte eines Trichterschwertels, die sich zu einer zartrosa Farbe öffnet, hat Blütenblätter von violetten Schattierungen über Malvenrot, blasses Rosa bis fast Weiß an den gekräuselten Rändern der sich überlappenden Blütenblätter. Solche feinen Unterschiede erlauben es dem Gartenkünstler, ausgewogene Bilder zu schaffen, indem er pastellfarbene Blüten neben leuchtenderen und dunkleren verwendet, die ihrerseits mit den leuchtendsten und dunkelsten Farben der blasseren Blütenblätter harmonieren. Eine dunkelviolette Blüte ist aussagekräftig neben einer blaßrosa Blüte, die einen zarten Stich ins Violette enthält. Eine blaß malvenrote Blüte wird gesteigert und körperlicher gemacht, wenn Blüten daneben farblich ihre dunkelsten Schattierungen wiederholen.

Bei der Verwendung dieser blassen Farben sollten die Komplementärfarben nicht vergessen werden. Blüten in zartem Violett und bläulichen Rosatönen haben als Komplementärfarbe lind- und gelblichgrüne Blüten und Blätter. Pflanzen Sie lindgrünen Frauenmantel, Ziertabak und Engelwurz, um malvenrote und zartrosa Blüten glühender und satter erscheinen zu lassen. Solche Anordnungen zeigen, wie wichtig es ist, die Sprache der Farben zu verstehen.

Verwenden Sie diese weichen Farben während des ganzen Gartenjahres an einer Stelle, an der ein Besucher sich danach sehnen mag, von beherrschenderen Farben auszuruhen. Zu jeder Jahreszeit gibt es geeignete Blüten für jeden Boden und jede Lage. Im Winter und zeitigen Frühjahr stehen die Zierkirschen ohne Blätter im Gegensatz zu der vollkommenen Symmetrie der Kamelienblüten, die in tiefem Schatten und torfhaltigem Boden gedeihen und zwischen glänzenden immergrünen Blättern prangen. Im Frühling verbinden sich *Clematis montana* und die anmutigen Japanischen Zierkirschen mit rosa- und malvenfarbenen Rhododendren und Lorbeerrosen im Gehölzbereich. Später sind Deutzien, Kolkwitzien und Weigelien die Begleitpflanzen für rosablütige, winterharte *Geranium*, die einen Teppich bilden und im Spätsommer noch einmal blühen, wenn sie nach der ersten Blüte sorgfältig zurückgeschnitten werden.

Rosensorten und purpurviolette Allium-Kugeln lassen sich mit Strauchpäonien kombinieren, deren vornehmes Laub jedes Pflanzenmotiv zu allen Jahreszeiten zu steigern vermag. Fiedrige malvenrote Wiesenraute und blaßrosa Polster-Phlox in besonnten Rabatten gedeiht bei feuchtem, saurem Boden mit Gruppen malvenroter und zartrosa Etagenprimeln sowie dem bronze- und purpurfarbenen Blattwerk von Rhabarber und Schaublatt.

Eine rosa-weiß gestreifte *Clematis* 'Nelly Moser' kann durch oder über die Blätter des dunklen *Cotinus coggygria* 'Royal Purple' oder eine purpurfarbene Berberitze wachsen. Die rosablütige *Rosa glauca* mit ihren intensiv blaugrauen Blättern bietet ein schönes Bild für sich. Oder man pflanzt malvenrote Blüten zusammen mit der lindgrünen *Alchemilla mollis* oder den blaßgelben Dolden der riesigen Engelwurz.

Um die Sommermitte sind die grau- und silberblättrigen Pflanzen auf ihrem Höhepunkt, bis dahin haben sie ihr schäbiges Aussehen verloren, das durch harte, feuchte Winter entsteht. Planen Sie beispielsweise eine ganze Rabatte aus »silbernen« Pflanzen zu rosa Blüten, und lassen Sie dabei strauchig wachsende Malven Höhe und Hintergrund bilden. Büschel weißer Blüten lassen glühendes Rosa dunkler und eindrucksvoller erscheinen. Gertrude Jekyll gestaltete eine Augustrabatte in diesen Farben; die rosa und malvenfarbenen Blüten durchzog sie mit Gruppen von Silberdisteln und weißen Lilien und gab ihnen als Hintergrund den graublättrigen Sanddorn *Hippophae rhamnoides*. Wolken weißen und rosafarbenen Schleierkrautes bildeten fiedrige Silhouetten im Gegensatz zu der eckigen Stockrose und den runden Purpurköpfen der Kugeldistel, *Echinops nivalis* oder *E. ritro*. Gertrude Jekyll setzte mit Dahlien und rosa Godetien besondere Farbtupfer, wo man heute in einem pflegeleichten Garten vielleicht Bartfaden und Phlox verwendet. Das gelbliche Rosa wurde durch graue Blätter von den bläulich getönten Rosenblüten getrennt; heute sollte man das spitzentuchfeine, zinngraue Blattwerk von *Artemisia* 'Powis Castle' einsetzen, um zu verhindern, daß rosa oder malvenrote Blüten irgendwo eintönig und langweilig aussehen, was vorkommen kann, wenn Blüten in reinen Spektralfarben in der Nähe sind.

Im Spätsommer kann man Rabatten, die vorher andere jahreszeitlich begrenzte Farbmotive hatten, zum Rosa der Nerinen und Amaryllis übergehen lassen. Diese sonnenliebenden Pflanzen gedeihen am Fuß einer warmen Mauer, während sich rosa oder weiße Japan-Anemonen an feuchteren Standorten ausbreiten und im Schatten wohlfühlen. Im Gehölzbereich bilden malven- und rosafarbene Hortensien vornehme Gruppen, und herbstblütige Alpenveilchen formen einen Teppich unter sommergrünen Bäumen und Büschen. Malvenfarbene Zeitlosen und Herbstkrokus sind im Rasen verteilt und dienen als Vorläufer für die später im Winter blühenden Krokus in malvenroten, purpurnen und violetten Schattierungen. Die Herbstastern und die Büschel der winterharten, alten rosa Bauerngarten-Chrysanthemen setzen ihre Blüte bis in den Winter hinein fort und lassen nur einen kurzen Abstand bis zu den ersten Frühlings-Alpenveilchen und blauen *Iris unguicularis*. Ein kleiner Garten wird durch diese sanften, anspruchslosen Farben, die sich über den ganzen Jahreslauf verteilen, optisch vergrößert. In einem großen Garten werden friedliche Flächen mit blassen Farben einen scharfen Kontrast bieten zu den leuchtenden, jahreszeitlich begrenzten Wirkungen der kräftigen Farbtöne, und damit das Gemüt beruhigen, nachdem es sich angestrengt auf die grellen Kontraste oder bunten Regenbogenmuster einstellen mußte.

**Planskizze**

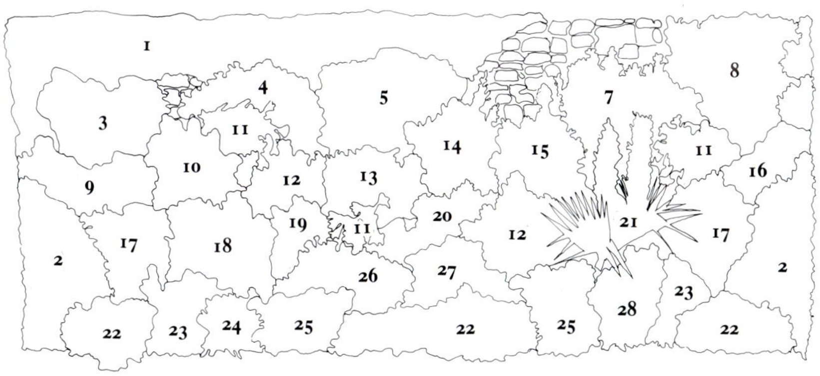


**Pflanzplan.** Die Ziffern in Klammern geben die Zahl der benötigten Pflanzen an.

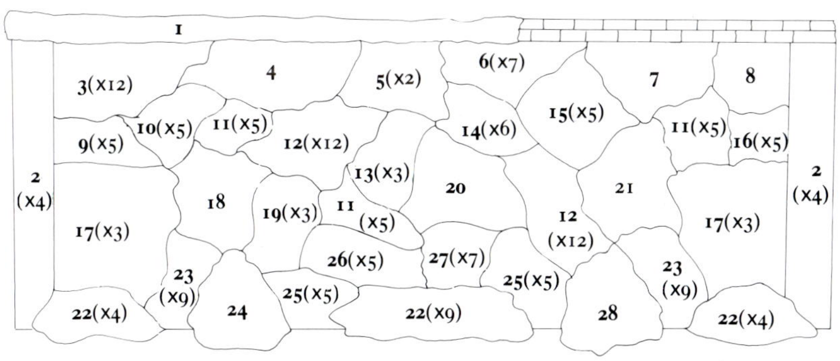


**Im Hochsommer, während warme Farben und kräftige Rottöne in den Gärten vorherrschen, bietet die breite Auswahl unter den rosa, violetten und weißen Blumen die alternative Möglichkeit einer Bepflanzung in sanfteren Pastelltönen. Das silberne und graue Blattwerk, das diese feinen Farben ergänzt, befindet sich um diese Zeit auf seinem Höhepunkt, und die blassen Farben und die weißen Blüten glühen in dem Zwielicht auf, das um die Sommermitte besonders lange andauert.**

**Diese Skizze gibt die Rabatte in voller Blüte wieder: Während des größten Teils des Sommers ist mehr verbindendes Blattwerk zwischen den vergänglichen Blütenfarben sichtbar. Die Rabatte mißt etwa 10 × 3,5 m und erfordert einen gut dränierten Boden sowie volle Besonnung. Im Pflanzplan fehlen die Zwiebelpflanzen, die das Pastell-Thema im Frühjahr vornehmen: Gruppen von rosa und lilienblütigen weißen Tulpen, malvenfarbige Lauchpflanzen in Gruppen. Gegen Ende des Sommers werden Gruppen der weißen Galtonia candicans, dazwischen Lilium regale, das Motiv fortsetzen.**

**Pflanzenschlüssel**

1 *Polygonum baldschuanicum*
2 *Lavandula angustifolia* 'Hidcote'
3 *Anemone* × *hybrida* 'Honorine Jobert'
4 *Rosa glauca*
5 *Gypsophila paniculata*
6 *Anemone* × *hybrida* 'Prinz Heinrich'
7 *Lavatera olbia*
8 *Lathyrus latifolius* 'Albus'
9 *Geranium sanguineum* 'Glenluce'
10 *Phlox maculata* 'Alpha'
11 *Lilium regale*
12 *Cleome hasslerana*
13 *Fuchsia magellanica* 'Molinae'
14 *Artemisia lactiflora*
15 *Phlox maculata* 'Omega'
16 *Geranium endressii*
17 *Rosa* 'Natalie Nypels'
18 *Escallonia* 'Apple Blossom'
19 *Fuchsia* 'Margaret Brown'
20 *Abelia* × *grandiflora*
21 *Yucca recurvifolia*
22 *Stachys olympica*
23 *Nicotiana alata* 'Grandiflora'
24 *Artemisia absinthium* 'Lambrook Silver'
25 *Sedum spectabile*
26 *Penstemon* × *gloxinoides* 'Alice Hindley'
27 *Anaphalis triplinervis*
28 *Artemisia* 'Powis Castle'

# *WINTER*

**Anemone**
*A. blanda* ist eine kleine, ausbreitungsfreudige Pflanze, die sich dazu eignet, im Gras zu wachsen, aber vielleicht unter laubabwerfenden Sträuchern am wirkungsvollsten ist. Normalerweise ist sie blau (s. »Blau: Frühjahr«), aber es gibt auch rosa und weiße Sorten von großem Liebreiz.
▷ Sommergrüne Knollenpflanze, 10 bis 15 cm, Halbschatten, Winterhärtezonen 7 bis 9.

**Camellia,** Kamelie
Das reine Rosa der anziehenden Blüten bildet einen feinen Kontrast zu den dunkelgrünen, glänzenden Blättern (s. »Umrahmendes Blattwerk: Grün«).
*C. × williamsii* 'Caerhays' hat eine leicht überhängende Wuchsform. Ihre Knospen, die Frost vertragen, öffnen sich zu einem blassen fliederhaften Rosa. *C. × williamsii* 'Donation' hat halb-gefüllte, sehr hübsche rosa Blüten.
▷ Hohe immergrüne Sträucher, Halbschatten oder Schatten, Winterhärtezonen 8 bis 9.

**Crocus**
*C. chrysanthus* 'Ladykiller' hat zart malvenrote Blüten, die am hübschesten in größeren Tuffs in Rasenflächen aussehen. Es gibt außerdem viele *C. chrysanthus*-Hybriden, die eine große Bandbreite an Farben aufweisen (s. »Reines Gelb: Frühjahr«). Der sehr blaß malvenfarbene *C. sieberi* aus Griechenland blüht früh und hat am Grund gelbe Blumenblätter und sattrote Narben. *C. sieberi* 'Violet Queen' ist eine dunklere Sorte.
▷ Knollenpflanzen, 7,5 cm, volle Sonne, Winterhärtezonen 5 bis 9.

**Daphne,** Seidelbast
Es sind sommer- und immergrüne Sträucher von großem Wert für den Garten. Alle Seidelbaste brauchen gut drainierten Boden und Teilschatten. Der einheimische Gemeine Seidelbast, *D. mezereum*, trägt seine süß duftenden, zart violetten bis rosafarbenen Blüten, bevor die Blätter sich entfaltet haben. Er gehört zu den anspruchslosesten. Seine roten Früchte, die leicht keimen, werden von Vögeln verbreitet. Eine weiße Sorte, *D. mezereum* 'Album', ist von großem Charme.
▷ Niedriger sommergrüner Strauch, Halbschatten, Winterhärtezonen 6 bis 9.

**Erica,** Glockenheide
Von *E. herbacea* (syn. *E. carnea*) gibt es viele Sorten mit verschiedenen Blütenfarben (s. auch »Weiße Töne: Winter«). Zu den besten gehört *E. herbacea* 'Praecox Rubra', die von der Wintermitte an zwei oder drei Monate lang blüht. Die niederliegenden Pflanzen sind dann über und über mit tiefrosa Blüten bedeckt. Die weitverbreitete *E. herbacea* 'King George' ist gedrungen, mit sattrosa Blüten.
▷ Niedriger immergrüner Strauch, volle Sonne oder Halbschatten, Winterhärtezonen 5 bis 8.

**Prunus**
Unter den frühblühenden Zierkirschen (s. auch »Weiße Töne«) gibt es rosa Formen, die vor kahlen Bäumen und einem klaren blauen Himmel aufleuchten.
*P.* 'Accolade' und eine ihrer Stammformen, *P. sargentii*, haben rosa Blüten. Erstere ist halbgefüllt und hängend, die Ausgangsart hat einfache und rein rosa Blüten. Sie zeigt außerdem anfangs blaß bronzebraune Blätter und bekommt herrliche karmesinrote und orange Herbstfarben (s. »Umrahmendes Blattwerk«).
*P. conradinea* entwickelt die zartrosa überhauchten weißen Blüten früh, wenn der Standort geschützt ist. Eine halbgefüllte Sorte wirkt höchst eindrucksvoll. Die bekannte *P. subhirtella* bringt ihre rosa getönten Blüten im zeitigen Frühjahr hervor, während die Sorte *P. subhirtella* 'Autumnalis' ihre halb-gefüllten Blüten mit Unterbrechung vom späten Herbst bis zum Frühjahr zeigt.
▷ Niedrige immergrüne Bäume, volle Sonne oder Halbschatten, Winterhärtezonen 6 bis 9.
*P. mume*, die Japanische Aprikose, läßt sich vor einer warmen Mauer ziehen, wo sie gegen Ende des Winters nach Mandeln duftende, blaßrosa Blüten trägt. Sie sollte in die Nähe eines häufig benutzten Eingangs gepflanzt werden, damit man etwas von ihrem Duft hat, und möglichst gleich nach der Blüte beschnitten werden.
▷ Niedriger sommergrüner Baum oder Mauerstrauch, volle Sonne, Winterhärtezonen 6 bis 9.

**Viburnum,** Schneeball
*V. farreri* (früher *V. fragrans* genannt) und die Hybride *V. × bodnantense* blühen vom späten Herbst fast den ganzen Winter hindurch. Der zuerst genannte Schneeball hat rosa Knospen, die sich weiß öffnen, wenn sie nicht vom Frost beschädigt wurden; die Hybride hat rosa Blüten und Knospen, die besonders frostresistent sind. Bei beiden Pflanzen sind die Blüten sehr wohlriechend. Die Züchtung *V. × bodnantense* 'Dawn' ist es wert, daß man sich bemüht, sie zu bekommen. Auch die Herbstfärbung der Blätter ist schön. Eine dieser Formen sollte in jedem Garten vorhanden sein – zumal die duftenden Blüten sich hervorragend für die Vase eignen (s. auch »Umrahmendes Blattwerk: Grün«).
▷ Hohe sommergrüne Sträucher, volle Sonne oder Halbschatten, Winterhärtezonen 5 bis 9.

*Camellia × williamsii* 'Donation'

*Viburnum × bodnantense*

*Erica herbacea* 'Praecox Rubra'

# FRÜHJAHR

**Androsace,** Mannsschild
*A. sarmentosa* (heute richtig *A. primuloides*) ist eine Bergpflanze aus dem Himalaja, die im Garten durch verschiedene gezüchtete Klone vertreten ist, z.B. *A. sarmentosa* 'Chumbyi' mit größeren Blüten auf einer kleineren Pflanze. Man zieht sie am offenen Standort in gut drainierter, sandiger Erde. Die gewölbten rosa Blütenstände erheben sich über reizvollen grünen Rosetten, die im Winter gräulich werden.
▷ Immergrüne Staude, 5 bis 10 cm, volle Sonne, Winterhärtezonen 6 bis 9.

**Bergenia**
*B. cordifolia*, mit abgerundeten, runzeligen Blättern, und *B. crassifolia* haben malvenrötliche bis magentarote Blüten. *B.* 'Morgenröte' hat karmesinrosa Blüten und blüht ein zweites Mal im Sommer. Man pflanze sie in fülliger, loser Verteilung oder als Einfassung; die immergrünen Blätter bieten einen prächtigen, interessanten Anblick im Winter, viele Formen bekommen eine bronzene Tönung im Frühjahr (s. auch »Umrahmendes Blattwerk: Grün«).
▷ Immergrüne Stauden, 30 bis 45 cm, volle Sonne oder Schatten, Winterhärtezonen 6 bis 9.

**Choenomeles,** Zierquitte
Die Formen der Zierquitte – die tatsächlich der eigentlichen Quitte, *Cydonia oblonga*, nahe verwandt ist – haben schalenförmige Blüten in verschiedenen Farben, von einem tiefen Karmesinrot, fast Scharlachrot, über blasses Rosa bis hin zu Weiß. Am besten wählt man die aus, die in das persönlich gestaltete Frühjahrs-Farbmotiv paßt. Eine der entzückendsten ist *C. speciosa* 'Moerloosii', mit rosaweißen Blütenbüscheln, die mit weißen oder rosa Tulpen zusammen wunderschön aussehen. Diese winterfesten Sträucher lassen sich in Rabatten ziehen, wo sie große, hügelige Formen bilden. Gewöhnlich aber gibt man ihnen einen geschützten Standort an einer Mauer, um eine frühe Blüte anzuregen. Nach der Blüte sollten sie stark zurückgeschnitten werden.
▷ Hoher sommergrüner Strauch, volle Sonne, Winterhärtezonen 6 bis 9.

**Clematis,** Waldrebe
*C. armandii* 'Apple Blossom', die hübsche rosa überhauchte Sorte der weißen Art, hat lange, lederne, glänzend grüne Blätter und kriecht gerne durch die Äste eines niedrigen Baumes oder über eine Mauer hinweg. Man muß sie reichlich düngen, damit sie füllig blüht. Sie zählt zu den besten Kletterpflanzen mit Frühjahrsblüte, ist aber nicht hundertprozentig winterfest.
▷ Immergrüne Kletterpflanze, volle Sonne oder Halbschatten, Wurzeln im Schatten, Winterhärtezonen 7 bis 9.
*C. macropetala* 'Markham's Pink' bildet erdbeerrotcremefarbene Blüten. Sie sieht wundervoll aus, wenn man sie durch graues Laub oder über graues Gestein hinweg klettern läßt. *C. montana* 'Elizabeth' und *C. montana* 'Tetrarose' haben duftende Blüten in sanftem Rosa bzw. fliederhaftem Rosa. Keine dieser Waldreben ist wohl so kräftig wie die weiße Art; das mag in einem kleinen Garten ein Vorteil sein, wo eine wuchernde Kletterpflanze sehr schnell zum Problem werden kann. Beide Waldreben sollte man über eine niedrige Mauer hinweg wachsen lassen und gut beschneiden (s. auch »Weiße Töne: Frühjahr«).
▷ Sommergrüne Kletterpflanzen, volle Sonne oder Halbschatten, Wurzeln im Schatten, Winterhärtezonen 4 bis 9.

*Clematis montana* 'Elizabeth'

**Daphne,** Seidelbast
*D. odora* 'Aureomarginata' hat panaschierte glänzende Blätter (die Pflanze ist kräftiger und eher winterhart als die Arten mit schlichten Blättern) sowie duftende rosa Blüten. Reservieren Sie einen geschützten Winkel für diese entzückende Pflanze, die das ganze Jahr über gutes Laub hat und schön ist mit anderen rosa Blütenpflanzen.
▷ Niedriger immergrüner Strauch, volle Sonne, Winterhärtezonen 8 bis 10.

**Dicentra**
*D. formosa* hat hübsche, spitzentuchfeine graugrüne Blätter und hängende Blüten in einer zartrosa Mal-

venfarbe. Zu empfehlen sind *D.* 'Langtrees' wie auch 'Boothman's' wegen ihrer besonderen bläulichgrünen Blätter. Man zieht sie am besten im Halbschatten als Bodendecker unter Strauchrosen; ihre Farbe stimmt in angenehmer Weise mit den Rosa- und zarten Violettönen zusammen, die für diese Rosen typisch sind.
▷ Sommergrüne Staude, 30 bis 45 cm, Halbschatten, Winterhärtezonen 6 bis 9.

**Erythronium,** Hundszahn
*E. dens-canis* bekommt zartrosa bis malvenrote, alpenveilchenähnliche kleine Blüten über Blättern, die braun-grün gefleckt sind. Es sollte fleckenweise unter lichten Waldbedingungen gezogen werden, wo die kleinen Knollen, die in ihrer Form den Eckzähnen von Hunden ähneln – daher der Name Hundszahn –, sich rasch ausbreiten.
▷ Knollenstaude, 15 cm, Halbschatten oder Schatten, Winterhärtezonen 5 bis 9.

**Fritillaria**
*F. meleagris*, die Schachbrettblume, wächst wild in feuchten Wiesen, gedeiht aber auch in recht trockenen Blumenbeeten oder in grobem Gras. Die Art selber hat hängende Glockenblüten mit weißem oder weißlich purpurnem Grund und purpurnem Schachbrettmuster.
▷ Zwiebelstaude, 30 cm, volle Sonne oder Halbschatten, Winterhärtezonen 6 bis 9.

*Rhododendron desquamatum*

**Magnolia**
*M.* × *soulangiana* 'Lennei' hat große kelchförmige Blüten, die außen rosen- bis purpurrot sind und innen weiß mit rosa Flecken. Die Pflanze bildet einen weit ausladenden Busch aus vielen Stämmen und wirkt wundervoll als Einzelexemplar auf dem Rasen. Ziehen Sie unter seinem Laubdach Frühlingszwiebeln heran, oder lassen Sie einen Teppich aus dem herbstblühenden *Cyclamen hederifolium* entstehen. Wie alle Magnolien wird auch diese reichlicher blühen, wenn man sie gut düngt, vor allem in alkalischem Boden, wo die Blätter leicht blaß und chlorotisch werden.
*M.* × *loebneri* 'Leonard Messel' hat, wie die beiden Eltern *M. kobus* und *M. stellata* 'Rosea', sternförmige Blüten; sie sind lila bis rosa gefärbt und öffnen sich aus zartvioletten Knospen (s. auch »Umrahmendes Blattwerk: Grün«).
▷ Hohe sommergrüne Sträucher, volle Sonne, Winterhärtezonen 6 bis 9.

**Peltiphyllum,** Schildblatt
*P. peltatum* (heute *Darmera peltata* genannt) hat runde Blütenstände aus sternartigen rosa Blüten, die auf langen Stielen getragen werden, bevor die schildförmigen Blätter hervorkommen. Man kann es beispielsweise an einen Bach pflanzen, mit lose verstreuten Primeln und anderen feuchtigkeitliebenden Stauden zusammen. Die Zwergform *P. peltatum* 'Nana' hat die Ausmaße, die sich eher für einen kleinen Garten eignen.
▷ Sommergrüne Staude, 30 bis 150 cm, Sonne oder lichter Schatten, Winterhärtezonen 6 bis 9.

**Primula,** Primel
In Gärten mit feuchtem, saurem Boden sind es die Primeln, die im Frühjahr und Frühsommer in großen Flächen rosa und rote Farbe beisteuern können. Die meisten werden sich reichlich durch Selbstaussaat weiterverbreiten. Solche, die Kalkgehalt nicht bevorzugen, leben in alkalischem Boden oft nur eine Saison, in der sie blühen, Samen bilden und dann absterben. Die frühblühenden Primeln werden von größeren, eher exotischen Arten, den Etagen-Primeln, abgelöst, bei denen die Blüten in mehreren Quirlen übereinander den kräftigen Stengel umstehen.
Eine der besten frühen Primeln ist *P. rosea* mit leuchtend rosaroten Blüten; man muß dafür sorgen, daß sie nicht von später blühenden Primeln erdrückt wird.
▷ Sommergrüne Staude, 15 bis 20 cm, Halbschatten, Winterhärtezonen 6 bis 9.

**Prunus,** Kirsche, Mandel
*P. cerasifera* 'Pissardii' hat metallisch kupferfarbene Blätter und rosarote Blüten. Diese Kombination von Blüten- und Blattfarbe ist ein gutes Beispiel für eine schöne und harmonische Verbindung, die man durch alle Jahreszeiten mit anderen Pflanzen nachgestalten kann.
*P.* 'Hokusai' hat weit ausladende Äste, beim Austreiben bronzefarbene Blätter und halb-gefüllte rosa Blüten; der Baum eignet sich vor allem für größere Gärten.
▷ Halbhohe sommergrüne Bäume, volle Sonne oder Halbschatten, Winterhärtezonen 6 bis 9.

*P. tenella,* die russische Zwergmandel, ist ein entzükkender, stark treibender Strauch mit einer Überfülle von rosa Blüten (s. auch »Weiße Töne: Frühjahr«).
▷ Niedriger sommergrüner Strauch, volle Sonne, Winterhärtezonen 6 bis 9.

**Rhododendron**
Allzu oft wird der Rhododendron-Gärtner zum Rhododendron-Sammler und vergißt dabei, daß ein guter Garten mit der harmonischen Anordnung von Farbgruppen steht und fällt. Wenn man sie ihren Bedürfnissen entsprechend in tiefgründiger, saurer Walderde zieht, kann diese Gattung unvergeßliche Gartenbilder bieten. Wenn aber die Farbanordnung dem Zufall überlassen wird, ohne Blick auf echte Harmonien, werden einfach bunte oder sogar schreiend bunte Hügel daraus, wobei die roten Farben vor dem komplementären grünen Laub besonders lebhaft wirken. Jeder Betrachter sieht sofort, daß man keinen wirklichen Farbgeschmack hat.
Viele Rhododendren besitzen ein hervorragendes grünes Laub, wie es im Kapitel »Umrahmendes Blattwerk« besprochen wird. Hier geht es jedoch um die Blütezeit: Die leuchtend scharlach- bis karmesinroten, die dunkel wein- und rosaroten, die hellen lachs- und rosenfarbenen und die dunklen karmesin- bis magentafarbigen Blüten lassen sich dem Sonnenlicht zuordnen, während die blasseren purpurnen und rosafarbenen und gelben im Schatten unter großen Waldbäumen glühen sollten. Gertrude Jekyll ordnete die Rhododendren in ihrem Garten in drei Farbgruppen an: die feinen karmesinroten in der einen, dann die hellen scharlachartigen Rosatöne zusammen und in einer dritten Gruppe, im Schatten, die kühleren reinen Purpurfarben, zusammen mit lilagetönt weißen Blüten. Es hat keinen Sinn, hier genauer aufzuführen, welche Pflanzen sie ausgewählt hat, weil in unserem Jahrhundert so viele neue Arten und Hybriden in Gebrauch kamen, doch kann uns vielleicht ihr sicherer Farbensinn als Leitlinie dienen. An dieser Stelle geht es zunächst um die rosa, zart violetten und blasseren purpurfarbenen Blüten.
*R. calophytum* hat große Dolden aus weißen und rosafarbenen Glockenblüten, die jeweils am Grund einen kastanienbraunen Fleck haben. Der Strauch wird baumartig groß, hat große Blätter und ist winterhart. *R. desquamatum* bekommt aromatisches Laub und trichterförmige zartrosa bis malvenrote Blüten in großer Fülle.
▷ Hohe immergrüne Sträucher, Halbschatten, Winterhärtezonen 6 bis 8.
*R. hippophaeoides* ist klein und eignet sich selbst für einen Stadtgarten. Seine grauen Blätter sehen das ganze Jahr hindurch reizvoll aus. Die trichterförmigen Blüten können lavendelartig, rosenähnlich oder sogar fliederhaft rosa getönt sein.
▷ Niedriger immergrüner Strauch, Halbschatten, Winterhärtezonen 6 bis 8.
*R.* 'King George', aus der Loderi-Gruppe, hat sanftrosa Knospen, die sich zu reinem Weiß öffnen. Es ist eine der schönsten Pflanzen dieser Gattung. Wenn Sie stärker rosa Blüten bevorzugen, können Sie die ähnliche Sorte 'Pink Diamond' wählen, die das Rosa auch nach dem Öffnen beibehält, mit einem karmesinroten Hauch am Grund der Blütenblätter.
▷ Hohe immergrüne Sträucher, Halbschatten, Winterhärtezonen 7 bis 9.

*Saxifraga* 'Peter Pan'

*R. pentaphyllum* ist laubabwerfend, die Blätter sind vor dem Fall sehr schön getönt. Die Blüten, die vor den Blättern hervorkommen, sind als flache Glocken gestaltet, fast schalenförmig, und satt pfirsichrosa.
▷ Halbhoher sommergrüner Strauch, Halbschatten, Winterhärtezonen 6 bis 8.
Auch *R. vaseyi* wirft sein Laub ab und hat im Herbst angenehme Farbtöne. Hier sind die Blüten, die ebenfalls vor den Blättern erscheinen, breit trichterförmig und blaß oder rötlich rosa, oder auch weiß, normalerweise orange gefleckt.
▷ Halbhoher sommergrüner Strauch, Halbschatten, Winterhärtezonen 5 bis 8.
*R. williamsianum* hat attraktives bronzefarbenes junges Laub und wunderschöne muschelrosa Glockenblüten. Da der Strauch ausladend und fast niederliegend wächst, eignet er sich für kleine Gärten.
▷ Immergrüner Zwergstrauch, Halbschatten, Winterhärtezonen 7 bis 9.

**Saxifraga,** Steinbrech
*S. moschata* bildet moosartige Polster, die sich als Einfassung eignen, kriecht gerne über Steine oder Kies hinweg und überzieht ganze Flächen in gut drainierten Steingärten. Es gibt rosa- und weißblütige Sorten und sogar eine mit goldenen Blättern an Stelle des reizvollen leuchtend frischen Grüns der Stammform. Eine moosartige Hybride, *S.* 'Peter Pan' bringt eine Überfülle von rosa Blüten hervor, die hübsch zart violett geädert sind.
▷ Immergrüne Staude, 7,5 bis 15 cm, volle Sonne, Winterhärtezonen 6 bis 9.
*S.* × *urbium* hat dunkelgrüne Blattrosetten, verbreitet sich rasch und bildet dann einen Teppich, der Unkraut unterdrückt, oder eine dichte Matte, die besonders als Beeteinfassung geeignet ist. Die satt rosafarbenen Blüten schwanken auf langen Stielen über den Blättern.
▷ Immergrüne Staude, 30 cm, volle Sonne oder Halbschatten, Winterhärtezonen 5 bis 9.

**Tulipa**
Rosa Tulpen müssen sorgsam ausgesucht werden; die Beschreibungen und Farbbezeichnungen in den Katalogen können mißverständlich sein. Am besten sucht man nach sauberen Farben, die nicht durch weiße Flecken und blasse, gekräuselte Ränder das Auge ablenken, und die vor graugrünem Hintergrund ruhig und einheitlich wirken.
Die Gefüllte Frühe Tulpe 'Garanza' hat sehr große Blüten in sattem Rosa, etwa 30 cm lang.
Die Triumph-Tulpe 'Emmy Peck' ist tief fliederhaft rosarot und 40 cm lang (s. auch »Reines Gelb: Frühjahr«).
▷ Zwiebelstauden, volle Sonne, Winterhärtezonen 5 bis 9.

*Erythronium dens-canis*

# *FRÜHSOMMER*

**Allium,** Lauch
Die verschiedenen Lauch-Arten – sehr nützliche Zwiebelpflanzen – blühen über alle Sommermonate hinweg. Die meisten Blüten sind zartrosa bis zartviolett, doch wird die Vielfalt durch weiße und gelbe Formen erhöht.
*A. aflatunense* hat kugelige Blütenköpfe aus winzigen, tief fliederfarbenen Blüten auf langen, kräftigen Stielen. Man zieht den Lauch am besten zwischen spätblühenden Stauden; er überbrückt die Lücke, die von den Frühlingszwiebeln zurückgelassen wird.
▷ Zwiebelstauden, 75 bis 150 cm, volle Sonne, Winterhärtezonen 7 bis 10.
Auch *A. rosenbachianum* besitzt lange Stiele; die Blütenstände sind hier tiefer, fast kastanienbraun gefärbt.
▷ Zwiebelstaude, 60 bis 120 cm, volle Sonne, Winterhärtezonen 7 bis 10.
*A. siculum* ist außergewöhnlich und sehr hübsch. Papierartige Kelchblätter öffnen sich und geben grünlich gestreifte pflaumenfarbene hängende Glockenblüten frei. Eine andere Form, *A. sicutum* var. *dioscoridis*, hat cremegrüne, wächserne Glocken. Diese ist häufiger zu sehen. Die späteren Fruchtstände sind strohfarben und dekorativ.
▷ Zwiebelstauden, 60 bis 90 cm, volle Sonne, Winterhärtezonen 7 bis 10.

**Alstroemeria,** Inkalilie
Obwohl sie sich rasch ausbreiten, ja fast schon wuchern, ist es zunächst schwer, den Bestand zu begründen. Man zieht sie aus Samen und pflanzt sie aus Töpfen direkt an den endgültigen Standort. Die graublättrigen *A.*-Ligtu-Hybriden haben weiche Stengel und Blüten in blassen Rosa- und sogar pastellartigen Gelbtönen. Diese Hybriden und die alte gelbe Inkalilie *A. aurantiaca* (s. »Warme, leuchtende Farben: Sommer«) haben einen formlosen Wuchs, der sie für Gärten vom Bauerngarten-Typ geeignet sein läßt.
▷ Sommergrüne Staude, 1,20 m, volle Sonne, Winterhärtezonen 7 bis 10.

**Armeria,** Grasnelke
*A. maritima* hat graugrüne Blätter und kann in einer gut dränierten Rabatte entzückende kleine Hügel bilden. Die rosafarbenen Blütenstände zieren sie viele Wochen lang. Die Sorte *A. maritima* 'Merlin' ist eine verbesserte Form mit dunkleren, lebhafter rosa gefärbten Blüten.
▷ Immergrüne Staude, 15 bis 30 cm, volle Sonne, Winterhärtezonen 7 bis 9.

**Centaurea,** Flockenblume
*C. dealbata,* eine Stauden-Flockenblume, hat tief eingeschnittene, graugrüne Fiederblätter mit silbriger Unterseite. Die fliederartig rosafarbenen Blüten kommen im Spätsommer ein zweites Mal hervor. *C. dealbata* 'Steenbergii' hat dunkelrosa Blüten, während die von *C. hypoleuca* rosenrot gefärbt sind.
▷ Sommergrüne Stauden, 60 cm, volle Sonne, Winterhärtezonen 6 bis 10.

**Centranthus,** Spornblume
*C. ruber* besitzt Rispen aus rosig roten winzigen Blüten auf langen Stielen über graugrünen Blättern. Sie läßt sich etwa auf alten Kalksteinmauern leicht verwildern, kann dann sogar lästig werden, fügt aber eine charmante Note hinzu. Man kann sie beispielsweise in einem neuen Garten pflanzen, dem sie andeutungsweise einen altehrwürdigen Charakter verleiht. Unansehnliche Pflanzen sollten nach der Samenreife ausgerupft werden.
▷ Sommergrüne Staude, 60 bis 90 cm, volle Sonne, Winterhärtezonen 7 bis 10.

**Cercis,** Judasbaum
*C. siliquastrum* blüht am besten in warmen Klimabereichen, entwickelt sich aber auch ganz gut, wenn nur ein heißer Sommer vorausgegangen ist. Die rosig lila Blüten schmücken die blattlosen Äste in einer solchen Überfülle, daß sie aus der Ferne wie ein rosiger Schleier wirken. Die Laubblätter haben eine ungewöhnlich rundliche, an der Basis herzähnliche Form und eine glatte Oberfläche. Am besten zieht man den Baum als Einzelexemplar auf einem Rasen heran oder so, daß er in einer Mischrabatte für Schatten sorgt. Es gibt auch eine weiße Sorte, *C. siliquastrum* 'Alba', sowie eine mit dunkel purpurnen Blüten, *C. siliquastrum* 'Bodnant'.
▷ Niedriger sommergrüner Baum, volle Sonne, Winterhärtezonen 7 bis 10.

**Cistus,** Zistrose
*C.* 'Peggy Sannons' hat sehr gute filzige graue Blätter und zierliche rosa Blüten. Es ist eine der besten Pflanzen für eine grau-rosa Rabatte. *C.* × *purpureus* bildet grüne Blätter und rosig karmesinfarbene, papierartige Blüten mit schokoladebraunen Flecken am Grund. *C.* 'Silver Pink' ist zu Recht wegen seiner Winterfestigkeit und wegen der reichlichen Blütenbüschel beliebt. *C.* × *skanbergii* ist schwieriger, aber mit seinen kleinen reinrosa Blüten einen Versuch wert (s. auch »Umrahmendes Blattwerk: Grün«).
▷ Niedrige bis halbhohe immergrüne Sträucher, volle Sonne, Winterhärtezonen 8 bis 10.

**Clematis,** Waldrebe
*C.* 'Nelly Moser' ist großblütig, robust, gedeiht bestens an einer Mauer nach Norden und schmückt sich im Spätsommer ein zweites Mal mit Blüten. Es ist wichtig, sie nicht im Winter zu beschneiden – wie man es normalerweise mit großblütigen Hybriden macht –, weil sie ihre Blüten am Holz der vorhergehenden Saison hervorbringt. Sie sollte gleich nach der Blüte zurückgeschnitten werden. Die Blüte sieht radähnlich aus, jedes zartrosa bis zartviolette Kelchblatt ist am Ende rund und bis zur Mitte hinab mit einem karminfarbenen Streifen versehen, der die »Radspeiche« bildet. Bei *C.* 'Bees Jubilee' sind beide Farbanteile leuchtender. Man zieht sie am besten so, daß sie das purpurne Laub von *Cotinus coggygria* 'Royal Purple' durchwebt (s. auch »Weiße Töne: Frühjahr«).
▷ Sommergrüne Kletterpflanze, volle Sonne oder Schatten, Wurzeln im Schatten, Winterhärtezonen 7 bis 9.

*Cistus × purpureus*

*Dictamnus albus* 'Purpureus'

**Daphne,** Seidelbast
*D. burkwoodii* 'Somerset' gehört zu den schneller wachsenden Seidelbasten. Zur Blütezeit bedecken sehr stark duftende rosa Blüten den Busch.
▷ Niedriger halb-immergrüner Strauch, volle Sonne, Winterhärtezonen 6 bis 9.
*D. cneorum* 'Eximia', eine Sorte des Rosmarinseidelbastes, bleibt niedrig; ihre karmesinfarbenen Knospen öffnen sich zu rosaroten Blüten. Es soll schwierig sein, diese Pflanze einzugewöhnen, doch lohnt der Versuch (s. auch Abschnitt »Winter«).
▷ Sommergrüner Zwergstrauch, volle Sonne, Winterhärtezonen 6 bis 9.

**Deutzia,** Deutzie
*D. chunii* hat rosa Knospen, die sich zu nahezu weißen Blüten öffnen, die dann gelbe Staubbeutel zeigen und in Rispen zwischen graugrünem Laub getragen werden. Innerhalb der Gattung ist dies eine der besten, sie braucht aber reichlich Feuchtigkeit kurz vor der Blüte und muß gut gedüngt werden. *D.* × *rosea* hat anmutig überhängende Zweige und breit glockenförmige rosa Blüten. Es gibt mehrere verschiedene Sorten, die alle gut sind; bei *D.* 'Carminea' sind die Blüten dunkler rosa.
▷ Halbhohe sommergrüne Sträucher, volle Sonne, Winterhärtezonen 5 bis 9.

**Dictamnus,** Diptam
*D. albus* 'Purpureus', der »Brennende Busch«, hat sanft malvenrot geäderte Blüten, die lilienähnlich in aufrechten Rispen zusammenstehen. Die ganze Pflanze duftet wie eine Zitrusfrucht, und man kann mit einem Streichholz, das man in die Nähe der Samenkapseln hält, die ätherischen Öle entzünden (deshalb der Name »Brennender Busch«). Sowohl diese als auch die weiße Form (s. »Weiße Töne: Frühsommer«) brauchen eine Weile, bis sie sich voll entwickelt haben, doch es sind wertvolle frühblühende Rabattenpflanzen.
▷ Sommergrüne Staude, 45 bis 90 cm, volle Sonne, Winterhärtezonen 8 bis 10.

**Erysimum,** Schöterich
*E.* 'Bowles' Mauve' (heute wohl richtiger *Cheiranthus* 'Bowles' Mauve') heißt die Pflanze gewöhnlich unter Gärtnern. In den Katalogen wird sie manchmal *E. linifolium* 'E.A. Bowles' genannt. Die reinen, blaß lilafarbenen »Goldlack«blüten werden viele Wochen lang über grüngrauen Blättern getragen. Man pflanzt sie am besten vor das malvenartig blaue *Abutilon* × *suntense* und hinter die blaßblaue, frühblühende *Iris pallida* var. *dalmatica*. Hügel aus silbrig grauem Blattwerk lassen die Blüten von *Erysimum* glühend erscheinen. Man nimmt in jedem Frühjahr Stecklinge ab und pflanzt sie im Spätsommer aus.
▷ Immergrüne holzige Staude, 60 cm, volle Sonne, Winterhärtezonen 5 bis 9.

**Geranium,** Storchschnabel
Die blasseren malvenrot und rosa blühenden *Geranium* bilden vor sanften graugrünen Blättern ein Farbmotiv für sich.
*G. cinereum* 'Ballerina' bleibt niedrig. Es sieht entzückend aus mit seinen rosa Blüten, die in einem tieferen Ton geädert sind, am besten mit der silbrig beblätterten *Artemisia schmidtii* 'Nana' zusammen.
▷ Sommergrüne Staude, 15 cm, volle Sonne, Winterhärtezonen 7 bis 10.
*G.* 'Claridge Druce' wird sehr kräftig und größer; es ist eine Hybride von *G. endressii*. Seine malvenrosa Blüten trägt dieser Storchschnabel über dem hügelförmigen, graugrünen immergrünen Blattwerk.
▷ Immergrüne Staude, 45 cm, volle Sonne, Winterhärtezonen 7 bis 10.
*G. endressii*, mit mittelgrünen, frischen Blättern, trägt blaßrosa Blüten. Bei *G. endressii* 'A.T. Johnson' sind die Blüten eher silbrig. Alle Züchtungen aus *G. endressii* sehen unter frühblühenden Strauchrosen wunderschön aus; sie sind ausbreitungsfreudig und bodendeckend, ohne übermäßig zu wuchern.
▷ Sommergrüne Staude, 45 cm, volle Sonne, Winterhärtezonen 7 bis 10.
*G. palmatum* (syn. *G. anemonifolium*), eine höchst eindrucksvolle Pflanze aus Madeira (und fast nicht von *G. maderense* zu unterscheiden), ist nicht ganz winterfest; wenn sie aber zum Blühen kommt, sät sie sich reichlich selber aus. Pflanzen Sie einige Sämlinge jeweils zum Winter in ein Kalthaus, damit Sie in jedem Fall den Bestand sichern können. Die wunderschönen rosa Blüten werden den ganzen Sommer hindurch über den reizvoll getönten, tief eingeschnittenen Blättern getragen. Es ist günstig, diesen Storchschnabel mit blassen Gelbtönen oder mit tief magentarot blühenden Rosen zusammen zu ziehen.
▷ Immergrüne Zweijährige, 60 cm, volle Sonne, Winterhärtezonen 8 bis 9.
*G. sanguineum* 'Glenluce' hat dunkelgrüne, behaarte Blätter und sanft rosa Blüten. Es muß zu den besten gerechnet werden (s. auch »Umrahmendes Blattwerk: Silber und Grau«).
▷ Sommergrüne Staude, 30 cm, volle Sonne, Winterhärtezonen 7 bis 10.

**Helianthemum,** Sonnenröschen
*H.* 'Wisley Pink' hat blaß graugrüne Blätter mit heller Unterseite. Die blaßrosa schalenförmigen Blüten sind bei sonnigem Wetter den ganzen Sommer über zu sehen. Man muß die Pflanze durch regelmäßigen Schnitt in Form halten, um die Blüte zu fördern (s. auch »Umrahmendes Blattwerk: Silber und Grau«).
▷ Immergrüner Zwergstrauch, volle Sonne, Winterhärtezonen 7 bis 9.

**Hesperis,** Nachtviole
*H. matrionalis*, die Nachtviole, hat schmale, dunkle Blätter, über die sich weiße, rosa und malvenfarbene Blüten in großer Fülle erheben. Es ist eine echte Bauerngartenpflanze, die in der Abendkühle köstlich duftet. Man zieht sie am besten als Zweijährige, indem man um die Sommermitte Samen aussät, damit die Pflanze im folgenden Jahr zur Blüte kommt. Die prachtvolle gefüllte Form ist sehr begehrenswert, aber sie ist selten im Handel.
▷ Immergrüne Zweijährige oder Staude, 75 bis 120 cm, volle Sonne, Winterhärtezonen 6 bis 9.

*Geranium endressii* 'A.T. Johnson'

*Hesperis matrionalis*

**Heuchera**
Die meisten benannten Gartensorten dieser Pflanze sind Hybriden von *Heuchera* × *brizoides*. Die holzigen Wurzeln bringen große Büschel rundlicher, behaarter Blätter hervor, die grau-grün marmoriert sind. Die drahtigen Stengel tragen winzige Glockenblüten in einem zartrosa Lederbraun, Korallenrot oder eher leuchtenden Rosatönen. Man muß sich die geeignete Farbe aussuchen, die mit benachbarten Blütenfarben und Blättern am besten harmoniert. *H.* × *brizoides* 'Freedom' hat warmrosa Blütenbüschel, und 'Apple Blossom' ist blasser, wie der Name andeutet.
▷ Sommergrüne Staude, 60 cm, volle Sonne, Winterhärtezonen 5 bis 9.
*H. sanguinea*, das Purpurglöckchen, hat kürzere Stiele und fein gefärbte, dunkel graugrüne Blätter. Diese Art wie auch die immergrüne *H. americana* werden oft nur wegen der Blätter gezogen; die rosa und roten Töne der Blütenglocken gelten bloß als willkommene Zugabe.
▷ Sommergrüne Staude, 30 cm, volle Sonne, Winterhärtezonen 5 bis 9.

*Nymphaea* × *marliacea* 'Rosea'

*Rosa* 'Ballerina'

**Hippeastrum,** Ritterstern, »Amaryllis«
Obwohl sie Winterschutz brauchen, sind die Rittersterne (gewöhnlich als Amaryllis bezeichnet) leicht zu ziehen; sie bilden prachtvolle Blütenpflanzen für Kübel im Freien oder im Wohnzimmer. Zu den bezauberndsten zählt das sommerblütige *H.* 'Candy Cane' mit weißen Blüten, die zartrosa bis karmesinrot überhaucht und gestreift sind. Man düngt und gießt die Pflanze, während sie Blätter und Blüten zeigt, und läßt in der Ruhezeit der Zwiebeln die dicht zusammengestellten Töpfe austrocknen. Die Mindesttemperatur sollte bei 13° C liegen, doch können die Pflanzen auch überleben, wenn es im Verlauf des Winters kurzzeitig kälter ist.
▷ Zwiebelstaude, 45 cm, volle Sonne, Winterhärtezonen 9 bis 10.

**Kalmia,** Lorbeerrose
*K. latifolia,* der frostempfindliche Berglorbeer aus Nordamerika, braucht sauren Boden und bevorzugt warmes, feuchtes Klima. Die sehr schönen leuchtend rosafarbenen, schalenförmigen Blüten öffnen sich aus silbrigen Knospen. In kalten Gegenden kann man versuchen, die Pflanze im Topf zu ziehen und im Winter zu schützen.
▷ Großer immergrüner Strauch, volle Sonne, Winterhärtezonen 7 bis 9.

**Kolkwitzia**
*K. amabilis* gehört zu den besten Sommersträuchern und gedeiht sogar auf kalkhaltigen Böden. Die hängenden Zweige sind mit sanftrosa Glockenblüten geschmückt. *K. amabilis* 'Pink Cloud' hat dunkelrosa Knospen, die sich zu hellrosa, fast weißen Blüten öffnen. Diese sanften Farben lassen den Strauch in jedem Garten zu einer wahren Augenweide werden. Man kann ihn direkt neben die grellsten Gelbtöne pflanzen, oder man kombiniert ihn mit Strauchrosen und unterpflanzt flächig mit dem rosa *Geranium endressii.*
▷ Hoher sommergrüner Strauch, volle Sonne oder Halbschatten, Winterhärtezonen 7 bis 9.

**Lilium**
*L. cernuum* ist eine Türkenbundlilie aus dem Fernen Osten. Durch die anmutigen nickenden Blütenstände in Rosa mit blassen rötlich purpurnen Flekken unterscheidet sie sich von den anderen kalktoleranten Türkenbundlilien, die gewöhnlich trübe malvenrote Blüten haben. Man kann sie auch in jeden nährstoffreichen Boden oder in ein Waldstück pflanzen (s. auch »Weiße Töne: Sommer«).
▷ Zwiebelstaude, volle Sonne oder Halbschatten, Klimazonen 7 bis 9.

**Malus,** Apfelbaum
*M. floribunda,* der japanische Apfel, hat gebogene Zweige, übersät mit Blüten, die als Knospe karmesinfarben sind und mit dem Öffnen rosa überhaucht, fast weiß werden. Der wolkenähnliche Rosaschleier ergibt einen besonders schönen Gesamteindruck. Man setzt den Baum am besten in die Nähe des bronze- oder purpurblättrigen *Prunus cerasifera* 'Pissardii' oder macht ihn als Solitär zu einem Blickfang im Garten.
*M. tschonoskii* hat eine strenge Kegelform sowie graue, eingeschnittene Blätter, die im Herbst reizvoll bronzegetönt sind, und blaßrosa, fast weiße Blüten. Die gelblichen Früchte zeigen einen purpurnen Anflug.
▷ Niedrige sommergrüne Bäume, volle Sonne, Winterhärtezonen 5 bis 9.

**Nymphaea,** Seerose
*N.* × *laydekeri* eignet sich für eine Wassertiefe bis zu 60 cm. Über den frischgrünen Blättern prangen die duftenden blaßrosa und tief rosaroten flachen Blüten. *N.* × *marliacea* 'Rosea' blüht zuverlässig bei einer Wassertiefe bis zu 60 cm. Die außerordentliche Wuchsfreudigkeit der Blätter, die bis zu 1 m lang werden können, macht eine häufige Teilung erforderlich, doch wird man den Nachteil gerne in Kauf nehmen. Die großen Blüten sind glühend rosa gefärbt.
▷ Sommergrüne Wasserstaude, volle Sonne, Winterhärtezonen 7 bis 9.

**Paeonia,** Päonie, Pfingstrose
*P. mascula* ssp. *arietina* besitzt graugrüne Blätter und hell magentarosa Blüten. Sie eignet sich für eine große Rabatte oder eine Einfassung vor Sträuchern. Die Blätter bleiben den ganzen Sommer über ansehnlich.
▷ Sommergrüne Staude, 75 cm, volle Sonne, Winterhärtezonen 7 bis 9.

*P. officinalis,* die alte Bauernpfingstrose mit vielen Farbtönen vom tiefen Karmesinrot über Malvenrot bis zu blassem Rosa und Weiß, ist heute meist als gefüllte Sorte zu sehen. Wählen Sie sich selber die geeignetste Farbe aus, oder suchen Sie nach der wunderschönen, rein rosenfarbigen, einfachen *P. officinalis* 'China Rose'. Man pflanzt sie am besten unter Strauchrosen oder gruppenweise in eine Sommerrabatte, wo die Blätter neben den spätblühenden Stauden stets schmückend wirken.
▷ Sommergrüne Staude, 60 cm, volle Sonne oder Halbschatten, Winterhärtezonen 6 bis 9.
Von *P. lactiflora,* der spätblühenden Chinesischen Päonie, gibt es viele herrliche Sorten. Bei *P. lactiflora* 'Bowl of Beauty' umgeben blaßrosa Blumenblätter die cremefarbenen, bandförmigen Staminodien in der Mitte. 'Lady Alexandra Duff' ist blaßrosa und gefüllt. 'Globe of Light' ist rosenrot, in der Mitte gelb gefärbt. Wenn Sie genügend Platz dazu haben, sollten Sie mit diesen wunderschönen Päonien einen Weg säumen und nach vorne zu mit Katzenminze abstufen. Die schäumende Fülle aus grauen Blättern und blassen, nebelhaft blauen Blüten bildet einen vorzüglichen Vordergrund für die größeren rosa Pfingstrosen (s. auch »Umrahmendes Blattwerk: Grün«).
▷ Sommergrüne Staude, 1 m, volle Sonne, Winterhärtezonen 7 bis 9.

**Phlox**
Die kleinen Bergphloxstauden sind als dichte Teppichbildner am Vorderrand sonniger Rabatten geeignet.
*P. amoena* wird selten gezogen, und die meisten Gartenpflanzen mit diesem Namen gehören in Wirklichkeit zu *P.* × *procumbens.* Die Sorte *P.* × *procumbens* 'Rosea' hat matte, ledrige Blätter und rosarote Blüten.
Zu der Art *P. douglasii* der Gärten gibt es viele Sorten, darunter *P. douglasii* 'Boothman's Variety' mit pfriemförmigen Blättern und blaß malvenroten Blüten.
Am attraktivsten ist der Moosphlox, *P. subulata*; seine dünnen Blätter bilden eine niedrige, wellige Masse. Mehrere gute Formen sind rosa – *P. subulata* 'Apple Blossom' zählt zu den besten.
▷ Halb-immergrüne Stauden, 10 bis 15 cm, volle Sonne, Winterhärtezonen 6 bis 9.

**Primula**
*P. pulverulenta,* eine schöne Etagenprimel, hat grüne, runzelige Blätter und rote oder rosa Blüten mit gelbem Auge auf bemehlten Stielen. Die Blütenfarben der Gartenzüchtungen reichen von fast schon Scharlachrot und Ziegelrot bis zu den sanfteren Rosatönen.
*P. pulverulenta* 'Bartley Strain' ist rosa mit einem dunkleren Auge. Man pflanze die Primeln in Gruppen an einen Teichrand; bronzene Schaublattpflanzen oder riesige Gunneren-Blätter bilden eine günstige Kulisse für die schönen, stockwerkartig aufgetürmten Blumen. Sie ziehen sauren Boden vor.
▷ Sommergrüne Staude, 90 cm, volle Sonne oder Halbschatten, Winterhärtezonen 6 bis 9.
*P. sieboldii* bildet kriechende Büschel aus gefältelten grünen Blättern und trägt reichlich zartrosa bis purpurne Blütendolden. Bei den verschiedenen Garten-

züchtungen reicht die Blütenfarbe von Weiß und Rosa bis zu einem tieferen Purpur. Diese Primeln bevorzugen satten, feuchten Boden, der aber in richtiger Weise dräniert sein muß (s. auch »Frühjahr«).
▷ Sommergrüne Staude, 15 bis 25 cm, volle Sonne oder Halbschatten, Winterhärtezonen 6 bis 9.

**Rosa**
Die mäßig großen Strauchrosen, die rankenden und kletternden Rosen haben feines Laub, anmutige Formen, oft Hagebutten gegen Ende der Saison, und steuern außerdem eine große Vielfalt an Blütenfarben bei. Rosen brauchen gute Erde, die man jährlich mit Düngemitteln anreichern muß, und reichlich Sonnenlicht, damit das Holz heranwachsen und ausreifen kann. Die Buschrosen vom Teehybriden-Typ müssen außerdem streng geschnitten werden. Sie werden am besten, wenn man sie flächig in passenden Farbflecken und in größerer Fülle in besonders vorbereiteten und formstreng angelegten Rosenbeeten zusammenfaßt, wo man ihr unschönes Aussehen im Winter akzeptieren kann. Wir müssen es dem Leser überlassen, für sich die günstigsten Farben und Wuchsformen aus dem Katalog eines zuverlässigen Rosenzüchters auszuwählen; die Möglichkeiten sind ungeheuer groß.
Die hier beschriebenen Rosen sind für Mischbeete geeignet. Sie haben Qualitäten als Strauch, dagegen nicht so sehr vollkommene Einzelblüten; oder es sind kletternde oder rankende Rosen, die eine Gartenmauer verhängen, durch einen alten Obstbaum klettern oder als Teil eines Farbthemas im Garten dienen können. Bei vielen Sorten sind die Hagebutten im Herbst ein weiteres schmückendes Element (s. auch »Warme, leuchtende Farben: Früchte und Beeren«).
Unter den Alba-Rosen, die sich durch ihr anmutiges graugrünes Laub auszeichnen (s. »Umrahmendes Blattwerk«), hat *R.* × *alba* 'Celestial' sanft rosafarbene, lose geformte Blüten.
'Madame Pierre Oger', eine Bourbon-Rose, blüht ziemlich früh und später ein zweites Mal – eine erlesene Sorte, mit ihren rosa angelaufenen, rundlich becherförmigen einzelnen Blütenköpfen. Von den Damaszener-Rosen eignet sich die ziemlich unschön wachsende 'Ispahan' mit ihren duftenden malvenrosa Blüten für Anlagen mit gemischten Pastelltönen, wo sich graublättrige Katzenminze und Lavendel mit dem blassesten Rosahauch wie auch mit tieferem Malvenrot und fast samtartigem Kastanienton verbinden.
'Penelope' und 'Ballerina' sind Moschusrosen-Hybriden: Erstere bildet einen kräftigen, fächerförmigen Busch mit duftenden, halb-gefüllten Blüten in einem creme- bis aprikosenfarbenen Ton, die zweite schmückt sich mit großen Büscheln kleiner, einfacher rosa, in der Mitte weißer Blüten. Beide blühen zweimal, wenn sie sorgsam ausgeschnitten werden; ihre Spätsommerblüte fällt in die Zeit, in der rosablühende Sträucher selten sind.
Die Größe dieser Rosen hängt weitgehend vom Ausmaß des Winterschnitts ab.
▷ Halbhohe bis hohe sommergrüne Sträucher, volle Sonne, Winterhärtezonen 6 bis 9.
*R.* 'Complicata' ist eine große, wuchernde Rose, die gerne durch die unteren Äste eines Baums klettert. Ihre sehr großen, weit offenen, einfachen rosa Blüten entstehen nur einmal im Jahr und werden rasch von Hagebutten abgelöst.

*Rosa* 'Madame Pierre Oger'

▷ Hoher sommergrüner Strauch, volle Sonne, Winterhärtezonen 6 bis 9.
'Frau Dagmar Hastrup', eine Sorte von *R. rugosa*, hat einfache, papierartige reinrosa Blüten mit rahmfarbenen Staubgefäßen, und später karmesinfarbene Hagebutten. Sie blüht den ganzen Sommer hindurch, oft überschneiden sich Blüte- und Fruchtzeit. Das für Krankheiten und Schädlinge wenig anfällige frischgrüne Laub und der gedrungene Wuchs lassen diese Rose zu einem brauchbaren und gerne gewählten Strauch werden.
▷ Halbhoher sommergrüner Strauch, volle Sonne oder Halbschatten, Winterhärtezonen 6 bis 9.
*R.* 'Natalie Nypels' (manchmal 'Nathalie' geschrieben) ist eine Buschrose vom Polyantha-Typ, die von Chinarosen abstammt. Die halb-gefüllten rosaroten Blüten werden in lockeren Büscheln über ausgezeichneten glänzenden Blättern getragen. Die Sorte ähnelt stark der alten Floribunda 'Else Poulsen', ist aber wesentlich kräftiger und nicht so mehltauanfällig.
▷ Niedrige sommergrüne Buschrose, volle Sonne, Winterhärtezonen 6 bis 9.
Zwei moderne Strauchrosen sind jedenfalls einen Versuch wert, wenn genug Platz vorhanden ist: *R.* 'Constance Spry' wird groß und wächst unordentlich, man sollte sie etwas stützen. Ihre sehr schweren Blüten sind gefüllt und sehr schön rosarot. *R.* 'Fritz Nobis', eine *Rubiginosa*-Hybride, hat ihre wohlriechenden, gefüllten, sanftrosa Blüten in Büscheln zusammengefaßt. Sie blüht nur einmal, doch vier Wochen lang.
▷ Hohe sommergrüne Sträucher, volle Sonne, Winterhärtezonen 6 bis 9.
Unter den Kletterrosen wird *R.* 'Aloha' bis 3 m hoch und schmückt sich zweimal im Jahr mit ihren duftenden, sehr dicht gefüllten, dunkelrosa Blüten über glänzend grünen Blättern. 'Climbing Cecile Brunner' ist die Spielart einer Buschrose. Sie ist sehr kräftig, wird bis 6 m hoch und hat zierliche, fingerhutgroße, rosa überlaufene Blüten, die wie eine Teehybride im Kleinformat aussehen.
▷ Sommergrüne Kletterpflanzen, volle Sonne, Winterhärtezonen 6 bis 9.
*R.* 'Madame Gregoire Staechlin' blüht früh; die wundervollen, lose angeordneten gefüllten rosa Blüten entstehen in großer Fülle, wenn auch nur einmal im Jahr. Diese Rose ist anpassungsfähiger als viele andere und blüht recht gut an einer Nordwand. An einer Südwand lassen sich besonders schön silbrig

*Weigelia florida* 'Variegata'

*Thymus serpyllum*

beblätterte Pflanzen zu ihren Füßen ziehen. Sie wird mindestens 6 m hoch.
▷ Sommergrüne Kletterpflanze, volle Sonne oder Halbschatten, Winterhärtezonen 6 bis 9.
Die rankende *R.* 'Albertine' ist fast kupferartig rosa gefärbt, doch zeigen die stark gefüllten Blüten bei näherer Betrachtung viele Abstufungen in hellen und dunklen Rosatönen. Sie bleibt viel gesünder, wenn man sie frei durch ein Spalier, über eine Laube oder in einem Wirtsbaum ranken läßt. Zieht man sie an einer Wand hoch, neigt sie zu Mehltau. Sie ist kräftig und klettert bis 6 m hoch, doch tut ihr harter Rückschnitt gut, der direkt nach der Blüte und ein zweites Mal im Herbst erfolgen sollte.
▷ Sommergrüne Kletterpflanze, volle Sonne oder Halbschatten, Winterhärtezonen 6 bis 9.
*R.* × *paulii* hat sehr stark bewehrte Zweige, die überhängen und kriechen. Diese und die kräftigere weiße Sorte von *R.* × *paulii* (s. »Weiße Töne: Frühsommer«) gehören zu den wenigen Rosen, die natürlicherweise horizontal oder nach unten kriechen. Die rosa Blüten mit weißem Auge sind einfach und haben seidenartige Blumenblätter. Man kann sie als groben Bodendecker verwenden; sie wird auch im Halbschatten blühen.
▷ Sommergrüner Strauch, kriecht bis 3,70 m hoch, volle Sonne oder Halbschatten, Winterhärtezonen 6 bis 9.
*R.* 'Max Graf' ist eine *Rugosa*-Hybride, teilt aber nicht deren Kennzeichen. Sie kriecht flach, und ihre Büschel einfacher leuchtend rosa Blüten stehen reichlich zwischen glänzendem Laub.
▷ Sommergrüner Strauch, kriecht bis 1,50 m weit, volle Sonne, Winterhärtezonen 6 bis 9.

**Saponaria,** Seifenkraut
*S.* 'Bressingham', ein Gartenverwandter des im Freiland wuchernden Gemeinen Seifenkrautes, *S. officinalis*, und der spätblühenden *S. ocymoides*, bildet niedrige grüne Hügel, die zur entsprechenden Zeit mit rosaroten, weißäugigen Blüten bedeckt sind, die blaß schokoladenbraune Kelchblätter haben. Am besten pflanzt man sie formlos in einen Steingarten oder gebraucht sie als Einfassung.
▷ Sommergrüne Staude, 5 cm, volle Sonne, Winterhärtezonen 6 bis 9.

**Stachys,** Ziest
*S. macrantha* (syn. *S. grandiflora* und *Betonica grandiflora*) hat ausgesprochen grüne, dreieckige Blätter und Blüten in Quirlen. Bei der Art selber sind sie tief purpurn, doch *S. macrantha* 'Rosea' hat sattrosa, 'Violacea' düster violette Blüten. Es sei empfohlen, sie in guten Gruppen zwischen Pfingstrosen oder als Begleiter von Strauchrosen zu pflanzen, insbesondere von Moschus-Hybriden mit ihren kahlen, fächerförmigen Stengeln.
▷ Sommergrüne Staude, 60 cm, volle Sonne, Winterhärtezonen 7 bis 9.

**Syringa,** Flieder
*S. microphylla* hat prächtige rosagetönte lila Blüten und kleine Blätter. Es ist ein ganz anderer Strauchtyp als die großen *S.* Vulgaris-Hybriden (s. »Blau: Frühsommer«). Die duftenden Blüten erscheinen im Spätsommer ein zweites Mal.
*S.* × *persica*, der Persische Flieder, hat wohlriechende, blaßlila Blüten, die den Strauch in großer Fülle schmücken. Wenn der Garten ziemlich klein ist, sollte man vielleicht vor allem an diesen Flieder denken. Seine anmutig gerundete Form fügt sich leicht in jede Rabatte ein.
▷ Halbhohe sommergrüne Sträucher, volle Sonne, Winterhärtezonen 6 bis 9.
*S.* × *prestoniae* 'Isabella', eine kanadische Hybride, hat große, aufrechtstehende Rispen in einer blassen Purpurfarbe und wächst kräftig.
*S.* × *josiflexa* 'Bellicent', eine weitere kanadische Hybride, hat tiefgrüne Blätter und trägt stark duftende, rein rosarote Blütenbüschel. Man pflanze diesen Flieder an den Rand eines waldartigen Gartenteils oder an die Gartengrenze; für eine Mischrabatte sind die Wurzeln zu »gefräßig«.
▷ Hohe sommergrüne Sträucher, volle Sonne oder Halbschatten, Winterhärtezonen 6 bis 9.

**Tamarix,** Tamariske
*T. ramosissima* (syn. *T. pentandra*) mit ihrem entzückenden, luftigen grüngrauen Laub (s. »Umrahmendes Blattwerk: Grau«) ist mehrere Wochen lang in einer rosa Wolke eingehüllt. Ihre braunen Äste, die hell gefärbten Blätter und die Blütenfarbe sind ein hervorragendes Beispiel für eine harmonische Farbmischung: Aus der Ferne wird der Busch zu einem feinen, gedämpften Schleier in einem bräunlichen Rosaton.
▷ Hoher sommergrüner Strauch, volle Sonne, Winterhärtezonen 7 bis 9.

**Thalictrum,** Wiesenraute
*T. aquilegifolium* schmückt sich mit Wolken flaumiger malvenroter Blüten in Rispen über gräulichen Fiederblättern. Es ist eine erstklassige Pflanze, die sich ideal für eine formstrenge Farbanlage eignet oder auch in eine freiere Bauerngartenbepflanzung harmonisch einfügen läßt.
*T. delavayi* (syn. *T. dipterocarpum*) trägt eher offene, lose Büschel aus winzigen zartrosa bis zart violetten Blüten mit augenfälligen gelben Staubbeuteln, die einen besonderen Farbakzent bilden.
▷ Sommergrüne Stauden, 60 bis 150 cm, volle Sonne, Winterhärtezonen 6 bis 9.

**Thymus,** Thymian
*T. serpyllum*, der kriechende Feldthymian, mit seinen herrlich duftenden kleinen Blättern, trägt rosa oder weiße Blütenbüschel.
*T. pseudolanuginosus* (der *T. lanuginosus* der Gärten) hat graue, behaarte Blätter und fliederfarbene Blüten. Man kann die mattenbildende Pflanze beispielsweise in den Ritzen zwischen Platten ziehen, wo sie leicht einmal von Füßen oder Händen berührt werden und dann ihren Duft freigeben.
▷ Immergrüne Stauden, 5 bis 7,5 cm, volle Sonne, Winterhärtezonen 7 bis 9.

**Tulipa**
Unter den späten Tulpen gibt es einige hervorragende Sorten in den verschiedensten Rosatönen.
Die Darwin-Tulpe 'Peerless Pink' zeigt ein satinartig strukturiertes Rosa und wird 40 cm hoch. 'Queen of the Bartigons' ist rein lachsrosa und 65 cm hoch. Die lilienblütige 'Mariette' ist rosarot, mit kleinen, stark zurückgebogenen Blumenblättern, und wird etwa 50 cm lang (s. auch Abschnitt »Frühjahr«).
▷ Zwiebelstauden, volle Sonne, Winterhärtezonen 5 bis 9.

**Weigela**
Die Weigelien – schmückende und leicht zu ziehende Sträucher – tragen büschelweise kleine, fingerhutähnliche Blüten in einer Farbenvielfalt, die von Weiß über Rosa bis Rot reicht. Zu den besten zählt *W. florida* 'Foliis Purpureis' mit zartpurpurnen Blättern und blaßrosa Blüten; der Busch bleibt auch ohne Rückschnitt recht dicht.
▷ Niedriger sommergrüner Strauch, volle Sonne, Winterhärtezonen 5 bis 9.
Eine andere Weigelie, die Gartenform *W. florida* 'Variegata', hat grüne Blätter mit einem rahmfarbenen Rand und fein hellrosa überhauchte Blüten. Von den anderen kräftigen Hybriden hat *W.* 'Conquete' lange Röhrenblüten in tiefem Rosa und 'Heroine' einen eher aufrechten Wuchs und blaßrosa Blüten.
▷ Hohe sommergrüne Sträucher, volle Sonne, Winterhärtezonen 5 bis 9.

# SOMMER

**Allium,** Lauch
*Allium cernuum* ist klein und hat nickende Blütenstände in einem satten lilagetönten Rosa. Es ist ideal geeignet für eine Pflanzung unter Strauchrosen und ein rascher Besiedler.
▷ Zwiebelstaude, 45 cm, volle Sonne, Winterhärtezonen 7 bis 9.
*A. christophii* (syn. *A. albopilosum*) hat riesige Kugelköpfe aus blaßvioletten Blütensternchen, die auf starken Stielen über unansehnlichen Blättern stehen. Man setzt die Pflanze am besten hinter oder zwischen Spätblüher oder – wie es in Sissinghurst getan wird – zwischen Bartiris: Der Lauch beginnt gerade zu blühen, wenn die Irisblüten verwelken, und die graugrünen Schwertblätter sehen mit den Lauchköpfen zusammen herrlich aus.
▷ Zwiebelstaude, 60 cm, volle Sonne oder Halbschatten, Winterhärtezonen 7 bis 9.
*A. pulchellum* hat grasartig dünne Blätter und sät sich reichlich aus. Die nickenden Glöckchen in düsterem Purpur (es gibt auch eine gute weiße Sorte) sehen mit grau- und silberblättrigen Pflanzen zusammen wundervoll aus. Man sollte es öfter einsetzen (s. auch Abschnitt »Frühsommer«).
▷ Zwiebelstaude, 30 bis 60 cm, volle Sonne, Winterhärtezonen 7 bis 9.

**Astilbe**
Die Astilben bevorzugen tiefe, feuchte, lehmige Erde und meistens auch etwas Schatten. Die federbuschartigen Blütenstände in Weiß, Rosa, Rosarot, Rot und Magentarot stehen auf anmutig geneigten Stielen über tief geteilten, oft bronze oder mahagoni getönten Blättern.
Die *A. arendsii*-Hybriden umfassen eine sehr große Zahl Züchtungen, bieten also dem Gärtner eine breite Auswahl von Farben und Größen. *A.* × *arendsii* 'Bressingham Beauty' hat reinrosa Blüten, während bei 'Hyacinth' die Blüten rosarot sind. Sie sollten in Gruppen an ein Gewässer gepflanzt werden oder als Gegensatz mit den klar gegliederten, formgebenden Funkienblättern zusammen.
▷ Sommergrüne Staude, 30 bis 150 cm, Halbschatten, Winterhärtezonen 7 bis 9.

**Beschorneria**
*B. yuccoides* braucht ein günstiges warmes Mikroklima, läßt sich aber auch in Gefäßen halten, solange die Temperaturen nicht unter den Gefrierpunkt fallen. Die großen, überhängenden Blütenbüschel stehen hoch über den schwertartigen, graugrünen Blättern. Korallenrosa und rote Hochblätter umgeben die grünen, nickenden Blütenglocken. Es ist keine einfach zu ziehende Pflanze, und selbst an einem vorzüglichen Standort läßt sich die Blüte nicht garantieren. Wenn sie aber blüht, verleiht sie jedem Garten einen exotischen Hauch, ganz abgesehen von der Farbwirkung, die umwerfend ist.
▷ Immergrüne Staude, 2,50 m, volle Sonne, Winterhärtezonen 8 bis 10.

**Buddleia,** Schmetterlingsstrauch
*B. crispa* fordert eine warme Mauer und reichlich heiße Sonne. Sie hat stark gezähnte, runzelige graue Blätter und wohlriechende lilagetönte rosa Blüten, jeweils mit einem orangen Schlund, in endständigen Rispen. Nach einem milden Winter blüht sie früh; nach einem strengen setzt ein späterer Wachstumsschub ein, und es kommt erst gegen Sommerende zur Blüte. Man sollte ihr einen erstrangigen Standort einräumen, denn sie ist eine hervorragende Pflanze, wenn sie das geeignete Klima hat (s. auch »Blau: Spätsommer«).
▷ Halbhoher halb-immergrüner Mauerstrauch, volle Sonne, Winterhärtezonen 8 bis 9.

**Campanula,** Glockenblume
*C. lactiflora* 'Loddon Anne' ist eine blaßrosa blühende Sorte der großen Staude, die sich so gut für Sommerrabatten eignet (s. »Blau: Sommer«). Die traditionellen sanften Rosa-, Blau- und Zartviolett-töne können als Hintergrundsfarbe für viele konventionelle Pflanzpläne dienen.
▷ Sommergrüne Staude, 1,20 m, volle Sonne, Winterhärtezonen 6 bis 9.

**Cistus,** Zistrose
*C. creticus* ist ziemlich variabel, hat aber grundsätzlich blaßgraue, zottige Blätter und Blüten in malvenroten und rosa Schattierungen. Man kann diese wertvolle Zistrose in eine rosa-weiß-graue Rabatte pflanzen; ihre Blüten und Blätter mit den sanften Farben passen bestens hinein (s. auch »Weiße Töne: Frühsommer«).
▷ Niedriger immergrüner Strauch, volle Sonne, Winterhärtezonen 8 bis 10.

**Convolvulus,** Winde
*C. althaeoides* hat gegliederte blaßgraue, fast silberne Blätter (die im zeitigen Frühjahr grün sind und dann leicht mit Unkraut verwechselt werden) und muschelrosa Blüten. Obwohl es sich um eine sonnenliebende Pflanze aus Südeuropa handelt, ist sie erstaunlicherweise wohl winterfest und verbreitet sich rasch durch Wurzelausläufer. Man sollte sich nicht abschrecken lassen. Ihre unübertrefflichen Blätter und Blüten lohnen den Zeitaufwand, den man braucht, um die Pflanzen, die sie umwindet, ab und an zu befreien. Man sollte sie über eine Mauer wachsen lassen oder in einem erhöhten Beet, wo sich der Wurzelverlauf begrenzen läßt, wuchern lassen.
▷ Sommergrüne Staude, 60 cm, volle Sonne, Winterhärtezonen 8 bis 10.

**Dianthus,** Nelke
Es stehen so viele hübsche Beetnelken zur Wahl, daß man als Gartenliebhaber sich am besten in einer Gärtnerei in der Nähe blühende Pflanzen anschaut. Zum Glück sind viele alte Bauerngarten-Sorten heute wieder zu bekommen. Man kann also nach Farbe, Duft und Qualität der bläulichgrünen Blätter frei wählen. Unter den alten Sorten sind etliche, die größer werden, zu eher lebhaften und dunklen rötlichen Farben neigen und damit in ein anderes Kapitel gehören. Doch man verknüpft das geläufige bläulichgrüne Blattwerk in der üblichen Empfindung mit pastellfarbenen Rabatten, weniger mit kräftigen Sommerfarben. Die fransigen und spitzentuchartigen Blütenblätter, oft zweifarbig, und der anregende, schwere Duft machen den Charme der Nelken aus, doch sind sie auch wegen ihrer reizvollen Blätter wichtig (s. auch »Blau: Blattwerk«).
▷ Immergrüne Stauden, 15 bis 60 cm, volle Sonne, Winterhärtezonen 6 bis 9.

*Allium cernuum*

*Erigeron mucronatus*

**Erigeron,** Berufkraut
*E. mucronatus* aus Mexiko wird zum Unkraut, wenn es sich »wohlfühlt«, und sät sich in Ritzen zwischen Platten und Mauerfugen aus. Es sollte in allen guten Gärten vorhanden sein. Es blüht den ganzen Sommer über. Seine asternartigen Blumenblätter sind weiß und rosa, wobei das Rosa im Ton erheblich schwankt. Die holzigen, verzweigten Stengel entwickeln sich gut in einer Rabatte.
▷ Sommergrüne Staude, 30 cm, volle Sonne, Winterhärtezonen 8 bis 10.

**Escallonia**
*E.* 'Apple Blossom', eine der kleineren Hybriden, läßt sich als Teil einer allgemeinen Rabattenanlage oder in ein Beet mit Gehölzen pflanzen. Die becherförmigen rosa und weißen Blüten sitzen zwischen leuchtend grünen Blättern. Der Strauch sollte mit nebelhaften Farben zusammen eingesetzt werden; seine ausgeprägte Gestalt und Wuchsart können den verschmelzenden Farben, die keine festen Umrisse mehr haben, Form verleihen.

Filipendula palmata

▷ Halbhoher immergrüner Strauch, volle Sonne, Winterhärtezonen 7 bis 9.
*E.* 'Donard Seedling' hat einen hängenden Wuchs sowie rosa-weiße Blüten, die einen sanften Schleier bilden. Man pflanzt sie am besten als »herabfließende« Hecke. Nach der Blüte ist kräftiger Schnitt nötig (s. auch »Umrahmendes Blattwerk: Grün«).
▷ Hoher immergrüner Strauch, volle Sonne, Winterhärtezonen 7 bis 9.

**Filipendula,** Mädesüß
*F. palmata* hat breite rosa Blütenstände aus winzigen Blüten über vornehmen Blättern. Es gibt verschiedene Sorten mit mehr oder weniger purpurhaften Blüten. Man pflanzt sie in großen Gruppen in feuchte Erde und läßt sie mit wuchtigen, kräftigen Blattpflanzen, wie Funkien, kontrastieren.
▷ Sommergrüne Staude, 90 cm, volle Sonne, Winterhärtezonen 6 bis 9.

**Francoa**
Die Francoen haben behaarte Blätter und reizvolle stabförmige Blütenstände aus weißlich-rosa Blüten. Sie werden in kalten Gärten in Kübeln gezogen und unter Glas überwintert; sie entfalten dann eine exotische Schönheit. In wärmeren Gegenden sind sie als immergrüner Bodendecker nützlich. *F. sonchifolia* hat tiefrosa Blüten mit dunklerem Rot am inneren Grund der Blumenblätter.
▷ Immergrüne Staude, 60 bis 90 cm, volle Sonne, Winterhärtezonen 7 bis 9.

**Fuchsia**
Die winterharten und halb-winterharten immergrünen und laubabwerfenden Sträucher (einige Gartenformen sind nur halb-holzig) sind als Sommerblüher sehr nützlich. Ihre Blüte dauert lange an, bis in den Herbst hinein. Wo das Klima es ermöglicht, kann man aus Fuchsien hohe, farbige Hecken entstehen lassen; in anderen Gegenden sind kleine Pflanzen gut für Hängekörbe und vorne in Rabatten zu verwenden. Die Blüten sind vielfach zweifarbig; die hängenden, glockenförmigen Blütenhüllen haben röhrenförmige, vorne aufgefächerte Kelchblätter, die sich mit den Kronblättern in einer anderen Farbe überschneiden. Aus Rot-, Rosa-, zarten Violettönen, Violett und Weiß können grelle Verbindungen entstehen. Ich bevorzuge die Sorten, bei denen die Schattierungen einer Farbe klar vorherrschen. *F. magellanica* 'Molinae' (teilweise noch als *F. magellanica* 'Alba' bezeichnet) hat schlanke Blüten in einem blassen Rosa, die nicht prunkvoll wirken. Die panaschierte Sorte 'Sharpitor' hat dieselben blassen Blüten, aber die Blätter sind graugrün mit cremefarbenen Rändern. Eine ausgesprochen winterharte Hybride ist *F.* 'Margaret Brown'; der halbhohe Strauch eignet sich für eine Mischrabatte.
▷ Niedrige bis hohe sommergrüne Sträucher, volle Sonne oder Halbschatten, Winterhärtezonen 7 bis 9.

**Galega,** Geißraute
Von *G. officinalis*, die grundsätzlich blasse, ausgewaschen blaue oder weiße Blüten hat, gibt es mehrere gute Gartensorten in Lila, Lavendel und einer zartrosa Malvenfarbe. Die erbsenähnlichen Blüten werden über grünen Fiederblättern getragen. Die Pflanze bildet attraktive Büschel im Hintergrund einer Rabatte. Die Geißraute ist eine alte Bauerngartenpflanze, die heute aber schwer zu bekommen ist. *G.* × *hartlandii* 'Lady Wilson' ist malvenrot und cremeweiß gefärbt.
▷ Sommergrüne Staude, 90 bis 150 cm, volle Sonne oder Halbschatten, Winterhärtezonen 6 bis 9.

**Geranium,** Storchschnabel
*G.* 'Russell Prichard' beginnt seine Blüte im Sommer und setzt sie bis in den Herbst fort. Die rosaroten Blüten und Stiele wachsen kriechend über den blaßgrauen, fingerförmigen Laubblättern.
▷ Sommergrüne Staude, 15 cm, volle Sonne, Winterhärtezonen 6 bis 9.

**Hemerocallis,** Taglilie
*H.* 'Pink Damask' hat warmrosa Blüten mit bräunlich gelbem Schlund. Man pflanzt sie am besten neben bronzene oder purpurne Blätter oder unter rosablütige Strauchrosen: Ich persönlich habe sie beim ersten Mal neben einen purpurblättrigen Perückenstrauch gesetzt (s. auch »Umrahmendes Blattwerk: Grün«).
▷ Sommergrüne Staude, 75 cm, volle Sonne oder Halbschatten, Winterhärtezonen 6 bis 9.

**Lilium,** Lilie
*L. martagon*, die Türkenbundlilie, zählt zu den wichtigsten Angehörigen der Gattung; sie gedeiht im Schatten und hat keine besonderen Bodenansprüche. Verstreuter Samen kann unter Bäumen auskeimen und vier oder fünf Jahre später blühen; in einem voll entwickelten Garten wird man gewöhnlich eine Menge selbstverbreiteter Sämlinge an unerwarteten Stellen entdecken. Wie bei den meisten Lilien, sind Gruppen wirkungsvoller als Einzelexemplare. Die Blumenblätter der Türkenbundlilie sind zartrosa bis purpurn mit dunklen Flecken; sie wirken nicht prunkvoll oder bunt, aber doch eindrucksvoll. Am besten läßt man die Stengel sich über niedrige, bodendeckende Pflanzen erheben. Zu den benannten Formen gehört das weiße *L. martagon* 'Album' (s. auch »Weiße Töne: Sommer«).
▷ Zwiebelstauden, 100 bis 200 cm, Schatten, Winterhärtezonen 5 bis 9.

**Linum,** Lein
*L. grandiflorum* ist ein winterharter einjähriger Lein mit schalenförmigen rosa Blüten. Man sät die Samen im September an den vorgesehenen Ort und dünnt die Sämlinge je nach Bedarf aus. Es gibt mehrere gute Sorten, darunter das leuchtend rote *L. grandiflorum* 'Rubrum'. Man kann diesen Lein auch in Töpfen heranziehen und unter Glas überwintern, um eine frühe Blüte zu erzielen.
▷ Einjährige, 30 bis 50 cm, volle Sonne, Winterhärtezonen 8 bis 10.

**Lychnis,** Lichtnelke
*L. flos-jovis*, die Jupiterblume, hat silbrige Blätter und Stengel und kleine rosa bis purpurne Blüten. Durch ihren ziemlich raumgreifenden Wuchs ist diese Pflanze unentbehrlich neben später und höher blühenden Stauden. Aber auch wegen der Blüten- und Blattfarbe allein verdient sie einen Platz in einer Sommerrabatte. Es sei empfohlen, sie in die Nähe von Büschen der zinngrauen *Artemisia* 'Powis Castle' zu pflanzen.
▷ Sommergrüne Staude, 30 cm, volle Sonne, Winterhärtezonen 5 bis 9.

**Pelargonium,** Pelargonie, »Geranie«
Fälschlicherweise wird die Pelargonie auch als Geranie bezeichnet, man darf sie aber nicht mit dem Storchschnabel – Gattung *Geranium* – verwechseln. Die frostempfindlichen Halbsträucher sind bunte Tupfer für den Sommergarten. Wenn sie sorgfältig ausgesucht werden, lassen sich ihre feinen Farben in Reihen oder Gruppen sehr schön mit anderen Sommerblumen mischen. Es ist aber – wie Gertrude Jekyll einmal meinte – nicht die Schuld der Pelargonie, daß sie so oft falsch verwendet wird.
Am prunkvollsten sind vielleicht die kriechenden Efeupelargonien, *P. peltatum*, mit ihren vorwiegend zartrosa malvenfarbenen Blüten; sie sind ideal für Blumenkästen und Kübel. *P. peltatum* 'Madame Crousse' hat gefüllte leuchtend rosa Blüten, 'Santa Paula' halb-gefüllte malvenrote.
Die Zonale-Hybriden, *P.* × *hortorum*, bilden reichverzweigte Sträucher und tragen dichte rundliche Blütenbüschel in Weiß, Rosa, Rot und Scharlachorange. Wenn man die abgeblühten Teile entfernt, ist den ganzen Sommer die Blüte gewährleistet. Vermehren Sie aus dem Samen und wählen Sie nach der Farbe aus. Die alte Sorte *P.* × *hortorum* 'The Boar' hat prächtige lachsrosa Blüten und dunkles Laub.
Ich persönlich finde es günstig, wenn man eine Pflanze jeder Sorte oder Farbe überwintert und im Frühjahr Ableger entnimmt, die sich rasch bewurzeln. Wenn aber nur wenig Platz zur Verfügung steht, kann man auch im Spätsommer Triebstecklinge bewurzeln lassen und während der kältesten Monate frostfrei aufbewahren.
▷ Niedrige immergrüne Halbsträucher, volle Sonne, Winterhärtezonen 9 bis 10.
*P. crispum* 'Variegatum' hat blaßrosa Blüten, wird aber hauptsächlich wegen seiner keilförmigen, duftenden Blätter mit cremeweißem Rand gezogen. *P. graveolens*, die Rosenpelargonie, ist eine aufrecht wachsende Pflanze mit behaarten, aromatisch grünen Blättern.
▷ Niedrige immergrüne Sträucher, volle Sonne, Winterhärtezonen 9 bis 10.

# *SPÄTSOMMER*

**Petunia**
*P.* 'Pink Joy' blüht lachsrosa und kommt früh zur Blüte. Am besten halten Sie junge Pflanzen bereit, die in die Beete ausgepflanzt werden, sobald die Fröste in Ihrer Gegend endgültig vorüber sind. 'Chiffon Magic' hat sanftlila Blüten mit blaß cremefarbenem Schlund (s. auch »Weiße Töne: Sommer«).
▷ Einjährige, 30 cm, volle Sonne, Winterhärtezonen 9 bis 10.

**Phlomis,** Brandkraut
Das Brandkraut, das am besten zu einer rosa-pastellfarbenen Anlage paßt, ist *P. italica* mit seinen silbrig grauen, filzigen Blättern und sehr blassen rosa Blüten. Es ist ein bißchen frostempfindlich, man sollte ihm also einen bevorzugten Platz bieten (den es verdient), der vor starkem Wind geschützt ist, und sicherstellen, daß die Wurzeln den Winter über nicht in nassem Boden stecken. Im Frühsommer muß kräftig geschnitten werden, damit ein wohlgeformter Busch entsteht (s. auch »Umrahmendes Blattwerk: Silber und Grau«).
▷ Halbhoher immergrüner Strauch, volle Sonne, Winterhärtezonen 7 bis 9.

**Phygelius**
*P. aequalis* braucht nährstoffreichen Boden, aber auch einen geschützten, warmen Standort. Die korallenroten Blüten mit gelbem Schlund stehen am Ende von langen, verholzten Stengeln. Die Pflanze muß kurz vor der Blüte mit einem Insektizid besprüht werden. Wenn man die abgeblühten Teile ausschneidet, setzt im Spätsommer eine zweite Blüte ein. Mit ihren subtilen Farben sollte man die Blume so pflanzen, daß sie in Augenhöhe zu sehen ist und Einzelheiten gut zu betrachten sind.
▷ Halbhoher sommergrüner Halbstrauch, volle Sonne, Winterhärtezonen 8 bis 9.

**Polygonum,** Knöterich
Die Knöteriche sind wertvolle Gartenpflanzen: Ihre Bandbreite reicht von Kletterformen über große, bambusähnliche Stauden bis hin zu kleinen mattenbildenden Kriechpflanzen. In die nähere Verwandtschaft gehört auch das Schlinggewächs *P.* (heute: *Fallopia*) *baldschuanicum.* Sein Laub ist oft reizvoll geädert, und die Blüten sind weiß, fein rosa und rot getönt. Die meisten bevorzugen einen feuchten, speicherfähigen Boden; einige wuchern leicht.
*P. affine* ist eine teppichbildende Form; die grünen Blätter werden im Winter bronzefarben. Bei *P. affine* 'Donald Lowndes' sind die aufrechtstehenden Blütenkerzen aus halb-gefüllten lachsrosa Blüten zusammengesetzt. Von Natur aus ist es eine Felsenpflanze, man kann sie über den Rand von Platten wachsen oder eine dichte Matte bilden lassen.
▷ Halb-immergrüne Staude, 23 bis 30 cm, Halbschatten, Winterhärtezonen 6 bis 9.

**Rodgersia**
*R. pinnata* hat astilben-ähnliche, flaumige rosa Blüten über attraktivem Blattwerk (s. »Umrahmendes Blattwerk: Grün«). *R. pinnata* 'Superba' ist eindrucksvoller, größer, die Blüten sind leuchtend rosa, die Blätter bronzegetönt.
▷ Sommergrüne Staude, 100 bis 120 cm, Halbschatten, Winterhärtezonen 6 bis 9.

**Abelia**
*A.* × *grandiflora* zählt zu den besten spätblühenden Sträuchern (s. auch »Umrahmendes Blattwerk: Grün«). Die glänzenden immergrünen Blätter zeigen das ganze Jahr über bronzefarbige bis rosa Töne, und die rosa-weißen, geißblattähnlichen Blüten entstehen in großer Fülle und verströmen ihren Duft durch den ganzen Garten. Dieser Busch verdient einen besonderen Platz an einer Tür oder einem Weg, wo seine Schönheit das ganze Jahr über wahrgenommen werden kann.
▷ Halbhoher immergrüner Strauch, volle Sonne, Winterhärtezonen 8 bis 10.
*A. schumannii* hat weniger glänzendes Laub, das zum Winter abgeworfen wird, und blaß malvenfarbene Blüten. Wenn auch dieser Busch nicht so vielseitig ist wie der zuvor genannte, so ist er doch wertvoll, wo seine blassen Blüten bronze- oder purpurfarbenes Blattwerk ergänzen.
▷ Halbhoher sommergrüner Strauch, volle Sonne, Winterhärtezonen 8 bis 10.

**Acanthus**
*A. mollis* und *A. mollis* 'Latifolius' haben so schöne Blätter (s. »Umrahmendes Blattwerk: Grün«), daß die großen Blütenähren in Weiß und Purpur (mit krausen Blumenblättern und überlappenden Hochblättern) als bloße Zugabe gelten. Sie entstehen bei voller Besonnung in großer Fülle – allerdings sind die Blätter wirkungsvoller und die Wurzeln in der Ausbreitung begrenzt, wenn man in den Schatten pflanzt –, führen zu einer starken Betonung der Senkrechten und fügen sich in jedes Farbmotiv ein.
▷ Sommergrüne Staude, 90 bis 120 cm, volle Sonne, Winterhärtezonen 6 bis 9.

**Althaea,** Stockmalve
Die gewöhnlich als Zwei- oder sogar Einjährige gezogenen Stockmalven, die heute der Gattung *Alcea* zugeordnet werden, sind althergebrachte Bauerngarten-Pflanzen mit einfachen oder gefüllten Blüten in allen möglichen sanften Farben, von Dunkel- bis Hellrosa, Blaßgelb bis Weiß. Die grünen, behaarten Blätter sind rostpilzanfällig, wenn man die Pflanze ein zweites Jahr stehenläßt. Leider lassen sich die Stockmalven nicht farbecht aus Samen ziehen. Zu *A. rosea (Alcea rosea)* gibt es viele Namenssorten, doch bekommt man den Samen gewöhnlich in Mischtüten, was jeden Farbplan durcheinanderbringen muß. Das ist schade, denn es sind wundervolle Pflanzen für den Hintergrund einer späten Rabatte.
▷ Ein- oder Zweijährige, 1,20 m oder 2,30–3,00 m, volle Sonne, Winterhärtezonen 6 bis 9.

**Amaryllis**
*A. belladonna,* die Belladonna-Lilie, bevorzugt gutdränierten Boden am Grund einer besonnten Mauer. Die blaßrosa, trompetenförmigen, duftenden Blüten werden auf kräftigen Stielen getragen, nachdem die bandförmigen, unordentlichen Blätter abgestorben sind. Man wässert und düngt, wenn die Blätter anzeigen, daß die Pflanze sich in der Wachstumsphase befindet. In den Listen werden einige Sorten oder Hybriden geführt. Man muß darauf achten, daß die Zwiebeln nicht durch Pflanzen im Vordergrund beschattet werden. In ihrer Ruhepause um die Sommermitte werden die Pflanzen geteilt.

*Abelia × grandiflora*

▷ Zwiebelstaude, 75 cm, volle Sonne, Winterhärtezonen 8 bis 10.

**Anemone**
*A.* × *hybrida* 'Prinz Heinrich' gehört zu den besten unter den rosablütigen Formen, doch treffen Sie Ihre persönliche Wahl zwischen den gefüllten und einfachen Blüten und achten Sie auf die Variationen in der Form der Blumenblätter. In Tintinhull blüht *A.* × *hybrida* 'Prinz Heinrich' mit Nerinen und Belladonnalilien zusammen. Die Pflanze ist sehr ausbreitungsfreudig; doch die Mühe, sie immer wieder begrenzen zu müssen, lohnt sich wegen der vortrefflichen Pracht, die sie für viele Wochen entfaltet.
▷ Sommergrüne Staude, 1,20 m, volle Sonne oder Halbschatten, Winterhärtezonen 6 bis 9.

**Aster**
*A. lateriflorus* 'Horizontalis', eine Herbstaster, hat nur einen Fehler: Obgleich diese Aster reichlich Sonne braucht, welkt sie schnell durch trockene Winde und muß gut gewässert werden, wenn man Erfolg mit der Blüte haben will. Die kleinen Blätter, die im Herbst kupfer- bis purpurfarben werden, sitzen an waagerechten Seitenstielen. Die flieder- und rosenfarbenen Blüten ergeben einen nebelhaften Eindruck in einem bräunlichen Rosen- bis fast Vio-

*Amaryllis belladonna*

*Nerine bowdenii*

*Cleome hasslerana*

lettrot. Man pflanzt sie am besten so, daß sie neben *Sedum spectabile* blüht, dessen fleischige, blasse Blätter und flache rosa Blütenstände einen vollkommenen Gegensatz der Form nach darstellen.
▷ Sommergrüne Staude, 90 cm, volle Sonne, Winterhärtezonen 5 bis 9.

**Cleome**
*C. hassleriana* (die *C. spinosa* der Gärten), die Spinnenpflanze, ist eine Einjährige für die Blütezeit im Spätsommer. Die seltsamen weißen und rosa überhauchten Blüten erscheinen an der Spitze von stacheligen Stengeln. *C. hassleriana* 'Pink Queen' ist eine reichblütige Sorte. Die Samen von 'Colour Fountain' ergeben, da sie als Mischung verkauft werden, die verschiedensten Farben in allen Tönen von Rosa und Purpur; eine der wenigen Samenmischungen, die man empfehlen kann, weil die Farben angenehm harmonieren und ineinanderweben.
▷ Einjährige, 1 m, volle Sonne, Winterhärtezonen 9 bis 10.

**Crinum**
Als Zwiebelstauden aus warmen Klimazonen brauchen die *Crinum*-Arten besonders viel Wärme. Vor allem in kälteren Gegenden muß man sie im Gewächshaus heranziehen. *C.* × *powellii* ist eine Hybride mit rosa und weißen Blüten – teilweise als Mischung, teilweise mit jeweils der einen Farbe. Leider bekommen die Blätter im zeitigen Frühjahr oft Frostschäden und bleiben dann die ganze Saison über verunstaltet.
▷ Zwiebelstaude, 45 cm, volle Sonne, Winterhärtezonen 8 bis 10.

**Cyclamen,** Alpenveilchen
*C. hederifolium* (syn. *C. neapolitanum*) ist winterhart und mit seinen variabel marmorierten Blättern im Winter und zeitigen Frühjahr attraktiv; danach sterben die Blätter ab. Die Blüten sind zartviolett bis blaßrosa oder weiß und entstehen reichlich, besonders in nassen Jahren. Die Pflanzen müssen mit Torf gemulcht werden, damit die Feuchtigkeit sich den Sommer über hält (s. auch »Weiße Töne: Blattwerk«).
▷ Knollenstaude, 15 cm, Halbschatten oder Schatten, Winterhärtezonen 6 bis 9.

**Dierama,** Trichterschwertel
*D. pulcherrimum* hat während der Blüte einen sehr eleganten Wuchs. Die bogenförmigen Stengel schwanken im Wind mit ihren silbrigen Kelchen, die sich zu hängenden Glocken in blassem bis tiefem Rosenrot öffnen. Die Sprosse sind grasähnlich und immergrün, sie sehen ein wenig unordentlich aus. Setzen Sie diese Pflanzen so, daß sie über ein Gewässer hängen und ihre ständige Bewegung sich im Wasser spiegelt. Aus einigen wenigen Exemplaren entsteht eine Unmenge von Sämlingen. Sie scheinen in jedem Boden zu gedeihen, nur darf offenbar im Winter die Erde nicht zu feucht sein.
▷ Immergrüne Staude, 1,50 m, volle Sonne, Winterhärtezonen 8 bis 10.

**Eupatorium,** Wasserdost
*E. purpureum* hat in Wirbeln angeordnete, zugespitzte grüne Blätter. Seine flachen Blütenköpfe auf verzweigten Stielen sind rosig purpurn gefärbt. Die Sorte *E. purpureum* 'Atropurpureum' hat purpurne Blätter und Stengel und dunklere Blüten. Diese wertvolle, aber selten zu sehende Pflanze setzt man am besten gruppenweise in den Hintergrund einer Rabatte.
▷ Sommergrüne Staude, 1,80 m, volle Sonne oder Halbschatten, Winterhärtezonen 7 bis 9.

**Hydrangea,** Hortensie
*H. macrophylla* ssp. *serrata* hat fein purpurn getönte Zweige, bronzefarbene Blätter und zart rosarote Blütenkugeln, die nach dem Öffnen einen tieferen Ton bekommen. Es ist eine der Hortensien, die eher für einen kleinen Garten interessant sind; die Blüten bleiben vollkommen, während die Blätter Herbstfarben annehmen.
▷ Halbhoher sommergrüner Strauch, Halbschatten, Winterhärtezonen 7 bis 9.
*H. aspera* (syn. *H. villosa*) kann eine fliederblaue oder zart violett bis rosa Blütenfarbe haben, je nach Säuregrad des Bodens, gedeiht aber unter fast allen Bedingungen. Obgleich gewöhnlich ein Standort im Schatten empfohlen wird, blüht die Hortensie nach meinen Erfahrungen bei voller Sonne reichlicher. Die behaarten Blätter sehen hübsch aus, auf der Oberseite sind sie mattgrün, auf der Unterseite sanft und grau; die flachen Dolden werden aufrecht getragen (s. auch »Weiße Töne: Spätsommer«).
▷ Hoher sommergrüner Strauch, volle Sonne oder Halbschatten, Winterhärtezonen 7 bis 9.

**Lavatera**
Bei *L. olbia* sind die groben, weit offenen Blüten zart violett bis rosa, manchmal dunkler gefärbt. Sie heben sich von den graugrünen, drei- bis fünflappigen Blättern ab. Es ist eine schnellwüchsige Pflanze, die sich für neu angelegte Rabatten eignet; die Blüten schmücken den Strauch in sehr großer Fülle über eine lange Zeit hinweg. Man setze ihn in einer graurosa Anlage ein. Es gibt wenige rosa blühende Sträucher so spät im Jahr.
▷ Halbhoher sommergrüner Strauch, volle Sonne, Winterhärtezonen 7 bis 9.

**Lythrum,** Weiderich
Der Weiderich gedeiht in jedem annehmbaren Boden und blüht reichlich im Schatten. Es gibt zwei Arten, aus denen man einige gute Gartensorten entwickelt hat. Vom Blutweiderich, *L. salicaria*, stammen die schlanken Blütenähren in Purpurrot bei dem alten beliebten *L. salicaria* 'Brightness' oder Rosenrot bei 'Robert' und 'The Beacon'. Da die Sämlinge nicht rein fallen, entfernt man die abgeblühten Teile und vermehrt durch Teilung.
▷ Sommergrüne Staude, 1,20 m, Halbschatten, Winterhärtezonen 6 bis 9.
*L. virgatum* ist eleganter und schlanker, die Blüten und Blätter sind kleiner und weniger grob. Gute Sorten sind *L. virgatum* 'Rose Queen' in Rosarot und 'The Rocket', die ähnlich ist, aber tiefer im Ton.
▷ Sommergrüne Staude, 75 cm, Halbschatten, Winterhärtezonen 6 bis 9.

**Monarda**
Von *M. didyma*, mit den dichten Blütenquirlen in leuchtendem Scharlachrot (s. »Warme und leuchtende Farben: Spätsommer«), gibt es mehrere gute Gartensorten in blasseren Tönen. *M. didyma* 'Croftway Pink' ist rosenrot und 'Melissa' blaßrosa. Sie werden in Böden gepflanzt, die mit Nährstoffen angereichert sind und gut Feuchtigkeit speichern; alle Monarden sind empfindlich gegen Trockenheit.
▷ Sommergrüne Staude, 90 bis 120 cm, Halbschatten, Winterhärtezonen 7 bis 9.

**Nerine**
*N. bowdenii* ist winterhart und unverzichtbar durch seine Blüte gegen Ende der Saison. In einer warmen Rabatte werden die rosa Dolden auf kräftigen Stielen getragen, bevor die Blätter hervorkommen (diese sterben bei den meisten Arten im Frühsommer ab). Die Nerinen vermehren sich rasch und sind wunderschön in Gruppen vorne in einer Rabatte und als Schnittblumen. Die eher empfindlichen Formen von *N. sarniensis* müssen im Winter im Gewächshaus geschützt werden und brauchen einen heißen Sommer, um gut zu blühen.
▷ Zwiebelstauden, 30 bis 45 cm, volle Sonne, Winterhärtezonen 8 bis 10.

**Penstemon,** Bartfaden
Die Vielfalt der Bartfaden-Gartenformen ist etwas verwirrend. Man unterscheidet die niedrigen Gebirgs-Arten und die hohen Rabattenstauden, von denen einige halb-winterhart und andere verholzte Halbsträucher sind. Viele überleben recht strenge Winter, gehen aber im Frühjahr durch kalte, trokkene Winde ein. Das beste Verfahren ist, Stecklinge

zu entnehmen (die sich im Spätsommer leicht bewurzeln) und im späten Frühjahr auszupflanzen.
Die für Rabatten geeigneten Arten weisen eine große Bandbreite an Farben auf: vom leuchtenden Scharlachrot der Hybriden *P.* × *gloxinoides* (der Name bezeichnet Hybriden aus *P. hartwegii* und *P. cobaea*) bis hin zu den blassen Rosa- und Malventönen von *P. campanulatus*, etwa 'Evelyn' (rosa), 'Garnet' (weinrot, s. »Kräftiges Rot: Sommer«) und 'Hidcote Pink' (rosa mit blassem Schlund und scharlachfarbenen Streifen). *P.* × *gloxinoides* 'Alice Hindley' hat röhrenförmige Blüten in einer blassen bläulichen Purpurfarbe, und *P.* × *gloxinoides* 'Sour Grapes' ist ein bißchen dunkler, nahezu blaß weinfarben. Man pflanzt sie am besten gruppenweise der Blütenfarbe nach in eine Rabatte mit Spätblühern, obwohl in einem günstigen Jahr die Blüte sehr viel früher beginnen kann und fast ununterbrochen andauert, wenn man regelmäßig ausschneidet.
▷ Immergrüne Staude, 45 bis 100 cm, volle Sonne, Winterhärtezonen 8 bis 10.

**Pernettya,** Torfmyrte
*P. mucronata,* ein säureliebender Strauch, wird hauptsächlich wegen seiner schön gefärbten Früchte gezogen, deren Farbenvielfalt von Weiß über Rosa bis Rot und Purpur reicht. Die Früchte wirken wie hängende Murmeln zwischen dem glänzenden immergrünen Laub. Dickichte in einer Farbe oder in Gruppen gemischt machen sich sehr schön als füllige Bodendecker unter größeren Waldsträuchern oder Bäumen. Pflanzen Sie ein nachweislich männliches Exemplar inmitten einer Gruppe weiblicher Exemplare, um die Fruchtbildung sicherzustellen, obwohl die Pflanzen nicht streng zweihäusig sind. Wenn sie bestmöglich zur Geltung kommen sollen, setzt man sie an einen voll besonnten Standort, aber feuchter Boden im lichten Schatten entspricht ihren Bedürfnissen eigentlich besser. Einen geschützten winterlichen Garten, mit satter, saurer Erde, sollte man mit diesem wundervollen Strauch schmücken.
▷ Niedriger immergrüner Strauch, volle Sonne oder Halbschatten, Winterhärtezonen 4 bis 9.

**Phlox**
*P. maculata* hat große zylindrische Blütenbüschel in Malvenrot. Bei der Sorte *P. maculata* 'Alpha' sind sie sanftrosa.
▷ Sommergrüne Staude, 1 m, volle Sonne oder Halbschatten, Winterhärtezonen 6 bis 9.
Von *P. paniculata* gibt es heute viele gute Sorten von Violettblau bis zu Purpur- und Rosatönen. Wenn Sie eine bestimmte Schattierung haben möchten, wählen Sie besser nach einer Pflanze in Blüte als nach Katalogbeschreibungen, *P. paniculata* 'Sandringham' aber ist alpenveilchen-rosa mit einem dunklen Zentrum, und 'Fairy's Petticoat' ist blaß malvenfarben mit dunkler Mitte (s. auch »Weiße Töne: Spätsommer«).
▷ Sommergrüne Staude, 1,20 m, volle Sonne oder Halbschatten, Winterhärtezonen 6 bis 9.

**Polygonum,** Knöterich
*P. campanulatum* hat die attraktivsten geäderten und bronze gezeichneten Blätter, die im zeitigen Frühjahr hervorkommen. Die breiten Blütenstände sind muschelrosa gefärbt und blühen viele Wochen lang. Man sollte *P. campanulatum* in guten Gruppen pflanzen, aber auf den wuchernden Wuchs achtgeben, der für diese Gattung so typisch ist (s. auch Abschnitt »Sommer«).
▷ Sommergrüne Staude, 1 m, volle Sonne, Winterhärtezonen 7 bis 9.

**Rosa**
*R. virginiana* ist eine starktriebige Art mit glänzenden grünen Blättern, die im Herbst satte Karmesin- und Gelbschattierungen annehmen. Es ist die letzte Rose, die zu blühen beginnt – während mehrfach blühende Sorten schon ihre zweite Blüte bekommen. Die kirschrosa einfachen Blüten duften.
▷ Halbhoher sommergrüner Strauch, volle Sonne oder Halbschatten, Winterhärtezonen 6 bis 9.
*R. virginiana* 'Rose d'Amour' hat blasser rosa gefüllte Blüten, bei denen die Mitte dunkler ist als die äußeren Blumenblätter. Sie sollte in eine Gehölzgruppe eingefügt werden, in der zu dieser Jahreszeit nicht viel blüht, oder in eine Mischrabatte wegen ihrer Blüten und Blätter (s. auch Abschnitt »Frühsommer«).
▷ Niedriger sommergrüner Strauch, volle Sonne, Winterhärtezonen 6 bis 9.

**Saponaria**
*S. officinalis*, das Gemeine Seifenkraut, dessen Blätter man zur Seifenherstellung verwenden kann (noch heute werden damit alte Stoffe gewaschen), wuchert sehr stark. Hat man aber eine Stelle im Garten, wo die Wurzelausläufer ihre Grenzen finden, sollte man sie pflanzen oder ihre entzückende gefüllte Form *S. officinalis* 'Roseo-Pleno'. Man kann sie auch gut im Kräuter- oder Küchengarten ziehen, wo ihre Blüten zum Sommerende willkommen sind, wenn viele Pflanzen mit aromatischen Blättern unansehnlich geworden sind.
▷ Sommergrüne Staude, 60 bis 90 cm, volle Sonne, Winterhärtezonen 7 bis 9.

**Schizostylis,** Spaltgriffel
Gruppen von *S. coccinea*, die in feuchter Erde gedeiht, können wirksam für kräftige Farbflecken sorgen. Das grasartige Blattwerk über den rasch sich verbreitenden Wurzeln ist im Frühsommer unscheinbar, aber die becherförmigen, glänzenden Blumenblätter in sattem Karmesinrot, warmem Rosenrot oder blassem Rosa gleichen das später aus. Die Pflanzen – die nicht alle winterhart sind – sollten im Winter keinen feuchten Boden haben, andererseits blühen sie gut, wenn sie in der Wachstumszeit reichlich Feuchtigkeit bekommen. Am bekanntesten unter den rosa Sorten ist *S. coccinea* 'Mrs. Hegarty', doch 'Sunrise' hat größere Blüten, und 'Visountess Byng' ist blaßrosa.
▷ Sommergrüne Rhizomstauden, 60 cm, volle Sonne, Winterhärtezonen 7 bis 9.

**Sedum,** Fetthenne
*S.* 'Ruby Glow' hat breite, flache Blütenstände aus winzigen blaßrosa Blüten, die sehr gerne von Schmetterlingen besucht werden. Bei *S. spectabile* sind die fleischigen Blätter weiß-grün und die Blütenstände rosa mit einem malvenfarbenen Stich. *S. spectabile* 'Brilliant' hat eine tiefere rosarote Farbe. Die Pflanzen gehören an den Rand einer Rabatte (s. auch »Umrahmendes Blattwerk: Grün«).
▷ Sommergrüne Staude, 25 bis 30 cm, volle Sonne, Winterhärtezonen 6 bis 9.

*Dierama pulcherrimum*

KAPITEL VII

# KRÄFTIGES ROT

Rot, die am stärksten hervorstechende und herausfordernde Spektralfarbe, wird im Garten zu einer Schlüsselfarbe. Rot wirkt wie ein Ausrufezeichen aus der Ferne und von nahem tief und geheimnisvoll. Rot ist immer beherrschend und ins Auge fallend, und wirkt besonders kräftig, wenn es durch das komplementäre mittlere Grün von Bäumen, Beetpflanzen und Gräsern bereichert wird. In den Tropen sind leuchtende Rottöne für die Blütenbestäubung wichtig, während im gemäßigten Klima rote Beeren die Verbreitung der Samen durch Vögel gewährleisten. Abgesehen von der Extravaganz der herbstlichen Laubfarben setzt die Natur leuchtendes Rot nur in Maßen ein, manchmal setzt sie es bloß als lebhaften Farbfleck mitten in einen gedämpften Hintergrund aus Grün- und Grautönen; eine Spur der warmen, vortretenden Farbe verleiht den anderen dunklen und hellen Tönen Perspektive, die Ferne und Tiefe betonen. Der Künstler läßt sich von roten Mohnblumen in einem goldenen Kornfeld inspirieren oder von den roten wilden Anemonen in einer italienischen Frühlingslandschaft, die wie Edelsteine funkeln und schimmern und die Landschaft näher an den Betrachter heranbringen.

Das beherrschende, warme und ins Auge fallende Rot wird in seinem Reiz und seiner Feinheit vertieft, wenn es mit Blau oder Braun abgetönt wird. Der Farbenbereich in diesem Kapitel ist das Gegenstück zum vorhergehenden Kapitel, in dem Rosa und zartes Violett besprochen wurden – Rot- und Blaurottöne, die mit Weiß aufgehellt sind. Hier geht es entweder um Rottöne in ihrem vollen Farbton oder um Rottöne, die mit einer Spur von Blau oder Braun abgedunkelt oder »schattiert« wurden, hin zu Purpur, Kastanienbraun oder sogar fast Schwarz. Wie die Pastellfarben des vorigen Kapitels gehören diese Rottöne zur »kalten« Seite des Rot; sie enthalten keinerlei wärmendes Gelb: Die »warmen« Scharlachrottöne sollen im nächsten Kapitel behandelt werden. Es ist nie leicht, bläuliche Rot- und Rosatöne mit den Farben des Sonnenuntergangs in gelblichem Rot und Orange zu verbinden, deshalb werden sie in diesem Buch völlig getrennt betrachtet.

Als Richtlinie für die kräftigen Rottöne dieses Kapitels kann Karmesinrot gelten – der Definition nach ein tiefes Rot, das Blau enthält. Magentarot, ein leuchtendes Karmesin, ist nach der Schlacht zwischen Franzosen und Österreichern 1859 benannt, weil es etwa gleichzeitig entwickelt wurde. Es ist ein Anilinfarbstoff, der aus Kohleteer gewonnen wird; seine glühende Intensität läßt das dunkle, tiefe Rot des Karmesin selbst ziemlich langweilig erscheinen. Karmin, das Karmesin-Pigment, das aus der Cochenillelaus gewonnen wird, ist mehr oder weniger gleichbedeutend mit Karmesin; während Kirschrot ein kräftiges Blaurot ist.

Alle Rottöne scheinen ihren kennzeichenden Farbton beizubehalten, wie sehr sich auch Farbwert oder Intensität verändern. Ein sehr blasses, fast weißes Rosa hat noch immer eindeutig sein rotes Pigment; auch ein ganz dunkler Ton, fast schwarz oder braun, ist noch immer als Rot erkennbar. Rot mit Grauwerten wird dunstig und geheimnisvoll, wenn man aber rote Blüten neben graues Blattwerk pflanzt, werden sie satt und anziehend (wenn auch die Blätter grünlich wirken).

Die Farbe, die wir mit der Erde verbinden (die aber beim Boden selbst natürlich außerordentlich variabel ist), ist ein düsteres Rotbraun, ein Rot, dem Schwarz hinzugefügt ist. Als bronzefarben gilt ein metallisches Braun, das dicht an tiefes Karmesinrot grenzt. Kastanienbraun ist eine bräunliche Karmesinfarbe, vielleicht mit der Farbe eines roten Bordeauxweins vergleichbar. Diese vom Ton her gedämpften Farben finden sich mehr bei Blättern als bei Blüten; die wenigen Blüten – etwa der geheimnisvolle *Cosmos atrosanguineus*, mit köstlich nach Schokolade duftenden, samtigen kastanienbraunen Blütenblättern, oder die Distelköpfe von *Cirsium rivulare* – werden wegen ihrer tiefen, feinen Färbung sehr gepriesen. Burgunderrot ist ein tiefes, purpurnes Weinrot, und Purpurrot selbst ein sattes Rotviolett, die Farbe von Kaisern und geistlichen Würdenträgern; bevor es durch synthetische Farbstoffe ersetzt werden konnte, wurde es seit Menschengedenken in winzigen Mengen aus bestimmten Schalentieren gewonnen. Amethyst bezeichnet ein reines Purpur, das in seiner blassesten Form in den Blau-Violett-Bereich gehört, das wir aber als Fuchsienrot bezeichnen, wenn es durchscheinend ist und an die wärmeren rötlichen Purpurtöne grenzt. Einige dieser Definitionen werden immer subjektiv bleiben, solange wir Bezeichnungen benützen, die mit den verschiedensten Substanzen verknüpft sind.

Zusätzlich wird jede objektive Beurteilung durch die gegenseitige Beeinflussung der »bläulichen« Rottöne erschwert. Das gemeinsame Blau wird weniger auffällig, weil die Lage dicht nebeneinander die

Abb. Seite 153: **In dieser roten Rabatte wurden leuchtendrote Dahlien ('Bishop of Llandaff', 'Blaisdon Red' und 'Doris Day'), Penstemon 'Firebird' und einjähriger Ziertabak zusammen gepflanzt mit dem tief getönten purpurnen Blattwerk von Lobelia cardinalis 'Dark Crusader', Iresine herbstii und Schweizer Mangold. Durch den Einfluß des gelben Abendsonnenlichtes und durch die Kamera sind die Rottöne vielfach wärmer geworden, hin zu einem milden Scharlachrot; in einem nördlichen Licht betrachtet, würde die »echte« Farbe näher bei Karmesin liegen. Die grünen Blätter und vor allem der Rasen in der Nähe verstärken die Rot-Wirkung. Die einzelnen Farben und Pflanzenformen verbinden sich zum impressionistischen Gesamtbild eines glühenden, reichstrukturierten Musters. Diese Auswahl von warmen, satten Farben erinnert an die Art, in der Monet die Gärten gesehen hat, an seine Kunst, Farben so nebeneinanderzusetzen, daß sie sich aus der Entfernung zu einem Bild vereinigen. Die Lichteffekte bei diesen Pflanzenformen und -farben lassen sich mit den Pinselstrichen auf einem Ölgemälde vergleichen. Bei einer Gestaltung, bei der, wie hier, das grundlegende Raster der Rot- und Purpurtöne kräftig genug ist, könnten die Blütenfarben sich auch in den blauen Bereich hinein bis zu intensivem Karmesinrot, Magentarot oder sogar dunklem Violett erstrecken, oder sie könnten sich in die entgegengesetzte Richtung zu Gelb und sattem Orangerot bewegen.**

Abb. rechts: **Die gedämpften Töne der tiefpurpurnen Lupinenblüten finden bei dieser Mauer-Rabatte ihr Echo auf dem Blattwerk des purpurblättrigen Salbeis. Obgleich der Hell-Dunkel-Gegensatz zwischen den Lupinen und den blaßrosa, papierartig strukturierten Blütenblättern des Türkenmohns extrem ist, haben sie doch die kennzeichnende Röte gemeinsam, die für das Auge stets erkennbar bleibt – in den blassesten Rosatönen, den dunkelsten, fast schwarzen Rotschattierungen wie auch den gedämpften, rauchigen Tönen eines reichstrukturierten Blattwerks. Hier sind zwei verschiedenartige Gartenbilder nebeneinandergestellt. Die plastischen grauen Blätter der Artischocke (Cynara scolymus 'Glauca') verhindern, daß die dunklen Lupinen langweilig wirken, indem sie ihre Farbe steigern; zugleich lassen die silbergrauen Blätter das blasse Rosa der Mohnblumen leuchtender wirken und verstärken damit auch den Gegensatz zwischen Lupinen und Salbei.**

**Dieser dramatische Gegensatz in Blütenformen und -farben zwischen dem schlanken weißen Lilium 'Black Dragon' und dem dichten Horst aus tiefroten Bartnelken (Dianthus barbatus) veranschaulicht eine der Eigenschaften von Farbe, die vielleicht am schwierigsten zu beschreiben ist: das relative »Gewicht«. Die Lilie ist licht in der Farbe, glatt in der Oberflächenstruktur, und ihre feinen, anmutigen Umrißlinien schaffen die Illusion der Leichtigkeit. Die Bartnelke wirkt in jeder Hinsicht schwerer. Ihre tiefe, satte Farbe rührt von einer samtenen Blütenblattstruktur und dem konzentrischen Ring in dunklerer Farbe, mit dem jede Blüte gezeichnet ist; die Blüten stehen in dichten Horsten zusammen, deren Umfang durch das Spiel von Licht und Schatten betont wird. Diese Kombination von Farbe und Struktur ergibt eine Art kostbares rotes Samtkissen. Die füllige Masse verankert und stabilisiert gleichsam die hoch oben schwebenden Lilien, ohne die das Bild zu düster und schwer wäre.**

**Gegensätze im Blattwerk werden aus der Ferne gesehen. In diesem ausgewogenen Frühlingsbild steht der weinrote Acer palmatum zu dem blassen Schnurbaum weiter hinten in Gegensatz und harmoniert mit den beiden roten Azaleen: Das helle und das dunkle Rot wirken wie ein Echo auf das helle und das dunkle Grün. Man beachte, wie viele Farben allein der Ahorn zeigt – ein fast bläuliches Licht, das von den glänzenden oberen Blattflächen reflektiert wird, schwarze Schatten sowie warme Rottöne, wo die Blätter durchscheinend sind.**

Abb. gegenüber: **Diese Nahaufnahme der roten Rabatte von Seite 153 zeigt, wie die Oberflächenstruktur die Farben beeinflußt. Alle dunklen Blätter in diesem Bild haben den gleichen Purpurton. Aber die matten Schwarznessel-Blätter, von tiefen Adern gefurcht, wirken gedämpft und geheimnisvoll, im Gegensatz zu den aufregend glänzenden Blättern von Beta vulgaris. Bei einer vorwiegend einfarbigen Komposition können solche Struktur-Gegensätze für den Hintergrund besonders wichtig sein. Hier setzen die Blüten und Blätter von Sedum maximum 'Atropurpureum' in feiner Weise das gedämpft purpurne Motiv fort, während der scharlachrote Phlox drummondii vitale Wärme hinzufügt.**

Unterschiede scheinbar verstärkt; wenn jedoch Farbwert und Intensität weit auseinanderliegen, ist die Beeinflussung weniger stark, nur die eine oder andere der blaugetönten Farben erscheint weniger satt. Leuchtendes, reines Spektralrot wird zum reinen Violett hin rasch dunkel, und diese natürliche Abfolge von helleren zu dunkleren Farbtönen weist auf eine natürliche Harmonie hin, die nie unangenehm wirken wird. Ein volles Rot neben einem tiefen Purpur wirkt satt und wohltuend; setzt man es neben ein helleres Purpur, wird es einem grell und unangenehm vorkommen. Bei den Blüten von Waldrebe, Fuchsie und Petunie, mit deutlichen Farbabstufungen, sind die Purpurtöne immer dunkler als Karmesin; bei Rosen und Nelken werden die Karmesintöne dunkler sein als die Rottöne.

Wie wir ein Rot sehen, hängt auch von der Struktur eines roten Blütenblattes, eines Blütenkelches oder von Blattoberflächen ab; glänzende, satinartige Tulpen erscheinen viel heller und leuchtender als die samtene Blüte mancher Rosen, obwohl die Farben auf einer Farbkarte sich vielleicht durchaus gleichen. Das eine Blumenblatt mag im Regen satter und glänzender werden, ein anderes dagegen schmutzig-trübe. Aus der Ferne gesehen behalten rote Blüten ihre vortretende Wirkung, ihre Konturen und kräftige Farbe; sie verschmelzen nicht einfach mit den komplementären grünen Blättern, sehen also aus der Ferne nicht so leicht blaßgelb aus.

Setzen Sie rote Blüten zwischen Blätter in verwandtem Purpur und Bronze, und ihr Rot wirkt weniger isoliert und beherrschend, das ganze Bild wird eine Harmonie aus Farbtönen, die wechselseitig durch ihr rotes und blaues Pigment verbunden sind. Blattfarben sind tatsächlich – wenn man von den lodernden Herbstfarben absieht – selten leuchtend rot (abgesehen vom jungen Austrieb mancher Gehölze, wie Pieris und Glanzmispel, die scharlachrot sind); viel häufiger sind sie dunkel und matt und vermitteln einen Eindruck von Tiefe und Gewicht. Sie sind oft am sattesten am Abend, wenn die Sonnenstrahlen am längsten und rötesten sind, und glühen vor allem auf, wenn der Betrachter Blätter gegen das Licht sieht. Eine monochrome Gartenanlage in dunklen Rottönen wirkt geheimnisumwoben, da die purpurnen und bronzenen Blätter mit ihren gedämpften Tönen die lebhaften Farben der Blüten wegen des gemeinsamen Pigments absorbieren – im Gegensatz zu der Wirkung, wenn Rot durch einen komplementären grünblättrigen Hintergrund »abgestoßen« und leuchtender wird. Blaurot hat mit blaugrünen Blättern das blaue Pigment gemeinsam und wirkt kombiniert mit Blaugrün weniger lebhaft als mit leuchtendem Blattgrün der reinen Spektralfarbe. Reines, leuchtendes Grün hat als Gegensatz und Komplementärfarbe Rot in einer Schattierung von Magenta, während blaugrüne Blätter als Komplementärfarbe ein Rot haben, das an Zinnober und Orange grenzt; allerdings sind, wie gesagt, Blattfarben selten so rein im Ton wie Blütenfarben.

So, wie die Natur leuchtendes, reines Rot verwendet, um das Auge anzuziehen, kann man als mutiger Gärtner Tupfer in Scharlachrot oder gar Orange in eine vorwiegend blaurote Rabatte einbringen. Eine Gestaltung in Rot, Karmesin und Purpur läßt sich durch eine solche Ergänzung verbessern, beim Entwurf kann man sich von der Lebendigkeit der Herbstfärbung inspirieren lassen, die in Purpur-, Karmesin-, Rot-, Scharlach- und Gelbtöne an Orientteppiche erinnernde Muster webt. Entsprechend kann eine Ergänzung durch purpurne Blätter oder Blüten bei besonders warmen und grellen Farben, die im nächsten Kapitel besprochen werden, genau die nötige Milde im Ton bringen. Bei der Gartenkunst kann wie bei anderen Schönen Künsten ein Fleck mit der kontrastierenden oder komplementären Farbe ein »kühles« Thema durch eine Andeutung »Wärme« ausgleichen und damit dem Auge und dem Verstand den nötigen Gegensatz bieten, der das Interesse weckt. Streuen Sie leuchtend gelbe Blüten lose zwischen dunkle Farben oder verwenden Sie kühles, blaugrünes Laub wegen der Lichtwirkung. Gestalten Sie eine Rabatte aus Pflanzen mit dunkelrotem und purpurnem Laub: Perückenstrauch, Berberitze und Pflaume, zusammen mit dem Blattwerk von Wunderbaum, Blumenrohr und der bronzeblättrigen Dahlie 'Bishop of Llandaff', lassen sich durch einen goldblättrigen Hartriegel, etwa *Cornus alba* 'Spaethii', beleben, durch den Konstrast mit Gruppen blaugrünlaubiger Funkien oder silbergrauen Heiligenkrauts abdunkeln, durch die verwandten tiefvioletten Blüten der *Clematis* × *jackmanii* beruhigen und vertiefen.

Im Frühjahr sind die Rottöne im Blumengarten vor allem durch die Tulpen und durch Goldlack in Bronze und Karmesin vertreten. Die Blaurot- und Purpurtöne von Mondviolen, *Lathyrus vernus*, Pleionen und blassen Hundszahnblüten *(Erythronium dens-canis)* sind eher jahreszeitlich begrenzt als die leuchtenden warmen Scharlachtöne, und bei unzähligen Pflanzen sind die Blätter kräftig purpurn getönt. Die immergrünen Bergenien, die Unterseiten der Satinblätter von *Heuchera americana* und der selteneren *Saxifraga fortunei*, und das junge Laub vieler *Prunus*-Arten haben zartpurpurne bis -rosa Töne, die sich mit den dumpfen, fast schwarzen Blüten von *Helleborus orientalis* kombinieren lassen. Die niedrigen Küchenschellen und das sonnenliebende *Erysimum* 'Bowles Mauve' können im Schatten neben dunklen Mondviolen stehen. Man kann Silberlinge mit lindgrüner Wolfsmilch zusammen pflanzen, oder magenta- und karmesinrot blühenden Rhododendron mit einem Teppich aus Unkraut verhindernden *Euphorbia robbiae* unterpflanzen. Gelblichgrüne Blüten und Blätter bilden die Komplementärfarben zu dunklen Purpurtönen, doch muß man die Farbtöne passend zu ihrem relativen »Gewicht« zusammenstellen, z.B. blasses Gelb mit dunklem Purpur; umgekehrt, helles Purpur mit dunklem Gelb, würde »sich beißen«.

**Diese 14 × 4 m große Rabatte vor einer Hecke, die sie vom übrigen Garten abtrennt, wurde so geplant, daß sie fast während des ganzen Sommers Farbe bietet. In den ersten Monaten bilden Gehölze mit weinroten oder blau-grünen Blättern einen gedämpften Hintergrund für vorwiegend blaue Blüten; später weben karmesinfarbene Rosen, dunkelviolette Waldreben, karmesinrote Phlox- und Weiderichstauden Muster aus kräftigen Farben, deren Blau-Anteil sich mit dem des schweren Blattwerks verbindet. Die Rabatte leuchtet im Sonnenlicht, wird aber dunkel und geheimnisvoll im Zwielicht, nur der blaue Salbei leuchtet noch, bis völlige Dunkelheit eintritt. Anemone apennina bildet im zeitigen Frühjahr ein blaues Tuch, und Günsel und das schattenverträgliche Lamium 'Beacon Silver' sind dazu angelegt, sich als unkrautdämmende Bodendecker unter dem Laubdach von Perückenstrauch und Kirschpflaume breitflächig auszubreiten. Die meisten Stauden blühen am besten, wenn sie alle paar Jahre geteilt werden, und die Rosen, die für diese Rabatte ausgewählt wurden, blühen fast den ganzen Sommer über, wenn Abgeblühtes sorgfältig entfernt und gegen Krankheiten vorgebeugt wird.**

**Planskizze**

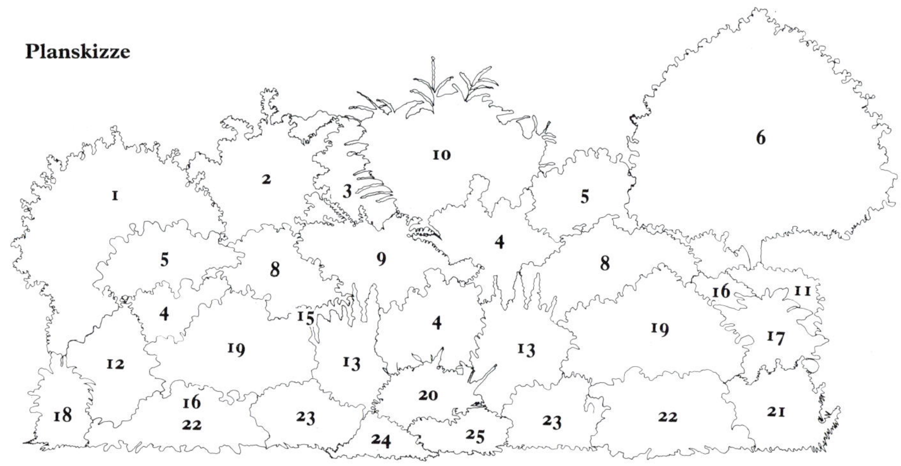


Auf saurem Waldboden verändern Blüten das schwere grüne Laub der Rhododendren; Schatten von oben vertieft die kräftigen Rottöne, die – damit sie ihre Wirkung behalten – am besten in fein abgestimmten Farbstufen zusammengestellt werden. In feuchtem Boden pflanzt man Gruppen von karmesin- und purpurfarbenen Primeln neben das austreibende bronzene Blattwerk von Schaublatt *(Rodgersia)* oder den durchscheinenden dunklen Rhabarber, und man verwendet das blaßrosa *Peltiphyllum peltatum*, das früh blüht, bevor die schildförmigen Blätter sich entfalten, um eine dunkle Anlage aufzuhellen.

Zwischen Frühling und Frühsommer mischen sich Pfingstrosen und dunkler Türkenmohn auf offenen Rabatten mit helleren purpurnen und rosa Blüten, während ganz dunkel blühender purpurner Flieder dem Bild Tiefe und Geheimnis verleiht. Probieren Sie, violette und leuchtend blaue Blüten in Flächen mit purpurrotem Laub zu setzen – das gemeinsame blaue Pigment führt zu einem wundervollen Zusammenklang. Im Sommer weben zwischen frischgrünen Blättern die glühenden Samt- und Karmesinrottöne der Rosen ein orientalisches Muster mit dem krautigen Storchschnabel; am besten verwendet man dunkle, warme Farben und pflanzt sie zusammen, um eine Tiefe und Sättigung zu erzielen, die mit blassen rosa und violetten Pastelltönen nicht erreichbar ist. Setzen Sie diese glühenden Farben sicher und selbstbewußt ein und denken Sie daran, wie die Natur rote Blüten als Blickfang zwischen grünen Blättern zum Leuchten bringt. Blau und Grün mögen einen Garten scheinbar vergrößern, aber weil das Auge in die Weite geführt wird, geht auch das Gefühl von Sicherheit und Geschlossenheit verloren. Den Pflanzplan sollte man so gestalten, daß ein Bereich mit kräftigem Rot einen höchst lebhaften Eindruck vermittelt, sobald der Gartenbesucher aus einer ruhigen Bepflanzung in friedlichem Grün kommt. Am günstigsten ist es, wenn er aus einer schattigen, überwachsenen Laube oder dem tiefen Schatten eines Gehölz-

**Pflanzenplan**

Die Ziffern in Klammer geben die Anzahl der Pflanzen in der jeweiligen Gruppe an.

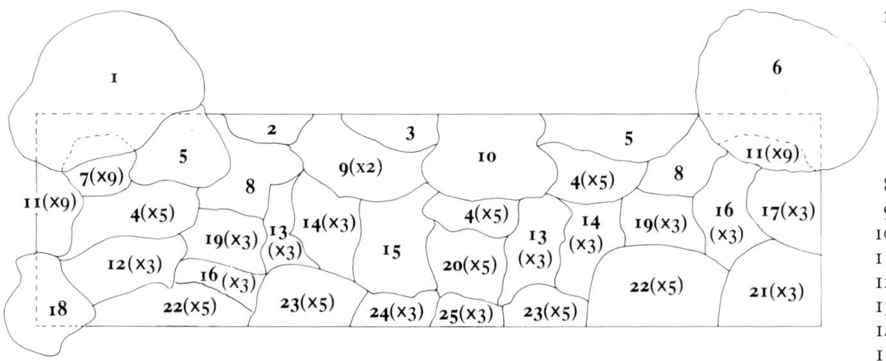


**Pflanzenschlüssel**

1 *Cotinus coggygria* 'Royal Purple'
2 *Hippophae rhamnoides*
3 *Rosa* 'Zephirine Drouhin'
4 *Phlox paniculata* 'July Glow'
5 *Rosa* 'Fellemberg'
6 *Prunus cerasifera* 'Pissardii'
7 *Ajuga reptans* als Bodendecker
8 *Clematis* × *jackmanii*
9 *Berberis thunbergii* 'Atropurpurea'
10 *Tamarix ramosissima* 'Rubra'
11 *Anemone blanda*
12 *Prunus cistena*
13 *Lythrum salicaria*
14 *Foeniculum vulgare*
15 *Rosa glauca*
16 *Geranium* × *magnificum*
17 *Hosta sieboldiana*
18 *Juniperus horizontalis* 'Glauca'
19 *Rosa* 'Rosemary Rose'
20 *Eryngium giganteum*
21 *Euphorbia characias*
22 *Sedum maximum* 'Atropurpureum'
23 *Salvia patens*
24 *Helianthemum nummularium* 'Ben Heckla'
25 *Hebe pinguifolia* 'Pagei'

bereichs hervortreten muß und auf eine sonnenbeleuchtete Fläche tritt, wo kräftige Rottöne vor dem Hintergrund rötlich schattierten Blattwerks glühen.

Gertrude Jekyll gestaltete ihre berühmte Sommer-Rabatte in Munstead Wood nach wohlüberlegtem Plan: Beim Betrachten von weitem mußte das Auge von den kühlen Farben grauer Blätter und pastellfarbener Blüten an den äußeren Enden zur komplementären Wärme lebhafter Töne im zentralen Bereich übergehen, wo Orange und Zinnober wie auch dunkel purpurne Schattierungen Verwendung fanden. In einem kleinen Garten sind die dramatischen, satten Rot- und Purpurtöne viel zu beherrschend und lassen nicht nur den Raum kleiner wirken, sondern zerstören den Eindruck von Ruhe. Auf großen Flächen jedoch brauchen Gemüt und Auge Zerstreuung und Anregung nach den »sicheren« gedämpften Tönen und blassen Farben, die mühelos wahrnehmbar sind. Ein Rausch von Farben wirkt hart und schreiend in einem kleinen Vorgarten, aber bereichernd und angenehm, wenn man durch eine ruhige Bepflanzung dorthin gelangt. Das Emotionale in der Farbe Rot wirkt am stärksten, wenn es als Überraschung auftritt.

Im Hochsommer ist das Angebot an Rot für Rabatten groß, und das purpurne Laub neigt dazu, schwerer und grüner zu werden. Fuchsien mit zwei Farbtönen in den Blüten: Karmesin und sattem, dunklem Purpur, dunkelroter Ziertabak mit vollem Abendduft, magentarot blühende *Salvia involucrata* 'Bethelli' mit bronzegetönten Blättern, Stechpalmen, Dahlien und Bartfaden, die bis zum ersten Frost blühen, bringen Farbe in den Garten, während der purpurblättrige Perückenstrauch, in feiner Weise bereichert durch die rauchig bronzenen Blütenrispen, einen guten Hintergrund bildet für die leuchtend rote *Lobelia* 'Dark Crusader' oder karmesin- und magentaroten Phlox. Der karmesinfarbene Spaltgriffel, *Schizostylis coccinea*, blüht spät, seine Farbe verbindet sich mit den Karmesin- und Scharlachtönen des Herbstlaubes.

# *WINTER*

*Camellia japonica* 'Mathiotiana Rubra'

*Helleborus orientalis*-Hybriden

**Bergenia**
Die rötlichen Töne der ausdrucksvollen Blätter vieler Bergenien schlagen ein Farbmotiv an, das von den tiefroten Blüten verstärkt und weitergetragen wird.
Eine der Pflanzen, die am frühesten blüht, wurde nach einer Pflanzenzüchterin in Somerset benannt: *B.* 'Margery Fish' hat breite, glänzende Blätter und wunderschöne, reichverzweigte Blütenstände in einem satten Purpurrot. Sie sollte einen geschützten Standort bekommen (s. auch »Umrahmendes Blattwerk: Grün«).
▷ Immergrüne Staude, 45 cm, volle Sonne oder Halbschatten, Winterhärtezonen 6 bis 9.

**Camellia**
Die Kamelien, die selten als Bestandteil einer bestimmten farblich abgestimmten Pflanzung verwendet werden, gelten fast als pflanzliche »Exoten«. Der optische Eindruck vermittelt die symmetrische Vollkommenheit jeder einzelnen glühenden Blüte, die zwischen den stark glänzenden Blättern sitzt. Die Sorten von *C. japonica* besitzen vielleicht die noch mehr leuchtenden und satten Rottöne, von fast derselben Reinheit, fast dem gleichen Farbwert wie das tiefe Grün der Blätter. Die Blüte erstreckt sich über eine lange Zeit und kann vom späten Winter bis zum frühen Sommer dauern, je nach Standort, Wuchsbedingungen und jahreszeitlicher Witterung. *C. japonica* 'Adolphe Audusson' hat tief blutrote, halb-gefüllte Blüten, 'Anemoniflora' ist dunkel karmesinrot, und bei 'Mathiotiana Rubra' sind die karmesinroten Blüten gefüllt (s. auch »Umrahmendes Blattwerk: Grün«).
▷ Hohe immergrüne Sträucher, Halbschatten oder Schatten, Winterhärtezonen 7 bis 9.

**Crocus**
Beim Krokus werden die tieferen Farben, die vom dunklen Purpur bis zum tiefen Violett reichen, stark von den Lichtverhältnissen beeinflußt. Eine Purpurschattierung sieht eher violett aus, wenn das Wetter trübe ist oder wenn die Pflanze unter einem Laubdach wächst oder – entsprechend den in Kapitel 2 besprochenen Farbtheorien – wenn sie einem tieferen Rot benachbart ist. Die Sorte *C.* 'Purpureus Grandiflorus' kann deshalb in dieses Kapitel eingeordnet werden, könnte aber auch im Zusammenhang des Kapitels »Blau« besprochen werden. Man pflanze sie in die Nähe der leuchtend blauen *Scilla*, und ihre Farbe wird mehr rot. Man setze sie neben formlos verteilte karminfarbene Alpenveilchen, und sie wird deutlich »gebläut«. *C. vernus* ist eine Art, der viele großblütige Gartenhybriden zugeordnet werden, die ihre Blüte gerade dann beginnen, wenn die Winterlinge verblühen.
*C.* 'Negro Boy' hat glänzende, tief purpurne Blumenblätter, 'Purpureus Grandiflorus' große purpurfarbene Blüten (s. auch »Reines Gelb: Frühjahr«).
▷ Zwiebelstauden, 7,5 bis 10 cm, volle Sonne oder Halbschatten, Winterhärtezonen 6 bis 9.

**Cyclamen,** Alpenveilchen
*C. coum,* eine winterharte und im Winter blühende Art, hat abgerundete kleine Blätter mit sehr schöner silbriger Mitte und rötlicher Unterseite. Die Blüten sind variabel in der Farbe und reichen von leuchtendem Karminrot über Rosa bis zu Weiß. Die zugespitzten Knospen öffnen sich zu breiten, abgerundeten Blumenblättern mit einem tiefer gefärbten Fleck am Grund.
▷ Knollenstaude, 7,5 cm, Halbschatten, Winterhärtezonen 6 bis 9.

**Helleborus,** Nieswurz
Einige Nieswurz-Formen haben dramatische düstere Farben, die irgendwo zwischen einem tiefen, satten Pflaumenrot, mit blauem Flaum, und einem fast schwarzen Ton liegen. Man sollte diese Kostbarkeiten an eine Stelle pflanzen, wo die feinen Farben leicht wahrzunehmen sind.
*H. atrorubens*, eine Garten-Nieswurz, ist mit *H. niger* zusammen eine der ersten blühenden Pflanzen, die den Frühling verkünden. Die sommergrünen Blätter sterben im Herbst ab; die satt pflaumenhaft purpurnen Blüten sind bemerkenswert schön.
▷ Sommergrüne Staude, 30 cm, Halbschatten, Winterhärtezonen 6 bis 10.
*H. orientalis* umfaßt eine große Gruppe von Hybriden mit verschiedensten Farben von sattem, geflecktem Pflaumenrot bis zu Rahmweiß, pflaumen- und kastanienfarben gefleckt. Die immergrünen Blätter halten das Unkraut kurz und bilden eine hübsche Basis für die Bündel langer Stiele mit den wunderschönen Blüten, die viele Wochen lang bleiben. Die Sämlinge entstehen sehr zahlreich ohne jedes Zutun, und wenn man sie weiterwachsen läßt, bringen sie oft neue aufregende Blütenfarben hervor, in allen möglichen Creme- und Purpurtönen.
*H. abchasicus* hat eine zartpurpurne Farbe mit kastanienbraunen Flecken.
▷ Immergrüne Stauden, 45 cm, Schatten, Winterhärtezonen 6 bis 9.
Zu *H. purpurascens* gibt es eine Hybride, *H. torquatus* (als gärtnerischer Name), die düster kastanienfarben und bläulichgrün, fast durchsichtig ist. Sogar noch dunkler ist die neue Hybride 'Pluto' (s. auch »Umrahmendes Blattwerk: Grün«).
▷ Sommergrüne Staude, 30 cm, Halbschatten, Winterhärtezonen 6 bis 9.

# FRÜHJAHR

**Choenomeles,** Zierquitte
*C. speciosa* 'Cardinalis' hat karmesinrote Blüten. Man pflanzt sie am besten vor eine Mauer oder in eine Strauchecke neben dunkel purpurne oder weiße Tulpen, aber nicht in die Nähe von den tiefer gelben Narzissen. Derartige starke Kontraste setze ich persönlich lieber später im Jahr ein.
*C.* × *superba* 'Crimson and Gold' hat tief karmesinfarbene Blumenblätter und goldgelbe Staubbeutel in der Mitte; es ist auch insgesamt eine kleinere Pflanze (s. auch »Rosa und zartes Violett: Frühjahr«).
▷ Halbhohe sommergrüne Sträucher, volle Sonne, Winterhärtezonen 6 bis 9.

**Cheiranthus,** Goldlack
*C. cheiri* 'Carmine King' hat tief karminfarbene Blüten. Man sollte die Pflanze mit rosa oder dunkel purpurnen Tulpen zusammen setzen, nicht gemischt, wie auf den Katalogabbildungen, sondern auf größeren Flächen oder in Gruppen – farblich getrennt zwar, aber doch nebeneinander. Auch *C. Cheiri* 'Blood Red' und 'Vulcan' sind tief karmesinfarben. Für die Frühjahrsblüte muß man im vorhergehenden Sommer aussäen (s. auch »Reines Gelb: Frühjahr«).
▷ Zweijährige, 37 cm, volle Sonne, Winterhärtezonen 6 bis 9.

**Cyclamen,** Alpenveilchen
*C. repandum* zählt zu den entzückendsten Alpenveilchen: Die leuchtenden, wohlriechenden Blüten sind in sich gedreht. Ihre Farbe schwankt vom blassen Rosa bis zum gänzlichen Weiß, ist aber am häufigsten tief karminrot. Die Blätter sind silberfarben gesprenkelt und gefleckt (s. auch »Weiße Töne: Blattwerk«).
▷ Knollenstaude, 15 cm, Halbschatten, Winterhärtezonen 6 bis 9.

**Lathyrus,** Platterbse
*L. vernus*, die Frühlingsplatterbse, hat tief eingeschnittene Fiederblätter und trägt kleine Erbsenblüten von intensiv purpurhaft karmesinroter Farbe. Man pflanze sie flächig mit Zwergweiden zusammen, die dieselbe feuchte Erde beanspruchen.
▷ Sommergrüne Staude, 35 bis 45 cm, Halbschatten, Winterhärtezonen 6 bis 9.

**Magnolia**
*M. liliiflora* 'Nigra' hat dunkel purpurrote Kelchblüten, die sich vor den glänzenden, breit elliptischen Blättern öffnen. Die Magnolie liebt sauren Boden und gedeiht in alkalischem Boden nicht. Bei geeigneten Bedingungen ist diese Sorte eine aufregend schöne mittelgroße Magnolie (s. auch »Umrahmendes Blattwerk: Grün«).
▷ Halbhoher sommergrüner Strauch, volle Sonne, Winterhärtezonen 7 bis 9.

**Malus,** Apfelbaum
*M.* × *eleyi* zeichnet sich durch purpurn überhauchte Blätter und dunkel karmesinrote Blüten aus, die im Herbst von purpurhaft roten Früchten abgelöst werden. Bei *M.* 'Lemoinei' sind die Blüten weinrot, und der Baum hat einen eher aufrechten Wuchs.
▷ Niedrige sommergrüne Bäume, volle Sonne, Winterhärtezonen 5 bis 9.

*Malus* × *eleyi*

*Magnolia liliiflora* 'Nigra'

*Cheiranthus cheiri* 'Vulcan'

# FRÜHSOMMER

*Pulsatilla vulgaris* 'Rubra'

**Pulsatilla,** Kuhschelle, Küchenschelle
Die Küchenschellen gedeihen in Kalkböden bei voller Besonnung. Ihre reizvollen Blüten werden von kupferbraunen Fruchtständen abgelöst, die mit den Blättern zusammen noch den ganzen Sommer sehenswert sind.
*P. vulgaris* hat zierliche, fein zerteilte Blätter, die sich entwickeln, wenn die purpurnen Blüten bereits vergehen. Zuerst treten die seidig behaarten, becherförmigen, nickenden Knospen auf. Man pflanze sie an einen ausgewählten Platz mit bestmöglicher Drainage. Die Sorte *P. vulgaris* 'Rubra' ist dunkelrot gefärbt.
▷ Sommergrüne Staude, 30 cm, volle Sonne, Winterhärtezonen 6 bis 9.

**Ribes,** Johannisbeere
*R. speciosum*, die fuchsien-blütige Johannisbeere, ist ein höchst erlesener Vertreter dieser Gattung. Die leuchtend roten fuchsien-ähnlichen Blüten werden an Zweigen mit roten Borsten getragen. Mit seinen hängenden Beerentrauben sieht der Busch am eindrucksvollsten aus, wenn er an einer Mauer hochgezogen wird und die Seitenäste zur Fächerform geschnitten werden. Es tut der Pflanze auch gut, wenn sie durch die Mauer vor Frost geschützt wird und die abgestrahlte Wärme die Blüte fördert.
▷ Halbhoher halb-immergrüner Strauch, volle Sonne, Winterhärtezonen 5 bis 9.

**Schisandra**
*S. grandiflora*, eine wundervolle frühblühende Rankenpflanze, hat rosa Blüten, doch noch begehrenswerter ist die dunkelrote *S. grandiflora* 'Rubriflora'. Die weibliche Pflanze bekommt scharlachrote Beeren, wenn sie von einer männlichen Pflanze in der Nähe befruchtet werden kann.
▷ Sommergrüne Kletterpflanze, volle Sonne, Winterhärtezonen 7 bis 10.

**Tulipa**
Bei einigen kräftig roten Tulpen wirkt die Farbe geheimnisvoll. Suchen Sie z. B. nach kastanienfarbenen und verwenden Sie sie in Blocks mit leuchtenden karmesinroten Tulpen. Die Einfache Frühe Tulpe 'Colour Cardinal' ist satt karmesin- bis pflaumenrot schattiert (s. auch »Reines Gelb: Frühjahr«).
▷ Zwiebelstaude, 30 cm, volle Sonne, Winterhärtezonen 5 bis 9.

**Cytisus,** Geißklee
*C. scoparius* 'Burkwoodii' hat satt karmesinfarbene »Ginster«blüten an bogenförmigen Zweigen. Er erregt Aufsehen und verdient einen hervorragenden Platz; ein Strauch mit ungewöhnlich lebhafter Farbe zu einer so frühen Zeit im Jahr. Es sei geraten, ihn hinten in eine Rabatte zu pflanzen, so daß die Stauden vor ihm heranwachsen und später zum Farbbild beitragen können, wenn der Geißklee nicht mehr blüht (s. auch »Reines Gelb: Frühjahr«).
▷ Halbhoher sommergrüner Strauch, volle Sonne, Winterhärtezonen 6 bis 9.

**Dianthus,** Nelke
*D. deltoides* 'Wisley Variety', eine Züchtung der Heidenelke, hat dunkel karminrote Blüten und frischgrüne Blätter. Die Sämlinge ergeben oft eine recht gute Farbe. Man pflanze sie an gepflasterten Stellen.
▷ Immergrüne Staude, 23 cm, volle Sonne, Winterhärtezonen 7 bis 10.
*D.* × *allwoodii* 'Ian', eine moderne Gartennelke, hat große dunkel karmesinrote Blüten und gutes, kräftiges graues Blattwerk.
▷ Immergrüne Staude, 30 cm, volle Sonne, Winterhärtezonen 7 bis 10.

**Digitalis,** Fingerhut
*D. purpurea,* die Art der heimischen Wälder, sät sich in den Gärten ausgesprochen reichlich aus. Man kann nicht sicher sein, ob man eine sehr dunkle Farbe bekommt, die man vielleicht für eine bestimmte Anlage braucht, doch wenn man nach und nach alle hellen Exemplare aussortiert, ist das möglich. Man pflanzt den Fingerhut in Gruppen mit dem dunkleren *Gladiolus byzantinus* zusammen oder läßt ihn reichlich zwischen frühblühenden Sträuchern blühen. Die Fingerhut-Blüte braucht hier nicht beschrieben zu werden, doch sollte man sich einmal aus der Nähe die wunderschöne Zeichnung ansehen, die bestäubende Tiere anlocken soll.
▷ Zweijährige, 1,00 bis 1,50 m, volle Sonne oder Schatten, Winterhärtezonen 6 bis 9.

**Geranium,** Storchschnabel
Unter den winterharten Storchschnäbeln haben viele rosa, blaue oder violette Blüten, aber es lassen sich auch mit Hilfe einiger dunkler und satter »roter« Formen kräftige Farbflecken bilden, die besonders wirkungsvoll sind, wenn man sie in der Nähe von blattbetonten Pflanzen in verwandten Purpurschattierungen ansiedelt.
*G. phaeum*, der in Europa heimische Braune Storchschnabel, hat kastanienbraune, fast schwarze seidenartige Blüten. Es ist eine Pflanze, die sich besser einzeln als für eine großflächige Verwendung eignet, weil das Blattwerk dazu neigt, das Bild zu beherrschen. Man setzt sie am besten in einen schattigen Winkel.
▷ Sommergrüne Staude, 60 bis 75 cm, Halbschatten oder Schatten, Winterhärtezonen 5 bis 9.
*G. pratense* 'Kashmir Purple' hat schalenförmige Blüten mit einem Durchmesser von 4 cm. Das Blattwerk wächst aufrecht und reichverzweigt, die Blätter sind tief eingeschnitten. Die purpurnen Blumenblätter sind zart rot geädert.
▷ Sommergrüne Staude, 45 cm, volle Sonne, Winterhärtezonen 6 bis 9.
*G. sanguineum*, der Blutrote Storchschnabel, hat fast hölzerne Stengel, seine geteilten Blätter formen grüne Hügel. Die Blüten sind lebhaft magentarot und werden im Spätsommer ein zweites Mal hervorgebracht.
▷ Sommergrüne Staude, 30 cm, volle Sonne, Winterhärtezonen 5 bis 9.
*G. wlassovianum* hat dunkle, samtartige Blätter und tiefviolette Blüten, die satt purpurn geädert sind.
▷ Sommergrüne Staude, 60 cm, volle Sonne oder Halbschatten, Winterhärtezonen 5 bis 9.

**Gladiolus,** Gladiole, Siegwurz
Von den frühblühenden Arten hat *G. byzantinus*, mit den typischen ungeordneten Schwertblättern der Gattung, die am meisten leuchtenden dunkel, lebhaft purpurnen Blüten. Die Gladiole sollte in großen Tuffs gezogen werden, man muß aber darauf achten, daß sie sich nicht verbreitet. Sie bildet einen bedeutsamen Akzent, wenn man sie an ein oder zwei Stellen im Garten zu sehen bekommt, würde aber ihre Wirkung verlieren, wenn einzelne Blüten über die Beete verteilt wären. Man pflanzt sie beispielsweise in die Nähe von *Geranium psilostemon* – in den meisten Jahren werden sich ihre Blütezeiten eben überschneiden – und zusammen mit *Rosa rugosa* 'Roseraie de l'Hay'. Der purpurblättrige Perückenstrauch schafft einen glühenden Hintergrund für Gladiolen.
▷ Zwiebelstaude, 75 bis 90 cm, volle Sonne oder Halbschatten, Winterhärtezonen 7 bis 9.

**Iris,** Schwertlilie
*I. graminea*, die Pflaumeniris, ist eine der bartlosen Schwertlilien mit grasartigen Blättern, die ihre entzückenden dunkelpurpurnen Blüten mit bläulich purpurnen Adern fast versteckt. Der starke Duft ist köstlich und erinnert an reife Pflaumen. Man pflanzt sie in feuchten Boden.
▷ Sommergrüne Rhizomstaude, 45 cm, volle Sonne oder Halbschatten, Winterhärtezonen 6 bis 9.
*I. kaempferi*, die Japanische Sumpfschwertlilie, gewöhnlich mit einem gelben Streifen auf dem breiten Hängeblatt, bringt eine unübertreffliche, exotische Blüte hervor. Ihre Farben reichen vom satten Blau und Rotpurpur bis zu eher feinem Rosa, Lavendel oder Weiß. Versuchen Sie eine Sorte zu bekommen, die Sie in Blüte gesehen haben und die zu Ihrem Farbthema paßt. Die Rhizome müssen im Wasser oder in sehr feuchtem, nährstoffreichem sauren Boden gezogen werden.
▷ Sommergrüne Rhizomstaude, 90 cm, volle Sonne, Winterhärtezonen 7 bis 9.
Die Bartiris mit ihren Dom- und Hängeblättern in unterschiedlichen Farben eignen sich nicht gut für eine farblich abgestimmte Pflanzung. Wir müssen sie als bloße Kuriositäten nehmen. Man kann auf die Hybriden mit einer einheitlichen Färbung und Struktur ausweichen. Die große *I.* 'Sable Knight' ist dicht schwarzviolett gefärbt, und 'Gay Trip' satt mahagonirot.
▷ Sommergrüne Rhizomstauden, 45 bis 150 cm, volle Sonne, Winterhärtezonen 6 bis 9.

**Lavandula,** Lavendel
*L. stoechas*, der Schopflavendel, ist ein herrlicher kleiner Busch. Das stark aromatische Laub sieht den ganzen Winter hindurch gut aus. Die Blüten bilden

endständige Büschel, keine langen Ähren wie beim gewöhnlichen Echten Lavendel (s. »Blau«); sie sind satt dunkelpurpurn gefärbt. Die Pflanzen blühen während des ganzen Sommers und bedürfen einer gut dränierten, warmen Erde.
▷ Niedriger immergrüner Strauch, volle Sonne, Winterhärtezonen 7 bis 9.

**Leptospermum**
Die Leptospermen sind frostempfindliche immergrüne Sträucher aus der Verwandtschaft der Myrte. Sie bevorzugen einen gut dränierten sauren oder neutralen Boden. Viele haben silbergraue Blätter, doch bei *L. scoparium* 'Nichollsii' sind die kleinen Blätter glänzend dunkel bronzefarben (s. Abschnitt »Blattwerk«); die Blüten sind leuchtend karminrot. *L. scoparium* 'Red Damask' ist ähnlich, hat aber gefüllte rote Blüten.
▷ Halbhoher immergrüner Strauch, volle Sonne, Winterhärtezonen 8 bis 10.

**Lunaria,** Silberling
Die tief purpurnen oder malvenroten Blüten des zweijährigen Silberlings sehen im Schatten höchst eindrucksvoll aus, wo sie später blühen als am offenen Standort.
*L. annua* hat grobe, grüne herzförmige Blätter, sät sich an einzelnen Stellen überreichlich aus, wirkt aber mit ihrer tiefpurpurnen Blütenfarbe auch prachtvoll, wenn sie gruppenweise eingesetzt wird. Versuchen Sie es zusammen mit Gruppen von *Euphorbia robbiae*; im Schatten ist diese Verbindung »angemessen«, bei voller Besonnung wirkt sie gewagt und womöglich zu schreiend. Allerdings ist es auch hier so wie bei vielen Anlagen mit starkem Kontrast, daß die Farben im Abendlicht satt und mild aussehen.
▷ Immergrüne Zweijährige, 75 cm, volle Sonne oder Schatten, Winterhärtezonen 5 bis 9.

**Paeonia,** Pfingstrose
*P. daurica* aus Südosteuropa und *P. broteroi* aus Spanien und Portugal sind sehr ähnlich. Die Blätter sind gräulichgrün, die Blüten lebhaft kirsch- bis magentarot mit leuchtend gelben Staubgefäßen. Wenn sie sich in dem Garten wohlfühlen, säen sie sich selber aus.
▷ Sommergrüne Stauden, 60 cm, volle Sonne oder Halbschatten, Winterhärtezonen 7 bis 9.
*P. potaninii* ist eine starktriebige Pfingstrose mit kleinen Blüten in Kastanienrot, fast Mahagonirot.
▷ Sommergrüne Staude, 60 bis 90 cm, volle Sonne, Winterhärtezonen 6 bis 9.
*P. tenuifolia* hat fein geteilte Blätter und einfache karmesinrote Blüten mit leuchtend gelben Staubgefäßen. Sie ist erstklassig, leider aber schwer zu bekommen.
▷ Sommergrüne Staude, 45 cm, volle Sonne, Winterhärtezonen 7 bis 9.

**Papaver,** Mohn
*P. orientale*, der Türkenmohn, ist eine wundervolle, sonnenliebende Art mit riesigen papierartigen Blüten auf wuchernden Stengeln. Das behaarte graue oder grüne Blattwerk stirbt nach der Blüte ab; so muß man Begleitpflanzen heranziehen, die den Mohn mit ihren später hervortretenden Blüten und Blättern verdecken. Die Art selbst ist leuchtend zinnoberrot mit kastanienfarbener Mitte; *P. orientale* 'Goliath' ist dunkler und eher glühend als leuchtend. Am besten zieht man diese Mohnsorten mit dunklen Tulpen zusammen, um die Saison mit einer Rabatte in lebhaften Rot- und Purpurtönen zu eröffnen.
▷ Sommergrüne Staude, 60 cm, volle Sonne, Winterhärtezonen 6 bis 9.

**Phlox**
*P. subulata*, der Moosphlox, bildet ausgedehnte Matten aus sanftem Blattwerk, die im Frühsommer mit purpurnen oder rosa Blüten bedeckt sind (s. »Rosa und zartes Violett: Frühsommer«). *P. subulata* 'Temiscaming' hat leuchtend magentarote Blüten. Es sei empfohlen, ihn so zu ziehen, daß er über die Pflasterung vor einem Beet hinwegwuchert.
▷ Sommergrüne Staude, 10 cm, volle Sonne, Winterhärtezonen 6 bis 9.

**Primula,** Primel
*P. japonica* 'Miller's Crimson' zählt zu den Etagen-Primeln mit Quirlen aus leuchtend roten Blüten über graugrünen Blattrosetten. Sie gedeiht in saurem Boden neben einem Bach, wo die Blüten vor dem grünen Laub anderer Pflanzen wie sprühende Funken wirken.
▷ Sommergrüne Staude, 75 cm, volle Sonne oder Halbschatten, Winterhärtezonen 6 bis 9.

**Rhododendron**
*R.* 'Bagshot Ruby' hat rundliche Doldentrauben aus trichterförmigen rubinroten Blüten.
▷ Hoher immergrüner Strauch, Halbschatten, Winterhärtezonen 6 bis 8.
*R.* 'General Eisenhower', eine Hybride des frostempfindlichen *R. griffithianum*, selber aber weitgehend winterhart, trägt große Doldentrauben in tiefem Karminrot; eine angenehme, satte Farbe, die sich für einen Akzent im Waldstück eignet.
▷ Halbhoher immergrüner Strauch, Halbschatten, Winterhärtezonen 6 bis 8.
*R.* 'Grenadier', eine Exbury-Hybride, hat tief blutrote Blüten (s. auch »Rosa und zartes Violett: Frühjahr«).
▷ Hoher immergrüner Strauch, Halbschatten, Winterhärtezonen 8 bis 9.

*Rosa* 'Tuscany'

**Rosa**
*R. gallica* 'Charles de Milles', hat dichtgedrängte Blütenblätter mit satter und kostbar wirkender Färbung in tiefem Karmesin und Purpur. Die Rose braucht frühzeitig reichlich Feuchtigkeit und Sonne zur Blüte, sonst bleiben die Knospen halb geschlossen. *R.* 'Tuscany' hat halb-gefüllte, flache, samtig kastanienrote Blüten mit gelben Staubgefäßen.

*Primula japonica*

*Rosa* 'Parkdirektor Riggers'

*Trillium sessile*

*R.* 'Tuscany Superb' ist ähnlich, hat aber größere Blütenköpfe. *R. gallica* 'Officinalis', die »Apothekerrose«, ist etwas kleiner und muß kräftig beschnitten werden. Die halb-gefüllten Blüten sind leuchtend hellkarmesinrot. Es sieht wunderschön aus, wenn mehrere Pflanzen in der Gruppe gezogen werden. Sie brauchen wenig Dünger und bilden reichlich Triebe, so kann man gut zu ihren Füßen frühjahrsblühende Zwiebelblumen ziehen. Diese rote Rose von Lancaster ist zu Recht eine alte Lieblingssorte. Alle gallica-Rosen müssen mit Fungiziden besprüht werden, um Mehltau und Schwarzfleckigkeit zu verhindern.

▷ Niedrige sommergrüne Sträucher, volle Sonne oder Halbschatten, Winterhärtezonen 6 bis 9.

*R. californica* 'Plena' ist eine Sorte mit drahtig gebogenen Zweigen und blassen Karmin- bis karmesinfarbenen gefüllten Blüten. Da sie nicht sonderlich groß ist, sollte sie in jedem Garten stehen. Man pflanzt sie neben die lindgrünen Dolden der Engelswurz und unterpflanzt mit *Alchemilla mollis* und *Geranium sanguineum*, die blühend zwischen den Rosenzweigen wuchern werden.

▷ Halbhoher sommergrüner Strauch, volle Sonne, Winterhärtezonen 5 bis 9.

*R. pimpinellifolia* (syn. *R. spinosissima*) 'William III' ist ein reichtriebiger Zwergstrauch von großem Liebreiz. Er ist nicht so ausbreitungsfreudig wie die meisten anderen Burnet- oder Schottenrosen und wirkt wundervoll unter bronze- oder purpurfarbenem Blattwerk. Die halb-gefüllten magenta- bis karmesinroten Blüten werden dunkler, während sie abblühen.

▷ Niedriger sommergrüner Strauch, volle Sonne oder Halbschatten, Winterhärtezonen 6 bis 9.

*R.* 'Fellemberg' ist eine karmesinrote Chinarose mit Büscheln mittelgroßer, becherförmiger Blüten. Der anpassungsfähige Busch blüht offenbar reichlich in ziemlich tiefem Schatten.

▷ Halbhoher sommergrüner Strauch, volle Sonne oder Schatten, Winterhärtezonen 6 bis 9.

*R.* 'Zephirine Drouhin' hat kirschrote Blüten, die zu einem Rosaton verblassen. Sie ist dornenlos und ein feiner Dauerblüher mit einem Laub, das im jungen Alter kupfern überhaucht ist. Wie die meisten Bourbon-Rosen neigt sie zu Mehltau und Schwarzfleckigkeit.

▷ Sommergrüner Strauch, 4 m, volle Sonne, Winterhärtezonen 6 bis 9.

*R. rugosa* 'Roseraie de l'Hay' hat gefüllte, samtartige weinrote Blüten, die sehr süß duften. Wie alle gefüllten *rugosa*-Rosen trägt sie selten Hagebutten, setzt aber ihre Blüte stoßweise bis in den Herbst hinein fort.

▷ Sommergrüner Strauch, 1,80 m, volle Sonne oder Halbschatten, Winterhärtezonen 6 bis 9.

*R.* 'Rosemary Rose' ist eine Buschrose vom Floribunda-Typ. Die großen, flachen, kamelien-ähnlichen Blüten sind leuchtend karminrot gefärbt und werden über ausgeprägt bronze- bis purpurfarbenen Blättern getragen (s. Abschnitt »Blattwerk«). Die Rose blüht zweimal im Jahr und bringt die attraktiv getönten Blätter neu hervor, wenn sie irgendwann in den Sommermonaten zurückgeschnitten wurde.

▷ Sommergrüner Strauch, 1 m, volle Sonne, Winterhärtezonen 6 bis 9.

*R.* 'Cerise Bouquet' ist ein sehr großer überhängender Strauch aus neuerer Zeit mit extrem dornigen Zweigen. Im graugrünen Laub werden viele Wochen lang füllige Büschel halb-gefüllter kirsch- bis karmesinroter, duftender Blüten getragen. Man sollte sie nur da pflanzen, wo genügend Raum vorhanden ist.

▷ Sommergrüner Strauch, 1,80 m, volle Sonne, Winterhärtezonen 6 bis 9.

*R.* 'Guinée' ist eine Kletterrose, nicht sehr kräftig, aber von einer feinen Färbung. Die sehr dunkel kastanienfarbenen Blüten sind exquisit, doch nicht augenfällig. Ziehen Sie diese Rose wegen ihrer zurückhaltenden Wirkung und des starken süßen Duftes.

*R.* 'Parkdirektor Riggers' hat mittelgroße gefüllte Blüten in einem glühenden Karmesinrot. Sie blüht

# SOMMER

überreich in großen Büscheln, die zwischen kräftigen glänzenden Blättern stehen, und wird bis zu 4,50 m hoch. Es ist eine ausgezeichnete Kletterrose.
*R.* 'Crimson Glory' ist die kletternde Spielart eines ausladenden Busches vom Teehybriden-Typ und besitzt gefüllte Blüten in einem tiefen, samtigen Karmesinrot. Sie blüht gut zweimal im Jahr und hat kräftige glänzende Blätter. Der besondere Reiz dieser »formstrengen« Kletterpflanzen liegt nicht zuletzt darin, daß sie sich mit Geschick ausgezeichnet schneiden lassen; die Zweige lassen sich durch den Schnitt zu einem parallelen, senkrechten und symmetrischen Wuchs bringen, so daß ein bis zu 3 m hohes grünes Raster entsteht (s. auch »Rosa und zartes Violett: Frühsommer«).
▷ Sommergrüne Kletterpflanzen, volle Sonne, Winterhärtezonen 6 bis 9.

**Syringa,** Flieder
*S. vulgaris* 'Souvenir de Louis Spaeth' hat von allen Fliederformen die dunkelsten Blüten: Sie sind weinrot. Der Strauch ist ein zuverlässiger und stetiger Blüher, der seine Pracht am besten nach einem warmen Sommer entfaltet. Es sei empfohlen, ihn in einem Beet mit gemischter Bepflanzung zu ziehen, wo seine dunklen Blüten die anderen Pflanzenfarben kräftigen, die benachbarten blassen rosa und malvenroten Strauchrosen etwa oder die als Unterpflanzung verwendeten krautigen Storchschnäbel (s. auch »Blau: Frühsommer«).
▷ Hoher sommergrüner Strauch, volle Sonne, Winterhärtezonen 5 bis 9.

**Trillium,** Dreiblatt, Waldlilie
*T. sessile* hat drei Blätter, die braun-grün marmoriert sind. Die dunkel kastanienfarbenen Blüten, die ebenfalls aus drei Kelch- und drei Blumenblättern bestehen, werden aufrecht getragen. Es ist eine erstklassige Pflanze für ein Waldstück.
▷ Sommergrüne Staude, 20 bis 30 cm, Schatten, Winterhärtezonen 4 bis 9.

**Tulipa,** Tulpe
Unter den Darwin-Tulpen ist *T.* 'Queen of the Night' tief samtig kastanienrot und 'Demeter' leuchtend rötlich purpurn; beide werden etwa 70 cm hoch. 'Greuze' ist dunkel violett- bis purpurfarbig und wird 65 cm lang. Die Triumph-Tulpe *T.* 'Negrita' ist dunkel purpurn und in einem Rotton geädert, der an Rote Bete erinnert; sie wird 45 cm hoch. Die lilienblütige *T.* 'Red Shine' ist violett bis karminrot und 65 cm lang. *T.* 'Black Parrot' ist glänzend kastanienschwarz, in einer Struktur, über die man am liebsten mit der Hand streichen würde, und 67 cm lang (s. auch Abschnitt »Frühjahr«).
▷ Zwiebelstauden, volle Sonne, Winterhärtezonen 5 bis 9.

**Vinca,** Singrün, Immergrün
Zu *V. minor*, mit ihren blauen, weißen oder purpurnen einfachen Blüten, gibt es eine wunderschöne gefüllte, purpurn blühende Züchtung, *V. minor* 'Multiplex'. Sie blüht überreichlich im Halbschatten, entwickelt sich aber auch recht gut in einer dunklen Ecke (s. auch »Umrahmendes Blattwerk: Grün«).
▷ Immergrüner Zwergstrauch, Halbschatten oder Schatten, Winterhärtezonen 5 bis 9.

**Cirsium,** Kratzdistel
*C. rivulare* (in den Gärten manchmal als *Cnicus atropurpureus* bezeichnet) ist eine distelartige Pflanze, die in feuchtem Boden und bei voller Sonne gedeiht. Die Blütenstände sind – vor allem bei *C. rivulare* 'Atropurpureus' – tief karmesinrot, einem Nadelkissen ähnlich und werden auf verzweigten Stielen getragen. Die Blätter sind tief eingeschnitten.
▷ Sommergrüne Staude, 60 bis 100 cm, volle Sonne, Winterhärtezonen 5 bis 9.

**Clematis,** Waldrebe
C. × *jackmanii* hat große purpurblaue Blüten; *C.* 'Jackmanii Superba' ist dunkel violett bis purpurn. Beide blühen viele Wochen lang. Man pflanze sie so, daß sie durch bronzegetöntes Laub klettern, wie das von der Weinrebe *Vitis vinifera* 'Purpurea'. Sie müssen im Spätwinter beschnitten und den ganzen Frühsommer hindurch ständig getrimmt und sauber in Form gebunden werden. Läßt man sie buschig wachsen, sind sie, mit ihren Blütenständen am Ende langer Zweige, weniger wirkungsvoll.
▷ Sommergrüne Kletterpflanze, volle Sonne, Wurzeln im Schatten, Winterhärtezonen 7 bis 9.
*C. viticella* hat entzückende hängende Blüten in dunklem Purpur. Man läßt sie durch einen Strauch hindurchwachsen, etwa einen frühblühenden Schneeball. Sie wird dann in den Ästen so weit emporklettern, daß sie im Licht blühen kann. *C. viticella* 'Abundance' hat die arttypischen Merkmale, doch ist der Purpur der Blumenblätter sanfter. *C. viticella* 'Purpurea Plena Elegans' ist blasser gefärbt, fast rosenpurpurn, die Kelchblätter stehen dichtgedrängt in einer Rosette zusammen. 'Rubra', oft fälschlicherweise 'Kermesina' genannt, ist tief rötlich purpurn mit bräunlich schwarzer Mitte. Sie alle müssen im zeitigen Frühjahr kräftig beschnitten werden.
▷ Sommergrüne Kletterpflanze, volle Sonne, Wurzeln im Schatten, Winterhärtezonen 6 bis 9.
*C. texensis* 'Sir Trevor Lawrence' ist halb-krautig und hat Blüten, die wie aufrechte Glocken aussehen, in Kirschrot, fast Karmesin. *C. texensis* 'Gravetye Beauty' ist blasser, fast schon so rosa, daß man es dem Farbthema »Rosa und zartes Violett« zuordnen kann. Der Schnitt erfolgt im zeitigen Frühjahr (s. auch »Weiße Töne: Frühjahr«).
▷ Sommergrüne Kletterpflanze, volle Sonne, Wurzeln im Schatten, Winterhärtezonen 8 bis 9.

**Cosmos,** Schmuckkörbchen, Kosmee
*C. atrosanguineus* ist eine höchst begehrenswerte Staude, die sich stark von den einjährigen Kosmeen unterscheidet. Die seltene und schwierige Pflanze hat samtig strukturierte, kastanien- bis karmesinfarbene dahlienähnliche Blüten, die stark nach Schokolade duften. Sie braucht einen feuchtigkeitspeichernden Boden, und bei strengen Wintern müssen die verbliebenen Sproßabschnitte geschützt werden.
▷ Sommergrüne Staude, 75 bis 90 cm, volle Sonne, Winterhärtezonen 8 bis 10.

**Fuchsia,** Fuchsie
*F.* 'Mrs. Popple', eine winterharte Fuchsie, hat große Blüten, scharlachrote Kelchblätter und tiefviolette Blumenblätter sowie lange, herausragende karmesinrote Staubgefäße und Griffel. Diese Verbindung von Farben führt zu einem tiefroten Gesamteindruck. Man pflanzt sie am besten gruppenweise vorne in eine Rabatte. Sie blüht vom Sommer bis zu den ersten Frösten (s. auch »Rosa und zartes Violett: Sommer«).
▷ Niedriger sommergrüner Strauch, volle Sonne, Winterhärtezonen 8 bis 10.

*Clematis viticella* 'Abundance'

**Geranium,** Storchschnabel
*G. nodosum* hat immergrüne, glänzende gelappte Blätter und gedeiht in fast völligem Schatten. Die Blüten sind lilarot.
▷ Sommergrüne Staude, 20 bis 50 cm, Schatten, Winterhärtezonen 6 bis 9.
*G. psilostemon* hat sehr elegante Blätter und leuchtend magentarote Blüten mit schwarzem Zentrum. Man zieht es beispielsweise neben *Gladiolus byzantinus* und hohe Strauchrosen mit ähnlichen Blütenfarben. Wenn man es verpflanzt, gewöhnt es sich nur langsam ein, man sollte also nur teilen, wenn es unbedingt nötig ist. Im Rahmen einer waldähnlichen Bepflanzung sieht der Storchschnabel wunderschön aus, etwa mit kontrastierenden Farbgruppen aus weißen Pfeifensträuchern und rosa Deutzien zusammen.
▷ Sommergrüne Staude, 75 bis 120 cm, volle Sonne oder Halbschatten, Winterhärtezonen 7 bis 9.

**Hemerocallis,** Taglilie
*H.* 'Morocco Red' zeigt eine feine kastanienrote Blütenfarbe, nicht besonders prächtig, aber brauchbar in einer entsprechenden Farbanlage, um die blasseren mit den eher lebhaften Rottönen zu verbinden. *H.* 'Stafford' ist mahagonirot und harmoniert mit den kräftig »gebläuten« Rottönen dieses Kapitels oder mit den flammenartigen Scharlachtönen der »Warmen leuchtenden Farben« (s. auch »Umrahmendes Blattwerk: Grün«).
▷ Sommergrüne Staude, 1,20 m, volle Sonne oder Halbschatten, Winterhärtezonen 6 bis 9.

**Lavandula,** Lavendel
Einige wenige Züchtungen des vertrauten alten Echten Lavendels *L. angustifolia* (s. »Blau: Sommer«), sind in der Farbe kräftig genug, um die Bezeichnung »Purpur« zu verdienen, an Stelle der namengebenden lavendelvioletten Töne. *L. angustifolia* 'Twickel Purple' hat breite graugrüne Blätter und schlanke purpurne Blütenähren. Der Lavendel kann feste, dicke niedrige Hecken bilden. Seine dunklere Blütenfarbe zwischen blauen Pastelltönen ist zu begrüßen.
▷ Niedriger immergrüner Strauch, volle Sonne, Winterhärtezonen 7 bis 9.

**Lilium,** Lilie
Von *L. martagon*, der Türkenbundlilie, gibt es verschiedene Formen mit tief wein- oder kastanienroter Farbe. Unter den Backhouse-Hybriden, die sich von *L. martagon* × *L. hansonii* ableiten, finden sich weinrote Sorten mit reichlicher Blüte (s. auch »Weiße Töne: Sommer«).
▷ Zwiebelstauden, 1 bis 2 m, Halbschatten, Winterhärtezonen 5 bis 9.

**Nicotiana,** Tabak
*N. alata* (syn. *N. affinis*) mit ihren lockeren Blütenbüscheln – die besonders am Abend duften – hat mehrere gute Sorten. Wie bei vielen einjährig gezogenen Pflanzen, ist es nicht immer leicht, Tüten mit Samen von nur einer Farbe zu bekommen. Durch Hybridbildung wurden viele rotblütige Sorten unter dem Namen *N.* × *sanderae* hervorgebracht. Suchen Sie nach der tief kastanienroten Farbe, obwohl die Farbmischungen durchaus auch lohnenswert sind, sie können einen Hauch von Zwanglosigkeit in ein Beet bringen. Die Aussaat erfolgt im zeitigen Frühjahr: Wenn die Nächte wärmer werden, pflanzt man ins Beet aus.
▷ Einjährige oder sommergrüne Staude, 60 bis 90 cm, volle Sonne, Winterhärtezonen 8 bis 10.

**Nymphaea,** Seerose
*N.* 'Escarboucle' bedarf einer Wassertiefe von rund 45 bis 60 cm. Sie hat leuchtend karmesinfarbene Blumenblätter – die äußeren sind blasser – und jeweils eine blaßgelbe Mitte.
Bei *N.* 'William Falconer', die mit flacherem Wasser auskommt, 25 bis 45 cm tief, ist die Schattierung sehr tief, fast wie bei Rote Bete. Sie hat sehr zahlreiche Blumenblätter, die sich überlappen, und glitzernd goldgelbe Staubgefäße.
▷ Halbhohe Wasserstauden, volle Sonne, Winterhärtezonen 7 bis 10.

**Pelargonium,** Pelargonie, »Geranie«
Die roten »Geranien« der Fensterkästen und Sommerbeete sind traditionsgemäß scharlachrot. Hier geht es uns jedoch um solche mit deutlich blauem Stich im roten Grundton. Das heißt um Farben, die weniger warm und vortretend sind und damit leichter in dunkle Farbanlagen passen, sich also besser mit leuchtend blauen Beetpflanzen, wie Lobelien, verbinden lassen. Dabei sollte allerdings bedacht werden, daß ein reines Karmesinrot sich mehr zum Scharlachrot hin verändert, wenn es neben ein reines Violett vom selben Farbwert gebracht wird. Es sollte auch bedacht werden, daß derartige Rottöne schwer auf bedrucktem Papier wiederzugeben sind – versuchen Sie immer, eine Blüte zu Gesicht zu bekommen, bevor Sie pflanzen, besonders bei diesen leicht verschobenen Rot- und Blautönen.
Von *P. peltatum*, der Efeupelargonie, gibt es eine tief karmesinrot blühende Sorte, die als *P. peltatum* 'Mexican Beauty' und 'Claret Crousse' bezeichnet wird, mit reichlich Blüten über kriechenden, glänzenden Blättern.
*P.* × *domesticum* 'Aztec', eine der Edelpelargonien, ist eine aufrechte, strauchige Pflanze, deren leuchtend rote Blüten mit purpurnen Adern versehen sind.
*P.* × *hortorum* 'Electra', eine Zonalpelargonie, hat leuchtend karmesinrote Blüten (s. auch »Rosa und zartes Violett: Sommer«).
▷ Niedrige oder kriechende Halbsträucher, volle Sonne, Winterhärtezonen 9 bis 10.

**Penstemon,** Bartfaden
*P. campanulatus* 'Garnet' ist ziemlich winterfest und wächst rasch wieder zu einer buschigen Pflanze heran, wenn man ihn im zeitigen Frühjahr kräftig zurückgeschnitten hat. Die röhrenförmigen Blüten in tiefem Purpurrot werden vom Sommer bis zum späten Herbst getragen. Man kann den Bartfaden neben Frauenmantel und unter rosafarbigen

*Hemerocallis* 'Stafford'

*Skimmia japonica*

# SPÄTSOMMER

Strauchrosen ziehen. Wenn man sorgfältig die abgestorbenen Teile ausschneidet, setzt er seine Blüte als Begleiter von *Hydrangea villosa* bis in den Spätsommer und frühen Herbst fort (s. auch »Rosa und zartes Violett: Spätsommer«).
▷ Immergrüne Staude, 40 bis 60 cm, volle Sonne, Winterhärtezonen 7 bis 10.

**Petunia**
*P.* 'Burgundy' ist eine großblütige Petunie der Grandiflora-Gruppe mit prächtig samtartigen Blüten in Weinrot mit schwarzen Adern und Zentren. Am besten zieht man sie mit cremefarben und weiß gescheckten Blättern zusammen. Ich persönlich habe sie in ein Gefäß gesetzt, in dem außerdem kriechender Efeu über die Seiten wucherte (*Hedera canariensis* 'Gloire de Marengo'; es könnte auch ein kleinerer Efeu sein, je nach Verhältnis zum Gefäß). Sie brauchen beide nicht sonderlich viel Feuchtigkeit, doch muß man bei der Petunie, wenn sie fortdauernd blühen soll, die klebrigen abgeblühten und verwelkten Teile ständig entfernen (s. auch »Weiße Töne: Sommer«).
▷ Einjährige, 30 cm, volle Sonne, Winterhärtezonen 4 bis 9.

**Skimmia**
Diese immergrünen Sträucher, die vor allem wegen der hervorragenden Farben ihrer Früchte im Sommer gezogen werden, können gut Schatten vertragen und sind auch gegen Meereswinde und Luftverschmutzung widerstandsfähig. Sie ziehen tiefgründigen, sauren Boden vor und die Blätter werden unter alkalischen Bedingungen blaß und krank.
Die meisten Sorten von *S. japonica* haben farblich schöne Früchte, die der Art selber sind leuchtend rot. *S. japonica* 'Foremanii' hat prächtig kugelförmige rote Früchte in großen Büscheln. Damit Früchte entstehen, müssen Pflanzen beider Geschlechter vorhanden sein.
*S. reevesiana*, die nicht kalktolerant ist, hat zwittrige Blüten; die Frucht ist matt an der Oberfläche und lebhaft dunkelrot.
▷ Niedriger immergrüner Strauch, Schatten, Winterhärtezonen 7 bis 9.

**Viola,** Veilchen, Stiefmütterchen
Das Gartenstiefmütterchen *V.* × *wittrockiana* 'Arkwright Ruby' blüht im Sommer mit leuchtend karmesinroten, duftenden Blüten. Innerhalb der Linie »Swiss Giant« hat *V.* × *wittrockiana* 'Alpenglow' mahagonirote Blüten und 'Crimson Queen' samtig rote mit einem dunklen Fleck. Im allgemeinen sät man im Frühsommer ins Freie und verpflanzt die Jungpflanzen im Spätsommer, damit sie im folgenden Winter und Frühjahr zur Blüte kommen. Man kann aber genausogut im zeitigen Frühjahr unter Glas aussäen, um sich im Sommer und Herbst an den Blüten erfreuen zu können. Die Pflanzen eignen sich gut für den Vorderrand einer Rabatte. Einige dieser tiefen Farben verbinden sich schön mit warmen Orange- und Rottönen des Hoch- und Spätsommers. Am besten pflanzt man flächig zwischen die Stauden und schneidet regelmäßig verblühte Teile aus.
▷ Ein- oder Zweijährige, 15 bis 23 cm, volle Sonne, Winterhärtezonen 4 bis 9.

*Althaea rosea*

**Althaea,** Stockmalve
Wenn sie entsprechend ihrer Höhe und Breite an den Hinterrand einer Rabatte gesetzt werden, steuern die Stockmalven leuchtende Farbflecken bei und bilden einen ausgezeichneten Hintergrund für andere Farben. Zugleich erinnern sie an die Blumenbeete alter Bauerngärten. Als Farbexperte und als Künstler sollte man schon etwas genauer hinschauen: Die einzelnen Blüten, vor allem die mit tief roten Schattierungen, verdienen besondere Aufmerksamkeit. Die durchscheinenden Blütenblätter lassen gefiltertes Sonnenlicht bis zu den inneren Falten vordringen, so daß sich die Farbe ständig zu ändern scheint und die hellen und dunklen Töne den Eindruck von Tiefe und Fülle schaffen. Es ist schwierig, Samen einer bestimmten Farbsorte zu bekommen, außerdem überschneidet sich die Bandbreite von *A. rosea (Alcea rosea)* mit den Pastellfarben des Farbbereichs »Rosa und zartes Violett«; doch kann der gelegentliche Ausbruch aus einer vollkommen durchgeplanten Farbzusammenstellung einem Garten Lebendigkeit und Reiz verleihen.
▷ Zwei- oder Einjährige, 1,20 oder 2,40 bis 3 m, volle Sonne, Winterhärtezonen 6 bis 9.

**Antirrhinum,** Löwenmaul
Unter den Nanum-Züchtungen hat *A. majus* 'Black Prince' tief karmesinrote Blüten und bronzefarbene Blätter. Es blüht am besten bei voller Besonnung, und eine gute Gruppe kann eindrucksvoll aussehen. Man sät im zeitigen Frühjahr und pflanzt so bald wie möglich in ein Beet aus. *A. majus* 'Crimson Monarch' ist eine rostpilz-resistente Sorte, 'Black Prince' ähnlich, aber mit grünen Blättern (s. auch »Reines Gelb: Spätsommer«).
▷ Einjährige, 45 cm, volle Sonne, Winterhärtezonen 5 bis 9.

**Buddleia,** Schmetterlingsstrauch
*B. davidii* 'Black Knight' trägt lange Rispen aus kräftig tiefvioletten Blüten. Man kann den Strauch mutig hinter der leuchtend scharlachroten *Dahlia* 'Bishop of Llandaff' ziehen oder eher unauffällig zusammen mit pastellfarbigen Spätastern, dadurch einer späten Rabatte, wo graue Blätter und sanfte Farben vorherrschen, Stärke und Tiefe verleihen. Durch Winterschnitt kann man den Busch so begrenzen, daß er mit den niedrigeren Stauden zusammenstimmt.
*B. davidii* 'Royal Red' ist viel stärker rot, fast purpurfarben, und verbindet sich mit dem Blau der spätblühenden sommergrünen Säckelblume oder den weißen Blüten und kastanienfarbigen Kelchen von *Clerodendrum trichotomum*, manchmal wird sich ihre Blüte mit deren leuchtend blauen Beeren zeitlich überschneiden (s. auch »Blau: Spätsommer«).
▷ Halbhohe sommergrüne Sträucher, volle Sonne, Winterhärtezonen 7 bis 9.

**Clematis,** Waldrebe
*C.* 'Comtesse de Bouchard' hat zartrosa getönte zartviolette breite Blüten mit cremefarbenen Staubgefäßen. Man läßt sie durch einen purpurblättrigen Perückenstrauch oder zwischen der mehrfach blühenden Kletterrose *Rosa* 'Crimson Glory' wachsen.
*C.* 'Lady Betty Balfour' ist sehr kräftig für eine großblütige Hybride; sie hat glänzend kupferfarbige junge Blätter und satt purpurrote Blütenbecher. Man ziehe sie mit der Weinrebe *Vitis vinifera* 'Purpurea' zusammen (s. auch »Weiße Töne: Frühjahr«).
▷ Sommergrüne Kletterpflanzen, volle Sonne, Wurzeln im Schatten, Winterhärtezonen 7 bis 9.

**Cobaea**
*C. scandens* ist eine sehr reizvolle Kletterpflanze. In den meisten Gärten ist sie nur als Einjährige möglich, doch in der Stadt oder bei warmem Kleinklima auch als früher blühende Staude.
Die purpurne glockenförmige Blumenkrone ist von einem grünen Kelch umschlossen. Das exotische Erscheinungsbild der Pflanze ist eindrucksvoll.
▷ Kletterpflanze, einjährig oder Staude, volle Sonne, Winterhärtezonen 8 bis 10.

**Colchicum,** Zeitlose
*C. speciosum* 'Atrorubens' hat karmesin- bis purpurrote Blüten und wirkt wunderschön am Rand eines Waldstücks oder Strauchwerks. Man kann sie in die Nähe flächig wachsender, sanft rosa gefärbter *Cyclamen hederifolium* setzen, wobei sich eine dicke Mulchschicht ergibt, wenn die Blätter von Zeitlose und Alpenveilchen im Frühsommer welken.

*Schizostylis coccinea*

▷ Knollenstaude, Blätter 30 bis 40 cm, Blüten 15 bis 30 cm, Halbschatten, Winterhärtezonen 6 bis 9.

**Crocus**
*C. sativus*, der Safran, hat satt purpurne Blüten, die in Gruppen gepflanzt, warme Farbflecken bilden. Wenn die Knollen sich voll entwickeln sollen, brauchen sie Wärme (s. auch »Reines Gelb: Frühjahr«).
▷ Knollenstaude, 10 cm, volle Sonne, Winterhärtezonen 5 bis 9.

**Dahlia**
*D.* 'Comet' blüht anemonenähnlich. Ihre gefüllten Blüten bestehen aus dicht gedrängten Blumenblättern. Die tief kastanienrote Farbe ist fein, matt, nicht glühend, paßt aber in eine Farbanlage mit tiefen Rot- und Rosatönen (s. auch Abschnitt »Blattwerk« und »Warme leuchtende Farben: Spätsommer«).
▷ Knollenstaude, 90 cm, volle Sonne, Winterhärtezonen 9 bis 10.

**Gladiolus,** Gladiole
*G. cardinalis* ist zweifellos winterempfindlich, hat aber leuchtend satt karmesinrote Blüten und wirkt wundervoll in einer Gruppe. Die Wahrscheinlichkeit, daß sich die Gladiole ausbreitet, ist noch geringer als bei *G. byzantinus*. Man pflanze sie möglichst weit vorne in eine warme, sonnige und möglichst trockene Rabatte.
▷ Knollenstaude, 60 cm, volle Sonne, Winterhärtezonen 7 bis 10.

**Hebe,** Strauchveronika
Strauchveroniken mit Blüten in kräftigen Rottönen sind selten, und die wenigen, die es in den Gärten gibt, sind nicht winterhart. Die hier genannten Züchtungen von *H. speciosa*, die sich leicht und rasch aus Ablegern ziehen lassen, sollten in jedem Garten vorhanden sein, in dem es ein Kalthaus o.ä. als Winterschutz gibt. Strauchveroniken brauchen Wärme, Sonne und reichlich Feuchtigkeit – ähnliche Bedingungen wie die Bartfäden, und sie sind günstige Begleitpflanzen für diese farbenprächtigen, langblühenden Pflanzen. *H. speciosa* 'La Seduisante' ist eine frostempfindliche Hybride mit leuchtend karmesinroten Trauben. Nehmen Sie in jedem Jahr Stecklinge ab und behandeln Sie den Strauch als einjährige Pflanze. 'Simon Deleaux' bildet einen sauberen, rundlichen Busch, der im Spätsommer mit satt karmesinroten Blüten bedeckt ist (s. auch »Umrahmendes Blattwerk: Grau«).
▷ Niedrige immergrüne Sträucher, volle Sonne, Winterhärtezonen 8 bis 10.

**Heliotropum,** Heliotrop
*H. × hybridum* 'Marina' hat stark duftende violettpurpurne Blüten und runzelige, bronze getönte Blätter. Man sät im zeitigen Frühjahr unter Glas aus und pflanzt nach dem letzten Frost ins Beet oder zieht ihn in Behältern. Der Heliotrop wirkt wunderschön, wenn man ihn als Schmuck verwoben mit silberblättrigen Pflanzen einsetzt. Ich persönlich habe ihn sehr erfolgreich unter der Weinrebe gezogen, deren Blätter auf vollkommene Weise mit den violett schattierten Blüten harmonieren.
▷ Einjährige, 38 cm, volle Sonne, Winterhärtezonen 9 bis 10.

**Ipomoea,** Prunkwinde
*I. purpurea* ist eine windende Einjährige mit dunkel purpurnen, ackerwindenähnlichen Blüten, die nach dem Öffnen verblassen und fast hellviolett werden. Den Samen läßt man zunächst in Wasser quellen, dann gibt man im zeitigen Frühjahr den Samen in einzelne Töpfe. Im Sommer pflanzt man in nährstoffreiche Erde aus und bietet den Pflanzen eine sehr warme Mauer, an der sie emporklettern können, oder bringt sie dazu, durch Mauersträucher zu klettern. Diese Form ist weniger verbreitet als die blaue Prunkwinde, doch es lohnt sich, die einjährige Kletterpflanze zu ziehen. Sie stellt einen ausgezeichneten Hintergrund für bronze- oder purpurgetöntes Blattwerk dar.
▷ Einjährige Kletterpflanze, bis 3 m, volle Sonne, Winterhärtezonen 8 bis 10.

**Lythrum,** Weiderich
*L. salicaria*, der purpurfarbene Blutweiderich, ist eine nützliche Rabattenstaude, die in jeder Erde bei Sonne wie Schatten gedeiht. Man setzt ihn am besten mit farbigen Blattpflanzen zusammen ein: Bronzene und purpurne Blätter verbinden sich harmonisch; cremeweiß panaschierte sowie graue und silberne Blätter bilden Kontraste – kräftig gelbes und goldenes Laub sollte man allerdings nicht in die Nähe bringen.
▷ Sommergrüne Staude, volle Sonne oder Schatten, Winterhärtezonen 5 bis 8.

**Origanum,** Dost
*O. laevigatum* – bei dem die Blätter nicht duften, was untypisch ist für die Gattung – hat reizvolle purpurne Blüten, die in langen ährenartigen Quirlen über graugrüne Blätter hinausragen. Ein sehr guter Spätblüher für den Vorderrand einer Rabatte, besonders günstig mit graublättrigen Pflanzen zusammen. Durch ihn gewinnt eine Farbanlage, die sich auf graue Irisblätter, Lavendeltöne und nebelhaft malvenfarbene Blüten gründet an Tiefe.
▷ Sommergrüne Staude, 30 bis 45 cm, volle Sonne, Winterhärtezonen 7 bis 9.

**Phlox**
*P. paniculata* 'Russian Violet' hat violettpurpurne Blütenbüschel, und bei *P. paniculata* 'July Glow' sind die Blütenstände karmin- bis karmesinrot. 'San Antonio' ist mit seinen purpurroten Blüten sogar noch dunkler. Sie alle sollten in großzügig bemessenen Gruppen gepflanzt werden. Sie sorgen dann für belebende Farbtupfer, wenn sie von Pflanzen mit eher düsteren purpurnen Blättern begleitet werden (s. auch »Weiße Töne: Spätsommer«).
▷ Sommergrüne Stauden, 90 bis 120 cm, volle Sonne oder Halbschatten, Winterhärtezonen 6 bis 9.

**Salvia,** Salbei
Von *S. involucrata* (die selber ziemlich stumpfe Blüten im rötlichen Malventon hat) gibt es eine Sorte mit eher leuchtenden Blüten, *S. involucrata* 'Bethellii', bei der die langen ährenartigen Blütenstände magenta- und karmesinrot gefärbt sind. Die weichen, behaarten bronzefarbenen Blätter sind rosa geädert, die Stengel rötlich getönt. Es ist eine eindrucksvolle Pflanze, doch sind die Stengel spröde, man muß ihnen also einen geschützten Standort geben.

▷ Sommergrüne strauchartige Staude, volle Sonne, Winterhärtezonen 8 bis 10.

**Sanguisorba,** Wiesenknopf
*S. officinalis*, der Große Wiesenknopf, hat rote flaschenbürstenartige Blüten über Fiederblättern. Es ist eine anmutige, überhängende Pflanze, die sich gut für die Rückseite einer reich gedüngten Rabatte eignet.
▷ Sommergrüne Staude, 1,20 m, volle Sonne, Winterhärtezonen 6 bis 9.

**Schizostylis,** Spaltgriffel
*S. coccinea* gedeiht im satten, feuchten Boden und bildet leuchtend karmesinrote becherförmige Blüten, die in schlanken Ähren über grasartigen Blättern stehen. Es gibt verschiedene günstige Sorten mit kräftigen Rottönen: Zu den besten zählt *S. coccinea* 'Major' mit großen Blüten in tiefem Karmesinrot (s. auch »Rosa und zartes Violett: Spätsommer«).
▷ Sommergrüne Rhizomstaude, 60 cm, volle Sonne, Winterhärtezonen 7 bis 9.

**Sedum,** Fetthenne
Die krautwüchsigen Fetthennen mit ihren dicken, fleischigen Blättern sind in dieser Jahreszeit wichtig. Ihre flachen Blütenstände aus winzigen Sternen sind bei Faltern beliebt, die sich bei Sonnenschein in großer Zahl auf ihnen versammeln; sie sind zartrosa, gelb oder trübrot gefärbt. Diese »Rottöne« sind gedämpfte, sanfte Farben, die sich stark von den warmen Karmesintönen unterscheiden.
*S. telephium* 'Munstead Red' ist eine krautige Fetthenne, die sich für die Einfassung von Beeträndern eignet und wegen ihrer fleischigen grünen Blätter sowie wegen der flachen Blütenstände in gedämpftem, düsterem Rot, die ordentlich auf kräftigen Stielen getragen werden, wichtig ist. Ihr kompakter Wuchs läßt sie in einer Rabatte günstiger erscheinen als das purpurblättrige *S. maximum* 'Atropurpureum' (s. Abschnitt »Blattwerk«), das auch schön ist, aber unordentlich im Wuchs.
▷ Sommergrüne Staude, 45 bis 80 cm, volle Sonne, Winterhärtezonen 7 bis 9.

**Tricyrtis,** Krötenlilie
*T. formosana* bevorzugt satten, feuchten Boden, der teilweise beschattet ist, aber nicht zu dicht von anderen Pflanzen überwölbt werden darf. Die seltsamen, orchideenähnlichen gefleckten Blüten sind zart violett gefärbt und haben dunkle Flecken auf blasserem Grund und gelbe Schlünde. *T. stolonifera* zeigt ein satteres Purpur und breitet sich rasch aus. Man sollte die Pflanze an eine Stelle setzen, wo die Einzelheiten gut betrachtet werden können.
▷ Sommergrüne Staude, 60 bis 90 cm, Halbschatten, Winterhärtezonen 7 bis 9.

# *BLATTWERK*

Blattwerk mit »kräftigen Rottönen« umfaßt die ganze Vielfalt vom leuchtenden Karmesinrot über gedämpftes metallisches Bronze und kupferähnliche Töne bis hin zu den tiefen Purpurfarben und »schwarzen« Schattierungen, die oft mit 'Nigrum', 'Nigrescens' *oder* 'Atro-' als Namensbestandteil bezeichnet werden. Durchscheinende rosa Töne und junge scharlachrote Triebe, die sich später zum satten Sommergrün wandeln, gehören hierher, ebenso die feinen blanken oder satten karmesinroten Nebentöne der grünen Blätter. In diesen Abschnitt werden auch Blätter einbezogen, die zu den verschiedensten Zeiten augenfällig rot getönt sind. Sie können während der ganzen Gartensaison zum Farbbild beitragen oder – wie Blüten – nur für kürzere Zeit ein Farbereignis bieten. Wenn sie nicht gerade von hinten durch die Sonne beleuchtet werden, sind diese helleren Rottöne selten leuchtend, sondern eher fein und geheimnisvoll. Die Oberflächenstruktur und der Einfallswinkel des Lichtes können das purpurne Blattwerk matt und düster oder glänzend und glühend erscheinen lassen.
Nur wenige Immergrüne haben kräftig rote Blätter oder Nadeln, wenn auch einige mit den Winterfrösten purpurhafte Töne annehmen. Die Herbstfarben der laubabwerfenden Pflanzen werden im Kapitel »Umrahmendes Blattwerk« behandelt.

**Acer,** Ahorn
*A. palmatum* 'Atropurpureum' und *A. palmatum* 'Dissectum Atropurpureum' haben gelappte Blätter und eine rundliche, buschige Wuchsform. Bei der zweiten Sorte sind die Blätter so stark geteilt, daß sie Spitzentuchcharakter haben, und der kräftige und feste Eindruck der schweren Purpurfarbe gemildert wird. Andere 'Dissectum'-Formen haben Blätter mit einer eher gedämpften Farbe, irgendwo zwischen Purpur und Grün, mehr oder weniger bronzeartig. Sie bevorzugen tiefe, nährstoffreiche, möglichst kalkarme Böden.
▷ Hoher sommergrüner Strauch, volle Sonne oder Halbschatten, Winterhärtezonen 7 bis 9.

**Ajuga,** Günsel
*A. reptans* 'Atropurpurea' hat dunkel purpurne Blätter, die mit der kräftig blauen Blütenfarbe zusammen im Frühsommer unübertrefflich aussehen. Selbst im Winter ist das Blatt dunkel, besonders bei voller Besonnung, während *A. reptans* 'Multicolor' seine faszinierenden Farbflecken in Rosa und Purpur nur im Sommer hervorbringt. Machen Sie einen Versuch zusammen mit *Melianthus major* oder unter dem lichten Dach von *Cornus controversa* 'Variegata' (s. auch »Weiße Töne: Blattwerk«).
▷ Immergrüne Staude, 10 cm, volle Sonne, Winterhärtezonen 5 bis 9.

**Astilbe**
Die Gartenhybriden unter dem Namen *A. × arendsii* haben tief geteilte, fiedrige Blätter, die im jüngeren Stadium zartrosa bis purpurn getönt, aber während der Blütezeit im Sommer gewöhnlich grün sind. Man zieht sie am besten mit frühblühenden rosa Primeln und feuchtigkeitliebenden Gräsern (s. auch »Umrahmendes Blattwerk: Grün«).
▷ Sommergrüne Staude, 60 bis 120 cm, Halbschatten, Winterhärtezonen 7 bis 9.

*Acer palmatum* 'Dissectum Atropurpureum'

*Berberis thunbergii* 'Atropurpurea'

**Berberis,** Sauerdorn, Berberitze
*B. thunbergii* 'Atropurpurea' und die Zwergform *B. thunbergii* 'Atropurpurea Nana', haben satt rötlichpurpurne Blätter, die im Sonnenlicht aufglühen. *B. × ottawensis* 'Purpurea' ist ein anmutiger Busch. An den gebogenen Zweigen sitzen zartpurpurne Blätter, die ins Grüne abschattieren. Verwandte Blütenfarben in Violett bis Blau oder Purpur bis Karmesin bringen die schwere Trübe des purpurnen Blattwerks zum Leben.
▷ Zwerghafte bis halbhohe sommergrüne Sträucher, volle Sonne oder Halbschatten, Winterhärtezonen 5 bis 9.

**Bergenia**
*B. cordifolia* 'Purpurea', eine der Lieblingspflanzen von Gertrude Jekyll, hat purpurn überhauchte, rundliche grüne Blätter, die im Winter kräftigere purpurhafte Töne annehmen. Am Anfang des Frühlings werden magentarote Blüten auf langen Stielen getragen. Man pflanzt sie gruppenweise vor *Helleborus orientalis*.
▷ Immergrüne Staude, 60 cm, volle Sonne oder Schatten, Winterhärtezonen 6 bis 9.
*B. purpurascens* hat schmale Blätter, die im Sommer dunkelgrün, im Winter aber satt rote-bete-ähnlich gefärbt sind, auf der Unterseite mahagonirot. Die Blütenstiele sind rosa gefärbt, etwas dunkler als die Blüten im zeitigen Frühjahr (s. auch »Umrahmendes Blattwerk: Grün«).
▷ Immergrüne Staude, 30 cm, volle Sonne oder Schatten, Winterhärtezonen 6 bis 9.

**Beta,** Rübe, Bete
*B. vulgaris,* wozu die Rote Bete, wie auch der Schweizer Mangold oder der Schnittmangold gehören, wird im allgemeinen als Ein- oder Zweijährige im Küchengarten gezogen. Einen hohen Zierwert aber hat die Sorte *B. vulgaris* 'Ruby Chard'. Sie besitzt glühend rote Stiele und Mittelrippen, die in der strengen Ordnung eines Gemüsegartens oder zu einem scharlachrot-grünen Flecken in einer Rabatte gruppiert, die Augen auf sich ziehen.
▷ Einjährige oder Staude, 90 cm, volle Sonne, Winterhärtezonen 6 bis 9.

*Cotinus coggygria* 'Royal Purple'

*Ophiopogon planiscapus* 'Nigrescens'

**Canna,** Blumenrohr
Zu *C.* × *generalis,* einer subtropischen Staude, die gewöhnlich als Einjährige zum Auspflanzen gezogen wird, gibt es zwei besonders gute purpurblättrige Sorten. *C.* × *generalis* 'Egandale' hat aufrechte bananenähnliche Blätter in einem satten, tiefen Bronzeton und kleine scharlachrote Blüten. Bei *C.* × *generalis* 'Purpurea' sind die Blätter nur purpurn schattiert und deshalb sehr viel weniger dunkel; sie harmonieren mit anderem Blattwerk, bilden also keinen Kontrast dazu. Setzen Sie beide Sorten in einer eindrucksvollen Pflanzung aus Blütenfarben in Scharlachrot, Rot und Orange ein – warme, grelle Farben, die durch die bronzegetönten Canna-Blätter verbunden werden.
▷ Sommergrüne Rhizomstaude, 1,20 m, volle Sonne, Winterhärtezonen 9 bis 10.

**Clematis,** Waldrebe
*C. recta* 'Purpurea' ist krautig und hat kleine weiße, duftende Blüten. Die purpurnen Blätter wirken bescheiden, geben aber einer Rabatte, die vor allem im Hinblick auf Blüten geplant ist, zusätzlich Reiz und Farbe und sehen in einem Motiv aus rosa Blüten besonders ansprechend aus. Die schlaffen Stiele müssen etwas gestützt werden (s. auch »Weiße Töne: Frühjahr«).
▷ Sommergrüne Staude, 1,20 m, volle Sonne, Wurzeln im Schatten, Winterhärtezonen 6 bis 9.

**Cordyline**
*C. australis* 'Atropurpurea', die eher frostempfindlich ist als die grüne Grundform (s. »Umrahmendes Blattwerk«), eignet sich nur für milde Klimaverhältnisse. Ihre Blätter sind bronze- bis purpurfarben, aber nicht zu grell.
▷ Hoher immergrüner Strauch oder niedriger Baum, volle Sonne, Winterhärtezonen 8 bis 10.

**Corylus,** Haselnuß
*C. maxima* 'Purpurea', die purpurblättrige Lambertsnuß, hat abgerundete, grob gezähnte, an der Oberfläche rauhe Blätter. Die dunkle, matte Farbe verleiht diesem aufrecht wachsenden Busch ein festes Erscheinungsbild. Am besten kontrastiert er mit lichten, luftigen Pflanzen, die kleinblättrig und blaß sind. Alle paar Jahre muß man den Strauch bis zum Boden zurückschneiden; das macht weniger Arbeit und ist wirkungsvoller als jährliches Ausdünnen der Äste.
▷ Hoher sommergrüner Strauch, volle Sonne oder Halbschatten, Winterhärtezonen 6 bis 9.

**Cotinus,** Perückenstrauch
*C. coggygria* 'Foliis Purpureis' und *C. coggygria* 'Royal Purple' haben pflaumenartig purpurne bzw. satter weinähnlich purpurne Blätter. Der letztgenannte Strauch behält seinen durchscheinenden Schmuck den ganzen Sommer über und wird im Herbst brennend rot. Er sollte so gepflanzt werden, daß die Sonnenstrahlen die Blätter von hinten durchleuchten. Die rehbraunen Blütenrispen werden bei diesen farbenprächtigen Büschen durch das satte Laub gesteigert (s. auch »Umrahmendes Blattwerk: Grün«).
▷ Hohe sommergrüne Sträucher, volle Sonne, Winterhärtezonen 7 bis 9.

**Dahlia,** Dahlie
Die Dahlien, die in milden Gegenden als winterfeste Stauden behandelt, aber im allgemeinen eher als Sommerblumen gezogen werden, blühen überreich im Spätsommer, mit einem Spektrum von den warmen Gelb-, Scharlach- und Karmesinrot-Tönen bis zu den blassen Rosa- und weißlichen Tönen. Von den eleganten metallischen bronze- bis purpurfarbigen Blättern der päonienblütigen *D.* 'Bishop of Llandaff' heben sich die heftig scharlachroten Blüten ab (s. »Warme leuchtende Farben: Spätsommer«). Die Fiederblätter, die denen des Traubenholunders *Sambucus racemosa* ähneln, sind nach Oberflächenstruktur wie Form anders als die normalen grob gefiederten Blätter und dadurch für eine gemischte Pflanzung ungeeignet. Pflanzen Sie diese Dahlie füllig mit den lebhaft roten ährenartigen Büscheln von *Salvia fulgens* zusammen und hinter Bündel aus leuchtenden zweifarbigen Fuchsien, um einer »warmen« Spätsommer-Rabatte Substanz und Masse zu geben, oder verwenden Sie die gedämpften Rottöne für feinere Wirkungen.
▷ Immergrüne Knollenstaude, 1,20 m, volle Sonne, Winterhärtezonen 9 bis 10.

**Epimedium,** Elfenblume, Sockenblume
*E. grandiflorum* hat fast bräunlich beige junge Frühjahrsblätter, die von den Blütenstielen mit den malven- bis rosafarbigen Trauben überragt werden.
*E.* × *rubrum* hat blasse grünrosa junge Blätter, die sich rasch vom Rosa zur fast schon ziegelroten Farbe vertiefen. Die karmesinroten Blüten mit weißen Sporen stehen am Anfang des Frühjahrs über dem Blattwerk.
*E.* × *versicolor* 'Sulphureum' hat primelgelbe Blüten über bronzegetönten Blättern (s. auch »Blätter-Raster: Grün«).
▷ Sommergrüne Stauden, 23 bis 30 cm, Sonne oder Halbschatten, Winterhärtezonen 5 bis 9.

**Euphorbia,** Wolfsmilch
*E. sikkimensis* hat im Frühjahr leuchtendes Blattwerk, das in rosa Rosetten hervortritt, von denen aus lange durchscheinende Stiele Blätter tragen, deren Adern weiß geätzt erscheinen. Im Laufe des Jahres wandeln sich die Blätter zu einem ruhigen Grün, bevor im Spätsommer grünlichgelbe Hochblätter zum Farbbild beitragen. Die Pflanze gedeiht in feuchtem Boden, die Wurzeln breiten sich über eine beträchtliche Entfernung aus (s. auch »Umrahmendes Blattwerk: Grün«).
▷ Sommergrüne Staude, 90 cm, volle Sonne oder Halbschatten, Winterhärtezonen 7 bis 9.

**Fagus,** Buche
*F. sylvatica* 'Riversii' ist die beste aus dem purpurblättrigen Klon der »Blutbuchen«. Wunderschön sind die Blätter im Frühjahr, wenn sie sich entfalten – fast durchscheinend und glänzend blaßpurpurn. Um die Sommermitte dunkelt das Blatt, und die Farbe wirkt dann einheitlich und schwer. Man sollte die Buche als Einzelexemplar pflanzen, so daß sie auf einem Rasen oder im Parkgelände einen wohlgeformten Baum bilden kann (s. auch »Umrahmendes Blattwerk: Grün«).
▷ Hoher sommergrüner Baum, volle Sonne, Winterhärtezonen 5 bis 9.

**Foeniculum,** Fenchel
*F. vulgare* 'Purpureum' hat fädige Fiederblätter an zähen, glänzenden Stielen. Diese bronzegetönte Sorte eignet sich gut als Büschel in Mischrabatten. Wenn der Fenchel auch normalerweise wegen seiner aromatischen Blätter gezogen wird, die zum Würzen von Fisch und Salaten verwendet werden, so hat er doch seinen Zierwert, ob im Küchen- oder Blumengarten.
▷ Sommergrüne Küchenstaude, 1,80 m, volle Sonne, Winterhärtezonen 7 bis 9.

**Heuchera**
*H. americana* hat im Jugendstadium marmorierte Blätter in sanften Braun- und kupfernen Grüntönen, die wie Satin glänzen. Den ganzen Sommer lang kommen neue Blätter hervor, dadurch ist dies eine höchst erwünschte Blattpflanze für den Vorderrand einer Rabatte. Die Blüten im Frühsommer sind blaß fleischfarben (s. »Rosa und zartes Violett: Frühsommer«), andere *Heuchera*-Formen sind leuchtender. Es ist eine von Gertrude Jekylls Lieblingspflanzen, die sich gut mit kleinen Frühlingszwiebeln verbinden läßt und während des Sommers mit besonders zarter Farbe und reizvollem Aussehen zum Gesamtbild beiträgt.
▷ Sommergrüne Staude, 23 cm, volle Sonne oder Schatten, Winterhärtezonen 6 bis 9.

**Houttuynia**
*H. cordata* ist eine kleine, wuchernde Pflanze für feuchten, beschatteten Boden. Die grünen Blätter sind bronzefarben an der Spitze und bräunlich purpurn gefleckt und duften nach Sevilla-Orangen. Die einfachen oder gefüllten weißen Blüten (s. »Weiße Töne: Sommer«) haben eine kegelförmige Mitte. Man pflanzt sie unter laubabwerfende Sträucher, wo die ausbreitungsfreudigen Wurzeln keinen Nachteil bilden.
▷ Sommergrüne Staude, 30 cm, Schatten, Winterhärtezonen 6 bis 9.

**Iresine**
*I. herbstii* 'Brilliantissima' hat lange, fast herzförmige Blätter in rote-bete- oder blutähnlichem Rot. Es ist eine winterempfindliche Beetpflanze, die am besten in großer Fülle in formstrengen Mustern mit grauen oder silbernen Pflanzen zusammen gesetzt wird, wobei ihr dichter Wuchs einjähriges Unkraut unterdrückt. Man behandelt sie wie Pelargonien und nimmt Ableger ab, die man überwintert.
▷ Sommergrüner Halbstrauch, 30 bis 45 cm, volle Sonne, Winterhärtezonen 9 bis 10.

**Ligularia**
Hier handelt es sich um winterharte Stauden, die im Schatten und auf feuchtem Boden gedeihen. Die asternähnlichen Blüten sind in Orange- und Gelbschattierungen gefärbt.
*L. dentata* (syn. *Senecio clivorum*) 'Desdemona' hat große herzförmige Blätter, die im jungen Alter rote-bete-rot sind, allmählich aber metallisch grün werden. Schwärzliche, verzweigte Stengel stützen im Spätsommer die orangen asternartigen Blüten (s. »Warme leuchtende Farben«).
▷ Sommergrüne Staude, 1,20 m, volle Sonne oder Schatten, Winterhärtezonen 6 bis 9.

**Lobelia**
Einige Arten der perennierenden Lobelie sind unverzichtbare Pflanzen in der Staudenrabatte. *L. cardinalis* hat glühend rote-bete-farbenes Blattwerk. Die Blätter, die im Frühjahr als leuchtende Rosetten hervorkommen, werden im Spätsommer von scharlach- oder dunkelroten Blütentrauben überragt (s. »Warme leuchtende Farben«). Da sie nicht zuverlässig winterfest ist, muß man im Winter die verbliebenen Sproßabschnitte schützen.
▷ Sommergrüne Staude, 60 bis 90 cm, volle Sonne, Winterhärtezonen 8 bis 10.

*Heuchera americana*

**Ophiopogon,** Schlangenbart
*O. planiscapus* 'Nigrescens' hat schwarze grasartige Blätter und breitet sich in büscheligen Gruppen aus, die am Rand oder im Vordergrund eines sonnigen Beetes dichte Teppiche bilden können. (Die normale grüne Form wird in geeignetem Klima als »Rasen« genutzt.) Man pflanzt zunächst in großzügigen Gruppen, da die Pflanzen sich nur langsam vermehren. Für die Farbe kann man in einem Garten schwer einen Platz finden: Sie wirkt exotisch und ungewöhnlich, zieht aber das Auge genauso stark an wie ein leuchtend roter Fleck. Man macht die Pflanze am besten zu einem besonderen Ereignis, indem man ihre dramatischen Möglichkeiten mit sogar noch tieferem purpurnem Laub unterstreicht. *Cotinus coggygria* 'Foliis Purpureis', unterpflanzt mit schwarzem, glitzerndem Schlangenbart, könnte beispielsweise aufregend wirken.
▷ Immergrüne Staude, 23 cm, volle Sonne, Winterhärtezonen 7 bis 9.

**Phormium,** Neuseeländer Flachs
*P. tenax* 'Purpureum' hat graugrüne Blätter, die mit einem purpurhaften Schimmer überzogen sind. Einige der Zwergformen zu *P. cookianum*, z.B. *P. cookianum* 'Bronze Baby' und 'Dazzler' haben kupferartige und rötlichbraune Blätter. Obwohl sie alle gute Blattpflanzen sind, ist es schwierig, sie im Garten einzusetzen, man kann es aber in Kübeln versuchen. Sie sind nicht sonderlich winterhart, werden aber in einem städtischen Mikroklima gedeihen und sehen mit anderen exotischen Blattpflanzen gut aus (s. auch »Umrahmendes Blattwerk: Grün«).
▷ Niedrige bis halbhohe immergrüne Sträucher, volle Sonne, Winterhärtezonen 8 bis 10.

*Iresine herbstii* 'Brilliantissima'

*Photinia × fraseri* 'Birmingham'

*Saxifraga fortunei* 'Wada's Variety'

*Vitis vinifera* 'Purpurea'

**Photinia,** Glanzmispel

Es handelt sich um eine Gattung hauptsächlich immergrüner Sträucher aus Asien. Die jungen Blätter, wenn sie sich gerade entfalten, können es mit *Pieris formosa* var. *forrestii* aufnehmen, mit ihren leuchtenden, kupferroten, durchscheinenden Tönen. *P.* × *fraseri* 'Birmingham' und 'Red Robin' haben scharf gezähnte, glänzend grüne Blätter mit leuchtend bronzeroten bzw. leuchtend roten jungen Trieben. Sie sollten vor einer Mauer gezogen werden, wo die Wärmeabstrahlung die jungen Blätter vor Frost schützt und die Blüte fördert. Man kann außerdem eine spätblühende Waldrebe, die nicht zu kräftig wird – etwa *Clematis flammula* –, zwischen den glänzenden Blättern des Strauchs in die Höhe klettern lassen.

▷ Hoher immergrüner Strauch, volle Sonne, Winterhärtezonen 7 bis 10.

**Pieris**

Es sind säureliebende Sträucher für feuchte Waldstücke, die ähnliche Bedingungen erfordern wie Rhododendron. Viele von ihnen werden wegen ihrer eindrucksvollen roten jungen Blattriebe im zeitigen Frühjahr gezogen. Sie sind so leuchtend, daß man aus der Ferne den Eindruck hat, der Busch sei mit scharlachroten Blüten bedeckt. Die frischen Triebe können leicht durch Frühjahrsfröste geschädigt werden, deshalb pflanzt man den Strauch am besten, wo ein lichtes Dach aus Ästen etwas Schutz gewährt.
Zu den besten Pieris-Sträuchern im Hinblick auf die farbigen jungen Triebe zählen die Sorten zu *P. formosa* var. *forrestii* 'Jermyn's' und 'Wakehurst'. Eine Hybride mit der eher winterharten *P. japonica*, *P.* 'Forest Flame', bringt das am stärksten leuchtend gefärbte Laub hervor.

▷ Hohe oder halbhohe immergrüne Sträucher, lichter Halbschatten oder Schatten, Winterhärtezonen 7 bis 9.

**Pittosporum,** Klebsame

*P. tenuifolium* 'Purpureum' hat junge grüne Triebe, die sich rasch in ein glänzendes Purpur verwandeln. Im Frühjahr wirkt die Zweifarbigkeit etwas bizarr, doch im weiteren Jahresverlauf wird einer der anziehendsten purpurblättrigen Sträucher daraus, bei dem die gewellten Blattränder das Licht-und-Schatten-Spiel steigern (s. auch »Umrahmendes Blattwerk: Grün«).

▷ Hoher immergrüner Strauch, volle Sonne, Winterhärtezonen 8 bis 10.

**Prunus**

*P. cerasifera* 'Pissardii' hat Blätter, die am Anfang dunkelrot sind und dann tief purpurn werden. Im zeitigen Frühjahr öffnen sich rosa Knospen zu einer reichen weißen Blütenpracht. Die Sorte *P. cerasifera* 'Nigra' hat sogar noch tiefer purpurfarbenes Laub. Da sie mit ihrem Farbton schwer und ziemlich unlebendig wirken, eignen sich diese kleinen Bäume als ruhiger, nüchterner Hintergrund für Blütenfarben. Karmesinrote Rosen und dunkel bläulichpurpurne *Clematis* × *jackmanii*, unterpflanzt mit violettblauen *Geranium* × *magnificum*, können den blauen Anteil in dem festen Dunkelpurpur der Bäumchen aufhellen.

▷ Niedriger sommergrüner Baum, volle Sonne oder Halbschatten, Winterhärtezonen 6 bis 9.

*P.* 'Cistena', die purpurne Sandkirsche, hat sattrote Blätter, die durchscheinend sind und aufleuchten, wenn die Sonne dahinter steht. Der kleine Strauch läßt sich für eine Hecke einsetzen oder in Gruppen pflanzen, wenn man einen reizvollen Laub-Akzent schaffen möchte. Zu seinen Füßen lassen sich gut rosa und weiß im Herbst blühende Alpenveilchen pflanzen (s. auch »Weiße Töne: Frühjahr«).

▷ Niedriger sommergrüner Strauch, volle Sonne oder Halbschatten, Winterhärtezonen 5 bis 9.

**Rheum,** Zierrhabarber

*R. palmatum* 'Atrosanguineum' hat lebhaft rotes junges Blattwerk, das später purpurn wird, mit tiefer eingeschnittenen Blättern als bei der grünen Stammform. Die Blüten sind kirsch- bis karmesinrot, sie entfalten sich früh im Sommer, wenn viele Stauden pastellartige oder rein blaue Farben zeigen (s. auch »Umrahmendes Blattwerk: Grün«).

▷ Sommergrüne Staude, 1,50 m, volle Sonne, Winterhärtezonen 7 bis 9.

**Ricinus,** Wunderbaum

*R. communis* 'Gibsonii' ist die purpurblättrige Form der Rizinusölpflanze. Seine handförmigen Blätter und der aufrechte Wuchs machen ihn zu einer wertvollen Pflanze für blattbetonte Rabatten. Die Farbe – ein tiefes Bronzepurpur – dauert während der ganzen Gartensaison an. Man zieht ihn aus Samen, die im vorhergehenden Sommer ausgesät und frostfrei überwintert wurden.

▷ Immergrüner Strauch, 1,50 m, volle Sonne, Winterhärtezonen 9 bis 10.

**Rosa**

*R.* 'Climbing Lady Hillingdon' hat kupferähnliches Laub und blasse zitronen- bis ledergelbe Blüten. Die langen spitzen Knospen sind typisch für Teehybriden. Die Blüten eignen sich hervorragend zum Schnitt und halten sich gut in der Vase. Die ursprüngliche Buschform, die man heute selten sieht, mit langen, laschen Zweigen, eignet sich für eine Rabatte mit Sträuchern und Stauden.

▷ Immergrüner Strauch oder Kletterpflanze, volle Sonne, Winterhärtezonen 6 bis 9.

*R.* 'Rosemary Rose' hat dunkel purpurn getöntes Laub im Jugendstadium, das später dunkelgrün wird. Die Blüten sind flach und gefüllt und leuchtend johannisbeerrot gefärbt; sie erscheinen in einer ersten Welle um die Sommermitte und später ein zweites Mal, wenn gut zurückgeschnitten und dadurch frisches purpurnes Laub gefördert wurde.

▷ Halbhoher Strauch, volle Sonne, Winterhärtezonen 6 bis 9.

**Salvia,** Salbei

*S. officinalis* 'Purpurascens' hat oberflächlich rauhe Blätter in einem grau überzogenen Purpurrot; die Töne treten nach einem Schnitt deutlicher hervor. Eine eher grell wirkende Pflanze ist *S. officinalis* 'Tricolor', bei der rosa-, purpur- und cremefarbene Flecken auf der grauen Grundfarbe verteilt sind (s. auch »Reines Gelb: Blattwerk«).

▷ Niedriger immergrüner Strauch, volle Sonne, Winterhärtezonen 7 bis 9.

**Saxifraga,** Steinbrech

*S. fortunei* 'Wada's Variety' bildet Büschel, mit ihren rundlichen Blättern, die an der Oberseite satt bronzefarben und auf der Unterseite leuchtend purpurrot sind. Am besten zieht man den Steinbrech auf einem erhöhten Beet, damit die Blattrückseiten voll gewürdigt werden können. Die überschäumenden weißen Blüten treten im Spätsommer auf. Die Pflanze möchte einen kühlen Standort, satten, feuchten Boden und Halbschatten.

▷ Sommergrüne Staude, 30 bis 40 cm, Halbschatten, Winterhärtezonen 6 bis 9.

**Sedum,** Fetthenne
*S. maximum 'Atropurpureum'*, das manchmal als Unterart von *S. telephium* betrachtet wird, ist krautig und verliert seine fleischigen Blätter am Winteranfang. Die Blätterfarbe ist subtil, ein zartes purpurhaftes Grau anfangs, das sich um die Blütezeit im Spätsommer zu einem dunklen Purpur vertieft. Diese trübe Farbgebung bietet einen günstigen Hintergrund für leuchtende Blüten in der Umgebung. Die flachen Blütenstände, die aus winzigen Sternen bestehen, sind zartrosa braun auf schlaffen Stielen.
▷ Sommergrüne Staude, 45 bis 80 cm, volle Sonne, Winterhärtezonen 7 bis 9.

**Stranvaesia**
*S. davidiana*, ein zwergmispelähnlicher Strauch, hat dunkelgrüne Blätter, von denen einige im Herbst leuchtend scharlachrot werden. Dadurch entsteht ein Zwei-Farben-Eindruck, der sich von den gewohnten Herbstfarben unterscheidet und in seiner Frische fast einen frühlingshaften Akzent bietet. Obwohl die Pflanze manchmal als Mauerstrauch gezogen wird, läßt sie sich auch als Einzelexemplar zu einem Baum mit einzelnem Stamm und buschiger Krone heranziehen. Die Stranvaesie, die winterhärter ist als Lorbeer oder Stechpalme, läßt sich außerdem ganz formstreng einsetzen, um einen Weg zu säumen oder ein Tor zu rahmen.
▷ Hoher immergrüner Strauch oder niedriger Baum, volle Sonne oder Halbschatten, Winterhärtezonen 6 bis 9.

**Tellima**
*T. grandiflora* 'Purpurea' wächst dicht und büschelig. Die Pflanze sät sich auch reichlich selber aus, aber leider sind die Sämlinge meistens grün beblättert. Sie hat behaarte purpurhaft getönte Blätter, ihre Farbe tritt im Winter am deutlichsten hervor; die Blattunterseite ist zartrosa getönt. Es ist eine bodenbedeckende Pflanze, die in großer Fülle schattige Gartenflächen überziehen kann und mit ihren warmen, glühenden Farben besonders den Winter bereichert. Die zartrosa überhauchten weißen Blütenglocken stehen im Sommer an langen Stielen.
▷ Immergrüne Staude, 25 bis 50 cm, Schatten, Winterhärtezonen 7 bis 9.

**Viola,** Veilchen
*V. labradorica* 'Purpurea' hat dunkel purpurne, fast malvenrote Blätter und entzückende violettblaue Blüten im Frühsommer (s. »Blau«). Es sät sich selber überreichlich aus und bewurzelt sich oberirdisch. Die Blätter werden gegen Ende der Saison dunkelgrün. Die Labradorveilchen bieten einen wundervollen Anblick am Rand eines Rosenbeetes, von wo sich die Sämlinge manchmal in den Kies hinein ausbreiten oder in den Ritzen zwischen Wegplatten keimen. Die silberblättrige *Stachys lanata* kann man gruppenweise abwechselnd mit dem kleinen Veilchen pflanzen, denn beide gedeihen bei warmer Sonne. *Veronica teucrium* eignet sich als Begleitpflanze in einer blauen Farbanlage, die dunklen Veilchenblätter bilden dann den Hintergrund für die Blüten beider Pflanzen (s. auch »Umrahmendes Blattwerk: Grün«).
▷ Sommergrüne Staude, 15 cm, volle Sonne oder Schatten, Winterhärtezonen 2 bis 8.

*Pieris formosa* var. *forrestii* 'Wakehurst'

**Vitis,** Rebe
*V. vinifera* 'Purpurea' ist eine der wenigen Kletterpflanzen mit purpurnen Tönen und sieht besonders reizvoll aus, wenn sie sich um Pergolen und Spaliere windet. Ihre düsteren Schattierungen lassen sich durch die bläulich purpurnen Blüten von *Clematis × jackmanii* oder die zitronenschalen-gelben Blüten der *C. orientalis* bereichern (s. auch »Umrahmendes Blattwerk: Grün«).
▷ Sommergrüne Kletterpflanze, volle Sonne, Winterhärtezonen 7 bis 9.

**Weigela,** Weigelie
*W. florida* 'Foliis Purpureis' hat fein bronzepurpurne Blätter. Pflanzen Sie an ihren Fuß silbrig gescheckten Günsel oder panaschierte Sterndolden, um zusätzlich Reiz im Frühjahr zu bieten, und die Farben werden jeweils stärker zum Leuchten gebracht. Umgeben Sie den Busch mit rosa und roten Blüten, und die Farben werden weniger grell erscheinen (s. auch »Weiße Töne: Blattwerk«).
▷ Halbhoher sommergrüner Strauch, volle Sonne oder Halbschatten, Winterhärtezonen 5 bis 9.

KAPITEL VIII

# WARME, LEUCHTENDE FARBEN

Das Verlangen nach einer leuchtenden Farbe entspricht dem eines Kindes, das nach einem scharlachroten Kreidestift greift. Leidenschaftlich und ursprünglich, vorspringend und anziehend, Entfernungen verkürzend und Dimensionen vermindernd – so wirken Zinnoberrot, Orange und grellstes Dottergelb, und können auf der Netzhaut einen verworrenen blendenden Glanz hervorrufen, so daß das Auge blinzeln und sich der neuen Wellenlänge des Lichtes angleichen muß. Je friedlicher und angenehmer die Strukturen verschiedenen Blattwerks in Grün und Grau sind, desto dringender braucht das Auge einen kräftigen Kontrast, der aufrüttelt und aus der Ruhe bringt und benachbarte Farben übertönt und beherrscht, so daß sie sich leichter miteinander verbinden.

In der Farbsymbolik stehen diese Farben des Sonnenuntergangs für die Wärme des Feuers und der Flamme (ungeachtet der Tatsache, daß die Flamme blau wird, wenn sie am heißesten ist). In einem Garten verwendet man diese warmen und auffallendsten Farbtöne zusammen mit einer großen Fülle relativ gedämpfter Blatt- oder Blütenfarben. Wie in der freien Natur, ist ein kleiner Anteil einer lebhaften Farbe höchst eindrucksvoll und vielversprechend, wenn man ihn durch ein Flechtwerk aus grünen Blättern erblickt, ein einmaliger Farbfleck in einer grünen Fläche. Im Frühjahr, wenn das grüne Laub noch frisch und hell ist, müssen solche Farben sorgfältig plaziert werden, damit sie wie Edelsteine glühen, die wegen ihrer Seltenheit wertvoll sind, nicht wegen ihrer Fülle. Im Laufe des Sommers bieten dann das schwere Grün von Hecken im Hintergrund und die sanften, samtigen Rasenflächen bessere Voraussetzungen. Die Spektralfarben im Rot-, Orange- und Gelbbereich sind nicht nur die wärmsten Farben, sondern auch hell und leuchtend, ohne das Geheimnis und die Tiefe der bläulichen Rot- und tiefen Violett-Töne. Wenn man ihre Reinheit abdunkelt, indem man Farben mit schattiertem Pigment verwendet, oder die Pflanzen in den Schatten setzt, wo das violette Licht verbindend und verdunkelnd wirkt – ist der strahlende Glanz dahin. Weil die langen, roten Strahlen der Abendsonne mildernd und vertiefend wirken, werden diese leuchtenden Töne tiefer und düsterer.

Die warmen Farben folgen dem Spektrum von Rot bis Gelb, mit einem Segment von reinem Rot über Scharlach- und Zinnoberrot bis zu sattem Orangegelb. Diese Rottöne enthalten kein Blau – die kräftigen Karmesinfarben sind im vorherigen Kapitel behandelt –, werden aber zunehmend vom Gelb beeinflußt. Die Grenze des Segmentes ist erreicht, wenn die tiefen Gelbtöne ihre letzte Spur von Orange verlieren. Reines Gelb ist keine warme Farbe: Es glänzt im Licht, glüht aber nicht vor Wärme, gehört auch nicht mehr zu den Farben des Sonnenuntergangs. In diesem Buch wird es in einem eigenen Kapitel behandelt. Orange wiederum ist leuchtend, und doch dunkel; ihm fehlt die Leuchtkraft und Reinheit von Gelb, doch kann es bei Blütenblättern oft durchscheinend und ansprechend wirken – ein guter Hintergrund für benachbarte Gelb- und Rottöne. Im Schatten wird es bronzeähnlich, braun bis sienafarben. Grelle, warme Gelbtöne enthalten die harten Farben der Forsythie und der gefüllten Kerrie, das heftige Orangegelb von *Berberis darwinii* und die glühende Farbe der leuchtendsten goldenen Narzissen und tiefgelber Tulpen.

Ein Frühlingsgarten läßt sich mit Gruppen dieser Pflanzen planen, belebt und erweitert durch passenden Goldlack in Goldbronze. In einem großen Garten muß man diese leuchtende Fläche behandeln wie ein leuchtend buntes Gemälde an der Wand eines Zimmers, in dem alle anderen Töne gedämpft sind; man darf sie nicht zum wichtigsten Bereich des Gartens machen, sonst würden Auge und Gemüt zu rasch ermüden. Leuchtende Farben eignen sich als Akzent, als Kontrast und Wärme; ihre Wirkung hängt von einer geschickten und sparsamen Planung ab. Man denke an die Wirkung scharlach- oder orangeroter Azaleen im lichten Teil eines Gehölzbereichs, an Gruppen leuchtender Osterglocken, die aus dunklem Schatten wie Sonnenflecken blinken, rote Blütenblätter von Tulpen in der Komplementärfarbe ihrer sanftgrünen Laubblätter, gefüllte orangerote Kerrien vor dem Hintergrund grüner Stechpalmen. Die scharlachroten Zweige von *Salix alba* 'Chermesina' und *Cornus alba* 'Sibirica' neben immergrünen Glanzmispeln mit ihren durchscheinend scharlachroten Blättern inmitten dunkler gefärbtem Laub ergeben ein geschlossenes Bild in einem freien Gelände. Auf sauerem Boden kann man Gruppen von *Pieris formosa* oder *P.* 'Forest Flame' hinzufügen, mit ihrem verblüffenden scharlachbronzefarbenen Austrieb und weißen maiglöckchen-ähnlichen Blütentrauben im späten Frühjahr. Der Brennende Busch aus Chile, *Embothrium coccineum*, glüht mit Flammenfarben im geschützten Gehölzbereich, ein höchst eindrucksvoller Strauch, wo er günstige Verhältnisse vorfindet.

Abb. Seite 175: **Im Licht der Spätsommersonne erheben sich orangeblütige Crocosmia masoniorum und goldene Rudbeckien über dem feingliedrigen Nadelwerk eines kriechenden Wacholders und verleihen einem dunklen Winkel Wärme. Da sie vor dem Hintergrund glänzender Hartlaubgewächse zu sehen sind, glühen die Blüten auf und kommen scheinbar auf den Betrachter zu. Die goldenen Nadeln von Juniperus communis 'Depressa Aurea' leuchten in der Sonne genauso wie die Blüten und verbinden sich durch ihr gelbes Pigment mit den warmen Farben im Bild. Wenn die Farbwerte der kontrastierenden Orange- und Grüntüne so ausgewogen sind wie in diesem Bild bekommen die vielfältigen Pflanzen- und Blütenformen und rhythmischen Muster der Nadeln und Blätter eine besondere Bedeutung.**

Abb. oben: **Tulpen strecken sich durch einen Teppich aus niedrigem Goldlack und schaffen ein aufregendes Farbbild, das meiner persönlichen Abneigung gegen das Verstreuen verschiedener mehrfarbiger Pflanzen widerspricht. (Fast immer bevorzuge ich die Pflanzung einzelner Farben in Flächen oder in Gruppen harmonisch ineinander fließender Farben.) In einem Garten von bescheidener Größe müßten solch flammende Farben mit Bedacht behandelt werden: Ein fester Rahmen aus niedrigen Buchsbaumhecken kann sie zusammenhalten, oder sie müßten in einem versteckten Winkel zu entdekken sein, umgeben von gedämpften Grüntönen, als Ausgleich zu ihrer Intensität. Ein leuchtendes Bild wie dieses muß in jedem Fall deutlich von jeder anderen farbigen Pflanzung getrennt sein, und man muß es aus genügender Entfernung sehen können, damit die Rot- und Gelbtöne im Auge verschmelzen und die Impression eines lebhaften Orange ergeben. Interessant ist, daß aus der Nähe gesehen, sich die Farbzusammenstellung in jedem einzelnen Blütenball der Tulpen wiederholt, und die Rot- und Gelbstufen als harmonische Ordnung der Natur selbst zeigen.**

Abb. rechts: **Mehr einem Hausgarten gemäß wird hier ein Winkel in einem kleinen Garten durch eine Gruppe der Tulpensorte 'General de Wet' »aufgewärmt«. Die orange und rot gefärbten Tulpen erzeugen eine große Wirkung und erfordern ein bewußtes Einstellen des Auges, um sie zusammen mit dem kräftig leuchtenden komplementären Grün betrachten zu können. Hier dienen das Laub von Hydrangea petiolaris im Hintergrund und die graueren Blätter der Tulpen selbst über der Einfassung aus Ziegelstein als gedämpfte Kulisse, die den blendenden Glanz im reinen Kontrast und die »Wärme« der Tulpenblüten zurücknimmt. Diese Tulpen, die zunächst leuchtender und einheitlicher gefärbt waren, haben, seit sie aufgeblüht sind, nach der Mitte zu ein helleres Gelb und eine gewisse Musterung über das ganze Blütenblatt.**

Im Frühsommer liefern scharlachroter Türkenmohn, scharlachrote trompetenförmige Geißblatt-Blüten (*Lonicera* × *brownii* 'Fuchsioides'), einfach blühende scharlachrote *Paeonia lobata* und die scharlachrote *Rosa moyesii* einzelne Farbflecken. Später, im Hochsommer, beeindrucken viele Blüten in diesen lebhaften Farben: *Alstroemeria aurantiaca*, mit goldorangen Blüten, *Anthemis sancti-johannis*, im reinsten Orange, und *Anthemis tinctoria* mit glühend gelben Blütensternen bis hin zu den dunkleren Königskerzen und Mädchenaugen.

Für die Töne dieser kräftigen Spektralfarben sollte man eine natürliche Ordnung der Farb»gewichte« oder -stärken einhalten: Ein blasses Gelb paßt am besten zu einem dunklen Orange, das selber wiederum zu einem kräftigen Zinnoberrot paßt, und dieses wiederum wirkt am besten mit dunklerem Karmesinrot. Scharlachrote Rosen mit samtigen Blütenblättern, Indianernessel (*Monarda didyma* 'Cambridge Scarlet'), *Lychnis chalcedonica* und bronzerote Taglilien werden am wirkungsvollsten in Gruppen gepflanzt, in denen sich zwei oder drei nahe verwandte Farbtöne berühren und zusammen erglänzen. In feuchtem Boden ergeben *Mimulus guttatus* und der blaß orangefarbene *M. aurantiacus* einen schönen Vordergrund für Gruppen von orangeroten *Primula* 'Red Hugh'. Bei den berühmten »roten« Rabatten von Hidcote dienen dunkelgrüne Eibenhecken als Rahmen für Blumen und Blattwerk in Rot-, Orange- und Purpurtönen. Die dunkel- und scharlachroten Dahlien, Canna mit roten Blüten und dunkelpurpurnen Blättern, Wunderbaum-, Montbretien und *Curtonus* in klar voneinander abgesetzten Grup-

**Warme Farben sind nicht immer laut und leuchtend. Die beiden hier gezeigten Rabatten schaffen vollkommen verschiedene Stimmungen und veranschaulichen zwei ganz unterschiedliche Auffassungen.**

Abb. linke Seite: **Jeder der ineinander wachsenden Pflanzenhorste hat eine eigene Gestalt und Farbe, und es wurde kein Versuch gemacht, sie zu verschmelzen oder verweben. Die Dramatik dieser kühnen Komposition wird erhöht durch die langen roten Strahlen der Abendsonne und die deutlichen Schatten, die sie hervorrufen. Kräftige Farbkontraste sind oft besonders wirkungsvoll, wenn die reinen Farbtöne fest zwischen Blüten und Blattwerk in gedämpfteren und tieferen Tönen gesetzt werden, die im Gesichtsfeld den größeren Raum einnehmen. Das zartpurpurne Laub und die dunstigen Blüten von Cotinus coggygria 'Foliis Purpureis' bilden den Hintergrund für die goldgelbe Schafgarbe. Die rostroten Rudbeckien haben eine warme Farbe mit gelbem Pigment, aber durch ihre bräunliche Mitte sind sie farblich mit der düsteren Farbe des Perückenstrauchs verbunden. Die scharfen Konturen der spitzigen Iris-Blätter bilden einen Kontrast zu den festen tellerähnlichen Blütenköpfen der Schafgarbe und der schattenhaft verschwommenen Gestalt des Perückenstrauchs.**

Abb. links: **In dieser subtilen Rabatte aus gedämpften, nebelhaften Tönen, kommen selbst die graphisch wirkenden und scharf umrissenen Blattformen nur in grauen oder panaschierten Formen vor; dadurch wird ihr strukturgebendes Gewicht vermindert, und sie können sich zu einer gedämpften Mischung aus impressionistischen Linien und Mustern verweben. Die Blattspieße von Phormium tenax 'Variegatum' erheben sich über die blaugrüne Euphorbia wulfenii und verbinden sie mit der rauchgrauen Wolke von Hippophae rhamnoides im Hintergrund. Diese blassen Farben, die zurücktreten, verstärken optisch die Tiefenwirkung und die Entfernung vom Tritonia × crocosmiiflora im Vordergrund des Beetes. Da die warmen Farben scheinbar nach vorne drängen, pflanzt man sie im allgemeinen besser in den Vordergrund; in der Mitte oder weit hinten würden sie den Raumeindruck zerstören. In diesem Webteppich aus harmonierendem Blattwerk sind die Samenstände, Früchte und sogar die glühend orangefarbenen Blüten gleichsam eingewobene Schmuckfäden. Diffuses Tageslicht bei bewölktem Himmel läßt die sanft verwobenen Muster nicht durch Lichteffekte und Schatten zerreißen.**

pen gewinnen durch einjährige Ringelblumen und Gazanien, die flächig im Vordergrund gepflanzt den Blick auf sich ziehen und am Rand des grünen Rasens einen gewissen Rhythmus in die Pflanzung bringen.

Gertrude Jekyll empfiehlt einen Garten in Orange, der zu einem zweiten mit vorwiegend grauem Blattwerk führt; dieser sei am besten zu erleben, wenn man ihn zwischen den orangefarbenen Rabatten hindurch erreicht. Hier kann sich das Auge an den kräftigen Rot- und Gelbfarben sättigen und dadurch verlangt es nach der Komplementärfarbe, so daß der graue Garten beim ersten Anblick verblüffend, ja ganz erstaunlich leuchtend und erfrischend ist. In ihrem »orangen« Garten zog Gertrude Jekyll scharlachrote Dahlien und gelbe Sonnenbraut, orange Ringelblumen und goldenes Mädchenauge, orange Fackellilien, *Rudbeckia fulgida* sowie das großblumige, asternähnliche gelbe *Buphthalmum salicifolium* – eine üppige Mischung.

Rabatten in dieser Zusammenstellung behalten ihre leuchtenden Farben bis in den Herbst hinein, und einzelne Pflanzen haben auch dann noch reizvolle leuchtende Farben, wenn andere Blätter und Blüten im Garten verwelken. Die orange Trompetenblume *Campsis radicans* trägt vereinzelte Blüten zwischen kräftigen grünen Blättern, vor einer sonnigen Mauer blüht scharlachrot der Granatapfel, und die scharlachrote Kapuzinerkresse *Tropaeolum speciosum* klettert auf kühlen nach Norden gelegenen Rabatten durch Eiben oder Sträucher, ihre scharlachfarbenen Blütenbüschel leuchten und schimmern zwischen den hellen, frischgrünen Blättern. Die samtigen Blüten von *Salvia fulgens* in sattem Scharlachrot bilden farbige Horste in einer üppigen Rabatte.

Tiefes Gelb und Orange bringen Rudbeckien und Sonnenbraut. Beide Blumen sind als kräftige Gruppen in einer Rabatte nützlich, wenn ihre sorgfältig abgestuften Töne zu dunkleren Schattierungen von Rot überleiten.

Die scharlachroten Blüten von *Zauschneria californica* sind nahezu durchscheinend und werden durch silbrige Blätter bereichert. Grauer Beifuß, besonders die zinnfarbige *Artemisia* 'Powis Castle', die einen wohlgeformten Busch bildet, trennen und verbinden diese Farben zugleich, machen sie fast zu leuchtend, erhalten den Farben aber Reinheit und Brillanz. Jedes Rot, Orange oder hartes Gelb, das nahe an ein Meer aus grauem Blattwerk gepflanzt wird, ergibt ein eindrucksvolles Bild, doch sollte man daran denken, daß Grau reine, satte Farbtöne ganz besonders leuchtend macht und die Verwendung von gedämpften grauen Pflanzen deshalb die Farbeffekte verstärkt. Ähnlich tragen auch blockweise gesetzte weißblütige Pflanzen zum leuchtenden Gesamtbild bei, lassen dabei aber die Rot-, Orange- und sogar die Gelbtöne durch den Kontrast tief und glühend wirken.

Die cremefarbenen Federbüsche von *Aruncus dioicus* und der späterblühenden *Artemisia lactiflora* (mit grünem Blattwerk) können beruhigend wirken. Die fiedrigen Blütenwogen des Schleierkrauts und von *Clematis recta* haben nicht das kräftige Weiß von weißem Phlox, sondern verschmelzen im Auge und vermindern den blendenden Glanz. Im warmen Klima mit starker Sonne wirken diese leuchtenden Farbtöne bleicher, unter grauem Himmel aber werden sie fast schreiend grell, wenn auch mit dem Abendlicht das Leuchten gemildert wird.

Die leuchtenden Rot-, Orange- und Gelbtöne lassen sich gut vor einen Hintergrund aus gedämpften Komplementär- oder Kontrastfarben setzen. Leuchtend orange Blüten können Farbflecke in einem Meer aus blaßblauer Katzenminze bilden; scharlachrote Tulpen wirken wie Ausrufezeichen in einem Beet aus hellblauen Vergißmeinnicht, und violette Lavendelblüten vermögen ein Beet mit grell-gelben Rosen zu besänftigen. All das ist eine Frage des richtigen Gleichgewichtes. Wenn eine blasse und gedämpfte Farbe über eine relativ große Fläche verteilt ist und als Hintergrund dient, so daß die kräftigere und leuchtendere Farbe in einzelnen Flecken vor einem eher nüchternen Hintergrund ins Auge fällt, dann wird die normalerweise störende Wirkung so starker Kontraste von Farbton und Farbstärke aufgehoben. Eine andere Möglichkeit ist, bewußt paarweise leuchtende Komplementärfarben zu verwenden und damit kleine Bilder zu gestalten, die mit einem Blick erfaßt werden können, aber nicht Bestandteil eines ganzen Gartenthemas sind. Pflanzen Sie blaue und gelbe Frühlingsblumen in Gruppen zusammen, orange Lilien mit blauem Rittersporn, gelbe Königskerzen mit violetten Glockenblumen, blaue, spätblühende *Gentiana septemfida* unter zweijährige Nachtkerzen, die sich selbst aussäen, sowie Horste der prächtig blaublühenden *Aster × frikartii* 'Mönch' mit orange blühendem Mädchenauge.

Vielen Gärtnern sind große Flächen so stark verwandter Farben zu bunt und zu anstrengend. Dann kann man diese Farben in Paaren unterschiedlicher relativer Stärke verwenden. Ein leuchtendes grelles Orangegelb wirkt angenehm mit Magentarosa, obwohl es sich mit einem gelblichen Rosa beißen würde. Gelb wirkt gut mit dunklem Malvenrot, dagegen wirkt aber blasses, lichtes Purpur daneben gesetzt »schmutzig«. Scharlach-Zinnober paßt schlecht zu dunklem Gelb, aber Hellgelb läßt die leuchtende Farbe tiefer und kostbarer erscheinen.

Zu diesen kräftigen Farben passen Ziegelsteinmauern in warmem Orange, rötlichem Ton oder Ledergelb besser als der reinrote Backstein, und Gartenmöbel sollten in schlichten gedämpften oder dunklen Farben gehalten werden. Tongefäße müssen erst etwas verwittern und altern, damit sich im Garten nicht eine Flut von ungeordneten grellen Farben ansammelt.

Die Gestaltung mit ruhigen Farben und Strukturen sagt vielen zu, und es ist natürlich richtig, daß eine grüne und silbrig graue Fläche die friedlichste Stimmung hervorruft. Manche Gärtner schneiden sogar »unpassende« bunte Blüten ab, und verstärken dabei wahrscheinlich auch das glühende und satte Bild der Blattstrukturen. Leuchtende, heitere und warme Farben sind Ausdruck starker, leidenschaftlicher Gefühle und geben dem erlebnisfreudigen Gärtner die Möglichkeit zu experimentieren, gelegentlich eine überraschende Farbe zu verwenden und die Sinne etwas aus ihrer Behäbigkeit zu wecken.

**Planskizze**

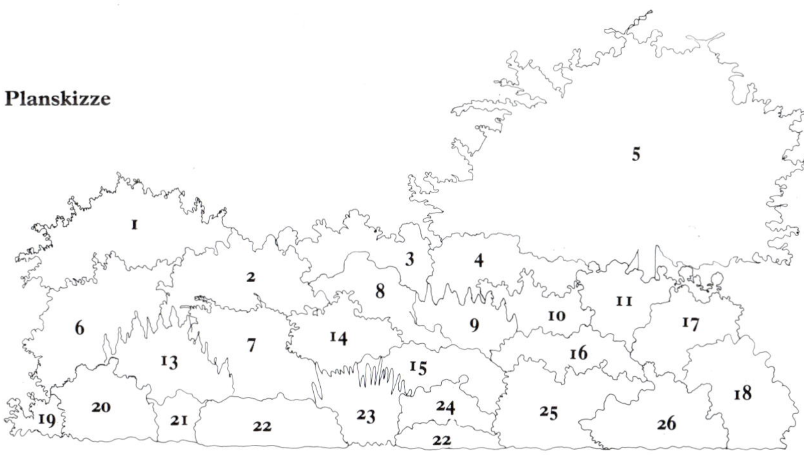


**Pflanzplan**
Die Ziffern in Klammern geben die Zahl der Pflanzen in der jeweiligen Gruppe an.

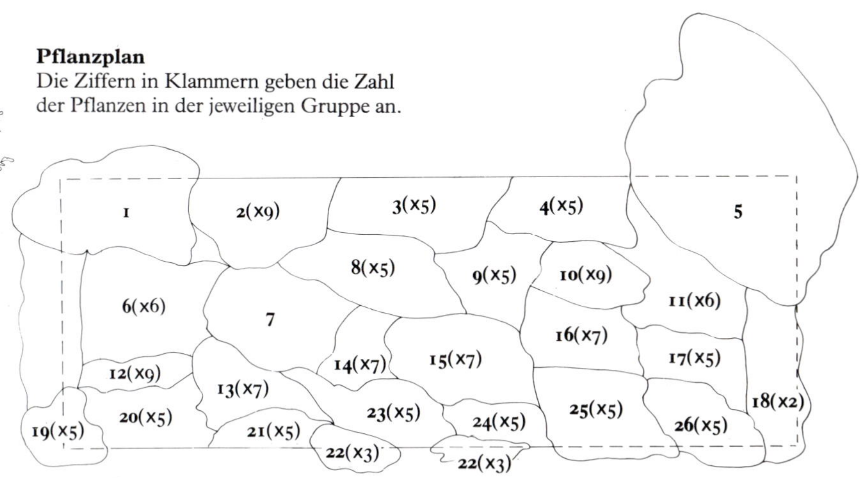


**Die lebhaften Farben der Spätsommer-Rabatte, die hier skizziert ist, zeigen, wie verwandte Pigmente harmonisch ineinanderfließen, wenn sich das Auge erst einmal auf sie eingestellt hat. Grellgelbe Blüten bilden Horste und verbinden weinrotes Laub mit scharlach- und karmesinroten Blüten und Früchten.**
**Die sorgfältig geplante Farbfolge entspricht einer natürlichen Ordnung der Hell-Dunkel-Werte und der Anordnung der Spektralfarben im Farbenkreis.**
**Die dunkel purpurnen Blätter der Berberitze enthalten blaues Pigment, das zusammen mit den karmesinroten Blüten den Farbbereich über das schmale Segment hinaus erweitert, das wir als »warm« bezeichnen. Links im Bild verleihen die grünlich grauen Blätter der Ölweide der Rabatte Festigkeit und lassen zugleich die Rottöne in der Nähe aufleuchten. Den Ausgleich dazu schafft am anderen Ende der Rabatte buschiges Kreuzkraut, das oft nur wegen seines grauen Blattwerks gezogen wird, hier aber auch mit seinen leuchtend orangegelben Blütensternen das Bild bereichert.**
**Eine solche Gestaltung sollte man zum Höhepunkt eines Ganges durch den Garten machen und Auge und Gemüt auf diese Überraschung vorbereiten, indem man zunächst durch einen friedlichen und schattenreichen grünen Bereich hindurch kommt, wie es auf der linken Seite angedeutet ist. Im Abendlicht, während die Sonnenstrahlen länger und zunächst rot, dann violett werden, verändern sich diese leuchtenden Töne, werden milder und satter, und macht die Rabatte einen eher nüchternen Eindruck.**

**Pflanzenschlüssel**
1 *Rosa moyesii*
2 *Phlox paniculata* 'Signal'
3 *Thalictrum speciosissimum*
4 *Ligularia dentata* 'Desdemona'
5 *Malus* 'John Downie'
6 *Elaeagnus macrophylla*
7 *Berberis thunbergii* 'Atropurpurea'
8 *Achillea filipendulina* 'Coronation Gold'
9 *Kniphofia rooperi*
10 *Lilium* 'Enchantment'
11 *Dahlia* 'Bishop of Llandaff'
12 *Lilium bulbiferum* ssp. *croceum*
13 *Lythrum salicaria*
14 *Lilium* 'Cinnabar'
15 *Lobelia cardinalis* 'Dark Crusader'
16 *Coreopsis verticillata*
17 *Helianthus salicifolius*
18 *Senecio* 'Sunshine'
19 *Bergenia purpurascens*
20 *Monarda didyma* 'Cambridge Scarlet'
21 *Potentilla* 'Gibson's Scarlet'
22 *Helianthemum nummularium* 'Beech Park Scarlet'
23 *Salvia fulgens*
24 *Anthemis sancti-johannis*
25 *Lobelia cardinalis*
26 *Rudbeckia hirta*

# FRÜHJAHR

*Rhododendron:* Azaleen der Knap-Hill-Hybriden-Gruppe

**Anemone,** Windröschen
In den Mittelmeerländern schimmern leuchtend rote Anemonen auf grünen Feldern. In weniger günstigen Klimagebieten muß man sie an einer warmen Mauer ziehen, wo eine Gruppe von ihnen einen frühen Farbfleck bildet.
*A.* × *fulgens* hat leuchtend scharlachrote Blumenblätter; die von *A.* × *fulgens* 'Annulata Grandiflora' sind scharlachrot und in der Mitte gelblich schwarz.
▷ Zwiebelstaude, 30 cm, volle Sonne, Winterhärtezonen 6 bis 9.

**Camellia**
Die meisten Kamelien sind sanft rosa, weiß oder karmesinrot, und die eher heftigen Scharlachtöne sind selten.
*C. japonica* 'James Allan' hat leuchtende, fast scharlachfarbene, unterschiedlich gestaltete, gefüllte oder halb-gefüllte (manchmal sogar einfache) Blüten und eine gute Wuchsform. Die scharlachrote, manchmal weiß gefleckte *C. japonica* 'Jupiter' ist kleiner und eignet sich zur gruppenweisen Pflanzung, stellt aber auch eine prachtvolle Topfpflanze dar (s. auch »Umrahmendes Blattwerk: Grün«).
▷ Hohe immergrüne Sträucher, Halbschatten oder Schatten, Winterhärtezonen 7 bis 9.

**Choenomeles,** Zierquitte
Unter den frühblühenden Formen von *C. speciosa* gibt es einige mit scharlach- und orangeroten Blumenblättern. *C. speciosa* 'Kermesina Semiplena' ist halb-gefüllt und scharlachfarben, 'Eximia' ist tief ziegelrot. Die Hybridensorten zu *C.* × *superba* bilden kompakte, hügelige Sträucher und sind nicht ganz so kräftig.
*C.* × *superba* 'Knap Hill Scarlet' ist leuchtend orangerot, und 'Fire Dance' blüht glühend scharlachrot. Durch ihren niederliegenden Wuchs eignet sich letztere als Einzelexemplar in einem Beet (s. auch »Rosa und zartes Violett: Frühjahr«).
▷ Hohe sommergrüne Sträucher, volle Sonne, Winterhärtezonen 6 bis 9.

*Fritillaria imperialis*

**Cheiranthus,** Goldlack
Von *C. cheiri* gibt es viele gute Sorten, aus denen man zum Pflanzen in Kübeln oder formlos im Frühbeet auswählen kann. *C. cheiri* 'Fire King' ist lebhaft orangerot, 'Orange Bedder' ist kleiner und tief orange. Man sät im Sommer aus und pflanzt im Herbst an den endgültigen Standort für die Blüte.
▷ Zweijährige, 20 bis 45 cm, volle Sonne, Winterhärtezonen 6 bis 9.
*C.* 'Harper Crewe', eine alte Goldlack-Sorte, ist eine Staude mit goldenen gefüllten Blüten, die sich etwa für trockene Ritzen in einer Steinmauer eignet. Man zieht sie aus Stecklingen und muß alle paar Jahre langgewachsene Pflanzen erneuern. Sie sollten neben die leuchtend gefärbten Zweijährigen gepflanzt werden oder mit der reinweißen gefüllten Gänsekresse *Arabis caucasica* 'Flore Pleno'. Man kann auch versuchen, diesen perennierenden Goldlack mit der scharlachroten Zwergtulpe *Tulipa praestans* 'Füsilier' zu verbinden (s. auch »Reines Gelb: Frühjahr«).
▷ Immergrüne Staude, 25 cm, volle Sonne, Winterhärtezonen 6 bis 9.

**Clianthus,** Ruhmesblume
*C. puniceus* ist ein kräftiger, aber frostempfindlicher Kletterstrauch, der abgestützt werden muß, wenn er mit seinen scharlachroten Trauben aus papageienschnabelähnlichen Blüten prunken soll. Die eleganten Fiederblätter sitzen an schlaffen Zweigen. Da er nicht besonders winterhart ist, eignet er sich gut als Treibhauspflanze, läßt sich manches Mal aber auch vor einer warmen, sonnigen Mauer erfolgreich ziehen.
▷ Halb-immergrüne Kletterpflanze, volle Sonne, Winterhärtezonen 8 bis 10.

**Fritillaria**
Die Kaiserkrone *Fritillaria imperialis* 'Aurora' ist tief, grell goldgelb, *F. imperialis* 'Orange Brilliant' bräunlich orange und 'Rubra Maxima' dunkel düsterrot. Man pflanzt diese kräftig gefärbten Blumen hinter bronze-scharlachroten Goldlack wegen der Farbverbindung oder hinter die treibenden Blätter einer Blattstaude, etwa Funkie oder Schaublatt, so daß die unschönen verblühten Kaiserkronen später von den Blättern verdeckt werden (s. auch »Reines Gelb: Frühjahr«).
▷ Zwiebelstaude, 90 cm, volle Sonne, Winterhärtezonen 7 bis 9.

**Narcissus,** Narzisse
Die Narzissen sehen am besten aus, wenn sie flächig in Gruppen einer Art und einer Farbe gezogen werden. Ich persönlich bevorzuge entschieden solche, bei denen Perigonblätter und Nebenkrone einen ähnlichen Farbton haben. Diese sind zweifellos am wertvollsten, um Farbwirkungen in Verbindung mit anderen Pflanzen zu erzielen. Viele Narzissen sind in einem blassen Hellgelb gefärbt. Zu den eher kräftig gefärbten, die sich für ein »warmes« Thema eignen, gehört die Trompetennarzisse *N.* 'Golden Harvest' mit tief gelben, leicht gedrehten Blumenblättern. *N.* 'Galway', mit großem Becher, ist ebenfalls tiefgelb, die Nebenkrone in der Mitte ist eine Spur heller als die außen liegenden Perigonblätter.
▷ Zwiebelstaude, 45 cm, volle Sonne, Winterhärtezonen 6 bis 9.

# *FRÜHSOMMER*

**Rhododendron**
*R. cinnabarinum* ist ein (vorwiegend) kompakter Strauch (s. auch »Umrahmendes Blattwerk: Grün«) mit reizvollen Blättern und hängenden glockenförmigen Blütenröhren, die bei der Art selber leuchtend orangegetönt zinnoberrot gefärbt sind. *R. thomsonii*, mit bläulichgrünen, kleinen Blättern, zeigt Doldentrauben aus becherförmigen Blüten in Karmesin- bis Scharlachrot. Es diente als Elternteil für viele schöne Hybriden, aus denen man nach der jeweiligen Farbe auswählen kann.
▷ Halbhohe immergrüne Sträucher, Halbschatten, Winterhärtezonen 7 bis 9.
Viele Formen der Azaleen, die sich von verschiedenen *Rhododendron*-Arten ableiten, haben leuchtend orange und scharlachrote Blütenfarben. Am besten sieht man sich um, welche gerade zu bekommen sind, und plant sorgfältig die Farbenfolge während der Frühlingswochen. Die zwerghafte, immergrüne Kurume-Hybride liebt tiefen Waldboden und zaubert juwelengleiche Muster auf Waldlichtungen (s. auch »Rosa und zartes Violett: Frühjahr«).
▷ Niedrige immergrüne oder sommergrüne Sträucher, Halbschatten, Winterhärtezonen 6 bis 8.

**Tulipa**
Die Tulpe bietet die Möglichkeit, dramatische Effekte zu erzielen. Pflanzen Sie Tulpen mit gemischten Flammenfarben und Rottönen auf den Blütenblättern im Frühjahrs- und Frühsommer-Garten. Doch setzen Sie diese Farben sparsam ein, weil sie das Auge anziehen und beherrschen. Nester mit diesen Farben sollten auf einem Gartenspaziergang zu entdecken sein, doch sollte der Besucher nicht von solchen »schreienden« Farben über einen ruhigen Rasen hinweg angesprochen werden. In der Stadt allerdings müssen etwas andere Forderungen erfüllt werden: Da die Leute sich nur nach einem kurzen Besuch in einem Park sehnen, wirken leuchtende Flecken dieser augenfälligen Farben in weiträumiger Umgebung belebend, nicht ermüdend.
*T. greigii* 'Red Riding Hood' hat scharlachrote Blüten, die auf 23 bis 30 cm langen Stielen die marmorierten und gestreiften graugrünen Blätter überragen. Sie blüht sehr früh, gleichzeitig mit oder kurz vor der scharlachfarbenen *T. praestans.*
*T. praestans* 'Füsilier' hat leuchtend orangegetönte scharlachrote Blüten, die zu vieren bis sechsen auf einem 25 cm langen Stiel sitzen. Man pflanze sie in einen Steingartenteil zur Ergänzung der lebhaft farbigen Zwergazaleen.
*T. kaufmanniana* 'Winner' hat Blütenblätter, die außen kardinalsrot, innen scharlachrot und am Grunde gelb sind; sie wird 22 cm hoch. Die Blüte liegt ausgesprochen früh. Die Tulpe hat auch reizvoll gefleckte Blätter.
*T. fosteriana* 'Madame Lefeber' (syn. *T. fosteriana* 'Red Emperor') ist leuchtend scharlachrot, sehr großblütig und 38 cm lang. Sie ist kaum zu überbieten mit ihrer plump-direkten, fast vulgären Wirkung durch Farbe wie Größe, kann aber in einer sorgfältig geplanten rot-orangen Anlage einen kühnen und aufregenden Beitrag leisten. Die ähnlich hohe 'Orange Emperor' hat orange, innen gelbe Blumenblätter (s. auch »Reines Gelb: Frühjahr«).
▷ Zwiebelstauden, volle Sonne, Winterhärtezonen 5 bis 9.

**Alyssum,** Steinkraut
Von dieser Pflanze gibt es gute Gartenformen, die als Einjährige, Stauden oder Halbsträucher gezogen werden, einige (meist einjährige) mit weißen Blüten, die meisten aber mit hell- oder dunkelgelben Blüten. *A. saxatile* (manchmal *Aurinia saxatilis* genannt), das Felsensteinkraut, trägt Doldentrauben aus grellgelben Blüten über reizvollen graugrünen Blättern. Es eignet sich gut für Einfassungen (s. auch »Reines Gelb: Frühsommer«).
▷ Immergrüne strauchige Staude, volle Sonne, Winterhärtezonen 6 bis 9.

**Embothrium**
*E. coccineum* braucht einen gut dränierten, kalkfreien Boden, den man durch jährliches Mulchen anreichern kann. Der Strauch wird in klimabegünstigten Gärten in eine geschützte Waldecke gepflanzt, wo er beinahe immer grün bleibt. Die leuchtend scharlachorangen Blütentrauben entstehen bei den besten Sorten überreichlich. Der Gesamteindruck ist lebhaft und eindrucksvoll leuchtend. Die Art selber, mit aufrechtem Wuchs, breitet sich stark aus, wenn die Bedingungen zusagen.
*E. coccineum* var. *lanceolatum* aber bildet einen anmutigen schlanken (fastigiaten) Strauch mit lang aufragenden Zweigen. *E. coccineum* var. *lanceolatum* 'Norquinco Valley' blüht besonders reich und ist am winterhärtesten. Der Strauch, dessen Blüten vor dem komplementären grünen Laub aufglühen, muß besonders sorgfältig gewählte Nachbarpflanzen bekommen, um gut wirken zu können – Rhododendren mit zart violettem oder rosa Farbton in den Blüten sollte man keinesfalls in die Nähe pflanzen. Stattdessen kann man die scharlachrot blühende Rhododendron-Hybride 'Adder' oder rein weiße Formen beigesellen.
▷ Hoher halb-immergrüner Strauch, Halbschatten, Winterhärtezonen 8 bis 10.

**Euphorbia,** Wolfsmilch
*E. griffithii* 'Fireglow' hat tomatenrote Blütenstände und Blätter, die rot und orange geädert sind. Mit blassen Gelbtönen zusammen sieht sie sehr schön aus. Sie verbreitet sich rasch durch Wurzelausläufer. Man kann sie neben *Embothrium coccineum* pflanzen, wenn der Boden sauer ist, oder bei neutralem Boden in die Nähe des blassen, wohlriechenden *Rhododendron luteum* (der früheren *Azalea pontica*) oder zusammen mit der mandarinenähnlich blühenden *Potentilla fruticosa* 'Tangerine', wenn alkalische Bedingungen vorliegen. Die bronze- bis orangegetönten Blätter können eine »warme« Rabatte während der ganzen Saison steigern (s. auch »Umrahmendes Blattwerk: Silber und Grau«).
▷ Sommergrüne Staude, 90 cm, Halbschatten oder Schatten, Winterhärtezonen 6 bis 9.

**Genista,** Ginster
*G. lydia* hat schlanke, hängende Zweige, die während der ersten Sommerwochen von intensiv gelben »Erbsen«blüten eingehüllt sind. Da der Strauch selten höher als 90 cm wird, aber sich doppelt so weit seitlich ausbreitet, kann er selbst in einem Garten bescheidener Größe seinen Platz finden.
▷ Sommergrüner Zwergstrauch, volle Sonne, Winterhärtezonen 7 bis 9.

**Kniphofia,** Fackellilie, Tritome
Fackellilien sind in der Farbe variabel. Einige haben orange und gelbe Blüten, oft mit scharlachroten Spitzen, andere sind einfarbig schlicht blaßgelb. Es gibt Arten und Hybriden mit unterschiedlichen Blütezeiten vom frühen Sommer an bis in den Herbst. Viele haben gut aufgebaute Blätter in yucca-ähnlicher Qualität. Aus zahllosen Kreuzungen entstanden etliche gute Sorten.
*K.* 'Atlanta' bringt sehr frühzeitig orangerote »Flaschenbürsten« hervor. Schneidet man die abgeblühten Trauben ab, wachsen im Spätsommer weitere Blüten heran.
▷ Immergrüne Staude, 1,20 m, volle Sonne, Winterhärtezonen 7 bis 9.

**Paeonia,** Pfingstrose
*P. peregrina* (syn. *P. lobata*) hat glänzende Blätter und einfache Blüten in heftigem Scharlachrot, die sich aus einer kugelförmigen Knospe öffnen. Die Sorte *P. peregrina* 'Sunshine' ist eher lachsfarben im Ton, mit einem orangen Schimmer – höchst begehrenswert. Man pflanzt sie mit bronze- und purpurblättrigen Pflanzen oder mit dunkelrot und rosa gefärbtem Türkenmohn zusammen (s. auch »Umrahmendes Blattwerk: Grün«).
▷ Sommergrüne Staude, 60 cm, volle Sonne, Winterhärtezonen 7 bis 9.

*Euphorbia griffithii* 'Fireglow'

*Papaver orientale*

**Papaver,** Mohn
*P. orientale*, der Türkenmohn, hat flache, transparente, papierartige Blüten in erregenden Farben: Rosa, Weiß mit einem schwarzen Auge, leuchtendem Scharlachrot und sattem glühenden Dunkelrot. Die Blätter sind im zeitigen Frühjahr reizvoll – gräulich und behaart –, doch nach der Blüte sehen sie meistens unschön aus. Richten Sie Ihre farblich abgestimmte Pflanzung so ein, daß später blühende Stauden dann die Mohnblätter und -stengel verdecken. Frau Jekyll setzte zu diesem Zweck die Staudenwicke *Lathyrus latifolius* 'Albus', gelbblütige Sonnenbrautpflanzen oder wolkige Schleierkrautblüten ein. Es lohnt sich, diese Schwierigkeit auf sich zu nehmen, da die Mohnblüten zu ihrer Zeit wirklich prunkvoll aussehen. Pflanzen Sie beispielsweise *P. orientale* 'Marcus Perry', das in sattem Rot blüht, oder versuchen Sie es mit einem »wärmeren« lachsroten Ton, etwa 'Salmon Glow'. 'May Queen' ist gefüllt und orange zinnoberrot. Bei allen diesen Pflanzen lohnt es sich, danach zu suchen. Sie haben ihren Platz als Frühblüher in einer Rabatte mit warmen, leuchtenden Sommerfarben.
▷ Sommergrüne Staude, 75 bis 90 cm, volle Sonne, Winterhärtezonen 6 bis 9.

**Potentilla,** Fingerkraut
Die Sorten von *P. fruticosa* liegen mit ihrer Blütezeit früher als die meisten Stauden. *P. fruticosa* 'Tangerine' hat leuchtend kupferhaft orange Blüten, die vielleicht zwischen den frischgrünen Blättern etwas unauffällig sind; doch es lohnt sich, sie in eine passende farblich abgestimmte Pflanzung einzuordnen, wo der regelmäßige Hügelwuchs den Pflanzen mit freierem Wachstum das richtige Maß Formstrenge gibt. Man kann das Fingerkraut in die Nähe der scharlachblütigen *Salvia fulgens* setzen, wegen des Bildes später in der Saison (s. auch »Umrahmendes Blattwerk: Silber und Grau«).
▷ Niedriger sommergrüner Strauch, volle Sonne oder Halbschatten, Winterhärtezonen 6 bis 9.

**Primula,** Primel
Unter den Etagenprimeln hat die Züchtung *P.* 'Red Hugh' hervorragende lebhaft orangerote Blüten. Sie säen sich mehr oder weniger farbgetreu aus. Betrachtet man eine dermaßen leuchtende Farbe auf der Farbenkarte, sieht sie hart und beinahe schmirgelpapierartig aus, doch wenn man sie wohlüberlegt mit nahe verwandten leuchtenden Orange- und Rottönen zusammen einsetzt, schafft sie eine wichtige Verbindung zwischen diesen beiden Farbgruppen. Reservieren Sie eine abgelegene Gartenfläche, vielleicht im Schatten, wo die Farben trüber werden, für dieses Gartenthema und bereiten Sie das Auge darauf vor, indem Sie eine ruhige Annäherung durch nüchternes Grün hindurch einplanen.
▷ Sommergrüne Staude, 60 bis 90 cm, volle Sonne oder Halbschatten, Winterhärtezonen 6 bis 9.

**Rhododendron,** Alpenrose
*R. haematodes* bildet einen kompakten Busch und verlängert die Blühsaison im waldartigen Bereich, da es später blüht als viele andere in der Gattung. Seine glockenförmigen, brillant scharlach- bis karmesinroten Blüten fallen stark ins Auge, und man muß seinen Platz zusammen mit Frühsommerfarben

sorgfältig wählen. Vielleicht sollte man dem Busch einen Standort geben, an dem er für sich blüht, im Schatten, zwischen Grün in einem Garten oder Gartenteil mit dem Charakter einer Waldlichtung (s. auch »Rosa und zartes Violett: Frühjahr«).
▷ Niedriger immergrüner Strauch, Halbschatten oder Schatten, Winterhärtezonen 6 bis 8.

**Rosa,** Rose
*R. chinensis* 'Mutabilis' hat merkwürdige Blüten. Die Blütenblätter ändern sich von Flammenfarben bis Ledergelb, Rosa und Kupferrot. Sie sollte als Einzelereignis eingesetzt werden, nicht als Bestandteil eines Farbthemas. Die Blätter sind reizvoll bronzegetönt. Die Rose kann hoch wachsen, wirkt aber sehr gut, wenn man sie einmal im Jahr zu einer dichten Form schneidet.
▷ Halbhoher bis hoher sommergrüner Strauch, volle Sonne, Winterhärtezonen 5 bis 9.
*R. foetida*, die Fuchsrose, hat überhängende Zweige mit Blüten in leuchtendem, reinen Gelb. Die Sorte *R. foetida* 'Bicolor' hat innen flammenrote Blumenblätter, die außen orangegelb sind. Es ist eine der lebhaftesten Blütenfarben zu dieser frühen Zeit. Sie kann besonders eindrucksvoll wirken, wenn sie hinter lose verteilten spätblühenden scharlachroten Tulpen hervorleuchtet.
▷ Halbhoher sommergrüner Strauch, volle Sonne, Winterhärtezonen 6 bis 9.
*R.* 'Maigold' hat halb-gefüllte, bronzegelbe, flache Blüten, die duften und über lange Zeit blühen, selbst bei durchgehend heißer Sonne, wenn die anderen Rosen rasch verblühen. Sie blüht nur einmal, ist aber sehr prunkvoll.
▷ Sommergrün, Kletterpflanze oder hoher Strauch, volle Sonne, Winterhärtezonen 5 bis 9.
*R. moyesii*, eine eigene Art, Elternteil für viele gute Abkömmlinge, mit aufrechtem Wuchs, sehr stacheligen Zweigen und farnähnlichen Blättern, hat scharlachrote einfache Blüten. Später trägt sie karmesinrote Früchte, die wie eine bauchige Flasche geformt sind.
▷ Hoher sommergrüner Strauch, volle Sonne, Winterhärtezonen 6 bis 9.
*R.* 'Scarlet Fire' ist eine Gallica-Rose, die aber gar nicht die entsprechende Wuchsform hat. Sie bringt lange gebogene Ruten hervor, an denen einfache Blüten in einem leuchtenden, schreienden Scharlachrot sitzen. Man kann sie zwischen Sträuchern mit purpurnen Blättern wachsen lassen.
▷ Hoher sommergrüner Strauch, volle Sonne, Winterhärtezonen 6 bis 9.
*R.* 'Frensham' ist eine Floribunda-Buschrose, die zu Mehltau neigt; wenn sie immer wieder mit den entsprechenden Mitteln übersprüht wird, steuert sie satt karmesin- bis scharlachrote, samtige Blüten bei, die sich von dem glänzenden Laub abheben. Sie blüht vielfach, wenn man regelmäßig abgeblühte Teile entfernt. Es sei empfohlen, sie in der Nähe von leuchtendem Rot zu ziehen oder mit den heftig gelben Blüten von *Achillea* 'Coronation Gold' zu verbinden. Auch dunkelblaue und purpurne Blüten bilden mit ihr zusammen einen schönen Akzent. Man muß aber bei tiefen Schattierungen bleiben – Pastellfarben bewirken, daß die Rose grell aussieht.
▷ Halbhoher sommergrüner Strauch, volle Sonne, Winterhärtezonen 5 bis 9.
*R.* 'Paul Crampel', eine Buschrose, die früher den Polyantha-Rosen zugeordnet wurde, hat leuchtend orange bis scharlachrote gefüllte Blüten und ist kräftig genug, um als Bestandteil einer Mischrabatte mit leuchtenden, warmen Farben verwendet zu werden.
▷ Niedriger sommergrüner Strauch, volle Sonne, Winterhärtezonen 5 bis 9.
*R.* 'Danse du Feu' ist eine große Kletterpflanze mit gefüllten Blüten. Sie sind zunächst leuchtend scharlachrot und verändern sich dann zu einem trüberen, abgedunkelten Purpurton. Die Rose hat glänzende Blätter und blüht im Spätsommer ein zweites Mal.
▷ Sommergrüne Kletterpflanze, volle Sonne, Winterhärtezonen 6 bis 9.
*R.* 'Longleat' ist eine kräftige Zwergrose mit flammenfarbenen Blüten. Man pflanzt sie in Kübel oder auf ein erhöhtes Beet (s. auch »Rosa und zartes Violett: Frühsommer«).
▷ Sommergrüner Strauch, 30 cm, volle Sonne, Winterhärtezonen 5 bis 9.

**Tulipa,** Tulpe
Die größeren und später blühenden Tulpen zeigen ein sehr breites Farbspektrum. Unter den meisten Typen finden sich tiefgelbe und scharlachrote Blüten, aber sie sehen, je größer sie sind, zunehmend grell aus. Am besten eignen sie sich für weiträumige

*Rosa foetida* 'Bicolor'

Anlagen in Parks, im Garten sind sie nur schwer in eine harmonische Ordnung einzufügen.
*T.* 'Orange Favourite' ist eine sehr stark leuchtende orange bis scharlachrote Papageientulpe mit dunkelrosa überhauchten Blumenblättern. Die lilienblütige *T.* 'Queen of Sheba' hat bräunlichrote Blüten mit breiten Rändern in leuchtendem Gelb (s. auch »Reines Gelb: Frühjahr«).
▷ Zwiebelstauden, 60 cm, volle Sonne, Winterhärtezonen 5 bis 9.

*Potentilla fruticosa* 'Tangerine'

# SOMMER

**Achillea,** Garbe
*A. filipendulina* 'Gold Plate' hat grüne, fiedrige Blätter, über die sich flache Blütenstände erheben und zu einem ausgewogenen Bild zusammenfügen. Die winzigen astern-artigen Blüten sind leuchtend gelb. *A. filipendulina* 'Coronation Gold' ist sehr ähnlich, hat aber grauere Blätter und kürzere Blütenstiele. Beide sehen mit malvenhaft violetten Tönen zusammen sehr schön aus, sie eignen sich auch, um verwandte rote und orange Blütenfarben zu steigern. Man kann sie etwa neben die scharlachrote *Potentilla* 'Gibson's Scarlet' oder die bronzeblättrige *Dahlia* 'Bishop of Llandaff' setzen.
▷ Sommergrüne Staude, 1 bis 1,20 m, volle Sonne, Winterhärtezonen 5 bis 9.

**Alstroemeria,** Inkalilie
*A. aurantiaca* hat Blüten in variablen hell- und dunkelorangen Farbtönen. Da sie sehr ausbreitungsfreudig ist, muß man ihren Platz sorgfältig auswählen, aber wegen ihres Farbbereichs ist sie unverzichtbar. *A. aurantiaca* 'Dover Orange' ist tief und satt gefärbt; sie wirkt eindrucksvoll mit warmen Scharlachrottönen, aber auch mit blassem Rosa (s. auch »Rosa und zartes Violett: Frühsommer«).
▷ Sommergrüne Staude, 90 cm, volle Sonne, Winterhärtezonen 7 bis 9.

**Anthemis,** Hundskamille
*A. sancti-johannis* hat satt orangefarbene »Astern«-blüten, eine vollkommene reine Farbe, wie sie in den Gärten selten ist. Am besten sucht man nach der Art selbst und sieht von Hybriden ab. Gleich nach der Blüte muß die Pflanze zurückgeschnitten werden. In trockenen Sommern muß man sie gut wässern.
▷ Sommergrüne Staude, 60 cm, volle Sonne, Winterhärtezonen 6 bis 9.

*Calendula officinalis* 'Geisha Girl'

*A. tinctoria* 'Grallagh Gold' zeigt ein kräftiges Gelb. Die petersilien-ähnlichen grünen Blätter bilden fiedrige Hügel, die von den Stielen mit den umgekehrten gelben asternähnlichen Blüten überragt werden.
▷ Sommergrüne Staude, 60 bis 90 cm, volle Sonne, Winterhärtezonen 6 bis 9.

**Astilbe**
Unter dem Namen *A.* × *arendsii* faßt man eine Gruppe aus vielen Hybriden zusammen, unter denen sich Blüten mit lebhaft scharlachroter Farbe finden. Zu den besten zählt *A.* × *arendsii* 'Red Sentinel', mit tief karmesin- bis scharlachroten Blüten über Blättern, die im Frühjahr mahagonirot getönt sind. Die Pflanze muß in feuchtem Boden gezogen werden. Sie blüht früh, zu ähnlicher Zeit wie die blaß schwefelgelbe *Alchemilla mollis*, und sieht zusammen mit grünen Funkienblättern prächtig aus (s. auch »Rosa und zartes Violett: Sommer«).
▷ Sommergrüne Staude, 75 bis 90 cm, volle Sonne oder Halbschatten, Winterhärtezonen 7 bis 9.

*Alstroemeria aurantiaca*

**Calceolaria,** Pantoffelblume
Die Pantoffelblumen haben merkwürdige beutel- oder pantoffelartig geformte Blüten in Gelb, oft braun und orange gezeichnet. Viele Sorten wurden entwickelt, um sie in Treibhäusern als Topfpflanzen heranzuziehen, und diese haben im allgemeinen die prächtigeren Blüten mit Schattierungen in Gelb, Orange und Rot, karmesinrot gesprenkelt und gefleckt. Am besten sucht man nach Sorten von *C.* × *herbeohybrida* oder $F_1$-Sämlingen zu der schlichten leuchtend gelben *C. integrifolia* (s. »Reines Gelb: Spätsommer«). Beide Formen lassen sich als Treibhaus-Topfpflanzen wie auch als einjährige Beetpflanzen ziehen.
▷ Strauchartige Staude, 45 cm, volle Sonne, Winterhärtezonen 8 bis 10.

**Calendula,** Ringelblume
*C. officinalis*, die Gartenringelblume, hat asternartige Blüten in hell- bis dunkelgelben, orangen und zartrosa Schattierungen. Die kurzlebige Staude, die als Einjährige gezogen wird, sät man im Herbst vorher aus – vielleicht zum Schutz unter Glas –, wenn man eine frühe Blüte erzielen will. Sie gedeihen im dürftigsten Boden, und da sie anspruchslos sind, können Gruppen von ihnen herrliche Farbflecken am Vorderrand von Rabatten oder in trockenen Winkeln bilden. *C. officinalis* 'Geisha Girl' ist rötlich orange, und 'Orange King' tief orange. Ziehen Sie diese mit blaßgelb blühenden Nachbarn zusammen oder mit scharlachroten Rosen, um das Bild des Sonnenuntergangs hervorzurufen.
▷ Einjährige, 30 cm, volle Sonne, Winterhärtezonen 5 bis 9.

**Cestrum,** Hammerstrauch
*C. aurantiacum* hat lange Röhrenblüten in tiefem Orangegelb. Da der Strauch nicht besonders winterfest ist, gedeiht er am besten in einem Wintergarten oder in einem Gefäß bei voller Sonne. Am besten bringt man ihn in die Nähe von orangen Lilien und leuchtend blauen *Salvia patens*. Die weichen, behaarten bronzegetönten Blätter lassen die Pflanze auch außerhalb der Blüte attraktiv erscheinen, aber in einem kalten Winter kann sie bis auf den Boden zurückfrieren.
▷ Halbhoher halb-immergrüner Mauerstrauch, volle Sonne, Winterhärtezonen 9 bis 10.

**Desfontainia**
*D. spinosa* ist ein winterempfindlicher, langsam wachsender Strauch für geschützte waldähnliche Gartenbereiche und tiefen, sauren Lehmboden. Die Blätter sind klein und ähnlich bedornt wie bei der Stechpalme. Die Röhrenblüten sind scharlachrot mit gelbem Schlund. Eine seltene Sorte, *D. spinosa* 'Harold Comber', hat zinnober- bis scharlachrote Blüten, die länger sind als bei der Art selbst.
▷ Halbhoher immergrüner Strauch, Halbschatten, Winterhärtezonen 8 bis 10.

**Eccremocarpus**
*E. scaber*, die Schönranke, ist zwar nicht zuverlässig winterhart, sät sich aber reichlich selber aus. So braucht man wenig auf die Pflanze achtzugeben, die in einer Saison 3 m erreichen kann. Als Kletterpflanze rankt sie gerne durch einen Mauerstrauch, ihre röhrenförmigen orange- bis scharlachroten Blüten sehen zwischen dunkelgrün beblätterten Pflanzen eindrucksvoll aus. Man kann sie nicht gut mit rosa- und malvenfarbenen Blüten verbinden, aber mit scharlach- und karmesinroten Kletterrosen zusammen kann sie satt und lebhaft wirken. Die karmesinroten Abkömmlinge sind erwünscht, sie lassen sich leichter mit den anderen blau pigmentierten Rottönen zusammen einsetzen. Erstaunlicherweise lassen sie sich gewöhnlich farbecht aus dem Samen ziehen.
▷ Immergrüne halb-krautige Kletterpflanze, volle Sonne, Winterhärtezonen 8 bis 10.

**Eschscholzia,** Goldmohn
Die Sorten von *E. californica*, die gewöhnlich als bunte Einjährige gezogen werden, haben papierne, durchsichtige mohnartige Blüten in orangen und gelben Farben. Man pflanzt am besten ein ganzes Beet in gemischten Gelb- und Orangetönen. Im zeitigen Frühjahr wird in den Boden gesät; ausgedünnt wird je nach Bedarf. Die Erde sollte mager sein, sonst wird der Wuchs locker und üppig.
▷ Einjährige, 20 bis 40 cm, volle Sonne, Winterhärtezonen 6 bis 9.

**Fremontodendron**
Die blumenblattlosen Blüten mit augenfälligen leuchtend gelben Kelchblättern schmücken den Strauch über sehr lange Zeit. Eine Pflanze des frostempfindlichen *F. californicum*, gut gepflegt vor einer warmen, besonnten Mauer, sieht wirklich eindrucksvoll aus. Man kann das weißblütige *Solanum jasminoides* daneben pflanzen oder gar das zähere bläulich malvenfarbene, kartoffelähnlich blühende *Solanum crispum* – aber rosa und malvenrot blühende Rosen sollten besser weit entfernt bleiben. Auch Säckelblume und das violettblaue *Abutilon* × *suntense* sind günstige, komplementärfarbene Begleitpflanzen, wobei *Fremontodendron* durch seine lange Blütezeit der beherrschende Partner in einer gelb-blauen Anlage ist.
▷ Immergrüner Mauerstrauch, volle Sonne, Winterhärtezonen 8 bis 10.

**Gazania**
Die Mittagsgoldpflanzen sind winterempfindlich und werden gewöhnlich als Einjährige gezogen; die Ableger müssen jedes Jahr zum Sommerende abgenommen werden. Die asternartigen Blüten, die sich am Abend schließen, sind hauptsächlich orange, haben aber in der Mitte ein Band mit brauner und sogar zartrosa Schattierung. *G.* 'Bridget' ist orangegelb mit einem kastanienfarbenen Band. 'Silver Beauty' hat kräftig graue, fast weiße Blätter und gelborange, in der Mitte schwarze Blüten. Man zieht sie als Farbgruppe vorne in einer Rabatte oder in Töpfen an einer Stelle, wo Blätter wie Blüten deutlich sichtbar sind.
▷ Immergrüne Staude, 23 cm, volle Sonne, Winterhärtezonen 8 bis 10.

*Eschscholzia californica*

**Genista,** Ginster
*G. cinerea* hat gebogene Zweige, die in der entsprechenden Zeit mit duftenden, leuchtend gelben »Erbsen«blüten bedeckt sind. Mit seiner sehr kräftigen, ins Auge fallenden Farbe kann man den Busch zu einem begrenzten Farbthema aus Orange- und Rottönen in Bezug setzen, oder man setzt ihn als einzelnen Blickfang zwischen grünen Blättern ein.
▷ Hoher sommergrüner Strauch, volle Sonne, Winterhärtezonen 7 bis 9.

**Geum,** Nelkenwurz
Von *G. chiloense* wird im Garten gewöhnlich nicht die Art selbst, sondern eine Sorte gezogen. Die nützlichen Staudenrabatten-Pflanzen haben gelbe und rote schalenförmige Blüten über grünen Fiederblättern. *G. chiloense* 'Lady Stratheden' blüht warmgelb, 'Mrs. Bradshaw' flammend ziegelrot. Sie sollten in größeren Gruppen vorne in einer Rabatte gepflanzt werden. Kupferfarbene Blätter, wie etwa bei *Crocosmia* × *crocosmiiflora* 'Solfatare' können den richtigen Kontrast bieten.
▷ Sommergrüne Staude, 60 cm, volle Sonne, Winterhärtezonen 6 bis 9.

**Helianthemum,** Sonnenröschen
Die Sonnenröschen, die ihre Blüten mit der Sonne öffnen, haben ein breites Farbspektrum, das gleichermaßen wirkungsvoll ist – ob man sie füllig in einem Farbton pflanzt oder so wie sie aus Tüten mit Samenmischungen kommen. Die kräftigen, warmen Farben sind bei den Sorten gut vertreten. *H. nummularium* 'Ben Heckla' ist tief orange bronzefarben, *H. nummularium* 'Beech Park Scarlet' lebhaft karmesin- bis scharlachrot. Eine populäre gefüllte rote Sorte ist 'Mrs. C.W. Earle' (syn. 'Fireball'); 'Red Orient' ist einfach und scharlachrot. Die Blätter sind das ganze Jahr hindurch vorne in einer Rabatte wertvoll, doch soll die Farbenpracht schön zur Geltung kommen, ist ein offener Standort nötig. Die Blüten bleiben geschlossen, wenn sie keine volle Sonne bekommen.
▷ Immergrüner Zwergstrauch, volle Sonne, Winterhärtezonen 7 bis 9.

*Geum chiloense* 'Mrs. Bradshaw'

**Hemerocallis,** Taglilie
Die alte, beliebte *H. fulva* 'Kwanso Florepleno' (syn. *H. disticha* 'Flore Pleno'), mit reichlich duftenden, gefüllten orangen bis ledergelben Blüten und wucherndem Wurzelsystem, ist wirklich begehrenswert. Die treibenden Blätter im Frühjahr können so leuchtend sein wie eine Blütenfarbe. *H.* 'Cartwheels' zeigt ein kühneres, leuchtenderes Orange als *H. fulva*. Es gibt mehrere moderne Hybriden, die den Listen nach orange oder goldene Blüten haben, doch die Farbbeschreibungen können die große Vielfalt an Farbtönen überhaupt nicht wiedergeben. Am besten sieht man sich blühende Exemplare an, bevor man wählt.
▷ Sommergrüne Staude, 60 bis 120 cm, volle Sonne oder Schatten, Winterhärtezonen 6 bis 9.

*Helianthemum nummularium* 'Ben Heckla'

**Impatiens,** Springkraut, Balsamine
*I. walleriana*, das Fleißige Lieschen, im allgemeinen als reichblütige Zimmerpflanze gezogen und sehr leicht zu pflegen, hat fünfblättrige leuchtend scharlachrote Blüten. Einige von den kleinen Beet-Sorten sind wertvoll, sie liefern leuchtende Farbflecken in einer sonnigen Rabatte und blühen während der ganzen Gartensaison. Wählen Sie die geeignete Farbe in einem Gartencenter aus oder versuchen Sie ungemischten Samen zu bekommen.
▷ Staude oder Einjährige, 20 bis 60 cm, volle Sonne, Winterhärtezonen 8 bis 9.

**Kniphofia,** Fackellilie, Tritome
Aus den benannten Hybriden kann man einige für ein »warmes« Thema aussuchen. Die Zwergformen sind für einen kleinen Garten angemessen. Es ist wahrscheinlich am besten, wenn man sich Sorten, wie sie gerade angeboten werden, aus einer guten Gärtnerei besorgt.
Die im Sommer leuchtend scharlachrot blühende *K. uvaria* var. *nobilis* (syn. *K. praecox*) hat sehr lange leuchtende Blütentrauben und setzt ihre Blüte bis in den Spätsommer fort. *K. rooperi* (syn. *K. uvaria*) 'C.M. Prichard' hat ebenfalls eine lange Blütezeit bis in den Herbst. Die großen orangefarbenen Trauben erheben sich über schlaffe grüne Blätter.
▷ Sommergrüne Stauden, 1,20 bis 1,80 m, volle Sonne, Winterhärtezonen 7 bis 9.

**Ligularia**
Die krautigen Pflanzen mit asternähnlichen Blüten (manchmal in die Gattung *Senecio* eingeordnet) sind nützliche Stauden in feuchtem Boden. *L. dentata* (syn. *Senecio clivorum*) 'Desdemona' und 'Othello' haben große, tief orangefarbene Asternblüten auf verzweigten Stielen über metallisch grünen Blättern mit mahagonifarbener Rückseite. Sie sollten mit ruhigen grün- oder graublättrigen Funkien zusammen gepflanzt werden.
▷ Sommergrüne Staude, 1,20 m, volle Sonne oder Halbschatten, Winterhärtezonen 6 bis 9.

**Lilium,** Lilie
*L.* 'Enchantment', eine asiatische Lilie der Mid-Century-Gruppe, hat aufrechte Blüten in Orange mit braunen Sprenkeln; sie ist kräftig, leicht zu pflegen und zuverlässig. 'Cinnabar', eine andere Lilie der Mid-Century-Gruppe, ist stärker rot gefärbt, sehr lebhaft und ergibt, in größeren Gruppen gepflanzt, eine prächtige Farbwirkung an hervorgehobener Stelle in einer Rabatte.
*L. hansonii* hat bis 1,5 m hohe Stengel mit jeweils etwa einem Dutzend orangegelber Blüten, die auffällig braun gefleckt sind.
*L. bulbiferum* ssp. *croceum* blüht etwa um dieselbe Zeit wie der blaue Rittersporn. Die Kombination empfahl Gertrude Jekyll – Blau und Orange wirken nebeneinander in einer Rabatte glühend und intensiv. Dies könnte man zur Grundlage einer ganzen Anlage machen, indem man verschiedene Pflanzen zu ihrer Blütezeit einsetzt: Blau- und Orangeschattierungen blockweise oder locker verteilt als durchgehendes Kontrastbild.
▷ Zwiebelstauden, 1 bis 1,50 m, volle Sonne oder Schatten, Winterhärtezonen 6 bis 9.

*Lilium* 'Enchantment'

**Lonicera,** Heckenkirsche, Geißblatt
*L.* × *brownii* 'Fuchsioides' ist immer ein Blickfang. Die langen orangegetönt scharlachroten Trompetenblüten glühen lebhaft aus der Ferne. Ich persönlich lasse dieses Geißblatt am liebsten isoliert zwischen dunkelgrünen Blättern, nur lasse ich vielleicht im weiteren Jahreslauf die kräftigere Trompetenblume *Campsis radicans* mit orangen, ebenfalls trompetenförmigen Blüten folgen. Das halb-immergrüne Geißblatt *L. sempervirens* bedarf einer warmen Mauer, wo es satt orange scharlachfarbene Röhrenblüten mit gelber Innenfärbung tragen wird. Es scheint ein zaghafter Blüher zu sein oder braucht zumindest etliche Jahre, bis es sich gut eingewöhnt hat (s. auch »Reines Gelb: Sommer«).
▷ Sommergrüne Kletterpflanze, volle Sonne, Winterhärtezonen 7 bis 9.

**Lychnis,** Lichtnelke
*L. chalcedonica*, die »Brennende Liebe«, zeigt Blütenstände aus sehr reinen scharlachroten Blüten, die zwar flach sind, aber leider nicht breit genug im Verhältnis zu der Gesamtgestalt der Pflanze. Wegen ihrer reinen, leuchtenden Farbe ist die Pflanze trotzdem unverzichtbar; sie läßt sich in etwas gewagten farblich abgestimmten Pflanzungen einsetzen. Man kann sie beispielsweise in der Nähe von tiefer roten Blüten ziehen oder es mit benachbarten bronze- und purpurfarbenen Blättern versuchen, die etwas von der »warmen« Farbe absorbieren. Graue und silberne Blätter lassen sie sogar noch leuchtender erscheinen, ohne die Reinheit zu zerstören.
▷ Sommergrüne Staude, 90 cm, volle Sonne, Winterhärtezonen 6 bis 9.

**Mimulus,** Gauklerblume, Affenblume
*M. aurantiacus* (syn. *Diplacus glutanosus*) hat blaßorange Blüten und einen raumgreifenden Wuchs. Man kann sie in hohen Schalen oder in Kübel pflanzen, aus denen sie dann nach unten wuchert, oder am Rand eines gepflasterten Bereichs, doch nicht zu nahe an einem Weg, weil sie zerbrechlich ist und es nicht verträgt, wenn man auf sie tritt. Sie kommt selten über einen Winter hinaus, außer in mildem Klima. Stecklinge lassen sich im Spätsommer leicht bewurzeln.
▷ Immergrüner Zwergstrauch, volle Sonne, Winterhärtezonen 9 bis 10.

*M. guttatus* ist die größere Variante des gelben *M. luteus*. Die leuchtenden Blüten sind mit mahagonibraunen Punkten und Flecken gezeichnet. Man pflanzt diese Gauklerblume in feuchten Boden und läßt sie am besten wuchern und mit Prachtspiere und Astilbe zusammen Farbflächen bilden. Sie kann auch direkt im Wasser bis zu einer Tiefe von 5 bis 7 cm wachsen.
▷ Sommergrüne Staude, 60 cm, volle Sonne oder Halbschatten, Winterhärtezonen 5 bis 9.

**Papaver,** Mohn
*P. nudicaule*, der Islandmohn, und *Papaver rupifragum* mit behaarten grauen Blättern und orangeroten Blüten, aus Spanien, sind wirkungsvoll, wenn sie in größeren Büscheln gezogen werden. Die dunklen und hellen Orange- und Gelbtöne des Islandmohns verbinden sich gut mit grauem Blattwerk in einer gut dränierten »warmen« Rabatte, während *P. rupifragum* (wie auch *P. pilosum* und *P. atlanticum*) eher zierlich und seidenartig ist. Sie überleben selten lange, doch säen sie sich reichlich aus – manchmal auch, wo sie unerwünscht sind.
▷ Sommergrüne Stauden oder Einjährige, 60 cm, volle Sonne, Winterhärtezonen 7 bis 9.

**Pelargonium,** Pelargonie, »Geranie«
*P. × hortorum*, die Zonale-Hybriden, können leuchtend scharlachrot sein und sind am ehesten für städtische Anlagen oder für eine betonte, bewußt auffällige Pflanzung geeignet. *P.* 'Scarlet' ist dagegen etwas weniger grell (s. auch »Rosa und zartes Violett: Sommer«).
▷ Immergrüner Halbstrauch, volle Sonne, Winterhärtezonen 9 bis 10.

**Penstemon,** Bartfaden
P. 'Schoenholzeri' ist scharlachrot und sehr reichblütig, eine ideale Pflanze für eine Rabatte in Rot, mit einer Blütezeit bis in den späten Herbst. Sie ist ziemlich winterhart, doch können aus Stecklingen, die man im Herbst vorher abnimmt, buschigere, mehr kompakte Pflanzen entstehen. Wenn sie unter Glas vorgezogen werden, fangen sie früher an zu blühen. Die Pflanzen, die im Freien überwintert wurden, müssen im Frühjahr bis auf den Grund zurückgeschnitten werden (s. auch »Rosa und zartes Violett: Sommer«).
▷ Immergrüner perennierender Halbstrauch, 90 cm, volle Sonne, Winterhärtezonen 8 bis 10.

**Potentilla,** Fingerkraut
Unter den krautigen Fingerkräutern sind *P.* 'Flamenco', mit leuchtend roten einfachen Blüten, und 'Gibson's Scarlet', wie der Name sagt, eher scharlachrot, ausgesprochen stark wachsende Pflanzen in einer Misch- oder Staudenrabatte. Beachten Sie die Oberflächenstruktur der Blumenblätter bei jeder Blüte und die dunkle Äderung (s. auch »Umrahmendes Blattwerk: Silber und Grau«).
▷ Sommergrüne Staude, 45 cm, volle Sonne, Winterhärtezonen 6 bis 9.

**Salvia,** Salbei
*S. fulgens* hat leuchtend rote Lippenblüten mit samtartiger Struktur, die über grünen, bronzegetönten Blättern getragen werden. Da die Pflanze nicht sonderlich winterhart ist und meist holzig und unansehnlich wird, zieht man sie am besten jedes Jahr aus Stecklingen. Dazu bewahrt man eine Pflanze unter Glas auf und nimmt von ihr im zeitigen Frühjahr die Ableger ab. Stecklinge, die schon im Herbst vorher bewurzelt wurden, führen zu weniger zufriedenstellenden Ergebnissen. Am besten zieht man diesen Salbei als Einzelexemplar in einem Kübel, weil er genügend exotisch wirkt, um die Aufmerksamkeit auf sich zu ziehen. In einer Rabatte lassen sich seine warmen Farben mit roten Rosen, Dahlien und der fortdauernd blühenden *Potentilla* 'Gibson's Scarlet' verbinden; vor allem zu dieser *Potentilla*-Sorte ist der Salbei eine unübertreffliche Begleitpflanze.
▷ Niedriger bis halbhoher immergrüner Strauch, volle Sonne, Winterhärtezonen 8 bis 10.
*S. neurepia* hat frischgrüne Blätter und wird in warmen Gegenden recht groß. Anderswo kann der Strauch im Winter bis auf den Grund zurückfrieren, sich aber gut erholen, vielleicht etwas später zu blühen anfangen. Die kleinen Blüten sind brillant scharlachrot (s. auch »Umrahmendes Blattwerk: Silber und Grau«).
▷ Halbhoher halb-immergrüner Strauch, volle Sonne, Winterhärtezonen 8 bis 10.

*Lonicera sempervirens*

**Tagetes,** Sammetblume, Studentenblume
*T. erecta* ist eine flammende Einjährige mit einfachen oder gefüllten asternartigen Blüten in Gelb, Goldgelb oder Orange. Sie ist wertvoll, weil sie in einer neuen Rabatte, in der die jungen Stauden noch nicht ihre volle Größe erreicht haben, sofort Sommerfarben liefern kann; ihre Blätter sind tief eingeschnitten, duften und glänzen. Man wählt die Farben nach guten $F_1$-Hybriden, von denen man den Samen nimmt, sät frühzeitig unter Glas aus und pflanzt nach dem letzten Frost ins Freie.

*T. patula* (aus Mexiko) bildet buschige, reichblütige Pflanzen, die sich für sonnige Rabatten und Kübel eignen. Die Blütenfarben reichen von Gelb und Gold bis zu Brauntönen und Karmesinrot. Die Studentenblume verwendet man oft als Einfassung für Rosenbeete; sie hilft angeblich die Schwarzfleckenkrankheit verhindern. Von beiden genannten Arten gibt es eine große Zahl von Sorten (s. auch »Reines Gelb: Spätsommer«).
▷ Einjährige, 20 bis 75 cm, volle Sonne, Winterhärtezonen 9 bis 10.

*Potentilla* 'Gibson's Scarlet'

# *SPÄTSOMMER*

*Crocosmia × crocosmiiflora*

*Lilium tigrinum*

**Antirrhinum,** Löwenmaul
*A. majus* 'Monarch Orange' wächst niedrig und ist rostpilzresistent. Es sei empfohlen, diese Art sowie *A. majus* 'Scarlet Monarch' aus der Nanum-Gruppe in dicken Büscheln zwischen graublättrige Sträucher oder andere, nahe verwandte Blütenfarben zu pflanzen (s. auch »Reines Gelb: Spätsommer«).
▷ Einjährige, 45 cm, volle Sonne, Winterhärtezonen 6 bis 9.

**Campsis,** Trompetenblume
*C. radicans* hat leuchtende orange und scharlachrote Blüten, die in endständigen Büscheln zusammengefaßt sind. Man beschneidet im Winter kräftig, um reiche Blüte auf dem Holz des laufenden Jahres zu erzielen. Auch dann noch sind ein guter Sommer und ein warmer Standort an einer abstrahlenden Mauer wichtige Voraussetzungen. Die Fiederblätter sind kein echter Ausgleich, wenn die Blüte mager ausfällt. Die Farbe der Blüten ist die richtige Einleitung zum Herbst.
▷ Sommergrüne Kletterpflanze, volle Sonne, Winterhärtezonen 6 bis 10.

**Canna,** Blumenrohr
*C. indica*, die gewöhnlich unter Glas gezogen wird, aber bei einem warmen Mikroklima im Freien überleben kann, hat rote und gelbe Blüten mit braunen Kelchen. Ihre Hybriden, die unter der Bezeichnung *C. × generalis* zusammengefaßt werden, umfassen ein breiteres Farbspektrum. Die leuchtenden Blüten verbinden sich mit den Bronze- oder Grünschattierungen der Blätter zu exotisch anmutenden Farbverbindungen. Unter diesen Hybriden läßt sich 'Le Roi Humbert', mit kupferfarbenen Blättern und roten Blüten, mit *Dahlia* 'Bishop of Llandaff' vergleichen, was die Verwendung als Beetpflanze in einer streng warmen Farbanlage betrifft. Sie wird in der roten Rabatte in Hidcote in Gloucestershire wirkungsvoll eingesetzt.
'Wyoming' hat aprikosenorange Blüten und zartpurpurne Blätter (s. auch »Dunkles Rot: Blattwerk«).
▷ Sommergrüne Rhizomstaude 1,50 m, volle Sonne, Winterhärtezonen 9 bis 10.

**Coreopsis,** Mädchenauge
*C. verticillata* hat haarähnliche, feine Blätter und leuchtende messinggelbe »Astern«blüten. Wenn es um leuchtende, reine Farben geht, ist diese zierliche Blume kaum zu übertreffen. Man zieht sie am besten in der Nähe von dunklen Rottönen, leuchtend orangefarbenen *Curtonus* oder Montbretien mit schwertförmigen Blättern als Kontrast oder verbindet sie mit dem blaßgelben × *Solidaster luteus.*
▷ Sommergrüne Staude 60 cm, volle Sonne, Winterhärtezonen 6 bis 9.

**Crocosmia,** Montbretie
Die alte, beliebte *C. × crocosmiiflora (syn. Tritonia × crocosmiiflora)* sollte man nicht mißachten. Sie ist ein Besiedler rauher Winkel. Aber einige ihrer Hybriden (mit *C. aurea*) sind sehr viel weniger ausbreitungsfreudig und umfassen eine ganze Reihe »warmer« Farben: Die blaßgelbe *C. × crocosmiiflora* 'Solfatare' wurde im Kapitel »Reines Gelb« besprochen.
*C. masoniorum*, mit aufwärts gerichteten Blüten an der Spitze langer Stiele zwischen grünen schwertartigen Blättern setzt in einer warmen Rabatte Maßstäbe, harmoniert mit den nahe verwandten Orange- und Rottönen ebenso wie mit den blasseren, kühlen Gelbfarben. Man braucht Raum für diese Pflanze, die sich rasch ausbreitet, und sollte in jeder Anlage mindestens zwei kräftige Bündel setzen: Eines alleine würde das Auge als alles beherrschender Blickfang anziehen. Versuchen Sie es mit ihren orangen bis zinnoberroten Blüten in der Nähe der blaßblauen *Buddleia* 'Lochinch' oder des dunkelblauen *Ceanothus* 'Topaz'. Die Montbretie und ihre zahllosen Hybriden – viele Sorten weichen in der Farbe ab – gedeihen in nährstoffreichem Boden.
▷ Sommergrüne Staude, 60 bis 100 cm, volle Sonne oder Schatten, Winterhärtezonen 7 bis 9.

**Curtonus**
*C. paniculatus* (syn. *Antholyza paniculata)* hat lange, mit einem Grat versehene Schwertblätter und überhängende Blütenrispen aus orangeroten Trompeten. Wenn der Platz begrenzt ist, findet man die besten Sorten unter den Hybriden mit der Gattung *Crocosmia*: Die kräftigen, lebenssprühenden Farben der im vorigen Absatz beschriebenen Pflanzen haben sich hier mit den größeren, eher strukturgebenden Blättern von *Curtonus* verbunden. Heftige Rottöne, Flammenfarben und Orangetöne machen diese Hybriden unentbehrlich. *C. paniculatus* 'Bressingham Blaze' ist intensiv orangefarben.
▷ Knollenstaude 75 bis 120 cm, volle Sonne oder Schatten, Winterhärtezonen 7 bis 9.

**Dahlia**
Gut gepflegte und sorgfältig abgestützte Dahlien blühen über einen langen Zeitraum und steuern auf zuverlässige Weise in Blöcken Spätsommer-Farben bei. Die lebhaftesten ihrer Töne sind schwerlich bei anderen Blumen zu finden. Die vielen Hybriden sucht man am besten in einer spezialisierten Gärtnerei aus, da man Blütenfarbe und -form wie auch die Blätterfarbe berücksichtigen muß. Man sollte die künstlich wirkenden Formen meiden und sich nach den einfachen Blütenköpfen umsehen. Gedüngter Boden und regelmäßiges Ausschneiden der abgeblühten Teile garantieren den Erfolg. In milden Gegenden kann man die Knollen den ganzen Winter im Boden lassen.
*D.* 'Bishop of Llandaff' ist eine alte Lieblingspflanze, die heute selten im Handel, aber vielleicht von einem freundlichen Privatgärtner zu bekommen ist (s. auch »Dunkles Rot: Blattwerk«). Andere alte Sorten sind *D.* 'Ella Britten', leuchtend goldgelb, und 'Madame S. Stappers', leuchtend orangerot, von denen keine zu groß wird und die beide grünlich bronzefarbene Blätter besitzen.
▷ Sommergrüne Knollenstauden 60 bis 120 cm, volle Sonne, Winterhärtezonen 9 bis 10.

**Fuchsia**
*F. fulgens* ist winterempfindlich, ist aber so schön gefärbt, daß es sich lohnt, sie für Kübel oder als Schmuck im Haus vorzusehen. Die weichen, zart rosaroten Stiele tragen bronzene Blätter, und die endständigen Trauben aus röhrenförmigen Blüten sind scharlachrot und an den Spitzen jeweils grün. Im Winter bewahrt man sie bei Temperaturen über dem Gefrierpunkt auf, im Frühjahr werden sie wieder eingetopft. Vor und während der langen Blühperiode muß man ihnen häufig Flüssigdünger geben. Die Vermehrung erfolgt durch Triebstecklinge; wenn man im Frühjahr Triebspitzen abnimmt, bewurzeln sie sich leicht (s. auch »Rosa und zartes Violett: Sommer«).
▷ Niedriger sommergrüner Strauch, volle Sonne, Winterhärtezonen 9 bis 10.

**Helenium,** Sonnenbraut
*H. bigelovii* 'Aurantiacum' hat leuchtend gelbe Blüten mit dunkelgelber Mitte. Man zieht die Blume am besten mit kräftigen Rot- und verwandten Orangetönen zusammen sowie mit blassen Gelbtönen und Begleitpflanzen, die in den frühen Sommermonaten auffälliges Blattwerk beisteuern. Wuchsart und Blattwerk der Sonnenbrautpflanzen bieten nichts Besonderes, man zieht sie nur wegen der Blütenpracht, die sie für kurze Zeit entfalten (s. auch »Reines Gelb«).
▷ Sommergrüne Staude, 1,20 m, volle Sonne, Winterhärtezonen 6 bis 9.

**Helianthus,** Sonnenblume
Der spätblühende *H. salicifolius (*syn. *H. orgyalis)* hat weidenähnliche Blätter in mittelgrüner Farbe und trägt anmutige Büschel aus gelben asternartigen Blüten mit purpurbrauner Scheibe.
▷ Sommergrüne Staude, 1,80 m, volle Sonne, Winterhärtezonen 6 bis 9.
*H. annuus*, die einjährige Sonnenblume, hat grobe herzförmige Blätter und riesengroße, wagenradähn-

liche Blütenkörbe mit gelben Zungenblüten, außen und brauner oder purpurner Scheibe innen. Die gefüllte Sorte *H. annuus* 'Flore Pleno' wird besonders kräftig. An diesen Einjährigen, die ausgesprochen hoch wachsen, kann man für eine Saison seine Freude haben, aber sie sind doch wohl zu grob, um sie jedes Jahr in ein Gartenmotiv einzubinden. Man zieht sie am besten in Gruppen und bringt damit einen Schock in einen Garten ein, in dem der Hauptteil der Pflanzung sorgfältig geplant ist und aus konventionellen gedämpften Grautönen und nebelhaften Farben besteht.
▷ Einjährige, bis 3 m, volle Sonne, Winterhärtezonen 6 bis 9.
Die Hybriden zu *H.* × *multiflorus (H. annuus* × *H. decapetalus)* beginnen früher zu blühen, erstrekken ihre Blüten aber bis in den Spätsommer. *H.* × *multiflorus* 'Loddon Gold' ist satt goldgelb, und 'Miss Mellish' ist tief gelb.
▷ Sommergrüne Staude, 90 bis 150 cm, volle Sonne, Winterhärtezonen 6 bis 9.

**Kniphofia,** Fackellilie
Niedriger wachsende Fackellilien mit grasartigen Blättern und kleineren Blütentrauben sind nützlich für Rabatten von bescheidener Größe. *K. macowanii* ist tief orangerot, und *K. nelsonii* 'Major' ist flammenrot.
▷ Sommergrüne Stauden, 75 cm, volle Sonne, Winterhärtezonen 7 bis 9.

**Ligularia**
*L. przewalski* hat lange schwarze Stengel mit wenig prägnant gestalteten Ähren aus »Astern«blüten in tiefem Gelb. Die Blätter sind tief eingeschnitten. Die elegante Pflanze wäre, weil sie so zäh und ausbreitungsfreudig ist, für einen richtig wilden Garten ideal, doch ist sie in einer gemischten Rabatte schwierig in Schach zu halten. Versuchen Sie, diese leuchtend gelbe Staude mit den »gebläuten« Karmesinfarben von Phlox und Weiderich zusammen einzusetzen, nicht aber mit blassen rosa Tönen, sie würden zu einer unharmonischen Wirkung führen.
▷ Sommergrüne Staude, 1,80 m, volle Sonne oder Halbschatten, Winterhärtezonen 6 bis 9.

**Lilium,** Lilie
*L. tigrinum*, die Tigerlilie, wird gewöhnlich in zwei kräftigen Formen gezogen: *L. tigrinum* var. *fortunei*, die reichblütiger ist, und *L. tigrinum* var. *fortunei* 'Giganteum', eine ausgezeichnete hochwüchsige Lilie für Mischrabatten. Die orangeroten Blumenblätter sind schwarz und purpurn gepunktet und gefleckt. Tigerlilien sind nicht wählerisch mit ihrem Standort, bevorzugen aber sauren Boden. Sie lassen sich leicht durch Eintopfen von Brutzwiebeln vermehren, die reichlich am Stengel gebildet werden.
▷ Zwiebelstauden, 90 bis 180 cm, volle Sonne, Winterhärtezonen 7 bis 9.

**Lobelia**
*L. cardinalis* hat eine grundständige Rosette aus bronzefarbenen Blättern, über die sich die Trauben aus scharlachroten, lippigen Blüten erheben, die einen prachtvollen und anregenden Anblick bieten. Im Sommer brauchen sie satten, feuchten Boden. Weil sie aber nicht zuverlässig winterhart sind, sollten sie im Winter mit Farn abgedeckt werden. Fortdauernd kalte Winter überleben sie durchaus; durch warme Zwischenzeiten im Winter, die vorzeitigen Austrieb hervorrufen, können sie jedoch eingehen. Die Hybride *L. cardinalis* 'Queen Victoria' hat tiefrote Blüten, bei 'Dark Crusader' sind sie sogar noch tiefer – es ist vielleicht die beste Sorte. *L. fulgens* aus Mexiko hat zartpurpurne Blätter und scharlachrote Blütentrauben, ist aber weniger winterhart.
▷ Sommergrüne Stauden, 30 bis 90 cm, volle Sonne, Winterhärtezonen 8 bis 10.

**Monarda**
*M. didyma* ist auf Feuchtigkeit angewiesen, selbst bei kurzzeitiger Trockenheit geht sie schnell ein; trotzdem lohnt es sich, sie bei guter Pflege heranzuziehen. Die leuchtend sattroten Blüten haben purpurne Kelche und wirken als Gruppe prachtvoll zwischen bronzeblättrigen Begleitpflanzen.
▷ Sommergrüne Staude, 90 bis 120 cm, volle Sonne, Winterhärtezonen 7 bis 9.

**Phlox**
*P. paniculata* 'Signal' hat scharlachrote Blüten; *P. paniculata* 'Starfire' ist leuchtend rot, tiefer und glühender. Es sei empfohlen, sie in der Nähe von leuchtend orangefarbigen Montbretien und Curtonus-Pflanzen als Teil einer durchgeplanten Anlage mit »warmen Farben« zu ziehen. Phlox brauchen nährstoffreichen Boden (s. auch »Weiße Töne: Spätsommer«).
▷ Sommergrüne Staude, 90 bis 120 cm, volle Sonne, Winterhärtezonen 6 bis 9.

**Rudbeckia**
Die Rudbeckien werden in den Gärten als relativ kurzlebige Stauden und als Einjährige gezogen. Viele von ihnen haben helle Blütenfarben (s. »Reines Gelb: Spätsommer«). Die beste unter den spätblühenden Arten ist die perennierende *R. hirta* mit reichverzweigtem Wuchs und goldenen Zungenblüten und tiefbraunem Kegel in der Mitte der Blütenkörbe. *R. hirta* var. *pulcherrima* 'Gloriosa' zeigt gelbe und bräunlichrote Farbtöne. Die einjährigen Formen von *R. hirta* sind nützlich, wenn man bei neu angelegten Rabatten Lücken füllen möchte. Die spröden, verzweigten Stiele tragen leuchtend goldene »Astern«blüten mit schwarzer Mitte. Die Aussaat erfolgt im Frühjahr, wenn man die Blütenpracht im Sommer und Spätsommer erzielen möchte.
▷ Sommergrüne Einjährige und Stauden, 30 bis 90 cm, volle Sonne, Winterhärtezonen 7 bis 10.

**Tropaeolum,** Kapuzinerkresse
*T. majus* ist eine kletternde oder kriechende Einjährige mit grünen Blättern, die am Rand gewellt sind, und gelben, orangen oder roten Blüten. Es gibt etliche gute Gartenzüchtungen, die sich alle leicht in Töpfen und Hängekörben ziehen lassen; oder man läßt sie über ein Spalier oder einen Zaun klettern.
▷ Einjährige, bis 1,80 m, volle Sonne, Winterhärtezonen 6 bis 9.
*T. speciosum* ist eine aufsehenerregende Kletterpflanze mit scharlachroten Blüten, deren Boden sauer oder neutral sein muß. Die Pflanze ist so launisch, daß sie in einigen Gärten gedeiht, in anderen nicht. Die blassen, lichtgrünen, zierlichen Blätter

*Zauschneria californica*

sind gelappt, und die Stengel klettern an jeder Stütze empor, die ihnen geboten wird. Man pflanzt diese Kapuzinerkresse zwischen frühblühende Azaleen und Rosen. Sie wirkt wie ein Juwel, wenn sie an der Nordseite einer Eibenhecke rankt. Nach einem milden Winter blüht sie früh, und es können große Samenmengen heranreifen. Man sät sofort aus, und topft unter Kompostgaben ein, bevor an den endgültigen Standort ausgepflanzt wird, wobei man sehr darauf achten muß, die fleischigen Wurzeln nie zu beschädigen. Die Mühe lohnt sich.
▷ Sommergrüne krautige Kletterpflanze, Schatten, Winterhärtezonen 7 bis 10.

**Zauschneria**
Will man mit *Z. californica* (heute *Epilobium canum* ssp. *angustifolium*) Erfolg haben, sind eine gut drainierte Erde und warme Sonne die Voraussetzungen. Die blaßgrauen, behaarten Blätter bilden reizvolle Hügel, die von den schlanken, aufrechten Stielen mit scharlachroten Trompetenblüten überragt werden. Sie sind für die Einfassung einer Rabatte oder einen Steingarten bestens geeignet. Man teilt die Stauden im Frühjahr oder nimmt im Frühsommer von der Basis Stecklinge ab. Das blasse Blattwerk und die scharlachroten Blüten sind eine ungewöhnliche Verbindung, so ist eine größere Gruppe dieser Pflanzen mit reichlicher Blüte, wenn die übrigen Verhältnisse es zulassen, ein höchst wünschenswerter Anblick.
▷ Zwerghafter Halbstrauch, volle Sonne, Winterhärtezonen 7 bis 10.

# *FRÜCHTE UND BEEREN IM HERBST*

In diesem Abschnitt sollen Früchte und Beeren nicht unter botanischen Gesichtspunkten, sondern im Hinblick auf ihren besonderen Farbbeitrag besprochen werden, den sie im Herbst zu bieten haben. Blaue, gelbe und weiße Früchte werden in diesem Buch als Farbereignisse wie die Blüten besprochen. Weil aber leuchtendes Rot die vorherrschende Fruchtfarbe im Spätsommer und Herbst darstellt, werden die Pflanzen, auf denen sich solche Früchte finden, hier in einem besonderen Abschnitt ausführlicher und übersichtlicher betrachtet.
Weil das Vogelauge besonders auf rote Farben eingestellt ist, geht die Sicherung der Samenverbreitung leider auf Kosten des Erscheinungsbildes: Selten spielen die roten Früchte länger als wenige Wochen eine Rolle im Farbbild der Gärten, dann sind die Beeren von den Vögeln abgeerntet.

**Actaea,** Christophskraut
Zum Christophskraut, mit seinen farnartigen, astilbenähnlichen Blättern in frischem Grün, gibt es Arten mit roten wie auch mit weißen Beeren. *A. rubra* trägt die glitzernden, scharlachroten Beeren in Trauben über den gefiederten Blättern. Man sollte sie in farbigen Bündeln zwischen Gruppen von Funkien ziehen. Beide Pflanzen gedeihen in kühlem Schatten und feuchtem Boden.
▷ Sommergrüne Staude, 45 cm, Halbschatten oder Schatten, Winterhärtezonen 4 bis 8.

*Euonymus europaeus*

*Iris foetidissima*

**Arbutus,** Erdbeerbaum
*A. unedo* bringt seine roten Früchte im Spätherbst hervor, manchmal gleichzeitig mit den weißen, krugförmigen Blüten. Die kleinen Bäume sind kalktolerant, was ungewöhnlich ist unter den Ericaceae. Mit ihrer attraktiven tiefbraunen, knorrigen Rinde können sie die Winterlandschaft beleben (s. auch »Umrahmendes Blattwerk: Grün«)
▷ Hoher immergrüner Strauch, volle Sonne oder Halbschatten, Winterhärtezonen 7 bis 9.

**Aucuba**
Am besten ziehen Sie weibliche Klone der immergrünen *A. japonica* und ihrer vielen panaschierten Formen, wenn Sie die Büschel leuchtend scharlachroter Beeren vom späten Sommer bis zum Frühjahr bekommen möchten. Wenn Früchte entstehen sollen, sind allerdings auch einige männliche Exemplare nötig. Diese Sträucher, die in armen Böden und in tiefem Schatten gedeihen, sind mit ihrem Laub und mit ihren Früchten vor allem dann wertvoll, wenn es gerade wenige Blüten gibt, die Farbe beisteuern.
▷ Hoher immergrüner Strauch, Schatten, Winterhärtezonen 7 bis 9.

**Berberis,** Berberitze
*B. prattii*, *B.* × *rubrostilla* und Sorten von *B. wilsoniae* haben alle korallenrote Beeren. *B. prattii* ist am größten, eignet sich für offene Waldbereiche und hat eher rosagetönte Früchte, während *B.* × *rubrostilla* und *B. wilsoniae* nützliche Sträucher in einer gemischten Blumenrabatte sind. Letzterer hat seegrüne Blätter, die vor dem Laubfall Herbstfarben annehmen, gleichzeitig mit den lachs- bis korallenroten Früchte (s. auch »Umrahmendes Blattwerk: Grün«).
▷ Niedrige bis hohe sommergrüne Sträucher, volle Sonne oder Halbschatten, Winterhärtezonen 6 bis 9.

**Cotoneaster,** Zwergmispel
*C. bullatus* hat reizvolle, runzelige Blätter, die im Herbst bunt gefärbt sind und zwischen denen die großen, leuchtend roten Früchte auffällig prangen.
▷ Halbhoher sommergrüner Strauch, volle Sonne oder Halbschatten, Winterhärtezonen 6 bis 8.
*C.* × *watereri* 'Cornubia', dem Ausmaß nach fast ein Baum und nahezu immergrün, trägt während der Wintermonate große rote Früchte. Man könnte ihn durchaus in jedem Garten zu dem wichtigen Winterbaum machen, der für lange Zeit satte und glühende Farbe beiträgt. Auch im Sommer tritt er hervor, durch sein Laub, das ihn bis zum Boden bekleidet.
▷ Hoher halb-immergrüner Strauch, volle Sonne oder Halbschatten, Winterhärtezonen 6 bis 8.
*C. horizontalis*, mit seinem Fischgrätenmuster aus waagerechten Zweigen, ist wegen seiner strukturbildenden Qualitäten vor allem als Bodendecker bestens bekannt. Im Herbst wird das Laub zartrosa bronzefarben, ein schöner Hintergrund für die satt scharlachroten Früchte (s. auch »Umrahmendes Blattwerk: Grün«).
▷ Halbhoher sommergrüner Strauch, volle Sonne oder Schatten, Winterhärtezonen 6 bis 10.

**Crataegus,** Weißdorn
C. × *lavallei* ist ein dichtkroniger kleiner Baum. Die leuchtend orangeroten Früchte bleiben fast den ganzen Winter und bilden einen lebhaften Kontrast zu den sattgrünen Blättern, die sich im allgemeinen bis in den späten Herbst hinein halten. Dieser wichtige Baum verbindet die Bäume, die nur einen Zierwert haben, mit den zum Hausgebrauch gezüchteten Obstbäumen und ist eine nützliche Brücke zwischen Garten und Landschaft oder Ziergarten und Obstgarten.
▷ Niedriger sommergrüner Baum, volle Sonne, Winterhärtezonen 5 bis 8.

**Euonymus,** Spindelstrauch
Die eindrucksvollsten Spindelsträucher haben orangegelbe Früchte. Diese platzen später auf und lassen die Samen sichtbar werden, die im reifen Zustand von einem scharlachroten Samenmantel umgeben sind. Andere Sträucher haben große scharlachrot und rosarot gefärbte Früchte.
*E. europaea*, das Pfaffenhütchen, hat attraktive scharlachfarbene Früchte, die sich sehr schön für eine Hecke oder eine Waldecke eignen.
*E. myrianthus* hat oben flache, an den Seiten kantige gelbliche Früchte, die um die Wintermitte aufplatzen und ein glühendes Bild in Gelb und Rot zwischen den immergrünen Blättern ergeben.
▷ Hoher immergrüner Strauch, volle Sonne oder Halbschatten, Winterhärtezonen 6 bis 9.
*E. oxyphylla* hat karminrote Früchte, die beim Öffnen im Spätsommer scharlachrot ummantelte Samen zeigen; sie hängen an langen, schlanken Stielen zwischen prächtig purpurn getöntem Laub.
▷ Niedriger sommergrüner Baum, volle Sonne oder Halbschatten, Winterhärtezonen 5 bis 8.
*E. planipes (*syn. *E. sachalinensis)* hat scharlachrote Früchte und leuchtende Herbstlaubfarben (s. auch »Weiße Töne: Blattwerk«).
▷ Hoher sommergrüner Strauch, volle Sonne, Winterhärtezonen 7 bis 9.

**Hypericum,** Johanniskraut
*H. inodorum* hat blaßgelbe Blüten, die von reizvollen roten Früchten abgelöst werden. Am besten ist seine Sorte *H. inodorum* 'Elstead'; hier werden die Früchte mit zunehmender Reife orange- bis scharlachrot. Man zieht den Strauch am besten gruppenweise am Rand eines waldähnlichen Gartenbereichs, wo er den Blumengarten mit den milden Herbstfarben außerhalb verbindet.
▷ Halbhoher sommergrüner Strauch, volle Sonne oder Halbschatten, Winterhärtezonen 6 bis 9.

**Ilex,** Stechpalme
Die vielen Stechpalmen-Arten, -Hybriden und -Sorten werden wegen ihrer glänzenden Blätter gezogen, wegen ihrer strukturgebenden Formqualität, weil sie sich als Heckenpflanzen eignen, aber auch wegen ihrer glühend roten Beeren, die zur Zierde im Garten und als Weihnachtsschmuck dienen. Man sollte nach guten weiblichen Klonen suchen, die reichlich Beeren bringen. Es stehen zahllose Möglichkeiten zur Wahl, von solchen mit schlichtgrünen Blättern bis hin zu denen mit goldener oder silberner Scheckung. Ich selber habe die scharlachroten Beeren am liebsten zwischen panaschierten Blättern.

Das schlichtgrüne Laub ist durch die glatte Oberfläche fast zu leuchtend und komplementär zu den scharlachroten Früchen. Andere Leute mögen vielleicht gerade den weihnachtlichen Eindruck und die Brillanz der Verbindung zwischen einem fast gesättigten Grün und Scharlachrot.
*I.* × *altaclarensis* 'Hendersonii' hat trüb-matte Blätter und kann schwere Büschel großer Früchte tragen. Von *I. aquifolium* gibt es attraktive reichlich fruchtende Sorten mit panaschierten Blättern, doch sollte man beachten, daß einige mit weiblichen Namen – 'Golden Queen' oder 'Silver Queen' – in Wirklichkeit männlich sind. Wählen Sie Ihre Pflanzen nach guten Listen und vergewissern Sie sich dann, daß Sie genau die Blattform und -farbe bekommen, die Sie brauchen.
▷ Hohe immergrüne Sträucher, volle Sonne oder Schatten, Winterhärtezonen 6 bis 9.

**Iris,** Schwertlilie
*I. foetidissima* hat dunkelgrüne grasartige Blätter und ziemlich unauffällige grünliche oder ledergelbe Blüten. Im Spätsommer aber öffnen sich die Samenkapseln und geben eindrucksvolle scharlachorange gefärbte Samen frei, die noch einige Zeit an der Pflanze bleiben. Die Schwertlilie bildet wundervolle (selbstsäende) natürliche Gruppen unter laubabwerfenden Bäumen und sieht sehr schön und eindrucksvoll aus, wenn man sie im Haus als Blumenschmuck verwendet.
Die Sorte *I. foetidissima* 'Citrina' hat blaßgelbe oder zart malvenrote Blüten und bekommt außergewöhnlich große Samenkapseln.
▷ Immergrüne Staude, 45 cm, Halbschatten, Winterhärtezonen 6 bis 9.

**Malus,** Apfelbaum
*M.* 'John Downie' zählt zu den am besten fruchtenden Holzäpfeln, er ist schön anzusehen und zugleich zum Herstellen von Gelees für die Küche nützlich. Die großen kegelförmigen leuchtend orangen und roten Früchte gehören zu den prachtvollen Eindrükken in einem Obst- oder Ziergarten im Spätsommer. Den regelmäßig geformten Baum, der zur Blüte- wie zur Fruchtzeit schön aussieht, setzt man am besten formstreng ein, etwa paarweise als Rahmen für einen Durchblick oder ein Tor.
▷ Niedriger sommergrüner Baum, volle Sonne, Winterhärtezonen 6 bis 9.

**Pyracantha,** Feuerdorn
Die Feuerdornsträucher sind kräftige, je nach Klima und Standort, immergrüne oder laubabwerfende Pflanzen mit fiedrigen weißen Blüten im Sommer, auf die im allgemeinen lebhaft rote, orangefarbene und gelbe Früchte folgen. Zu den besten gehört *P. coccinea* 'Lalandei', der sich so ziehen läßt, daß er ein großes Gewölbe bildet. Als Einzelexemplar braucht er wenig Wartung und Pflege. Andererseits läßt er sich auch gut vor einer Mauer in Form schneiden, und ein geschickter Gärtner kann den Schnitt zeitlich so abstimmen, daß er reichlich Früchte bekommt. Die großen orangeroten Früchte bleiben bis weit in den Winter.
▷ Halbhoher bis hoher immergrüner oder sommergrüner Strauch, volle Sonne oder Schatten, Winterhärtezonen 6 bis 8.

**Rosa**
Rosen werden ebenso wegen ihrer prächtig gefärbten Hagebutten gezogen wie im Hinblick auf Blüte, Blattfarbe und Duft. Die Rosen wurden bereits in den einzelnen Farbkapiteln ausführlich beschrieben, in dieser Aufzählung geht es um die Farben der Früchte.
*Rosa glauca* (syn. *R. rubrifolia*), eine der am besten fruchtenden Rosen, zeigt Büschel orangeroter Hagebutten, die besonders nach einem warmen Sommer in sehr großer Fülle den Busch zieren. Die gräulich grünen, fast schon bläulichgrünen Blätter bilden eine unübertreffliche »Kulisse« für die sattbunten Früchte, und sie vermögen eine Anlage mit kräftig purpurnen Blättern zu steigern.
▷ Halbhoher sommergrüner Strauch, volle Sonne oder Halbschatten, Winterhärtezonen 6 bis 9.
*R.* 'Highdownensis' hat herrliche orange- bis scharlachrote Früchte, die wie eine bauchige Flasche geformt sind; sie sitzen spärlich an langen, aufrechten Zweigen. *R. moyesii*, eine der beiden Ausgangsformen jener Sorte, hat leuchtende, flaschenförmige, dunkelrote Früchte, die gut in eine Anlage mit »gebläuten« Rottönen und dunklen Farben passen.
▷ Hohe sommergrüne Sträucher, volle Sonne, Winterhärtezonen 6 bis 9.
*R. rugosa* und ihre Züchtungen haben im allgemeinen leuchtend rote tomatenförmige Hagebutten, die in der größten Fülle bei den einfach blühenden Formen entstehen. Oft sieht man sie gleichzeitig mit der zweiten Blüte im Spätsommer an einem Strauch.
▷ Halbhohe Sommergrüne Sträucher, volle Sonne, Winterhärtezonen 6 bis 9.
*R. longicuspis*, eine kräftige, halb-immergrüne Rankenpflanze mit endständigen Rispen aus kleinen cremefarbenen Blüten, entwickelt Büschel kleiner, eiförmiger scharlachroter und roter Früchte.
▷ Halb-immergrüne Kletterpflanze, volle Sonne, Winterhärtezonen 6 bis 9.
*R. villosa*, die Apfelrose, hat graues, sanft gefärbtes Laub, rosa Blüten und im Spätsommer große, mit Borsten besetzte, rote apfelähnliche Früchte (s. auch »Rosa und zartes Violett: Frühsommer«).
▷ Halbhoher sommergrüner Strauch, volle Sonne, Winterhärtezonen 6 bis 9.

**Sorbus,** Eberesche
*S. aucuparia*, der einheimische Vogelbeerbaum, hat schöne gefiederte Blätter, die sich im Spätsommer zu feinen Tönen verfärben. Die reizvollen Büschel leuchtend roter Früchte sehen zwischen den Blättern wunderschön aus; leider stellen sie für Vögel eine starke Versuchung dar und werden bald aufgefressen.
▷ Halbhoher sommergrüner Baum, volle Sonne oder Halbschatten, Winterhärtezonen 5 bis 8.

**Stranvaesia**
*S. davidiana* trägt kugelige, brillant karmesinrote Früchte in hängenden Büscheln zwischen dem grünroten Laub. Die kleinere *S. davidiana* 'Undulata' hat breite, ausladende Zweige und ist nützlich, wenn man einen Hang einhüllen möchte (s. auch »Kräftiges Rot: Blattwerk«).
▷ Halbhoher oder hoher immergrüner Strauch, volle Sonne oder Halbschatten, Winterhärtezonen 6 bis 9.

**Viburnum,** Schneeball
Die Schneeballsträucher zählen zu den besten, was den subtilen Reiz ihrer Früchte und Blätter im frühen Herbst betrifft. Die laubabwerfenden Arten verfärben sich schön, die bronzegetönten Blätter harmonieren dann mit den leuchtenden Beeren.
*V. betulifolium* gehört zu den am besten fruchtenden Sträuchern. Ausgewachsene Pflanzen, am Rande eines Waldstücks gruppiert, bekommen schwere Bündel glitzernd roter johannisbeer-ähnlicher Früchte an den anmutig schwingenden Ästen. *V. dilatatum* wirkt ebenso schön, wenn die Äste mit den Bündeln lebhaft tiefroter Beeren bedeckt sind. Es gibt eine Sorte mit gelben Beeren, *V. dilatatum* 'Xanthocarpum', die ebenfalls eindrucksvoll ist.
▷ Hohe sommergrüne Sträucher, volle Sonne oder Halbschatten, Winterhärtezonen 5 bis 8.
*V. opulus*, der Gemeine Schneeball, der in Europa und Westasien verbreitet ist, hat reichlich Büschel aus glitzernden johannisbeer-ähnlichen Früchten, die viele Monate lang vom Frühherbst an am Strauch bleiben. Die Sorte *V. opulus* 'Notcutt Variety' hat besonders große Früchte.
▷ Hoher sommergrüner Strauch, Halbschatten, Winterhärtezonen 4 bis 8.

*Stranvaesia davidiana* 'Undulata'

*Rosa rugosa* 'Frau Dagmar Hastrup'

KAPITEL IX

# UMRAHMENDES BLATTWERK

Durch alle Jahreszeiten hindurch bildet die grüne, graue und bunte Belaubung der lebenden Pflanzen Hintergrund und Grundgewebe eines Gartens. Im Sommer sind die Blattfarben am leuchtendsten, die jungen Triebe in Grün, Grau, Gold, die cremefarbenen und gelben Muster, bronze-, purpur- und sogar scharlachfarbenen Töne mischen sich mit den meist dunkleren Schattierungen der Immergrünen und den rasch vergänglichen Blüten. Im Winter ist der Garten eher düster; die gedämpften grünen, braunen und lederfarbenen Töne der abgefallenen Blätter, bräunlich grünes Moos, die dunkle Erde und grünes Gras herrschen vor, und die entlaubten Bäume werden zu plastischen Rahmen in Grau und Braun. Die wenigen immergrünen Pflanzen mit farbigem Blattwerk sowie Bäume und Sträucher mit farbiger Rinde werden dann zu wesentlichen Gestaltungsmitteln im Garten.

Blattpflanzen formen einen Garten und verleihen ihm seine Struktur. Hecken umzäunen einen Garten und bilden Abteilungen in seinem Inneren, und sie sind neutraler Hintergrund für Kombinationen von Blütenfarben. Baumgestalten wirken als Silhouetten gegen den Himmel oder eine ferne Landschaft und bilden die Szenerie für eine nähergelegene Pflanzung. Kletterpflanzen sorgen auch für eine Betonung der Senkrechten und sind besonders wertvoll in kleinen Gärten, um die Mauern angrenzender Gebäude zu bekleiden und einen passenden Hintergrund für die Blütenpracht zu bilden.

Solitärpflanzen tragen in unterschiedlicher Weise zum Bild bei, je nach Größe, Gestalt und Wuchsform. Gehölze mit dichter Belaubung bilden feste Formen – schwer und düster, wenn die Belaubung eine matte Oberfläche hat, leuchtender, wenn die Blätter glänzen und die Blattränder gewellt sind oder junger Austrieb die Färbung ständig verändert. Bei Pflanzen mit offenem Wuchs entsteht zwischen Ästen und Blättern ein Wechselspiel von Licht, Schatten und Bewegung. Senkrechte oder kegelähnliche Formen wirken wie ein Stakkato, während runde fächerartige oder hängende Formen einen Kontrast zu den geraden Linien der Hecken und Mauern bilden. Alle diese Formen können durch Betonung oder Wiederholung in einer Gartenanlage verbindend und einigend wirken. Pflanzen mit großen, ausdrucksvoll geformten oder gefärbten Blättern sind ein Blickfang für unser Auge: Eine Solitärpflanze kann an einer Ecke dominieren, paarweise können Gehölze einen Weg oder ein Tor umrahmen. Niedrige Sträucher und Stauden können sich dem Boden anschmiegen und undurchdringliche Teppiche bilden. Einige, wie Gräser in ein oder zwei Grüntönen, dienen als ruhige Unterpflanzung für Gruppen höherer, auffallender Pflanzen; andere, mit vielfältigen und feinen Tönungen, wirken für sich selbst.

Neue, arbeitssparende Gartenstile sind entstanden, bei denen immergrüne Pflanzen füllig in kontrastierenden Farbgruppen gepflanzt sind und ganzjährig wirkungsvoll sind. Selbst für einen mittelgroßen Garten sind Anregungen aus den Entwürfen des Südamerikaners Roberto Burle-Marx möglich. Bei seinen Anlagen folgen die gewundenen Beete den Umrissen der Wohnsiedlungen und Straßenböschungen und verbinden sich mit den Konturen der Naturlandschaft ringsum. Reichverzweigte und überhängende Sträucher wachsen wie sich türmende Wogen und bringen Stärke und Bewegung in den statischen Hintergrund. Die Bänder und Bögen ineinandergreifender Farben sind wohlüberlegte malerische Bilder; kräftige harmonische Farbkompositionen leiten zu den natürlichen Landschaftsformen über, zu Wald, Moor, grünen Feldern oder hellem Wüstensand oder Felsen.

Die Formen der einzelnen Blätter variieren genauso wie Größe, Farbe und Oberflächenstruktur. Die als Nadeln gestalteten Blätter der meisten Koniferen sitzen an kleinen, verzweigten Ästchen, so daß ein Eindruck von Dichte entsteht, im Unterschied zu den typischen Hartlaubgewächsen mit ihren kleinen Blättern; in beiden Fällen verleiht das Laub den Gehölzen eine feste architektonische Form. Die großen, glänzenden handförmigen Blätter von Sträuchern wie Fatsia, die stahlgrauen Fiederblätter des Honigstrauchs oder die einfachen, an der Oberfläche glatten Blätter der Magnolie schaffen eine exotische, subtropische Atmosphäre, werfen Schatten und geben ein Gefühl von Raum und Ferne, ganz anders als die dichten kleinblättrigen Büsche wie Buchsbaum, Kreuzdorn und Steinlinde. Diesen fehlen Schatten und Tiefe im Inneren, wenn auch junge Triebe eine gewisse Vielfalt in der Färbung bringen. Gehölze und krautige Pflanzen mit tief eingeschnittenen und gegliederten Blättern können einer Bepflanzung mit ihrer duftigen Anmut Leichtigkeit geben. Die hellen Fiederblätter kleiner Bäume wie Robinie oder Gleditsie bilden fiedrige Wogen gegen den Himmel.

Die Blätter zweier Pflanzen können, losgelöst betrachtet, genau die gleiche Farbe, Schattierung und Struktur haben und ihre Farbe

präzise definierbar sein. Und doch können die beiden Pflanzen so unterschiedliche Wuchsformen haben, daß der Eindruck von zwei völlig verschiedenen Farbmassen entsteht. Darüber hinaus wird ihre Farbe auch noch durch die benachbarten Gartenfarben beeinflußt.

Neben Blüten und Früchten zu bestimmten Jahreszeiten haben manche Pflanzen eine besondere Blattfarbe und -form oder eine Wuchsform, durch sie die im Garten so nützlich und so dekorativ wie eine Plastik werden. Das Auge wird sich ganz natürlich auf eine strukturgebende Pflanze einstellen – eine Pflanze mit so entschiedener Farbe oder Form, daß die benachbarten Pflanzen in der Anlage vergleichsweise unbedeutend werden. Auch die Symmetrie in Form oder Farbe ermöglicht es, solche Pflanzen als Rahmen für einen Durchblick oder ein Tor zu verwenden, einen Weg zu säumen oder einfach eine Rabatte durch Wiederholung zusammenzuhalten.

Immergrüne Sträucher – wie Lorbeer, grüner und panaschierter Buchs, grün-grauer Wacholder und dunkelgrüne oder goldgelbe Eibe – verändern ihre Farbe mit den Jahreszeiten und wenn sie in strenge oder plastische Figuren geschnitten werden. Kegelförmig oder rund geschnittene Koniferen setzen starke Akzente, aber ihr fiedriges Nadelwerk in grünen, grauen und goldbunten Schattierungen, das so hervorragend wirkt, wenn es jung ist, ist oft empfindlich gegen regelmäßigen Schnitt. Viele Koniferen haben tatsächlich nur im Jugendstadium klare Umrisse und werden später zu romantischen breitkronigen Bäumen, die in jedem Garten beherrschend und strukturbildend wirken, für einen kleinen aber ungeeignet sind. Breitblättrige immergrüne Gehölze – wie Kamelie, Ölweide, Escallonia, Stechpalme und Duftblüte – können regelmäßige Hügel oder Pyramiden in glänzendem Grün oder in leuchtenden buntlaubigen Formen bilden. Magnolien mit ihren riesigen Blättern wirken immer exotisch.

Die laubabwerfenden Bäume und Sträucher mit gefiederten oder tief eingeschnittenen Blättern in Grün, Goldgelb, panaschierten oder purpurnen Tönen fangen das Licht ein und bilden luftige Formen gegen den Himmel oder heben sich von dunklerem, dichterem Blattwerk ab. In einer offenen Landschaft glitzern graublättrige Pappeln und Weiden im Sonnenlicht vor dem Himmel, der hinter ihren Umrissen intensiver blau wirkt. In Südeuropa vertiefen und betonen die Olivenbäume in ihrem wolkigen Grau das Grün der bleistiftschlanken Zypressen. Manche Bäume und Sträucher haben sehr bestimmende Formen, die sie zu architektonischen Bindegliedern eines Gartens machen. Hänge- oder Trauerformen kontrastieren mit weiten Rasenflächen und waagerechten Wasserflächen; Stufen horizontaler Äste beleben eine Ecke oder verbinden an einer Böschung die obere und untere Ebene. Buntlaubige Formen und Sorten sind ganz besonders wirkungsvoll, vor allem als Einzelexemplare, können aber eine ruhige Gartenanlage stören.

Der Akanthus mit tief gelappten, glänzenden Blättern, die silbrig grauen Artischocken, Engelwurz und Bärenklau mit riesigen gegliederten Blättern sowie *Melianthus major* mit bläulichgrünen Fiederblättern sind alle gleich wichtig wegen ihrer ausdrucksvollen Formen. Als Stauden (ausdauernd oder zweijährig) bringen sie eine hübsche Note in den sommerlichen Garten. Die feuchtigkeitliebenden Gunnera, Rhabarber und Schaublatt sind vornehme Blattpflanzen, deren Blätter eine rauhe Oberfläche haben und bronzeähnlich oder purpurn getönt sind. Gruppen von Astilben, mit ihren fiedrigen grünen oder rotgetönten Blättern und federartigen Blütenwedeln, bieten eine herrliche Begleitung für kompaktere, dichte Pflanzen.

An den Rändern einer Rabatte entstehen kontrastierende Formen durch Frauenmantel mit blassen handförmigen Blättern, schwertförmige Irisblätter, Binsenlilie und den größeren Neuseeländer Flachs (Sorten von *Phormium tenax* und *P. cookianum*) sowie das grasartige Laub von Taglilien, Fackellilien und Palmlilien. Selbst die niedrigen Bergenien, *Saxifraga × urbium* und *Chiastophyllum oppositifolium* können gut als immergrüne Randbepflanzung für Rabatten dienen und der Anlage durch alle Jahreszeiten ein geschlossenes Aussehen geben.

Die Grenzen eines Gartens lassen sich durch Hecken mit farbigem Blattwerk deutlich machen, oder aber verwischen durch formlos gesetzte gemischte Pflanzengruppen in tiefen Beeten entlang der Grenze. In beiden Fällen beeinflussen Farbe und Oberflächenstruktur der Blätter die Grenzen des umschlossenen Raumes, geben aber zugleich den Hintergrund für die Farben im Garteninnern ab. Dunkle Blätter oder Nadeln wie bei der Eibe neigen dazu, den Raum kleiner werden, die Grenzen näherrücken zu lassen (allerdings bilden im Sommer die jungen Triebe ein feingliedriges Muster); das leuchtende, heitere Grün der jungen Birke, die runzeligen Blätter der Kartoffelrosen haben die gegenteilige Wirkung.

In Gärten auf dem Lande sollten Farbe und Struktur der Pflanzen im äußeren Bereich mit den Feldern oder der Landschaft ringsum verschmelzen; leuchtend gefärbtes Blattwerk kann unharmonisch wirken. Wenn der Garten nahe am Waldrand liegt, sollte man einige Waldbäume oder Unterholz dort pflanzen, wo Garten und Wald ineinander übergehen, und so eine Verbindung schaffen, die für den Gartenbesitzer, der hinausblickt, ebenso wichtig ist wie für den Ökologen, der hineinschaut. Um einen ländlichen Garten sollte man einheimische Heckenpflanzen setzen. Eine hohe Begrenzung durch Koniferen mit ihren fiedrigen immergrünen Nadeln, grün, grau oder golden getönt, paßt wie die Faust aufs Auge zu den sanften, runden Formen und grüngrau getönten Farben breitblättriger Laubbäume.

In einer städtischen Umgebung dient die Gartengrenze sowohl als Abschluß als auch dazu, unansehnliche Nachbargebäude zu verdekken. Garten und Gärtner blicken nach innen und schaffen einen privaten Ort von ruhiger Farbe. Ebenso, wie eine grüne Hecke ein vortrefflicher Hintergrund für die meisten Blütenfarben ist, so ist Grün auch der ruhigste Kontrast zu städtischen Gebäuden. In einem kleinen Hinterhofgarten ersetzen hohe Mauern oder Abtrennungen durch Spaliergerüste voll farbigen Blattwerks, oder auch die Bäume des Nachbargartens aufragende Hecken und bilden gleichsam die Wände eines Außenraumes, bei dem die Gestaltung schon fast einer Innendekoration gleichkommt.

Abb. Seite 195: **Diese üppige, stark strukturierte Waldlandschaft veranschaulicht, welch reizvolle Vielfalt »monochromes« Grün entwickeln kann. Das Auge fällt zuerst auf eine Flut von Licht, gebildet von den spitzentuchfeinen Farnblättern, die im Gegensatz zu den festen, an der Oberfläche rauhen, großflächigen Gunnera-Blättern dahinter stehen. Die Farnblätter selber bilden ein vielfaches Muster aus licht-reflektierenden Oberseiten und leuchtenden, durchscheinenden gelbgrünen Unterseiten. Sommergrüne Sträucher und fiedrige Scheinzypressen weben ein verwickeltes Muster als Hintergrund. Die glatte leuchtend graue und goldene Rinde ist in dem Bild das einzige kontrastierende Farbelement und läßt die zahllosen Grüntöne kräftiger wirken.**

Abb. rechts: **Unter einer Weide an einem Teich wurden Pflanzen mit kräftigen Blattformen flächig in Gruppen angeordnet. Dahinter schaffen Blöcke aus beschnittenen Hecken und ein Durchgang zwischen Eiben-Figuren einen schroffen Gegensatz zu der naturnahen Bepflanzung und bilden damit den festen Rahmen, der den eher wilden äußeren Garten mit dem strengeren innen vereint. Der Besucher wird eingeladen, vom Schatten ins Sonnenlicht zu wandern, seine Schritte werden durch das gemähte Gras und den vorgegebenen Durchgang gelenkt. Die glatten, leeren Flächen des Himmels und des spiegelnden stillen Wassers geben der Komposition aus vielfältigen räumlichen Formen und füllig gesetzten Pflanzen das Gleichgewicht, die Rasenflächen vereinen beide Ebenen. Die kontrastierende Dichte des lichten, luftigen Goldregens und der schweren beschnittenen Hecken darunter findet ihr Echo in kleinerem Maßstab in den kontrastierenden Blattformen der Pflanzengruppen am Wasser.**

**Obwohl die fließenden Pflanzenformen und die Farben der Blüten und Früchte die Linien verschleiern, hat dieser Garten strenge Strukturen und eine grundlegende Symmetrie. Die geometrischen Eibenhecken betonen die Horizontale und Vertikale, und der Weg in der Mitte bildet die Achse und bringt Tiefe. Über den Blöcken der Eibenhecke ragen paarweise Holzapfel- (Malus 'John Downie') und Amberbäume auf. Im Vordergrund unterstreichen Horste von silbrigem Heiligenkraut die weiße Rose 'Iceberg' und ein Paar auffälliger Steingefäße die Symmetrie. Innerhalb dieses Rahmens führt ein mit Katzenminze eingefaßter Kiesweg von der zentralen Gruppe weißblühender Schmucklilien bis zu einem entfernten Obstgarten.**

Die dichtwachsenden Hecken aus Eibe, Stechpalme, Buche und Hainbuche können seitlich und oben glatt und flach gestaltet werden und eine einheitliche Farbe haben, vor allem wenn sie frisch geschnitten sind. Wenn sie aber schräg, kugel- oder bogenförmig gestaltet werden, verändern sich Lichtreflexion, Form, Dichte und Oberflächenstruktur, und es entsteht ein Farbmuster aus Licht und Dunkel. (Sogar Eiben- und Buchen-Arten zeigen, wenn sie aus Samen und nicht vegetativ vermehrt werden, ganz individuelle Farbvariationen.) Das Buchenlaub, das im Winter lederfarben ist, verändert eine Hecke im Laufe der Jahreszeiten, und der reichverzweigte Wuchs der kleinblättrigen Hainbuche läßt sie im Winter wie Gitterwerk aussehen, weil das Licht zwischen den kurzen Ästchen hindurchdringt. Da eine geschlossene Hecke aus leuchtenden panaschierten Stechpalmen allzu aufdringlich wirkt, sollte man schlichtgrüne Pflanzen zwischen die panaschierten Exemplare setzen, um eine teppichähnliche Wirkung zu erzielen; ähnlich können purpurlaubige Buchen die sommerliche Eintönigkeit einer Heckenfront aus grünen Buchen unterbrechen.

Auch Escallonien können dunkle, blühende Hecken bilden, aber wie Berberitzen und Rosen lassen sie sich nicht in Form schneiden oder gar zu Figuren formen. Feuerdorn läßt sich an Draht oder an Mauern hochziehen und bildet dann symmetrische senkrechte und waagerechte Äste, die so fest sind wie bei einem Apfel- oder Birnenspalier. Solch eine Hecke wirft – was wichtig ist – wenig Schatten auf ein Beet an der Nordseite. Im Innern eines Gartens können geometrisch angeordnete Hekken »Innenräume« schaffen, lebende Trennwände, Hintergrund für einzelne Farbthemen oder bestimmte jahreszeitliche Themen.

Eiben, Buchs, Rosmarin und Lavendel lassen sich zu formalen Einfassungen schneiden; Zwergbuchs, *Euonymus fortunei* var. *radicans* und Heiligenkraut können als niedrige Umrandungen Beete mit Zwiebeln, Sommerblumen und niedrigen Blattpflanzen einfassen. Die noch kleineren, niederliegenden Strauchveroniken oder Steinbreche sind als Einfassung ebenso geeignet, wenn die übrigen Größenverhältnisse damit im Gleichgewicht sind.

Bäume in einem Garten oder am Rand eines Gartens geben Gewicht und Tiefe, ihre unterschiedlichen Formen und Blattdichten müssen zur Architektur des Hauses und der benachbarten Gebäude ein ausgewogenes Verhältnis haben. Ein großer Einzelbaum, der lange lebt und langsam heranwächst, beherrscht die Struktur eines Gartens und verbindet sie zugleich mit der ländlichen oder städtischen Umgebung. In italienischen Renaissance-Gärten wurden mit Grüntönen Bilder geschaffen, die ruhig in die Landschaft zurücktraten; dunkelgrüne senkrechte Zypressen wurden zum Blickfang zwischen den grünen Strukturen der massigen immergrünen Eiche, den rundlichen graugrünen Olivenbäumen und den feinen Mustern der Lorbeer- und Buchsbaumhecken. Reiz und Atmosphäre entstanden durch die Kontraste zwischen dunklem und hellem Laub, Licht und Schatten. Ähnlich war ein englischer Park des 18. Jahrhunderts eine Komposition aus den Grüntönen der Bäume und des Rasens vor dem Horizont oder aus fließenden Übergängen zu den Blautönen der Ferne und den purpurnen Schattierungen eines Waldes.

**Die geometrischen Formbäumchen, die die Dachformen einer Darre aufnehmen, schaffen in einem abgetrennten Gartenbereich ihre eigene Atmosphäre und Logik. Die streng geschnittenen Formen werden vom Laub gemildert, und die verschiedenen Oberflächen der Figuren bilden ein Mosaik aus Licht und Schatten. In der Ruhe und Stille dieses spannungsreichen Gemäldes kann man Feinheiten der Farbe studieren, die normalerweise übersehen werden: den Unterschied zwischen den glänzenden Stechpalmen-Hecken und den matten Eiben-Figuren, die moosigen Dachziegel, die Mähstreifen auf dem Rasen und den einladenden Steinweg. Andeutungen von freiwachsenden Pflanzen hier und dort zeigen das Gleichgewicht zwischen festen Strukturen und natürlichen Formen – die Grundlage für jede erfolgreiche Gartengestaltung.**

Farbige Bäume in größerer Entfernung scheinen näherzurücken, und im Vordergrund wirken sie beherrschend, vor allem im dunstigen Licht des gemäßigten Klimas, wo die Farben ohne den »bleichenden« Einfluß einer strahlenden Sonne kräftig werden.

Wo der Platz ausreicht, können Kompositionen aus dem Laub von Bäumen und ihrer Unterpflanzung ebenso lebhaft sein wie eine Blumenrabatte. Bläulichgrün benadelte Koniferen oder silbriger Eukalyptus bilden Kontraste zu den purpurblättrigen Perückensträuchern und Berberitzen sowie zu blaublühendem, bronzeblättrigem Günsel als Bodendecker. Purpurblättrige Zierpflaumen, in Verbindung mit dem goldenen Laub von *Cornus alba* 'Spaethii' und *Philadelphus coronarius* 'Aureus' bieten ein aufsehenerregendes Bild, das sich durch einen Vordergrund in Grau und Bronze mildern und harmonisieren läßt. Goldene Blätter oder Nadeln, insbesondere an den Immergrünen im Winter, schaffen einen Übergang von den braunen und rostbraunen Farben des Winters zu den frischen grünen Blättern im Frühling; die verschiedenen Feinstrukturen der Koniferen, Stechpalmen und goldenen Ligustersträucher bilden ein Licht-Schatten-Muster, das sich von den dunklen Immergrünen abhebt.

Die kleineren Zierbäume, wie die goldgelbe *Robinia pseudoacacia* 'Frisia', der panaschierte *Cornus controversa*, der purpurblättrige *Prunus pissardii* und die feingliedrigen grauen, bläulichgrünen und goldenen Koniferen, erfordern formal ruhige oder grünblättrige Hintergründe. Eine Lichtung in einem Baumbestand oder in einem Arboretum wie in Westonbirt kann aus einer bunten Menge kleiner Bäume und Sträucher mit farbigem Laub bestehen, die die Herbstfarben in Orange, Karmesin und Rottönen vorwegnehmen. In einem kleinen Garten kann ein Einzelexemplar eines leuchtend gefärbten Baumes oder eine Gruppe zu einem beherrschenden Thema der Anlage werden. Blaßgoldene Blätter leuchten in Nordlage wie Sonnenschein; rahmweiß panaschiertes Laub macht den Eindruck von Leichtigkeit und Bewegung; und purpurne Blätter – besonders, wenn sie im Sommer dunkel werden – werden schwer und matt genug, um einen Garten in seiner Umgebung zu festigen.

Kletterpflanzen sind nichts als Pflanzen mit langen, beweglichen Sprossen, die nach oben zu einen Halt suchen, um das Licht zu erreichen, in dem sie blühen können. Einige, wie der Efeu, verankern sich selber mit Luftwurzeln; andere, wie der Wilde Wein (oder andere *Parthenocissus*-Formen), besitzen Haftscheiben. Clematis haben Blattranken, mit denen sie sich an Spalieren, Drähten oder anderen Pflanzenstengeln festhalten. Das Geißblatt hat windende Triebe, und bei der Weinrebe sind es Sproßranken, die sich fest um jede Stütze wickeln. Selbst die kletternden und rankenden Rosen haben spezielle Einrichtungen, die Stacheln sind besonders gebogen, so daß sie sich an benachbarten Pflanzen oder einer Stütze festhaken können.

Die Blätter der Kletterpflanzen an einer Mauer, einem Spalier oder einem Zaun können als Hintergrundsfarbe für die übrige Pflanzung dienen – fest und feingliedrig vor einer Mauer, mit luftiglichter Wirkung durch das gefilterte Licht an einem freien Gerüst. Pergolen, Lauben und Veranden werden zu schattigen Refugien durch ein schweres Blätterdach, das geschlossene Räume und Gänge bildet. Am Haus lassen sich bauliche Eigenheiten im Ganzen oder in Einzelheiten durch geeignete Kletterpflanzen steigern oder verbergen; ihre farbigen Blätter können mit Ziegel, anderem Steinwerk oder gestrichenen Flächen harmonieren. Efeu und viele andere Pflanzen lassen sich symmetrisch schneiden und ziehen, so daß sie Fenster umrahmen oder Gewölbe- oder Pyramidenformen an einer Mauer bilden, wobei ihre Funktion als wesentlicher Bestandteil einer Anlage dem solideren Mauerwerk in nichts nachsteht. Feuerdorn und Zwergmispel können so gezogen werden, daß sie horizontale und vertikale Linien bilden, daß ein Muster aus Blättern, Zweigen, Blüten und Früchten entsteht, mit der Regelmäßigkeit eines Gitternetzes. Den traditionellen Cottage-Zugang läßt man gerne von zwanglos verwobenen Blättern und Blüten umhüllen.

Die sogenannten »Mauerpflanzen« – in der Regel frostempfindliche Gattungen mit immergrünen und exotischen Blättern, die im Schutz und in der reflektierten Wärme einer Mauer gedeihen, sind besonders nützlich in kleinen, abgeschlossenen Gartenhöfen und vor Trennmauern in größeren Gärten. Säckelblume, Escallonia und Klebsame haben immergrüne Blätter mit unterschiedlicher Oberflächenstruktur; ihr ruhiges Muster auf einer sonnigen Mauer ist die ideale Ergänzung zu leuchtenden Blütenfarben. Die purpurne Weinrebe *Vitis vinifera* 'Purpurea' kann beispielsweise zwischen der graublättrigen Kronwicke *Cytisus battandieri* und dem frostempfindlichen *Solanum jasminoides* ranken. In einer anderen Farbzusammenstellung könnte man die seltsamen rosa, grünen und weißen Blätter von *Actinidia kolomikta* mit der rosa-weißen *Clematis* 'Nelly Moser' sowie einer Vordergrundbepflanzung aus purpurnem Blattwerk verbinden. An Nordwänden und in starkem Schatten kann man die kletternde *Hydrangea petiolaris* und Efeusorten als Rahmen für Gehölze wie Garryen, *Pilostegia viburnoides* und Aralien einsetzen.

Einzelne Kletterpflanzen, wie Rosen, Clematis und Waldgeißblatt, können in Bäume und große Sträucher klettern und mischen sich dort mit dem Laub und den Blütenfarben; mit ihnen kann man den wirren Wuchs der freien Natur im Gehölzbereich oder bei einer Hecke nachahmen. Jede dieser Pflanzenkombinationen kann zu einem planmäßigen Gartenbild führen, das sich in den Gesamtentwurf einfügt. Alte Obstbäume, die im Frühling blühen, können als Wirtspflanzen für glänzend beblätterte Rosen dienen, deren Blütezeit später liegt. Graugrünen *Elaeagnus* × *reflexa* läßt man vielleicht allmählich in einer dunkelgrünen Eibe hochklettern, oder eine purpurblättrige Weinrebe in der silbernen Hängebirne *Pyrus salicifolia* 'Pendula'. Im Schatten nordwärts gelegener Gärten kann man das frische, leuchtende Laub von *Tropaeolum speciosum* zwischen Pflanzen mit dunkleren Blättern in die Höhe ranken lassen und damit die dunkle Ecke schon aufhellen, bevor im Spätsommer die leuchtend scharlachroten Blüten hinzukommen.

Die waagerechte Fläche, aus der heraus der Garten gestaltet ist, kann in Mustern aus Ziegeln oder anderen Steinen, farbigem Kies oder einem Teppich aus Pflanzen bestehen. Gerichtete Wege schaffen nicht nur Zugang zu den verschiedenen Gartenteilen, sondern verknüpfen auch optisch Flächen und Motive. Gras, zu glattem smaragdgrünem Rasen geschnitten, oder länger belassen, wobei die hellen Halme einen gelblichen Eindruck ergeben, ist von allen Bodendeckern der ruhigste.

Rasen verändert seine Farbe unzählige Male am Tag. Er glitzert vom Tau in der Morgendämmerung, wird ein Meer von Licht bei vollem Sonnenschein, seine Oberfläche reflektiert dann fast wie ein ruhiges Gewässer, und am Abend zaubern die langen Schatten Muster auf seine Fläche. Das seltsame graupurpurne Licht kurz vor einem Sturm und das graue Licht eines Wintertages geben dem Rasen ein lebensprühendes, kräftiges Grün. Gras gehört zu den wenigen Pflanzen, die es überstehen, daß ihre Spitzen immer wieder abgeschnitten werden, manchmal sogar zweimal wöchentlich – allerdings muß es häufig gedüngt und sorgfältig gepflegt werden, wenn es gesund bleiben soll.

Die Gestalt und die Höhe der Bäume in einer Landschaft, und die Zierpflanzen in einem Garten verbergen die natürlichen Konturen. Glatter Rasen hat die gegenteilige Wirkung, er betont die feinen Kurven und Erhebungen hügeliger Flächen ebenso wie die Plattheit einer sorgfältig eingeebneten Fläche. Ist der Rasen in Längsstreifen gemäht, wobei das Licht von den kurzen Halmen in verschiedenen Richtungen reflektiert wird, entstehen Streifen aus dunklerem und hellerem Grün, die den Rasen optisch verlängern. Diagonale Streifen lassen die Rasenfläche weiter wirken und verstärken die Dramatik hoher Hecken oder Mauern, die starke Schatten werfen. Ein Rasen ist nicht nur friedlich anzusehen und bereitet das Auge auf leuchtende Blütenfarben vor, er macht auch einen sanften Eindruck, wenn man auf ihm geht – und der Duft eines frisch gemähten Rasens weckt die Erinnerung an traditionsreiche Gartenfreuden.

Wo ein Rasen nicht gut wächst, weil es zu heiß, zu trocken, zu feucht oder zu schattig ist, müssen andere Pflanzen den Boden bedecken und trittfest sein. Kamille, Thymian und kriechende Minzen bilden dichte Teppiche in Grün- und Grautönen, die süß duften, wenn sie vom Fuß zertreten werden. Bei feuchtem Schatten kann die kleine grüne *Helxine soleirolii* beispielsweise um einen Teich herum schöne Muster bilden, sie wächst zwischen und über Steinen und breitet sich sogar auf flachen senkrechten Flächen aus. In warmen, trockenen Gegenden können Pflanzen wie das Mastkraut eine sanfte, schwammige Oberfläche bilden (allerdings muß man gut bewässern) und Mischungen aus subtropischen Gräsern sowie *Ophiopogon* (Schlangenbart) im Sommer grüne Farbe liefern.

Andere Pflanzen, die dicht am Boden wachsen, sich durch unter- oder oberirdische Wurzeln und Ausläufer ausbreiten, bilden flache Polster, die besondere Gestaltungsmittel darstellen, eine arbeitsparende Alternative zum Gras bieten und manchmal auch als Unterpflanzung für größere Pflanzen dienen, wobei eine große Menge einer Art mit den darüber stehenden Pflanzen harmoniert und ihre Farbwirkung steigert. Die beste Wirkung ist immer zu erzielen, wenn die Pflanzflächen durch breite Streifen solcher Pflanzen verbunden werden. Efeu und Immergrün im Schatten, Mengen blü-

**Die Details aus zwei Gärten in ganz unterschiedlichem Stil zeigen, wie Blattpflanzen zu völlig verschiedenen Wirkungen kombiniert werden können. Eine dreidimensionale Komposition mit feinen Gegensätzen in Struktur und Farbe läßt sich aus wohlüberlegt angeordneten Pflanzen aufbauen, die sich miteinander verweben, aber doch ihren Einzelcharakter beibehalten. Die andere Möglichkeit ist, die Pflanzen in Blöcken zusammenzufassen und damit klar umgrenzte, kunstvolle Bilder zu schaffen, die auf dem Kontrast beruhen. Im ersten Fall beruht der Erfolg darauf, ob die verschiedenen Blattformen zusammenstimmen; im letzten beruht die Wirkung auf dem starken Gegensatz von Formen und Farben.**

Abb. links: **Die blaßgrauen, filzigen Blätter der kriechenden Stachys olympica kontrastieren mit den geschnittenen Kugeln fiedrigen, zinngrauen Heiligenkrauts in dieser kühlen, monochromen Pflanzung, die in ihrer Einfachheit dramatisch wirkt.**

**Wenn solche Pflanzen den Mittelpunkt auf der Gartenbühne bilden, wird das Scheinwerferlicht den geringsten Fehler aufdecken; es sind also sorgfältige Bearbeitung und Pflege erforderlich. Jede Pflanze muß in vollkommener Gesundheit gehalten und auf den ihr zugewiesenen Platz beschränkt werden. Dahinter breitet ein Wacholder seine feingliedrigen Zweige in Stufen aus und verbindet die Pflanzung mit dem Grün des Rasens.**

Abb. unten: **In einem kleinen Garten sind Mauern und Steinplatten mit Blattpflanzen dicht bekleidet. Cornus alba 'Elegantissima', mit weißem Rand, die fiedrige Thujopsis dolabrata, das goldgetönte Lamium maculatum 'Aureum' und bläulichgrüne Bergenien sind reizvoll genug, um während des ganzen Gartenjahres ohne vergängliche, saisongebundene Blüten auszukommen; und doch sind Vielfalt und Kontraste nicht übersteigert – alle Pflanzen sind durch ihr gemeinsames grünes Pigment eng verbunden.**

henden Günsels in einheitlicher Blattfarbe, graue Stachelnüßchen und Ziest in der Sonne sind die niedrigsten Bodendecker. Das Laub von *Epimedium*, *Vinca major*, die gröberen, großen Blätter des 'Hibernica'-Efeu, kriechende Formen von Cotoneaster und Kriechwacholder sind etwas höher und müssen sorgfältig auf die höheren Pflanzen abgestimmt werden. Graue Blätter unter rosa Rosen, blau blühende Kaukasusvergißmeinnicht mit groben dunkelgrünen Blättern unter großen purpurblättrigen Gehölzen, Frauenmantel unter hellen panaschierten Blättern sind Beispiele für geeignete Verbindungen von Farben und Oberflächenstrukturen.

Auch höhere immergrüne und laubabwerfende Gehölze können dichte Decken bilden. In modernen Wohnsiedlungen lassen sich durch dicht gepflanzte Bäume und Sträucher harte Linien auflösen und der Grund mit dem Mauerwerk verbinden; oft werden sie so gestaltet, als wären sie natürlich entstanden und schon lange da gewesen, bevor die Gebäude überhaupt Gestalt annahmen. Blattpflanzen mit waagerechten Ästen und hängenden Trieben vermitteln den Eindruck von Bewegung, wenn sie steile Hänge bedekken und verschiedene Ebenen verbinden.

Alle Pflanzen, besonders aber solche mit attraktiven Blättern und ausbreitungsfreudigem Wuchs, bedecken den Boden als Alternative zur bloßen Erde oder einer harten Oberfläche; erst durch ihre großflächige Verwendung bekommen sie jedoch künstlerischen Wert in einem Garten. Mit ihren Farben und Mustern tragen sie zur Gestaltung der Anlage bei – sie verbinden vertikale und horizontale Ebenen, bringen friedliches Grün als Kulisse für leuchtende Blüten- und Blattfarben, und betonen manchmal die Bodenstruktur durch reizvolles, kräftig gefärbtes Blattwerk.

Die Farbe des Pflanzenpigmentes Chlorophyll, das Grün – in den verschiedensten Tönen und Schattierungen –, herrscht in den meisten Gartenlandschaften vor, und gewöhnlich überwiegt es auch in

den Gärten selbst. Wahrscheinlich, weil wir es mit der Natur gleichsetzen – aber auch wegen der physiologischen Tatsache, daß das Auge grüne Lichtstrahlen fast genau auf der Netzhaut empfängt, ohne sich darauf einstellen zu müssen –, steht Grün bei uns für Ruhe und Frieden. Grün ist die Farbe, nach der wir uns in einer vom Menschen geschaffenen Umgebung immer sehnen: Wir sorgen für kühle Flecken aus besänftigendem Grün im Betondschungel der Innenstadt oder ahmen die versteckten Gärten der italienischen Renaissance nach, weil wir mitten in der Stadt einen Ort privater Abgeschlossenheit und Ruhe brauchen.

Viele großartige Gartenanlagen wurden ausschließlich aus verschieden strukturierten Grün- und Grautönen komponiert, durchsetzt mit feinen grauen Statuen und Mauerwerk und mit Wasserflächen, die die verwobenen Pflanzenmuster spiegeln. Solche Gärten sind Kunstwerke der Architektur, und Ludwig XIV. schrieb eine ausführliche Darstellung darüber, wie man den Garten von Versailles aufzufassen hat, ohne überhaupt eine einzelne Pflanze oder Farbe zu benennen. In anderen Gärten dienen die Grün- und Grautöne des Blattwerks als harmonisierende Kulissen, von denen sich die leuchtenden Blütenfarben, die von der anderen Seite des Farbenkreises stammen, abheben.

Grün liegt als Farbe im sichtbaren Spektrum zwischen Blau und Gelb. Bei Pflanzen ist der Grünton schwach oder kräftig, je nach Anpassung des Blattpigmentes an Licht und strukturelle Unterschiede. Glatte Blattoberflächen, die das Licht reflektieren, vertiefen das Grün; andere Blätter haben dumpfe, matte Ober- oder Unterseiten; wieder andere erscheinen grau, da kleine Auswüchse, Haare meist, das Licht ablenken. Da diese »grauen« Pflanzen die Haare ausgebildet haben, um sich vor der heißen Sonne zu schützen, werden ihre Blattoberflächen glatter und »grüner«, wenn sie im Schatten gezogen werden. Blaugrüne Blätter haben eine Wachsschicht, deren Moleküle blaue und violette Lichtstrahlen zerstreuen; diese mischen sich mit dem Grün des Chlorophylls, so daß die Blätter deutlich bläulich wirken. In einem dunklen Forst, in dem Nadelbäume dicht zusammenstehen, ist eine höhere Konzentration des Chlorophylls nötig, um die gefilterten Strahlen einzufangen; deshalb sind die Nadeln intensiv grün. Die Blätter der Laubbäume können blasser und dünner sein, ihr Grün weitaus weniger intensiv, weil sie während der Sommermonate ein Maximum an Sonnenlicht bekommen. Jede grüne Blattfarbe hat die Tendenz, benachbarte Blüten oder Blätter zu »röten«; wie stark die Wirkung des jeweiligen Grüns ist, hängt allerdings von den übrigen Farbmerkmalen ab.

Abb. oben: **Gras, wohl die wichtigste Blattpflanze, hat eine fast unendliche Bandbreite an Farben, vom frischen, leuchtenden Grün bis zu Lederbraun, abhängig von der Jahreszeit und der Methode der Pflege. Der Gegensatz zwischen gemähtem Rasen und einer Fläche mit ungeschnittenem Gras ist ein Mittel zur strukturellen Gestaltung eines Gartens. Hier führt ein gemähter Weg zwischen einer ungemähten Blumenwiese auf die kreisförmigen Stufen zu und verbindet die Rasenflächen mit den Terrassen.**

Abb. rechts: **Mauerwerk und Architektur verbinden sich mit Blattformen und -strukturen und schaffen einen Rahmen mit einer Atmosphäre von Reife und romantischer Fülle. Fächerförmige Zwergmispeln haben die viktorianischen weißen Eisenbänke und den Rasen diagonal überzogen, während Kletterpflanzen die senkrechten grauen Steine der Stützmauer und des Hauses bekleiden.**

Grau liegt im Farbsystem (anders als beim »gärtnerischen Grau«), zwischen Schwarz und Weiß, und es ist neutral und farblos (achromatisch): Mittleres Grau absorbiert und reflektiert alle Lichtstrahlen in gleichem Maße. Es ist die Farbe, die entsteht, wenn Komplementärfarben gemischt werden. Grau umfaßt die Farbe von Asche, Blei oder Zinn, und im Garten kann es durch die abgestuften Grautöne von Kalksandstein und Kiesschüttungen oder durch die Grautöne kahler Äste im Winter vertreten sein – oder auch durch »graue« Blätter. Weil sie mehr oder minder mit Haaren bedeckt sind, erscheinen die grauen Blätter mehr oder weniger silbrig oder stumpf, pelzig oder samtig. Grau kann sich nicht mit einer anderen Farbe »beißen«, und Grau hat nicht die Kraft, einen reinen Farbton neben sich zu verändern, es kann ihn nur intensiver und leuchtender machen.

Grau selbst wird leicht von benachbarten Farben beeinflußt: Es wird mit dem »Schleier« der Komplementärfarbe zu einer Farbe überzogen. Neben orangen Blüten bekommen graue Blätter deutlich einen bläulichen Ton; neben Rot wird Grau grünlich; neben violetten Schattierungen werden graue Blätter deutlich gelb. Je silbriger und »weißlicher« solche Blätter sind, um so weniger nehmen sie diese Spuren komplementärer Töne an; und sie werden dann auch weniger von Veränderungen des Lichtes selbst beeinflußt. Graue Blätter bekommen im Schatten einen violetten Ton, und werden deutlich gelb in der Sonne. Abendlicht kann graue Blätter mit einem rosa Hauch überziehen.

Grüne und graue Blätter »arbeiten« in einem Garten zusammen, ihre verschiedenen Schattierungen und hellen Töne verbinden sich zu nahe verwandten Harmonien, und nicht zu störenden Kontrasten. Wenn sie abgetönt sind, stimmen sie gut mit den natürlichen Farben von Holz und Stein zusammen, wie auch mit den meisten künstlichen Materialien, soweit sie neutrale Farben haben. Im Winter steuern die Immergrünen mit unterschiedlichster Struktur – wie Gras, Eiben, Stechpalmen oder Efeu – ein breites Spektrum an grünen Farbtönen bei, und harmonieren mit den ledergelben und bräunlichen Tönen abgestorbener Stengel und Blätter, mit dem Grau kahler Äste und mit den gelegentlich vorhandenen Flecken brauner, warmer Erde. Reif auf dicken grünen oder grauen Blättern reflektiert Muster aus funkelndem Licht. Dunkelgraue Sturmwolken lassen grüne Bäume und Gräser intensiv smaragdgrün erscheinen; die rote Komplementärfarbe zu Grün verleiht grauen Steinen und Ästen einen deutlich zartrosa Schimmer, der von den milden rötlichen Strahlen der Abendsonne hervorgehoben wird, die wiederum Grüntöne aufglühen läßt.

# GRÜN

**Abelia**
Die meisten Abelien werden wegen ihrer zartrosa Blüten gezogen (s. »Rosa und zartes Violett: Frühsommer«), *A.* × *grandiflora* aber hat außerdem glänzende, fast immergrüne Blätter mit gedämpften roten Tönen. In einer spätblühenden Rabatte wirkt der überhängende Strauch wunderschön, und er bleibt das ganze Jahr über reizvoll. Er sieht auch gut aus in der Nähe von Nerinen mit ihren unbeblätterten Stielen oder neben den Blüten von *Amaryllis bella-donna* oder auch, wenn er locker über welkenden Irisblättern hängt.
▷ Halbhoher immergrüner Strauch, volle Sonne oder Halbschatten, Winterhärtezonen 8 bis 10.

**Acanthus**
*A. mollis* var. *latifolius* hat glänzende, breite grüne Blätter mit gewellten Rändern, die in Eckbeeten eine dichte Blätterdecke bilden. Die Pflanze fällt von weitem ins Auge, weil die Blätter das Licht reflektieren. Im Spätsommer türmen sich die großen weiß-purpurnen Blütenähren darüber auf. Zur Blüte braucht sie volle Besonnung, doch kann man sie ebensogut unter sommergrünen Sträuchern als dichten Bodendecker ziehen. In ihrer Mittelmeerheimat bietet sie ein wunderschönes Bild unter Olivenbäumen.
▷ Sommergrüne Staude, 90 bis 120 cm, volle Sonne oder Halbschatten, Winterhärtezonen 6 bis 9.

**Acer,** Ahorn
Die Ahorne können grüne, panaschierte, goldene oder purpurne Blätter haben, die sehr variabel in der Form sind. Viele von ihnen werden im Herbst karmesin- und scharlachrot. Unter den kleineren Bäumen gibt es einige mit interessanter Rinde, die Flekken oder Streifen bildet (s. unten).
*A. saccharinum*, der Silberahorn, hat flatternde grüne Blätter mit silbriger Unterseite an langen Stielen. Bewegung und Farbe verleihen dem Baum eine außergewöhnliche luftige Grazie.
▷ Halbhoher sommergrüner Baum, volle Sonne oder Halbschatten, Winterhärtezonen 5 bis 9.

**Alchemilla,** Frauenmantel
In keinem Garten, selbst im kleinsten nicht, darf der Frauenmantel fehlen.
*A. alpina*, der Alpen-Frauenmantel, bildet saubere Büschel aus grünen Blättern, die an der Unterseite silbern glitzern. Er wächst in jeder Spalte; die Blüten sind grünlich. Auch *A. erythropoda* ist klein, mit seinen zartrosa bis roten gebogenen Blütenstielen. Diese Form ist außergewöhnlich und noch immer selten.
▷ Sommergrüne Staude, 15 cm, volle Sonne, Winterhärtezonen 3 bis 8.
*A. mollis* hat hellgrüne, behaarte Blätter, die regenschirmartig geformt sind und funkelnde kleine Tau- oder Regentropfen sammeln; im Frühsommer und noch einmal später im Jahr sind die Pflanzen mit Wolken lindgrüner Blüten bedeckt. Sie gedeihen überall und säen sich reichlich selber aus, wenn man es nicht verhindert. Man kann sie zum Beispiel so ziehen, daß sie über Stufen wuchern oder mit purpurnen Blättern kontrastieren.
▷ Sommergrüne Staude, 30 cm, volle Sonne oder Halbschatten, Winterhärtezonen 3 bis 8.

**Ampelopsis,** Scheinrebe
Die Scheinreben klettern mit Hilfe von Ranken, sie bedecken deshalb rasch Mauern, Zäune, Spaliere und Pergolen. Wenn man ihnen anfänglich eine Stütze bietet, klettern sie auch hoch in Bäume hinauf. Sie fühlen sich auf jedem mittelmäßigen Boden wohl, in der Sonne wie im Schatten, und so sind sie auch besonders geeignet, um in Stadtgärten Mauern mit dichten Vorhängen zu bekleiden und als pflanzlicher Hintergrund für Rabattenstauden zu dienen.
*A. aconitifolia* hat glänzende grüne Blätter, die in der Form variabel, aber immer tief geteilt sind und einen lichten, fischernetz-ähnlichen Eindruck hervorrufen. Die drei- oder fünflappigen Blätter von *A. brevipedunculata* sehen eher aus wie die des Hopfens. Nach einem warmen Sommer werden zahllose kleine blaue Früchte hervorgebracht.
▷ Sommergrüne Kletterpflanzen, volle Sonne, Winterhärtezonen 7 bis 9.

**Angelica**
*A. archangelica* hat tief eingeschnittene aromatische Blätter. Die dicken Stengel werden manchmal in Zucker konserviert und als Tortendekoration verwendet. Die Blüten – riesige Dolden in gelbgrünen Büscheln – stehen auf 1,80 m langen Stielen.
▷ Immergrüne Zweijährige oder Perennierende, 1,50 m, volle Sonne, Winterhärtezonen 7 bis 9.

**Arbutus,** Erdbeerbaum
Die Erdbeerbäume sind immergrüne Bäume oder Sträucher mit hübschem Laub und Rispen krugförmiger weißer Blüten, die von Früchten abgelöst werden, deren Aussehen entfernt an Erdbeeren erinnert, die aber fade schmecken. Obgleich sie zu den Heidekrautgewächsen zählen, tolerieren einige von ihnen Kalk. Es tut ihnen aber gut, wenn man zur Pflanzzeit Torf beimischt.
*A. unedo* kann in einem milden Klima zu baumähnlichen Ausmaßen heranwachsen, entwickelt sich aber meistens zu einem großen, reichverzweigten Strauch. Er gedeiht in alkalischem wie saurem Boden und zeigt das ganze Jahr hindurch seine leuchtend grünen Blätter. Die zartrosa getönten weißen Blüten im Spätsommer fallen zeitlich mit den reifenden »Erdbeer«früchten aus dem Vorjahr zusammen (s. auch Abschnitt »Farbige Rinde«).
▷ Hoher immergrüner Strauch, volle Sonne oder Halbschatten, Winterhärtezonen 7 bis 9.

**Arundinaria**
Diese Gräser sind die elegantesten Immergrünen. Einige von ihnen wachsen in Büscheln, andere verbreiten sich durch unterirdische Ausläufer und können auch lästig werden.
*A. murielae* (heute *Thamnocalamus spathaceus*) bildet anmutige Büschel; das Rohr ist leuchtend grün,

*Alchemilla mollis*

wird aber gelblich und trägt breite Blätter in einem trüberen Ton. Die Pflanze eignet sich vorzüglich zur Randbepflanzung am Wasser oder um in ein durchschnittliches gemischtes Blumenbeet Form und Struktur hineinzubringen. *A. nitida* (heute *Sinarundinaria nitida*) ist ähnlich, hat aber purpurn überhauchte Rohre und schmale Blätter.
▷ Immergrüne Grasstaude, 3 bis 4 m, volle Sonne, Winterhärtezonen 7 bis 10.

**Astilbe**
Die meisten Astilben gedeihen in feuchtem, wenn nicht sumpfigem Boden. Die Blätter sind reizvoll, tief geteilt und oft purpur-, bronze- oder mahagonifarben getönt. Die Blüten sind weiß, rot und zartrosa und stehen in fedrigen Rispen zusammen.
*A. rivularis* sieht eindrucksvoll aus mit ihren auffälligen Blättern und gebogenen Stengeln, an deren Spitze viele kleine, grünlich weiße Blüten sitzen (s. »Weiße Töne: Sommer«). Später sind die Samenstände attraktiv braun. Man pflanzt sie als Kontrast zu den massigen, strukturgebenden Blättern anderer feuchtigkeitsliebender Stauden, der großen *Gunnera*- oder Rhabarberpflanzen beispielsweise. Das zierliche und duftige Blattwerk der Astilbe bereichert jeden Garten.
▷ Sommergrüne Staude, 1,80 m, Schatten, Winterhärtezonen 7 bis 9.

**Aucuba**
*A. japonica* war zu Viktorianischen Zeiten wegen seiner gefleckten Blätter beliebt, die es bei verschiedenen Züchtungen gibt. Die schlichtgrünen, glänzenden breiten Blätter der Art selbst sind aber vorzuziehen. Bündel von Aukuben in tiefem Schatten glühen aus dem Dunkel hervor und können so einen abgelegenen Winkel aufhellen. Die seltsamen olivgrünen Blüten treten im Frühjahr in lockeren Rispen auf und werden – soweit es sich um weibliche Pflanzen handelt – von roten Beeren abgelöst; wenn Früchte entstehen sollen, müssen auch männliche Pflanzen gezogen werden.
▷ Halbhoher immergrüner Strauch, volle Sonne oder Schatten, Winterhärtezonen 7 bis 9.

**Bergenia,** Bergenie
Die Bergenien haben glänzend grüne, lederartige Blätter, die bei einigen im Winter rot getönt sind (s. »Dunkles Rot«). Alle Formen lassen sich gut in schattigen, nordwärts gelegenen Beeten als Bodendecker einsetzen, obgleich sie sich bei voller Besonnung ebenso wohlfühlen.
*B. cordifolia* hat herzförmige Blätter mit abgerundeten Spitzen und malvenhaft magentarote Blüten auf 30 cm langen Stielen.
*B. crassifolia* hat flachere, niedrigere Blätter und rosa Blüten im sehr zeitigen Frühling.
▷ Immergrüne Stauden, 15 bis 30 cm, volle Sonne oder Schatten, Winterhärtezonen 6 bis 9.

**Bupleurum,** Hasenohr
Die im Sommer blühenden Verwandten des Wiesenkerbels bekommen im Spätsommer gelblichgrüne Doldenblüten (s. »Reines Gelb«); ihre braungelben Samenstände bleiben den ganzen Winter stehen.
*B. fruticosum*, das strauchwüchsige Hasenohr, ist der einzige verholzte Vertreter der Gattung in den Gärten. Es ist ein fein aussehender Strauch mit fast bläulichgrünen, glänzenden Blättern und einer sanft fließenden Gestalt, die sich eignet, um die schroffen Linien eines Gebäudes aufzulösen. Die Pflanze ist eine hervorragende Ergänzung zu grauen Blättern und ähnelt in Größe und Wuchs der zinngrauen *Artemisia* 'Powis Castle', mit der zusammen sie in formstrengen Anlagen eingesetzt werden kann.
▷ Halbhoher immergrüner Strauch, volle Sonne, Winterhärtezonen 8 bis 9.

**Buxus,** Buchsbaum
In einem alten Garten dürfen altehrwürdige Buchsbäume mit ihrem glänzenden, feingliedrigen Laub nicht fehlen. Sei es als 3 m hoher Einzelbaum, sei es als Figurenstrauch oder als niedrige Hecke. Die schönen, glänzenden dunklen Blätter und die blasseren jungen Triebe ergeben das ganze Jahr hindurch ein reizvolles Licht-Schatten-Muster, während im Frühjahr die unauffälligen Blüten durch ihren köstlichen Honigduft anziehen, der sich fast so stark einprägt wie frisch gemähtes Gras.
*B. balearica* wächst zu einem aufrechten kleinen Baum heran; die sehr stark glänzenden, ledrigen Blätter sind dunkelgrün. Man kann ihn aus einem dunklen Winkel hervorglühen lassen.
▷ Niedriger immergrüner Baum oder hoher Strauch, volle Sonne oder Halbschatten, Winterhärtezonen 8 bis 9.
Von *B. sempervirens*, dem gewöhnlichen europäischen Buchsbaum, gibt es viele Varianten, von denen einige gelegentlich zu kleinen Bäumen heranwachsen. *B. sempervirens* 'Handsworthensis' hat einen aufrechten, kräftigen Wuchs und große Blätter. Er läßt sich pyramiden- oder gewölbeförmig schneiden und kann dann dazu dienen, eine Wegachse zu säumen oder in Blumenbeeten formbetonte Blickfänge zu schaffen. *B. sempervirens* 'Suffruticosa' ist die bekannte zwergwüchsige Heckenpflanze. Mit ihrer Hilfe kann man formstrenge, geometrisch verbundene Muster schaffen, beispielsweise um Linien zu markieren oder Beete mit monochromer Bepflanzung abzuschließen.
▷ Niedrige bis halbhohe immergrüne Sträucher, volle Sonne oder Halbschatten, Winterhärtezonen 7 bis 9.

**Camellia**
Die Kamelien sind bekannte, etwas winterempfindliche, säureliebende immergrüne Pflanzen, die sowohl wegen ihrer glänzenden Blätter als auch wegen ihrer entzückenden weißen, rosa und roten Blüten im zeitigen Frühjahr gezogen werden (s. in den entsprechenden Kapiteln). In rauheren Klimagebieten sind sie nicht alle winterhart. Am ehesten leiden die Knospen, die sich im Herbst gebildet haben, unter strengem Frost – was man nur vermeiden kann, wenn man die Pflanze vor der frühen Morgensonne abschirmt. Es sind ausgezeichnete Topfpflanzen. Abgesehen davon, daß sie in günstigen Gegenden formlos in waldähnlichen Anlagen gepflanzt werden, haben sie merkwürdigerweise in den Vorstädten größere Verbreitung gefunden – vielleicht nur, weil geschäftstüchtige Gärtner sie in der Stadt fertig in Containern verkaufen.
Als regelmäßig geformte große Büsche werden sie zu auffälligen Strukturmerkmalen, insbesondere in

Ein beschnittener *Buxus sempervirens* 'Suffruticosa'

*Bergenia cordifolia*

einer Winterlandschaft, wenn sie neben Gruppen laubabwerfender Sträucher gepflanzt wurden. Im Sommer steht die Qualität der grünen Blätter mit glatter, glänzender Oberfläche im Gegensatz zu sanften, matten Blattpflanzen. Man kann die Kamelien einsetzen, um in einem formstrengen Garten dunkle Akzente zu setzen, oder sie bei günstigen Klimabedingungen auch lose verteilt in ein Waldstück pflanzen.
▷ Hohe immergrüne Sträucher, Halbschatten oder Schatten, Winterhärtezonen 7 bis 9.

**Carpinus,** Weißbuche, Hainbuche
*C. betulus* läßt sich als Einzelexemplar pflanzen oder für eine Hecke oder schattige Laube verwenden. Sie reagiert gut auf kräftigen Schnitt und bildet dichte, reichverzweigte Dickichte mit scharfen Umrissen. Das Laub, das oberflächlich gesehen dem der Buche ähnelt, ist im Frühjahr blaßgrün. Die Blätter sind geriffelt und am Rand gesägt und werden im Spätsommer dunkel grünlichbraun. Im Herbst hängen die Früchte in schmucken Ketten herab. *C. betulus* 'Fastigiata' ist ein aufrechter pyramidenförmiger Baum, der für formstrenge Pflanzungen wichtig ist. Im Laufe der Zeit entwickelt sich eine graue, mit Rillen versehene Rinde.
▷ Halbhohe sommergrüne Bäume und Sträucher, volle Sonne oder Halbschatten, Winterhärtezonen 7 bis 9.

*Cedrus deodara*

*Choisya ternata*

**Ceanothus,** Säckelblume
Diese winterempfindlichen Sträucher, die vorwiegend wegen ihrer blauen Blüten im Frühjahr, Sommer und Herbst gezogen werden, haben attraktive dunkel- und blaßgrüne Blätter. Sie lassen sich durch Formschnitt an einer warmen Mauer hochziehen und bilden dann einen reizvollen Gegensatz zu den eher freiwachsenden Gestalten der Waldrebe und anderer Rankenpflanzen (s. auch »Blau«).
▷ Halbhohe immergrüne Sträucher, volle Sonne, Winterhärtezonen 7 bis 9.

**Cedrus,** Zeder
Wenn man als Gärtner Glück hat, »erbt« man eine majestätische Libanonzeder, *C. libani*, mit dunklen Nadeln, oder eine Himalajazeder, *C. deodara*, mit hängendem Wuchs und blassen Nadeln: Ein junger Baum würde fünfzig Jahre brauchen, um eine breite Krone zu entwickeln. Die »blau« benadelten Formen bringen oft eine dissonante Note in den Garten oder die Landschaft hinein.
▷ Hohe immergrüne Koniferen, volle Sonne, Winterhärtezonen 7 bis 9.

**Chiastophyllum,** Walddickblatt
*C. oppositifolium* (syn. *Cotyledon simplicifolia)* hat sukkulente, kleine dunkelgrüne Blätter, die im Winter bronzegetönt sind, und ist als dichte Einfassung am Vorderrand einer Rabatte nützlich. Es sieht wie eine zwergenhafte und zarte Bergenie aus und fühlt sich in der Sonne wie im Schatten wohl. Die gelben, überhängenden Blütenrispen auf 20 cm langen Stielen entstehen überreich im Spätsommer (s. »Reines Gelb«).
▷ Immergrüne Staude, 10 cm, volle Sonne oder Schatten, Winterhärtezonen 6 bis 9.

**Choisya,** Orangenblume
*C. ternata*, die mexikanische Orangenblume, muß zu den begehrenswertesten Gartensträuchern gerechnet werden, sie ist für formstrenge wie auch für formlose Pflanzungen geeignet. Vom Aufbau her gesehen, läßt sie sich gut mit massivem Steinwerk verknüpfen. Im Frühjahr ist sie mit duftenden Blüten bedeckt (s. »Weiße Töne«). Die aromatischen glänzenden Blätter sind so feinstrukturiert und mit wechselndem Licht gemustert, daß sie nie nüchtern oder langweilig wirken. In den meisten Gärten bevorzugt die Pflanze eine warme, südwärts gerichtete Mauer, doch kann sie auch im Schatten gedeihen.
▷ Halbhoher immergrüner Strauch, volle Sonne oder Halbschatten, Winterhärtezonen 7 bis 9.

**Cordyline**
*C. australis*, mit ihren interessanten schwertartigen Blättern in palmenähnlichen Wedeln, ist nicht winterhart. In einem durchschnittlichen Garten blüht sie selten, in günstigen Gegenden aber entstehen die Rispen duftender, hängender cremeweiß getönter Blüten im Frühjahr. Oft wird sie als Topfpflanze gezogen, die eine exotische, tropische Atmosphäre vermittelt (s. auch »Dunkles Rot: Blattwerk«).
▷ Halbhoher immergrüner Strauch oder niedriger Baum, volle Sonne, Winterhärtezonen 8 bis 9.

**Cotinus,** Perückenstrauch
*C. coggygria*, auch als Fisettholz bezeichnet, hat rundliche grüne Blätter, die feine Herbstfarben in Orange- und Rosatönen bekommen, und trägt im Sommer rehbraune Blütenrispen. Der winterharte Strauch gedeiht in jedem Boden und wächst gelegentlich in einem Waldstück oder einer Rabatte zu den Ausmaßen eines Baumes heran. In einem Garten bescheidener Größe kann man ihn – ähnlich wie eine Magnolie – als Einzelexemplar auf den Rasen pflanzen, zusammen mit Frühjahrs- und Herbstwiebeln, die zufrieden unter seinem Laubdach blühen.
*C. obovatus* (syn. *C. americanus)* hat bronzepurpurne Blätter, die sich im Sommer zu einem blassen reinen Grün verändern und im Herbst lebhaft scharlach-, weinrot und orange werden.
▷ Hohe sommergrüne Sträucher, volle Sonne oder Halbschatten, Winterhärtezonen 4 bis 9.

**Cotoneaster,** Zwergmispel
Die Zwergmispeln pflanzt man wegen ihrer Früchte- und Herbstfarben wie auch wegen ihrer verschiedenen Wuchsformen – aufrecht, mit waagerechten Ästen oder niederliegend. Die größeren Arten bilden formlose Hecken und Windschutzanlagen. Alle haben dunkelgrüne Blätter; zu manchen gibt es panaschierte Formen. *C. dammeri* wächst in Bodennähe; die langen kriechenden Triebe mit weißen Blüten und später siegelwachs-roten Beeren können niedrige Hänge bedecken oder unter Sträuchern und Bäumen Teppiche bilden.
▷ Niedriger immergrüner Strauch, volle Sonne oder Schatten, Winterhärtezonen 6 bis 10.
*C. horizontalis* hat ausladende Zweige, die in mittlerer Höhe ein grätenähnliches Muster bilden. Er gedeiht auf nordwärts gerichteten Standorten, besonders gut vor einer Mauer, und bekommt im Herbst satte Früchte- und Blätterfarben.
▷ Halbhoher sommergrüner Strauch, volle Sonne oder Schatten, Winterhärtezonen 6 bis 10.
*C. lacteus* hat ovale, ledrige Blätter, die auf der Unterseite grau und behaart sind. Dieser Strauch wird hoch. Beide Seiten der Blätter sind sichtbar, so daß insgesamt ein blasser, fein gemusterter Eindruck entsteht. In Glasnevin, Dublin, bildet diese Pflanze eine dichte 3 m hohe Hecke, doch ist das ein Ausnahmefall.
▷ Hoher immergrüner Strauch, volle Sonne oder Schatten, Winterhärtezonen 6 bis 10.

**Cupressus,** Zypresse
Die Echte Zypresse, *C. sempervirens*, wächst in der Form, in der wir sie vor allem aus Italien kennen: als schlanke Säule mit dicht gewebtem Laub. Sie wirkt dunkel, wenn sie sich in ihrer Heimat von Oliven-

bäumen und Pinien abhebt, die selber blaß sind, sieht aber graugrün aus, wenn sie vor dunklen Eiben steht. Das Laub duftet und erinnert an den Duft der Macchie bei warmer Sonne. In kühleren Gegenden, wo sie nicht zuverlässig winterhart ist, sollte an ihrer Stelle *Juniperus communis* 'Hibernica' eingesetzt werden.
▷ Halbhohe immergrüne Konifere, volle Sonne, Winterhärtezonen 7 bis 9.

**Danaë,** Alexandrinischer Lorbeer
*D. racemosa* hat leuchtende, glänzende schmale Blätter an gebogenen Zweigen. Die winzigen Blüten bringen nach einem warmen Sommer orangerote Früchte hervor. Der Strauch ist winterhart, gedeiht jedoch bestens im warmen und feuchten Schatten. Die anmutige bambusähnliche Pflanze ist heute selten in den Gärtnereien zu bekommen, weil sie sich nur langsam vermehren läßt.
▷ Niedriger immergrüner Strauch, Schatten, Winterhärtezonen 7 bis 9.

**Epimedium,** Elfenblume, Sockenblume
Alle Elfenblumen sind Zierpflanzen mit grünen Blättern, die im Herbst und Winter rosa- und bronzefarben getönt sind. Die eher winterharten und kleineren Elfenblumen sind gute Gartenpflanzen, *E. perralderianum* jedoch ist immergrün, so daß hier die winterlichen Farbtöne den größten Vorteil bieten. Die Blätter sind groß, glänzend und leicht gezähnt. Die Pflanze kann in der Sonne oder im Schatten dichte Teppiche bilden; am günstigsten ist es, wenn man Platz genug hat, um eine größere Zahl von Pflanzen dichtgedrängt zu setzen. Sie wirken dann auch unkrauthemmend.
▷ Immergrüne Staude, 30 cm, volle Sonne oder Schatten, Winterhärtezonen 7 bis 9.

**Escallonia**
Die Escallonien sind Sträucher mit glänzenden Blättern, die auf einen geschützten Garten angewiesen sind. Einige bilden überhängende Gestalten und eignen sich für formlose Hecken, andere wachsen pyramidenförmig und werden hoch. Die reizvollen Blüten sind rot, rosa oder weiß. *E.* 'Iveyi' bildet regelmäßig geformte »Strebepfeiler« vor einer sonnigen Mauer, die im Sommer mit hübschen aufrechten Blütenrispen in Weiß bedeckt sind (s. »Weiße Töne«). In einem kleinen Garten müssen die verholzten Zweige alle paar Jahre zurückgeschnitten werden. Der Strauch wird leicht durch Frost geschädigt, man muß ihn dann bis auf das alte Holz zurückschneiden, und er wird neu austreiben.
▷ Hohe immergrüne Sträucher, volle Sonne, Winterhärtezonen 8 bis 9.

**Euphorbia,** Wolfsmilch
*E. robbiae* ist fast die einzige Wolfsmilch mit echten grünen Blättern. Sie ist sehr nützlich, weil sie sich in trockenem, unwirtlichem Schatten ausbreitet. Die schmalen dunkelgrünen Blätter bilden einen Gegensatz zu den lindgrünen Hochblättern der Blüten, die lange Zeit an der Pflanze zu sehen sind (s. »Reines Gelb: Frühsommer«). Da sich die Wolfsmilch durch unterirdische Sprosse verbreitet, kann sie auch lästig werden, wenn sie in guten, freiliegenden Boden gepflanzt wurde.

▷ Immergrüne Staude, 30 bis 60 cm, volle Sonne oder Halbschatten, Winterhärtezonen 7 bis 9.

**Fagus,** Buche
Das mehrschichtige Laubdach der Buchen läßt kaum Licht hindurch, und die stark ausgebreiteten oberirdischen Wurzeln machen kleineren Nachbarpflanzen das Überleben schwer. Und doch ist die Buche von allen landschaftsbestimmenden Bäumen der vornehmste und anmutigste. Die frischgrünen Blätter im Frühjahr bilden einen vorzüglichen Hintergrund für jede Gartenbepflanzung oder auch für Hecken und Gräben, die mit Wildblumen angefüllt sind.
Die gewöhnliche, bei uns heimische Rotbuche, *F. sylvatica*, läßt sich allerdings auch als attraktive dichte Hecke ziehen. Das Frühjahrsgrün wird im Sommer schwer und trübe, doch bieten die lederbraunen abgestorbenen Blätter, die im Winter noch an den Ästen bleiben, eine neue Farbdimension. Sie verbinden sich sanft-harmonisch mit den winterbraunen Blütenstielen, dem Moos und der braunen Erde. Grüne Buchen lassen sich mit der purpurnen *F. sylvatica* 'Riversii' (s. »Kräftiges Rot«) zu einer gemusterten Hecke verknüpfen.
▷ Hoher sommergrüner Baum oder Hecke, volle Sonne oder Halbschatten, Winterhärtezonen 4 bis 8.

**Fatsia**
*F. japonica*, die oft als Topfpflanze gezogen wird, hat sattgrüne, glänzende Blätter, deren handförmig gelappte Spreite am Rand grob gezähnt ist. Die Pflanze ist ziemlich winterhart, wird aber besser an einer Nordwand wachsen. Die Blütenrispen im Spätsommer sind jedes Jahr wieder eine Überraschung (s. »Weiße Töne«).
▷ Hoher immergrüner Strauch, Schatten, Winterhärtezonen 8 bis 10.

**Garrya**
*G. elliptica* hat wundervolle lange graugrüne Kätzchen, die den Busch wie ein zarter Vorhang einhüllen. Die männliche Form *G. elliptica* 'James Roof', mit besonders langen Kätzchen, ist am besten. Die Blätter sind dunkel und glänzend, am Rand gewellt, blaß gefärbt und an der Unterseite wollig behaart. Obwohl es sich um einen ausgezeichneten schattenliebenden Strauch handelt, dörrt das Laub leider oft durch heftige Frühlingswinde stark aus.
▷ Hoher immergrüner Strauch, Schatten, Winterhärtezonen 7 bis 9.

**Griselinia**
*G. littoralis* wächst bei günstigem Klima zu den Ausmaßen eines Baumes heran, wird aber oft besser für offene Hecken verwendet. Die apfelgrünen, ledrigen Blätter an dunklen Stielen sind außergewöhnlich (s. auch »Reines Gelb: Blattwerk«). Als benachbarte Blütenfarben sollten verwandte blasse Gelbtöne oder scharf abgesetzte komplementäre Malventöne gewählt werden. Im Frühjahr sehen der Gemeine Hundszahn, *Erythronium dens-canis*, und das purpurblütige Immergrün, *Vinca*, zu ihren Füßen wunderschön aus. Später kann man dichtgedrängt zartviolett-zartpurpurne winterharte Storchschnäbel und – im Spätsommer – *Hydrangea aspera*, die viele Wochen lang blüht, als Kontrast zu dem frischen, glatten grünen Laub einsetzen.

*Garrya elliptica*

*Cordyline australis*

*Fatsia japonica*

▷ Halbhoher immergrüner Strauch oder niedriger Baum, volle Sonne oder Schatten, Winterhärtezonen 7 bis 9.

**Gunnera**
*G. manicata* bringt die größten Blätter hervor, die in gemäßigten Breiten überhaupt heranwachsen, manchmal 3 m im Durchmesser. Sie sind bräunlichgrün, nierenförmig und mit Furchen und Falten versehen. In einem kleinen Garten läßt sich an ihrer Stelle der Zierrhabarber *Rheum palmatum* verwenden. Die jungen Triebe der *Gunnera* können im Frühjahr durch Frost beschädigt werden. Die Pflanze braucht Feuchtigkeit und reichlich Dünger. Schlüsselblumen und Prachtspieren mit rosa und roten Blüten sollten in großer Fülle in ihrer Nähe gepflanzt werden. Auch schlichtes, grobes Gras bildet eine gute »Kulisse« für sie, vielleicht in formlosem Wuchs bis an den Rand eines ruhenden Gewässers geführt, in dem sich die große Blattpflanze spiegeln kann.
▷ Sommergrüne Staude, 1,80 m, volle Sonne oder Schatten, Winterhärtezonen 8 bis 10.

**Hedera,** Efeu
Der Efeu, der gewöhnlich als enganliegender Vorhang an Mauern hochgezogen wird – wobei er sich mit Luftwurzeln anheftet – oder auch als dichter Bodendecker, kann die verschiedensten Blattformen und -farben haben (s. »Weiße Töne« sowie »Reines Gelb: Blattwerk«).
Bei *H. colchica* sind die Blätter herzförmig; es sind die größten innerhalb der Gattung. Diese Art wie auch ihre panaschierte Sorte wächst üppig und rasch, bildet aber keine dichte Bodendecke. *H. helix*, der eigentliche Efeu, hat variable Blätter, die manchmal herzförmig und klein, manchmal pfeilförmig sind und in verschiedenen Farben gemustert sein können. Aus Stecklingen, die man von Trieben aus der Höhe abnimmt, in der Blüten entstehen, bilden sich kräftige, blühende, baumartige Sträucher, die sich gut für Gruppenpflanzungen eignen. *H. hilix* 'Hibernica' hat große dunkle Blätter und ist kräftig; diese Art gedeiht unter fast jeder Bedingung und bildet eine nützliche Bodenbedeckung. *Hedera helix* 'Baltica' ist viel eher winterhart und hat kleine, anmutige, dichtsitzende Blätter. *Hedera helix* 'Conglomerata Erecta' klettert nicht, er hat runzelige, gewellte Blätter, die graugrün gesprenkelt sind.
▷ Immergrüne Kletterpflanzen, Halbschatten oder Schatten, Winterhärtezonen 7 bis 9.

**Helleborus,** Nieswurz
Die Blätter der Nieswurz-Arten, die immer- oder sommergrün sein können, sind alle schön, tief geteilt und idealer Bodendecker in schattigen Beeten. Von den sattgrünen Blättern heben sich die feinen Blütenfarben ab, die grün, rahmweiß, satt pflaumenfarben, purpurn und zartviolett sein können. Alle *Helleborus*-Arten reagieren gut auf reiche Düngung. Trotz der Schönheit von Blättern wie Blüten sehen sie am besten bei einer einfachen waldähnlichen Pflanzung aus; Schlüsselblumen, Veilchen und Schneeglöckchen lassen sich auf natürliche Weise mit ihnen vermischen.
*H. corsicus*, der vor dörrendem Wind und Frost geschützt werden muß, hat ein bemerkenswertes Blattwerk. Die Pflanze bildet strauchartige Hügel aus graugrünen Blättern, die geädert, am Rand stachelig und in drei Teile gegliedert sind. Die Blütenstände bestehen aus nickenden Bechern, die im Frühjahr aufwärts gerichtet sind, eine blasse, cremeweiß getönte grüne Farbe haben und lange ansehnlich bleiben.
▷ Immergrüne Staude, 60 cm, Schatten, Winterhärtezonen 6 bis 9.
Die Hybriden von *H. orientalis* blühen über attraktiven Blättern vom Ende des Winters bis zum Frühsommer.
▷ Immergrüne Staude, 45 cm, Schatten, Winterhärtezonen 6 bis 9.

**Helxine**
*H. soleirolii* (heute *Soleirolia soleirolii*) ist eine kriechende, halb-winterharte, ausdauernde Pflanze, die sich hervorragend eignet, um flache und senkrechte Steinflächen zu bedecken. Die winzigen Blätter sitzen dicht, die kleinen rosa Stengel bewurzeln sich im Verlauf ihres Wachstums. Die Pflanze ist als Bodendecker ideal für einen warmen, feuchten Winkel, sie wächst üppig und fast so glatt wie Gras.
▷ Immergrüne Staude, 2,5 cm, Schatten, Winterhärtezonen 8 bis 10.

**Hemerocallis,** Taglilie
Die Taglilien haben grasartige Blätter, die blaßgelb oder golden sind, wenn sie im Frühjahr austreiben (s. »Reines Gelb: Blattwerk«), und später grün und bogenförmig werden; sie bilden dann große dekorative Bündel. Die lilienähnlichen Blüten der modernen Hybriden bieten ein gutes Farbspektrum von reinem Gelb über Orange und Aprikosenfarbe bis hin zu Lederbraun und Bronze während des ganzen Sommers.
*H. fulva* 'Kwanso Flore-Pleno' (syn. *H. disticha* 'Flore Pleno') zeigt Frühlingsblätter, die so leuchtend sind wie das goldene Flattergras und grasgrün werden, bevor im Sommer die duftenden, orangefarbenen gefüllten Blüten erscheinen. Es ist eine der alten Lieblingspflanzen der Bauerngärten, und das durchaus nicht grundlos. Die absterbenden Blätter sehen unordentlich aus, man sollte ihnen aber Winterschutz geben, bis im zeitigen Frühjahr das neue Wachstum beginnt.
▷ Sommergrüne Staude, 1,20 m, volle Sonne oder Schatten, Winterhärtezonen 6 bis 9.

**Hosta,** Funkie
Die Funkien sind unschätzbare Blattpflanzen, besonders im Schatten im tiefgründigen, nährstoffreichen Boden, obwohl sie auch in der Sonne und in Kübeln gezogen werden können, wenn sie ausreichend feucht gehalten werden. Die kühnen Blätter sind grün, bläulichgrün oder scheckig. Unter den grünblättrigen Funkien hat *H. fortunei* lange, zugespitzte, am Rand gewellte Blätter in Salbeigrün; die fliederfarbenen Blüten stehen auf langen Stielen. *H. plantaginea* hat leuchtend grüne, glänzende, gebogene herzförmige Blätter. Im Spätsommer erscheinen die duftenden marmorweißen, lilienähnlichen Blüten auf langen Stielen (s. »Weiße Töne«). Diese Funkie stellt eine prachtvolle Topfpflanze dar. Die Blüte läßt sich beschleunigen, wenn man sie gut gießt und warmhält. Die Blätter vom zeitigen Frühjahr an sehen schön aus (s. auch »Blau: Blattwerk«).
▷ Sommergrüne Stauden, 60 cm, volle Sonne oder Schatten, Winterhärtezonen 5 bis 10.

**Hydrangea,** Hortensie
Die Gattung der Hortensien ist umfassend. Die meisten ziehen tiefen, satten Boden und etwas Schatten

*Gunnera manicata*

vor, obgleich die kleineren Strauchformen oft in Kübeln gedeihen können.

*H. petiolaris*, die kletternde Hortensie, zählt zu den besten Pflanzen, wenn man eine schattige Mauer bekleiden oder bloße Erde dick bedecken will. Man braucht nur das horizontale Wachstum zu fördern. Die fein gezähnten Blätter sitzen an rauhen braunen Stielen, und die grünlichweißen flachen Doldentrauben wandeln sich zum Winter in attraktive Samenstände.

▷ Sommergrüne Kletterpflanze, Halbschatten oder Schatten, Winterhärtezonen 4 bis 9.

*H. quercifolia*, die Eichenblättrige Hortensie, ist eher frostempfindlich; ihre gelappten grünen Blätter nehmen im Herbst bronzene und rote Töne an. Die Blüten im Spätsommer stehen in großen weißen Doldentrauben zusammen (s. auch »Weiße Töne: Spätsommer«).

▷ Halbhoher sommergrüner Strauch, Halbschatten oder Schatten, Winterhärtezonen 4 bis 9.

**Hypericum,** Johanniskraut

Da die eher reizvollen blassen Unterseiten der Blätter selten zu sehen sind, wirkt das Blattwerk der meisten Johanniskräuter ziemlich eintönig grün, ruhig und bescheiden; nur im Sommer wird es von den becherförmigen gelben Blüten (s. »Reines Gelb«) zum Leuchten gebracht. Das durchschnittliche Erscheinungsbild der Blätter macht aber auch ihren besonderen Wert als ruhiger Hintergrund für leuchtende Farben aus.

*H. calycinum* verbreitet sich durch unterirdische Rhizome; dadurch ist die Pflanze besonders nützlich als dichte Decke auf steilen Hängen oder auf unwirtlichem Boden unter Bäumen. Wenn man sie in Massen in gleicher Höhe pflanzt, ergibt sich ein kräuselwellen-ähnlicher Eindruck, der gut zu freifließenden modernen Gebäudeformen oder Straßenrändern paßt.

▷ Immergrüne Staude, 30 cm, Schatten, Winterhärtezonen 5 bis 9.

*H.* 'Hidcote' ist ein regelmäßig geformter Busch, der einer nordwärts gelegenen Rabatte Festigkeit verleiht. Im Spätsommer ist er mit goldgelben schalenförmigen Blüten bedeckt.

▷ Halbhoher immergrüner Strauch, volle Sonne oder Schatten, Winterhärtezonen 6 bis 9.

**Iberis,** Schleifenblume

*I. sempervirens* ist eine alte Bauerngartenpflanze mit dunkelgrünen Blättern, die im Frühjahr mit weißen Blüten bedeckt ist (s. »Weiße Töne«). Eine Gruppe am Vorderrand einer Rabatte ist immer wirkungsvoll, besonders wenn sie als Farbverbindung zu einer dunklen Hecke im Hintergrund dient. Es gibt etliche gute Gartenzüchtungen mit rosagetönten und gefüllten Blüten.

▷ Immergrüne Staude, 23 cm, volle Sonne, Winterhärtezonen 4 bis 8.

**Ilex,** Stechpalme

Einige Stechpalmen haben glatte oder stachelige Blätter in glühendem Grün, andere haben in Gold oder Silber gemusterte Blätter. Die einen wachsen aufrecht und zeigen ihre grünen, schwärzlichen oder rötlich purpurnen Zweige; die anderen wachsen in Hängeform und bilden dichte Pyramiden, die bis

*Hydrangea petiolaris*

*Hypericum calycinum*

*Hosta plantaginea*

zum Boden mit Laub bekleidet sind und interessante Gestaltungsmerkmale in einem Garten darstellen. Wie die Gemeine Eibe reagiert auch die Stechpalme gut auf kräftigen Schnitt. *Ilex* läßt sich zu dichten Hecken heranziehen, insbesondere wenn man die dornenlosen Varianten einsetzt, bei denen es weniger schmerzhaft wird, wenn man unter ihnen arbeiten muß. Oder man bringt die Pflanze durch Schnitt in eine feste, geometrische Turm- oder Säulenform, die dazu dienen kann, einen Weg zu säumen oder einen »Stützpfeiler« an einer Mauer zu bilden, der fast so beeindruckend wirkt wie ein Pilaster an einem Kirchengebäude.

*I.* × *altaclarensis* 'Camelliifolia' hat dornenlose, glänzende, dunkelgrüne Blätter an purpurnen Stielen. Sie sollte so gezogen werden, daß das Laub beleuchtet wird.

*I. aquifolium* 'J.C. van Tol' wird häufig als Hecke gezogen und wirkt am besten, wenn man sie so schneidet, daß sie von oben nach unten breiter wird. Als Einzelexemplar prunkt sie im Winter mit reichlichen scharlachroten Beeren.

▷ Hohe immergrüne Sträucher oder Bäume, volle Sonne oder Halbschatten, Winterhärtezonen 6 bis 9.

**Itea**

*I. ilicifolia* hat dunkle, glänzende, stechpalmenähnliche Blätter an bogenförmigen Zweigen. Der Gesamteindruck ist licht und luftig, im Gegensatz zu der massigen Wirkung vieler Immergrüner. Im Spätsommer sind die Äste voller kätzchenförmiger Ähren aus wohlriechenden grünlichen Blüten. Der Pflanze tut es gut, wenn sie durch eine Mauer geschützt wird.

▷ Hoher immergrüner Strauch, volle Sonne oder Schatten, Winterhärtezonen 8 bis 10.

**Juniperus,** Wacholder

Die meisten Koniferen ziehen tiefgründigen, sauren Boden und reichlich Feuchtigkeit vor, aber glücklicherweise gedeihen die Wacholder, wie auch die Eiben, auf flachen, alkalischen Erdmischungen an Standorten, die Wind und Sonne ausgesetzt sind. Der Gemeine Wacholder, *J. communis*, der in Europa heimisch ist, wird von Gertrude Jekyll folgendermaßen beschrieben: »Seine zart-geheimnisvolle Schönheit in der Farbe… auf seine Art ebenso zierlich-fein wie eine Wolke oder ein Nebelstreif… sehr wenig von einem ausgesprochenen Grün; die Spur einer warmen Farbe in den schattigen Höhlungen und blaugraue Blüten der zartesten Qualität, die man sich auf den äußeren Massen eines Blatt- oder Nadelwerks überhaupt nur vorstellen kann.« Die Wacholder haben im Jugendalter deutlich nadelförmige Blätter, die bei einigen Arten an alten Pflanzen genauso bleiben, bei anderen aber zu schuppenähnlichen Blattgebilden vom Zypressen-Typ heranreifen. Sie wachsen nur langsam – was einen stören kann, wenn man eine bestimmte optische Wirkung erreichen will, aber in einem Garten bescheidener Größe eine wertvolle Eigenschaft darstellt. Wie die Eiben bekommen sie Früchte, nicht verholzte Zapfen, und unterscheiden sich dadurch deutlich von anderen Koniferen.

*J. communis* 'Hibernica' bildet als Einzelexemplar dichtgewobene, fast bläulichgrüne, bleistiftschlanke Sträucher, die sich im Alter verbreitern und damit attraktiver, aber weniger kunstvoll werden, so daß sie dann einem Garten den Eindruck echter Reife verleihen.

▷ Halbhohe immergrüne Konifere, volle Sonne, Winterhärtezonen 3 bis 9.

Zu *J. chinensis*, dem China-Wacholder, und *J. virginiana*, der »Rotzeder«, gibt es etliche abweichende

*Pachysandra terminalis*

*Magnolia grandiflora*

Gartensorten. Farbe und Feinstruktur der Nadeln sollten passend zu den Begleitpflanzen ausgewählt werden. Am bekanntesten von der letztgenannten Art ist vielleicht *J. virginiana* 'Skyrocket' – sehr schlank, hoch und mit graugrünen Nadeln.
▷ Halbhohe immergrüne Koniferen, volle Sonne, Winterhärtezonen 4 bis 9.
*J.* × *media* 'Pfitzerana' ist ein ausladender Strauch mit überhängenden Spitzen am Ende der fast horizontalen, leicht ansteigenden Äste. An diesen kräftigen Armen sitzen altersgemischte Nadeln, schuppenartige ältere, deren Farbe von den graugrünen jungen Nadeln der neuen Triebe aufgehellt wird. Dieser Wacholder wird oft zur Landschaftsgestaltung gepflanzt, und wenn er in größerer Fülle gesetzt wurde, ergibt sich ein Kräuselwellen-Eindruck mit wechselnden Höhen und Tiefen und weich gegliederter grüner Farbe. Es sei auch empfohlen, ihn an steilen Hängen und Böschungen großflächig als guten Bodendecker zu pflanzen.
▷ Hohe immergrüne Konifere, volle Sonne oder Halbschatten, Winterhärtezonen 4 bis 9.
*J. procumbens*, der kriechende Wacholder, bildet einen niederliegenden Teppich, der kaum mehr als 30 cm hoch wird; ein reizvoller Gegensatz zu Steinen oder Ziegeln, wenn die niedrigen Äste mit den scharfen Nadeln in bläulichem Grün über sie kriechen und eine gute Pflanze für kleine Gärten.
▷ Immergrüne Zwerg-Konifere, volle Sonne oder Schatten, Winterhärtezonen 4 bis 9.

**Kirengeshoma**
*K. palmata* ist eine Pflanze von großer Würde, die in einer Blattpflanzenrabatte vornehm wirkt, in der die Erde allerdings nährstoffreich, feucht und leicht sauer sein muß. Die wunderschönen weinähnlichen Blätter in blassem Grün sitzen an dunklen, ebenholzschwarzen Stielen – ein angenehmer Gegensatz zu dem grob getönten Blattwerk von Schaublattpflanzen und den anmutig gerunzelten Blattspreiten der Funkien. Im Spätsommer sind es die glockenförmigen Blüten in sanftem Gelb, eher pastellartig, nicht leuchtend (s. »Reines Gelb«), die das harmonische Bild aus Pflanzengestalt, Blatt und Blüte vervollkommnen.
▷ Sommergrüne Staude, 90 cm, volle Sonne oder Halbschatten, Winterhärtezonen 6 bis 9.

**Laurus,** Lorbeerbaum
*L. nobilis*, die altüberlieferte sonnenliebende immergrüne Pflanze, gedeiht bei günstigem Klima und läßt sich zu Hecken oder Lauben schneiden. In einem kalten Garten geht es nicht ohne Schutz durch eine Mauer. Die aromatischen Blätter, die bei vielen Gerichten zum Würzen verwendet werden, sind dunkel und glänzend und werden von den dichtstehenden Zweigen in verschiedenen Winkeln getragen, so daß sich reizvolle Lichtmuster ergeben (s. auch »Reines Gelb: Blattwerk«).
▷ Hoher immergrüner Strauch, volle Sonne, Winterhärtezonen 7 bis 10.

**Ligustrum,** Liguster, Rainweide
Der Liguster, der in seiner gewöhnlich anzutreffenden Heckenform nicht immer geschätzt wird, wirkt augenfällig und attraktiv, wenn man die Sorten mit glänzenden Blättern aus China und Japan ausgewählt hat. Die panaschierten sehen in einer Winterlandschaft besonders farbenprächtig aus (s. »Reines Gelb«).
*L. lucidum* hat lange, zugespitzte Blätter, die anmutig getragen werden und sich im Wind bewegen, so daß ein Licht-Schatten-Geflirre entsteht. In warmen Gärten, in denen er gedeiht, kann das besänftigend wirken. Die hübschen weißen Blütenrispen werden im Spätsommer hervorgebracht. Anziehend wirkt auch die gerillte Rinde eines alten Baumes.
▷ Niedriger immergrüner Baum, volle Sonne oder Halbschatten, Winterhärtezonen 8 bis 9.

**Liriope**
*L. muscari* hat grasähnliche Blätter, die in kompakten Büscheln zusammenstehen. Sie eignet sich gut als Vordergrundspflanzung im Teilschatten. Die tief purpurnen Blüten erscheinen im Spätsommer. In Kew Gardens bildet diese Pflanze eine kräftige Bodendecke.
▷ Immergrüne Staude, 30 cm, volle Sonne oder Halbschatten, Winterhärtezonen 7 bis 9.

**Magnolia,** Magnolie
Die Magnolien sind zauberhaft blühende Bäume und Sträucher, die im allgemeinen in gemäßigten Breiten den Winter überstehen. Sie lieben satte, tiefe Böden und müssen vor eisigen Winden geschützt werden. Die einzeln zu setzenden Büsche der frühjahrsblütigen Arten bekommen große, pokalförmige Blüten in Rosa, Rot oder Weiß (s. in den entsprechenden Kapiteln). Die meisten sind sommergrün, *M. delavayi* aber hat immergrüne Blätter, die so groß sind wie die von *Rhododendron sinogrande*; mit ihrer exotisch anmutenden, matt meergrünen Oberfläche werden sie bis 30 cm lang und kaum weniger breit. Die Pflanze braucht Mauerschutz, d.h., die abgestrahlte Wärme fördert die duftenden cremeweißen Blüten, die sich gegen Ende des Sommers entwickeln.
*M. grandiflora* 'Goliath' hat blanke, glänzende Blätter mit rostfarbener Unterseite. Innerhalb der Gattung ist diese Sorte am meisten kalktolerant. Vor einer warmen Mauer wächst sie zu baumähnlichen Ausmaßen heran und bringt zuweilen in Abständen im Sommer und im Herbst die rahmfarbenen Blüten hervor.
▷ Hohe immergrüne Sträucher, volle Sonne, Winterhärtezonen 8 bis 10.

**Mahonia,** Mahonie
Die Mahonien haben große grüne oder graue Fiederblätter, deren ledrige Blättchen am Rand gesägt, oft auch bedornt sind. Dieses hübsche Blattwerk umrahmt die wohlriechenden, maiglöckchen-ähnlichen Blüten in Trauben, die hauptsächlich im Winter und zeitigen Frühjahr den Strauch zieren (s. »Reines Gelb«). Die besten Arten kommen nicht ohne Schutz aus, einige moderne Hybriden aber sind winterhart und kräftig.
*M. aquifolium* bildet im Schatten eine hervorragende Decke; die blanken grünen Blätter nehmen im Winter purpurne und rote Töne an.
▷ Niedriger immergrüner Strauch, Schatten, Winterhärtezonen 6 bis 9.

**Miscanthus**
*M. sinensis* hat anmutige aufrechte Stengel, die im Hintergrund einer Rabatte in großen Büscheln aufragen mit ihren bräunlich silbernen federbuschähnlichen Rispen, die sich im Spätsommer öffnen. Man pflanzt ihn in nährstoffreichen Boden, beispielsweise vor den Hintergrund einer dunklen Eibe.
Die Sorte *M. sinensis* 'Silver Feather' blüht zuverlässig jedes Jahr, mit hängenden Rispen in einem zartrosa Braun.
▷ Sommergrüne Staude, 1,80 m, volle Sonne, Winterhärtezonen 6 bis 9.

**Myrrhis**
*M. odorata*, die Süßdolde, hat wundervolle kerbelähnliche Blätter und Blüten (s. »Weiße Töne: Frühsommer«). Die Blätter duften stark nach Lakritze. Sie sollten nach der Blüte bis zum Grund zurückgeschnitten werden, um frischen Wuchs anzuregen.
▷ Sommergrüne Staude, 60 cm, volle Sonne oder Halbschatten, Winterhärtezonen 5 bis 9.

**Myrtus,** Myrte
Die Myrten gedeihen in mildem Klima und sind hervorragende Mittelmeerpflanzen, deren wachsüberzogene, glänzende Blätter salzigen Winden widerstehen. Das Blattwerk duftet bei Berührung, und die hübschen Blüten kommen im Spätsommer hervor (s. »Weiße Töne«).

*M. communis* leidet unter strengen Wintern; doch sind die dichtwachsenden, glatten, reingrünen Blätter so attraktiv, daß es sich immer lohnt, eine im Topf gezogene Pflanze im Kalthaus in Reserve zu halten. Es ist auch eine gute Kübelpflanze, die in einem kleinen Garten dieselbe strukturgebende Rolle einnehmen kann wie ein Lorbeerbaum bei größeren Raumverhältnissen.
*M. communis* ssp. *tarentina* ist eine Form mit kleinen schmalen, harten Blättern, die weniger schön aussieht, ohne Frage aber winterhärter und reichblütiger ist. Beide passen gut mit sanftgrauen Blattpflanzen aus ähnlichen Lebensräumen zusammen.
▷ Halbhohe immergrüne Sträucher, volle Sonne, Winterhärtezonen 8 bis 9.

**Osmanthus,** Duftblüte
Die Duftblüten sind nützliche, winterharte Sträucher für jeden Standort, die zu dichten, buschigen Gestalten heranwachsen, in dunklem und glänzendem Grün. Nur zwei Formen haben prunkvolle Blüten, *O. delavayi* (s. »Weiße Töne: Frühjahr«) und seine Hybride mit *O. decorus*, *O.* × *burkwoodii*, doch duften sie alle.
*O. decorus* (syn. *Phillyrea decora*) hat harte, glatte, ganzrandige Blätter, die einen dichten, gewölbten Busch bilden, der für eine formstrenge Planung ausgesprochen wichtig ist, weil er Massigkeit und Anmut mit Symmetrie verbindet. Er wächst langsam, und Stecklinge bewurzeln sich oft schlecht; deshalb ist diese Pflanze noch immer wenig verbreitet.
▷ Halbhoher immergrüner Strauch, volle Sonne oder Halbschatten, Winterhärtezonen 7 bis 10.
*O. heterophyllus* hat grüne stechpalmen-ähnliche Blätter. Es gibt Züchtungen mit purpurner Tönung und cremefarbener oder gelber Scheckung. Die jungen Triebe sind purpurhaft bläulichgrün. Der Wuchs ist aufrecht. Manchmal wird die Art als Hecke eingesetzt, sie kann aber auch zufriedenstellende Einzelbüsche bilden.
▷ Halbhoher immergrüner Strauch, volle Sonne oder Schatten, Winterhärtezonen 7 bis 10.

**Pachysandra**
*P. terminalis*, eine säureliebende Pflanze, läßt sich als Bodendecker unter laubabwerfenden Bäumen oder Sträuchern einsetzen. Sie hat rautenförmige grüne Blätter, die unaufdringlich mit dem leuchtenden Grün gemähten Grases kontrastieren. Wie Johanniskraut und Immergrün kann man *Pachysandra* in Fülle in geschwungene Beete neben moderne Gebäude oder auf steile Hänge an Schnellstraßen pflanzen.
▷ Immergrüner Zwergstrauch, Schatten, Winterhärtezonen 4 bis 9.

**Paeonia,** Pfingstrose
Die Gattung dieser dekorativen Pflanzen umfaßt eine ganze Reihe strauchiger und krautiger Formen. Die »Baumpäonien«, im allgemeinen Sorten der weiß-rosa *P. suffruticosa* oder der gelben *P. lutea*, haben strukturgebendes Blattwerk und Blüten im Frühjahr. Sie müssen eventuell vor der Morgensonne nach Frost geschützt werden.
*P. suffruticosa* hat blaßgrüne Blätter, die die Blüten stützen und für sie ein hübsches Grundraster bilden. Empfehlenswerte Züchtungen sind *P. suffruticosa* 'Duchess of Kent' mit rosa Blüten und die seltene weiße 'Rock's Variety' (s. »Weiße Töne«).
▷ Halbhohe sommergrüne Sträucher, volle Sonne oder Halbschatten, Winterhärtezonen 6 bis 9.
Die krautigen Pfingstrosen haben gute Blätter, die oft im Herbst angenehm gefärbt sind, und bilden eine ausgezeichnete Bodendecke. Die Blütenfarben reichen von einfachen cremefarbenen, gelben und scharlachroten bei den Arten bis zu den dunklen gefüllten und einfachen roten, rosafarbenen und weißen der alten Bauerngartenpflanze *P. officinalis* und den stilvollen weißen und rosafarbigen der duftenden Gartenhybriden zu *P. lactiflora*. Die letzteren sind vornehm und tragen an langen Stielen einfache Blüten, oft mit auffälligen gelben Staubgefäßen.
▷ Sommergrüne Stauden, 60 cm, volle Sonne, Winterhärtezonen 6 bis 9.
*P. tenuifolia* hat eingeschnittenes grünes, farnartiges Blattwerk in kleinem Maßstab, das hübsch und zierlich aussieht, und bekommt im Frühsommer rote Blüten.
▷ Sommergrüne Staude, 45 cm, volle Sonne, Winterhärtezonen 7 bis 9.

**Parthenocissus,** Jungfernrebe
Diese weinähnlichen Kletterpflanzen, die sich mit Ranken um einen Halt winden oder mit Haftscheiben an Oberflächen heften, besitzen reizvolle, vielfach gelappte Blätter, die im Herbst satt orange und scharlachrot werden (s. unten).
*P. quinquefolia*, der Wilde Wein, klettert in seiner Heimat Ost-USA bis in die Spitze großer Bäume und bedeckt rasch Hauswände; seine lebhaften Herbstfarben halten wochenlang an.
*P. tricuspidata* hat gewöhnlich dreilappige Blätter in tiefem Grün, leicht purpurn getönt, die im Herbst karmesin- und scharlachrot werden.
▷ Sommergrüne Kletterpflanzen, volle Sonne oder Halbschatten, Winterhärtezonen 4 bis 9.

**Phillyrea,** Steinlinde
Die sehr langsam wachsenden Steinlinden sind immergrüne Pflanzen mit ansehnlichem Blattwerk, die weitgehend außer acht gelassen werden. Ihre glitzernden Blätter bilden eine dichte Laubfülle, die sich stark zu strengen Formen zurückschneiden läßt; im 17. Jahrhundert wurden sie zu Figurensträuchern verwendet.
*P. angustifolia* wird zu einem kompakten, abgerundeten Busch mit schmalen, schlicht dunkelgrünen Blättern, die unbehaart sind.
▷ Niedriger immergrüner Strauch, volle Sonne oder Halbschatten, Winterhärtezonen 7 bis 10.
*P. latifolia* ist ein vornehmer olivenähnlicher Baum, der sich hervorragend für einen kleinen Garten eignet, wo die Steineiche, *Quercus ilex*, zu groß und beherrschend wäre und vielleicht auch zu winterempfindlich. Die kleinen Blätter glänzen im Sonnenlicht und flattern leicht bei einer Brise, zeigen dabei ihre blassere Unterseite.
▷ Niedriger immergrüner Baum, volle Sonne, Winterhärtezonen 7 bis 10.

**Phormium,** Neuseeländer Flachs
Es sind Pflanzen mit zähen, schwertartigen Blättern, die sich vom Boden fächerförmig ausbreiten. Die Blätter sind ähnlich wichtig wie die der Palmlilie. Sie können einen Flecken im Garten scharf begrenzen, Wege oder Durchgänge einrahmen oder als Kontrast zu rundlichen Büschen und freiwachsenden Stauden dienen. Die Pflanzen mögen satten, tiefgründigen Boden, der in der Wachstumszeit so feucht wie möglich sein muß, können im Winter aber um die Wurzeln keine Feuchtigkeit vertragen, die frieren könnte.

*Phormium tenax*

*Populus balsamifera × trichocarpa*

Die vielen Sorten mit farbigen und gestreiften Blättern sind im allgemeinen weniger winterhart.
*P. colensoi* hat angenehme Blätter. Es gibt viele besonders gefärbte Sorten, die heute sehr beliebt sind, um in einem kleinen Garten grüne und cremefarbene oder purpurne und rosafarbene Flecken zu schaffen.
*P. tenax* ist riesengroß; zwischen den 1,80 m langen Blättern tragen von der Basis 3 m hohe Stiele die Rispen aus trübroten bis schwarzen Blüten im Sommer. Die Sorte mit bunten Blättern in bräunlich grünem bis purpurnem Ton, der in feiner Weise mit benachbarten Grüntönen harmoniert, ist viel weniger augenfällig als die purpurnen, am Rand rosafarbigen Formen von *P. colensoi*, die sehr exotisch wirken (s. auch »Dunkles Rot: Blattwerk«).
▷ Niedrige bis hohe immergrüne Sträucher, volle Sonne, Winterhärtezonen 8 bis 10.

**Pittosporum,** Klebsame
*P. tenuifolium*, mit entzückenden, schokoladebraunen, duftenden Blüten im Frühjahr, wird im allgemeinen wegen seiner gefältelten Blätter gezogen, die gerne von Floristen verwendet werden. Die glänzenden, am Rand welligen Blätter sind blaßgrün, aber scheckig. Die purpurblättrigen Sorten bieten ein attraktives Blattwerk für Farbanlagen. In kalten Gegenden braucht dieser Klebsame Schutz durch eine Mauer; in wärmeren Gebieten wird er als hoher Windschutz eingesetzt.
▷ Hoher immergrüner Strauch, volle Sonne, Winterhärtezonen 8 bis 10.

**Populus,** Pappel
Die Pappeln sind schnellwachsende, wohlgeformte Bäume mit ausbreitungsfreudigen Wurzeln, sie eignen sich nicht für kleine Gärten. Ihre leicht erkennbaren Umrisse sind oft vertraute Garten- oder Landschaftsmerkmale.
*P. trichocarpa* aus Nordamerika wächst sehr schnell. *P. balsamifera × trichocarpa* aber wird für die beste der balsamartig duftenden Pappeln gehalten. Die großen glänzenden Blätter mit weißer Rückseite verströmen einen angenehmen Duft durch den Garten, wenn sie von einer Brise bewegt werden.
*P. lasiocarpa* aus China hat ein wunderschönes Laub, mit großen, herzförmigen grünen Blättern, rot geädert, an roten Blattstielen.
▷ Halbhohe bis hohe sommergrüne Bäume, volle Sonne oder Halbschatten, Winterhärtezonen 4 bis 9.

**Prunus**
Zu dieser umfassenden Gattung gehören zahllose kleine Bäume und Sträucher, einschließlich der Zierkirschen. Wenn es um die Blattwirkung geht, seien Kirschlorbeer und Portugiesischer Kirschlorbeer empfohlen. Der erstere, *P. laurocerasus*, ist zwar zäh und ausbreitungsfreudig, hat aber entzückendes leuchtendes, glänzendgrünes Laub, und wenn der Platz ausreicht, wirkt er sehr hübsch als füllige Hintergrundspflanzung.
▷ Hoher immergrüner Strauch, volle Sonne oder Schatten, Winterhärtezonen 7 bis 10.
*P. laurocerasus* 'Otto Luyken' ist ein niedriger, dichter Strauch mit schmalen dunklen Blättern, der im Schatten sehr nützlich ist und reichlich blüht. Durch Dreier- oder Fünfergruppen kann man kräftige Grünblöcke als Winteranblick schaffen.

▷ Niedriger immergrüner Strauch, volle Sonne oder Schatten, Winterhärtezonen 7 bis 10.
*P. lusitanica*, der Portugiesische Kirschlorbeer, hat dunkelgrüne Blätter und rote Blattstiele. Die weißen, weißdornähnlich duftenden Blüten treten im Sommer in langen Trauben auf. Es ist eine ideale formlose Heckenpflanze für die Gartengrenze, die sehr widerstandsfähig gegen Wind ist.
▷ Hoher immergrüner Strauch, volle Sonne oder Schatten, Winterhärtezonen 7 bis 10.

**Rheum,** Rhabarber
*R. palmatum* hat tief gezähnte, breite, rauhe grüne Blätter, die leicht purpurn getönt sind. Seine purpurne Züchtung, *R. palmatum* 'Atrosanguineum' (s. »Kräftiges Rot: Blattwerk«), ist tief weinrot und prunkt und glänzt, wenn die Abendsonne dahinter scheint. In ihren Ausmaßen liegen diese Zierrhabarber zwischen der riesigen *Gunnera* und dem Schaublatt. Sie sind ähnlich in Wuchs und Blattform und fühlen sich im tiefen, feuchten Boden wohl. Sie zählen zu den besten Blattstauden und konkurrieren im Ziergarten mit den Funkien. Die großen »Federbüsche« der Blüten in Weiß, Rosa oder Rot, die an die Prachtspiere erinnern, werden im Sommer hervorgebracht.
▷ Sommergrüne Stauden, 1,50 m, volle Sonne oder Halbschatten, Winterhärtezonen 7 bis 10.

**Rhododendron**
Die meisten Rhododendren sind säureliebende Sträucher. Sie können eine Waldlichtung mit ihrer Farbe im zeitigen Frühjahr zum Leuchten bringen. Zahllose Arten und Hybriden von der Zwerg- bis zur Baumgröße lassen sich dem jeweiligen Standort entsprechend einsetzen. Einige sind reizvolle, schöne Blattpflanzen als Einzelexemplar, die meisten aber sind sperrige, schwere Büsche in einem matten Grün, wenn sie nicht blühen.
*R. cinnabarinum* hat rauchig graugrüne Blätter, die einen wundervollen Hintergrund für dunkle Grüntöne bilden, und entwickelt im späten Frühjahr duftende orange Röhrenblüten (s. »Warme leuchtende Farben«).
▷ Halbhoher immergrüner Strauch, Halbschatten, Winterhärtezonen 7 bis 9.
*R. falconeri*, *R. fictolacteum*, *R. macabeanum* und das riesenblättrige *R. sinogrande* sind große Sträucher für waldartige Bedingungen. Ihre Blätter sind an der Unterseite rotbraun, zimtfarben, silbrig weiß bzw. rehbraun; alle haben cremefarbene bis gelbe Blüten.
▷ Hohe immergrüne Sträucher, Halbschatten, Winterhärtezonen 8 bis 10.
*R. scintillans* hat ledrige grüne Blätter mit grauer Unterseite und violette, fast blaue Blütenbüschel im Frühsommer (s. auch »Rosa und zartes Violett: Frühjahr«).
▷ Niedriger immergrüner Strauch, Halbschatten, Winterhärtezonen 5 bis 9.

**Rodgersia**
Die Rodgersien lieben feuchte, sumpfige Bedingungen und breiten sich rasch aus, so daß sie unkrautunterdrückende Matten bilden. Sie werden etwa 45 cm hoch und haben ein dickes grünlich bronzenes Laub, das im Sommer von weißen oder rosa Blütenbüscheln gekrönt wird.
*R. pinnata* hat tiefgrüne gefiederte Blätter, die im Frühsommer bronzeähnlich getönt sind. Die Züchtung *R. pinnata* 'Superba' hat sogar noch dunklere Blätter und große Rispen aus rosa Blüten (s. »Rosa und zartes Violett«).
*R. podophylla* ist am meisten trockenheits-tolerant und zeigt eingeschnittene dreieckige Blätter mit blütenförmigen gezackten Lappen sowie ledergelb getönte weiße Blüten (s. »Weiße Töne«). Die Pflanze harmoniert schön mit kleinen graublättrigen Weiden, Schlüsselblumen und Prachtspiere.
*R. tabularis* (heute *Astilboides tabularis*) ist ganz anders, mit seinen glatteren Blättern, die einem blaßgrünen Regenschirm ähneln, und cremefarbenen Blüten. Diese Art gewöhnt sich nur langsam ein, aber es lohnt sich, darauf zu warten, wenn die Stauden flächig in Fülle gepflanzt wurden, um die bestmögliche Wirkung zu erzielen.
▷ Sommergrüne Stauden, 90 cm, volle Sonne oder Halbschatten, Winterhärtezonen 5 bis 8.

**Rosa,** Rose
Die Rosen – gleich, ob als Busch, als Strauch oder als Kletterpflanze – werden hauptsächlich wegen der Schönheit der Blütenfarben und -formen gezogen (s. »Rosa und zartes Violett: Frühsommer«), aber vor allem unter den Sträuchern gibt es solche, deren Wuchsform und Laub zusätzlichen Reiz bieten.
*R. pimpinellifolia* (syn. *R. spinosissima*), die Bibernellrose, hat tiefgrüne Fiederblättchen, die einen farnartigen Eindruck hervorrufen; zwischen ihnen fügen im Frühsommer die entzückenden weißen oder rosa Blüten blasse Farbe hinzu. Ähnliche Strauchrosen haben oft gebogene Stiele, manchmal rötlich oder braun, und kleine gelbe Blüten, die süß duften. Zu den besten zählen wohl die Art *R. xanthina* und die Hybride *R.* 'Canary Bird'.

*Rhododendron falconeri*

*R. rugosa* hat attraktive runzelige, apfelgrüne Blätter an stachelbewehrten Zweigen und kann dichte, undurchdringliche Hecken bilden. Das Laub ist immer frisch und makellos, mehr vielleicht als bei jedem sommergrünen Strauch. Es neigt nicht zu Krankheiten oder wird auch nicht leicht durch Insekten beschädigt, da Blattläuse auch die Knospen nicht zu mögen scheinen. Die *Rugosa*-Sorten und -Hybriden haben Blüten in kräftigem Karmesin, Purpur, Rosa und Weiß, gefüllt und einfach, oft stark duftend, und bei einigen folgen tomatenrote Früchte.
▷ Halbhohe bis hohe sommergrüne Sträucher, Sonne oder Halbschatten, Winterhärtezonen 4 bis 9.

*Rheum palmatum*

*Saxifraga × urbium*

**Rubus,** Brombeere
*R. tricolor* hat kriechende Zweige mit hübschen herzförmigen, glänzend grünen Blättern. Der purpurne Ton an den Blatträndern und die blassen, behaarten weißen Unterseiten steuern weitere Farbeindrücke bei. Die Pflanze verbreitet sich rasch und bildet eine dichte Bodendecke, selbst in nährstoffarmem, trokkenem Boden. In einem rauhen Waldstück ist das ausgesprochen passend, aber auch unter einem einzelstehenden Gartenbaum etwa kann man den glänzenden Teppich aus Blättern und wellenartigen Zweigen als Gestaltungselement einsetzen.
▷ Niedriger immergrüner Kriechstrauch, Schatten, Winterhärtezonen 5 bis 9.

**Sarcococca**
Die Sarcococcen sind kleine buchsbaum-ähnliche Sträucher für schattige Standorte. Ihre kleinen glänzenden Blätter wirken besonders schön, wenn sie unter dunklen Sträuchern hervorglühen. Sie blühen mitten im Winter, die kleinen, cremeweißen, nach Vanille duftenden Staubgefäße (s. »Weiße Töne«) verströmen ihren Wohlgeruch durch den Garten.
*S. confusa* ist ein dichter, winterharter Strauch mit rahmfarbenen Blüten, die von schwarzen Beeren abgelöst werden. *S. humilis* verzweigt sich dicht und bildet ständig Schößlinge, so daß ein wuchernder Teppich aus glänzendem Laub entsteht. Auf die rosa- bis cremefarbenen Staubgefäße in der Wintermitte folgen schwarze Beeren.
▷ Niedrige immergrüne Sträucher, Schatten, Winterhärtezonen 7 bis 9.

**Saxifraga,** Steinbrech
Grundsätzlich sind die Steinbreche Gebirgspflanzen und wachsen versteckt in Felsspalten. Allerdings passen sich viele ohne weiteres den Gartenbedingungen an, beispielsweise als Einfassung für eine warme, trockene Rabatte. Die rosa oder weißen Blüten überragen auf langen Stielen die Blattrosetten.
*S. × urbium* hat fleischige, apfelgrüne Blätter und gedeiht im Schatten. Im Frühsommer wird ein Schleier aus rosafarbigen Sternblüten hervorgebracht. Diesen Steinbrech kann man gut auf eine niedrige Mauer pflanzen, er braucht wenig Erde und verlangt eine gute Dränage.
▷ Immergrüne Staude, 30 cm, Schatten, Winterhärtezonen 5 bis 9.

**Sedum,** Fetthenne
Im allgemeinen haben die Fetthennen dicke, fleischige Blätter, die der Wasserspeicherung dienen. Einige gedeihen auf Felsen unter sehr dürftigen Bedingungen, während andere wie normale Stauden behandelt werden können und sich für Mischrabatten eignen.
*S. spectabile* hat blaßgrüne, fleischige Blätter, die im zeitigen Frühjahr austreiben und im Laufe des Jahres sehr langsam weiterwachsen. Gegen Ende des Sommers schließlich werden auf Stielen flache Blütenstände aus sternförmigen rosa Blüten getragen (s. »Rosa und zartes Violett«), die an warmen Herbsttagen ständig mit Schmetterlingen bedeckt sind. Die Hybride *S.* 'Herbstfreude' hat dunkel rosarote Blüten und eine eher ordentliche Wuchsform.
*S. telephium* 'Munstead Red' wächst weniger starr. Die Blätter sind dunkelgrün und die Blütenstände düster schokoladenrot (s. »Dunkles Rot: Spätsommer«).
▷ Sommergrüne Stauden, 45 cm, volle Sonne, Winterhärtezonen 6 bis 9.

**Taxus,** Eibe
Die Gemeine Eibe gehörte, bevor es andere importierte Gehölze gab, mit dem Wacholder zusammen, zu den wenigen Immergrünen in der englischen Landschaft. Die düsteren, massigen und dunklen Eiben sind so eindrucksvoll wie schön. Einst wurden sie sogar mit magischen Eigenschaften verbunden. Dem Garten, in dem sie stehen, verleihen sie einen Hauch der Beständigkeit. Doch wachsen sie langsam und werden heute selten als Baum gepflanzt.
*T. baccata* ist die beste Heckenpflanze. Sie ist dicht und gleichmäßig gegliedert und bildet feste grüne Mauern, die einzelne Gartenstrukturen begrenzen können und einen hervorragenden Hintergrund für Blütenfarben bilden. Wenn der Boden gut vorbereitet wurde (Gräben sind günstiger als einzelne Löcher) und häufig gedüngt wird, wächst eine Eibenhecke schnell heran – mindestens 30 cm in einem Jahr – und erfordert nur einen Schnitt jährlich. Im Sommer bildet das blassere junge Nadelwerk ein teppichartiges Muster zwischen den dunkelgrünen Nadeln. Für den besonders kultivierten Gartenkünstler ist ein Garten aus Eiben, Buchsbaum und gemähtem Gras der absolute Höhepunkt einer feinsinnigen Farbgebung. Blüten mit leuchtenden Farben müßten als Eindringlinge gelten, die die friedliche Szene harmonischer Grüntöne nur stören.
*T. baccata* 'Dovastoniana' hat einen abweichenden Wuchs: Die ausladenden Äste gehen fächerförmig vom Boden aus, während die Enden elegant überhängen. Es ist eine nützliche strukturgebende Pflanze, die mit den rundlichen Büschen und sanfteren Blattpflanzen kontrastiert. *T. baccata* 'Fastigiata' wächst säulenförmig aufrecht mit dichtstehenden Ästen, die Nadeln schwarzgrün. Sie ist als Friedhofsbaum vertraut und wird oft eingesetzt, um einen Weg zu begrenzen und hervorzuheben. Die gedrungenen, ebenmäßigen Gestalten bilden gleichmäßige Licht-Schatten-Muster.
▷ Hohe immergrüne Sträucher oder Bäume, volle Sonne oder Halbschatten, Winterhärtezonen 4 bis 9.

**Trachelospermum,** Sternjasmin
Es handelt sich um immergrüne Schlinger, die sich nur für ein mildes Mikroklima eignen. Die dunkelgrünen Blätter können eine Wand genauso dicht bekleiden wie Efeu oder Kletterpflanzen, die sich selber anheften. Die duftenden cremeweißen Blüten erscheinen im Sommer zwischen dem glänzenden Laub (s. »Weiße Töne«).
*T. asiaticum* zählt zu den winterhärtesten, mit klei-

*Taxus baccata* 'Fastigiata'

nen Blättern und einer kompakten Wuchsform. *T. jasminoides* ist der schönste Wandbedecker – bei günstigem Klima. Die kräftig wachsenden Arten mit ihren glühenden Blättern sind beide wundervolle Wintergartenpflanzen, wo im Freien die Temperaturen zu niedrig sind.
▷ Immergrüne Kletterpflanzen, volle Sonne, Winterhärtezonen 8 bis 10.

**Veratrum,** Germer
*V. niger*, der Schwarze Germer, ist eine augenfällige Blattpflanze. Die Blätter, die wie ein Fächer gefaltet sind, durchstoßen die Erde im zeitigen Frühjahr und bilden dann überhängende Hügel in frischem Grün. Sie ziehen Nacktschnecken an, man muß deshalb Köder auslegen. Später entstehen bei den gut eingewöhnten Pflanzen, wenn sie reichlich Feuchtigkeit bekommen, lange, blattlose Stiele mit kastanienbraunen federbuschartigen Rispen aus kleinen Sternblüten (s. »Kräftiges Rot: Sommer«). Das Blattwerk dieser statuenhaften Pflanze ist ein unübertrefflicher Hintergrund für frühjahrsblühende Zwiebelpflanzen, die zwar leuchtende Farben haben, aber oft keine sehenswerten Blätter. Es gibt auch eine weißblühende Art – *V. album*.
▷ Rhizomstaude, 45 cm, Halbschatten, Winterhärtezonen 5 bis 9.

**Viburnum,** *Schneeball*
Die Schneeball-Sträucher haben nicht nur schön geformte und strukturierte Blätter und duftende Blüten, sondern auch gute plastische Wuchsformen. Durch die bunten Blätter und Früchte im Herbst verlängert sich ihre Saison. Einige der immergrünen Arten sind nützliche Blattsträucher, die man leicht mit Erfolg ziehen kann und die sich in alkalischem Boden wohlfühlen.
*V. × burkwoodii* ist ein Mauerstrauch, der einen dichten Hintergrund aus glänzendem Grün bildet, von dem sich die weißen, in der Knospe rosafarbenen Blüten im zeitigen Frühjahr abheben (s. »Weiße Töne«). Die Unterseiten der Blätter sind filzig und bräunlich grau.
▷ Halbhoher immergrüner Strauch, volle Sonne oder Halbschatten, Winterhärtezonen 7 bis 9.
*V. davidii* hat niedrige, ausladende Äste mit ledrigen Blättern, die auf der Oberseite dunkelgrün und geädert, auf der Unterseite blasser sind. Die weißen Blütendolden im Frühsommer werden von leuchtend türkisfarbenen Beeren abgelöst; doch sollten männliche und weibliche Pflanzen gezogen werden, damit die Entwicklung von Früchten gewährleistet ist.
▷ Niedriger immergrüner Strauch, Schatten, Winterhärtezonen 7 bis 9.
*V. tinus*, der 'Laurustinus', hat dunkle, gesund aussehende Blätter und Blüten, die fast während des ganzen Winters prangen. Da der Strauch schattentolerant ist, kann er auch eingesetzt werden, um eine dichte formlose Hecke zu bilden.
▷ Halbhoher immergrüner Strauch, volle Sonne oder Schatten, Winterhärtezonen 6 bis 9.

**Vinca,** Singrün, Immergrün
Alle Immergrünformen können eine dichte Bodendecke bilden, mit einer Ausnahme vielleicht, der panaschierten Sorte des größeren Immergrüns, *V. major*, das merkwürdigerweise einen offenen, aufrechten Wuchs hat und im übrigen in armem Boden und dichtem Schatten wächst. Die Immergrünpflanzen werden gewöhnlich wenig gepflegt, dabei werden sie alle viel prächtiger, wenn sie einen offenen Standort bekommen, reichlich gedüngt werden und jährlich nach der Blüte zurückgeschnitten werden. Das recht trübe Laub wird glänzend, und es entsteht eine sehr viel größere Fülle an Blüten.
*V. difformis*, eine etwas frostempfindliche Art, hat schöne blaßblaue Blüten den ganzen Winter hindurch. Er ist einer der besten Bodendecker in milden Gegenden, der in jedem Boden gedeiht. Man sollte ihn jedoch nicht zu sehr austrocknen lassen.
▷ Sommergrüner Zwergstrauch, volle Sonne oder Schatten, Winterhärtezonen 6 bis 9.
*V. minor* hat sattblaue, pflaumenfarbene oder weiße Blüten. Die kriechenden Stengel wachsen in Kräuselwellen, ähnlich einer bewegten See, und bieten Gegensätze zu einem glatten Rasen oder feingliedrigem Wacholder.
▷ Immergrüner Zwergstrauch, volle Sonne oder Schatten, Winterhärtezonen 5 bis 9.

**Viola,** Veilchen, Stiefmütterchen
Das bei uns heimische Duftveilchen, *V. odorata*, – duftend, wie der Name sagt – und die gezüchteten Gartenstiefmütterchen *V. × wittrockiana*-Hybriden sowie viele weitere Gartenarten und -sorten sind Bestandteil der Gartentradition. Die duftenden, samtigen Blüten lassen sich so auswählen, daß zu fast allen Jahreszeiten, in der Sonne wie im Schatten, welche blühen, und wenn die Blütezeit vorüber ist, können die sattgrünen oder bunten Blätter (s. auch »Kräftiges Rot: Blattwerk«) unter Sträuchern und Rosen als Bodenbedecker dienen. *V. odorata* ist wegen seiner Blätter, die während der Sommermonate eine unkrautverhütende Decke bilden, gleichermaßen nützlich, (vgl. »Blau: Frühjahr«), doch sollte man auf die ausbreitungsfreudigen Sämlinge achtgeben.
▷ Einjährige, Zweijährige oder sommergrüne Stauden, 10 bis 23 cm, volle Sonne oder Halbschatten, Winterhärtezonen 6 bis 9.

**Vitis,** Rebe
Die Reben klettern mit Hilfe von Ranken an Drahtoder Spalierstützen empor und bilden über Mauern und Pergolen Vorhänge aus frischgrünen (oder grauen oder purpurnen) Blättern. Sie können auch wirkungsvoll sein, wenn man sie in Bäume oder über Baumstümpfe klettern und ranken läßt. Selbst die zur Weingewinnung angebaute Weinrebe läßt man in manchen Teilen Italiens in Obstbäume klettern.
*V. coignetiae* wirkt aufsehenerregend, mit ihren breiten herzförmigen Blättern, die auf der Oberseite glatt, aber unten dicht mit rötlichen Haaren bedeckt sind. Die Rebe ist sehr kräftig und erreicht ihren Höhepunkt, wenn sie sich zu eindrucksvollen Herbstfarben – satt gelb, orangerot und karmesinrot – umfärbt (s. unten).
Zu *Vitis vinifera*, der Weinrebe, gibt es neben den Züchtungen mit bunten Blättern (s. »Kräftiges Rot«) eine attraktive Sorte mit petersilienännlichen Blättern, *V. vinifera* 'Apiifolia', was der ganzen Pflanze ein lichtes, farnartiges Erscheinungsbild gibt.
▷ Sommergrüne Kletterpflanzen, volle Sonne, Winterhärtezonen 6 bis 9.

*Veratrum niger*

*Viburnum davidii*

*Vinca difformis*

# *SILBER UND GRAU*

*Achillea* 'Moonshine'

Der Grad des »Grautons« hängt zunächst einmal von der Dichte, Länge und dem Winkel der Härchen ab, die sich auf der Oberfläche des grünen Blattes befinden. Doch ist die Grenze zwischen den hier besprochenen Pflanzen und den grüneren Grautönen des vorigen Abschnitts oder den bläulichgrünen Blaugrau-Tönen des Kapitels »Blau« durchaus auch subjektiv. Hier verstehen wir grau als Graugrün, metallisches Zinn- und Stahlgrau und als lichtreflektierendes »Silber«; auch Blätter mit einem staubigen weißlichen Bild werden einbezogen (*dealbatus* im Latein der Botaniker.

Im Ziergarten sind die Grautöne um die Sommermitte oder im Spätsommer auf ihrem Höhepunkt. Viele Pflanzen werden im Schatten und im Winter weniger grau, weil sie Sonnenstrahlen absorbieren, nicht mehr brechen, oder auch um die Blütezeit, wenn die Energien auf die Samenbildung konzentriert werden. Die Pflanzen, die im Winter unansehnlich werden, müssen nach den letzten Frösten stark beschnitten werden. Die meisten grauen Pflanzen gedeihen bei voller Sonne und guter Dränage: Es entstehen höhere Verluste durch frierendes Wasser, das sich um die Wurzeln angesammelt hat, als durch extrem niedrige Temperaturen. Einige wenige – vor allem die kleinen Weiden – brauchen feuchte Bedingungen.

**Acacia,** Akazie

*A. dealbata*, mit ihren fedrigen silbernen Blättern, ist das ganze Jahr hindurch ein schöner Anblick; im Frühjahr kommen die blaß primelgelben Blüten hinzu, die »Mimosen« der Floristen (s. »Reines Gelb: Frühjahr«).

▷ Hoher immergrüner Strauch oder niedriger Baum, volle Sonne, Winterhärtezonen 8 bis 10.

*A. pravissima* hat graue Blätter, die abgeflachte Stiele darstellen. Mit ihrer gewöhnlich dreieckigen Form ergeben sie ein dichtes Bild, das sich von der ätherischen Fiedrigkeit vieler anderer Akazien deutlich unterscheidet.

▷ Hoher immergrüner Strauch oder niedriger Baum, volle Sonne, Winterhärtezonen 8 bis 10.

**Achillea,** Garbe

A. × *argentea* bildet ausgedehnte Silberpolster, die vom Frühjahr bis zum frühen Winter glänzend und heiter aussehen. Wie alle »Silbernen« braucht sie beste Dränage und warme Sonne. Die hübschen weißen Blüten werden im Frühsommer auf kurzen Stielen getragen.

▷ Sommergrüne Staude, 15 cm, volle Sonne, Winterhärtezonen 6 bis 9.

*A.* 'Moonshine' hat graue, filigranartige Blätter und bekommt blaßgelbe Blütendolden im Sommer (s. »Reines Gelb«).

▷ Sommergrüne Staude, 60 cm, volle Sonne, Winterhärtezonen 4 bis 9.

**Anthemis,** Hundskamille

*A. cupaniana* bildet Matten und hat fein gegliederte graue Blätter, über die sich im Frühsommer weiße »Astern«blüten erheben (s. »Weiße Töne«). Auf schwerem Boden kann es vorkommen, daß die Pflanze wegen übermäßiger Feuchtigkeit im Winter eingeht, doch kann man bewurzelte Teile im Herbst eintopfen und in einem Kalthaus überwintern.

▷ Niedriger immergrüner Strauch, volle Sonne, Winterhärtezonen 7 bis 9.

*Artemisia* 'Powis Castle' mit *Buxus sempervirens*

**Artemisia,** Beifuß

*A. absinthium* 'Lambrook Silver', eine silberne Variante des gewöhnlichen Wermuts, ist winterhart, fast immergrün, und hat silbergraue, eingeschnittene Blätter. Im Winter sehen die Pflanzen zwar schmutzig aus, von der Sommermitte an aber werden sie von blaßgelben Blüten auf rutenähnlichen Stielen bedeckt. Das silberne Blattwerk wirkt während der Blütezeit eintöniger. Die Pflanze ist attraktiv und nützlich, ihr Wuchs ist regelmäßig genug (vor allem wenn sie im Frühjahr etwas »Formschnitt« bekommt), um jeder Anlage Struktur zu verleihen. Ihr dichtes, silbriges Erscheinungsbild kann als Hintergrund für bunte Farben dienen.

▷ Niedriger halb-immergrüner Strauch, volle Sonne, Winterhärtezonen 7 bis 9.

*A. arborescens* wird am besten als Mauerstrauch gezogen, der sorgfältig zurückgebunden und beschnitten wird, so daß er einen anmutigen und hübschen Hintergrund für Rabattenpflanzen bildet. Im Frühjahr sollte nach dem letzten Frost der Schnitt erfolgen. Neue Triebe müssen im unteren Bereich sofort abgebrochen werden. Die Blätter sind zierlich und fiedrig, blaß silbern und fein zergliedert, und die verholzten Stengel fallen wie ein anmutiger Faltenwurf nach vorne. Die eher winterharte Sorte *A.* 'Faith Raven' ist es wert, daß man sich bemüht, sie zu bekommen. Sie überlebt jeden Winter, der nicht ausgesprochen hart ist.

▷ Halbhoher immergrüner Strauch, volle Sonne, Winterhärtezonen 7 bis 9.

*A. ludoviciana* 'Latifolia' ist die breitblättrige Form des nordamerikanischen Beifußes, mit auffällig weißen Blättern im zeitigen Frühjahr, die aber im Verlauf der Saison trüber werden. Am besten schneidet man die ziemlich schlaffen Stengel um die Sommermitte zurück; blasse neue Triebe werden dann den Frühlingseindruck wiederholen.
▷ Sommergrüne Staude, 45 cm, volle Sonne, Winterhärtezonen 5 bis 9.
*A. pedemontana* (syn. *A. lanata*) bildet »schäumende« Kissen in glitzerndem Silber, die auf dem Boden einen dichten Teppich formen und als fiedrige Einfassung einer Rabatte dienen können. Sie treibt sehr zeitig im Frühjahr aus und sieht zusammen mit weißen Tulpen, die dahinter wachsen, wunderschön aus.
▷ Sommergrüner Halbstrauch, 15 cm, volle Sonne, Winterhärtezonen 6 bis 9.
*A.* 'Powis Castle' hat wohl die besten Eigenschaften von allen strauchigen grauen Beifuß-Formen. Sie ist silbrig, zinnähnlich getönt. Sie ist zäh, wohlgeformt und kompakt. Sie blüht kaum, so behalten die Blätter die ganze Saison über ihren Glanz.
▷ Halbhoher immergrüner Strauch, volle Sonne, Winterhärtezonen 7 bis 9.
*A. stelleriana* ist ein Ausnahmefall innerhalb der Gattung: Die Blätter sind wie die der Wucherblumen geformt, und ihnen fehlt der für den Wermut typische Bittergeschmack. Die Blattoberflächen sind außerdem filzig weiß. Der große Vorteil dieser Art liegt in ihrer Fähigkeit, im Schatten in feuchter Erde zu gedeihen; das blasse, leuchtende Blattwerk bleibt dabei erhalten.
▷ Sommergrüne Staude, 30 cm, volle Sonne oder Schatten, Winterhärtezonen 6 bis 9.

**Ballota,** Gottvergeß
*B. pseudodictamnus* ist ein gedrungener rundlicher Strauch. Die Blätter sind im Frühjahr blaß apfelgrün gefärbt und werden rasch grauer und wolliger in der Oberflächenstruktur, wenn die Sonne zunehmend stärker wärmt. Um die Sommermitte erscheinen blaßgrüne Hochblätter in Quirlen um den Stengel, sie sollten aber sorgfältig abgeschnitten werden, bevor die Blüten hervorkommen. Es beginnen dann neue Blätter zu treiben, und der Busch bleibt wohlgeformt und bis zum Boden bekleidet, in einer harmonischen Mischung aus blassem Grün und filzigem Grau.
▷ Niedriger immergrüner Halbstrauch, volle Sonne, Winterhärtezonen 8 bis 10.

**Baptisia,** Färberhülse
*B. australis* hat attraktive graugrüne Blätter und indigoblaue »Erbsen«blüten im Sommer (s. »Blau«). Sie bevorzugt satten, feuchten, kalkfreien Boden.
▷ Sommergrüne Staude, 60 bis 120 cm, volle Sonne, Winterhärtezonen 4 bis 9.

**Cerastium,** Hornkraut
*C. tomentosum* hat silberne wollige Blätter und braucht wenig Erde. Es kann wasserfallartig von einer Mauer herunterwachsen oder über Wegplatten wuchern und ist damit geeignet, harte Umrisse aufzulösen und feste Oberflächen sanfter zu machen. Die Blüten im Frühsommer sind schalenförmig und weiß. Die sehr ausbreitungsfreudige Pflanze ist günstig für einen Garten, der wenig Pflege erfordern soll. Sie läßt sich aber leicht ausreißen, wenn sie durch andere Pflanzen ersetzt werden soll (s. »Weiße Töne: Frühsommer«).
▷ Immergrüne Staude, 7,5 bis 15 cm, volle Sonne, Winterhärtezonen 5 bis 9.

**Chamaecyparis,** Scheinzypresse
Die verschiedenen Formen der Lawson-Scheinzypresse, *C. lawsoniana*, können zu großen kegelförmigen Bäumen heranwachsen, 12 m und höher; ihr Platz muß also sorgfältig ausgesucht werden. Die langsam wachsende *C.* 'Fletcheri' hat weiche fiedrige, graublaue Blätter und wird beim Wachsen nicht an der Basis breiter. Die riesengroße 'Triomf van Boskoop' sieht wunderbar aus, wenn sie in Gruppen zu dritt oder mehreren, falls der Platz das zuläßt, gesetzt ist. Ein einzelner Baum wirkt wie eine abrupte Schranke für das Auge, drei dagegen bilden eine Wolke, die harmonisch mit der Landschaft verschmilzt.
▷ Niedrige bis halbhohe immergrüne Koniferen, volle Sonne, Winterhärtezonen 6 bis 9.

**Chrysanthemum,** Wucherblume
*C. foeniculaceum* ist eine strauchige Margerite mit fiedrigen, zergliederten silbergrauen Blättern und weißen »Astern«-Blüten während des ganzen Sommers (s. »Weiße Töne«). Sie ist nicht winterhart, aber Stecklinge bewurzeln sich leicht und lassen sich überwintern. Es ist eine schöne Pflanze zum Auspflanzen in Beete und für Kübel.
▷ Niedriger immergrüner Strauch, volle Sonne, Winterhärtezonen 8 bis 9.

**Convolvulus,** Winde
Bei *C. cneorum* sind die Blätter mit einem feinen, seidigen Flaum bedeckt, der im Sonnenlicht schimmert; es ist eine der besten silberblättrigen Pflanzen. Die weißen Blüten, rosagetönt in der Knospe, bedecken den Busch im Frühsommer. Er braucht eine gute Dränage und einen geschützten Standort.
▷ Niedriger immergrüner Strauch, volle Sonne, Winterhärtezonen 7 bis 9.

**Cynara,** Artischocke
*C. cardunculus*, die Kardone, und *C. scolymus*, die kugelförmige Artischocke steuern kühne plastische Formen in trübem Silber bei, die sich wunderbar als Blickfang in einem Winkel eignen. Im Gegensatz zu den meisten »Grauen« brauchen diese Pflanzen Dünger und Feuchtigkeit während des Wachstums.
▷ Sommergrüne Stauden, 2,10 m, volle Sonne, Winterhärtezonen 7 bis 9.

**Cytisus,** Geißklee
Der Geißklee liebt armen, sandigen Boden, der am besten sauer, mindestens neutral sein sollte. Die hervorragende Gartenpflanze variiert vom niederliegenden Strauch bis zu hohen, offen wachsenden Büschen. *C. battandieri* hat silberne, dreizählige Blätter, die mit seidigen Haaren bedeckt sind, wodurch sie einen satinähnlichen Schimmer bekommen. Die leuchtend gelben Blüten werden im Sommer hervorgebracht (s. »Reines Gelb«). Die Pflanze wächst rasch und muß abgestützt werden, wenn sie starkem Wind ausgesetzt ist.
▷ Hoher halb-immergrüner Strauch, volle Sonne, Winterhärtezonen 8 bis 10.

*Cynara cardunculus*

*Dorycnium hirsutum*

*Hebe pinguifolia* 'Pagei'

**Dorycnium,** Backenklee
*D. hirsutum* ist ein ausladender Strauch mit sehr stark behaarten graugrünen Blättern und rosa-weißen kleeähnlichen Blüten. Die rötlichbraunen Samenhülsen sind attraktiv und bleiben den ganzen Winter hindurch. Mindestens die Hälfte des Pflanzenwuchses sollte in jedem Frühjahr entfernt werden, neue Triebe werden rasch das alte Blattwerk ersetzen.
▷ Niedriger immergrüner Strauch, volle Sonne, Winterhärtezonen 7 bis 9.

**Elaeagnus,** Ölweide
Diese Gattung umfaßt ausgesprochen dekorative und wichtige immer- und sommergrüne Sträucher. Die immergrünen lassen sich als wohlgeformte, aber nicht formstrenge Hecken verwenden oder auch einzeln setzen, um in das Bild einer Mischrabatte Masse hineinzubringen. Einige dieser Sträucher mit graugrünen Blättern sind ruhige Elemente, ihre gewellten Blattränder reflektieren Licht und Schatten. Andere haben eindrucksvolle golden und grün gescheckte Blätter.
*E. angustifolia* ist halb-immergrün und hat dünne graue Blätter und einen hängenden Wuchs, ähnlich der beliebten silbernen Hängebirne *Pyrus salicifolia* 'Pendula', ist aber weniger dicht und paßt leichter in eine Rabattenpflanzung; zudem ist sie auch wesentlich winterhärter.
▷ Hoher halb-immergrüner Strauch, volle Sonne, Winterhärtezonen 2 bis 8.
*E. commutata* ist sommergrün, aber die Blätter sind breit und intensiv silbern. Die blaßgelben Blüten werden im Frühsommer getragen. Es gibt von diesem hervorragenden Strauch viele verschiedene lokale Sorten. Versuchen Sie eine zu bekommen, die groß wird, denn diese scheinen reichlicher zu blühen.
▷ Niedriger bis hoher sommergrüner Strauch, volle Sonne oder Halbschatten, Winterhärtezonen 3 bis 9.
*E. macrophylla* hat graugrüne, auf der Rückseite silberne Blätter mit welligem Rand. Die Ölweide hat eine buschige Wuchsform und paßt zu einer formstrengen Gliederung und in eine waldartige Bepflanzung. Es ist eine bessere Pflanze als die häufiger empfohlene *E.* × *ebbingei*.
▷ Hoher immergrüner Strauch, volle Sonne oder Halbschatten, Winterhärtezonen 6 bis 9.

**Eryngium,** Edeldistel
Die sonnenliebenden Edeldisteln haben dornige Blätter und distelähnliche Blütenstände. Bei einigen ist das Blattwerk silbrig und metallisch, bei anderen grün, weiß marmoriert oder tief eingeschnitten und blaugrün. Alle säen sich reichlich aus.
*E. giganteum* ist gewöhnlich zweijährig; die herzförmigen Blätter sind zunächst grün und werden aluminiumgrau unmittelbar bevor die Pflanze im Hochsommer blüht.
▷ Sommergrüne Staude, 90 bis 120 cm, volle Sonne, Winterhärtezonen 7 bis 9.

**Euphorbia,** Wolfsmilch
Unter diesen guten Gartenpflanzen gibt es viele, die Sonne mögen, in dürftigen, gut dränierten Böden gedeihen und blaugrüne fleischige oder dünne graugrüne Blätter besitzen. Andere, wie die immergrüne *E. robbiae* und die sommergrüne *E. griffithii*, sind Stauden, die sich im lichten Schatten ausbreiten. Im allgemeinen sind die Blüten ohne Bedeutung, doch sind sie von attraktiven blumenblattähnlichen Hochblättern umgeben, die in der Farbe von einem grellen Orangerot bis zu einem herrlichen sanften Lindgrün variieren.
*E. characias* ssp. *wulfenii* ist ein halbhoher Strauch mit linealischen Blättern, die im Sommer bläulich, im Winter graugrün sind. Zeitig im Jahr entstehen große Rispen aus gelbgrünen Blüten (s. »Reines Gelb: Frühsommer«). Mit ihrer symmetrischen, rundlichen Form eignet sich die Pflanze für kühne Entwürfe *E. characias* ist ähnlich im Erscheinungsbild, nur haben die farbigen Hochblätter Blüten, die in der Mitte dunkel sind.
▷ Halbhohe immergrüne Sträucher, volle Sonne, Winterhärtezonen 7 bis 9.

**Hebe,** Strauchveronika
Die im allgemeinen halb-winterharten Strauchveroniken werden wegen ihres dekorativen Laubs und wegen ihrer sommerlichen Blüten gezogen. Diese sind in Trauben zusammengefaßt und reichen in der Farbe von Weiß über Rosa und Karmesinrot bis hin zu lila und lavendelblauen Schattierungen. Es sind ausgezeichnete Küstensträucher; ihre Blätter sind gegen salzhaltige Winde ebenso widerstandsfähig wie gegen industrielle Luftverschmutzung, was sie besonders wertvoll macht.
*H. pinguifolia* 'Pagei' bildet breite Matten in bläulichgrünem bis grauem Ton, die das ganze Jahr über attraktiv und ordentlich wirken. Die Art ist als unkrautverhütender Bodenbedecker geeignet, winterhart und entwickelt im Frühsommer kleine weiße Blüten.
▷ Niedriger immergrüner Strauch, volle Sonne, Winterhärtezonen 8 bis 9.

**Helichrysum,** Strohblume
Die Strohblumen – die ziemlich unterschiedlich sind, was die Winterhärte betrifft – haben attraktives blasses Blattwerk und zählen zu den brauchbarsten Pflanzen für einen silbernen und grauen Garten und als Blickfang in einer gemischten sonnigen Rabatte.
*H. italicum* (syn. *H. angustifolium*) behält im Gegensatz zu vielen graublättrigen Pflanzen ihren Silberglanz das ganze Jahr über bei. Dies ist eine der winterhärtesten Strohblumen, und im Frühjahr kann das Blattwerk, das schwach nach Curry duftet, so zurückgeschnitten werden, daß ein ordentlicher, wohlgeformter Busch entsteht.
▷ Niedriger immergrüner Strauch, volle Sonne, Winterhärtezonen 7 bis 9.
*H. petiolare* wird am besten als zeitweiliger sommerlicher Bodendecker eingesetzt oder für Kübel verwendet, wo gute Dränage dafür sorgt, daß die Pflanze bis zu den ersten schweren Frösten überlebt. In einem geschützten Garten wird diese Strohblume den ganzen Winter überstehen; man kann sie beispielsweise fest an einer Mauer entlangwachsen lassen, fast schon wie eine Kletterpflanze, wo sie dann auch die blassen Blütenbüschel hervorbringt. Die einzelnen Blätter sind herzförmig, blaßgrün und mit einem kurzen weißen Flaum bedeckt. Die Seitenzweige wachsen bogenförmig, so daß ein eleganter und gefälliger Gesamteindruck entsteht. Die Pflanze bildet mit ihrer Wuchsform einen Gegensatz zu anderen »Silbernen«, stimmt aber gut mit den Nachbarpflanzen zusammen. Besonders wirkungsvoll ist sie neben Akanthus mit seinen glänzenden Blättern, oder wenn sie sich durch die niedrigeren Zweige der Säckelblume winden kann. In Töpfen kann man die Strohblume, die ihre Zweige waagerecht ausbreitet, mit weißen Petunien oder kriechenden blauen Lobelien verbinden. *H. petiolare* 'Variegatum' ist eine Sorte mit panaschierten Blättern, und bei 'Limelight' sind die Blätter blaß golden (s. »Reines Gelb: Blattwerk«).
▷ Immergrüner Halbstrauch, 30 cm, volle Sonne, Winterhärtezonen 7 bis 9.

**Hippophaë,** Sanddorn
*H. rhamnoides* hat dornige Zweige mit schmalen, sehr deutlich silbernen Blättern und bietet einen großen, wuchernden Hintergrund für Gruppen bun-

ter Blüten. Man kann eine Waldrebe und die reichverzweigten Äste von Strauchrosen durch sein offenes Netzwerk winden lassen – der Eindruck ist bezaubernd. Im Winter erscheinen, sofern man beide Geschlechter zieht, die blaß orangefarbigen Beeren an den dunklen Stielen (s. »Warme leuchtende Farben: Früchte und Beeren«).
▷ Hoher sommergrüner Strauch, volle Sonne, Winterhärtezonen 4 bis 9.

**Iris,** Schwertlilie
Das Blattwerk der Schwertlilien variiert von den grasartigen, unordentlichen Büscheln vieler Arten bis zu den aufrechten, schwertartigen grauen Blättern der Bartiris-Formen, die in Rabatten prachtvolle Ausrufezeichen bilden. Man kann diese als Gegensatz zu rundlichen Formen und Blättern einsetzen oder um entlegene Winkel hervorzuheben und Durchgänge zu umrahmen.
Die langen Blütenstiele der Bartiris, die aus sonnenliebenden Rhizomen hervorkommen, tragen Blüten in verschiedenen Schattierungen, manchmal mit zwei oder drei verschiedenen Farben bei einer einzigen Blüte, oft mit gekräuselten und besonders geformten Blumen- und Hängeblättern. Die schlichten Blüten, die einfarbig getönt oder schattiert sind, eignen sich am besten für einfache Pflanzungen. Füllig gesetzte weiße Blüten, blaß lavendel- oder cremefarben überhaucht, gelbe, bronzene und blaue Blüten, mit dem stark akzentbildenden Blattwerk, bereichern das Gartenbild im Frühsommer. Sie wachsen gerne in dürftigem Boden und mit unbedeckten Rhizomen, die dann maximale Sonnenwärme bekommen. Herbizide dürfen nicht an die empfindlichen bloßen Rhizome herankommen, das Unkraut muß hier unbedingt von Hand beseitigt werden.
▷ Sommergrüne Rhizomstauden, 75 bis 150 cm, volle Sonne, Winterhärtezonen 7 bis 9.
*I. pallida* var. *dalmatica* hat graugrüne Blätter, die fast das ganze Jahr hindurch Farbe und Form behalten, und blaßblaue, duftende Blüten im Frühsommer (s. »Blau«). Die Schwertlilie bietet einen nützlichen Gegensatz zu den Formen von Lavendel und Beifuß, wobei die Farben aller drei Pflanzen sehr schön harmonieren.
▷ Immergrüne Rhizomstaude, 75 cm, volle Sonne, Winterhärtezonen 7 bis 9.

*Eryngium giganteum*

**Lavandula,** Lavendel
Der Echte Lavendel, der uns an Bauerngärten oder die formstrengen Rosenbeete großer Güter erinnert, verleiht den Hauch eines reifen Gartens, mit seinen »knorrigen« Stengeln und graugrünen Blättern, die vielleicht über Platten oder Ziegelsteine wuchern. Die blassen Blütenähren, von denen sich die Farbbezeichnung »lavendelblau« ableitet, zeigen heute eine größere Bandbreite an Farben – mehr zu den dunkler purpurhaften Schattierungen hin oder auch in Richtung der blaßrosa und weißgetönten Färbungen (die Sorten mit den beiden zuletzt genannten Tönen sind allerdings kleiner und eher winterempfindlich). Lavendelbüsche sind in der Größe unterschiedlich, sie können Hecken bilden oder attraktive graue Hügel in sonnigen Rabatten.
*L. angustifolia* (syn. *L. spica*) ist der »Echte« Lavendel, der aus dem Mittelmeerraum stammt, wo die Pflanze auf Feldern für die Parfümherstellung angebaut wird. Sie ist mit 1,20 m größer als die Sorten *L. angustifolia* 'Hidcote' und 'Munstead', die dichtere, kompaktere Formen und dunklere Blütenstände ausbilden. Die blaßblaue Sorte 'Loddon Pink' hat dünnere, blasse Blätter, und 'Nana Alba' bekommt weiße Blüten; mit ihren 45 cm müssen beide als kleinwüchsig gelten (s. auch »Blau: Sommer«).
▷ Niedrige bis halbhohe immergrüne Sträucher, volle Sonne, Winterhärtezonen 7 bis 10.

**Melianthus,** Honigstrauch
*M. major* ist mit seinem Laub ein sehr schöner Halbstrauch, der tatsächlich winterhärter ist, als man es von einer Pflanze aus Indien und Südafrika erwarten kann. Ihre Hauptbedingung, um überleben zu können, ist ausreichende Dränage, denn durch gefrorenes Wasser um Wurzeln und Sproßreste entstehen höhere Verluste als durch niedrige Temperaturen. Die Fiederblätter, die zu den am besten zierenden gehören, die es bei den Blattpflanzen gibt, sind groß, graugrün, fingerförmig und am Rand tief gesägt. Die neuen Triebe im Frühjahr sind blaß und leuchtend. Der Honigstrauch blüht nur in milden Gebieten, wo das Laub den Winter übersteht. Die Blüten sind tief kastanienfarben.
▷ Halb-immergrüner Halbstrauch, 1,50 m, volle Sonne, Winterhärtezonen 8 bis 10.

**Nepeta,** Katzenminze
Diese buschigen grauen, kleinblättrigen Pflanzen sind bei allen Pflanzungen in sanften Farben unverzichtbar. Die lavendelblauen Blütenbüschel wachsen überhängend und über die Nachbarpflanzen hinaus, und wenn man die abgeblühten Stiele entfernt, folgt im Spätsommer eine zweite Blütenpracht. Sie wirken wundervoll mit Rosen zusammen oder als Einfassung eines Weges, nicht so steif und formstreng wie die wohlgeformten Heiligenkraut- oder Lavendelpflanzen. Zwischen den Gruppen aus Katzen-

*Santolina chamaecyparissus*

*Senecio* 'Sunshine'

minze kann man für frühjahrs- oder herbstblütige Zwiebelstauden Platz lassen. Blasse Narzissen sorgen für Höhe, während die blaßgrauen Blätter der Katzenminze hervorsprießen, und weiße Sommerhyazinthen *(Galtonia)* stoßen ihre Blütenstiele gegen Ende der Saison zwischen den Blättern der Katzenminze hindurch.

*N.* 'Six Hills Giants' hat blaß lavendelblaue Blütenähren. Sie stellt eine bezaubernde Einfassungspflanze im großen Maßstab in der Nähe von Steinen oder Kies dar, und die langen Stengel bieten einen anmutigen Gegensatz zu einem Mauerwerk (s. auch »Blau: Frühsommer«).

▷ Sommergrüne Staude, 90 cm, volle Sonne oder Halbschatten, Winterhärtezonen 6 bis 9.

**Olearia**

Es sind immergrüne Sträucher mit schönen grünen, grauen und goldenen Blättern. Einige haben kleine Blätter, die grau und einfach sind; bei anderen sind die Blätter am Rand ähnlich wie bei der Stechpalme gewellt, auf der Oberseite olivgrün oder grau und auf der Unterseite weiß oder lederfarben. Bei noch anderen sind sie hart, linealisch und fast ginsterartig, mit einer goldgrünen Oberfläche. Die Sträucher sind nicht leicht mit Erfolg zu ziehen, wenige von ihnen sind zuverlässig winterhart. Sie mögen Sonne, können aber nach einer Hitzewelle eingehen. Gegenüber dem Bodentyp sind sie nicht anspruchsvoll, aber sie brauchen gute Dränage und andererseits reichlich Feuchtigkeit. Die duftenden Blüten in einzelnen Trauben oder verzweigten Büscheln sind gewöhnlich weiß, können aber auch zartrosa, rosa oder blaßblau sein (s. in den entsprechenden Kapiteln).

*O.* × *mollis* hat silbrig weiße Blätter, die am Rand leicht gewellt und gezähnt sind. Die fast winterharte Hybride verträgt keine trockenen Verhältnisse oder besonders lange warme Sonne, blüht aber überreich mit großen Dolden weißer asternähnlicher Blüten.

▷ Niedriger immergrüner Strauch, volle Sonne oder Halbschatten, Winterhärtezonen 7 bis 9.

*O. phlogopappa* und die Hybride *O.* × *scillionensis* haben blasse graugrünliche Blätter; die Blüten sitzen im Frühsommer füllig in dichten Blütenständen an den Zweigen. Die weißblütigen Sorten scheinen zäher zu sein als die mit bunten Blüten.

▷ Halbhoher immergrüner Strauch, volle Sonne, Winterhärtezonen 7 bis 9.

*O. macrodonta* hat gewellte Blätter, so daß die silbrig weißen Unterseiten gut zu sehen sind. Dieser Duftstrauch, der im Sommer reichlich blüht, ist ein wundervoller Busch. Sein feine Muster bildendes Laub und der dichte Wuchs machen ihn zu einem wertvollen Beitrag zum »Blattgarten«. Er ist einigermaßen winterhart.

▷ Hoher immergrüner Strauch, volle Sonne, Winterhärtezonen 7 bis 9.

*O.* × *oleifolia* 'Waikariensis' ist eine winterharte Hybride mit silbrigen, lanzenförmigen Blättern, die von der Unterseite weiß leuchten. Die Blüten im Sommer sind weiß (s. auch »Weiße Töne: Frühsommer«).

▷ Niedriger immergrüner Strauch, volle Sonne oder Halbschatten, Winterhärtezonen 6 bis 9.

**Onopordum,** Eselsdistel

*O. acanthium* und *O. arabicum* sind riesige graublättrige Disteln, die gewöhnlich zweijährig wachsen und nur einmal fruchten. Sie machen einen aufragenden, stattlichen, im Abendlicht geisterhaften Eindruck: Die geflügelten Stengel und die mit schmerzhaften Stacheln bewehrten Blätter sind silbrig weiß, die Blüten sind purpurrot und bringen problemlos Samen hervor. Durch ihre ätherische Art eignet sich die Pflanze als Rückgrat und Verbindungsglied für silberne Gärten, indem sie weiße Blüten und dunkles Blattwerk miteinander verknüpft.

▷ Sommergrüne Staude, 2,40 m, volle Sonne, Winterhärtezonen 7 bis 9.

**Phlomis,** Brandkraut

Es gibt krautige und strauchige *Phlomis*-Arten. Die oft als Kübelpflanze gezogene *P. fruticosa* ist ein beliebtes Beispiel. Wenn sie in Gärten gepflanzt werden, sind sie nicht zuverlässig winterhart, doch überleben sie gewöhnlich auch in kälteren Gegenden, wenn sie einmal in jedem Jahr bis zum Grund zurückgeschnitten werden. Zu den besten gehören im Hinblick auf die attraktiven, silbrigen behaarten Blätter *P. chrysophylla*, die einen rundlichen Busch mit grauen, deutlich grünlichgelb getönten Blättern bildet, und *P. anatolica*, mit sehr großen Blättern. Die Blüten im Sommer sind goldgelb gefärbt. Auch bei *P. italica* sind die Stengel und Blätter stark behaart und weiß. Die lila- bis rosafarbenen Blüten und die blassen Blätter schaffen ein sanftes Sommerbild (s. »Rosa und zartes Violett«).

▷ Halbhohe immergrüne Sträucher, volle Sonne, Winterhärtezonen 7 bis 9.

**Pyrus,** Birne

*P. salicifolia* 'Pendula' ist zu Recht der beliebteste unter den hängenden graublättrigen Bäumen. Er ist von mittlerer Höhe und hat dunkle Äste und schmale Silberblätter. Seine Wuchsform ist überhängend, nimmt aber nicht eine symmetrische Trauerform ein. Man kann ihn beschneiden, doch sieht er hübscher aus, wenn man ihn wachsen läßt, wie er will. Er wirkt sehr schön, wenn man ihn vor einen dunklen Hintergrund setzt, ebenso aber in einem gemischten Beet mit den verschiedensten Farbgruppen zusammen.

▷ Halbhoher sommergrüner Baum, volle Sonne, Winterhärtezonen 5 bis 8.

**Rosa**

Die graublättrigen Rosen bilden in Mischrabatten Hügel in blasser Farbe. Wenn die Blätter grau bleiben sollen, müssen sie stets voll besonnt werden.

*R.* × *alba* hat hübsche graugrüne Blätter und weiße oder blaßrosa Blütenbüschel. Unter ihren Sorten gibt es *R.* × *alba* 'Maxima', mit gefüllten weißen Blüten, und 'Celestial', in Muschelrosa, die beide nur einmal, im Frühsommer, blühen.

*R. glauca* (syn. *R. rubrifolia*) hat graupurpurne Blätter und rötliche Stiele mit wenigen Stacheln. Ihre Blüten sind rein rosa und ihre Früchte leuchtend rot. Diese Rose sollte hauptsächlich wegen ihres Laubes und der Früchte berücksichtigt werden.

*R. villosa* 'Duplex' hat bläulichgraue, flaumüberzogene Blätter, die angenehm duften, wenn man sie quetscht, sowie rosarote halb-gefüllte Blüten und große apfelförmige, mit Borsten besetzte Früchte.

▷ Halbhohe sommergrüne Sträucher, volle Sonne, Winterhärtezonen 5 bis 9.

**Salix,** Weide

Die Weiden reichen in der Größe von großen, vornehmen Flachlandbäumen bis zum kriechenden Gebirgsstrauch mit reich verästeltem Umriß.

*S. alba* 'Sericea' ist ein kleiner silberblättriger Baum, der sich für kleine Gärten eignet und eine nützliche Alternative zu der graublättrigen Hängebirne, *Pyrus salicifolia* 'Pendula', darstellt.

▷ Niedriger sommergrüner Baum, volle Sonne, Winterhärtezonen 5 bis 9.

*S. hastata* 'Wehrhahnii' hat im Frühjahr silbrige Kätzchen, während die Blätter blaßgrün hervorkommen. Später wird das Laub grau.

▷ Halbhoher sommergrüner Strauch, volle Sonne, Winterhärtezonen 4 bis 8.

*S. lanata*, eine Zwergweide aus Nordeuropa, hat abgerundete, silbrig graue, behaarte Blätter und bildet im Frühjahr dicke, aufrechte, gelbliche, haarige Kätzchen. Sie ist am wirkungsvollsten am Wasser.

▷ Niedriger sommergrüner Strauch, volle Sonne, Winterhärtezonen 2 bis 8.

**Santolina,** Heiligenkraut
Die Heiligenkräuter mit ihren grauen und grünen, fein gegliederten aromatischen Blättern, sind wichtige Gartenpflanzen, die sich gut für niedrige Hecken oder in Farbanordnungen gruppenweise einsetzen lassen. Sie müssen in jedem Frühjahr kräftig zurückgeschnitten werden, oder sie werden rasch holzig und unschön in der Form. Die normalerweise grellgelben, knopfförmigen Blüten werden auch durch den Schnitt gefördert.
*S. chamaecyparissus*, das Zypressenkraut, bildet einen dichten, schön gerundeten Busch, der im Frühjahr grünlich ist, aber später silbrig wird, weil die Zweige und die Blätter mit einem wolligen Haarkleid überzogen werden.
*S. neapolitana* (syn. *S. pinnala* ssp. *neapolitana*) ist sehr ähnlich, doch sind die einzelnen Blätter länger und fiedriger, so daß sich eine eher graue als silbrige Gesamtwirkung ergibt. Eine der Sorten, 'Sulphurea', hat blaßgelbe Blüten.
▷ Niedrige immergrüne Sträucher, volle Sonne, Winterhärtezonen 7 bis 10.

**Senecio,** Kreuzkraut
Unter den *Senecio*-Arten gibt es Einjährige, Stauden und Sträucher. Die letzteren sind nie zuverlässig winterfest, aber alle sind durchaus wichtig, um sanfte graue und silberne Formen zu bilden. Diese können dicht und fließend sein und dadurch blasse Blütenfarben steigern, oder luftig, so daß sie sich von eher nüchternen Blättern abheben.
*S. compactus* sieht wie die kleine Ausgabe des eher bekannten *S.* 'Sunshine' (s. unten) aus – die grauen, behaarten Blätter sind weiß umrissen, die Blütenstiele sind sogar noch weißer. Die Knospen sollten entfernt werden, weil die Blätter sonst ihren Glanz verlieren. In sehr kleinen Gärten ist dieses Kreuzkraut ideal, um niedrige Hecken zu bilden, die anmutig über Steine oder Kies wuchern.
▷ Immergrüner Zwergstrauch, volle Sonne, Winterhärtezonen 8 bis 10.
*S. leucostachys* ist sehr schön, mit seinen silbernen, zierlich eingeschnittenen Blättern. Es ist weniger ein Busch, eher ein Mauerstrauch, dessen lockerer, spröder Wuchs festes Zurückbinden erforderlich macht. Nährstoffarmer, gut dränierter Boden und eine von der Sonne aufgeheizte Ecke mit Windschutz sind unabdingbare Voraussetzungen. Stecklinge, die am besten im Sommer abgenommen werden, lassen sich leicht bewurzeln.
▷ Halbhoher immergrüner Strauch, volle Sonne, Winterhärtezonen 8 bis 10.
*S.* 'Sunshine' (gewöhnlich *S. greyi* oder *S. laxifolius* genannt, in Wirklichkeit aber eine Hybridzüchtung) ist eine hervorragende Heckenpflanze für geschützte oder an der Küste gelegene Gärten und ist recht zuverlässig, wenn man sie sorgfältig plaziert und pflegt. Sie braucht nur im Frühjahr beschnitten zu werden und muß ziemlich trocken gehalten werden. Die Stiele und die Blütenknospen sind weiß und wollig, müssen aber um die Sommermitte entfernt werden; der Busch erneuert dann sein ursprüngliches Erscheinungsbild und behält seinen leuchtenden Eindruck während der langen Wintermonate bei.
▷ Halbhoher immergrüner Strauch, volle Sonne, Winterhärtezonen 8 bis 10.

**Stachys,** Ziest
*S. byzantina (*syn. *S. lanata, S. olympica),* Wollziest oder »Eselsohren«, ist eine silbrige Pflanze, die traditionsgemäß als Einfassung für formstrenge Rosenbeete verwendet wird. Mit zwischengepflanzten Lavendelbüschen wird der Boden unter den häßlichen winterlichen Zweigen der Buschrosen mit einem Teppich versehen, der bis zu 45 cm hoch sein kann. Die nicht-blühende Sorte *S. byzantina* 'Silver Carpet' ist mit ihren 20 cm kleiner und behält ihre leuchtenden Blätter bis zum Sommerende bei. Die Pflanzen brauchen gute Dränage, außerdem müssen häufig die welken Blätter entfernt werden.
▷ Halb-immergrüne Staude, volle Sonne, Winterhärtezonen 7 bis 9.

**Tamarix,** Tamariske
Die Tamarisken – hervorragende, windresistente Sträucher – gedeihen auf jedem Boden, außer auf flacher Kreide. Die schlanken Zweige tragen federartiges Laub und zierliche rosa Blüten. *T. ramosissima (*syn. *T. pentandra)* hat graugrüne Blätter und rötlichbraune Zweige im Winter. Wenn er in Blüte steht, wird der ganze Busch zu einer lichten, fiedrigen Masse, und die rosa Blüten verschmelzen harmonisch mit dem blassen Laub. Er ist ein wundervoller Hintergrund für eine Unterpflanzung mit grauen Irisblättern, *Rosa chinensis* 'Mutabilis' und *Lavatera olbia* 'Rosea'.
▷ Hoher sommergrüner Strauch, volle Sonne, Winterhärtezonen 7 bis 9.

**Tanacetum,** Rainfarn
*T. haradjanii* (heute *Chrysanthemum haradjanii*)ist ein herrlicher Teppichbildner. Die silbernen Blätter, die jeweils wie winzige Straußenfedern gestaltet sind, wachsen kriechend und bilden dichte Matten. Die Stauden müssen alle paar Jahre ersetzt werden, sie werden sonst zottig und hölzern.
▷ Immergrüne Staude, 15 cm, volle Sonne, Winterhärtezonen 6 bis 9.

**Teucrium,** Gamander
*T. fruticans* hat kleine, einfache Blätter in grausilberner Farbe und gedeiht in trockenem Boden vor einer warmen Mauer. Wenn es der Pflanze gutgeht, bringt sie das ganze Jahr über blaß lavendelblaue Blüten hervor. Die Sorte *T. fruticans* 'Azureum', die allerdings wohl nicht so winterhart ist, hat kräftig tiefblaue Blüten (s. »Blau: Sommer«).
▷ Halbhoher immergrüner Strauch, volle Sonne, Winterhärtezonen 7 bis 9.

**Thymus,** Thymian
Kriechende Thymianpflanzen in großer Fülle eignen sich zur Einfassung von Rabatten, für Plattenritzen und zur Anlage von Rasen oder Sitzecken. Am besten sucht man eine Sorte aus, die sowohl das attraktive Blattwerk als auch den Duft bietet, der beim Zertreten entstehen kann. Sie bevorzugen gute Dränage; eine Trockenmauer ist ein hervorragender Untergrund für sie.
*T. languinosus* ist ein grauer Teppichbildner mit rosa Blüten. Ein ausgelesener Klon, 'Hall's Variety', hat purpurne Knospen und blüht überreich.
▷ Immergrüner zwerghafter Halb-Strauch, volle Sonne, Winterhärtezonen 6 bis 9.

**Yucca**
Yucca lieben nährststoffarmen, sandigen Boden und vertragen keine Feuchtigkeit. Die meisten Arten für den Garten sind winterhart. Die attraktiven, grauen bandförmigen Blätter machen sie zu ausdrucksvollen Pflanzen, ideal für Ecken oder neben Eingängen. Manche haben scharfe Dornen an den Blattspitzen, gefährlich für Kinder und Tiere. Die cremefarbenen, glockenförmigen Blüten stehen auf hohen, kräftigen Stielen.
*Y. filamentosa* hat weiche Blätter in blaugrün. Die Art ist leicht erkennbar an den Fäden an den Blatträndern.
*Y. recurvifolia* hat lange, weiche nach außen gewölbte Blätter in einer riesigen Rosette und hohe Blütenstiele, die erst erscheinen, wenn die Pflanze wenigstens 3 Jahre alt ist.
▷ Halbhohe, immergrüne Staude, volle Sonne, Winterhärtezonen 8 bis 10.

*Stachys olympica*

*Tanacetum haradjanii*

# FARBIGE RINDE

Glatt oder gefurcht, wie poliert oder abgeblättert kann Rinde sein. Sie verändert sich stark mit dem Alter des Baumes oder Strauches. Die silbrigen Stämme der Birke oder die braunpurpurnen Stämme der Koniferen in einem dunklen Wald sind wirkungsvoll, wenn man die Bäume in größeren Gruppen aus der Ferne sieht, während man eher aus der Nähe betrachten muß, wie die Sonne durch die papierartige, sich abschälende Rinde einer Kirsche, eines Ahorns oder einer Birke hindurchscheint.

**Acer,** Ahorn
Bei vielen Ahornformen ist die Rinde besonders gestaltet. Sie haben eine hübsch gestreifte »Schlangenhaut«rinde oder eine marmorierte Rinde, oder im Alter eine Rinde, die sich in größeren Flecken abschält und darunter eine blassere Farbe sichtbar werden läßt. Da das Laub nicht schwer ist, bleibt die Rinde selbst im Sommer sichtbar und trägt zur Schönheit dieser Bäume insgesamt bei.
*A. davidii*, mit seinen glänzenden grünen Blättern, die sich außerdem im Herbst lebhaft verfärben, hat eine grün-weiß gestreifte Rinde. Auch *A. forrestii* gehört zu der Gruppe der »Schlangenhaut«-Ahorne; hier tragen noch die anmutig geformten grünen Blätter mit den augenfälligen roten Blattstielen zur Steigerung bei. *A. grosseri* und seine Varietät *hersii* haben eine sehr schön gestreifte Rinde. *A. griseum*, aus der Gruppe der Ahorne mit dreizähligen Blättern, hat eine sich abschälende Rinde, die in kleineren oder größeren Fetzen herabhängt, so daß darunter die neue, orangefarbene Rinde sichtbar wird. Versuchen Sie, den Baum an eine Stelle zu setzen, wo er oft so betrachtet werden kann, daß die Sonne hinter dem Stamm steht. Es ist ein wunderschöner Baum, der leicht zu ziehen und zu jeder Jahreszeit wertvoll ist und eine hübsche Herbstfärbung bekommt.
*A. palmatum* 'Senkaki', auch als »Korallenrindenbaum« bezeichnet, hat korallenrote junge Zweige, die besonders beim jungen Baum ins Auge fallen.
Bei *A. pensylvanicum* ist das junge Holz zunächst grün, später rötlichbraun und schließlich gestreift mit weißen Zackenlinien. *A. pensylvanicum* 'Erythrocladum' hat junge Triebe, die leuchtend karmesinrot werden, während im Herbst die Blätter fallen.

*Acer griseum*

Der Baum ist schwer zu bekommen. Gewöhnlich wird er auf eine kräftige Pflanze von *A. pensylvanicum* gepfropft. Seine strahlende Winterschönheit macht ihn zu einem kostbaren Baum.
▷ Halbhohe sommergrüne Bäume, Halbschatten, Winterhärtezonen 6 bis 9.

**Arbutus,** Erdbeerbaum
*A. andrachne*, mit seiner abschälenden rötlichbraunen Rinde auf dem Stamm und den älteren Ästen, ist selten in den Gärten zu sehen. Eher verbreitet ist die Hybride *A.* × *andrachnoides* (mit *A. unedo*) mit lebhaft rötlicher Rinde, die besonders prachtvoll wirkt, wenn sie von der Abendsonne beleuchtet wird. Der Baum ist kalktolerant, kommt aber wohl am besten in torfhaltigem oder lehmigem Boden zurecht. Die immergrünen Blätter, der attraktive Wuchs, die augenfälligen krugförmigen Blüten und die feine Rindenfarbe lassen diesen Baum zu allen Jahreszeiten und in jedem Garten wirkungsvoll sein (s. auch »Umrahmendes Blattwerk: Grün«).
▷ Niedrige bis halbhohe immergrüne Bäume, volle Sonne oder Halbschatten, Winterhärtezonen 7 bis 9.

*Arbutus* × *andrachnoides*

*Betula jacquemontii*

**Betula,** Birke
Die Birken werden in den Gärten wohl hauptsächlich wegen des anmutigen, feinen Geflechts ihrer Zweige und wegen ihrer rahmweißen, zartrosa, mahagonifarbenen oder zimtbraun gefärbten Rinde geschätzt. Im Sommer ist der Hauptstamm deutlich sichtbar und prunkt dann mit seiner oft glühenden Färbung unter dem frischgrünen Laubdach. Im Winter kontrastiert das orangebraun getönte junge Holz ohne Laub mit dem Hauptstamm darunter. Die Rinde einer Birke ist nur eine dünne Haut, die sich nahe der Oberfläche abschält und ständig erneuert. Wenn man im Garten die Wirkung noch verbessern will, kann man einmal im Jahr die Rinde scheuern.
Die europäische *B. pendula*, die Sand- oder Weißbirke, steht in der Schönheit den anderen nicht nach. Ein kreideweißer Stamm glüht zwischen einer vornehmen, springbrunnenartigen Krone, bei der jeder Ast an der Spitze herabhängt und die im Winter durch das spitzentuchfeine Flechtwerk der Zweige wirkt. Spektakulärer wirken einige der amerikanischen und asiatischen Birken.
*B. papyrifera*, die Papierbirke, ist in der Natur von Labrador bis Nebraska verbreitet. Ihre Rinde wurde von den Indianern zum Bau von Kanus verwendet; auch zum Dachbau wird sie eingesetzt. Im Gegensatz zu den europäischen Birken bleibt bei ihr die Rinde weiß, wenn der Baum älter wird und voll auswächst. *B. ermanii* aus Japan und Nordostasien hat zartrosa getönte weiße Rinde und orangebraune Äste. *B. jacquemontii*, ursprünglich als eine Varietät von *B. utilis*, der Himalajabirke, betrachtet, ist variabel in der Farbe, im allgemeinen glühend und weiß, vielleicht die prächtigste aller Birken, und wirkt wunderschön in der Gruppe, aber auch als Einzelbaum. *B. albosinensis* 'Septentrionalis' aus China ist ausgesprochen fein, die Rinde hat eine seidige Struktur und wechselt in der Schattierung zwischen kupferartigem Orange, Grau und Rosa. Wenn ich nur für eine Birke im Garten Platz hätte, würde ich diese wählen.
▷ Halbhohe sommergrüne Bäume, volle Sonne oder Halbschatten, Winterhärtezonen 3 bis 8.

**Cornus,** Hartriegel
Es gibt so viele Hartriegel, die durch die Schönheit ihrer Form, ihrer Blüten, ihrer Blätter zum Gartenbild beitragen, daß die glühende Farbe der winterlichen Rinde bei manchen Arten (vor allem beim jungen Holz) als zusätzliches Merkmal wenig beachtet wird. Will man die bestmögliche Wirkung erzielen, pflanzt man am besten in isolierter Fülle auf einen Rasen oder an ein Gewässer. Man muß allerdings jedes Frühjahr kräftig zurückschneiden, um reichlich neuen Trieb anzuregen, der dann im kommenden Winter ein farbiges Dickicht bildet.
*C. alba* ist ein ausladender, kräftig treibender Strauch, dessen Triebe im späten Herbst satt rot aussehen. Eine der Sorten, C. alba 'Sibirica', hat leuchtend rotes junges Holz, das zum Frühjahr hin sich zu einem karmesinroten Farbton abdunkelt. Sie ist weniger kräftig als die Stammform und damit ideal für einen kleinen Garten. Doch einige der Züchtungen mit reizvoll silbern-golden panaschierten Blättern haben junge Zweige, die fast genauso glühend in der Farbe sind, und ihr Beitrag

zum Bild durch die variierten Blätter den ganzen Sommer hindurch muß natürlich bei einer bestimmten Farbanlage berücksichtigt werden.
*C. stolonifera* bildet reichlich Triebe, so daß gute Dickichte entstehen. Die jungen Triebe sind dunkel, fast purpurhaft rot. Noch prächtiger wirkt in einer Winterlandschaft *C.* 'Flaviramea', bei der die neuen Triebe grünlichgelb sind. Pflanzen Sie eine Gruppe der letztgenannten Form neben *C. alba* 'Sibirica', und es entsteht ein fast genauso lebhaftes Farbbild wie bei den Sonnenuntergangsfarben des Herbstlaubs.
▷ Halbhohe sommergrüne Sträucher, volle Sonne oder Schatten, Winterhärtezonen 3 bis 8.

**Eucalyptus**
Die Rinde vieler Eukalyptussträucher oder -bäume ist ebenso einem Jahresrhythmus unterworfen wie das Laub vieler Bäume. Einmal im Jahr wird sie gewechselt, sie schält sich ab und bildet dann Muster aus zerrissenen Streifen. Diese Muster sind optisch ebenso wünschenswert wie die grauen Blätter mit ihren deutlich verschiedenen Jugend- und Altersformen und köstlich duftendem ätherischen Öl. Am besten sucht man sich einen winterharten Eukalyptus aus, der in den eigenen Garten paßt (s. auch »Blau: Blattwerk«).
▷ Immergrüne Sträucher und Bäume, volle Sonne, Winterhärtezonen 8 bis 10.

**Myrtus,** Myrte
*M. luma* (syn. *M. apiculata*), die als halbhoher Busch oder unter günstigen Bedingungen in der Größe eines niedrigen Baumes wächst, hat eine sich abschälende zimtfarbene Rinde, die unter den glänzenden immergrünen Blättern satt aufglüht. Zieht man sie unter Waldbedingungen, strebt die Pflanze nach dem Licht, und der Stamm wird in Augenhöhe sehr auffällig. Ein Einzelexemplar an einem offenen Standort hingegen neigt dazu, buschig zu wachsen, und verdeckt dann das gesprenkelte Bild der rahmfarbenen Flächen, die sichtbar werden, wenn die äußere zimtfarbene Rinde abpellt. Der Busch, der einigermaßen kalktolerant ist, gedeiht in einem nährstoffreichen Boden bei mildem Klima.
▷ Hoher immergrüner Strauch oder niedriger Baum, Halbschatten oder Schatten, Winterhärtezonen 8 bis 10.

**Platanus,** Platane
*P. × acerifolia* (syn. *P. × hispanica*) verschönert in London die Plätze und Parks zu allen Jahreszeiten. Die hübschen gelappten Blätter flattern im Wind und bilden auf den Wegen raschelnde Teppiche, wenn sie im Herbst fallen. Die Rinde der glatten, aufrechten Stämme schält sich in großen Fetzen ab und ergibt ein unverwechselbares gesprenkeltes und marmoriertes Bild. In Ländern mit wärmeren Sommern werden diese Platanen oft gestutzt oder verflochten und damit zu einem besonderen Merkmal der Straßenbepflanzung gemacht. Einzelstehende Bäume wachsen meistens rasch heran, und wo vielleicht genügend Raum für einen großen Baum im Garten ist, sind diese Platanen wegen ihrer wunderschönen Rinde eine gute Wahl.
▷ Hoher sommergrüner Baum, volle Sonne, Winterhärtezonen 6 bis 9.

**Prunus,** Kirsche
Die meisten Zierkirschen werden wegen der Schönheit ihrer Blüten gezogen, aber bei zwei Arten aus Asien steht die Schönheit ihrer Rinde an erster Stelle.
*P. maackii*, die Mandschurei-Kirsche, hat eine ähnlich glatte, sich abschälende Rinde wie die Birken. Der bräunlich gelb getönte Stamm glüht warm und golden auf. Der Baum sollte so gepflanzt werden, daß sich darunter ein Teppich aus gelben Winterlingen ausbreiten kann – ihre glühenden Farben werden vom Honigton der Kirsche gesteigert.
*P. serrula*, mit fein gezähnten schmalen Blättern, ähnlich denen vieler Weiden, besitzt eine gleißend »polierte«, rotbraune sich abschälende Rinde. Kein anderer kleiner Baum, außer vielleicht *Acer griseum*, kann mit einem ähnlichen Anblick prunken.
▷ Niedrige sommergrüne Bäume, volle Sonne oder Halbschatten, Winterhärtezonen 5 bis 9.

**Rubus,** Brombeere
Unter den Brombeeren innerhalb dieser Gattung schicken *R. cockburnianus* und *R. thibetanus* jährlich steife, dornige Stengel aus, die sich mit wachsüberzogenen, weißlichen Blüten bedecken. Bei beiden Arten sind die überhängenden Zweige purpurhaft braun. *R. thibetanus* hat eher extreme Farben, und das elegante, farnartige Fiederblatt ist gräulich gefärbt, auf der Oberseite seidig, auf der Unterseite weiß oder filzig grau. Bei *R. cockburnianus* hat nur die Blattunterseite diesen Grauton. Beide Arten sind ideal für einen waldähnlichen Garten. Bei begrenztem Raum sind sie durch ihre Sperrigkeit schwierig, trotz ihrer unbestreitbaren Schönheit.
▷ Halbhohe sommergrüne Sträucher, volle Sonne oder Halbschatten, Winterhärtezonen 5 bis 9.

**Stewartia,** Scheinkamelie
Die säureliebenden Sträucher, die unter waldähnlichen Bedingungen gedeihen, haben wunderschöne Sommerblüten, hervorragende Blätterfarben im Herbst und (bei den meisten Arten) eine attraktive Rinde. *S. pseudocamellia*, eine japanische Art, die bis zu Baumgröße heranwachsen kann, hat eine abblätternde, graugetönte Rinde, die am augenfälligsten ist, wenn der Baum älter wird.
▷ Hoher sommergrüner Strauch oder niedriger Baum, Halbschatten, Winterhärtezonen 7 bis 9.

*Stewartia pseudocamellia*

*Myrtus luma*

*Prunus serrula*

*Prunus maackii*

# *HERBSTFARBEN*

Die lebhaftesten flammenden Blätterfarben entstehen auf einem saueren Boden. Klimaverhältnisse mit warmen Sommern und nachfolgenden frühen Nachtfrösten tragen dazu bei, daß sich die Blätter färben, bevor der Laubfall einsetzt. Selbst in gemäßigten Breiten wird ein Sommer, der deutlich wärmer ist als der Durchschnitt, bewirken, daß die Herbstfarben leuchtender werden und länger anhalten. In einem »Waldgarten« aus Bäumen und Sträuchern, oft in *ziemlich* großem Maßstab angelegt, können ganze Lichtungen und formlose Pflanzungen wie ein Orientteppich gestaltet sein: Die grünen Blätter verändern sich zunächst zu einem tiefen, abgedämpften Karmesinrot, werden dann dunkelrot und zu einem leuchtenden, durchscheinenden Scharlachrot, darauf folgen trübe oder glänzende goldene Töne und dann ein blasses und glühendes sanftes Gelb. Manchmal entwickeln sich all diese Farben nach und nach an ein und derselben Pflanze im Verlauf von einigen Wochen. Andererseits entsteht bei einigen Büschen eine so deutliche artgebundene Laubfärbung, daß man sie bei blockweiser Pflanzung wohlüberlegt setzen muß, um ein ausgewogenes Bild zu erreichen: die Farben aus einer beschränkten Palette von Karmesin-, Rot-, Orange- und Gelbtönen, aber wenige ruhige Grüntöne, denn diese mischen sich aus der Ferne in das Bild hinein und können sogar die leuchtendsten Töne im Sommer beruhigen.

*Cercidiphyllum japonicum*

*Cornus kousa* var. *chinensis* und *Fothergilla monticula*

**Acer,** Ahorn

Fast alle Ahorne, von der Strauchgröße bis zum großen Waldbaum, steuern im Herbst lebhafte Farben bei. Es gibt tatsächlich wenige andere Gattungen, die so verläßlich einzuplanen sind. Im ganzen Sommer prunken sie mit ihren elegant geformten Blättern, und diese nehmen im Herbst karmesinrote, scharlachrote und reingelbe Töne an, wenn kalte Nächte dafür gesorgt haben, daß Zucker sich in den Blattflächen ansammelt. Der amerikanische Zuckerahorn, *Acer saccharum*, erfüllt auch noch die Luft mit seinem süßen Duft, während die Blätter sich zu verfärben beginnen.

*A. capillipes*, einer der kleinen japanischen Ahorne mit hübscher gestreifter Rinde, ist sehr variabel mit seiner Herbstfärbung: Jedes einzelne Exemplar kann gelbe, orangefarbene, scharlachrote oder karmesinfarbige Blätter haben. Obwohl der Stamm bei Teilbeschattung gedeiht, verfärbt sich die breite Krone am besten bei voller Sonne.

▷ Niedriger sommergrüner Baum, volle Sonne oder Halbschatten, Winterhärtezonen 6 bis 8.

*A. ginnala*, der Feuerahorn, der als Strauch wächst, sich von der Basis an verzweigt, hat eine kräftig rote Herbstfarbe; die Blätter verfärben sich früh, bleiben aber nicht lange hängen. Der Busch, der im Wuchs, oberflächlich betrachtet, an die fächerförmige *Parrotia* erinnert, aber viel kleiner ist, eignet sich gut im Hintergrund einer Rabatte.

▷ Hoher sommergrüner Strauch, volle Sonne oder Halbschatten, Winterhärtezonen 6 bis 9.

*A. griseum* aus China, mit dreizähligen Blättern und einer orangefarbenen, sich schälenden Rinde, nimmt im Herbst kräftige Rot- und Orangetöne an. Es ist einer der schönsten Bäume.

▷ Niedriger sommergrüner Baum, volle Sonne, Winterhärtezonen 6 bis 9.

*A. japonicum*, ein großer Strauch und nach vielen Jahren ein kleiner Baum, ist nicht kalktolerant, bringt aber unter geeigneten Waldbedingungen im Herbst prachtvolle Farben hervor, und zwar verschiedene Schattierungen eines satten Karmesinrot. Die Ahornlichtungen im Westonbirt-Arboretum sind für die meisten unvergeßlich; das ganze Blickfeld, umrahmt von hohen, dunklen Nadelbäumen, erglüht im Herbst von den satten Farben.

▷ Hoher sommergrüner Strauch oder niedriger Baum, Halbschatten, Winterhärtezonen 6 bis 9.

Von *A. palmatum* aus Japan gibt es Züchtungen, die die gleichmäßigsten und lebhaftesten von allen Herbstfarben hervorbringen. *A. palmatum* 'Heptalobum Osakisuki' hat leuchtend scharlachrote Blätter. Dieser breite buschähnliche Baum wirkt am augenfälligsten, wenn er vor einem dunkelgrünen Hintergrund aus Eiben oder anderen Koniferen gezogen wird. 'Senkaki', der Korallenrinden-Ahorn, wird oft wegen der korallenroten Farbe seiner jungen Stämme gezogen, die im Winter glühend wirken. Die lichtgrünen Blätter werden im Herbst sanft blaßgelb.

▷ Niedrige sommergrüne Bäume, volle Sonne, Winterhärtezonen 7 bis 9.

*A. platanoides*, der Spitzahorn, ist ein hoher Baum, dessen Winterfestigkeit ihn als Windschutz am Gartenaußenrand geeignet sein läßt. Seine platanenähnlichen Blätter werden attraktiv, wenn sie die roten, braunen und reingelben Herbstfarben annehmen. Unter seinen zahllosen Züchtungen gibt es viele, die als Einzelbaum kleiner bleiben, aber doch schön gefärbt sind.

▷ Hoher sommergrüner Baum, volle Sonne oder Halbschatten, Winterhärtezonen 4 bis 8.

*A. rubrum*, der nordamerikanische Rotahorn, hat gelappte Blätter, die scharlachrote und tief gelbe Töne bekommen, vor allem nach heißen Sommern. Im gemäßigten Klima entsteht statt Rot eher ein gedämpfter Braunton.

▷ Hoher sommergrüner Baum, volle Sonne, Winterhärtezonen 4 bis 8.

*A. saccharum*, der Zuckerahorn, verfärbt sich am besten bei den extremen Temperaturen in seiner Heimat in Nordostamerika. Die Blätter nehmen beim Absterben brilliante Schattierungen von Orange, Gold, Scharlach und Karmesin an, wobei jedes Exemplar Jahr für Jahr seine besondere Farbe beibehält.

▷ Hoher sommergrüner Baum, volle Sonne, Winterhärtezonen 4 bis 8.

**Amelanchier,** Felsenbirne

*A. laevis*, ein Baum, der sich strauchartig verzweigt, hat im Frühjahr bronzehaft rosafarbenes junges Laub, das sich entfaltet, während die weißen, duftenden Blüten in großer Fülle (s. »Weiße Töne«) ihren Höhepunkt erreicht haben. Im Herbst nehmen seine Blätter satt purpurhafte Töne an. Die Art wird oft mit *A. canadensis* verwechselt.

▷ Niedriger sommergrüner Baum oder hoher Strauch, volle Sonne, Winterhärtezonen 5 bis 9.

**Cercidiphyllum,** Katsurabaum

*C. japonicum* hat Blätter, die in der Form stark denen von *Cercis siliquastrum*, dem Judasbaum, ähneln, aber kleiner sind und gegenständig wachsen; sie bekommen eine blaßgelbe oder rauchig rosa Herbstfärbung. Trotz seiner Herkunft aus Japan gedeiht er in jedem durchschnittlichen alkalischen oder sauren Boden. Mit seinem sauberen, fast regelmäßigen, pyramidenähnlichen Umriß ist er ein wertvoller Baum in einem kleinen Garten.

▷ Niedriger bis halbhoher sommergrüner Baum, volle Sonne, Winterhärtezonen 4 bis 9.

**Cladrastris,** Gelbholz

*C. lutea* hat Fiederblätter, die den ganzen Sommer lang üppig sattgrün sind und vor dem Laubfall ein reines Buttergelb bekommen.

▷ Halbhoher sommergrüner Baum, volle Sonne, Winterhärtezonen 6 bis 9.

**Cornus,** Hartriegel
*C. florida*, der Blumenhartriegel, kann mit der Zeit zu einem kleinen Baum werden, wird aber gewöhnlich als eleganter, ausladender Strauch gezogen. Er ist nicht vollständig winterhart und reagiert vor allem auf Frühjahrsfröste empfindlich, wenn nicht der vorhergehende Sommer so warm war, daß das Holz richtig heranreifen konnte. Außerdem werden die Laubfarben nach einem warmen Sommer eher leuchtend.
*C. kousa* und die Varietät *chinensis* blühen im Sommer, während es relativ wenige blühende Sträucher gibt, und beginnen sich früh zu verfärben. Im Spätsommer werden die Blätterfarben zunehmend brillanter, und die Blätter bleiben noch mindestens einen Monat hängen. Der Verfärbungsprozeß beginnt mit gedämpften Tönen, mit Purpurstreifen und -stufen; später werden die Farbtöne reiner, fast durchscheinend und leuchtend.
*C. nuttallii* ist der einzige unter den drei baumwüchsigen Hartriegeln, der sich im Herbst deutlich verfärbt. Er gehört zu den vornehmsten seiner Gattung und stammt aus dem westlichen Nordamerika. Ein dunkler Wald wird von den lebhaft glühenden Gelb- und Scharlachtönen seiner absterbenden Blätter »entzündet«. Seine prächtigen Hochblätter, die im Frühsommer erscheinen, sind rahmfarben und rosa überhaucht. Der Hartriegel ist nicht zuverlässig winterhart, er braucht sauren Boden und gedeiht etwa in Waldgärten an der Küste.
▷ Hohe sommergrüne Sträucher und niedrige Bäume, volle Sonne oder Halbschatten, Winterhärtezonen 6 bis 9.

**Cotinus,** Perückenstrauch
*C. coggygria* und *C. obovatus* (syn. *C. americanus*) haben eine feine Herbstfärbung, die Blätter werden nacheinander weinrot, scharlachrot und orange. Die letztere Art ist zwar in der Blüte weniger prachtvoll, hat aber prägnante junge Triebe und Blätter in einem purpurhaften Rosaton. Es sei empfohlen, diesen Sträuchern einen Platz zu geben, wo das Sonnenlicht die Herbstblätter durchscheinend machen kann, dann sind sie besonders wirkungsvoll .
▷ Hohe sommergrüne Sträucher, volle Sonne, Winterhärtezonen 4 bis 9.

**Cotoneaster,** Zwergmispel
*C. bullatus* trägt nicht nur im frühen Herbst satt gefärbte rote Beeren, sondern es bekommen auch noch etwa um dieselbe Zeit die runzeligen Blätter feine Farbtöne.
*C. horizontalis* ist im Spätsommer am wirkungsvollsten, wenn seine hübschen grätenähnlichen Zweige für kurze Zeit mit roten Beeren bedeckt sind. Die kleinen Blätter werden dann intensiv satt karmesinrot, was viele Wochen anhält, vor allem nach einem heißen Sommer und frühem Frost. Man sollte ihn bei voller Besonnung ziehen, damit die bestmögliche Farbe entsteht.
*C. horizontalis* 'Variegatus' bleibt gewöhnlich kleiner und bekommt kleinere, rahmfarben gefleckte Blätter, die im Frühherbst zarte rosa Töne annehmen. Er läßt sich besonders wirkungsvoll in offenen Rabatten ziehen.
▷ Niedrige bis hohe sommergrüne Sträucher, volle Sonne, Winterhärtezonen 6 bis 10.

**Cryptomeria,** Sicheltanne
*C. japonica* 'Elegans', eine niedrig bleibende Sorte im Vergleich zum hohen Baum der Ausgangsart, hat sanftes, fiedriges Blattwerk, das während der ganzen Lebensspanne im Jugendstadium bleibt. Im Herbst wird es nebelhaft rotbronzen, sanft und warm und fein im Ton. Am besten setzt man die Pflanze im Hintergrund einer Rabatte ein, wo ihr Grün im ganzen Jahr ein rauchiges Bild bietet.
▷ Niedrige immergrüne Konifere, volle Sonne oder Halbschatten, Winterhärte 6 bis 9.

**Disanthus**
*D. cercidifolius* ist säureliebend, ähnelt der Hasel im Wuchs und verfärbt sich vielleicht zu leuchtenderen Tönen als jeder andere Strauch. Die Blätter, die so geformt sind wie die von *Cercis siliquastrum*, dem Judasbaum, erstrahlen in karmesinfarbenem Licht und werden noch intensiver leuchtend, bevor sie fallen. Die kleinen purpurnen Blüten werden im Herbst getragen, wenn die Blätter am farbenprächtigsten sind.
▷ Halbhoher sommergrüner Strauch, volle Sonne oder Halbschatten, Winterhärtezonen 7 bis 9.

**Enkianthus,** Prachtglocke
Diese asiatischen Sträucher, die kalkfreien Boden verlangen, haben im Frühsommer anziehende urnenförmige Blüten, und ihre Blätter nehmen jede nur denkbare Gelb- und Rotschattierung an. *E. campanulatus* hat schwefel- bis bronzefarbige Blüten. Die Blätter, die an aufrechten, regelmäßigen Ästen sitzen, bekommen im Spätsommer leuchtende Farbtöne.
▷ Halbhoher sommergrüner Strauch, Halbschatten, Winterhärtezonen 6 bis 9.

**Euonymus,** Spindelstrauch
*E. alata* bildet an seinen abgewinkelten Zweigen korkartige Flügel, die ihn leicht erkennbar sein lassen. Die absterbenden Blätter werden satt rosig scharlachfarben. Der Strauch ist leicht zu ziehen. Man kann ihn in einem großen Garten gruppenweise pflanzen oder in einer Mischrabatte von bescheidenen Ausmaßen als Einzelexemplar einsetzen.
*E. oxyphylla* trägt karminrote Fruchtkapseln, die beim Aufplatzen scharlachrot ummantelte Samen zeigen, zwischen dem düsteren, purpurn getönten Laub.
▷ Halbhohe oder hohe sommergrüne Sträucher, volle Sonne, Winterhärtezonen 5 bis 8.

**Fagus,** Buche
*F. sylvatica*, die einheimische Rotbuche, bietet während einer langen herbstlichen Periode durchgehend ein glühendes goldkupfernes Bild. Buchen können auch als zierende Heckenpflanzen dienen. Ihre lederbraunen abgestorbenen Blätter halten sich den ganzen Winter hindurch (s. auch »Blätter-Raster: Grün«).
▷ Hoher sommergrüner Baum oder hohe Hecke, volle Sonne oder Halbschatten, Winterhärtezonen 4 bis 8.

**Fothergilla,** Federbuschstrauch
Bei diesen säureliebenden Sträuchern mit den flaschenbürsten-ähnlichen Blütenständen im Frühjahr verfärben sich alle Arten prächtig im Herbst.
*F. major* (syn. *F. monticola*) hat weiße Blütenstände. Die Blätter verfärben sich zu schönen Orange- und Rottönen.
▷ Halbhohe sommergrüne Sträucher, Halbschatten, Winterhärtezonen 6 bis 8.

*Cotinus coggygria*

**Ginkgo**
*G. biloba* hat eigenartige fächerförmige, ungeteilte Blätter, die vor dem Laubfall reingelb werden. Die Pflanze bildet oft eine symmetrische kegelartige oder auch – bei *G. biloba* 'Fastigiata' – eine aufrechte, senkrechte Form. Sie verträgt gut die Luftverschmutzung in der Stadt und wächst in jedem Boden. Die Gingkos, die manchmal auch für städtische Alleen eingesetzt werden, wirken wundervoll, wenn die Blätter viele Wochen lang ihre makellose Farbe zeigen.
▷ Halbhohe sommergrüne Konifere, volle Sonne, Winterhärtezonen 6 bis 9.

**Hamamelis,** Zaubernuß
Diese Sträucher werden hauptsächlich wegen ihrer frostresistenten, spinnenbeinähnlichen gelben oder roten Blüten gezogen, die mitten im Winter an blattlosen Ästen sitzen; aber sie bekommen im allgemeinen auch attraktive Herbstfarben.
*H. japonica* 'Arborea' und die Chinesische Zaubernuß *H. mollis* (s. »Reines Gelb: Winter«) haben Blätter, die sich zu einem sanften Gelb verwandeln und sich mit den bronze- und lederfarbenen Schattierungen der weniger spektakulären welkenden Blätter vieler Krautpflanzen harmonisch verbinden. So entsteht ein sanfteres Bild als bei den flammenden Rot- und Orangetönen anderer Waldpflanzen.
▷ Hohe sommergrüne Sträucher, Halbschatten, Winterhärtezonen 6 bis 9.

*Liquidambar styraciflua*

*Parrotia persica*

**Hydrangea,** Hortensie
*H. quercifolia* hat sehr große eichenblatt-ähnliche Blätter, die schon wenn sie grün sind eindrucksvoll aussehen (s. Kapitel »Umrahmendes Blattwerk«). Darüber hinaus verwandeln sie sich im frühen Herbst in ein glühendes Orangerot. Zwar gedeihen die Büsche im Schatten und blühen reichlicher ohne direkte Sonne, die besten Herbstlaub-Bilder entstehen aber am offenen Standort.
▷ Halbhoher sommergrüner Strauch, volle Sonne, Winterhärtezonen 4 bis 9.

**Liquidambar,** Amberbaum
*L. styraciflua* hat im optimalen Fall im Herbst brennend karmesinrote Blätter. Die Blätter haben eine ähnliche Form wie beim Ahorn, lassen sich aber leicht unterscheiden, weil sie wechselständig sind, nicht gegenständig, wie es beim Ahorn der Fall ist. Bei einigen Exemplaren entsteht nicht viel Farbe. Das scheint im allgemeinen weder mit dem Boden noch mit dem Klima zusammenzuhängen. Wenn ein junger Baum keine schöne Herbstfarbe entwickelt, sortiert man ihn am besten aus und versucht es mit einem anderen; man sollte demselben Baum keine zweite Chance geben.
▷ Hoher sommergrüner Baum, volle Sonne oder Halbschatten, Winterhärtezonen 6 bis 9.

**Malus,** Apfelbaum
*M. tschonoskii* ist ein kompakter Baum, der in jedem Boden gedeiht, mit gelblichgrünen, purpurn angelaufenen Früchten und Herbstfarben in Gelb- und Orange-, Purpur- und Scharlachtönen; oft zeigt ein einziger Baum die Abfolge dieser Regenbogenfarben bei den einzelnen Blättern. Dieser Baum, dem der exotische Hauch vieler anderer japanischer Bäume fehlt, sollte häufiger gepflanzt werden. Er eignet sich für alle Gartentypen (s. auch »Rosa und zartes Violett: Frühsommer«).
▷ Niedriger sommergrüner Baum, volle Sonne, Winterhärtezonen 5 bis 9.

**Nyssa,** Tupelobaum
*N. sinensis* ist manchmal eher ein großer buschiger Strauch als ein Baum. Er hat während der ganzen Sommersaison junge rote Triebe und im Herbst verschiedene tiefe Rot- und Karmesinrottöne. Diese Art ist eher kalktolerant als die häufiger gezogene *N. sylvatica*, die feuchten, kalkfreien Boden und Waldbedingungen fordert. Der letztere Tupelobaum bildet einen hübschen säulenförmigen Baum, der im Sommer glänzend grün ist und im Herbst satt scharlachrot, orange und gelb wird.
▷ Niedrige bis halbhohe sommergrüne Bäume, volle Sonne oder Halbschatten, Winterhärtezonen 6 bis 9.

**Parrotia**
*P. persica* hat eine reichverzweigte, strauchähnliche Wuchsform. Ihr dichtes Laub verdeckt die hübschen gemusterten Äste, die ähnlich gefleckt sind wie der Stamm einer Platane. Die Blätter werden im Frühherbst zunächst purpurn, dann karmesinrot und golden; die Farben und das Laub halten sich besonders lange Zeit.
▷ Niedriger sommergrüner Baum, volle Sonne oder Halbschatten, Winterhärtezonen 6 bis 9.

**Parthenocissus,** Jungfernrebe
*P. henryana*, die im Schatten gedeiht, hat außergewöhnliche Blätter in einem dunklen Samtgrün, um die Mittelrippe und Adern weiß und rosa gescheckt. Im Herbst wird das Grün brennend rot, was in Verbindung mit den rosa und silbrigen Tönen ein spannendes Bild ergibt.
▷ Sommergrüne Kletterpflanze, Schatten, Winterhärtezonen 7 bis 9.
*P. quinquefolia*, der Wilde Wein, besitzt kleine Haftscheiben und kann kräftig klettern, so daß er rasch senkrechte Mauern bedeckt. Die fünfzähligen Blätter werden im Herbst leuchtend karmesinrot. Die Pflanze eignet sich ideal, um häßliche Bauten zu bedecken, ist aber auch wertvoll als prächtige Kulissenwand für Herbstrabatten.
*P. tricuspidata* 'Veitchii' aus China und Japan ist kräftiger und wird oft mit dem Wilden Wein verwechselt, ist aber weiter verbreitet als dieser und wird bei vielen großen Gebäuden als Verkleidung benutzt. Ihre unterschiedlich geformten Blätter werden grob, während die Pflanze älter wird, doch die satten Karmesin-Töne im Herbst entschädigen reichlich für alle Nachteile.
▷ Sommergrüne Kletterpflanzen, volle Sonne oder Halbschatten, Winterhärtezonen 4 bis 9.

**Prunus**
Unter den kleinen Zierbäumen, die bereits in den entsprechenden Kapiteln wegen ihrer Blatt- und Blütenfarben besprochen wurden, gibt es auch Arten, die kräftige Herbstfarben beitragen.
*P. sargentii*, mit bronzerotem Frühjahrslaub, wird im Frühherbst zu einer dichten Masse in Orange und Karmesinrot.
▷ Niedriger sommergrüner Baum, volle Sonne oder Halbschatten, Winterhärtezonen 6 bis 9.

**Quercus,** Eiche
*Q. coccinea*, die Scharlacheiche aus dem östlichen Nordamerika, hat glänzend dunkelgrüne Blätter, die im Herbst leuchtend scharlachrot werden und dem ganzen Baum eine langanhaltende lebhafte Farbe verleihen. Sowohl diese Art als auch die Sumpfeiche *Q. palustris*, ähnlich, aber mit kleineren Blättern, brauchen tiefen, sauren Boden. *Q. rubra*, die ähnlich kalkfreien Boden verlangt, hat mattgrüne Blätter, die bräunlich purpurne, rubinrote oder gemischt gelbe und rostfarbige Schattierungen vor dem Laubfall annehmen, manchmal auch alle diese Farben auf einmal.
▷ Hohe sommergrüne Bäume, volle Sonne oder Halbschatten, Winterhärtezonen 4 bis 8.

**Rhododendron**
Die laubabwerfenden Azaleen, besonders die bewährte und beliebte *R. luteum* (s. »Reines Gelb: Frühsommer«), haben Blätter, die harmonierende Gelb- und Orangetöne im Herbst ausbilden. Am besten setzt man sie gruppenweise in eine dunkle Ecke, um einen Akzent zu schaffen.
▷ Halbhohe sommergrüne Sträucher, Schatten, Winterhärtezonen 6 bis 9.

**Rosa**
Die Rosen, die als Sträucher gezogen werden, haben oft attraktive herbstliche Blätterfarben, die sich

schön mit den Hagebuttenbüscheln verbinden. Alle Sorten zu *R. rugosa* haben Blätter, die reingelb werden, während die triebreiche amerikanische *R. virginiana* an den Blättern purpurn wird, dann orangerot, karmesinrot und schließlich gelb, so daß in Verbindung mit den funkelnden roten Früchten ein eindrucksvolles, schönes Gartenbild gegen Ende der Saison entsteht.
▷ Halbhohe sommergrüne Sträucher, volle Sonne oder Halbschatten, Winterhärtezonen 4 bis 9.

**Sorbus,** Eberesche
Von *S. aucuparia*, der einheimischen Eberesche im engeren Sinne, mit farnartigen Fiederblättern, gibt es viele Sorten mit anders gefärbten Früchten und Blättern.
Andere aus der Aucuparia-Sektion, beispielsweise *S. commixta* 'Embley', mit glitzernden orangen Früchten, haben warme, glühende rote Blätter im Herbst; die Umfärbung beginnt ziemlich spät, aber die Blätter bleiben lange am Baum.
Bei *S. hupehensis* werden die prunkvollen roten Herbstfarben durch die Büschel von weißen, manchmal rosa behauchten Früchten gesteigert, die von den Vögeln gewöhnlich belassen werden.
*S. scalaris* ist selten, und ihre glänzenden, farnwedelähnlichen Fiederblätter, die beim Entfalten bräunlich karmesinrot sind, verfärben sich zu im Ton tieferen, satten Rot- und Purpurschattierungen. Die Frucht ist leuchtend rot und in Büscheln zusammengefaßt.
▷ Niedrige bis halbhohe sommergrüne Bäume, volle Sonne oder Halbschatten, Winterhärtezonen 4 bis 8.

**Stephanandra,** Kranzspiere
In den Gärten werden zwei Arten der Kranzspiere gezogen – wegen des anziehenden eingeschnittenen grünen Laubs und der sattbraunen Stengel. Sie nehmen beide reizvolle Herbstfarben an und gedeihen in jedem Boden.
*S. incisa* hat im Zickzack verlaufende braune Zweige. Die Blätter nehmen im Spätsommer gedämpfte rote Töne an.
*S. tanakae* ist größer, hat überhängende rötlichbraune Zweige und bekommt deutlich mehr orangefarbige Herbsttöne. Keiner von beiden Sträuchern ist im Herbst spektakulär, doch passen sie leicht in jede farblich abgestimmte Pflanzung, da sie näher mit den gedämpften Farben einer Winterlandschaft verwandt sind als die flammenden Scharlach- und Orangetöne, die sonst im Herbst auftreten.
▷ Niedrige bis halbhohe Sträucher, Halbschatten oder Schatten, Winterhärtezonen 6 bis 9.

**Taxodium,** Sumpfeibe, Sumpfzypresse
T. distichum ähnelt, oberflächlich betrachtet, aber nicht in botanischer Sicht, der *Metasequoia*, nur sind die Nadeln wechselständig. Diese Sumpfzypresse hat eine glühende, sattgrüne Farbe im Sommer, die im Herbst für viele Wochen bronzegelb wird. Man zieht sie am besten mit den Wurzeln im Wasser, ähnlich wie in den amerikanischen Sümpfen, aus denen sie stammt, aber nicht auf Flächen mit kreidehaltiger Erde.
▷ Hohe sommergrüne Konifere, volle Sonne, Winterhärtezonen 6 bis 10.

*Parthenocissus tricuspidata* 'Veitchii'

**Vaccinium,** Heidelbeere
Diese heidekrautähnlichen Sträucher brauchen sauren Boden und Waldbedingungen. Meistens werden sie wegen ihrer Beeren und ihrer Herbstfarben gezogen, doch sehen sie den ganzen Sommer über reizvoll aus, und Gruppen, die man in feuchten Schatten pflanzt, bilden gute Dickichte.
*V. corymbosum*, die Amerikanische Blueberry, hat lange Blätter, die lebhaft scharlachrot und bronzefarben werden. Die blaßrosa urnenförmigen Blüten werden im Frühsommer getragen und von großen schwarzen Beeren mit blauem Flaum abgelöst.
▷ Halbhoher sommergrüner Strauch, Halbschatten, Winterhärtezonen 4 bis 9.
**Viburnum,** Schneeball
Viele Schneeball-Arten bekommen satte Herbsttöne, die oft in Verbindung mit den Früchten besonders stark aufglühen (s. »Warme leuchtende Farben: Früchte und Beeren«).
▷ Hohe sommergrüne Sträucher, volle Sonne oder Halbschatten, Winterhärtezonen 4 bis 8.

**Vitis,** Rebe
Die Reben klettern mit Hilfe von Sproßranken über Pergolen oder Spaliere oder durch hohe Bäume. Die Formen aus dem Fernen Osten bekommen die besten Herbstfarben.
*V. coignetiae* hat vielleicht die größten Blätter von allen Reben. Sie verfärben sich vor dem Laubfall in wilde Schattierungen von Karmesin- und Scharlachrot. Die Größe der Blätter und die Kräftigkeit der Pflanze bringen Probleme für einen kleinen Garten, aber ihre Schönheit ist unbestreitbar.
Auch die weniger bekannte *Vitis davidii* ist hübsch, mit ihren herzförmigen, schlanken, zugespitzten Blättern, die oben dunkelgrün, auf der Unterseite gräulich sind. Sie verfärbt sich im Herbst in der Regel zu einem brillanten Rot.
*V. riparia* 'Brandt', eine Züchtung der amerikanischen Uferrebe, hat Blätter, die sich im Herbst zu einem tief bronzehaften Rot verfärben, wobei die Adern grün bleiben. Diese geheimnisvolle Farbe, die an einen feinen Wein erinnert, unterscheidet sich ausgesprochen von den heftigen Scharlachtönen.
*V. vinifera* 'Purpurea' hat den ganzen Sommer über purpurne Blätter, die sich im Herbst zu einem satteren Ton abdunkeln. Ihre kleinen Beeren sind ebenfalls dunkelpurpurn, aber mit einer anderen, saftigen Oberflächenstruktur (s. auch »Umrahmendes Blattwerk: Grün«).
▷ Sommergrüne Kletterpflanzen, volle Sonne, Winterhärtezonen 6 bis 9.

*Vitis coignetiae*

# PFLANZENFARBEN

Die echte Farbe einer Pflanze hängt von der chemischen Zusammensetzung der Pigmente und von dem molekularen Aufbau der Oberflächenstruktur ab. Grundsätzlich lassen sich die Pflanzenpigmente in zwei Klassen aufteilen: Farbstoffe, die im Zellsaft löslich sind und Pigmente, die sich in bestimmten Körperchen, sogenannten Plastiden, an der Innenseite der Zellwand befinden. Letztere sind nur in Fett löslich. Die Verteilung der verschiedenen Pigmente und manchmal auch ihre chemische Verbindung führt zu den erstaunlichen Farbstufen und Zeichnungen an den Blumenblättern.

Die wichtigsten wasserlöslichen Farbstoffe sind die Anthozyane und die Anthoxanthine. Purpur, Blau und die meisten roten Farben werden durch Anthozyane bewirkt, die außer den Blütenfarben auch Blatt- und Stengelfarben beeinflussen können und beispielsweise neuen Sprossen und Blättern einen rötlichen Ton verleihen. Drei wichtige Anthozyane sind: Pelargonidin, das Blüten, z.B. Beet-Pelargonien, scharlachrot färbt; Zyanidin, das rote und magentarote Töne, z.B. bei Rosenblüten, ergibt; und Delphinidin, das Malvenrot, Purpur und Blau beispielsweise bei den verschiedenen Sorten von Rittersporn mit ihrer großen Bandbreite an Blütenfarben hervorruft. Da sie in Wasser löslich sind, reagieren die Anthozyane auf Veränderungen im Säuregehalt des Bodens. Grob ausgedrückt neigen Blüten dazu, in saurem Boden rot zu werden und im alkalischen Boden blau (stecken Sie den Stengel einer Glockenblume in einen Ameisenhaufen – Sie werden feststellen, daß die Ameisensäure, die von den ärgerlichen Ameisen verspritzt wird, die Blüte rot färbt). Eine bemerkenswerte Ausnahme, aus der man sehen kann, was für ein komplexer Vorgang die Farbbildung bei den Pflanzen ist, stellt die Reaktion von *Hydrangea macrophylla* dar: Ihre Blüte ist blau, wenn sie in stark saurem Boden mit hohem Eisengehalt wächst; wird sie in alkalischer Erde gezogen, werden die Blüten deutlich rosa.

Die Anthoxanthine bringen eine Reihe von Farben hervor, die von blassem Elfenbeinweiß bis zu tiefem Gelb reicht. Die Farbe weißer Blütenblätter wird zwar manchmal auch durch ein weißes Pigment verursacht, geht aber meistens auf lufthaltige Räume im Pflanzengewebe zurück. Wie bei Eiskristallen im Schnee oder Blasen im Schaum bewirken diese Lufträume, daß Licht gebrochen und reflektiert wird und damit die Oberfläche weiß erscheint. Auch das Weiß der Espen- oder Birkenstämme wird durch lufthaltige Räume verursacht, die in der äußeren Rindenschicht liegen.

Anthozyane und Anthoxanthine können zusammen in einem Blütenblatt vorkommen und gemeinsam zur Farbe beitragen, so daß rötliche und bräunliche Schattierungen entstehen. Manchmal verbinden sich die Anthoxanthine, die elfenbeinartige Töne hervorbringen, chemisch mit den Anthozyanen, wodurch die wahrnehmbare Farbe deutlich blauer wird.

Die meisten Plastiden in den Pflanzenzellen gehören zu der Gruppe, die als Chloroplasten bezeichnet wird. Das am besten bekannte Plastidenpigment ist das grüne Chlorophyll, das sich grundsätzlich in Blättern und Stengeln befindet, oft aber auch Blütenblätter und Kelchblätter grün tönt. Weitere Beispiele sind das orangefarbene Karotin und das gelbe

*Euonimus grandiflorus*

Xanthophyll, welche Blütenfarben beeinflussen und Karotten orange und Tomaten rot färben.

Chlorophyll, das Grün der Blätter, ist so aufgebaut, daß es für die Photosynthese funktioniert. Im einzelnen ist sein Aufbau an die Bedingungen angepaßt und beeinflußt Struktur und Erscheinungsbild des Blattes auf verschiedene Weise. Bei Tageslicht wird durch kleine Öffnungen auf der Blattunterseite Kohlendioxid aufgenommen. Die Chloroplasten, die das Chlorophyll enthalten und alle Wellenlängen des Lichtes außer Grün (das reflektiert wird) ausnutzen, befinden sich im Inneren der Blattzellen. Wasser und verschiedene Mineralien, die zum Pflanzenwachstum nötig sind, verteilen sich mit dem Flüssigkeitsstrom in den »Nerven« und »Adern« der Blattfläche; dort spaltet die eingefangene Sonnenenergie das Wasser in Wasserstoff und Sauerstoff. Der Wasserstoff verbindet sich mit Kohlendioxid zu Zuckern, die dann im Pflanzenkörper verteilt werden, während der Sauerstoff in die Luft abgegeben wird.

Die meisten Pflanzen halten ihre Blätter so, daß eine möglichst hohe Zahl dem Licht zugewandt ist, das sie für die Photosynthese brauchen. Deshalb neigen die Pflanzen dazu, ihre Blattflächen waagerecht auszubreiten, so daß für den Betrachter ein mosaikartiges Muster, von unten gesehen, entsteht; es ist am besten zu erkennen, wenn man das Laubdach eines Baumes von unten gegen den Himmel betrachtet, aber ähnliches gilt selbst für die bescheidenste, niedrigste Pflanze.

Obgleich das Chlorophyll das wichtigste Pigment für die Photosynthese ist, gibt es in den Blattzellen auch andere Plastidenpigmente sowie wasserlösliche Farbstoffe. Wenn im Herbst das Chlorophyll abgebaut wird, werden Tröpfchen aus Carotinoiden hergestellt, die das Blatt blaßgelb verfärben. Wenn dann die Nächte kälter werden, sammelt sich im Blattgewebe Zucker an, der normalerweise in allen Pflanzengeweben verteilt ist, und dadurch entstehen aktive Anthozyane und Anthoxanthine im Zellsaft, die das Blatt rot und golden werden lassen. Genauso, wie die Blütenfarbe unter sauren Bedingungen »röter« wird und unter alkalischen »blauer«, hängt auch die Intensität der Herbstfarben vom Boden ab. Auf Böden mit hohem Säuregehalt entstehen lebhafte Scharlach- und Rottöne, während auf kalkhaltigen, stark basischen Böden die Farben eher gedämpft, zartpurpurn und abgetönt sind und flammendes Rot fehlt. Auch im Frühjahr sind die Austriebe und jungen Blätter oft rötlich und zartrosa, die Anthozyane schützen dann die empfindlichen bläulichgrünen Triebe vor den starken ultravioletten Lichtstrahlen.

In den Blättern mancher Pflanzen sind diese löslichen Farbstoffe ständig vorhanden und überdecken teilweise oder völlig das Grün, so daß ein bronzener oder purpurner Eindruck entsteht. Bei laubabwerfenden Pflanzen bleiben diese Farben während der ganzen Saison, wenn sie auch im Verlauf des Sommers oft weniger auffällig werden, weil sie grünlicher und im allgemeinen dunkler werden. Bei immergrünen Pflanzen haben gewöhnlich nur die jungen Blätter oder Nadeln rötliche Schattierungen, mit zunehmendem Alter werden diese grüner oder zart purpurn. Die Teil-Überdeckung, die zu panaschierten Blättern führt, hängt jedoch nicht immer mit Anthozyanen und -xanthinen zusammen; manchmal geht sie auf die unvollständige Ausbildung von Chloroplasten in den inneren oder äußeren Schichten der Blattzellen zurück. Wenn ein Blatt am Rand weiß oder gelb ist, arbeitet die innere Schicht des grünen Pigmentes normal, aber in der äußeren Schicht fehlen die Chloroplasten, oder es sind dort nur Vorstadien des Chlorophylls, Protochlorophylle, vorhanden (die die gelbliche Farbe ergeben). In einem Blatt, das weiß oder gelb erscheint und einen grünen Rand hat, ist die innere Schicht unvollständig. Im letzteren Fall gewinnt das Chlorophyll oft seine Funktionsfähigkeit zurück, und das Blatt wird wieder normal grün. Sowohl bei der Stechpalme *(Ilex)* als auch bei der Ölweide gibt es Formen, bei denen die Blätter in der Mitte einen weißen oder gelben Fleck aufweisen, bei denen sich aber ganze Äste in Grün »zurückverwandeln« können – was für die Stärke der Pflanze sicher vorteilhaft ist, dem Gärtner aber gar nicht gefällt, der ein bestimmtes Farbbild geplant hat. Pflanzen mit einem hellen Blattrand (auch hierzu zählen Formen der Stechpalme und der Ölweide) verändern sich jedoch in der Regel nicht in dieser Weise zurück.

Bei Gräsern, Seggen und Liliengewächsen – einschließlich Funkien, Taglilien, Maiglöckchen, Salomonssiegel und Neuseeländer Flachs – entstehen durch unvollständig ausgebildete Chloroplasten rahmfarbene oder gelbe Längsstreifen, die mit dem normalen Blattgrün kontrastieren.

In der Regel sind solche Pflanzen mit gescheckten Blättern, bei denen das lebenswichtige Chlorophyll überdeckt oder unvollständig ist, im Nachteil. Sie erfordern fast alle im Garten mehr Pflege und Schutz, und die gelbblättrigen oder weißbunten Sorten wachsen deutlich langsamer und erreichen vielleicht nie dieselbe Höhe und Breite wie die grünblättrige Art.

Variationen in der Oberflächenstruktur (Textur) können eine ausgesprochen starke Wirkung auf das Erscheinungsbild der Farbe haben. Die tatsächlichen Farben der Blätter oder Blüten bei zwei Pflanzen mögen nach den Begriffen der Farbmeßsysteme identisch sein, können dem Betrachter aber vollkommen verschiedene Eindrücke von der Farbqualität vermitteln, weil die Struktur unterschiedlich ist. Ein Blütenblatt kann eine »fettglänzende« Oberfläche haben, weil stark reflektierende Stärkekörner, die wie die Reflexschicht eines Spiegels wirken, unterhalb der äußeren Zellschicht liegen, in der sich die Pigmente als große Fetttropfen befinden; ein solches Blütenblatt wird eine leuchtende, intensive Farbe und einen glänzenden Schimmer haben und sich stark von einem Blütenblatt unterscheiden, das eine ähnliche Farbe, aber eine absorbierende Oberfläche besitzt. Die Blütenblätter von Gloxinien und Stiefmütterchen, die schwarzen Hängeblätter des Wolfsschwertels sind mit kleinen, regelmäßigen Auswüchsen versehen, die alle die gleiche Länge haben und in dieselbe Richtung weisen; dadurch entsteht ein samtartiger Flaum. Bei anderen Blütenblättern befinden sich solche Auswüchse parallel zur Mittelrippe, so daß jede Linie, jeder Grat wie ein Brennspiegel wirkt, der das Licht zurückwirft; das Ganze wirkt, als sei das Blüten»gewebe« mit Seidenfäden durchschossen. Eine papierartige Oberfläche ergibt ein durchscheinendes Bild: Das Licht scheint durch das Blütenblatt, und das wirkt besonders zauberhaft, wenn die Sonne untergeht und ihre waagerechten Strahlen das Laub- oder Blütenblatt in Augenhöhe durchfluten.

Die feinen grauen, silbrigen oder bläulichen Schattierungen entstehen, wenn die Blattoberfläche behaart oder wachsüberzogen ist, wodurch das Aussehen des Grüns verändert wird. Solche Pflanzen stammen gewöhnlich aus warmen Gebieten, wo Haare und Wachs die Blätter vor übermäßiger Sonnenbestrahlung schützen müssen, indem sie das starke Licht reflektieren und brechen. Behaarte und wachsüberzogene Oberflächen vermindern auch den Wasserverlust in trockenen Gebieten; andererseits verhindern Haare in Gegenden mit starken Regenfällen, daß die Blätter zu naß werden. Diese grauen, silbrigen und bläulichgrünen Effekte sind ausgesprochen variabel, selbst innerhalb einer Jahreszeit. Wenn sich die Notwendigkeit einer Pflanze verändert, sich selber zu schützen, ändert sich die Blattfarbe entsprechend. Die sogenannten »Silbernen« und »Grauen« werden grün, wenn sie im Schatten stehen, und werden oft auch zur Blütezeit grüner, wenn die Pflanze ihr Überleben bereits gesichert hat. In einem heißen, trockenen Jahr können manche Pflanzen zum Schutz eine Wachsschicht ausbilden, so daß sie ein bläulichgrünes bis blaugrünes Aussehen bekommen. Nach einem heißen Sommer sind sogar die Kohlblätter im Küchengarten auffallend blaugrün und glänzend.

Die meisten Blätter haben ein kurzes Leben von etwa sechs Monaten, die immergrünen Blätter jedoch (die gewöhnlich einmal jährlich gewechselt werden, wenn auch einige Koniferen ihre Nadeln sieben oder acht Jahre behalten) sind darauf eingerichtet, den Winter zu überstehen. Sie besitzen eine dickere Außenhaut und oft Wachsüberzüge, was die Verdunstungsrate herabsetzt – ganz wichtig im Winter, wenn Wasser knapp ist. (Koniferen mit ihren dünnen Nadeln haben die Transpirationsflächen auf ein Mindestmaß beschränkt.) Immergrüne Sträucher wie Kamelie, Escallonie, Aralie, Stechpalme, Myrte und Duftblüte haben alle wächserne, dicke Blätter. Andere Immergrüne – wie Schneeball, Wollmispel *(Eriobotrya)* und einige Rhododendren – haben ledrige, gefurchte Blätter, und die Blattfarbe ist auf der Ober- und Unterseite verschieden, weil kleine Haare, Wolle oder Filz den unteren Flächen einen braunen oder grauen Ton geben. Durch tief versenkte Adern entsteht auf den Blättern von *Rhododendron falconeri* ein rippenähnliches Bild auf der Oberseite, während unten ein Filzüberzug eine rostbraune Farbe hervorruft. *Magnolia grandiflora* 'Goliath' hat glänzende gekrümmte Blätter mit lederfarbener Unterseite. Bei einigen Bäumen sitzen die Blätter an langen Stielen, so daß sie im Wind flattern und sich drehen und dabei ihre Unterseite zeigen. Der Silberahorn *Acer saccharinum* und die (hängende) Silberlinde *Tilia petiolaris* weisen auf diese Art ihre grauen Blattunterseiten vor, so daß ein lichtes, luftiges Bild aus zarten Grün- und Grautönen entsteht.

# *NACHWORT*

## Zur deutschen Ausgabe

Die Autorin schöpft aus einem reichen Kenntnisschatz an Gartenpflanzen, an Gehölzen, Stauden und Einjährigen, die auch in England nicht durchweg alltäglich, sondern oft nur von wenigen Spezial-Gärtnereien zu beziehen sind. Für die deutsche Ausgabe schienen Unterschiede in den Klimaverhältnissen und im verfügbaren Pflanzensortiment zunächst eine Bearbeitung unerläßlich zu machen. Die subtile Behandlung des Themas aber entzieht sich jeder Bearbeitung. Die ausgefallenen Arten sind eingesponnen in die Entwürfe und Beispiele und beleben das Werk, sind Teil des Inhalts und wesentlich für seinen Reiz. Sie in die deutsche Ausgabe nicht einzubeziehen, hätte eine schwere Einbuße bedeutet, den Intentionen der Autorin widersprochen und den typisch englischen Charakter des Buches zerstört. Infrage stand die Aufstellung einer Liste von Arten und Sorten, die bei uns entweder nicht oder schwer erhältlich oder aus klimatischen Gründen nicht zu verwenden sind. Allein über 200 Arten könnte sie umfassen. Für diese Arten den jeweils entsprechenden Ersatz anzubieten, wäre nur in wenigen Fällen möglich, und dann im Ergebnis unbefriedigend.

Ein Buch, das von vorneherein höhere Voraussetzungen an den Leser in gärtnerisch-botanischer Vorbildung und Neigung, wie auch in ästhetisch-künstlerischer Hinsicht stellt, setzt auch abstrahierendes Lesen bzw. Überlesen nicht zu realisierender Pflanzmöglichkeiten voraus. »Farbe im Garten« ist nicht als schneller Ratgeber zu nutzen, vielmehr will es studiert sein, um so weiterzubilden und anzuregen.

Schließlich richtet sich das Werk an einen nicht kleinen Kreis von Gartengestaltern und versierten Garten- und Pflanzenliebhabern, die oft das Ausgefallene suchen und dann auch Mittel und Wege finden, an bestimmte Arten zu gelangen. Zahlreiche Staudengärtnereien bieten heute reiche Sortimente in den verschiedenen Pflanzengruppen an. Auf die zum Teil nur geringe Winterhärte oder sonstige Anfälligkeit wird von der Autorin zumeist schon im Text ausreichend verwiesen. Hierzu könnte auch eine listenmäßige Erklärung wenig mehr bringen. Der Pflanzenfreund greift dafür zweckmäßig zu spezieller Fachliteratur, die über einzelne Arten näher Auskunft gibt. Hinweise dazu enthält das Literaturverzeichnis.

Teilweise problematisch mögen auch die Pflanzennamen sein, bei denen die Autorin, wie sie selbst sagt, etwas eigenwillig und bewußt nicht immer die neuesten, sondern die gängigen Namen verwendet. Im Zweifel, und soweit Synonyme nicht angegeben sind, sei auf Zander, Handwörterbuch der Pflanzennamen verwiesen.

Abschließend sei aber auch vermerkt, daß die dargestellten Pflanzenkombinationen nur beispielhaft wirken können und nicht, um Kopien zu schaffen, die andernorts stets unvollkommen wären und selten befriedigten. Das Werk möchte vielmehr Verständnis für farbliche Harmonie im Garten wecken, um mit den jeweils gegebenen Möglichkeiten den Weg zu ihrer Verwirklichung zu finden.

Hermann Müssel

# *KLIMA UND STANDORT*

Bei den Pflanzenbeschreibungen dieses Buches wurden durch Ziffern bei jeder Pflanze die Winterhärtezonen angegeben. Sie sind ein Hinweis auf die Minimaltemperatur, die von einer Pflanze noch vertragen wird, und bezeichnen zugleich Klimazonen. Keine Karte, auch wenn sie noch so genau ist, kann allerdings die komplizierten geographischen Verhältnisse wiedergeben, die nicht nur von den Breitengraden bestimmt werden, sondern auch von den inselartigen Flecken, in denen es z.B. wegen der Höhenlage kälter oder wärmer ist als im umgebenden Gebiet.

Innerhalb jeder Zone können an einem Ort mehr oder weniger günstige Bedingungen herrschen – wie ja auch in jedem Garten die Pflanzen ihren besonderen Standort bekommen müssen, der ihren Bedürfnissen mehr oder weniger entspricht. So nützlich die Angabe der Zone als Anhaltspunkt für den Gärtner ist, muß er auch andere Einflüsse auf das Pflanzenwachstum berücksichtigen. Dazu gehören das tatsächliche Auftreten der Fröste und ihre zeitliche Verteilung, die jahreszeitliche Verteilung von Regen, Feuchtigkeit und Trockenheit, die Bodenbeschaffenheit und die Intensität und Dauer des Sonnenlichts sowie der Standort der Pflanzen in der Sonne oder im Schatten.

Inseln mit besonderem Kleinklima innerhalb einer Zone können außerdem auch durch gärtnerische Maßnahmen geschaffen und gesteuert werden. In einem gut geschützten Garten lohnt es sich, wenigstens den Versuch zu machen, Pflanzen zu ziehen, die aus einer höheren (d.h. wärmeren) Zone stammen, als die, in der man wohnt; die Zonen überlappen sich, und ein Garten kann (ganz abgesehen von irgendwelchen Sondermerkmalen) an der Grenze zur günstigeren Nachbarzone liegen. Doch sollten Sie nicht mit Pflanzen experimentieren, die der Winterhärte nach an der Grenze liegen, wenn sie Bestandteil der Dauerstruktur sein sollen – einzelne Bäume etwa oder Sträucher, die zur Ausgewogenheit der Anlage nötig sind oder als Abschirmung oder Hecke. Mit den »Füllseln« kann man hingegen etwas probierfreudiger umgehen, Pflanzen, die sich rasch ersetzen lassen, ohne daß man allzuviel riskiert. Andererseits muß man in Höhenlagen oder in offenen oder windigen Lagen womöglich auf eine Pflanze verzichten, die für durchschnittliche Verhältnisse in dieser Zone als »sicher« gilt.

Die Pflanze stellt jedes Wachstum ein, wenn die Temperaturen auf 6° C sinken; im Sommer wird das Wachstum behindert, wenn die Bodentemperatur 32° C erreicht. Diese begrenzenden Faktoren beeinflussen die Länge der Wachstumsperiode in jedem Garten, ebenso wie der zu erwartende Zeitpunkt des letzten Frühjahrsfrostes den Zeitpunkt bestimmt, zu dem man frostempfindliche Pflanzen ins Freie pflanzen kann. Der Gärtner kann eine günstige Lage zu seinem Vorteil nutzen und zudem die Bedingungen durch gewisse Maßnahmen verbessern. Hänge, die die Sonnenwärme am besten einfangen, verlängern die Dauer der sommerlichen Wachstumsperiode und bieten einen gewissen Frostschutz. Pflanzen lassen sich vor der Austrocknung durch Wind und Sonne schützen; in einigen kalten Gegenden werden alle immergrünen Sträucher wie Pakete eingepackt, um die Transpiration während der kältesten Monate zu verhindern. Schützende Mulchdecken erhalten im Sommer die Feuchtigkeit und die Wärme, wenn man sie gegen Ende der warmen Jahreshälfte ausbringt. Mauern und Wege aus Stein und Ziegel reflektieren Wärme, so daß das Holz der Pflanzen ausreifen und hart werden kann, und die Pflanzen damit widerstandsfähiger gegen Wintertemperaturen werden; warme, trockene Beete vor Südwänden sind ein perfekter Standort für Blumenzwiebeln, die in der Ruhezeit trockenen Boden brauchen. Als Schutz verwendet man am besten Zäune und Hecken, die vor Wind schützen und Böen abhalten.

Eine dicke Schneedecke wirkt isolierend, wenn sie Wurzeln und Austriebe der Stauden einhüllt. Pflanzen, die in ihrer Heimat harte Winter aushalten, indem sie lange Ruhepausen einschalten, fühlen sich oft in milden Gegenden gar nicht wohl, weil unvorhersehbare Wärmeeinbrüche vorzeitiges Wachstum anregen und dann wieder strenge Kälte folgen kann; unter solchen Umständen werden die Pflanzen – vor allem junge, die wenig Reserven haben – oft stark geschwächt und gehen ein.

Die vergleichsweise einfache Dränage auf Hochbeeten schafft die richtigen Bedingungen für Gebirgs- und Mittelmeerpflanzen, die oft niedrige Wintertemperaturen ertragen, aber keine Nässe im oberen Wurzelbereich.

Pflanzen sind am empfindlichsten, wenn sie frisch gepflanzt sind; wenn sie nicht sicher winterhart sind, sollte man dafür sorgen, daß sie nach dem Pflanzen sechs Monate Zeit haben, sich einzugewöhnen, bevor sie die Kälte bestehen müssen.

**Die Winterhärtezonen bezeichnen eine geographische Folge von Streifen im Abstand von 6° C vom kälteren zum wärmeren Breitengrad und beruhen auf den Daten über den langfristigen Durchschnitt der minimalen Wintertemperaturen. Die nebenstehende Tabelle zeigt den Temperaturbereich für jede Zone. Den in diesem Buch beschriebenen Pflanzen sind jeweils die Zonen zugeordnet, in denen sie mit der größten Wahrscheinlichkeit ausdauern und gedeihen, wobei allerdings die Lage, der Standort und die Schwankungen von Jahr zu Jahr den Erfolg ebenfalls beeinflussen.**

**Karten, in denen die Winterhärtezonen für den ganzen Kontinent eingetragen sind, können dem Gärtner nur einen ungenauen Anhalt geben, welche Pflanzen er ziehen kann: Lokale Bedingungen können einen einzelnen Garten begünstigen, so daß dort in Wirklichkeit eine wärmere Zone gilt als in der Umgebung, und umgekehrt kann eine ungeschützte Lage sich auswirken, als läge der Garten in einer weiter nördlichen und deshalb kälteren Zone, soweit es Europa und Nordamerika betrifft.**

**Grob gesagt, umfaßt Zone 9 das westliche und mediterrane Frankreich, Portugal und die westlichen Küstengebiete der Britischen Inseln und Irlands, die vom Golfstrom beeinflußt werden. Zur Zone 8 gehören der größte Teil des inneren und östlichen England, Mittel- und Ostfrankreich, Holland und der äußerste Nordwesten von Deutschland. Zone 7 umfaßt das östliche Schottische Hochland, Ostfrankreich und das Zentralmassiv, den größten Teil von West- und Nordostdeutschland und die südlichste Spitze von Schweden.**

**Genau so wichtig wie die Kältetoleranz der Pflanzen sind jedoch ihr Bedarf an Wasser und ihre Fähigkeit, Hitze zu ertragen.**

**WINTERHÄRTEZONEN DER PFLANZEN**

| Zone | °C | Zone | °C |
|---|---|---|---|
| 1 | unter −46° | 6 | −22° bis −16° |
| 2 | −46° bis −40° | 7 | −16° bis −12° |
| 3 | −40° bis −34° | 8 | −12° bis −6° |
| 4 | −34° bis −28° | 9 | −6° bis −1° |
| 5 | −28° bis −22° | 10 | −1° bis +4° |

# LITERATUR UND QUELLEN


## Allgemeines zur Gartenplanung und -pflege

Crowe, Sylvia: Garden Design, Country Life: London 1958.
Hicks, David: Garden Design. Routledge & Kegan Paul: London 1982.
Hobhouse, Penelope: The Smaller Garden. Collins: London 1981.
Johnson, Hugh: The Principles of Gardening. Mitchell Beazley: London 1979; Bookthrift: New York 1982.
Page, Russell: The Education of a Gardener. Collins: London 1962.
Robinson, Florence: Planting Design. McGraw Hill: London, New York 1940.

## Theorie der Farbe

Birren, Faber: Creative Color. Reinhold Publ.: New York 1961.
–: Principles of Color. Reinhold Publ.: New York 1970.
Boigey, M. J.: The Science of Colour and the Art of the Painter. J. Bale & Sons: London 1925.
Chevreul, M. E.: The Principles of Harmony and Contrast of Colours and their Application to the Arts. George Bell & Sons: London 1890, 3. Aufl.
–: The Principles of Harmony and Contrast of... (Mit einer Einführung und Anmerkungen von Faber Birren.) Van Nostrand Reinhold: New York 1981.
Goethe, Johann Wolfgang: Entwurf einer Farbenlehre. (Erstdruck 1810) Artemis-Gedenkausgabe. Bd. 16. Artemis: Zürich 1948ff. bzw. dtv: München 1977.
Guillard, Jaqueline et Maurice: Claude Monet at the Time of Giverny. Centre Culturel du Marais: Paris 1983.
Hobhouse, Penelope: Gertrude Jekyll on Gardening. Collins: London 1983; David R. Godine: Boston 1984.
Jekyll, Gertrude: Wood and Garden: notes and thoughts, practical and critical, of a working amateur. Longmans: London 1899; Salem House: Salem 1983.
–: Colour in the Flower Garden. Country Life Library, George Newnes: London 1908.
Leornado da Vinci: Notebooks (selection, edited with commentary by Irma A. Richter). OUP: London 1982.
Lindsay, Jack: Turner: His Life and Work. Granada (Panther): London 1973.
Rood, Ogden Nicholas: Modern Chromatics, with Applications to Art and Industry. C. Kegan Paul & Co.: London 1879.
–: Modern Chromatics... (Mit Vorwort, Einführung und Erläuterungen von Faber Birren. NB. In dieser Ausgabe fehlt Roods Text zur Gartenfarbe, sie ist aber wegen der Kommentare von Birren wichtig.)
Van der Kemp, Gerald: A Visit to Giverny. Edition d'Art Lys: Versailles 1980.
Verity, Enid: Colour. Leslie Frewin: London 1967.
–: Colour Observed. Macmillan: London 1980. Van Nostrand Reinhold: New York 1980.
Wilcox, Michael: Colour Theory for Watercolours (ed. J. A. Swain). Colour Mixing: London 1982.
Wilson, Jose und Leaman, Arthur: Colour in Decoration. Studio Vista: London 1971; Van Nostrand Reinhold: New York 1971.

## Informationen zu den Pflanzen

Bean, W. G.: Trees and Shrubs Hardy in the British Isles. John Murray: London 1970–1980, 8. Aufl.
Chatto, Beth: The Dry Garden. Dent: London 1978.
–: The Damp Garden. Dent: London 1982.
Gibson, Michael: The Book of the Rose. MacDonald and Jane: London 1980.
Grounds, Roger: The Multi-Coloured Garden: a new approach to gardening with coloured foliage. Pelham: London 1982. (NB. Vor allem wegen seiner hervorragenden Pflanzenverzeichnisse und -beschreibungen brauchbar, weniger für Hinweise zur Planung.)
–: Hillier's Manual of Trees and Shrubs. David and Charles: Newton Abbot 1977, 4. Aufl., 1981, 5. Aufl.
Ingwersen, Will: Ingwersen's Manual of Alpine Plants. W. Ingwersen a. Dunnsprint Ltd.: Eastbourne 1979.
Lloyd, Christopher: Clematis. Collins: London 1977.
Mathew, Brian: Dwarf Bulbs. Batsford: London 1973.
–: Encyclopaedia of Garden Plants and Flowers. Reader's Digest Ass.: London 1978, 2. Aufl.
–: Dictionary of Gardening. Royal Horticultural Soc., Clarendon Press: Oxford 1956, 2. Aufl.
Smith, A. W.: A Gardener's Dictionary of Plant Names. Cassell: London 1972.
Stearn, William: Botanical Latin. History, grammar, syntax, terminology and vocabulary. Nelson: London 1966, 1967.
–: Botanical Latin... (Erweiterte u. verbesserte 2. Auflage.) David & Charles: Newton Abbot 1973.
Thomas, Graham Stuart: Plants for Ground-Cover. Dent: London 1970 (verb. Aufl. 1977).
–: Perennial Garden Plants. Dent: London 1976. (Verb. Neuauflage f. d. Royal Horticultural Soc. 1982.)
Underwood, Mrs. Desmond: Grey and Silver Plants. Collins: London 1971.

## Pflanzenfarben

Becket, Gillian: The Secret Life of the Plants (nach einem Originaltext v. Jaroslav Pazourek, Übers. Eva Pavlatova). Octopus: London 1982.
Bristow, Alec: The Sex Life of Plants: A study of the secrets of reproduction. Barrie & Jenkins: London 1979.
Jaeger, Paul: The Wonderful Life of Flowers. Harrap: London 1961.
Proctor, J. und S.: Nature's Use of Colour in Plants and Their Flowers. Peter Lowe: 1978.
Proctor, Michael und Yeo, Peter: The Pollination of Flowers. Collins: London 1973.

## Ergänzende Literatur zur deutschen Ausgabe

Bärtels, Andreas: Gartengehölze. Verlag Eugen Ulmer, Stuttgart 1981, 2. Aufl.
Bärtels, Andreas: Zwerggehölze. Verlag Eugen Ulmer, Stuttgart 1983.
Frank, Reinhilde: Zwiebel- und Knollengewächse, Verlag Eugen Ulmer, Stuttgart 1986.
Herbel, Dieter: Sommerblumen. Verlag Eugen Ulmer, Stuttgart 1980, 2. Aufl.
Hess, Dieter: Die Blüte. Verlag Eugen Ulmer, Stuttgart 1983.
Jelitto, Leo; Schacht, Wilhelm; Fessler, Alfred: Die Freiland-Schmuckstauden. Verlag Eugen Ulmer, Stuttgart 1985, 3. Aufl.
Encke, Fritz; Buchheim, Günther; Seybold, Siegmund: Zander – Handwörterbuch der Pflanzennamen. Verlag Eugen Ulmer, Stuttgart 1984, 13. Aufl.

# REGISTER

**Verzeichnis der botanischen Pflanzennamen**
Halbfett gedruckte Seitenzahlen verweisen auf Abbildungen

## Verzeichnis der deutschen Pflanzennamen

Ackerwinde: *Convolvulus*
Affenblume: *Mimulus*
Ahorn: *Acer*
Akelei: *Aquilegia*
Alexandrinischer Lorbeer: *Danaë*
Alpenveilchen: *Cyclamen*
Amaryllis: *Hippeastrum*
Amberbaum: *Liquidambar*
Apfelbaum: *Malus*
Aronstab: *Arum*
Artischocke: *Cynara*

Backenklee: *Dorycnium*
Ballonblume: *Platycodon*
Balsmine: *Impatiens*
Bärenklau: *Heracleum*
Bartblume: *Caryopteris*
Bartfaden: *Penstemon*
Beifuß: *Artemisia*
Beinwell: *Symphytum*
Berberitze: *Berberis*
Berufkraut: *Erigeron*
Binsenginster: *Sparticum*
Binsenlilie: *Sisyrinchium*
Birne: *Pyrus*
Blasenspiere: *Physocarpus*
Bleiwurz: *Plumbago*
Blumenrohr: *Canna*
Blutwurz: *Sanguinaria*
Brandkraut: *Phlomis*
Braunwurz: *Scrophularia*
Brombeere: *Rubus*
Buche: *Fagus*
Buchsbaum: *Buxus*
Buschwindröschen: *Anemone*

Christophskraut: *Actaea*

Diptam: *Dictamnus*
Dost: *Origanum*
Dotterblume: *Caltha*
Dreiblatt: *Trillium*
Duftblüte: *Osmanthus*

Eberesche: *Sorbus*
Edeldistel: *Eryngium*
Efeu: *Hedera*
Ehrenpreis: *Veronica*
Eibe: *Taxus*
Eibisch: *Hibiscus*
Eiche: *Quercus*
Eisenhut: *Aconitum*
Elfenblume: *Epimedium*
Enzian: *Gentiana*
Erdbeerbaum: *Arbutus*
Erdbeere: *Fragaria*
Eselsdistel: *Onopordum*

Fackellilie: *Kniphofia*
Färberhülse: *Baptisia*
Federbuschstrauch: *Fothergilla*
Felberich: *Lysimachia*
Felsenbirne: *Amelanchier*
Fenchel: *Foeniculum*
Fetthenne: *Sedum*
Feuerdorn: *Pyracantha*
Fichte: *Picea*
Fingerhut: *Digitalis*
Fingerkraut: *Potentilla*
Flattergras: *Milium*
Flieder: *Syringa*
Flockenblume: *Centaurea*
Frauenmantel: *Alchemilla*
Funkie: *Hosta*

Gamander: *Teucrium*
Gänsekresse: *Arabis*
Garbe: *Achillea*
Gauklerblume: *Mimulus*
Geißbart: *Aruncus*
Geißblatt: *Lonicera*
Geißklee: *Cytisus*
Geißraute: *Galega*
Gelbholz: *Cladrastris*
Gemswurz: *Doronicum*
Germer: *Veratrum*
Ginster: *Genista*
Glanzgras: *Phalaris*
Glanzmispel: *Photinia*
Glatthafer: *Arrhenaterum*
Glockenblume: *Campanula*
Glockenheide: *Erica*
Glyzine: *Wistaria*
Goldlack: *Cheiranthus*
Goldmohn: *Eschscholzia*
Goldregen: *Laburnum*
Goldrute: *Solidago*
Gottvergeß: *Ballota*
Grasnelke: *Armeria*
Günsel: *Ajuga*

Haargerste: *Elymus*
Hainbuche: *Carpinus*
Hammerstrauch: *Cestrum*
Hartriegel: *Cornus*
Haselnuß: *Corylus*
Hasenohr: *Bupleurum*
Heckenkirsche: *Lonicera*
Heidelbeere: *Vaccinium*
Heiligenkraut: *Santolina*
Herkuleskraut: *Heracleum*
Holunder: *Sambucus*
Honiggras: *Holcus*
Honigstrauch: *Melianthus*
Hopfen: *Humulus*
Hornkraut: *Cerastium*
Hornmohn: *Glaucium*
Hortensie: *Hydrangea*
Hundskamille: *Anthemis*
Hundszahn: *Erythronium*

Immergrün: *Vinca*
Inkalilie: *Alstroemeria*

Johanniskraut: *Hypericum*
Judasbaum: *Cercis*
Jungfernrebe: *Parthenocissus*

Kalmus: *Acorus*
Kapkörbchen: *Dimorphotheca*
Kapuzinerkresse: *Tropaeolum*
Katsurabaum: *Cercidiphyllum*
Katzenminze: *Nepeta*
Kaukasusvergißmeinnicht: *Brunnera*
Kirsche: *Prunus*
Klebsame: *Pittosporum*
Knotenblume: *Leucojum*
Knöterich: *Polygonum*
Königskerze: *Verbascum*
Kosmee: *Cosmos*
Kranzspiere: *Stephanandra*
Kreuzdorn: *Rhamnus*
Kreuzkraut: *Senecio*
Kronwicke: *Coronilla*
Krötenlilie: *Tricyrtis*
Küchenschelle: *Pulsatilla*
Kugeldistel: *Echinops*
Kuhschelle: *Pulsatilla*

Lauch: *Allium*
Leberbalsam: *Ageratum*
Lebensbaum: *Thuja*
Lederhülsenbaum: *Gleditsia*
Lein: *Linum*
Lichtnelke: *Lychnis*
Liebesperlenstrauch: *Callicarpa*
Lorbeerbaum: *Laurus*
Lorbeerrose: *Kalmia*
Löwenmaul: *Antirrhinum*
Lungenkraut: *Pulmonaria*

Mädchenauge: *Coreopsis*
Mädesüß: *Filipendula*
Maiglöckchen: *Convallaria*
Mais: *Zea*
Mariendistel: *Silybum*
Mannsschild: *Androsace*
Meerkohl: *Crambe*
Milchstern: *Ornithogalum*
Mohn: *Papaver*
Mondviole: *Lunaria*
Montbretie: *Crocosmia*

Nabelnuß: *Omphalodes*
Nachtkerze: *Oenothera*
Nachtschatten: *Solanum*
Nachtviole: *Hesperis*
Natternkopf: *Echium*
Nelke: *Dianthus*
Nelkenwurz: *Geum*
Neuseeländer Flachs: *Phormium*
Nieswurz: *Helleborus*

Ölweide: *Elaeagnus*
Orangenblume: *Choisya*

Pappel: *Populus*
Pampasgras: *Cortaderia*
Pantoffelblume: *Calceolaria*
Perlpfötchen: *Anaphalis*
Perückenstrauch: *Cotinus*
Pfingstrose: *Paeonia*
Platterbse: *Lathyrus*
Prachtglocke: *Enkianthus*
Prunkwinde: *Ipomoea*

Raute: *Ruta*
Rebe: *Vitis*
Ringelblume: *Calendula*
Rittersporn: *Delphinium*
Ritterstern: *Hippeastrum*
Rübe, Bete: *Beta*
Ruhmesblume: *Clianthus*

Säckelblume: *Ceanothus*
Salbei: *Salvia*
Salomonsiegel: *Polygonatum*
Sammetblume: *Tagetes*
Sanddorn: *Hippophaë*
Sauerdorn: Berberis
Schattenblume: *Smilacina*
Schaumblüte: *Tiarella*
Scheineller: *Clethra*
Scheinhasel: *Corylopsis*
Scheinkamelie: *Stuartia*
Scheinmohn: *Meconopsis*
Scheinrebe: *Ampelopsis*
Scheinzypresse: *Chamaecyparis*
Schildblatt: *Peltiphyllum*
Schlangenbart: *Ophiopogon*
Schleifenblume: *Iberis*
Schleierkraut: *Gypsophila*
Schmetterlingsstrauch: *Buddleia*
Schmuckkörbchen: *Cosmos*
Schmucklilie: *Agapanthus*
Schneeball: *Viburnum*
Schneebeere: *Symphoricarpos*
Schneeglöckchen: *Galanthus*
Schneeglöckchenbaum: *Halesia*
Schneestolz: *Chionodoxa*
Schönfrucht: *Callicarpa*
Schöterich: *Erysimum*
Schuppenkopf: *Cephalaria*
Schwaden: *Glyceria*
Schwarzkümmel: *Nigella*
Schwertlilie: *Iris*
Schwingel: *Festuca*
Seerose: *Nymphaea*
Segge: *Carex*
Seidelbast: *Daphne*
Seifenkraut: *Saponaria*
Sicheltanne: *Cryptomeria*
Silberling: *Lunaria*
Singrün: *Vinca*
Sockenblume: *Epimedium*
Sommerjasmin, Pfeifenstrauch: *Philadelphus*
Sonnenblume: *Helianthus*
Sonnenbraut: *Helenium*
Sonnenröschen: *Helianthemum*
Spaltgriffel: *Schizostylis*
Spierstrauch: *Spiraea*
Spindelstrauch: *Euonymus*
Spornblume: *Centranthus*
Springkraut: *Impatiens*
Stachelnüßchen: *Acaena*
Stechpalme: *Ilex*
Steinbrech: *Saxifraga*
Steinlinde: *Phillyrea*
Steinkraut: *Alyssum*
Steinsame: *Lithospermum*
Sterndolde: *Astrantia*
Sternjasmin: *Trachelospermum*
Stockmalve: *Althaea*
Storchschnabel: *Geranium*
Strauchveronika: *Hebe*
Strohblume: *Helichrysum*
Studentenblume: *Tagetes*
Sumpfeibe: *Taxodium*
Sumpfzypresse: *Taxodium*

Tabak: *Nicotiana*
Taglilie: *Hemerocallis*
Tanne: *Abies*
Taubenbaum: *Davidia*
Taubnessel: *Lamium*
Torfmyrte: *Pernettya*
Traubenhyazinthe: *Muscari*
Trichterschwertel: *Dierama*
Tritome: *Kniphofia*
Trollblume: *Trollius*
Trompetenbaum: *Catalpa*
Tupelobaum: *Nyssa*

Vergißmeinnicht: *Myosotis*

Wacholder: *Juniperus*
Walddickblatt: *Chiastophyllum*
Waldlilie: *Trillium*
Waldrebe: *Clematis*
Wasserdost: *Eupatorium*
Weide: *Salix*
Weiderich: *Lythrum*
Weißbuche: *Carpinus*
Weißdorn: *Crataegus*
Wiesenhafer: *Helictotrichon*
Wiesenknopf: *Sanguisorba*
Wiesenraute: *Thalictrum*
Winterblüte: *Chimonanthus*
Winterling: *Eranthis*
Wolfsmilch: *Euphorbia*
Wucherblume: *Chrysanthemum*
Wunderbaum: *Ricinus*

Zaubernuß: *Hamamelis*
Zeder: *Cedrus*
Zeitlose: *Colchicum*
Zierkirsche: *Prunus*
Zierquitte: *Choenomeles*
Zierrhabarber: *Rheum*
Ziest: *Stachys*
Zistrose: *Cistus*
Zwergmispel: *Cotoneaster*

# Bildquellen

**Zeichnungen**
Sally Launder

**Fotos**

Folgenden Institutionen sei freundlich gedankt für die Genehmigung zur Wiedergabe von Fotos: The Royal Botanic Gardens, Kew; The Royal Horticultural Society's Garden, Wisley; The National Trust; Clare College und Emmanuel College, Cambridge. Außerdem sei auch sehr herzlich den vielen Eigentümern privater Gärten für ihre freundliche Hilfe gedankt.

L = links; R = rechts; O = oben; U = unten; M = Mitte

Pam und Michael Boys: 67L
Karl Dietrich Bühler: 89, 109
Linda Burgess: 5, 11, 13, 14, 49, 50, 53 (Sissinghurst), 69L, 71U, 83U, 86, 101, 102, 107, 121O, 122L, 126U, 139, 165, 185U, 186U, 191, 221O
Mike Burgess: 116R
Robert César: 9 (La Mormaire), 29 (Kerdalo), 31 (Kerdalo), 37 (Giverny), 131 (Kerdalo), 156 (Kerdalo), 195 (Les Moutiers), 230
Geoff Dann: 6, 20, 21, 24, 27 (The Priory, Kemerton), 38 (Tintinhull), 39 (Tintinhull), 47 (Wisley), 51, 61, 62, 63, 65L, 66, 67R, 68, 69R, 70U, 73, 75, 76, 77, 78, 79, 80, 81O, 82, 85, 88L, 92UR, 93, 94O, 94UL, 95, 96OR, 96U, 98, 99, 100U, 103O, 104O, 105, 114U, 115, 121U, 122R, 124, 126OL, 128, 129O, 129U, 132 (Tintinhull), 133 (Wisley), 138O, 143O, 144U, 146O, 149U, 150O, 151, 161O, 163U, 164, 170O, 171O, 176, 178 (The Priory, Kemerton), 182U, 187, 189U, 205, 213O, 215M, 216U, 217, 219, 220, 224U, 225, 226, 228, 240
John Glover: 64, 70O, 92L, 96OL, 100O, 104U, 208
Jerry Harpur: 46, 55 (Brook Cottage, Alkerton), 87 (Clare College), 132O ('Hermitage', Priors Marston), 132U (Brook Cottage), 197 ('Hermitage')
Peter Healing: 10 (The Priory, Kemerton)
Neil Holmes: 138UR, 144O, 168, 193O, 222O, 227O
Pat Hunt: Umschlagfotos, 19 (Barnsley House), 25 (Barnsley House), 28 (Barnsley House), 48 (Parham), 135
Jacqui Hurst: 7, 175, 216O, 218U
Kunsthistorisches Museum, Wien: 17
John Malins: 198 (Tintinhull)
Tania Midgley: 1 (*Cornus kousa* var. *chinensis*), 15 (Mill Court), 43, 47U, 54 (Cranbourne), 56 (Cranbourne), 57 (Goulden Manor), 60, 65R, 74, 81U, 108U, 108R (Cranbourne), 110, 111 (Savile Gardens), 114OL, 116L, 117R, 118, 119O, 119UL, 120, 140, 141O, 142L, 147U, 154 (Snowshill Manor), 155 (Willow Hill), 163O, 164L, 173, 182O, 199 (Great Dixter), 201O (Barnsley House), 201U (Cloudsley Road), 202 (Great Dixter), 203 (Westend House), 206U, 207O, 211, 212, 213U, 214U, 215U
Gary Rogers: 23 (Pusey), 88R
Daan Smit: 114OR, 150U, 177, 186O, 190O, 204
Harry Smith: 71O, 72, 83O, 92O, 97, 103U, 104M, 117L, 119UR, 123, 125, 126OR, 127, 129M, 138UL, 141U, 142R, 143U, 145, 146U, 147O, 148, 149O, 160, 161U, 162, 166R, 167, 169, 171U, 172, 183, 185O, 188, 189O, 190U, 192, 193U, 206O, 207M, 207U, 209, 210, 214O, 215O, 218O, 221U, 222U, 223, 224O, 227U
Pamla Toler: 3 (Bampton Manor), 48, 94UR, 108L (Dalgarin), 153 (The Priory, Kemerton), 157 (The Priory, Kemerton), 170U, 179 (East Lambrook Manor), 184
Paul Williams: Hintergrund Umschlag